Die finanzpolitische Bedeutung des Sports in Deutschland

Tim Pawlowski · Christoph Breuer

Die finanzpolitische Bedeutung des Sports in Deutschland

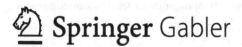
Springer Gabler

RESEARCH

Tim Pawlowski,
Christoph Breuer,
Köln, Deutschland

ISBN 978-3-658-00312-8   ISBN 978-3-658-00313-5 (eBook)
DOI 10.1007/978-3-658-00313-5

Die Deutsche Nationalbibliothek verzeichnet diese Publikation in der Deutschen National-
bibliografie; detaillierte bibliografische Daten sind im Internet über http://dnb.d-nb.de
abrufbar.

Springer Gabler
© Springer Fachmedien Wiesbaden 2012

Springer Gabler ist eine Marke von Springer DE. Springer DE ist Teil der Fachverlagsgruppe
Springer Science+Business Media
www.springer-gabler.de

Vorwort

Das vorliegende Buch ist eine leicht modifizierte Version eines abschließenden Projektberichts für das Bundesministerium der Finanzen (BMF) mit dem Titel fe32/09 "Ansätze zur Quantifizierung der finanzpolitischen Bedeutung des Sports", der am 9. Mai 2012 im Sportausschuss des Deutschen Bundestages vorgestellt wurde.

Für die finanzielle und fachliche Unterstützung durch das Bundesministerium der Finanzen (BMF) möchten wir uns an dieser Stelle herzlich bedanken. Unser Dank gilt in erster Linie Gunnar John und Dr. Arno Diekmann für deren engagierte und kritische Begleitung des Projektes.

Darüber hinaus möchten wir den involvierten Vertreterinnen und Vertretern des Bundesministeriums des Innern (BMI), des Bundesministeriums für Wirtschaft und Technologie (BMWi), des Statistischen Bundesamtes (Destatis) sowie des Bundesinstituts für Sportwissenschaft (BISp) für ihre sehr hilfreichen und konstruktiven Rückmeldungen zum Projektbericht danken. Insbesondere Angela Heinze (Destatis), Dr. Sven Persch (BMI) und Andreas Pohlmann (BISp) sind hier zu nennen, die aktiv zum Gelingen des Forschungsprojekts beigetragen haben.

Abschließender Dank gilt unseren Mitarbeiterinnen und Mitarbeitern Sabrina Bramowski, Alexander Edeling, Christopher Dick, Felix Fries, Gesine Harms, Carolin Heise, Jorge Leyva, Juliane Melber, Christin Resing, Siam Schoofs und Daniel Trösch, die im Rahmen der zweijährigen Projektlaufzeit durch ihren unermüdlichen Einsatz zum Gelingen des Forschungsprojekts entschieden beigetragen haben.

"Any remaining errors and omissions are ours alone."

Tim Pawlowski & Christoph Breuer

Inhaltsverzeichnis

Abkürzungsverzeichnis	**XI**
Kurzfassung	**1**
Nontechnical Summary in English	**15**
Teil I: Einführung	**17**
1. Einleitung	19
1.1 Relevanz des Forschungsvorhabens	20
1.2 Untersuchungsgegenstand	22
1.2.1 Sportbezogene direkte Einnahmen für die öffentlichen Haushalte	27
1.2.2 Gesellschaftliche Nutzeneffekte des Sports	28
1.2.3 Sportbezogene direkte Ausgaben für die öffentlichen Haushalte Haushalte	29
1.2.4 Einnahmeverzicht der öffentlichen Haushalte	30
1.3 Struktur des Buches	31
Teil II: Finanzpolitisch relevante Nutzen- und Kostenkategorien	**37**
2. Sportbezogene direkte Einnahmen für die öffentlichen Haushalte	39
2.1 Sportbezogene Steuereinnahmen	39
2.1.1 Sportbezogene Produktions- und Importabgaben	39
2.1.1.1 Sportbezogene Mehrwertsteuer	40
2.1.1.2 Sportbezogene Gewerbesteuer	67
2.1.1.3 Sportbezogene Rennwett- und Lotteriesteuer	75
2.1.1.4 Sonstige sportbezogene Produktions- und Importabgaben	86
2.1.1.5 Zusammenfassende Darstellung	91
2.1.2 Sportbezogene Einkommen- und Vermögensteuern	93
2.1.2.1 Sportbezogene Lohnsteuer	93
2.1.2.2 Sportbezogene Körperschaftsteuer	119

2.1.2.3 Sonstige sportbezogene Einkommen- und
        Vermögensteuern   128

2.1.2.4 Zusammenfassende Darstellung   132

2.2 Sportbezogene Sozialbeiträge   133

2.3 Sonstige sportbezogene direkte Einnahmen   146

    2.3.1 Sportstättennutzungsgebühren   146

    2.3.2 Sonstige sportbezogene direkte Einnahmen   152

2.4 Zusammenfassende Darstellung der sportbezogenen Einnahmen   155

3. Gesellschaftliche Nutzeneffekte des Sports   157

3.1 Gesundheit   159

3.2 Sozialwert durch Integration   164

3.3 Sozialkapital durch ehrenamtliches Engagement   168

3.4 Aktuelle Forschungsrichtungen und Ausblick   173

4. Sportbezogene direkte Ausgaben von den öffentlichen Haushalten 175

4.1 Sportbezogene Personalkosten   183

    4.1.1 Förderung des Sports   183

    4.1.2 Sportstätten   192

    4.1.3 Schul- und Hochschulsport   193

    4.1.4 Sportwissenschaft   204

    4.1.5 Zusammenfassende Darstellung und Einordnung in die VGR 209

4.2 Sportbezogene Laufende Kosten   216

    4.2.1 Förderung des Sports   216

    4.2.2 Sportstätten   219

    4.2.3 Schul- und Hochschulsport   222

    4.2.4 Sportwissenschaft   227

    4.2.5 Zusammenfassende Darstellung und Einordnung in die VGR 229

4.3 Sportbezogene Investitionskosten   233

    4.3.1 Förderung des Sports   233

    4.3.2 Sportstätten   234

    4.3.3 Schul- und Hochschulsport   237

4.3.4 Sportwissenschaft 240

4.3.5 Zusammenfassende Darstellung und Einordnung in die VGR 242

4.4 Zusammenfassende Darstellung der sportbezogenen Ausgaben 246

5. Einnahmeverzicht der öffentlichen Haushalte 253

5.1 Steuererleichterungen zur Förderung des Sports 253

5.1.1 Freibetrag für Übungsleiter 253

5.1.2 Steuervergünstigungen bei Spenden 257

5.1.3 Freibetrag für sonstige ehrenamtlich Tätige 259

5.1.4 Umsatzsteuerbefreiung von Spenden und Mitgliedsbeiträgen 261

5.1.5 Zusammenfassende Betrachtung 262

5.2 Unentgeltliche bzw. verbilligte Sportstättennutzung 264

6. Die finanzpolitische Bedeutung des Sports für die
Gebietskörperschaften 269

6.1 Bund 270

6.2 Länder 272

6.3 Kommunen 274

Teil III: Sportbereiche und -aspekte **277**

7. Die finanzpolitische Bedeutung der Profisportligen 279

8. Die finanzpolitische Bedeutung des Vereinssports 283

9. Die finanzpolitische Bedeutung des Schul- und Hochschulsports 287

10. Die finanzpolitische Bedeutung von Sportgroßevents 289

10.1 Definition Sportgroßevents 289

10.2 Finanzpolitisch relevante Einnahmen- und Ausgabenkategorien 290

10.3 Sporteventbezogene direkte Einnahmen für die öffentlichen
Haushalte 292

10.3.1 Sporteventbezogene Steuereinnahmen 292

10.3.1.1 Umsatzsteuer 292

10.3.1.2 Lohn- und Einkommenssteuer 303

10.3.2 Sporteventbezogene Beiträge an Sozialversicherungen 306

10.3.3 Sporteventbezogene Gebühren für die Sportstättennutzung 306

10.4 Sporteventbezogene direkte Ausgaben von den öffentlichen

Haushalte   308

10.4.1 Sportstätten- und Infrastrukturinvestitionen   308

10.4.2 Beschäftigungskosten   310

10.4.3 Kosten für den Betrieb der Sportstätten nach

Veranstaltungsende   311

10.5 Einnahmeverzicht der öffentlichen Haushalte durch

Steuererleichterung   313

Teil IV: Abschließende Betrachtung   **317**

11. Zusammenfassung und Diskussion der Ergebnisse   319

12. Zukünftiger Forschungsbedarf   323

13. Literatur   329

14. Anhang   347

Abkürzungsverzeichnis

A.	Arbeit
AA	Auswärtiges Amt
Abb.	Abbildung
Abs.	Absatz
ACO	Automobile Club de l'Ouest
AELTC	All England Lawn Tennis and Croquet Club
ält.	ältere
Agenturtankst.	Agenturtankstellen
akad.	akademisch
ALG	Arbeitslosengeld
allg.	allgemein
Altenpflegebed.	Altenpflegebedarf
Altenpflegeh.	Altenpflegeheim
ang. / a.n.g.	anderweitig nicht genannt
AO	Abgabenordnung
ARAG	Allgemeine Versicherung AG
ARD	Arbeitsgemeinschaft der öffentlich-rechtlichen Rundfunkanstalten der Bundesrepublik Deutschland
Art.	Artikel
ASO	Amaury Sport Organisation
ATP	Association of Tennis Professionals
ausschl.	ausschließlich
b.	bei
Ba.	Bau
Bü.	Bücher
Be.	Bereich
BA	Bundesagentur für Arbeit
Badem.	BademeisterIn
BAföG	Bundesausbildungsförderungsgesetz
BAT	Bundes-Angestelltentarifvertrages
BbesG	Bundesbesoldungsgesetz
BBL	Basketball-Bundesliga
Bed.	Bedienung
Bedienungspers.	Bedienungsperson
beh.	behindert
Beherbergungsgew.	Beherbergungsgewerbe
Ber.	Beratung

Berufsakad.	Berufsakademie
Berufsbekleidg.	Berufsbekleidung
besp.	bespielt
Betr.	Betreuung
bewegli.	bewegliche
Bild.einrichtg.	Bildungseinrichtung
Binnensch.	Binnenschifffahrt
biotechn.	biotechnische
BISp	Bundesinstitut für Sportwissenschaft
BMAS	Bundesministerium für Arbeit und Soziales
BMBF	Bundesministerium für Bildung und Forschung
BMI	Bundesministerium des Inneren
BMF	Bundesministerium der Finanzen
BMFSFJ	Bundesministerium für Familie, Senioren, Frauen und Jugend
BMU	Bundesministerium für Umwelt, Naturschutz und Reaktorsicherheit
BMVg	Bundesministerium der Verteidigung
Bootsf.	BootsführerIn
BSI	Bundesverband Deutscher Sportartikelindustrie
bspw.	beispielsweise
Buchführg.	Buchführung
Buchprüf.	Buchprüfung
Buchprüfungsgesellsch.	Buchprüfungsgesellschafte(n)
Bürobed.	Bürobedarf
bwgl.	beweglich
bzgl.	bezüglich
bzw.	beziehungsweise
ca.	circa
CAD	kanadische Dollar
CAF	Confédération Africaine de football
Campinga.	Campingartikel
Campingm.	Campingmöbel
CGE	Computable General Equilibrium
CPA	Classification of products by activity
DBV	Deutscher Buchmacherverband
d.	der / des / den / durch
DEL	Deutsche Eishockey Liga
DFB	Deutscher Fußballbund
DFL	Deutsche Fußballliga GmbH
DGB	Deutscher Gewerkschaftsbund

dgl.	dergleichen
d.h.	das heißt
diätetisch.	diätetische
Dienstl. / Dienstleist.	Dienstleistung(en)
DM	Deutsche Mark
DOSB	Deutsche Olympische Sportbund
Druckerz.	Druckerzeugnis
DSV	Deutsche Skiverband
DSSV	Deutscher Sportstudio Verband
DTM	Deutsche Tourenwagenmeisterschaften
DZ.	Datenzugangsmöglichkeiten
DZI	Deutschen Zentralinstitut für soziale Fragen
EAA	European Athletic Association
ebd.	ebenda
EBU	European Broadcasting Union
EDV	Elektronische Datenverarbeitung
Eh.	Einzelhandel
EHF	European Handball Federation
Einr.	Einrichtung
einschl.	einschließlich
Eisenbahnverk.	Eisenbahnverkehr
elektr.	elektrisch
ELER	Europäische Landwirtschaftsfonds für die Entwicklung des ländlichen Raums
EM	Europameisterschaften
Entbindungspfl.	Entbindungspfleger
Entg.	Entgelt(e)
Entwickl. / Entwicklg.	Entwicklung
EPL	Einzelplan
Erbrg.	Erbringung
Erl.	Erlangen
Erzeug.	Erzeugnis
EStG	Einkommensteuergesetz
et al.	et alii
etc.	et cetera
EU	Europäische Union
EVS	Einkommens- und Verbrauchsstichprobe
EWF	European Weightlifting Union
f. / ff.	für / fortführend / fortführende
Fachakad.	Fachakademie
Fahr.	Fahrräder

Fahrradt.	Fahrradteil(e)
FBL	Fußball Bundesliga
FEI	FédérationÉquestre Internationale
feinmech.	feinmechanischen
Fernsehprogr.	Fernsehprogramm
FES	Institut für Forschung und Entwicklung von Sportgeräten
FFT	Fédération Française de Tennis
FIA	Fédération Internationale de l'Automobile
FIFA	Fédération Internationale de Football Association
FILA	Fédération Internationale des Luttes Associées
FIM	Fédération Internationale de Motocyclisme
FINA	Fédération Internationale de Natation
FIS	Fédération Internationale de Ski
FISA	Fédération Internationale des Sociétés d'Aviron
FISAS	Finanz- und Strukturanalyse des deutschen Sports
FLVW	Fußball und Leichtathletik Verband Westfalen e.V.
FN	Fédération Équestre Nationale
Forschg.	Forschung
fotograf.	fotografisch
fremd.	fremdem
gerat.	geraten
Gerät	Gerät(e)
Gestalt.	Gestaltung
gestr.	gestrickten
Gesamtgew.	Gesamtgewicht
Geschenkart.	Geschenkartikel
Gesundheitsw.	Gesundheitswesen
GewStG	Gewerbesteuergesetz
GFR	Gesamtfinanzrechnung
ggf.	gegebenenfalls
Gh.	Großhandel
GP	Grand Prix
grds.	grundsätzlich
Großh. / Großha.	Großhandel
Grundstf.	Grundstoffen
Gummis.	Gummisohlen
Ha.	Handel
H.	Herstellung
Halbw.	Halbwaren
Handelsv.	Handelsvermittlung

Haush.	Haushalts-
Hausl.	Hauslieferung
HBL	Handball Bundesliga
Hebam.	Hebamme
herk.	herkömmlich
Herst. / Herstell.	Herstellung
HH	Haushalt
Hochschulkl.	Hochschulklinik
Hörfunkprogr.	Hörfunkprogramm
homogen.	homogenisiert
HV.	Handelsvermittlung
i.	im
IAAF	International Association of Athletics Federations
IAT	Institut für Angewandte Trainingswissenschaft
IBU	International Biathlon Union
ICF	International Canoe Federation
i.d.R.	in der Regel
IIHF	International Ice Hockey Federation
IMG	International Management Group
INFORGE	INterindustryFORecasting Germany
Ingenieurwissen.	Ingenieurwissenschaft
inkl.	inklusive
innerstädt.	innerstädtisch
Instandh. / Instandhalt.	Instandhaltung
IOC	Internationales Olympisches Komitee
IPTV	Internet Protocol Television
IRC	Intercontinental Rally Challenge
ISTAF	Internationales Stadionfest Berlin
ISU	International Skating Union
ITTF	International Table Tennis Federation
ITR	Internationale Tourenwagen-Rennen e.V.
JAB	Jahresabschlussstatistik
Journal.	Journalist
k.A.	keine Angabe(n)
Kap.	Kapitel
Küstensch.	Küstenschifffahrt
KFZ	Kraftfahrzeug
Kleinkind.	Kleinkinder
KMK	Kultusministerkonferenz
Kommunikationsk.	Kommunikationskabelnetz(e)
konfektion.	konfektioniert

K.rädern	Krafträdern
Kraftfahrzeugh.	Kraftfahrzeughaltung
Kraftw.	Kraftwagen
Krankengym.	Krankengymnastik
Krankenh.	Krankenhaus
KSB	Kreissportbund
KStG	Körperschaftsteuergesetz
Kunst.	Kunstleder
landw.	landwirtschaftlich
Laufs.	Laufsohle(n)
LBesG	Landesbesoldungsgesetze
leb.	lebenden
Lederbekl.	Lederbekleidung
Lederverar.	Lederverarbeitung
Lederwar.	Lederware
lfd.	laufend
LKW	Lastkraftwagen
LSB	Landessportbund
LWR	Laufende Wirtschaftsrechnungen
LZPD NRW	Landesamt für Zentrale Polizeiliche Dienste NRW
m.	mit
med. / medizin.	medizinisch
Mineralölerzeug.	Mineralölerzeugnis
Mio.	Millionen
MLB	Major League Baseball
Motorenkraftst.	Motorenkraftstellen
Mrd.	Milliarden
n	Anzahl
n.a.	nicht angegeben
n.b.	nicht berechnet
NACE	Nomenclaturestatistique des activités économiques dans la Communauté européenne
NADA	Nationale Anti-Doping-Agentur
Nahrungsm.	Nahrungsmittel
Nahrungsmittelzub.	Nahrungsmittelzubereitung
Nahverkehrs.	Nahverkehrssystem
Nam.	Namen
nat.	national
Naturw. / Naturwissensch.	Naturwissenschaft
NBA	National Basketball League
NFL	National Football League

NHL	National Hockey League
Nr.	Nummer
NRW	Nordrhein-Westfahlen
o. / oh.	ohne
o.ä.	oder ähnliches
Oberbekleidg.	Oberbekleidung
öff.	öffentliche
Olymp.	Olympic
Omnib.	Omnibus
ÖPNV	Öffentlicher Personennahverkehr
orthopäd.	orthopädisch
OSP	Olympiastützpunkt
o.V.	ohne Verfasser
§	Paragraph
param.	paramedizinisch
Pers.	Personal
pers.	persönlich
Personenbef.	Personenbeförderung
PGA	Professional Golfers Association
pharmaz. / pharmazeut.	pharmazeutisch
post-sek.	post-sekundär
prof.	professionell
%	Prozent
psychosoz.	psychosozial
psych.	psychologisch
Q	Quotient
Rehakl.	Rehaklinik
REL.	Reliabilität
RennwLottG	Rennwett- und Lotteriegesetz
Rep.	Reparatur
REP.	Repräsentativität
Rohstf.	Rohstoffe
Rückversicherung.	Rückversicherunge(n)
S.	Seite
Sachv.	Sachvermögen
Sch.	Schule
Schelppd.	Schleppdienst
Schreibw.	Schreibware(n)
Schubd.	Schubdienst
Schulb.	Schulbus
SEB	Sportentwicklungsbericht

selbst.	selbstständig
Selbstbed.	Selbstbedienung
s.o.	siehe oben
SOEP	Sozioökonomisches Panel
sog.	sogenannte
SOLzG	Solidaritätszuschlag
sons. / sonst.	sonstige
Spezialit.	Spezialitäten
Spielw.	Spielware
Sp.	Sport
Sportveranst.	Sportveranstaltung
Sportverb.	Sportverbände
spez.	spezielle
SRW	Super Racing Weekend
SSB	Stadtsportbund
Suchtbek.	Suchtbekämpfung
SWB	subjective well-being
station.	stationär
Steuerber. / Steuerberatg.	Steuerberatung
SZ.	Studienzugang
t	Tonnen
Tab.	Tabelle
Tätigk.	Tätigkeit
text.	textil
Textb.	Textbericht(e)
Textberichterst.	Textberichterstattung
TV	Television
TV-L	Tarifvertrag für den Öffentlichen Dienst der Länder
u.a.	unter anderem
u.ä.	und ähnliche
ü.	über
UCI	Union Cycliste Internationale
UEFA	Union of European Football Associations
UEG	Union Européenne de Gymnastique
Überlandlinienfernv.	Überlandlinienfernverkehr
unb.	unbeweglich
unbesp.	unbespielt
unterhalt.	unterhaltsamen
Unterh. / Unterhaltg.	Unterhaltung
Unterhaltungselek.	Unterhaltungselektronik
Unterhaltungsger.	Unterhaltungsgerät

Unterr.	Unterricht
u.s.	und sonstige
USA	United States of America
USTA	United States Tennis Association
UStG	Umsatzsteuergesetz
usw.	und so weiter
VAL.	Validität
VDS	Verband Deutscher Sportfachhandel
Verk.	Verkehr
Verm.	Vermittlung
Verpackungsm.	Verpackungsmittel
versch.	verschieden
Versicherungsgew.	Versicherungsgewerbe
VFM	Verband der Fahrrad- und Motorradindustrie
vgl.	Vergleich
VGR	Volkswirtschaftliche Gesamtrechnung
Videob.	Videoband
Vordergr.	Vordergrund
Vors.	Vorsorge
VPI	Verbraucherpreise
WADA	World Anti-Doping Agency
Werbeart.	Werbeartikel
Werksverk.	Werksverkehr
Wirtsch.	Wirtschaft
Wirtschaftsprüf.	Wirtschaftsprüfer
Wirtschaftsprüfungsg.	Wirtschaftsprüfungsgesellschaften
WM	Weltmeisterschaft
WPBSA	World Professional Billiards and Snooker Association
WSA	World Snooker Association
WTA	Women's Tennis Association
WTCC	World Touring Car Championship
WZ	Wirtschaftszweig
Zahl.	Zahlung
z.B.	zum Beispiel
ZDF	Zweites Deutsches Fernsehen
Zeitschr.	Zeitschriften
Zeitung.	Zeitungen
ZIS	Zentrale Informationsstelle Sporteinsätze
z.T.	zum Teil
Zubeh.	Zubehör
Zubringerb.	Zubringerbus

Kurzfassung

Projektziele

Obgleich vereinzelte methodische Ansätze und Datenhinweise zur finanzpolitischen Bedeutung des Sports bspw. in den Studien zur ökonomische Bedeutung des Sports von Weber et al. (1995) und Meyer & Ahlert (2000) gegeben sind, existiert bislang keine umfassende Studie, die die finanzpolitische Bedeutung des Sports in Deutschland umfassend thematisiert. Der Forschungsauftrag fe32/09 hat daher das Ziel, die bestehenden und möglichen neuen Ansätze zur Quantifizierung der finanzpolitischen Bedeutung des Sports darzustellen und so weit wie möglich mit Zahlen zu unterlegen. Die "finanzpolitische Bedeutung" wird im Rahmen der Studie durch die sportrelevanten Nutzen- und Kostenkategorien der öffentlichen Haushalte operationalisiert.[1]

Insgesamt lassen sich fünf Teilziele des Projektes ableiten:

(1) Es soll eine möglichst redundanzfreie Systematisierung der sportrelevanten Nutzen- und Kostenkategorien der öffentlichen Haushalte entwickelt werden.

(2) Bestehende Methoden zur Quantifizierung der sportrelevanten Nutzen- und Kostenkategorien der öffentlichen Haushalte sollen aufgeführt, wissenschaftlich bewertet und durch eigene Methoden ergänzt werden.

(3) Das vorhandene Datenmaterial zur Quantifizierung der identifizierten sportrelevanten Nutzen- und Kostenkategorien der öffentlichen Haushalte soll gesichtet und bewertet werden.

(4) Die aufbauend auf (2) und (3) ermittelten monetären Größen der sportrelevanten Nutzen- und Kostenkategorien der öffentlichen Haushalte sollen den Ergebnissen anderer Studien gegenüber gestellt werden.

(5) Der weitere Forschungsbedarf soll benannt werden.

---

[1] Unter öffentlichen Haushalten werden die Gebietskörperschaften (Bund, Länder, Gemeinden / Kommunen) sowie die Sozialversicherungsträger subsummiert.

Abgrenzungssystematik

Im Rahmen des Projektes werden insgesamt vier sportbezogene Nutzen- und Kostenkategorien der öffentlichen Haushalte unterschieden: sportbezogene direkte Einnahmen (bspw. Steuereinnahmen), gesellschaftliche Nutzeneffekte des Sports (bspw. Integrationsleistungen und Gesundheitsversorgung), sportbezogene direkte Ausgaben (bspw. öffentliche finanzielle Mittel zur Förderung des Sports) sowie der Verzicht auf Einnahmen zur Förderung des Sports (bspw. durch Subventionen und Steuererleichterungen).

Die Abgrenzung der vier Nutzen- und Kostenkategorien erfolgt dabei anhand der EU-Nomenklatur zur Klassifizierung der wirtschaftlichen Aktivitäten in Europa, kurz NACE (*Nomenclature statistique des activités économiques dans la Communauté européenne*), sowie bei der weiteren Untergliederung anhand der EU-Klassifizierung von Produkten nach Aktivitäten, kurz CPA (*Classification of products by activity*). Basierend auf diesen beiden Systematiken (NACE, CPA) werden im Sinne der Vilnius-Definition die Kern-, enge und weite Abgrenzung des Sports unterschieden.

Zur Kernabgrenzung des Sports gehören solche Wirtschaftszweige, die personenbezogene Sportdienstleistungen erbringen, wie der Betrieb von Sportanlagen, Sportvereine und Sportverbände, professionelle Sportmannschaften, selbständige Berufssportler und -trainer, Sportpromoter und sonstige professionelle Sportveranstalter sowie Sportschulen und selbständige Sportlehrer. Zur engen Abgrenzung des Sports gehören einerseits die sechs Wirtschaftszweige der Kernabgrenzung. Darüber hinaus gehören hierzu solche Wirtschaftszweige, deren Lieferungen und Leistungen als notwendige Inputs gesehen werden, um "Sport zu produzieren" (sogenannte *up- stream sectors*)[2] wie bspw. Betriebe. Zur weiten Abgrenzung des Sports gehören (zusätzlich zu den oben genannten Wirtschaftszweigen der Kern- und engen Abgrenzung des Sports) solche Wirtschaftszweige, deren Lieferungen und Leistungen eine direkte oder indirekte Verbindung zum Sport

---

[2] Hierzu gehören bspw. die Sportartikelproduktion und der Sportartikelhandel, die mit der Bereitstellung von Sportbekleidung und bspw. Sportbällen wesentliche Inputs zur „Produktion" von Sport bereitstellen.

haben, ohne für die "Produktion von Sport" notwendig zu sein (sogenannte *downstream sectors*).[3]

Die drei Abgrenzungen des Sports werden zusammengefasst in Abbildung 0.1 dargestellt. Eine ausführliche Darstellung findet sich im Anhang 14.1.

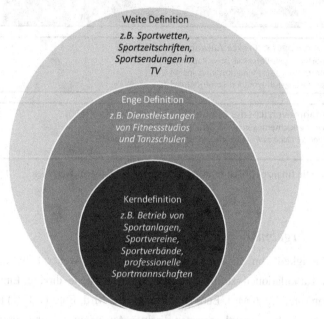

Abb. 0.1: Die Kern-, enge und weite Abgrenzung des Sports im Sinne der Vilnius-Definition.

Bei der Quantifizierung der vier Nutzen- und Kostenkategorien werden, wie in Abbildung 0.2 mit den Kreisen angedeutet, die Werte für die drei unterschiedlichen definitorischen Reichweiten des Sportbezugs unterschieden.

---

[3] Hierzu gehört bspw. das Wett- und Lotteriewesen, welches für bestimmte Wettspiele auf das „Produkt" Sport zurückgreift.

(1) Sportbezogene direkte Einnahmen (Kapitel 2)
Sportbezogene Steuereinnahmen (Kapitel 2.1)
Sportbezogene Sozialbeiträge (Kapitel 2.2)
Sonstige sportbezogene direkte Einnahmen (Kapitel 2.3)

(2) Gesellschaftliche Nutzeneffekte des Sports (Kapitel 3)
Gesundheit (Kapitel 3.1)
Sozialwert (Kapitel 3.2)
Sozialkapital (Kapitel 3.3)

(3) Sportbezogene direkte Ausgaben (Kapitel 4)
Sportbezogene Personalkosten (Kapitel 4.1)
Sportbezogene Laufende Kosten (Kapitel 4.2)
Sportbezogene Investitionskosten (Kapitel 4.3)

(4) Einnahmeverzicht der öffentlichen Haushalte (Kapitel 5)
Steuererleichterungen zur Förderung des Sports (Kapitel 5.1)
Unentgeltliche bzw. verbilligte Sportstättennutzung (Kapitel 5.2)

Abb. 0.2: Die finanzpolitisch relevanten Nutzen- und Kostenkategorien.

Zentrale Ergebnisse

In Abhängigkeit von der Abgrenzung (Kern-, enge, weiter Definition) stehen unseren Kalkulationen zufolge in 2010 sportbezogene direkte Einnahmen in Höhe von rund 3,076 Mrd. Euro (0,28%), 14,252 Mrd. Euro (1,32%) und 21,768 Mrd. Euro (2,01%)[4] sportbezogenen direkten Ausgaben in Höhe von rund 4,267 (0,37%) Mrd. Euro, 8,333 Mrd. Euro und 8,333 Mrd. Euro (0,72%) der öffentlichen Kernhaushalte gegenüber.[5]

---

[4] An dieser Stelle sei darauf hingewiesen, dass in den Werten der sportbezogenen direkten Einnahmen der engen und weiten Abgrenzung des Sports rund 3,939 Mrd. Euro an sportbezogener Mineralölsteuern enthalten sind. Die zur Berechnung verwendete sportbezogene Quote zum motorisierten Individualverkehr basiert allerdings auf einer über 20 Jahre alten Studie.

[5] Die Prozentangaben beziehen sich auf die gesamten, in der VGR für 2010 ausgewiesenen Einnahmen und Ausgaben des Staates. Alle sportbezogenen öffentlichen Ausgaben sind der Kern- und/oder engen Abgrenzung des Sports zuzuordnen. Im Rahmen der weiten Abgrenzung des Sports fallen keine zusätzlichen Ausgaben an. Daher sind die abgeschätzten Ergebnisse für die enge und weite Abgrenzung des Sports identisch.

Die folgenden Tabellen (0.1 und 0.2) zeigen die Ergebnisse zu den direkten Einnahmen und Ausgaben im Verhältnis zu den in der Volkswirtschaftlichen Gesamtrechnung (VGR, Rechnungsstand Februar 2011) ausgewiesenen gesamten konsolidierten Staatsausgaben in 2010.[6]

Tab. 0.1: Die Einnahmen des Staates (Kernhaushalte) in 2010 und der abgeschätzte Sportanteil.[7]

Einnahmen	1082,09
darunter sportbezogene Einnahmen des Kernbereiches (WZ 92.6)	3,08
darunter sportbezogene Einnahmen der engen Abgrenzung	14,25
darunter sportbezogene Einnahmen der weiten Abgrenzung	21,77
I) Steuern	568,26
I.1) Produktions- und Importabgaben	310,47
darunter Produktions- und Importabgaben auf sportbezogene Produkte des Kernbereiches (WZ 92.6)	0,55
darunter Produktions- und Importabgaben auf sportbezogene Produkte der engen Abgrenzung	5,67
darunter Produktions- und Importabgaben auf sportbezogene Produkte der weiten Abgrenzung	8,67
I.2) Einkommen- und Vermögensteuern	257,79
darunter Einkommen- und Vermögensteuern des Kernbereiches (WZ 92.6)	0,87
darunter Einkommen- und Vermögensteuern der engen Abgrenzung	3,15
darunter Einkommen- und Vermögensteuern der weiten Abgrenzung	4,91
II) Sozialbeiträge	420,28
darunter tatsächliche und unterstellte Sozialbeiträge des Kernbereiches (WZ 92.6)	1,08
darunter tatsächliche und unterstellte Sozialbeiträge der Bereiche der engen Abgrenzung	4,85
darunter tatsächliche und unterstellte Sozialbeiträge der Bereiche der weiten Abgrenzung	7,61
III) sonstige Einnahmen[11]	93,55
darunter sonstige sportbezogene direkte Einnahmen des Kernbereiches (WZ 92.6)	0,58
darunter sonstige Einnahmen der Bereiche der engen Abgrenzung	0,58
darunter sonstige Einnahmen der Bereiche der weiten Abgrenzung	0,58

---

[6] Eine ausführliche Tabelle zu den direkten Einnahmen befindet sich im Anhang 14.13.
[7] Die Ergebnisse beruhen auf den im Rahmen des Berichts durchgeführten Schätzungen. Die Tabelle ist wie folgt zu verstehen: Die Einnahmen (schwarz hinterlegt) unterteilen sich in Steuern (I), Sozialbeiträge (II) sowie sonstige Einnahmen (III). Die Werte dieser aggregierten Einnahmekategorien sind der VGR 2010 (Rechnungsstand Februar 2011) entnommen. Die Graustufen der sportbezogenen Anteile sind wie folgt zu verstehen: dunkelgrau (Kernbereich), mittelgrau (enge Abgrenzung, inkl. Kernbereich), hellgrau (weite Abgrenzung, inkl. enge Abgrenzung und Kernbereich). Sonstige Einnahmen umfassen die folgenden Kategorien (mit Werten in Mrd. Euro basierend auf der VGR 2010, Stand Februar 2011): Verkäufe (50,91), sonstige Subventionen (0,59), Vermögenseinkommen (18,48), sonstige laufende Transfers (14,07), Vermögenstransfers (9,50).

Tab. 0.2: Die Ausgaben des Staates (Kernhaushalte) in 2010 und der abgeschätzte Sportanteil.[8]

Ausgaben	1164,10
darunter sportbezogene Ausgaben des Kernbereiches (WZ 92.6)	4,27
darunter sportbezogene Ausgaben der engen Abgrenzung	8,33
darunter sportbezogene Ausgaben der weiten Abgrenzung	8,33
I) Arbeitnehmerentgelt	181,75
darunter "Personalkosten" des Kernbereiches (WZ 92.6)	0,72
darunter "Personalkosten" der Bereiche der engen Abgrenzung	3,94
darunter "Personalkosten" der Bereiche der weiten Abgrenzung	3,94
II) sonstige Ausgaben (ohne Arbeitnehmerentgelt)[12]	982,35
darunter "Laufende Kosten" des Kernbereiches (WZ 92.6)	2,74
darunter "Laufende Kosten" der Bereiche der engen Abgrenzung	3,26
darunter "Laufende Kosten" der Bereiche der weiten Abgrenzung	3,26
darunter "Investitionskosten" des Kernbereiches (WZ 92.6)	0,81
darunter "Investitionskosten" der Bereiche der engen Abgrenzung	1,14
darunter "Investitionskosten" der Bereiche der weiten Abgrenzung	1,14

In der VGR werden allerdings nur die Kernhaushalte sowie die direkten Einnahmen und Ausgaben dargestellt. In den obigen Werten (Tabelle 0.1 und 0.2) sind entsprechend die sportbezogenen Einnahmen und Ausgaben der Eigenbetriebe, der Einnahmeverzicht der öffentlichen Haushalte zur Förderung des Sports (Steuermindereinnahmen) sowie die gesellschaftlichen Nutzeneffekte des Sports noch nicht beachtet. Alle Kategorien sind der Kerndefinition des Sports zuzurechnen:

- Unseren Berechnungen zu Folge können die direkten Einnahmen der sportbezogenen Eigenbetriebe auf rund 0,403 Mrd. Euro beziffert werden.

---

[8] Die Ergebnisse beruhen auf den im Rahmen des Berichts durchgeführten Schätzungen. Die Tabelle ist wie folgt zu verstehen: Die Ausgaben (schwarz hinterlegt) unterteilen sich in Arbeitnehmerentgelt (I) und sonstige Ausgaben (ohne Arbeitnehmerentgelt) (II). Die Werte der aggregierten Ausgabenkategorien sind der VGR 2010 (Stand Februar 2011) entnommen. Die Graustufen der sportbezogenen Anteile sind wie folgt zu verstehen: dunkelgrau (Kernbereich), mittelgrau (enge Abgrenzung, inkl. Kernbereich), hellgrau (weite Abgrenzung, inkl. enge Abgrenzung und Kernbereich). Die Tabelle ist in sich konsistent im Sinne einer Top-down-Betrachtung. Sonstige Ausgaben umfassen die folgenden Kategorien (mit Werte in Mrd. Euro basierend auf der VGR 2010, Rechnungsstand Februar 2011): Monetäre Sozialleistungen (450,57), soziale Sachleistungen (204,17), Vorleistungen (116,33), Vermögenseinkommen (59,78), sonstige laufende Transfers (46,46), Subventionen ohne Subventionen der EU an inländische Sektoren (32,96) sowie sonstige Produktionsabgaben (0,07).

Die direkten Ausgaben der sportbezogenen Eigenbetriebe belaufen sich auf rund 0,812 Mrd. Euro.

- Hinzu kommen Steuermindereinnahmen in Höhe von rund 0,750 Mrd. Euro, die den sportbezogenen Kosten zugeordnet werden können.

- Das tatsächliche Vorhandensein der gesellschaftlichen Nutzeneffekte des Sports ist nicht eindeutig und bisher unzureichend erforscht. Entsprechend sind auch die Ansätze zur Monetarisierung dieser Effekte noch nicht ausgereift (sofern überhaupt vorhanden). Daher können an dieser Stelle keine zuverlässigen Werte zu den gesellschaftlichen Nutzeneffekten des Sports präsentiert werden.

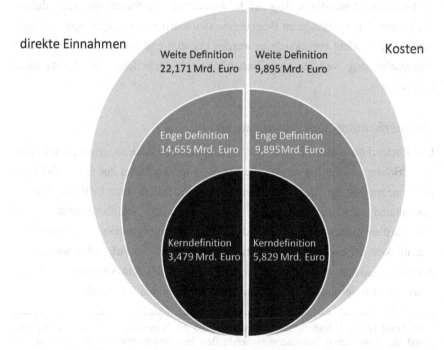

direkte Einnahmen

Weite Definition
22,171 Mrd. Euro

Weite Definition
9,895 Mrd. Euro

Kosten

Enge Definition
14,655 Mrd. Euro

Enge Definition
9,895 Mrd. Euro

Kerndefinition
3,479 Mrd. Euro

Kerndefinition
5,829 Mrd. Euro

Abb. 0.3: Die geschätzten sportbezogenen direkten Einnahmen und Kosten des Staates.[9]

---

[9] Die Ergebnisse beruhen auf den im Rahmen des Berichts durchgeführten Schätzungen. Ergänzend zu den in den Tabellen 0.1 und 0.2 aufgeführten direkten Einnahmen und Ausgaben des Staates wurden hier die Einnahmen und Ausgaben der sportbezogenen Eigenbetriebe sowie die Steuermindereinnahmen mit abgebildet. Nicht quantifizierbar

Zusammenfassend stehen unserer Kalkulation zu Folge in Abhängigkeit von der Abgrenzung (Kern-, enge, weiter Definition) in 2010 sportbezogene direkte Einnahmen in Höhe von rund 3,479 Mrd. Euro, 14,655 Mrd. Euro und 22,171 Mrd. Euro sportbezogenen Kosten (direkte Ausgaben der Kernhaushalte und Eigenbetriebe sowie Steuermindereinnahmen) in Höhe von rund 5,829 Mrd. Euro, 9,895 Mrd. Euro und 9,895 Mrd. Euro gegenüber (Abbildung 0.3).

Demnach überwiegen (bei enger und weiter Abgrenzung des Sports) die aus Sicht der öffentlichen Haushalte sportbezogenen Nutzeneffekte insgesamt die sportbezogenen Kosteneffekte.

Zu beachten ist allerdings, dass auf der Kostenseite die Steuermindereinnahmen, die aufgrund der besonderen Besteuerungsvorschriften bei eingetragenen Vereinen bestehen, nicht berücksichtigt werden konnten und auf der Nutzenseite eine Monetarisierung weiterer (gesellschaftlicher) Nutzeneffekte des Sports nicht möglich war.

Datenerhebung- und Datenauswertung

Um Rückschlüsse auf die Güte der im Rahmen des Berichts ermittelten Ergebnisse ziehen zu können, werden die herangezogenen Daten zur Quantifizierung der finanzpolitischen Bedeutung des Sports hinsichtlich ihrer Erhebungsmethoden anhand der Kriterien Validität[10], Repräsentativität[11] und Reliabilität[12] evaluiert. Darüber hinaus wird die Güte der Datenauswertung anhand der Anzahl und Genauigkeit der notwendigen Schätzungen diskutiert. Im Folgenden werden die zentralen Aspekte und Befunde zur Güte der im Bericht verwendeten Daten sowie der Auswertungs- bzw. Quantifizierungsmethoden vorgestellt.

(und damit in der Abbildung nicht enthalten) sind die Steuermindereinnahmen, die aufgrund der besonderen Besteuerungsvorschriften bei eingetragenen Vereinen bestehen sowie die monetäre Bedeutung der gesellschaftlichen Nutzeneffekte des Sports.

[10] Datenquellen gelten als valide, wenn sie frei von systematischen Fehlern sind, also genau das beinhalten, was sie vorgeben.

[11] Daten gelten als repräsentativ, wenn die gezogenen Stichproben Aussagen über die Grundgesamtheit zulassen.

[12] Unter Reliabilität wird in diesem Bericht die Verlässlichkeit von Datenquellen verstanden.

Viele der verwendeten Daten beruhen auf amtlichen Statistiken und können als *reliabel* eingestuft werden. Da häufig Vollerhebungen durchgeführt oder angemessene Stichproben gezogen wurden, kann zudem angenommen werden, dass die Daten *repräsentativ* für Deutschland sind. Bezüglich der *Validität* der Daten in den amtlichen Statistiken wurde allerdings ein möglicher Problembereich identifiziert. Es kann abschließend nicht geklärt werden, ob die Zuordnung der Aufgabenbereiche und Ausgabenkategorien in allen Kommunen und Ländern identisch ist. Daher ist die Validität der Einzelergebnisse zu den öffentlichen Ausgaben sowohl für die Aufgabenbereiche[13] als auch für die Ausgabenkategorien[14] eingeschränkt. Etwaige Zuordnungsunterschiede bzgl. der Ausgabenkategorien heben sich auf aggregierter Ebene auf.[15] Daher können die *aggregierten* Angaben als valider eingeschätzt werden. Zuordnungsunterschiede zwischen einzelnen Kommunen und Ländern hinsichtlich der Aufgabenbereiche können jedoch auch auf aggregierter Ebene zu einer Unter- oder Überschätzung der berechneten Werte führen. Obgleich vermutet wird, dass die hierdurch hervorgerufenen Ungenauigkeiten auf aggregierter Ebene *absolut* gesehen nicht erheblich sind, ist dieser Aspekt bei der Interpretation der Ergebnisse zu beachten.

Neben den amtlichen Statistiken werden zudem Daten und Ergebnisse aus Auftragsstudien und Studien nicht-wissenschaftlicher Einrichtungen sowie veröffentlichte Daten ohne nähere Angaben zu den Datenerhebungsmethoden herangezogen. Um Rückschlüsse auf die Güte der Daten ziehen zu können, wurde versucht, weitere Informationen zur jeweils verwendeten Datenerhebungsmethode einzuholen. Wie die folgende Abbildung 0.4 zeigt, konnten jedoch nicht alle, der im Bericht verwendeten Daten, hinsichtlich ihrer Güte evaluiert werden.

---

[13] Förderung des Sports, Sportstätten, Schul- und Hochschulsport, Sportwissenschaft.
[14] Personalkosten, Laufende Kosten, Investitionskosten.
[15] Werden alle Ausgabenkategorien (Personalkosten, Laufende Kosten, Investitionskosten) zusammen betrachtet, heben sich Zuordnungsunterschiede bspw. bzgl. der Laufenden und Investitionskosten auf.

BSI (2010). *Produktionszahlen für Sport- und Freizeitartikel in Deutschland 2007 in Mio. EUR.*
→ Die Umsatzzahl entstammt einer Studie der NPD Group Inc. Mit dem Titel "European Sport Market Size, Release 2009"
→ Eine schriftliche Anfrage zur Datenerhebungsmethodik per Email an die NPD Group Inc. vom 23.6.11 blieb unbeantwortet.
Deloitte (2011). *Der Deutsche Fitnessmarkt* (Die Studie wird in der Neuauflage zusammen mit dem DSSV durchgeführt).
→ Die verwendeten Datenerhebungsverfahren lassen den Schluss zu, dass die Daten zu den Umsätzen zuverlässig sind.
→ Die großen Abweichungen zwischen dem ermittelten Umsatzvolumen und den in LWR und Umsatzsteuerstatistik ausgewiesenen
    Werten konnten allerdings nicht erklärt werden.
Deloitte (2010). *Finanzreport deutscher Profisportligen 2010.*
→ Die Daten basieren auf den von den Clubs veröffentlichten Betriebszahlen und „verschiedene Informationen aus öffentlichen und
    anderen direkten Quellen". Es wird allerdings darauf hingewiesen, dass zum Zwecke der Studie „keine Überprüfung der Informationen
    aus Jahresabschlüssen oder anderen Quellen durchgeführt" wurde. Insofern können die Daten abschließend nicht beurteilt werden.
    Genauso wenig liegen allerdings Anzeichen irgendeiner Art vor, die Anlass zum Zweifel an der Korrektheit der Daten aufkommen
    lassen könnten.
DFL (2010). *Bundesliga 2010, Die wirtschaftliche Situation im Lizenzfußball.*
→ Eine schriftliche Anfrage zur Datenerhebungsmethodik per Email vom 17.6.11 blieb unbeantwortet.
Goldmedia (2010). *Glücksspielmarkt Deutschland.*
→ Die Angaben zu Spieleinsätzen im Bereich Oddset/Fußballtoto sind aus der Pressemitteilung des DLTB entnommen.
→ Die Angaben zu Spieleinsätzen im Bereich Pferdewetten sind aus Daten des Deutschen Buchmacherverbandes entnommen. Da sie der
    Höhe nach den von Schneider & Maurhart (2010) ermittelten Werten entsprechen, ist davon auszugehen, dass diese aus der unter
    aufgeführten Untersuchung stammen.
Pilot (2009). *Sponsor Visions.*
→ Eine schriftliche Anfrage zur Datenerhebungsmethodik per Email vom 17.6.11 blieb unbeantwortet.
PwC (2006). *German Entertainment and Media Outlook 2006-2010.*
→ Eine schriftliche Anfrage zur Datenerhebungsmethodik per Email vom 17.6.11 blieb unbeantwortet.
Schneider & Maurhart (2010). *Marktuntersuchung zum deutschen Markt für Pferdewetten (Jahre 2005-2009).*
→ Professor Schneider legte auf Anfrage im Rahmen einer ausführlichen schriftlichen Stellungnahme die Datenerhebungs- und
    Datenauswertungsmethoden dar. Die Daten sind zuverlässig und können im Rahmen der vorliegenden Studie verwendet werden.
VDS (2010). *Stabiles Wachstum im Sportfachhandel trotz der allgemeinen Wirtschaftskrise.*
→ Eine schriftliche Anfrage zur Datenerhebungsmethodik per Email vom 17.6.11 blieb unbeantwortet.

Abb. 0.4: Überblick zu den durchgeführten Maßnahmen und Ergebnissen zur Evaluation der Datenerhebungsmethoden der im Bericht zitierten Auftragsstudien oder Studien von nicht-wissenschaftlichen Einrichtungen sowie in den Quellen nicht näher erläuterten Daten.

Im Rahmen der Quantifizierung der sportrelevanten Nutzen- und Kostenkategorien der öffentlichen Haushalte ergeben sich drei zentrale Herausforderungen:

- Insbesondere bei der Quantifizierung der sportbezogenen direkten Einnahmen müssen zahlreiche Abschätzungen und Approximationen vorgenommen werden. Obgleich die im Rahmen der Vilnius-Definition abgegrenzten Wirtschaftszweige alle eine grundsätzliche Sportrelevanz aufweisen, wird in den amtlichen Statistiken nicht näher spezifiziert, wie groß der sportbezogene Anteil der Lieferungen und Leistungen der sportrelevanten Wirtschaftszweige tatsächlich ist. Zur Abschätzung des sportbezogenen Anteils werden sportbezogene Quoten verwendet, die z.T. aus älteren Studien resultieren, z.T. aber auch aus aktuellem Datenmaterial gewonnen werden können. Insgesamt sind die Werte der verwendeten Quoten plausibel.

- Für einzelne Einnahmen- und Ausgabenkategorien, wie bspw. den sportbezogenen Kosten für Personal im Bereich Schulsport oder den Personalkosten für Polizeibedienstete zur Sicherung von Sportveranstaltungen, müssen weitere eigene Berechnungen und Abschätzungen durchgeführt werden.

- Die zur Quantifizierung der sportbezogenen öffentlichen Ausgaben verwendeten amtlichen Statistiken beinhalten nur einen Teil der relevanten Ausgaben. Die als Ausgangsdatenbasis verwendeten Rechnungsergebnisse der öffentlichen Haushalte für die Bereiche "Badeanstalten und sonstige eigene Sportstätten" und "Förderung des Sports" (Statistisches Bundesamt, 2010p) müssen daher um zahlreiche weitere Kategorien systematisch ergänzt werden (vgl. Abbildung 0.5).

		Bund	Länder	Kommunen
Sportstätten				
	Personalkosten	(1) (2) (3)	(1) (3)	(1)(4)
	Laufende Kosten	(1) (2)	(1)	(1)(4)
	Investitionskosten	(1) (2)	(1)	(1)(4)
Förderung des Sports				
	Personalkosten	(1) (2)	(1)	(1)
	Laufende Kosten	(1) (2)	(1)(5)	(1)
	Investitionskosten	(1) (2)	(1)	(1)
Schul- und Hochschulsport				
	Personalkosten	(7)		
	Laufende Kosten	(8)		
	Investitionskosten	(8)		
Sportwissenschaft				
	Personalkosten	(2)	(6)	
	Laufende Kosten	(2)	(6)	
	Investitionskosten	(2)	(6)	

Basisdatenbank (1):
Personal-, Laufende und Investitionskosten der Bereiche „Badeanstalten", „eigene Sportstätten" und „Förderung des Sports"
(Fachserie 14, Reihe 3.5, Statistisches Bundesamt, 2010p)

Erweiterung (2):
→ Sportfördermittel der Bundesministerien *(BMI, 2008)*

Erweiterung (3):
→ Polizeibedienstete zur Sicherung von Sportveranstaltungen *(eigene Berechnung)*

Erweiterung (4):
→ Sportbezogene Eigenbetriebe *(JAB, 2008)*

Erweiterung (5):
→ direkte Förderung aus Wettmittelfonds *(Internetrecherchen)*

Erweiterung (6):
Kosten an Hochschulen der Fächergruppe Sport *(Fachserie 11, Reihe 4.5, Statistisches Bundesamt 2009m, 2010m)*

Erweiterung (7):
→ Personal zum Anbieten des Schulsports *(eigene Berechnung)**

Erweiterung (8):
→ Laufende und Investitionskosten im Bereich Schul- und Hochschulsport *(eigene Berechnung)**

* Personalkosten und Investitionskosten im Bereich Hochschulsport konnten aufgrund der mangelnden Datenlage nicht quantifiziert werden.

Abb. 0.5: Die Systematik zur Quantifizierung der direkten sportbezogenen Ausgaben.

Zukünftiger Forschungsbedarf

Die in diesem Bericht abgeschätzten Ergebnisse können in Relation zu bisher ermittelten Ergebnissen gebracht. Die (sehr begrenzt) vorhandenen Vergleichsdaten (bspw. aus den Studien Weber et al. (1995) und Meyer & Ahlert (2000)) zeigen, dass die in diesem Bericht (vorsichtig) kalkulierten Werte in ähnlichen Größenordnungen liegen. Dennoch ergeben sich einige Problembereiche im Rahmen der Quantifizierung der finanzpolitischen Bedeutung. Um die Zielsetzungen einer leistungsstarken wissenschaftlichen Politikberatung im Themenfeld Sport und Wirtschaft bzw. Sport und öffentliche Finanzen zukünftig noch besser gerecht werden zu können, sollten Forschungsarbeiten insbesondere auf folgenden Feldern fortgeführt bzw. initiiert werden:

Sportbezogene direkte Einnahmen:

- Forschungsbedarf besteht hinsichtlich der adäquaten Zuschreibung des anteiligen Steueraufkommens. So ist z.b. nach wie vor unklar, welcher Anteil des Mineralölsteuer -aufkommens sportbezogen ist. Gleiches gilt für andere Arten von Steueraufkommen. Hier sollten zukünftige Forschungsarbeiten verlässlichere Abschätzungen erzielen als dies bisher möglich ist.[16]

- Forschungsbedarf besteht zudem hinsichtlich der finanzpolitischen Bedeutung der Sportbünde und –verbände. Hierzu sollte analog zum Sportentwicklungsbericht der Vereine (SEB Vereine) ein Sportentwicklungsbericht der Verbände (SEB Verbände) initiiert werden.

Gesellschaftliche Nutzeneffekte des Sports:

- Es fehlen grundlegende Forschungsarbeiten, die sich systematisch mit der ökonomischen Bewertung und Quantifizierung gesellschaftlicher Nutzeneffekte des Sports befassen (Gesundheit, Lebensqualität, Sozialisation, Integra-

---

[16] Für den Konsum der privaten Haushalte werden bspw. im Rahmen des Projektes vom Bundesinstitut für Sportwissenschaft zur "Wirtschaftlichen Bedeutung des Sports in Deutschland - Erhebung und Auswertungen zum sportbezogenen Konsum" (u.a.) neue Quoten ermittelt. Mit dem derzeit laufenden Projekt des BMWi zur Bedeutung des Spitzen- und Breitensports im Bereich Werbung, Sponsoring und Medienrechte wird zudem der größte und bedeutendste Bereich des sportbezogenen Endverbrauchs sonstiger Betriebe derzeit ganzheitlich erschlossen.

tion, Identifikation, Repräsentation). Nach dem Vorbild der Gesundheits- und Umweltökonomik wären eigene Methoden zu entwickeln, die entsprechende Abschätzungen ermöglichen. Ein Beitrag zur Erfassung der gesellschaftlichen Nutzeneffekte des Sports ist zudem aus der Glücks- und Zufriedenheitsforschung zu erwarten.[17]

Sportbezogene direkte Ausgaben:

• Nützlich wären Forschungsarbeiten, die sich mit Verbuchungspraktiken sportbezogener Ausgaben auf kommunaler und Landesebene beschäftigen. Ohne konkretes Wissen über das Ausmaß sportbezogener Ausgaben in sportfremden Titeln lässt sich die finanzpolitische Bedeutung des Sports auf kommunaler und Landesebene nur ungenau ermitteln.

• Desweiteren wäre eine systematische finanzökonomische Analyse des Hochschulsports hilfreich, um dessen finanzpolitische Bedeutung verlässlich abschätzen zu können.

Einnahmeverzicht:

• Um den sportbezogenen Anteil von Steuererleichterungen besser abschätzen zu können, sollten ebenfalls Forschungsarbeiten initiiert werden. Ein erster Schritt hierzu könnte die Nutzung bereits vorhandener oder zu entwickelnder Instrumente aus dem Bereich der empirischen Sportfinanzanalyse darstellen (SEB Vereine, SEB Verbände).

---

[17] Für aktuelle Forschungsarbeiten in diesem Bereich siehe Kavetsos und Szymanski (2010) und Pawlowski, Downward und Rasciute (2011).

Nontechnical Summary in English

The main objectives of this report are to develop a non-redundant systematization of relevant sports-related utility and cost components with fiscal political importance. It aims to identify, discuss and evaluate current quantification approaches and methods as well as secondary data bases for quantification purposes. Furthermore, the goal is to present and discuss previous findings for certain subcategories and compare them with the estimated results. Finally, it will explain possible challenges and biases of results and ideas for further research.

The report is focused on the fiscal political importance of sport in Germany based on four general dimensions (direct and indirect income, direct and indirect costs). In detail, sports-related income such as sport specific value-added tax, income tax, corporation tax, local business tax as well as sport facility user fees are estimated. Furthermore, a discussion of indirect income, regarding health care costs that are saved due to the physical activity of people for instance, is presented. On the other hand, direct costs such as sport facility construction costs, cost for fostering athletes or costs for different areas related to sports science are estimated. Finally, tax relief for non-profit sport clubs and others are presented.

Following the Vilnius definition of sport, different methods and secondary data bases (primarily from the German Federal Statistical Office) are discussed and evaluated while quantifying the fiscal political importance with regard to different industries and organizations. Due to problems concerning the accuracy of discrimination between different sports-related industries and sports-related goods and services as well as (partly) a lack of reliable and valid data bases, some estimated results for different income and cost components as well as aggregated results for certain sports areas lack some credibility. However, throughout the whole report all challenges, restrictions and possible biases are clearly mentioned and described. Furthermore, concrete ideas and strategies to overcome the (partly) unsatisfying situation concerning some considered areas are presented and discussed.

Teil I: Einführung

1. Einleitung

Der Forschungsauftrag fe32/09 "Ansätze zur Quantifizierung der finanzpoliti-schen Bedeutung des Sports" hat das Ziel, die bestehenden und möglichen neuen Ansätze zur Quantifizierung der finanzpolitischen Bedeutung des Sports darzu-stellen und jeweils so weit wie möglich mit Zahlen zu unterlegen. Die "finanzpo-litische Bedeutung" wird im Rahmen der Studie durch die sportrelevanten Nut-zen- und Kostenkategorien der öffentlichen Haushalte operationalisiert. Unter öffentlichen Haushalten werden die Gebietskörperschaften (Bund, Länder, Ge-meinden / Kommunen) sowie die Sozialversicherungsträger[18] subsummiert. Zu den sportrelevanten Nutzenkategorien gehören sportbezogene direkte Einnahmen (bspw. Steuereinnahmen) ebenso wie gesellschaftliche Nutzeneffekte des Sports (bspw. Integrationsleistungen und Gesundheitsversorgung). Zu den sportbezoge-nen Kostenkategorien gehören sportbezogene direkte Ausgaben (bspw. öffentli-che finanzielle Mittel zur Förderung des Sports) ebenso wie der Verzicht auf Einnahmen zur Förderung des Sports (bspw. durch Subventionen und Steuerer-leichterungen).

Im Rahmen des Gutachtens werden Vorschläge erarbeitet, wie Daten sinnvoll unter finanzpolitischen Perspektiven aufgearbeitet werden können. Von besonde-rer Bedeutung ist dabei die Sichtung, Darstellung und Bewertung der Daten im Hinblick auf ihre Güte für finanzpolitische Fragestellungen, um den möglichen Forschungsbedarf zu identifizieren. Basierend auf diesen Ausführungen lassen sich fünf Teilziele des Projektes ableiten:

(1) Es soll eine möglichst redundanzfreie Systematisierung der sportrele-vanten Nutzen- und Kostenkategorien der öffentlichen Haushalte entwi-ckelt werden.

(2) Bestehende Methoden zur Quantifizierung der sportrelevanten Nutzen- und Kostenkategorien der öffentlichen Haushalte sollen aufgeführt, wis-senschaftlich bewertet und durch eigene Methoden ergänzt werden.

---

[18] mit Leistungen wie bspw. der gesetzlichen Arbeitslosenversicherung, Rentenversiche-rung, Krankenversicherung, Unfallversicherung und Pflegeversicherung.

(3) Das vorhandene Datenmaterial zur Quantifizierung der identifizierten sportrelevanten Nutzen- und Kostenkategorien der öffentlichen Haushalte soll gesichtet und bewertet werden.

(4) Die aufbauend auf (2) und (3) ermittelten monetären Größen der sportrelevanten Nutzen- und Kostenkategorien der öffentlichen Haushalte sollen den Ergebnissen anderer Studien gegenüber gestellt werden.

(5) Der weitere Forschungsbedarf soll benannt werden.

Im Folgenden wird zunächst die Relevanz des Projektes verdeutlicht (1.1). Daraufhin wird der Untersuchungsgegenstand abgegrenzt (1.2) sowie der Aufbau des Berichts erläutert (1.3).[19]

1.1 Relevanz des Forschungsvorhabens

Im White Paper on Sport stellt die Europäische Kommission heraus, dass politische Maßnahmen im Sport mit fundiertem Grundlagenwissen untermauert werden müssen (European Commission, 2007). Das Wissen zur finanzpolitischen Bedeutung des Sports insgesamt sowie von Teilbereichen des Sports ist für Entscheidungsträger der öffentlichen Haushalte von großer Bedeutung. Es bildet den Ausgangspunkt und damit eine wichtige Hilfestellung zur Bewertung von Entscheidungen im Bereich des Sports.

So stellt sich auf europäischer Ebene (Europäische Kommission, 2011) momentan die Frage, ob Sportsysteme in der EU nicht auch mit Hilfe geringerer Subventionen effektiv aufgestellt werden könnten. Im Blickpunkt der Betrachtung stehen dabei die Breitensportsysteme in den Mitgliedsstaaten der EU: Es wird analysiert, inwiefern eine hohe Sportpartizipation notwendigerweise auf subventionierte bzw. seitens der öffentlichen Hand bezuschusste Organisationen angewiesen ist. Bezogen auf Deutschland stellt sich darüber hinaus die Frage, ob eine Unterstützung und Förderung des Sports bspw. durch Bereitstellung von Polizei-

---

[19] Aus Gründen der besseren Lesbarkeit wird im Verlauf des Berichts auf die Nennung beider Geschlechter verzichtet. Personennennungen beziehen sich stets auf beide Geschlechter.

kräften[20], durch Übernahme von Infrastrukturkosten[21] oder durch Bereitstellung von Arbeitsplätzen für Spitzensportler in der Bundeswehr oder beim Zoll[22] geschehen sollte. Darüber hinaus existieren vielleicht auch andere, bisher nicht bedachte und (ggf. effektivere) Möglichkeiten der Unterstützung und Förderung des Sports.

Eine aktuelle und umfassende Übersicht zur finanzpolitischen Bedeutung des Sports in Deutschland existiert nicht. Bisherige Studien, die die finanzpolitische Bedeutung des Sports abbilden, sind oft veraltet. Häufig werden nur Teilaspekte analysiert oder die Arbeiten sind im Auftrag von Interessengruppen zur Untermauerung von Forderungen gegenüber der Politik erstellt worden. Darüber hinaus wären Folgeerhebungen aufgrund von nicht veröffentlichten Methoden oder einmalig durchgeführten Primärerhebungen, die schwer reproduzierbar sind, nicht vergleichbar. Gerade die Abbildung mit aktuellen Daten bildet für die Gestaltung von Politik und zur Begründung von Investitionsentscheidungen aufgrund der sich immer schneller wandelnden Umweltbedingungen jedoch eine wichtige Grundlage.

Aus diesem Grund wird im Rahmen dieses Projektes versucht, verschiedene Methoden und Sekundärdatenquellen heranzuziehen, um die finanzpolitische Bedeutung des Sports im Jahr 2010 in Deutschland abzuschätzen. Da der Sportbereich sehr facettenreich ist (vgl. Abschnitt 1.2), werden unterschiedliche Datenquellen betrachtet. Wie sich zeigen wird, sind die Daten nicht immer geeignet, den sportbezogenen Anteil präzise herzuleiten. Daher werden (an den entsprechenden Stellen) die getroffenen Annahmen und das Ausmaß der durchgeführten Schätzungen aufgeführt und kritisch diskutiert. Insgesamt erscheint das in diesem Bericht gewählte Vorgehen geeignet, um eine gewisse Größenordnung zur finanzpolitischen Bedeutung des Sports abzuschätzen.

---

[20] z.B. zur Sicherung von Sportveranstaltungen.
[21] z.B. durch den Bau von Arenen bzw. deren Anschlüsse ans Verkehrsnetz.
[22] z.B. zu Gewährleistung, dass die die Sportler unter professionellen Bedingungen international wettbewerbsfähig trainieren können.

Im Folgenden wird die im Rahmen der Studie zu Grunde gelegte Abgrenzung und Systematisierung der sportrelevanten Nutzen- und Kostenkategorien der öffentlichen Haushalte (Teilziel 1 des Projektes) dargelegt.

1.2 Untersuchungsgegenstand

Wie bereits eingangs erwähnt wird die finanzpolitische Bedeutung des Sports im Rahmen der Studie durch die sportrelevanten Nutzen- und Kostenkategorien der öffentlichen Haushalte (Bund, Länder, Gemeinden / Kommunen) und Sozialversicherungsträger operationalisiert. Dafür gilt es zunächst zu klären, was unter "sportrelevant" zu verstehen ist. Die im Rahmen der European Sports Charter definierte Abgrenzung von Sport gibt Hinweise darauf, welche Aktivitäten dem Sport zuzuordnen sind:

"Sport means all forms of physical activity which, through casual or organised participation, aim at expressing or improving physical fitness and mental wellbeing, forming social relationships or obtaining results in competitions at all levels" (Council of Europe, 2001).

Demnach sind beispielsweise Aktivitäten wie Fußball- oder Hockeyspielen klar dem Sport zuzuordnen. Dagegen wäre ein Einkaufsbummel in der Stadt eindeutig nicht dem Sport zuzuordnen. In einer weiteren, häufig verwendeten Definition von Sport definieren Gratton und Taylor (2000) in Anlehnung an Rodgers (1977) fünf Elemente, die idealerweise für Sportaktivitäten zutreffen: Sport beinhaltet körperliche Aktivität, wird für Erholungszwecke betrieben, beinhaltet ein Wettbewerbselement, ist institutionell organisiert und durch Medien und Sportorganisationen als Sport anerkannt. In Abhängigkeit vom Grad der Erfüllung dieser Elemente können Aktivitäten in vier Kategorien nach einem Schalenprinzip unterschieden werden: sportliche Aktivität im Kern (z.B. Fußballspielen), körperliche Aktivität ohne Wettbewerbscharakter (z.B. Wandern), nicht körperliche Aktivität mit Wettbewerbscharakter (z.B. Dart spielen), keine sportliche Aktivität (z.B. Einkaufen gehen). In diesem Sinne ließe sich (theoretisch) ein unterschiedlich weit gefasstes Sportverständnis definieren, mit Hilfe dessen wiederum unterschiedlich weit gefasste sportbezogene Einnahmen, direkte Ausgaben und Einnahmeverzichte des Staates beziffert werden könnten. In der Realität haben jedoch sämtliche Institutionen und Organisationen des Sports ebenso wie jede einzelne Person nicht nur hinsichtlich der Aktivitäten, sondern auch hinsichtlich der Intensität ein unterschiedliches Verständnis von Sport. Während manch einer die tägliche Fahrt mit dem Fahrrad zur Arbeit als Sport bezeichnet, fängt Sport für andere erst dann an, wenn geschwitzt wird oder der Puls eine gewisse Frequenz erreicht. Damit ergibt sich bzgl. der sportbezogenen Einnahmen, Ausgaben und Einnahmeverzichte des Staates in Abhängigkeit von der Wahrnehmung der jeweils involvierten Akteure, Institutionen und Organisationen ein gewisser Spielraum.

Neben diesen Zuordnungsschwierigkeiten ergibt sich zudem die Problematik, dass keine zur Quantifizierung der finanzpolitischen Bedeutung relevante (amtliche) Statistik existiert, die nur annähernd eine der beiden genannten Definitionen aufgreift. Daher erscheinen beide Definitionen nicht dafür geeignet zu sein, diesen Bericht bzw. den Gegenstandsbereich nach diesen Dimensionen zu gliedern. Um den Brückenschlag vom Sport zur Ökonomie zu schaffen, wird für den Bericht im Folgenden der Begriff der sportrelevanten Betriebe (Unternehmen, Vereine und Verbände) verwendet.

Sportrelevante Betriebe können im Sinne der Vilnius-Definition abgegrenzt werden. Die Definition wurde 2007 von der informellen EU-Arbeitsgruppe "Sport und Wirtschaft" unter Führung der Europäischen Kommission entwickelt. Sie basiert auf einer Abgrenzung von sportrelevanten Wirtschaftszweigen (WZ) im Sinne der EU-Nomenklatur zur Klassifizierung der wirtschaftlichen Aktivitäten in Europa, kurz NACE[23] (*Nomenclature statistique des activités économiques dans la Communauté européenne*), sowie bei der weiteren Untergliederung der

---

[23] "In manchen Fällen sind erhebliche Anteile der Tätigkeiten einer Einheit mehr als einer NACE-Klasse zuzurechnen. Dies kann entweder auf eine vertikale Integration der Tätigkeiten (z.B. Holzfällerei in Verbindung mit einem Sägewerk oder der Betrieb einer Tongrube in Verbindung mit einer Ziegelei) zurückzuführen sein oder auf eine horizontale Integration der Tätigkeiten (z. B. Herstellung von Backwaren in Verbindung mit der Herstellung von Schokoladenkonfekt) oder auf eine beliebige Kombination von Tätigkeiten innerhalb einer statistischen Einheit" (Eurostat, 2010). Eine Zuordnung der Einheit zu einer NACE-Klasse erfolgt dann auf Basis der Tätigkeit mit der höchsten Wertschöpfung.

EU-Klassifizierung von Produkten nach Aktivitäten, kurz CPA (*Classification of products by activity*).

Im Rahmen der Vilnius-Definition des Sports werden insgesamt drei Definitionen unterschieden (Kern-, enge und weite Abgrenzung). Die unterschiedlichen Abgrenzungen ergeben sich dabei durch eine Einteilung der Wirtschaftszweige in solche, deren Lieferungen und Leistungen als notwendige Inputs gesehen werden, um "Sport zu produzieren" (sogenannte *upstream sectors*)[24] und solche, deren Lieferungen und Leistungen eine direkte oder indirekte Verbindung zum Sport haben, ohne für die "Produktion von Sport" notwendig zu sein (sogenannte *downstream sectors*)[25]. Auf Basis dieser Abgrenzung können Sportbetriebe unterscheiden werden, deren Lieferungen und Leistungen fürs Sporttreiben die Voraussetzung bilden, und solche, deren Produkte durch Sporttreiben bedingt sind.

Zur Kerndefinition des Sports gehören solche Wirtschaftszweige, die personenbezogene Sportdienstleistungen erbringen, wie der Betrieb von Sportanlagen (*NACE*-Klassifizierung 92.61), Sportvereine und Sportverbände (*NACE*-Klassifizierung 92.62.1), professionelle Sportmannschaften (*NACE*-Klassifizierung 92.62.2), selbständige Berufssportler und -trainer (*NACE*-Klassifizierung 92.62.3), Sportpromoter und sonstige professionelle Sportveranstalter (*NACE*-Klassifizierung 92.62.4) sowie Sportschulen und selbständige Sportlehrer (*NACE*-Klassifizierung 92.62.5).

Zur engen Definition des Sports gehören einerseits die im letzten Absatz beschriebenen sechs Wirtschaftszweige der Kerndefinition des Sports. Darüber hinaus gehören (wie oben abgegrenzt) hierzu solche Wirtschaftszweige, deren Lieferungen und Leistungen als notwendige Inputs gesehen werden, um "Sport zu produzieren" (sogenannte *upstream sectors*). Hierzu gehören Wirtschaftszweige

---

[24] Hierzu gehören bspw. die Sportartikelproduktion und der Sportartikelhandel, die mit der Bereitstellung von Sportbekleidung und bspw. Sportbällen wesentliche Inputs zur „Produktion" von Sport bereitstellen.
[25] Hierzu gehört bspw. das Wett- und Lotteriewesen, welches für bestimmte Wettspiele auf das „Produkt" Sport zurückgreift.

- der Land- und Forstwirtschaft (sportbezogenen ist bspw. die Züchtung von Rennpferden)
- des verarbeitenden Gewerbes (sportbezogen im Sinne der engen Definition ist beispielsweise die Herstellung von Sportfahrrädern)
- des Baugewerbes (sportbezogenen im Sinne der engen Definition ist bspw. der Bau von Sportinfrastruktur)
- des Handels, der Instandhaltung / der Reparatur von Kraftfahrzeugen und Gebrauchsgütern (sportbezogenen im Sinne der engen Definition ist bspw. der Handel mit Motorsportfahrzeugen)
- des Grundstücks- und Wohnungswesen bzw. Vermietungsgewerbes (sportbezogenen im Sinne der engen Definition ist bspw. die Vermietung von Sportausrüstung)
- des Gesundheits-, Veterinär- und Sozialwesens (sportbezogenen im Sinne der engen Definition ist bspw. die sportbezogene Ausbildung an Hochschulen)
- der öffentlichen Verwaltung, Verteidigung und Sozialversicherung (sportbezogenen im Sinne der engen Definition sind bspw. die Krankenhausdienstleistungen für Sportler)
- des Gewerbes von Anbieten sonstiger Sportdienstleistungen (sportbezogenen im Sinne der engen Definition sind bspw. die Dienstleistungen von Tanzschulen).

Zur weiten Definition des Sports gehören (zusätzlich zu den oben genannten Wirtschaftszweigen der Kern- und engen Definition des Sports) Wirtschaftszweige

- des verarbeitenden Gewerbes (sportbezogenen im Sinne der weiten Definition ist bspw. der Druck von sportbezogenen Zeitschriften)
- des Handels, der Instandhaltung / Reparatur von Kraftfahrzeugen und Gebrauchsgütern (sportbezogenen im Sinne der weiten Definition ist bspw. der Handel von sportbezogenen Zeitschriften)

- des Gastgewerbes (sportbezogenen im Sinne der weiten Definition sind bspw. die Ausgaben von Sporttouristen in Bars)

- des Verkehrs- und Nachrichtenübermittlungsgewerbes (sportbezogenen im Sinne der weiten Definition ist bspw. der Transport von Sporttouristen mit der Bahn)

- des Grundstücks- und Wohnungswesens bzw. Vermietungsgewerbes (sportbezogenen im Sinne der weiten Definition ist bspw. die Beratung von Sportvereinen)

- der sonstigen Sportdienstleistungen (sportbezogenen im Sinne der weiten Definition sind bspw. die Sportwetten).

Die drei Definitionen des Sports werden zusammengefasst in Abbildung 1 dargestellt. Eine genauere Auflistung der Wirtschaftszweige (*NACE*-4-Steller) getrennt nach der Kerndefinition, engen Definition und weiten Definition des Sports ist im Anhang (14.1) zu finden.[26]

---

[26] Die in diesem Bericht verwendete EU-Nomenklatur Revision 1.1 entspricht der in den Statistiken des Statistischen Bundesamtes verwendeten Klassifikation WZ2003. Unter Verordnung des Europäischen Parlaments und des Rates wurde am 20. Dezember 2006 eine überarbeitete Version (NACE Revision 2) veröffentlicht. Die darin enthaltenen Umstrukturierungen und Modifikationen wurden im Rahmen der WZ2008 des Statistischen Bundesamtes beachtet. Die WZ2008 findet laut Statistischem Bundesamt in solchen Statistiken Anwendung, die sich auf vom 1. Januar 2008 an durchgeführte Wirtschaftstätigkeiten beziehen. Da der überwiegende Anteil der im Rahmen dieses Berichts verwertbaren öffentlichen Statistiken entweder vor dem Stichtag (1. Januar 2008) erhoben oder aufgrund einer Sonderregelung erst zu einem späteren Zeitpunkt der WZ2008-Systematik folgt (z.B. die Volkswirtschaftlichen Gesamtrechnungen), wird im Folgenden stets die Systematik der NACE Revision 1.1 bzw. der WZ2003 verwendet. Für eine mögliche Fortschreibung der hier präsentierten Ergebnisse wird ein Umsteigeschlüssel der WZ2003 zur WZ2008 mit allen sportbezogenen Wirtschaftszweigen der unterschiedlichen Definitionen im Anhang aufgeführt (vgl. Anhang 14.2).

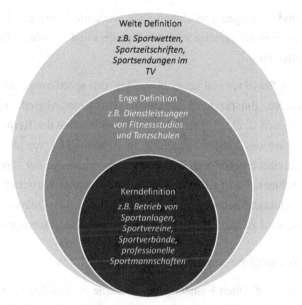

Abb. 1: Die Kern-, enge und weite Abgrenzung des Sports im Sinne der Vilnius-Definition.

Im Folgenden werden die sportrelevanten Nutzen- und Kostenkategorien der öffentlichen Haushalte (Bund, Länder, Gemeinden / Kommunen) und Sozialversicherungsträger näher erläutert.

1.2.1 Sportbezogene direkte Einnahmen für die öffentlichen Haushalte

Den Angaben der Volkswirtschaftlichen Gesamtrechnung (VGR) folgend, beliefen sich die gesamten Einnahmen des Staates im Jahr 2010 auf rund 1.082,09 Mrd. Euro (Statistisches Bundesamt 2011a). Mit 568,26 Mrd. Euro entfällt hiervon der größte Anteil auf Steuern[27], gefolgt von Sozialbeiträgen[28] mit 420,28

---

[27] Neben den spezifischen, Bundes-, Länder- und Gemeindesteuern, die im Sinne der finanzpolitischen Logik unmittelbar den Gebietskörperschaften zugeordnet werden können, gibt es zudem Gemeinschaftssteuern, die zwischen den Gebietskörperschaften nach einem Schlüssel verteilt werden.

[28] Im Gegensatz zu den Gebietskörperschaften werden die Sozialversicherungen überwiegend aus Beiträgen der Arbeitnehmer und Arbeitgeber finanziert. Dabei legt die Selbstverwaltung (für Unfallversicherung) bzw. der Gesetzgeber (für Rentenversicherung, Ar-

Mrd. Euro und sonstigen Einnahmen (wie Verkäufe, sonstige Subventionen, Vermögenseinkommen, sonstige laufende Transfers und Vermögenstransfers) mit rund 93,55 Mrd. Euro.

Im Rahmen des Projektes soll versucht werden, den sportbezogenen Anteil hiervon abzuschätzen. Entsprechend der zuvor getroffenen Abgrenzungen werden die sportbezogenen direkten Einnahmen jeweils im Sinne der Kern-, engen und weiten Definition des Sports dargestellt. In Abhängigkeit von der zu Grunde gelegten Definition ergeben sich unterschiedliche Volumina der sportbezogenen direkten Einnahmen. Sofern Betriebe der sportrelevanten Wirtschaftszweige am Markt als Nachfrager auftreten und dies im Rahmen der Quantifizierung von Bedeutung ist, wird zu Beginn eines Abschnitts darauf separat hingewiesen.[29]

1.2.2 Gesellschaftliche Nutzeneffekte des Sports

Ergänzend zu den direkten Einnahmen werden die für den Staat relevanten gesellschaftlichen Nutzeneffekte des Sports thematisiert. Hierzu gehören Aspekte wie die Gesundheitsversorgung durch Sport, die Integrationsleistung des Sports oder das bürgerschaftliche Engagement im Sport. Diese Nutzeneffekte können im Sinne der obigen Abgrenzung zur Kern- und engen Definition des Sports zugeordnet werden, weil sie in Wirtschaftszweigen wie bspw. Sportvereinen oder Fitnessstudios und Tanzschulen generiert werden.

Die gesellschaftlichen Nutzeneffekte des Sporttreibens sind z.T. intangible und somit nur schwer hinsichtlich ihrer finanzpolitischen Bedeutung bewertbar. Wünschenswert wäre an dieser Stelle eine Monetarisierung der zu identifizierenden Nutzeneffekte des Sports. Wie im Verlauf des Berichts noch gezeigt werden wird, ist der bisherige Forschungsstand in diesem Bereich jedoch äußerst dünn besetzt. Entsprechend können lediglich Studien, die das Vorhandensein dieser

---

beitslosenversicherung, Krankenversicherung und Pflegeversicherung) die Beitragssätze gesetzlich fest. Die Beiträge orientieren sich am Gehalt des Arbeitnehmers.
[29] So fragen bspw. eingetragene Vereine Sportbekleidung nach und müssen daher bei der Berechnung der Umsatzsteuer als "Nachfrager" neben bspw. den privaten Haushalten beachtet werden. Darüber hinaus fragen (Sport-)Betriebe wie Sendeanstalten oder Unternehmen Übertragungsrechte oder Sponsoringrechte nach.

gesellschaftlichen Nutzeneffekte (wie bspw. Gesundheitsverbesserung durch Sport) untersucht haben, identifiziert, beschrieben und bewertet werden. Sofern möglich, werden darüber hinaus Vorschläge skizziert, wie im Rahmen zukünftiger Studien für den Staat relevante gesellschaftliche Nutzeneffekte des Sports quantifiziert werden können.

1.2.3 Sportbezogene direkte Ausgaben für die öffentlichen Haushalte

Den Angaben der VGR folgend, beliefen sich die gesamten Ausgaben des Staates im Jahr 2010 auf rund 1.164,10 Mrd. Euro, von denen rund 450,57 Mrd. Euro auf monetäre Sozialleistungen und 204,17 Mrd. Euro auf soziale Sachleistungen entfallen (Statistisches Bundesamt 2011a).

Im Rahmen des Projektes wird wiederum versucht, den sportbezogenen Anteil hiervon abzuschätzen. Die verfügbaren und zur Quantifizierung der direkten Ausgaben relevanten Daten sind allerdings (im Gegensatz zu den Daten zur Quantifizierung der direkten Einnahmen) zum überwiegenden Teil nicht nach den Kategorien der VGR gegliedert.[30] Aus diesem Grund muss von einer Detaileingliederung der Ergebnisse in das Geflecht der VGR abgesehen werden. Die Aufgliederung erfolgt in diesem Abschnitt (auf der ersten Gliederungsebene) in den drei Ausgabenarten "Personalkosten", "Laufende Kosten" und "Investitionskosten". Auf der zweiten Gliederungsebene werden die Bereiche "Förderung des Sports", "Sportstätten", "Schul- und Hochschulsport" sowie "Sportwissenschaft" unterschieden.

Insgesamt erwies sich diese Doppelgliederung als vorteilhaft und für das Anliegen des Projektes als am besten geeignet, da die identifizierten direkten Ausgaben den oben genannten drei Ausgabenkategorien und vier Bereichen überwiegend gut und redundanzfrei zugeordnet werden können.[31] Eine Zuordnung der

---

[30] Die Kategorien der VGR umfassen bspw. Vorleistungen, Arbeitnehmerentgelt, sonstige Produktionsabgaben, Vermögenseinkommen, Subventionen, monetäre Sozialleistungen, soziale Sachleistungen, sonstige laufende Transfers, Vermögenstransfers, Bruttoinvestitionen und Nettozugang an nichtproduktiven Vermögensgütern.

[31] So können bspw. Ausgaben für Polizeibedienstete zur Sicherung von Sportveranstaltungen dem Bereich "Personalkosten" und der Kategorie "Förderung des Sports" zuge-

vier Bereiche im Sinne der Vilnius-Definition des Sports ist allerdings schwierig. Die Kategorie "Förderung des Sports" bezieht sich in erster Linie auf Sportvereine, Sportverbände und Profisportler. Damit gehört sie zur Kerndefinition des Sports. Der Bereich "Sportstätten" ist dagegen nicht eindeutig zuordenbar, da sich die direkten Ausgaben des Staates in diesem Bereich sowohl auf Sportstätten von Sportvereinen (die zur Kerndefinition des Sports gehören) als auch auf Sportstätten von Schulen (die zur engen Definition des Sports gehören) beziehen. Darüber hinaus werden Sportstätten häufig von Sportvereinen und Schulen zusammengenutzt. Da auf Basis der vorhandenen Informationen keine weiteren Eingrenzungen getroffen werden können, wird die Kategorie "Sportstätten" im weiteren Verlauf des Berichts der Kerndefinition des Sports zugeordnet. Während der Bereich "Schul- und Hochschulsport" wiederum eindeutig einer Abgrenzung (enge Definition) des Sports zugeordnet werden kann, ergeben sich für den Bereich "Sportwissenschaft" wiederum Abgrenzungsschwierigkeiten. Im weiteren Verlauf des Berichts wird die Kategorie "Sportwissenschaft" der engen Definition des Sports zugeordnet.[32]

1.2.4 Einnahmeverzicht der öffentlichen Haushalte

Neben diesen direkten Ausgaben verzichten Bund, Länder und Kommunen zum Teil auf erhebliche Einnahmen, um Sportinstitutionen durch z.B. Steuererleichterungen oder andere Ausnahmeregelungen zu unterstützen. Hierunter fallen die gesetzlichen Maßnahmen zur Stärkung des bürgerschaftlichen Engagements

---

ordnet werden. Als weiteres Beispiel können staatliche Zuwendungen (Laufende Kosten) an die Bundessportfachverbände, die Vereine, den Deutschen Olympischen Sportbund oder die Landes- und Kreissportbünde, ebenfalls der Kategorie "Förderung des Sports" zugeordnet werden.

[32] Einerseits ist sportbezogene Ausbildung an Hochschulen in den Bereich 80.30 der *NACE*-Klassifikation einzuordnen (enge Definition). Andererseits ist sportbezogene Forschung den Bereichen 73.01 und 73.02 der *NACE*-Klassifikation (weite Definition) zuzuordnen. Eine Aufteilung von Ausgaben für Hochschulen nach den beiden Aufgabenbereichen erscheint wenig sinnvoll und im Rahmen des Projekts nicht praktikabel. Da auf Basis der vorhandenen Informationen keine weiteren Eingrenzungen getroffen werden können, wird die Kategorie "Sportwissenschaft" im weiteren Verlauf des Berichts der engen Definition des Sports zugeordnet.

unter dem Namen "Hilfen für Helfer".[33] Aufgrund von Einkommensteuerfreibe-
trägen (z.B. für Übungsleiter und ehrenamtlich Tätige) sowie Steuervergünstigungen ergaben sich im Jahr 2009 nach Schätzungen des BMF insgesamt Steuervergünstigungen in Höhe von rund 2,262 Mrd. Euro. Im Rahmen des Projektes
wird versucht, den sportbezogenen Anteil dieser Steuermindereinnahmen abzuschätzen.

Darüber hinaus verzichten die öffentlichen Haushalte auf Einnahmen, indem sie
die Nutzung von Sportstätten durch Vereine und Schulen subventionieren und
keine oder nur sehr geringe Nutzungsgebühren verlangen. Dies führt dazu, dass
öffentlichen Kosten der Sportstätten die öffentlichen Einnahmen aus der Nutzung
der Sportstätten deutlich übersteigen. Im Rahmen des Berichts wird ebenfalls
versucht, das monetäre Ausmaß dieser indirekten Förderung des Sports abzuschätzen.

Da sich die sportbezogenen Steuervergünstigungen und die subventionierte
Sportstättennutzung in erster Linie auf Sportvereine und -verbände beziehen,
kann der hier betrachtete Einnahmeverzicht der öffentlichen Haushalte (im weiteren Verlauf auch als indirekte Ausgaben bezeichnet) zur Kerndefinition des
Sports gezählt werden.

1.3 Struktur des Buches

Der Bericht ist in vier große Teile gegliedert. Nach der Einführung (Teil I) folgen
die zentralen Teile des Berichts zu den finanzpolitisch relevanten Nutzen- und
Kostenkategorien (Teil II) sowie zu den Sportbereichen und -aspekten (Teil III).
Teil IV beinhaltet eine abschließende Betrachtung.

Teil II ist wie in Abbildung (2) dargestellt nach den jeweiligen finanzpolitisch
relevanten Nutzen- und Kostenkategorien gegliedert.

---

[33] Informationen zum Projekt „Hilfen für Helfer" sind im Internet verfügbar: www.hilfen-
fuer-helfer.de

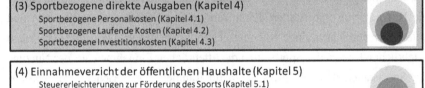

Abb. 2: Die finanzpolitisch relevanten Nutzen- und Kostenkategorien (eigene Darstellung).[34]

Die Bearbeitung der vier Kapitel in Teil II folgt einer einheitlichen Struktur: Abgrenzung, Methoden zur Quantifizierung und Datenquellen, Ergebnisse, Zusammenfassung, abschließende Bewertung und Forschungsdesiderata. Im Folgenden wird dargelegt, was im Rahmen des Berichts unter den jeweiligen Aspekten zu verstehen ist.

Abgrenzung: Zunächst werden die finanzpolitisch relevanten Felder und die zugehörigen Kategorien definiert und abgegrenzt. Im Einzelnen sollen hierbei Antworten gegeben werden auf die Fragen: Wie ist die betroffene Kategorie definiert? Welche gesetzlichen Grundlagen existieren? Was sind die Bewertungsgrundlagen?

---

[34] Zur Orientierung sind die entsprechenden Kapitelnummern in diesem Bericht angegeben. Die jeweiligen Kreise in den Balken der vier Hauptkategorien deuten an, dass (wie zuvor im Text erläutert) im Rahmen des Berichts versucht wird, sofern möglich und sinnvoll zwischen den Werten und Angaben zur Kern-, engen und weiten Definition des Sports zu unterscheiden.

Methoden zur Quantifizierung und Datenquellen: Im Anschluss daran werden im Sinne der Zielsetzung der Studie bestehende und selbst entwickelte Ansätze zur Quantifizierung der sportrelevanten Nutzen- und Kostenkategorien der öffentlichen Haushalte beschrieben und bewertet.[35]

Dabei erfolgt sowohl eine Bewertung der Datenerhebungsmethode als auch der für das Projekt relevanten Datenauswertungsmethode. Das zentrale Kriterium zur Beurteilung beider Methoden (methodische Klammer) ist die Zuverlässigkeit der gewonnenen Ergebnisse. Eine Unterscheidung zwischen der Datenerhebungs- und der Datenauswertungsmethode ist dabei notwendig, da sowohl eine genaue Methode zur Quantifizierung bei gegebener unzureichender Datengüte als auch eine ungenaue Methode trotz gegebener Datengüte zu einer geringen Zuverlässigkeit bei den zu ermittelnden Zahlenwerten führen kann.

Die Güte der Datenerhebungsmethode wird anhand der Kriterien Repräsentativität, Reliabilität und Validität beurteilt (Bortz & Döring, 2009). Zunächst ist von Bedeutung, ob bspw. belastbare Dokumente (Bilanzen o.ä.) verwendet oder Daten im Rahmen einer Befragung erhoben wurden. Als Kriterium wird in diesem Zusammenhang die *Validität* der Datenquellen geprüft. Im Vordergrund steht an dieser Stelle die Beurteilung der Inhaltsvalidität, die nicht numerisch bestimmt werden kann, sondern auf subjektiven Einschätzungen beruht (Bortz & Döring, 2009). Datenquellen gelten als valide, wenn sie frei von systematischen Fehlern sind, also genau das beinhalten, was sie vorgeben.[36] Darüber hinaus ist zu klären,

---

[35] Der für die Studie relevante Forschungsstand ergibt sich aus dem Zusammentragen der relevanten Auswertungs- und Berechnungsmethoden (auf nationaler und internationaler Ebene). Grds. werden demnach auch englischsprachigen Publikationen in Betracht gezogen. Es wird Allerdings nicht jede Primärdatenerhebung zu (bspw.) den Konsumausgaben weltweit detailliert aufgelistet, da die explizite Berechnung der (im Rahmen dieses Projektes bspw. interessierenden) Mehrwertsteuer in den Studien nicht durchgeführt wurde. Sie ließe sich lediglich über die Gewichtung der Konsumausgaben mit dem Steuersatz approximieren. Darüber hinaus ist es nicht erkenntnisfördernd, wenn Datenquellen wie das Britische Haushaltspanel o.ä. herangezogen werden.
[36] Basieren die Datenquellen bspw. auf einer quantitativen Erhebung von Daten zu Unternehmensgewinnen, ist davon auszugehen, dass alle Beteiligten unter "Gewinne" das gleiche verstehen und entsprechend eintragen. Somit wäre das (im Projekt ggf. verwendete) aggregierte Ergebnis zu den Unternehmensgewinnen als valide einzustufen. Anders

wie die Auswahl der Untersuchungsobjekte, von denen Dokumente verwendet bzw. Daten erhoben wurden, getroffen wurde. Ein Beurteilungskriterium in diesem Zusammenhang ist die *Reliabilität* der Daten. Unter Reliabilität wird in diesem Bericht die Verlässlichkeit von Datenquellen verstanden. Während Reliabilität in der empirischen Sozialforschung meist die Genauigkeit von Messinstrumenten meint – unabhängig von ihrer Validität (Singer, 1985), wird hier Reliabilität in Anlehnung an Pfaff (2005) u.a. anhand folgender Kriterien geprüft: "Wer ist der Lieferant der Daten?", "Woher kommen die Daten?", "Sind die Daten komplett?". Als drittes Kriterium zur Beurteilung der Daten wird die *Repräsentativität* herangezogen. Daten gelten dabei als repräsentativ, wenn die gezogenen Stichproben Aussagen über die Grundgesamtheit zulassen. Die Stichprobe muss demnach der Grundgesamtheit in ihrer Zusammensetzung möglichst ähneln (Bortz & Döring, 2009). Dies kann bspw. durch Zufalls- oder Quotenstichproben gewährleistet werden. Wichtig ist in diesem Zusammenhang eine Definition der jeweiligen Grundgesamtheit.

Zur Beurteilung der Güte der Datenauswertungsmethoden werden Anzahl und Genauigkeit der notwendigen Schätzungen als Kriterien herangezogen. Hierbei sind Fragen wie bspw. "Beinhaltet die Methode Schätzungen?", "Wie genau sind die Schätzungen?" oder "Lassen sich vertrauenswürdige Wertebereiche für die durchgeführten Schätzungen bilden?" zu beantworten.

Ergebnisse: Im Anschluss an die Beschreibung und Bewertung von Methoden und Datenquellen werden die ermittelten Ergebnisse (in Abhängigkeit von der Abgrenzung der Kern-, engen und weiten Definition des Sports) dargestellt.

Zusammenfassung, abschließende Bewertung und Forschungsdesiderata: Die gewonnenen Ergebnisse werden zunächst in die Systematik der Einnahmen

---

kann es aussehen, wenn das Verständnis bzgl. des erfragten Bereiches nicht eindeutig ist. So sind bspw. Ausgaben der Länder nicht immer eindeutig den einzelnen Funktionsnummern zuzuordnen. Ausgaben für bspw. Hochschulsport könnten dem Bereich "Förderung des Sports" (Funktionsnummer 324) ebenso wie dem Bereich "Hochschulen" (Funktionsnummer 131) zugeordnet werden. Kann abschließend nicht geklärt werden, inwiefern die Zuordnung stets mit dem gleichen Verständnis vorgenommen wurde, wäre die Validität der Daten zu den aggregierten Ausgaben im Bereich Hochschulsport in Frage zu stellen.

und Ausgaben der VGR 2010 (Rechnungsstand Februar 2011) eingepflegt sowie (sofern vorhanden) mit bereits bestehenden Ergebnissen früherer Studien und Berichte verglichen. Jedes Unterkapitel schließt mit einer Beurteilung der finanzpolitischen Aussagekraft der Ergebnisse ab. Diese wird anhand der oben festgelegten Kriterien zur Bewertung der Datenerhebungsmethoden (Repräsentativität, Reliabilität, Validität) und der Datenauswertungsmethoden (Genauigkeit) bestimmt. In diesem Zusammenhang fasst jedes Unterkapitel schließlich offenen Fragen und den weiteren Forschungsbedarfs zusammen.

Teil II des Berichts schließt mit einer zusammenfassenden Darstellung der finanzpolitischen Bedeutung des Sports für die einzelnen Gebietskörperschaften (Kapitel 6).

Im Rahmen der Betrachtung nach Sportbereichen und -aspekten (Teil III) wird versucht, die im vorangehenden Abschnitt quantifizierten einzelnen Nutzen- und Kostenkategorien für spezielle Felder der Politik zu aggregieren (Kapitel 7 bis 9). Dabei wird versucht, ausgehend von den vorherigen Berechnungen, die finanzpolitische Bedeutung der fünf wichtigsten Profisportligen (1. und 2. Fußball Bundesliga, TOYOTA Handball Bundesliga, Deutsche Eishockey Liga, Beko Basketball Bundesliga) sowie des Vereinssports sowie des Schul- und Hochschulsports zu bestimmen.

Entsprechend bilden die Kapitel 7 bis 9 eine Querschnittsbetrachtung zu den im Teil II quantifizierten sportbezogenen Nutzen- und Kostenkategorien. Dies wird in Abbildung (3) deutlich.

Darüber hinaus werden bisher getätigte Studien zu den ökonomischen Effekten von Sportgroßveranstaltungen unter finanzpolitischen Gesichtspunkten untersucht. Ausgehend von einer Auflistung möglicher relevanter Nutzen- und Kostenkategorien für die öffentlichen Haushalte erfolgt eine kritische Einordnung und Diskussion unterschiedlicher methodischer Ansätze. In diesem Rahmen werden mögliche Multiplikator- und Verdrängungseffekte (Crowding Out) erläutert.[37]

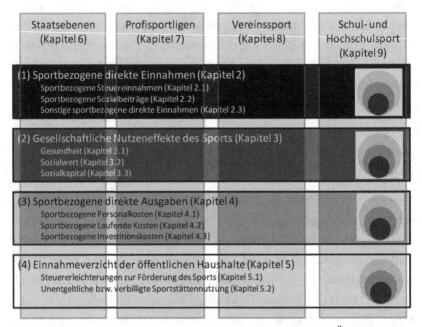

Abb. 3: Die Struktur des Projektberichts für die Teile II und III in der Übersicht (eigene Darstellung).[38]

Der Bericht schließt im Teil IV mit einer zusammenfassenden Diskussion der Ergebnisse (Kapitel 11) sowie einem Ausblick (Kapitel 12).

---

[37] Verdrängungseffekte können aus Staatsausgaben für Produkte und Dienstleistungen im Sportbereich resultieren. Während einerseits eine Erhöhung der Staatsausgaben aufgrund von einhergehendem Einkommens- und Konsumanstieg die Gesamtnachfrage multiplikativ (das heißt um mehr als die zusätzlichen Staatsausgaben) erhöht, werden andererseits private Investitionen möglicher Weise verdrängt. Demnach können erhöhte Staatsausgaben (z.B. in Höhe von einer Million Euro) zu einem Anstieg der Gesamtnachfrage um mehr oder weniger als eine Million Euro führen, je nachdem, ob Multiplikator- oder Verdrängungseffekte dominieren (Mankiw & Taylor, 2008).

[38] Zur Orientierung sind die entsprechenden Kapitelnummern in diesem Bericht angegeben. Die jeweiligen Kreise in den Balken der vier Hauptkategorien deuten an, dass (wie zuvor im Text erläutert) im Rahmen des Berichts versucht wird, sofern möglich und sinnvoll zwischen den Werten und Angaben zur Kern-, engen und weiten Definition des Sports zu unterscheiden.

Teil II: Finanzpolitisch relevante Nutzen- und Kostenkategorien

In diesem Teil werden die sportbezogenen direkten Einnahmen (Kapitel 2), die weiteren sportbezogenen Nutzenkategorien (Kapitel 3), die sportbezogenen direkten Ausgaben (Kapitel 4) ebenso wie die Einnahmeverzichte der öffentlichen Hand zur Unterstützung des Sports (Kapitel 5) thematisiert. Der Abschnitt schließt mit einem zusammenfassenden Kapitel (6), welches die identifizierten Einnahmen, Ausgaben und Einnahmeverzichte den einzelnen Staatsebenen zuordnet.

2. Sportbezogene direkte Einnahmen für die öffentlichen Haushalte

In den folgenden drei Unterkapiteln wird versucht, mit Hilfe von verschiedenen methodischen Ansätzen die sportbezogenen Anteile an den Steuereinnahmen (2.1), den Sozialbeiträgen (2.2) und den sonstigen Einnahmen (2.3) aufzuschlüsseln.[39]

2.1 Sportbezogene Steuereinnahmen

Die Steuereinnahmen werden in Anlehnung an die Abgrenzung der VGR zunächst hinsichtlich der sportbezogenen Produktions- und Importabgaben (2.1.1) sowie der sportbezogenen Einkommen- und Vermögensteuern (2.1.2) unterschieden.

2.1.1 Sportbezogene Produktions- und Importabgaben

Den Angaben der VGR (Stand Februar 2011) folgend, beliefen sich die gesamten Produktions- und Importabgaben in 2010 auf rund 310,47 Mrd. Euro und verteilen sich auf die Bereiche (Statistisches Bundesamt 2011):

- Mehrwertsteuer (178,64 Mrd. Euro)
- Gewerbesteuer (35,05 Mrd. Euro)
- Rennwett- und Lotteriesteuer (1,42 Mrd. Euro)
- Verbrauchsteuer (63,60 Mrd. Euro)
- sonstige (31,76 Mrd. Euro).

Mit Hilfe der im Projektverlauf identifizierten Daten und Studien, können die sportbezogenen Anteile der Mehrwertsteuer (2.1.1.1), Gewerbesteuer (2.1.1.2) und Rennwett- und Lotteriesteuer (2.1.1.3) im Rahmen einer detaillierteren Be-

---

[39] Dabei geht es um die tatsächlich erzielten Einnahmen der öffentlichen Haushalte, die in den oben genannten Bereichen anfallen. Dem Einnahmeverzicht der öffentlichen Haushalte zur Unterstützung des Sports bspw. durch Steuererleichterungen (5.1) oder unentgeltlich bzw. verbilligte Sportstättennutzung (5.2) werden jeweils ein gesondertes Kapitel gewidmet.

trachtung abgeschätzt werden. Im Anschluss an diese detaillierten Betrachtungen wird zudem versucht, auf Basis der zuvor gewonnenen Ergebnisse die sportbezogenen Anteile der anderen Produktions- und Importabgaben (2.1.1.4) abzuschätzen.

2.1.1.1 Sportbezogene Mehrwertsteuer

Abgrenzung: Bei der Umsatzsteuer ist das *Steuersubjekt* das Unternehmen, welches eine Leistung oder eine Lieferung vollführt. *Steuerobjekt* ist die entgeltliche Lieferung und sonstige Leistung eines Unternehmens (§ 1 UStG). *Steuerbemessungsgrundlage* ist das für die Leistung oder Lieferung vereinbarte Entgelt. Bei der Umsatzsteuer unterscheidet man zwei Steuersätze. Gemäß § 12 Abs. 1 UStG beträgt der Steuersatz 19% auf die Bemessungsgrundlage. Dieser *Steuersatz* ermäßigt sich bei den in § 12 Abs. 2 UStG aufgeführten Umsätzen auf 7%.

Nach §15 Abs. 1 (UStG) kann ein Unternehmer "die gesetzlich geschuldete Steuer für Lieferungen und sonstige Leistungen, die von einem anderen Unternehmer für sein Unternehmen ausgeführt worden sind" als Vorsteuerbetrag abziehen. Dies muss beachtet werden, da die hier relevanten Betriebe, Vereine und Verbände selbst zu einem großen Teil Lieferungen und Leistungen von Betrieben anderer Wirtschaftszweige beziehen, wie bspw. Sportbekleidung, -geräte und -artikel. Um Mehrfachzählungen bei der Quantifizierung des sportrelevanten Umsatzsteueraufkommens zu vermeiden, wird im Folgenden stets die *Mehrwertsteuer*, also der Betrag nach Abzug der Vorsteuerbeträge, der in der Umsatzsteuererstatistik als "Umsatzsteuervorauszahlung" ausgewiesen wird, herangezogen.

Methoden zur Quantifizierung und Datenquellen: Zur (approximativen) Bestimmung der sportbezogenen Mehrwertsteuer kann sowohl die Angebotsseite, als auch die Nachfrageseite (Endverbraucher) herangezogen werden.

Zur Angebotsseite gehören die Organisationen und Institutionen, die das vereinbarte Entgelt erhalten und die Umsatzsteuer an den Staat abführen müssen. Das sind die in Kapitel (1.2) abgegrenzten sportrelevanten Betriebe, welche eine sportbezogene Lieferung oder eine Leistung anbieten, ebenso wie die gemeinnützigen Körperschaften wie Vereine und Verbände, wenn sie zur Erreichung ihrer gemeinnützigen Zwecke unternehmerisch (im Rahmen der Vermögensverwaltung, des Zweckbetriebs oder des steuerpflichtigen wirtschaftlichen Geschäftsbetriebs) tätig sein müssen.[40]

Zur Nachfrageseite gehören die Organisationen und Institutionen, die eine sportbezogene Lieferung oder Leistung nachfragen und dafür das vereinbarte Entgelt (welches die Umsatzsteuer enthält) zahlen. Zur Gruppe der Endverbraucher gehören, neben den privaten Haushalten, die gemeinnützigen Körperschaften wie Vereine und Verbände, wenn sie bspw. Sportgeräte erwerben. Darüber hinaus sind auch sonstige (sportbezogene) Betriebe Endnachfrager von Lieferungen und Leistungen (sportrelevant sind insbesondere Werbe- und Medienrechte) der (im Sinne der *NACE*-Klassifizierung zur Kerndefinition des Sports zugehörigen) Betriebe, Vereine und Verbände.[41]

Wirtschaftszweigspezifische Mehrwertsteuervolumina können unmittelbar aus der Umsatzsteuerstatistik des Statistischen Bundesamtes abgelesen werden.[42] Die Umsatzsteuerstatistik kann als reliabel und valide eingeschätzt werden. Für die Wirtschaftszweige im Sinne der *NACE*-Klassifikation ist zudem Repräsentativität gewährleistet. Insofern ist die Güte der Datenquelle als hoch einzustufen. Wie in Abschnitt (1.2) erläutert, ist für eine exakte Auswertung der sportrelevanten Branchen zudem eine Kombination mit der *CPA*-Klassifizierung von Produkten

---

[40] Für eine Darstellung der rechtlichen und steuerlichen Grundlagen für eingetragene Vereine siehe bspw. Sigloch und Klimmer (2003) oder Finanzministerium des Landes NRW (2005).

[41] So fragen bspw. Betriebe (auch solche, die nicht dem Sport im Sinne der *NACE*-Klassifizierung zugeordnet werden) Werberechte nach, die grds. (umsatz-)steuerbar sind. Wird bspw. ein Unternehmen aus der Telekommunikationsbranche im Sponsoring tätig und kauft Werberechte von einem Verein aus der 1. Fußball-Bundesliga, sind hierfür 19% (sportbezogene) Umsatzsteuer zu entrichten.

[42] Die Umsatzsteuerstatistik beruht auf der Auswertung monatlicher und vierteljährlicher Voranmeldungen der Unternehmer, deren Umsatz mehr als 17.500 Euro und deren Steuer mehr als 512 Euro beträgt und in der Fachserie 14 Reihe 8 veröffentlicht wird (Statistisches Bundesamt, 2009b). Der Berichtsweg läuft über die Finanzämter, die Rechenzentren der Länderfinanzverwaltungen und die Statistischen Ämter der Länder zum Statistischen Bundesamt.

nach Aktivitäten notwendig. Gütergliederungen sind jedoch nicht in der Umsatz-steuerstatistik vorhanden.[43]

Damit lässt sich lediglich das Mehrwertsteueraufkommen nach der Kerndefiniti-on exakt bestimmen. Bei einer einfachen Übernahme der Mehrwertsteuern von Branchen und Wirtschaftszweigen, die im Sinne der engen und weiten Definition relevant sind, würden zahlreiche auch nicht sportbezogene Mehrwertsteuern beachtet werden. Für eine näherungsweise Bestimmung muss daher der in den Produkten der jeweiligen Branchen und Wirtschaftszweigen enthaltene sportbe-zogene (Mehrwertsteuer-) Anteil bestimmt werden. Dies kann bspw. mit Hilfe von Experteninterviews mit Branchenverbänden sowie unter Rückgriff auf zuvor durchgeführte Primärdatenerhebungen erfolgen. In diesem Zusammenhang ist die Studie von Weber et al. (1995) zu nennen, in der der sportbezogene Anteil der Lieferungen und Leistungen einzelner Wirtschaftszweige (u.a.) auf diese Art ermittelt wurde. Da die Daten über 20 Jahre alt sind, ist eine unmittelbare Ver-wendung der von Weber et al. (1995) ermittelten Anteile jedoch problematisch. Es ist davon auszugehen, dass sich nicht nur die Bedeutung einzelner Wirt-schaftszweige, sondern auch die jeweilige Bedeutung des darin enthaltenen sportbezogenen Anteils seit dieser Zeit verschoben hat. Zudem orientiert sich die Aufgliederung nicht an der *NACE*-Klassifizierung. Aus diesem Grund ist eine Zuordnung der ermittelten Richtwerte zu den *NACE*-Wirtschaftszweigen nicht immer eindeutig.[44]

---

[43] Im Gegensatz zur Umsatzsteuerstatistik werden im Rahmen der Input-Output-Rechnung in der Aufkommenstabelle für die Wirtschaftsbereiche die inländisch produ-zierten Güter zu Herstellungspreisen in Matrixform veröffentlicht. Die Verwendungstabel-le enthält die von den Wirtschaftsbereichen eingesetzten Güter (Waren und Dienstleistun-gen) zu Anschaffungspreisen. Der Übergang von Herstellungspreisen zu Anschaffungs-preisen wird in nicht veröffentlichten Rechentabellen vollzogen, in dem u.a. die sonstige Gütersteuer (ohne Mehrwertsteuer) und die Mehrwertsteuer ebenfalls in der Dimension Güter x Bereiche ermittelt und addiert wird. Demnach ist es prinzipiell methodisch mög-lich, die sportbezogene Mehrwertsteuer nach Gütern (in der Produktion und im Endver-brauch) gegliedert zu ermitteln. Grundlage hierfür wäre allerdings eine detailliertere Verwendungstabelle zu Herstellungspreisen, um den Sportbezug sichtbar zu machen. Diese liegt zum jetzigen Zeitpunkt für das Berichtsjahr 2010 nicht vor.
[44] Studien jüngeren Datums, die den Sportanteil nicht explizit beziffert haben, wie bspw. die Studien vom Deutschen Wirtschaftswissenschaftlichen Institut für Fremdenverkehr

Eine weitere Möglichkeit zur Bestimmung des sportbezogenen Anteils ist durch Rückgriff auf spezifische Sekundärstatistiken gegeben.

So wird im Bericht der Anteil der sportbezogenen Mehrwertsteuer im Wett-, Toto- und Lotteriewesen (*NACE*-Klassifikation 92.71.3) anhand der Geschäftsberichte der Lottogesellschaften Deutschlands approximiert werden.[45]

Darüber hinaus kann der sportbezogene Umsatzanteil im Bereich Hochschulen (*NACE*-Klassifikation 80.30)[46] mit Hilfe des Anteils des sportbezogenen Personals am gesamten hauptberuflich wissenschaftlichen Personal approximiert werden. Da der sportbezogene Anteil des betrachteten Bereiches (*hier:* Personal) nicht auch zwangsläufig dem Anteil eines anderen Bereiches (*hier:* Umsätze) entsprechen muss, ist diese Methode problematisch.

Der Anteil sportbezogener Produkte im Bereich Fernsehen und Rundfunk wird in Anlehnung an Weber et al. (1995) mit Hilfe der Sportsendeminuten der ARD (ARD Jahrbuch, 2009) und des ZDF (Statistischen Bundesamtes, 2009d) abgeschätzt. Bei diesem Vorgehen gelten die gleichen methodischen Einschränkungen wie bei obiger Approximation für den Bereich Hochschulen.

---

e.V. (dwif, 2005, 2006, 2007) zu den Tagesreisen der Deutschen, werden hier nicht weiter betrachtet.

[45] Die absoluten Umsätze der Sportwetten und damit die Bemessungsgrundlage für die Steuerberechnung können genutzt werden, um aus den gesamten Mehrwertsteuern die sportbezogenen Steuern herauszurechnen (= Umsatz Sportwetten / gesamter Umsatz der Lotterien). Mehrere Lottogesellschaften bieten jedoch keinen öffentlichen Zugang zu Geschäftsberichten an. Ausgehend von der Annahme, dass die Wettaffinität in den einzelnen Bundesländern nicht stark abweicht, kann auf Basis der Bundesländer, die öffentlichen Zugang zu den Geschäftsberichten aufweisen, der durchschnittliche Sportwettanteil zu Grunde gelegt werden, um so in den anderen Ländern die sportbezogenen Steuereinnahmen zu quantifizieren. Geschäftsberichte von 2009 sind von den Lottogesellschaften aus Baden-Württemberg, Berlin, Brandenburg, Hamburg, Hessen, Niedersachsen, Nordrhein-Westfalen, Sachsen-Anhalt und Thüringen öffentlich zugänglich.

[46] Wie bereits eingangs erläutert, ist eine Zuordnung des Bereiches Hochschulen nicht eindeutig. Einerseits ist sportbezogene Ausbildung an Hochschulen in den Bereich 80.30 der *NACE*-Klassifikation (enge Definition) einzuordnen. Andererseits ist sportbezogene Forschung den Bereichen 73.01 und 73.02 der *NACE*-Klassifikation (weite Definition) zuzuordnen. Da auf Basis der vorhandenen Informationen keine weiteren Eingrenzungen getroffen werden können, werden die sportbezogenen Einnahmen im Bereich "Hochschule" der engen Definition des Sports (*NACE*-Klassifikation 80.30) zugeordnet.

Mit Hilfe von weiteren Untersuchungen und veröffentlichten Daten ist es zudem möglich, die Anteile sportbezogener Produkte in den Textil-, Schuh- und sonstigen Artikelbranchen abzuschätzen. Die Handelsumsätze der Sporttextil-, Sportschuh- und Sportartikelbranchen werden jährlich vom Deutscher Sportfachhandel e.V. (VDS) veröffentlicht. Die zum Zeitpunkt der Analyse verfügbaren Angaben zu den Handelsumsätzen beziehen sich auf das Jahr 2009 (VDS, 2010) entnommen werden. Leider findet sich keine eindeutige Zuordnung im Sinne der *NACE*-Klassifikation bei den veröffentlichten Daten. Auf Basis von Plausibilitätsüberlegungen kann angenommen werden, dass die hierbei relevanten Wirtschaftszweige in etwa in den *NACE*-Klassifikationen 51.16, 51.18, 51.41, 51.42, 51.47, 52.11, 52.12, 52.42, 52.43, 52.48, 52.61 und 52.63 enthalten sind. Nähere Angaben zur Datenerhebungsmethode sind nicht frei zugänglich. Zu Repräsentativität, Validität und Reliabilität der Daten können daher keine Aussagen getroffen werden.[47]

Die Produktionsumsätze können den *NACE*-Klassifikationen 17.40, 17.52, 18.21, 18.22, 18.23, 18.24, 19,20, 19.30, 28.75, 29.60, 33.50, 35.12, 35.40 und 36.40 zugeordnet werden.[48] Der Bundesverband Deutscher Sportartikelindustrie (BSI, 2010) veröffentlichte hierzu bis 2007 sowohl Produktionszahlen als auch Außenhandelsstatistiken, die der NACE-Klassifikation folgen. Die Daten beruhen laut der Studie auf "amtlichen Angaben und eigenen Berechnungen". Auch hier ist jedoch eine Evaluation der Datenbestände aufgrund fehlender Informationen nicht möglich. Es muss zudem beachtet werden, dass die Aufstellung des BSI einerseits Freizeitartikel beinhaltet, was in einer Verzerrung des sportbezogenen Mehrwertsteuervolumens nach oben resultieren würde. Darüber hinaus wurden nicht alle sportbezogenen Produktionsumsätze erhoben, da zu einigen Wirtschaftszweigen (nicht plausible) Null-Beobachtungen hinsichtlich der Umsatzvolumina verzeichnet sind. Aufgrund dieser Aspekte wird die Validität der Daten als gering eingestuft, sodass im weiteren Verlauf der Studie die für den

---

[47] Eine schriftliche Anfrage beim VDS (Email vom 17.6.11) blieb unbeantwortet.
[48] Im Rahmen einer Quantifizierung der Umsatzsteuer des produzierenden Gewerbes muss beachtet werden, dass ein Teil der produzierten Sporttextilien, Sportschuhe und Sportartikel ins Ausland ausgeführt werden und somit nicht (umsatz-)steuerbar sind.

Handel in der Sporttextil-, Sportschuh- und Sportartikelbranche ermittelten Anteile ebenfalls für den Bereich der für die Produktion relevanten Wirtschaftszweige verwendet werden.[49]

Für alle weiteren Wirtschaftszweige, die nach der engen und weiten Definition des Sports eine grundsätzliche Sportrelevanz besitzen, aber bisher nicht aufgeführt worden sind, können auf Basis der derzeitigen Datenlage keine weiteren Anteile der sportbezogenen Produkte ermittelt werden. Diese Wirtschaftszweige werden jeweils in der Kategorie "sonstige" für die enge und weite Definition des Sports zusammengefasst. Vereinfachend werden die Anteile der sportbezogenen Produkte aus den Anteilen aller zuvor beschriebener Wirtschaftszweige ermittelt.[50]

Ergänzend kann für einige relevante Wirtschaftszweige auf weitere branchenspezifische Datenquellen zurückgegriffen werden, die einen ausschließlichen Sportbezug aufweisen.

Für einen Teil der im Sinne der Kerndefinition des Sports definierten Profisportmannschaften kann der Bericht der Deutschen Fußballliga GmbH (DFL) zur "wirtschaftlichen Situation im Lizenzfußball" (DFL, 2010) herangezogen werden. In dem jährlich veröffentlichten Bericht sind die betrieblichen (z.B. Umsatzsteuern) und die personenbezogenen Steuern (z.B. Lohnsteuern) der 1. und 2. Fußball Bundesliga in aggregierter Form direkt angegeben sind. Der Bericht

---

[49] Auf den Internetseiten des BSI lassen sich Umsatzzahlen zum deutschen Sportartikelmarkt in Höhe von 11,3 Mrd. Euro für 2009 finden. Diese Zahlen entstammen nach Auskunft des BSI einer Studie der NPD Group Inc. ("European Sport Market Size, Release 2009"). Eine schriftliche Anfrage (Email vom 23.6.11) bei der NPD Group Inc. zur Datenerhebungsmethode blieb unbeantwortet. Da im BSI bspw. auch die Fachgruppe "Outdoor" organisiert ist (die nicht nur sportbezogene Artikel umfasst) und davon ausgegangen werden kann, dass die Zahl der NPD Group Inc. auch die Außenhandelsstatistik mit einschließt, wird angenommen, dass der Wert von 11,3 Mrd. Euro den tatsächlichen (zur Berechnung der Mehrwertsteuer relevanten) sportbezogenen Umsatz in Deutschland übersteigt. Im weiteren Verlauf des Berichts wird daher auf die Umsatzangaben des VDS zurückgegriffen.

[50] Die Tabelle in Anhang (14.5) gibt einen Überblick zu den im Rahmen dieses Projektes verwendeten (aus anderen Studien übernommene oder selbst berechneten) Anteile der sportbezogenen Produkte in den jeweiligen Wirtschaftszweigen.

beruft sich auf gegebene Daten und Zahlen, ohne dass Einzelheiten erläutert werden, wodurch die Bewertungskriterien Validität, Reliabilität und Repräsentativität nicht geprüft werden können.[51]

Die Umsätze der deutschen Fitnesswirtschaft (*NACE*-Klassifikation 93.04) können aus der jährlich durchgeführten Studie "Eckdaten der deutschen Fitnesswirtschaft" des Arbeitgeberverbandes deutscher Fitness- und Gesundheitsanlagen (Deutscher Sportstudio Verband e.V.: DSSV) entnommen werden.[52] Deloitte (2009) wählte im Rahmen der von ihnen durchgeführten Studie "Der deutsche Fitness- und Wellnessmarkt" ein ähnliches Verfahren bei der Bestimmung der Daten. Dabei wurden Fragebögen versendet sowie telefonische Interviews zuständigen Ansprechpartnern der Anlagen durchgeführt. Darüber hinaus wurden modifizierte Fragebögen an Kettenbetreiber verschickt. Seit 2010 arbeiten der DSSV und Deloitte im Rahmen der Datenerhebung und -auswertung zusammen. Aufgrund der Zusammenführung beider Datenbestände sowie der umfassenden Ermittlung von Neueröffnungen, ist davon auszugehen, dass die Grundgesamtheit der Fitnessanlagen in Deutschland relativ genau abgebildet wird.[53] In der aktuellen Studie (Deloitte, 2011) wurden insgesamt n=558 unabhängige Studios und n=28 Zentralen der Kettenbetriebe schriftlich befragt. Die Stichprobe umfasst somit rund 25,5% aller in der von Deloitte gepflegten Liste der Fitnessstudios in Deutschland. Nach Angaben im Bericht (S. 26) erfolgte "eine nicht zu beanstandende Prüfung der verwertbaren Datensätze auf Repräsentativität bzgl. der Verteilung nach Bundesländern und einzelnen Kategorien". Auswertungs-

---

[51] Eine schriftliche Anfrage (Email vom 17.6.11) blieb unbeantwortet.

[52] In der Studie von 2007 (DSSV, 2007) wurden bspw. Interviews mit insgesamt n=348 unabhängigen Fitness-Anlagen sowie n=13 Ketten- und Franchiseverwaltungen bei einer Grundgesamtheit von n=5.711 bzw. n=21 realisiert.

[53] "Im Rahmen der Datenerhebung erfolgte zum Jahresende 2010 unter anderem ein Anschreiben mit Fragebogen an den gesamten Anlagenbestand der von Deloitte gepflegten Liste existierender Anlagen. Rückläufer und Anschriftenkorrekturen wurden einzeln überprüft. Darunter waren Adressänderungen, Geschäftsaufgaben und Umfirmierungen bzw. Geschäftsübernahmen. Für die weitere Ermittlung der Neueröffnungen wurden neben Eintragungen im Handelsregister auch Inserate in Publikumszeitschriften, Berichte in Fachzeitschriften, Mitteilungen der Branchenverbände sowie Branchenverzeichnisse ausgewertet. Alle beschriebenen Maßnahmen dienten der Bestimmung der Grundgesamtheit zum Stichtag 31.12.2010" (Deloitte, 2011).

und Hochrechnungsverfahren wurden durch das Statistik-Beratungs-Centrum der Universität Bielefeld überprüft. "Dabei wurde die zugrunde liegende Methodik durch die Prüfer bestätigt" (S. 26). Die im Rahmen der Studie ermittelten (und für diesen Bericht relevanten) Umsätze umfassen die Bruttomitgliedsbeiträge ohne (bspw.) Thekenverkäufen oder Einnahmen für Personal Training. Basierend auf diesen Angaben können die Daten als repräsentativ, valide und reliabel eingeschätzt werden.

Ergänzend zu den bisher beschriebenen Datenquellen gibt es zudem Datenquellen, die den Endverbrauch und damit die Nachfrageseite für (einige) sportbezogene Branchen und Produkte abbilden. Hierzu gehören Studien zu den Konsumausgaben der privaten Haushalte und/oder der Sportvereine. Neben Primärdatenerhebungen (private Haushalte: Weber et al., 1995;[54] Sportvereine: Breuer, 2009) können zudem Sekundärdatenquellen verwendet werden (private Haushalte: Pawlowski, 2009).

Die zur Bestimmung der Konsumausgaben der privaten Haushalte relevanten Sekundärdatenquellen - die Einkommens- und Verbrauchsstichprobe (EVS), die alle fünf Jahre erhoben wird, und die Laufenden Wirtschaftsrechnungen (LWR), die jährlich erhoben werden[55] - sind reliabel und als Quotenstichproben auf Basis des Mikrozensus repräsentativ. Während die EVS aufgrund des größeren Stichprobenumfangs (>50.000 Haushalte) im Vergleich zur LWR (ca. 8.000 Haushalte) valider ist, ermöglicht Letztere einen weitaus tiefer gegliederten Einblick in die einzelnen Arten und Kategorien der privaten Konsumausgaben. Dies ist der Grund, warum die EVS im Vergleich zur LWR (Pawlowski, 2009) noch keine Berücksichtigung im Rahmen der Quantifizierung sportbezogener Ausgabenunterkategorien gefunden hat. Die Berechnung der Umsatzsteuern auf Basis der LWR kann in drei Schritten erfolgen. In einem ersten Schritt müssen zunächst

[54] Im Rahmen der Primärdatenerhebung von Weber et al. (1995) wurden 1.952/914 Über-14-Jährige Personen in West-/Ostdeutschland nach ihrer Sportbeteiligung und ihren getätigten Konsumausgaben befragt. In der Studie werden keine näheren Details zur Stichprobe veröffentlicht.
[55] Die Datenerhebung erfolgt durch das Statistische Bundesamt in Zusammenarbeit mit den Statistischen Landesämtern.

die sportrelevanten Lieferungen und Leistungen identifiziert werden. In einem zweiten Schritt müssen die in den identifizierten Kategorien getätigten Ausgaben auf die Gesamtzahl der Haushalte (multipliziert mit 36,105 Mio.) und das gesamte Jahr (multipliziert mit 12) hochgerechnet werden. In einem dritten Schritt wird das auf diese Weise ermittelte Volumen mit dem jeweils angemessenen Steuersatz (19 bzw. 7%) gewichtet, um das sportbezogene Umsatzsteueraufkommen zu bestimmen.[56]

Die Umsatzsteuern, die aufgrund des Konsums der Sportvereine anfallen, können (ohne Beachtung der bereits erwähnten komplexen Besteuerungsregelungen) anhand der Daten des Sportentwicklungsberichts (SEB) approximiert werden. Der SEB ist die kontinuierliche, in zweijährigen Abständen durchgeführte Nachfolgerstudie der Finanz- und Strukturanalyse des deutschen Sports (FISAS). In der hier verwendeten Ausgabe von 2007/2008 wurden über 13.000 der rund 90.000 Sportvereine in Deutschland befragt. Aufgrund der großen Stichprobe können die Daten als valide angenommen werden. Bzgl. der Repräsentativität lassen sich nur schwer Rückschlüsse ziehen. Insgesamt ist jedoch davon auszugehen, dass die Daten des SEB die sehr heterogene Vereinslandschaft in Deutschland gut und zuverlässig abbilden. Zur Bestimmung des sportrelevanten Umsatzsteueraufkommens könnten die im Rahmen des SEB ermittelten durchschnittlichen Ausgaben der Sportvereine mit der Gesamtzahl an Vereinen (90.467) multipliziert und mit dem jeweils angemessenen Steuersatz (19 bzw. 7%) gewichtet werden. Ein vergleichbarer Datenfundus zu den Verbänden in Deutschland existiert dagegen nicht.

Studien, die die Endnachfrage nach Lieferungen und Leistungen durch sonstige (Sport-) Betriebe quantifiziert haben, wie bspw. Werberechte und Medienrechte von Vereinen, wurden in erster Linie von Unternehmensberatungen durchgeführt. So untersucht die Media Agentur Pilot als Herausgeber der Studie "Sponsor Visions" in Zusammenarbeit mit diversen Förderern (DFL Deutsche Fußball

---

[56] Zu beachten ist, dass die Umsatzsteuer in den Ausgaben der privaten Haushalte enthalten ist. Die Berechnung der Umsatzsteuer gestaltet sich daher wie folgt: Ausgaben/(1+Steuersatz)*Steuersatz.

Liga GmbH, SPORTFIVE, FASPO sowie den Marktforschungsinstituten Infratest und IPSOS) seit 2000 die Entwicklung im deutschen Sponsoring-Markt. In regelmäßigen Abständen wurden seit 2000 (mittlerweile) jährlich rund 250 Experten aus Top-Unternehmen und -Agenturen befragt (vgl. Pilot, 2010). Die Bezeichnung Top-Unternehmen deutet dabei auf eine Einschränkung der Repräsentativität hin. Zwar werden die umsatzstärksten Unternehmen befragt, die wahrscheinlich für Großevents, Profivereine und Profisportler den größten Anteil des Sponsoring-Etats ausmachen. Dennoch sind auch viele kleine und mittelständische Unternehmen im Sportsponsoring tätig. Diese werden in der Schätzung der Studie jedoch nicht beachtet. In Bezug auf Reliabilität und Validität der Daten lassen sich keine Aussagen treffen.[57] In den Studie von Pricewaterhouse-Coopers ("German Entertainment and Media Outlook") werden unter Nutzung von Daten aus Wirtschaftsverbänden, amtlichen Statistiken, wirtschaftlichen Fachpublikationen sowie Studien zum weltweiten und europäischen Medienmarkt Ergebnisse zum Umsatzvolumen im Sportsponsoring sowie im Sportrechtemarkt präsentiert. Inwieweit die Studie repräsentativ, reliabel und valide ist, kann aufgrund fehlender Informationen nicht gesagt werden.[58] In einem Artikel in der Sponsors (Stelmaszyk, 2010) werden (neben zahlreichen weiteren Informationen zum Sportmarkt) die Lizenzkosten für Sportrechte der privaten und öffentlich-rechtlichen TV-Sender in Deutschland aufgeführt (vgl. Anhang 14.5). Die Angaben beruhen auf eigenen Recherchen sowie auf den Angaben der Fernsehanstalten. Für eine Gesamtdarstellung des Sportrechte-Marktvolumens in Deutschland ist die Repräsentativität allerdings fraglich, da aufgrund fehlender Angaben einige Lizenzkosten nicht aufgeführt werden. Darüber hinaus ist anzumerken, dass die Ausgaben der Medienanstalten für bestimmte TV-Rechte, wie bspw. der UEFA Champions League nur zum Teil den im Rahmen der Kerndefinition abgegrenzten Sportorganisationen und -institutionen in Deutschland zukommen.

---

[57] Eine schriftliche Anfrage (Email vom 17.6.11) blieb unbeantwortet.
[58] Eine schriftliche Anfrage (Email vom 17.6.11) blieb unbeantwortet.

Wie sich zeigt, können die (neben der Umsatzsteuerstatistik) identifizierten Datenquellen und Studien den sportbezogenen Endverbrauch nicht vollständig abbilden. Zudem orientieren sie sich nicht an der Vilnius-Definition des Sports, was die Abgrenzung des Sportbezugs erschwert.

Ergebnisse nach der Kerndefinition des Sports: Die Lieferungen und Leistungen der im Sinne der *NACE*-Klassifizierung abgegrenzten Wirtschaftszweige, die zur Kerndefinition des Sports gehören, beliefen sich (der Umsatzsteuerstatistik 2008 zufolge) insgesamt auf rund 7,525 Mrd. Euro. Das Umsatzsteuervolumen belief sich auf rund 1,279 Mrd. Euro vor Abzug der Vorsteuerbeträge. Um Mehrfachzählungen bei der Quantifizierung des sportrelevanten Umsatzsteueraufkommens zu vermeiden, wird im Folgenden (wie eingangs erwähnt) stets der Betrag nach Abzug der Vorsteuerbeträge (die *Mehrwertsteuer*), der in der Umsatzsteuerstatistik als "Umsatzsteuervorauszahlung" ausgewiesen wird, herangezogen. Die Umsatzsteuervorauszahlung der im Sinne der *NACE*-Klassifizierung abgegrenzten Wirtschaftszweige, die zur Kerndefinition des Sports gehören, belief sich auf 0,344 Mrd. Euro (vgl. Tabelle 1).[59]

Tab. 1: Die Umsatzsteuervorauszahlung der (im Sinne der Kerndefinition) sportbezogenen Wirtschaftszweige[60]

NACE	Wirtschaftszweige	Lieferungen und Leistungen in 1.000 €	Umsatzsteuer vor Abzug der Vorsteuerbeträge in 1.000 €	Umsatzsteuer Voraus- zahlung in 1.000 €
92.61	Betrieb von Sportanlagen	2.745.736	463.005	100.132
92.62.1	Sportverbände und Sportvereine	1.812.760	291.826	106.016
92.62.2	Professionelle Sportmannschaften und Rennställe	1.806.843	310.999	45.403
92.62.3	Selbst. Berufssportler/innen und -trainer/innen	164.799	30.378	18.575
92.62.4	Sportpromotor u. sonst. profess. Sportveranstalter	339.422	64.530	19.701
92.62.5	Sportschulen und selbständige Sportlehrer/innen	655.752	118.110	54.349
		7.525.311	1.278.848	344.176

[59] Den Zahlen der DFL (2010) zufolge wurden alleine von den Profisportmannschaften der 1. und 2. Fußball Bundesliga rund 0,381 Mrd. Euro an Umsatzsteuern abgeführt. Als Vorsteuerbeträge wurden dabei 0,185 Mrd. Euro zurückerstattet. Es ist zwar abschließend nicht klar, ob Angaben zu den 36 Profifußballvereinen alle in der Kategorie *professionelle Sportmannschaften* und/oder zusätzlich *Sportverbände und Sportvereine* (im Sinne der NACE-Klassifikation) enthalten sind, dennoch erscheint die Abweichung ungewöhnlich hoch.

[60] Quelle: Statistisches Bundesamt (2009b).

Eine vergleichende Quantifizierung der Mehrwertsteuer mit Hilfe von Daten zum Endverbrauch ist aufgrund der unterschiedlichen Abgrenzungen und Definitionen in den derzeit verfügbaren Datenquellen generell schwierig.[61] Zudem beinhalten die Daten die Umsatzsteuereinnahmen aus eindeutigem Endverbrauch (d.h. die Umsatzsteuer vor Abzug der Vorsteuerbeträge) und nicht die eigentlich interessierenden Umsatzsteuervorauszahlungen bzw. das Mehrwertsteuervolumen. Zur approximativen Bestimmung des Volumens der Umsatzsteuervorauszahlung wird der aus der Umsatzsteuerstatistik ableitbare Anteil von "Umsatzsteuervorauszahlung" an "Umsatzsteuer vor Abzug der Vorsteuerbeträge" (26,9%) verwendet.[62] Insgesamt ist die Validität der auf diese Weise berechneten sportbezogenen Mehrwertsteuer allerdings als gering einzustufen.

Der im Rahmen der LWR getroffenen Abgrenzung folgend, können die privaten Konsumausgaben der Haushalte für die Personenbeförderung mit Skiliften, Seilbahnen in Skigebieten oder Ferienzentren (ohne solche auf Reisen, LWR 0941191), für den Besuch von Hallenbädern (ohne Thermalbäder, LWR 0941014), für den Besuch von Sportveranstaltungen (LWR 0941011), für die Miete für Tennisplätze, Kegelbahnen u.ä. Sporteinrichtungen (LWR 0941041), außerschulischen Einzel- und Gruppenunterricht in Sport oder musischen Fächern (LWR 094102) sowie anderer Sportunterricht (LWR 0941023) dem definierten Kernbereich des Sports zugeordnet werden. Das Volumen der Konsumausgaben dieser sechs Dienstleistungskategorien belief sich 2007 auf 5,425 Mrd. Euro. Bei einem Umsatzsteuersatz von 19% (bzw. 7% für Eintrittsgelder von Frei- und Hallenbädern sowie für Unterricht in musischen Fächern) ergibt sich hieraus ein geschätztes Mehrwertsteueraufkommen von rund 0,554 Mrd. Euro (vgl. Anhang 14.5).[63]

---

[61] Mit denen im Rahmen des Projektes vom Bundesinstitut für Sportwissenschaft und dem BMI zur "Wirtschaftlichen Bedeutung des Sports in Deutschland" zu erhebenden Mengen- und Wertgerüsten des sportbezogenen Konsums sind (z.T.) genauere Quantifizierungsmöglichkeiten zu erwarten.

[62] Der Anteil berechnet sich durch: 344.176 / 1.278.848 = 0,269.

[63] An Sportvereine gezahlte Mitgliedsbeiträge gehören zum (umsatzsteuerfreien) ideellen Bereich (vgl. Sigloch & Klimmer, 2003 oder Finanzministerium des Landes NRW, 2005)

Neben privaten Haushalten sind (wie oben beschrieben) auch sonstige (sportbezogene) Betriebe Endnachfrager von Lieferungen und Leistungen (insbesondere
Werbe- und Medienrechte) der (im Sinne der NACE-Klassifizierung zur Kerndefinition des Sports zugehörigen) Betriebe, Vereine und Verbände. So fragen
bspw. sportrelevante Betriebe aber auch solche, die nicht dem Sport zugeordnet
werden können Werberechte nach, die grds. (umsatz-)steuerbar sind. Der Studie
der Hamburger Media-Agentur Pilot (2010) zufolge beläuft sich das
Sponsoringvolumen im deutschen Sportmarkt auf rund 2,7 Mrd. Euro. In ihrer
Prognose kommt die vorliegende Studie von PricewaterhouseCoopers (2006) für
2009 auf ein vergleichbares Sponsoringvolumen in Höhe von 2,5 Mrd. Euro.
Wird vom Mittel dieser beiden Werte ausgegangen, entspricht dies bei einem
Umsatzsteuersatz von 19% einem Umsatzsteuervolumen von rund 0,494 Mrd.
Euro. Der Prognose von PricewaterhouseCoopers (2006) zufolge, belaufen sich
die Erlöse aus dem Verkauf von Medienrechten auf rund 1,380 Mrd. Euro. Wer-
den die von Sponsors (vgl. Stelmaszyk, 2010) recherchierten Lizenzkosten für
Sportsendungen pro Jahr vereinfachend addiert, ergibt sich mit rund 1,274 Mrd.
Euro ein vergleichbarer Wert. Wird wiederum vom Mittel beider Werte ausgegangen, entspricht das Umsatzsteuervolumen bei einem Umsatzsteuersatz von
19% rund 0,252 Mrd. Euro.

Das mit Hilfe von Daten zum Endverbrauch in den obigen Kategorien ermittelte
Umsatzsteuervolumen beläuft sich auf rund 1,3 Mrd. Euro. Wird der aus der
Umsatzsteuerstatistik ableitbare Anteil von "Umsatzsteuervorauszahlung" an
"Umsatzsteuer vor Abzug der Vorsteuerbeträge" (26,9%) verwendet, ergibt sich
damit ein (approximatives) Mehrwertsteueraufkommen in Höhe von 0,385 Mrd.
Euro.[64] Zu beachten ist allerdings, dass insbesondere Sportvereine, professionelle

---

und werden daher hier nicht behandelt. Sie sind dagegen Gegenstand des Kapitels zum
Einnahmeverzicht des Staates (vgl. Kapitel 5.1).
[64] Die Organisationen der in der Kerndefinition des Sports enthaltenen Wirtschaftszweige
ziehen von der (von Endverbrauchern) eingenommen Umsatzsteuer die von ihnen zuvor
entrichtete Vorsteuer ab. Auch diese Vorsteuer ist grds. sportbezogen. Für einen Vergleich
des hier ermittelten Umsatzsteuervolumens mit den zuvor ermittelten sportbezogenen
Mehrwertsteuern der im Sinne der Kerndefinition des Sports relevanten Wirtschaftszweige ist es jedoch notwendig, die Vorsteuerbeträge abzuziehen. Die Vorsteuerbeträge entfal-

Sportmannschaften, Rennställe und Berufssportler darüber hinaus Einnahmen aus dem Verkauf von Merchandising-Artikeln beziehen. Zu welchen Teilen das Umsatzsteueraufkommen aus dem Verkauf von Merchandising-Artikeln von Sportvereinen, professionellen Sportmannschaften, Rennställen und Berufssportlern oder aber von Einzel- und Versandhändlern abzuführen ist, ist unklar. Insgesamt können auf Basis der hierfür verwendeten Daten und Auswertungsmethoden trotz der (im vorangehenden Abschnitt geäußerten) Unklarheit bzgl. Datengüte und der Ungenauigkeit bei den Approximationen die Mehrwertsteueraufkommen der Kerndefinition des Sports auf ähnliche Werte wie die der Umsatzsteuerstatistik abgeschätzt werden. Im Folgenden wird der aus der Umsatzsteuerstatistik ermittelte Wert von 0,344 Mrd. Euro an Mehrwertsteueraufkommen für die im Rahmen der Kerndefinition des Sports relevanten Wirtschaftszweige verwendet.

Ergebnisse nach der engen Definition des Sports: Zur engen Definition des Sports gehören alle Wirtschaftszweige der Kerndefinition des Sports und zahlreiche weitere Wirtschaftszweige. Die zusätzlichen Lieferungen und Leistungen der im Sinne der *NACE*-Klassifizierung abgegrenzten Wirtschaftszweige, die zur engen Definition des Sports gehören, belaufen sich (der Umsatzsteuerstatistik zufolge) insgesamt auf rund 1.276,877 Mrd. Euro. Das Umsatzsteuervolumen beläuft sich auf rund 195,812 Mrd. Euro vor Abzug der Vorsteuerbeträge bzw. 15,501 Mrd. Euro nach Abzug der Vorsteuerbeträge (vgl. Anhang 14.5).

Zu beachten ist allerdings, dass zahlreiche Wirtschaftszweige auch nicht sportrelevante Lieferungen und Leistungen vollziehen, sodass von den 15,501 Mrd. Euro lediglich ein (sehr) kleiner Teil tatsächlich dem Sport zuzuordnen ist. Dies führt insbesondere in Gewerben mit sehr großen Lieferungs- und Leistungsumfängen bzw. Umsatzsteuervolumina wie bspw. dem Baugewerbe[65], dem Kraft-

---

len auf sportbezogene (Vor-)Lieferungen und -Leistungen von Organisationen der <u>engen und/oder weiten</u> Definition des Sports und würden damit (wenn sie hier nicht abgezogen werden) zu einer Doppelzählung führen.
[65] *NACE*-Klassifizierung 01.41, 45.21, 45.23 und 45.24. Sportbezogen wären bspw. der Bau von Sporthallen und -plätzen.

fahrzeuggewerbe[66] oder dem Gesundheits- und Medizinbereich[67] zu einer extremen Überschätzung der sportbezogenen Größen. Da die Umsatzsteuerstatistik jedoch nicht weiter (nach Produkten im Sinne der CPA-Klassifizierung) aufgegliedert ist, kann der sportbezogene Teil auf Basis dieser Datenbank alleine nicht weiter eingegrenzt werden.

An dieser Stelle können die in der Tabelle in Anhang 14.3 dargestellten Quoten verwendet werden, um die sportbezogenen Anteile in einigen Bereichen weiter einzugrenzen. Mit Hilfe dieser Quoten können die sportbezogenen Mehrwertsteueraufkommen der Bereiche Fahrräder (0,014 Mrd. Euro), Autowerkstätten (0,074 Mrd. Euro), Tankstellen (0,038 Mrd. Euro) und Hochschulen (0,001 Mrd. Euro) abgeschätzt werden.

Darüber hinaus können Aussagen bzgl. der Fitnessbranche, des Sportgeräte- und Fahrradverleihs, der Flug-, Bootsführer- und Segelschulen, der Tanzschulen sowie der Sporttextil-, Sportschuh- und Sportartikelbranche getroffen werden.

Der Umsatzsteuerstatistik zufolge belaufen sich die Lieferungen und Leistungen der Wirtschaftszweige Sauna, Solarien, Fitnesszentren u.Ä. (NACE-Klassifizierung 93.04) auf rund 1,990 Mrd. Euro. Den LWR folgend gaben private Haushalte für Beiträge und Entgelte für Dienstleistungen von Fitnessstudios u.ä. Einrichtungen (LWR 094103) 2007 rund 1,360 Mrd. Euro aus. Dementsprechend ist davon auszugehen, dass der überwiegende Teil der NACE-Klassifizierung 93.04 auf die Fitnesszentren entfällt.[68] Daher werden die ausge-

---

[66] NACE-Klassifizierung 34.10, 34.20, 35.30, 35.41, 35.43, 35.50, 50.10, 50.20, 50.30, 50.40, 50.50 und 51.51. Sportbezogen wären bspw. der Bau, Handel und Betrieb von Sportflugzeugen und Rennfahrzeugen.

[67] NACE-Klassifizierung 24.42, 33.10, 33.40, 51.46, 56.46, 52.31, 52.32, 85.11, 85.12, 85.14 und 85.20. Sportbezogen wäre bspw. die medizinische Versorgung von verletzten Sportlern oder Rennpferden.

[68] Mit berechneten Umsätzen von 3,93 Mrd. Euro (Deloitte, 2011) sind die in der gemeinsamen Studie von Deloitte und dem DSSV ermittelten Werte für den deutschen Fitnessmarkt deutlich größer. Dies kann in Teilen durch die unterschiedlichen Erhebungszeiträume (LWR: 2007, Umsatzsteuerstatistik: 2008; Deloitte: 2010) erklärt werden, da der Markt innerhalb der letzten Jahre ein rasantes Wachstum erfahren hat. So sind bspw. die Mitgliederzahlen von Anlagen >200m^2 von 5,54 Mio. (2007), über 6,07 Mio. (2008) bis auf 7,05 Mio. (2010) gestiegen (Deloitte, 2011). Wird vereinfachend angenommen, dass

wiesenen Mehrwertsteuern dieses Bereiches in Höhe von 0,086 Mrd. Euro dem Sport in voller Höhe zugeordnet.

Die Lieferungen und Leistungen der Wirtschaftszweige Verleih von Sportgeräten und Fahrrädern (*NACE*-Klassifizierung 71.40.2) belaufen sich der Umsatzsteuerstatistik zufolge auf rund 0,107 Mrd. Euro. Den LWR folgend gaben private Haushalte für Miete für Sport- und Campingartikel, Reitpferde (einschl. der Miete für Spezialsportschuhe, z.b. Bowlingschuhe, Schlittschuhe), Sportboote, Strandkörbe (LWR 0941043) rund 0,249 Mrd. Euro aus. Offensichtlich liegen zwischen den beiden Kategorien unterschiedliche Abgrenzungen vor. Wie aus der Beschreibung ersichtlich wird, umfasst die Kategorie der LWR auch Freizeitprodukte, wie bspw. Strandkörbe, die nicht dem Sportbereich zugeordnet werden können. Dementsprechend wird im Folgenden der Wert der Umsatzsteuerstatistik herangezogen, der dem Sport näherungsweise komplett zugeschrieben werden kann. Entsprechend werden die in der Umsatzsteuerstatistik für die *NACE*-Kategorie 71.40.2 ausgewiesenen Mehrwertsteuern dieses Bereiches (0,009 Mrd. Euro) dem Sport in voller Höhe zugeordnet.

Die Kategorien Flug-, Bootsführer- und Segelschulen (*NACE*-Klassifizierung 80.41.2) und Tanzschulen (*NACE*-Klassifizierung Tanzschulen) werden dem Sport ebenfalls zu 100% zugeordnet. Die Lieferungen und Leistungen der beiden Kategorien umfassen Werte von 0,135 bzw. 0,209 Mrd. Euro. Die entsprechenden Umsatzsteuervorauszahlungen werden mit 9 bzw. 3 Mio. Euro angegeben.

Der Umsatzsteuerstatistik zufolge belaufen sich die Lieferungen und Leistungen aller für den Sporttextil-, Sportschuh- und Sportartikelhandel relevanten Wirtschaftszweige[69] zusammen auf rund 324,981 Mrd. Euro. Das Umsatzsteuervo-

---

der Mitgliederzuwachs zwischen 2008 und 2010 (rund 16%) ebenfalls in den Umsatzzahlen wiederzufinden ist, würde sich die Lieferungen und Leistungen der Wirtschaftszweige Sauna, Solarien, Fitnesszentren u.Ä. (*NACE*-Klassifizierung 93.04) im Jahr 2010 auf rund 2,308 Mrd. Euro belaufen (1,990*1,16). Wie die verbleibende Differenz zwischen den für 2010 prognostizierten Angaben der Umsatzsteuerstatistik (2,308 Mrd. Euro) und den Angaben der Deloitte Studie (3,93 Mrd. Euro) zustande kommen, kann abschließend nicht geklärt werden.
[69] *NACE*-Klassifikationen 51.16, 51.18, 51.41, 51.42, 51.47.7, 52.11, 52.12, 52.42, 52.43, 52.48, 52.61 und 52.63, in der Tabelle im Anhang 14.5 dunkelgrau hinterlegt.

lumen beläuft sich auf rund 47,253 Mrd. Euro vor Abzug der Vorsteuerbeträge bzw. 5,682 Mrd. Euro nach Abzug der Vorsteuerbeträge. Zur Berechnung des sportbezogenen Anteils können die veröffentlichten Daten des VDS herangezogen werden, wonach sich das durch die klassischen Sportfachgeschäfte, die Sportabteilungen der Warenhäuser, die Filialisten, die Versender und sonstige Betriebsformen erwirtschaftete gesamte Umsatzvolumen auf rund 7,3 Mrd. Euro im Jahr 2009 belief.[70] Somit kann der sportbezogene Anteil an Lieferungen und Leistungen der relevanten Wirtschaftszweige auf rund 2,2% geschätzt werden, was wiederum einem Mehrwertsteuervolumen des Sporttextil-, Sportschuh- und Sportartikelhandels von 0,125 Mrd. Euro entspricht.[71]

In Analogie zu den sportbezogenen Mehrwertsteuern aus Handelsumsätzen können die sportbezogenen Mehrwertsteuern aus Produktionsumsätzen abgeschätzt werden.[72] Der Umsatzsteuerstatistik zufolge belaufen sich die Lieferungen und Leistungen dieser Wirtschaftszweige auf rund 37,701 Mrd. Euro. Das Umsatzsteuervolumen beläuft sich auf rund 5,922 Mrd. Euro vor Abzug der Vorsteuerbeträge bzw. 0,765 Mrd. Euro nach Abzug der Vorsteuerbeträge. Zur Berechnung des sportbezogenen Anteils können die veröffentlichten Daten des BSI herangezogen werden, wonach sich die Produktionszahlen für Sport- und Freizeitartikel in Deutschland auf rund 1,238 Mrd. Euro im Jahr 2007 belaufen. Somit kann der freizeit- und sportbezogene Anteil an Lieferungen und Leistungen der relevanten Wirtschaftszweige auf rund 3,3% geschätzt werden. Der reine sportbezogene

---

[70] Die mit Hilfe der LWR abgrenzbaren privaten Konsumausgaben für Produkte der Sporttextil-, Sportschuh- und Sportartikelbranche belaufen sich auf rund 4 Mrd. Euro (vgl. Anhang 14.5). Neben den privaten Haushalten sind jedoch zudem Vereine, Verbände als auch die professionellen Sportmannschaften und Rennställe oder selbständigen Berufssportler/innen und -trainer/innen Endnachfrager von Produkten der Sporttextil-, Sportschuh- und Sportartikelbranchen. Während keine Datenquellen zur Quantifizierung der Ausgaben in diesem Bereich von letztgenannten Endnachfragern besteht, kann der SEB herangezogen werden, um die Ausgaben der Sportvereine zu quantifizieren. Aufgrund des komplexen (Umsatz-)steuerrechts für eingetragene Vereine in Deutschland, kann hieraus allerdings nicht unmittelbar das sportvereinsbezogene Umsatzsteueraufkommen dieser Branchen bestimmt werden.
[71] Der Anteil berechnet sich durch: 7,3 / 324,981 = 0,022.
[72] *NACE*-Klassifikationen 17.40, 17.52, 18.21, 18.22, 18.23, 18.24, 19,20, 19.30, 28.75, 29.60, 33.50, 35.12 und 36.40, in der Tabelle im Anhang 14.5 hellgrau hinterlegt.

Anteil lässt sich so nicht ermitteln. Im Folgenden wird daher der aus den Handelsumsätzen abgeleitete Wert von 2,2% verwendet. Entsprechend kann das Mehrwertsteuervolumen der Sporttextil-, Sportschuh- und Sportartikelproduktion auf rund 0,017 Mrd. Euro abgeschätzt werden.[73]

Zusammenfassend lässt sich für die erwähnten *NACE*-Kategorien, die den Bereichen Sportfahrräder, sportbezogene Leistungen von Autowerkstätten, Tankstellen und Hochschulen, Fitnessstudios sowie Sporttextil-, Sportschuh- und Sportartikelproduktion und -handel zugeordnet werden können und die insgesamt Umsatzsteuervorauszahlungen in Höhe von 9,386 Mrd. Euro getätigt haben, ein sportbezogener Mehrwertsteueranteil von 0,389 Mrd. Euro identifizieren (vgl. Tabelle im Anhang 14.5). Dies entspricht einem sportbezogenen prozentualen Anteil in den relevanten Branchen von rund 4,1%.[74]

Der sportbezogene Anteil aus den übrigen Wirtschaftszweigen, die im Sinne der engen Definition des Sports ebenfalls grundsätzliche Sportrelevanz besitzen und den verbleibenden Mehrwertsteueranteil von 6,115 Mrd. Euro auf sich vereinen, kann nicht mit Hilfe weiterer branchenspezifischer Daten weiter eigegrenzt werden.[75] Wird vereinfachend der oben ermittelte prozentuale Anteil von 4,1% verwendet, kann entsprechend der verbleibende sportbezogene Mehrwertsteueranteil sonstiger im Sinne der engen Definition des Sports ebenfalls grundsätzlich relevanter Wirtschaftszweige auf rund 0,251 Mrd. Euro abgeschätzt werden.

Abbildung (4) fasst die mit Hilfe von Quoten und/oder weiterer Datenquellen weiter eingegrenzten Ergebnisse noch einmal zusammen.[76] In der Abbildung sind neben den in diesem Abschnitt neu ermittelten Werten zudem die Werte der Kerndefinition des Sports enthalten (vgl. Abschnitt 2.1.1.1), die definitionsge-

---

[73] Der Anteil berechnet sich durch: 1,286 / 37,701 = 0,033.
[74] Der Anteil berechnet sich durch: 0,389 / 9,386 = 4,1%.
[75] Dies ist die Differenz aus den Mehrwertsteuern aller Branchen (15,501 Mrd. Euro) und den Mehrwertsteuern der mit Hilfe verfügbarer Quoten weiter eingrenzbaren Branchen (9,386 Mrd. Euro).
[76] In der Übersichtstabelle im Anhang 14.5 sind sämtliche in den LWR als sportrelevant identifizierten Kategorien der privaten Konsumausgaben dargestellt. Sofern möglich sind im Rahmen der obigen Ausführungen Vergleiche zwischen den Angaben der Umsatzsteuerstatistik und der LWR vollzogen worden.

mäß auch zur engen Abgrenzung des Sports gehört. Auf sie entfällt rund ein Drittel des ermittelten sportbezogenen Mehrwertsteueraufkommens der (im Sinne der engen Definition) sportbezogenen Wirtschaftszweige (0,344 Mrd. Euro). Ein Viertel entfällt auf die sonstigen Wirtschaftszweige (0,251 Mrd. Euro), gefolgt vom Sporttextil-, Sportschuh- und Sportartikelhandel (0,125 Mrd. Euro). Für das hier ermittelte Gesamtaufkommen an Mehrwertsteuer in Höhe von rund 0,983 Mrd. Euro, spielen dagegen die Anteile der Hochschulen (0,001 Mrd. Euro), der Flug-, Bootsführer- und Segelschulen (0,003 Mrd. Euro) und des Sportgeräte- und Fahrradverleihs (0,009 Mrd. Euro) nur eine untergeordnete Rolle.

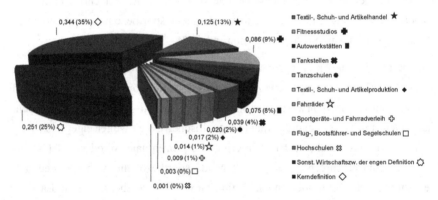

Abb. 4: Die sportbezogene Umsatzsteuervorauszahlung (in Mrd. Euro) der im Sinne der engen Definition sportbezogenen Wirtschaftszweige.[77]

Ergebnisse nach der weiten Definition des Sports: Zur weiten Definition des Sports gehören alle Wirtschaftszweige der Kern- und engen Definition des Sports und zahlreiche weitere Wirtschaftszweige. Die zusätzlichen Lieferungen und Leistungen der im Sinne der *NACE*-Klassifizierung abgegrenzten Wirtschaftszweige, die zur weiten Definition des Sports gehören, belaufen sich (der Umsatzsteuerstatistik zufolge) insgesamt auf rund 538,726 Mrd. Euro. Das Umsatzsteu-

---

[77] Eigene Berechnungen. Die angegebene Werte und Prozentangaben sind auf Basis der vorhandenen Daten berechnet bzw. abgeschätzt worden. Die Prozentangaben beziehen sich auf die gesamte abgeschätzte sportbezogene Umsatzsteuervorauszahlung der im Sinne der engen Definition sportbezogenen Wirtschaftszweige.

ervolumen hierbei beläuft sich auf rund 89,618 Mrd. Euro vor Abzug der Vorsteuerbeträge bzw. 25,239 Mrd. Euro nach Abzug der Vorsteuerbeträge (vgl. Anhang 14.5).

Wie im vorangehenden Abschnitt erwähnt, ist auch hierbei wiederum zu beachten, dass zahlreiche Wirtschaftszweige auch nicht sportrelevante Lieferungen und Leistungen vollziehen, sodass hiervon lediglich ein (sehr) kleiner Teil tatsächlich dem Sport zuzuordnen ist. Dies führt wiederum insbesondere in Gewerben mit sehr großen Lieferungs- und Leistungsumfängen wie den Medien[78], der Mineralölverarbeitung (*NACE*-Klassifikation 23.20), der Gastronomie[79] oder dem Beratungsgewerbe[80] zu einer extremen Überschätzung der absoluten sportbezogenen Größen. Auf Basis der Umsatzsteuerstatistik alleine kann der sportbezogene Beitrag zum Mehrwertsteueraufkommen dieser Branchen nicht weiter eingegrenzt werden.

An dieser Stelle könnten wiederum die in der Tabelle im Anhang (14.3) dargestellten Quoten verwendet werden, um einzelne Teilbereiche weiter einzugrenzen. Mit Hilfe dieser Quoten können die sportbezogenen Mehrwertsteueraufkommen der Bereiche Bücher (0,007 Mrd. Euro), Zeitungen (0,081 Mrd. Euro), Zeitschriften, (0,061 Mrd. Euro), Beherbergungsgewerbe (0,049 Mrd. Euro), ÖPNV (-0,003 Mrd. Euro), Fernsehen und Rundfunk (0,063 Mrd. Euro) sowie Wett-, Toto- und Lotteriewesen (0,002 Mrd. Euro) abgeschätzt werden.[81] Im Gegensatz zur engen Definition des Sports lassen sich keine weiteren Datenquellen und Studien finden, um einzelne Wirtschaftszweige der weiten Definition des

---

[78] *NACE*-Klassifizierung 22.11, 22.12, 22.13, 22.14, 22.15, 22.21, 22.22, 22.23, 22.24, 52.47.2, 52.47.3, 92.11, 92.12, 92.20 und 92.40. Sportbezogen wären bspw. Sportberichterstattungen im Fernsehen oder die Produktion von Sportzeitschriften.
[79] *NACE*-Klassifizierung 55.30, 55.40, 55.51 und 55.52. Sportbezogen wäre bspw. der Konsum im Stadion beim Besuch einer Sportveranstaltung
[80] *NACE*-Klassifizierung 74.11, 74.12 und 74.14. Sportbezogen wären bspw. Beratungstätigkeiten für Vereine und sonstige Sportbetriebe.
[81] Von den unter § 1 Abs. 1 Nr. 1 USTG fallenden Umsätzen sind nach § 4, Abs. 9b UStG die Umsätze steuerfrei, "die unter das Rennwett- und Lotteriegesetz fallen. Nicht befreit sind die unter das Rennwett- und Lotteriegesetz fallenden Umsätze, die von der Rennwett- und Lotteriesteuer befreit sind oder von denen diese Steuer allgemein nicht erhoben wird".

Sports hinsichtlich ihrer sportbezogenen Lieferungen und Leistungen näher betrachten zu können.

Zusammenfassend lässt sich für die oben erwähnten *NACE*-Kategorien, die insgesamt Umsatzsteuervorauszahlungen in Höhe von 4,505 Mrd. Euro getätigt haben, ein sportbezogener Mehrwertsteueranteil von 0,260 Mrd. Euro identifizieren (vgl. Tabelle im Anhang 14.5). Dies entspricht einem sportbezogenen Anteil in den relevanten Branchen von rund 5,8%.[82]

Der sportbezogene Mehrwertsteueranteil aus der Mineralölverarbeitung und den übrigen Wirtschaftszweigen, die im Sinne der weiten Definition des Sports ebenfalls grundsätzliche Sportrelevanz besitzen und den verbleibenden Mehrwertsteueranteil von 20,734 Mrd. Euro auf sich vereinen, kann nicht weiter eingegrenzt werden. Wird vereinfachend der oben ermittelte prozentuale Anteil von 5,8% verwendet, kann entsprechend der verbleibende sportbezogene Mehrwertsteueranteil der Mineralölverarbeitung und sonstiger im Sinne der weiten Definition des Sports ebenfalls relevanter Wirtschaftszweige auf rund 1,203 Mrd. Euro abgeschätzt werden.

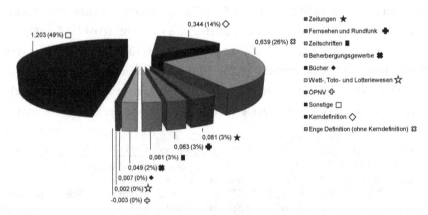

Abb. 5: Die sportbezogene Umsatzsteuervorauszahlung (in Mrd. Euro) der im Sinne der weiten Definition sportbezogenen Wirtschaftszweige.[83]

---

[82] Der Anteil berechnet sich durch: 0,260 / 4,505 = 5,8%.
[83] Eigene Berechnungen. Die angegebene Werte und Prozentangaben sind auf Basis der vorhandenen Daten berechnet bzw. abgeschätzt worden. Die Prozentangaben beziehen

In Abbildung (5) sind neben den in diesem Abschnitt neu ermittelten Werten zudem die Werte der Kerndefinition des Sports sowie die der engen Definition des Sports (ohne Kerndefinition) enthalten (vgl. Abschnitt 2.1.1.1 und 2.1.1.2), die definitionsgemäß auch zur weiten Abgrenzung des Sports gehören. Auf beide zusammen entfällt rund ein Drittel des ermittelten sportbezogenen Mehrwertsteueraufkommens der (im Sinne der weiten Definition) sportbezogenen Wirtschaftszweige (0,983 Mrd. Euro).

Zusammenfassung, abschließende Bewertung und Forschungsdesiderata: Für das Jahr 2008 konnte das Mehrwertsteuervolumen von der Umsatzsteuerstatistik des Statistischen Bundesamtes ausgehend auf Werte von 0,344 Mrd. Euro (Kerndefinition), 0,983 Mrd. Euro (enge Definition) bzw. 2,445 Mrd. Euro (weite Definition) abgeschätzt werden. Bei (in der Umsatzsteuerstatistik) insgesamt ausgewiesenen Umsatzsteuervorauszahlungen von 131,5 Mrd. Euro, entspricht dies je nach verwendeter Sport-Definition einem sportbezogenen Mehrwertsteueranteil von 0,26%, 0,75% bzw. 1,86%. am gesamten Mehrwertsteueraufkommen.

Diese Anteile können für die Einordnung in die VGR verwendet werden. Dabei ist allerdings zu beachten, dass sich zwischen den aggregierten Angaben in der Fachstatistik (*hier:* Umsatzsteuerstatistik) und der VGR Abweichungen ergeben können, die auf die Phasenverschiebung zurückzuführen sind.[84] Die enorme

---

sich auf die gesamte abgeschätzte sportbezogene Umsatzsteuervorauszahlung der im Sinne der weiten Definition sportbezogenen Wirtschaftszweige.

[84] Die Phasenverschiebung von Steuern wird auf der Internetseite des Statistischen Bundesamtes wie folgt erläutert: "Steuern sind in der Regel ein oder zwei Monate nach dem zu versteuernden Tatbestand an den Staat abzuführen. In den VGR wird entsprechend der Regeln des ESVG eine Phasenverschiebung des kassenwirksamen Steueraufkommens um ein oder zwei Monate eingebaut. Die Mineralölsteuer - als eine der volumenstärksten Steuern - ist normalerweise nach zwei Monaten an den Staat abzuführen. Aus der Perspektive der VGR ergibt sich somit eine Differenz zwischen Entstehungszeitpunkt der Verbindlichkeit, zum Beispiel Umsatz im Juni, und ihrer Kassenwirksamkeit, im Beispiel im August. Dies wir durch die Phasenverschiebung um zwei Monate ausgeglichen; im Beispiel werden die Kasseneinnahmen aus der Mineralölsteuer im August in den VGR rechnerisch in den Monat Juni "verschoben", Während somit in der Finanzstatistik die im August wirksam werdenden Einnahmen auch im August gebucht werden, rechnen die

Abweichung zwischen den in der VGR für 2008 ausgewiesenen 172,48 Mrd. Euro an Mehrwertsteuern und den für 2008 in der Umsatzsteuerstatistik ausgewiesenen 131,5 Mrd. Euro an Mehrwertsteuern kommt allerdings dadurch zustande, dass in der VGR (im Gegensatz zur Umsatzsteuerstatistik) die Einfuhrumsatzsteuer enthalten ist.

Wird vereinfachend angenommen, dass (1) die sportbezogenen Anteile an der Einfuhrumsatzsteuer denen der Mehrwertsteuer entsprechen und (2) die approximierten sportbezogenen Anteile zwischen den Jahren 2008 und 2010 gleich geblieben sind[85], kann abschließend das sportbezogene Mehrwertsteueraufkommen (inkl. Einfuhrumsatzsteuer) für das Jahr 2010 in Abhängigkeit von der gewählten Definition geschätzt werden. Es beläuft sich auf 0,26%, 0,75% bzw. 1,86% der in der VGR für 2010 ausgewiesenen 178,64 Mrd. Euro, also je nach Abgrenzung der sportbezogenen Wirtschaftszweige auf 0,464 Mrd. Euro, 1,340 Mrd. Euro bzw. 3,323 Mrd. Euro (vgl. Abbildung 6).

Für eine Einordnung der gewonnenen Ergebnisse könnte grds. auf Studien zurückgegriffen werden, die (Teile der) für sportbezogene Lieferungen und Leistungen gezahlten Entgelte quantifiziert haben. Die sportbezogenen Mehrwertsteuern könnten dabei durch Gewichtung der ermittelten Umsätze mit dem jeweils angemessenen Steuersatz (19 bzw. 7%) berechnet werden.[86] Da die meisten Studien jedoch weder der Vilnius-Definition des Sports (bzw. der NACE-*Klassifizierung*) folgen, noch repräsentativ für den gesamten Sportbereich in Deutschland sind, erscheint ein Vergleich häufig ungeeignet.

VGR diese Einnahmen dem Juni zu. Bezogen auf den Finanzierungssaldo eines kompletten Kalenderjahres wirkt sich diese Phasenverschiebung zwischen Finanzstatistik und VGR nicht so deutlich aus" (Statistisches Bundesamt, 2011d).

[85] Bei der Annahme eines "gleichhohen" sportbezogenen Anteils ist zu beachten, dass die mit der Wirtschaftskrise in Bezug stehenden Jahre 2008, 2009 und 2010 eventuell punktuelle Verschiebungen des Anteils beinhaltet haben könnten. Zudem ist grds. zu beachten, dass Unterschiede zwischen dem sportbezogenen gesamtwirtschaftlichen Konsum, von dem die Mehrwertsteuer abgeleitet wird, und dem sportbezogenen Import, von dem die Einfuhrumsatzsteuer abgeleitet wird, bestehen können.

[86] Ergebnisse von auf Deutschland bezogenen Studien sind im Anhang (14.5) zu finden. Eine Übersicht zu internationalen Studien zu den sportbezogenen privaten Konsumausgaben ist bei Pawlowski (2009) zu finden.

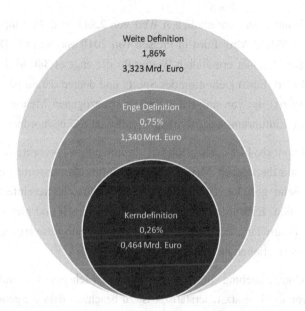

Abb. 6: Die aggregierten sportbezogenen Mehrwert- und Einfuhrumsatzsteuervolumina in 2010 in Abhängigkeit von der Abgrenzung.[87]

Im Folgenden werden nur die beiden von Weber et al. (1995) sowie Meyer und Ahlert (2000) durchgeführten Studien für Vergleiche herangezogen, die für Deutschland zwar repräsentativ sind, allerdings keine Unterscheidung bzgl. der Reichweite des Sportbegriffes im Sinne der Vilnius-Definition treffen.

Weber et al. (1995) beziffern die sportbezogene Mehrwertsteuer in Deutschland (im Jahr 1990) auf 2.569 Mrd. DM, was in etwa 1.867,81 Mrd. Euro in Preisen von 2010 entspricht.[88] In einer darauf aufbauenden Studie kommen Meyer und

---

[87] Eigene Berechnungen. Die angegebene Werte und Prozentangaben sind auf Basis der vorhandenen Daten berechnet bzw. abgeschätzt worden. Die Prozentangaben beziehen sich auf das gesamte in der VGR für 2010 ausgewiesene Mehrwert- und Einfuhrumsatzsteueraufkommen.

[88] Mit "Preisen in 2010" wird im Bericht der nominale Wert eines Betrags x (z.B. 100€), der im Jahr t (z.B. 2000) erhoben wurde, im Jahr 2010 gemeint. Dieser nominale Wert kann berechnet werden, indem der Betrag x entweder (A) jeweils mit der Summe aus (Inflationsrate (IR) und Eins) multipliziert wird oder aber (B) mit dem Quotienten aus VPI_{2010} und VPI_t multipliziert wird. Methode (B) wurde im Rahmen der Studie angewen-

Ahlert (2000) auf einen sehr ähnlichen Wert von 2,841 Mrd. DM für Jahr 1993, was in etwa 1.881,53 Mrd. Euro in Preisen von 2010 entspricht.[89] Diese Werte liegen zwischen den hier ermittelten Werten für die enge (1,340 Mrd. Euro) und weite (3.323 Mrd. Euro) Definition des Sports und deuten darauf hin, dass (vorsichtig formuliert) die von uns ermittelten sportbezogenen Mehrwertsteueraufkommen (inkl. Einfuhrumsatzsteuern) eine realistische Größenordnung besitzen.

Abbildung 7 fasst die hier durchgeführten einzelnen Arbeitsschritte zur Quantifizierung der sportbezogenen Mehrwert- und Einfuhrumsatzsteuer noch einmal zusammen. Beim gewählten Vorgehen wurden zahlreiche vereinfachende Annahmen getroffen. Es wurden Schätzungen vorgenommen und nicht immer liegen die zur Beurteilung der Datenerhebungs- und Datenauswertungsmethoden benötigten Informationen im gewünschten Umfang vor.

Bei einer Quantifizierung des sportbezogenen Mehrwertsteueraufkommens, ausgehend von der Umsatzsteuerstatistik ist zu beachten, dass die generell sportrelevanten Wirtschaftszweige auch nicht sportbezogene Lieferungen und Leistungen vollziehen (können). Dies ist bei der Kerndefinition des Sports, wo lediglich Wirtschaftszweige aufgeführt werden, die zu 100 Prozent dem Sport zugerechnet werden können, unproblematisch. Problematisch wird es dagegen bei der Quantifizierung der Mehrwertsteuervolumina von Branchen im Sinne der engen und der weiten Definition des Sports. Hier ist davon auszugehen, dass lediglich ein (sehr) kleiner Teil der in diesen Wirtschaftszweigen getätigten Lieferungen und Leistungen tatsächlich dem Sport zugeordnet werden kann.

Die Bestimmung des sportbezogenen Anteils kann bspw. mit Hilfe von Experteninterviews mit Branchenverbänden oder unter Rückgriff auf zuvor durchgeführte Primärdatenerhebungen auf Unternehmensseite erfolgen. Eine Auswertung von relevanten Studien in diesem Zusammenhang sowie eigene Erhebungen zur Ermittlung des sportbezogenen Anteils werden von Weber et al. (1995) durchge-

---

det. Die Umrechnung erfolgte über den Wechselkurs 1 Euro = 1,95583 DM und mit Hilfe des hier relevanten Inflationsfaktors von 1,422 (VPI$_{2010}$/VPI$_{1991}$, vgl. Anhang 14.4).

[89] Die Umrechnung erfolgte über den Wechselkurs 1 Euro = 1,95583 DM und mit Hilfe des hier relevanten Inflationsfaktors von 1,2953 (VPI$_{2010}$/VPI$_{1993}$, vgl. Anhang 14.4).

führt. Da die hierbei ermittelten Werte auf mehr als 15 Jahre alten Daten beruhen, könnte die Verwendung der von Weber et al. (1995) ermittelten Anteile zu verzerrten Ergebnissen führen, wenn sich die Bedeutung einzelner Wirtschaftszweige und/oder die jeweilige Bedeutung des darin enthaltenen sportbezogenen Anteils seit dieser Zeit verschoben hat. Eine weitere Möglichkeit zur Bestimmung des sportbezogenen Anteils ist indirekt durch Rückgriff auf spezifische Studien oder Sekundärstatistiken gegeben. Problematisch ist bei dieser Methode, dass der sportbezogene Anteil des gemessenen Bereiches (*bspw.:* Personal) nicht zwangsläufig auch dem Anteil des interessierenden Bereiches (*hier relevant:* Umsätze) entsprechen muss. Daher birgt auch letzteres Vorgehen im Hinblick auf die zu bestimmenden Umsatzsteuervolumina Verzerrungspotenzial.

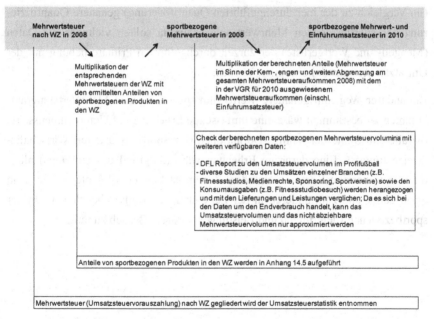

Abb. 7: Arbeitsschritte zur Quantifizierung der sportbezogenen Mehrwert- und Einfuhrumsatzsteuer.[90]

---

[90] Anmerkung: WZ bedeutet Wirtschaftszweig.

Eine Primärdatenerhebung von privaten Haushalten zum expliziten Sportkonsum kann der oben skizzierten Problematik begegnen. So können aktuellere haushaltsspezifische Sportausgabenanteile erwartet werden. Entsprechend kann das durch privaten Endverbrauch entstehende Umsatzsteuervolumen nach Abschluss des Projektes zur "Wirtschaftlichen Bedeutung des Sports" genauer bestimmt werden.[91] Allein mit den gewonnenen Daten können die komplizierten Verflechtungen der Wirtschaftszweige jedoch nicht offengelegt werden. Zudem stellen die privaten Haushalte, wie ausführlich oben erläutert, nur einen Teil der Endnachfrager nach Sportgütern und -dienstleistungen dar. Ohne Berücksichtigung des Endverbrauchs von Vereinen und Verbänden sowie sonstigen Betrieben und dessen branchenübergreifende Verflechtungen wäre eine umfassende Quantifizierung der sportbezogenen Umsatzsteuer nur unzureichend möglich. Für eine (im Vergleich zu der hier durchgeführten Quantifizierung) genauere Quantifizierung der sportbezogenen Mehrwertsteuervolumina sollten vielmehr die Daten (Mengen- und Wertgerüste) der zurzeit durchgeführten Primärerhebung mit der Umsatzsteuerstatistik kombiniert werden.

Ein anderer Weg, um genauere Werte zum sportbezogenen Mehrwertsteueraufkommen zu bestimmen wäre eine umfassende Erhebung auf Unternehmensseite, die alle (im Sinne der Vilnius-Definitionen des Sports) relevanten Wirtschaftszweige umfasst. Eine derartige Erhebung wäre (aufgrund des Umfangs) allerdings mit enormen Kosten verbunden. Zudem ist fraglich, ob Unternehmer zum einen bereit und zum anderen in der Lage sind, Auskünfte über den Anteil der sportbezogenen Lieferungen und Leistungen in ihrem Betrieb zu tätigen.

---

[91] Im Rahmen eines Projektes vom Bundesinstitut für Sportwissenschaft wird zurzeit die "Wirtschaftliche Bedeutung des Sports in Deutschland - Erhebung und Auswertungen zum sportbezogenen Konsum" ermittelt.

2.1.1.2 Sportbezogene Gewerbesteuer

Abgrenzung: *Steuersubjekt* der Gewerbesteuer sind gemäß § 2 GewStG Gewerbebetriebe im Inland. Hierzu zählen beispielsweise Sportbetriebe wie Fitnessstudios oder Sportartikelhersteller. *Steuerobjekt* ist die objektive Ertragskraft des Gewerbebetriebes. Als *Bemessungsgrundlage* definiert § 6 GewStG den Gewerbeertrag. Der *Steuersatz*, hier Hebesatz, wird von jeder Gemeinde festgelegt. Aus der Multiplikation der *Bemessungsgrundlage* (Gewerbesteuermessbetrag) mit dem Hebesatz ergibt sich der zu zahlende Betrag. Zur (approximativen) Bestimmung der sportbezogenen Gewerbesteuer können Daten zu den in Kapitel 1.2 abgegrenzten sportrelevanten Betrieben ebenso wie den gemeinnützigen Körperschaften wie Vereine und Verbände, wenn sie zur Erreichung ihrer gemeinnützigen Zwecke unternehmerisch (im Rahmen des Zweckbetriebs oder des steuerpflichtigen wirtschaftlichen Geschäftsbetriebs) tätig sein müssen, herangezogen werden.

Methoden zur Quantifizierung und Datenquellen: Wirtschaftszweigspezifische Gewerbesteuervolumina können aus der Gewerbesteuerstatistik berechnet werden.[92] Aufgrund der Vollerhebung ist die Gewerbesteuerstatistik repräsentativ für alle abgebildeten Wirtschaftszweige. Sie kann zudem als reliabel und valide eingeschätzt werden. Die im Folgenden zu Grunde gelegte Gewerbesteuerstatistik wurde 2009 veröffentlicht und bezieht sich auf das Jahr 2004. Ausgewiesen wird in der Statistik der Gewerbesteuermessbetrag, der mit dem gemeindespezifischen Hebesatz multipliziert werden muss, um das tatsächliche Gewerbesteuervolumen zu bestimmen. Da eine unmittelbare Zuordnung nach Gemeinden nicht möglich ist, wurde bei den Berechnungen der für

---

[92] Die Gewerbesteuerstatistik ist eine Vollerhebung mit diversen Angaben bspw. zum Gewerbeertrag und dem Gewerbesteuermessbetrag aller gewerbesteuerpflichtigen Betriebe und wird in der Fachserie 14 Reihe 10 veröffentlicht (Statistisches Bundesamt, 2009c). Der Berichtsweg läuft wie bei der Umsatzsteuerstatistik über die Finanzämter, die Rechenzentren der Landesfinanzbehörden an die Statistischen Ämter der Länder und von dort an das Statistische Bundesamt. Aufgrund der langen Veranlagungsdauer werden die Ergebnisse erst mit einer zeitlichen Verzögerung von rund dreieinhalb Jahren nach Ende des Veranlagungszeitraumes veröffentlicht.

Deutschland durchschnittliche Hebesatz in Höhe von 397 Prozent unterstellt (vgl. Statistisches Bundesamt, 2010e).

Wie bei der Berechnung der sportbezogenen Mehrwertsteuervolumina muss auch im Rahmen der Quantifizierung der sportbezogenen Gewerbesteuervolumina der für die Wirtschaftszweigen der engen und weiten Abgrenzung des Sports tatsächlich sportbezogene Anteil heraus gerechnet werden. Dies geschieht mit Hilfe der im vorangehenden Abschnitt ausführlich erläuterten Quoten (vgl. Tabelle im Anhang 14.3).

Ergebnisse nach der Kerndefinition des Sports: Der aggregierte Gewerbeertrag der im Sinne der *NACE*-Klassifizierung abgegrenzten Wirtschaftszweige, die zur Kerndefinition des Sports gehören, beläuft sich (der Gewerbesteuerstatistik zufolge) auf rund minus 0,153 Mrd. Euro. Das negative Vorzeichen des aggregierten Gewerbeertrags ist dabei auf die Verluste aus den Gewerbebetrieben bei den Wirtschaftszweigen *Betrieb von Sportanlagen* und *professionellen Sportmannschaften und Rennställe* zurückzuführen.

Tab. 2: Die Gewerbesteuervolumina 2004 der (im Sinne der Kerndefinition) sportbezogenen Wirtschaftszweige.[93]

NACE	Wirtschaftszweige	Steuer- pflichtige	Gewerbe- ertrag in 1.000 €	Steuermess- betrag in 1.000 €	Steuer- betrag in 1.000 €
92.61	Betrieb von Sportanlagen	5.885	- 133.712	2.812	10.882
92.62.1	Sportverbände und Sportvereine	4.893	7.314	1.396	5.403
92.62.2	Prof. Sportmannschaften und Rennställe	238	-85.543	1.913	7.405
92.62.3	Selbst. Berufssportler/innen und -trainer/innen	862	27.720	792	3.065
92.62.4	Sportpromotor u. sonst. profess. Sportveranstalter	640	16.594	1.125	4.352
92.62.5	Sportschulen und selbständige Sportlehrer/innen	2.277	14.646	454	1.758
		14.795	- 152.979	8.493	**32.866**

Bei den betrachteten Wirtschaftszweigen ergibt sich ein aggregiertes Gewerbesteuervolumen von rund 0,033 Mrd. Euro (vgl. Tabelle 2). Hiervon entfallen rund 7,4 Mio. Euro auf professionelle Sportmannschaften und Rennställe. Ein Wert, der den Zahlen der DFL (2010) zufolge alleine von den Profisportmannschaften

---

[93] Quelle: Statistisches Bundesamt, 2009c.

der 1. und 2. Fußball Bundesliga an Gewerbesteuern abgeführt wird (7,8 Mio. Euro). Zu beachten ist allerdings, dass sich die beiden Werte auf unterschiedliche Jahre beziehen.

Ergebnisse nach der engen Definition des Sports: Die zusätzlichen Gewerbeerträge der im Sinne der *NACE*-Klassifizierung abgegrenzten Wirtschaftszweige, die zur engen Definition des Sports gehören, belaufen sich (der Gewerbesteuerstatistik zufolge) in 2004 auf rund 18,295 Mrd. Euro. Das auf Basis des durchschnittlichen Hebesatzes berechnete Gewerbesteuervolumen in 2004 beläuft sich auf rund 3,880 Mrd. Euro (vgl. Anhang 14.6).

Zu beachten ist allerdings, dass zahlreiche Wirtschaftszweige auch nicht sportrelevante Lieferungen und Leistungen erbringen, sodass lediglich ein (geringer) Teil des Gewerbesteuervolumens tatsächlich dem Sport zuzuordnen ist. Zur Berechnung der sportbezogenen Anteile werden wiederum die in der Tabelle im Anhang 14.3 dargestellten Quoten verwendet.

Mit Hilfe dieser Quoten können die Gewerbesteuerbeträge der Wirtschaftszweige, die zur engen Definition (inkl. der Kerndefinition) des Sports gehören, in 2004 auf rund 0,183 Mrd. Euro abgeschätzt werden. Fast die Hälfte der Gewerbesteuer entfällt dabei auf die sonstigen Wirtschaftszweige (0,090 Mrd. Euro). Knapp ein Fünftel entfällt auf die Wirtschaftszweige der Kerndefinition des Sports (0,033 Mrd. Euro). Der Rest verteilt sich auf die übrigen Branchen, wobei hierunter der Sporttextil-, -schuh-, und -artikelhandel mit rund 0,023 Mrd. Euro den größten Anteil auf sich vereint. Eine detaillierte Auflistung und Berechnung findet sich in der Tabelle im Anhang 14.6.

Abbildung (8) fasst die geschätzten Gewerbesteuervolumina (für sportbezogene Produkte) der im Sinne der engen Definition des Sports relevanten Wirtschaftszweige noch einmal zusammen.

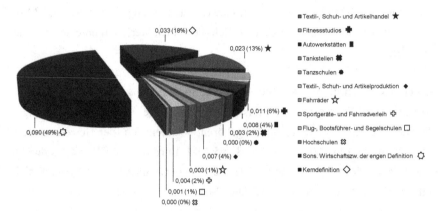

Abb. 8: Die sportbezogenen Gewerbesteuervolumina 2004 (in Mrd. Euro) der im Sinne der engen Definition sportbezogenen Wirtschaftszweige.[94]

Ergebnisse nach der weiten Definition des Sports: Der Gewerbeertrag der im Sinne der *NACE*-Klassifizierung abgegrenzten Wirtschaftszweige, die zur weiten Definition des Sports gehören, beläuft sich (der Gewerbesteuerstatistik zufolge) im Jahr 2004 auf rund 10,392 Mrd. Euro. Das auf Basis des durchschnittlichen Hebesatzes berechnete Gewerbesteuervolumen beläuft sich in 2004 auf rund 2,755 Mrd. Euro (in Preisen von 2010) (vgl. Anhang 14.6).

Zu beachten ist wiederum, dass zahlreiche Wirtschaftszweige auch nicht sportrelevante Lieferungen und Leistungen vollziehen, sodass lediglich ein (geringer) Teil des Gewerbesteuervolumens tatsächlich dem Sport zuzuordnen ist. Auch hier werden die in der Tabelle im Anhang 14.3 dargestellten Quoten zur Abschätzung des Sportanteils verwendet. Mit Hilfe dieser Quoten können die Gewerbesteuerbeträge der Wirtschaftszweige, die zur weiten Definition (inkl. der engen Definition) des Sports gehören, in 2004 auf rund 0,346 Mrd. Euro abgeschätzt werden. Knapp die Hälfte entfällt auf die Wirtschaftszweige der engen Definition

---

[94] Eigene Berechnungen. Die angegebene Werte und Prozentangaben sind auf Basis der vorhandenen Daten berechnet bzw. abgeschätzt worden. Die Prozentangaben beziehen sich auf das abgeschätzte gesamte sportbezogene Gewerbesteueraufkommen der im Sinne der engen Definition sportbezogenen Wirtschaftszweige.

des Sports (0,183 Mrd. Euro), gefolgt von den sonstigen Wirtschaftszweigen der weiten Definition (0,120 Mrd. Euro). Der Rest verteilt sich auf die übrigen Branchen, wobei hierunter der Bereich Zeitungen und Zeitschriften mit jeweils rund 0,016 Mrd. Euro den größten Anteil auf sich vereinen. Eine detaillierte Auflistung und Berechnung findet sich in der Tabelle im Anhang 14.6.

Abbildung (9) fasst die geschätzten Gewerbesteuervolumina (für sportbezogene Produkte) der im Sinne der weiten Definition des Sports relevanten Wirtschaftszweige noch einmal zusammen.

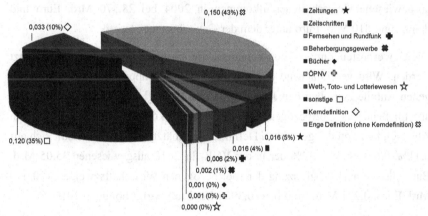

Abb. 9: Die sportbezogenen Gewerbesteuervolumina 2004 (in Mrd. Euro) der im Sinne der weiten Definition sportbezogenen Wirtschaftszweige.[95]

Zusammenfassung, abschließende Bewertung und Forschungsdesiderata:
Für das Jahr 2004 konnte das Gewerbesteuervolumen auf Werte von 0,033 Mrd. Euro (Kerndefinition), 0,183 Mrd. Euro (enge Definition) bzw. 0,346 Mrd. Euro (Weite Definition) abgeschätzt werden. In der Gewerbesteuerstatistik wird der Steuermessbetrag aller Wirtschaftszweige mit 7,332 Mrd. Euro beziffert. Wird

---

[95] Eigene Berechnungen. Die angegebene Werte und Prozentangaben sind auf Basis der vorhandenen Daten berechnet bzw. abgeschätzt worden. Die Prozentangaben beziehen sich auf das abgeschätzte gesamte sportbezogene Gewerbesteueraufkommen der im Sinne der weiten Definition sportbezogenen Wirtschaftszweige. Der Wert 0,000 bedeutet, dass das abgeschätzte Gewerbesteueraufkommen des entsprechenden Wirtschaftszweiges geringer als 0,0005 Mrd. Euro ist.

der für Deutschland durchschnittliche Hebesatz in Höhe von 3,97 unterstellt, ergibt sich ein gesamtes Gewerbesteuervolumen in 2004 in Höhe von 29,108 Mrd. Euro. Entsprechend können die sportbezogenen Anteile je nach Abgrenzung auf 0,11%, 0,63% bzw. 1,12% beziffert werden.

Diese Anteile können für die Einordnung in die VGR verwendet werden. Wiederum ist zu beachten, dass sich zwischen den aggregierten Angaben in der Fachstatistik (*hier:* Gewerbesteuerstatistik) und der VGR aufgrund der Phasenverschiebung Abweichungen ergeben können. So liegt das im Rahmen der VGR ausgewiesene Gewerbesteueraufkommen in 2004 bei 28,370 Mrd. Euro und damit rund 810 Mio. Euro unter dem der Gewerbesteuerstatistik.

Die Gewerbesteueraufkommen konnten lediglich für das Jahr 2004 abgeschätzt werden. Wird vereinfachend angenommen, dass die approximierten sportbezogenen Anteile zwischen den Jahren 2004 und 2010 gleich geblieben sind, kann abschließend das sportbezogene Gewerbesteueraufkommen für das Jahr 2010 in Abhängigkeit von der gewählten Definition geschätzt werden. Es beläuft sich auf 0,11%, 0,63% bzw. 1,12% der in der VGR für 2010 ausgewiesenen 35,05 Mrd. Euro, also je nach Abgrenzung der sportbezogenen Wirtschaftszweige auf 0,039 Mrd. Euro, 0,221 Mrd. Euro bzw. 0,393 Mrd. Euro (vgl. Abbildung 10).

Im Gegensatz zu den Mehrwertsteuervolumina wurde das sportbezogene Gewerbesteueraufkommen in den Studien von Weber et al. (1995) sowie Meyer und Ahlert (2000) nicht explizit ausgewiesen. Eine vergleichende Einordnung der abgeschätzten Werte kann an dieser Stelle daher nicht vollzogen werden.[96]

---

[96] In der Studie von Weber et al. (1995). wird lediglich die aggregierte Kategorie Produktionssteuern (inklusive Sportwettsteuern und Versicherungen) ausgewiesen. Auf den von ihnen für diese Kategorie ermittelten Wert wird erst im Kapitel 2.1.1.4 zu den sonstigen sportbezogenen Produktions- und Importabgaben eingegangen.

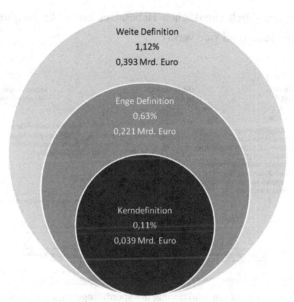

Abb. 10: Die aggregierten sportbezogenen Gewerbesteuervolumina in 2010 in Abhängigkeit von der Abgrenzung.[97]

Abbildung 11 fasst die hier durchgeführten einzelnen Arbeitsschritte zur Quantifizierung der sportbezogenen Gewerbesteuer noch einmal zusammen. In Bezug auf die Genauigkeit bei der Quantifizierung der Gewerbesteuervolumina sind die gleichen Einschränkungen wie bei der Quantifizierung der Mehrwertsteuervolumina (vgl. Abschnitt 2.1.1.1, Abschließende Bewertung und Forschungsdesiderata) zu konstatieren. Für die Gewerbesteuer ergibt sich darüber hinaus eine potenzielle Verzerrung aufgrund der Verwendung des durchschnittlichen anstelle des tatsächlichen Hebesatzes. Diese Verzerrung ist für einzelne Wirtschaftszweige umso größer, je ungleicher die zugehörigen Unternehmen innerhalb Deutschlands (zwischen den einzelnen Gemeinden) verteilt sind: Wären die meisten Unternehmen eines Wirtschaftszweiges in solchen Gmeinden angesiedelt, die einen überdurchschnittlichen Hebesatz (größer als 397 Prozent) verwenden, wäre

---

[97] Eigene Berechnungen. Die angegebene Werte und Prozentangaben sind auf Basis der vorhandenen Daten berechnet bzw. abgeschätzt worden. Die Prozentangaben beziehen sich auf das gesamte in der VGR für 2010 ausgewiesene Gewerbesteueraufkommen.

das auf Basis des durchschnittlichen Hebesatzes ermittelte Gewerbesteueraufkommen unterschätzt (und vice versa).

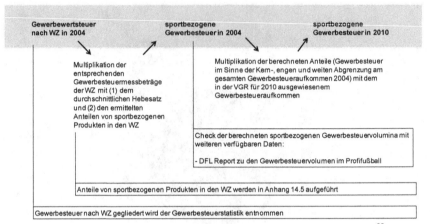

Abb. 11: Arbeitsschritte zur Quantifizierung der sportbezogenen Gewerbesteuer.[98]

---

[98] Anmerkung: WZ bedeutet Wirtschaftszweig.

2.1.1.3 Sportbezogene Rennwett- und Lotteriesteuer

In diesem Kapitel werden die Steuereinnahmen aus Rennwetten und Sportwetten thematisiert. Sportwetten sind in diesem Zusammenhang als Teil der Lotterien in Deutschland zu verstehen.[99] Dabei werden die (1) Rennwettsteuern sowie die (2) die Lotteriesteuer auf Sportwetten unterschieden. Da diese Steuervolumina alleine dem Wirtschaftszweig "Wett-, Toto- und Lotteriewesen" (*NACE*-Kategorie 92.71.3) und damit der weiten Definition des Sports zuzuordnen sind, wird in diesem Abschnitt auf eine nach Kern-, enger und weiter Definition des Sports gegliederten Analyse verzichtet.

(1) Rennwetten

Abgrenzung: Das Rennwett- und Lotteriegesetz (RennwLottG) liefert die Grundlage für die Besteuerung von Rennwetten. *Steuersubjekt* bei der Rennwettsteuer ist der Anbieter der Rennwetten. Als Anbieter können Totalisatoren (Totalisatorsteuer) und Buchmacher (Buchmachersteuer) unterschieden werden (Diekmann, Hoffmann & Ohlmann, 2008). *Steuerobjekt* ist der Einsatz, der (insbesondere) auf Pferderennen gemacht wird. Der *Steuersatz* beträgt 16 2/3% (§ 10 RennwLottG). *Bemessungsgrundlage* ist der Wetteinsatz. Bei Pferdewetten wird auf den Ausgang von Pferderennen gewettet.[100]

Methoden zur Quantifizierung und Datenquellen: Angaben über das Steueraufkommen aus Rennwetten können unmittelbar aus der Tabelle 71211-0002 „Steuereinnahmen: Bundesländer, Quartale, Steuerarten" des Statistischen Bundesamtes (2010b) entnommen werden. Die Statistik beinhaltet (aufgegliedert nach Bundesland und Quartal) sowohl die Einnahmen aus der Totalisatorsteuer

---

[99] Wichtig ist dabei die Unterscheidung zwischen den Einnahmen des Staates durch die Steuern (aus sportbezogenen Lotterien und Wetten) einerseits und den (den Lotteriegesellschaften gesetzlich auferlegten) Abgaben zur Förderung des Sports und sonstiger gemeinnütziger Zwecke (aus allen Lotterien und Wetten) andererseits.
[100] Eine Besonderheit der Rennwettsteuer ist, dass gemäß § 16 RennwettLottG den Rennvereinen bis zu 96% des Steueraufkommens aus der Totalisatorsteuer als Zweckzuweisung zugebilligt werden. Diese Subvention wird im Kapitel 3 „Sportbezogene direkte Ausgaben der öffentlichen Haushalte" noch mal aufgegriffen.

als auch die Einnahmen aus der Buchmachersteuer. Unter dem Punkt der Totalisatorsteuer werden die Steuereinnahmen aus Wetten, die bei einem Totalisator abgegeben wurden, aggregiert; unter „andere Rennwettsteuern" sind dementsprechend die Steuern aus Wetten, die bei einem Buchmacher abgegeben wurden, zusammengefasst. Durch Aggregation über die Quartale und über die einzelnen Bundesländer erhält man die Summe der Steuereinnahmen, die die Bundesländer durch Rennwetten jährlich erzielen. Die Daten des Statistischen Bundesamtes werden regelmäßig in jedem Quartal erhoben und weisen lediglich ein geringes „Time Lag" zwischen Zeitpunkt der Erhebung und Veröffentlichung der Daten auf. Sie werden vom Bundesministerium der Finanzen bereitgestellt und sind repräsentativ für Deutschland. Reliabilität und Validität der Daten sind gegeben.

Ergebnisse: Den Angaben des Statistischen Bundesamtes zufolge, ergaben sich in 2009 aus den Pferdewetten, die bei einem Totalisator aufgegeben wurden, bundesweite Rennwettsteuereinnahmen in Höhe von 11,183 Mio. Euro (vgl. Tabelle 3).

Tab. 3: Einnahmen der Länder aus der Totalisatorsteuer 2009.[101]

Bundesländer	Steuereinnahmen (Tsd. EUR)
Baden-Württemberg	1.645
Bayern	1.042
Berlin	1.427
Brandenburg	273
Bremen	149
Hamburg	2.223
Hessen	282
Mecklenburg-Vorpommern	3
Niedersachsen	561
Nordrhein-Westfalen	3.222
Rheinland-Pfalz	55
Saarland	3
Sachsen	295
Sachsen-Anhalt	3
Schleswig Holstein	0
Thüringen	0
Summe	11.183

---

[101] Quelle: Statistisches Bundesamt, 2010b.

Werden die anderen (vom Statistischen Bundesamt (2010b) ausgewiesenen) Rennwettsteuern, die auf Rennwetten, die bei einem Buchmacher aufgegeben wurden, anfallen, in Höhe von rund 21.000 Euro hinzugezählt, ergeben sich für das Jahr 2009 lediglich rund 11,2 Mio. Euro an Rennwettsteuereinnahmen für die Länder.

Einordnung der Ergebnisse: Für einen Vergleich dieser Werte können zahlreiche Studien ausfindig gemacht werden, die die Rennwettumsätze bisher quantifiziert haben. Das Rennwettsteueraufkommen lässt sich dann mit einer Gewichtung der Wettumsätze und dem Steuersatz von 16 2/3% approximieren.[102]

Es lassen sich Studien finden, in denen entsprechende Werte entweder auf der Angebotsseite (Buchmacher und Totalisatoren) oder der Nachfrageseite (private Haushalte) ermittelt wurden.[103] Schneider und Maurhart (2010) führten eine (vom Deutschen Buchmacher Verband finanzierte) angebotsorientierte Untersuchung durch. Sie konzentrieren sich dabei unmittelbar auf den Markt für Pferderennwetten. Es wurde eine Befragung aller deutschen stationären Pferdewett-Buchmacher zu Ihren Umsätzen im Zeitraum 2005 – 2009 durchgeführt. Die Rücklaufquote der Befragung belief sich auf rund ein Drittel.[104] Die Umsätze der Buchmacher aus der Stichprobe wurden aufsummiert und durch die Anzahl der an der Umfrage beteiligten Filialen geteilt. Der dadurch erhaltene Durchschnittswert wurde mit der gesamten Anzahl von deutschen Filialen multipliziert, um so den Gesamtumsatz zu ermitteln. Die gewählte Methode der Datenerhebung ist wissenschaftlich zulässig und führt zu reliablen und validen Ergebnissen. Die Autoren errechnen für 2009 einen Gesamtumsatz für Pferdewetten bei Buchmachern von rund 153,6 Mio. Euro. Wie Schneider und Maurhart (2010, 7) bemerken, werden laut Branchen-Experten rund 98% der Umsätze der Buchmacher an ausländische Wettanbieter vermittelt. Auf diese Vermittlungen fallen in

---

[102] Den umgekehrten Weg beschreitet bspw. Meyer (2008), der die Rennwettumsätze bei Buchmachern durch Hochrechnung des Steueraufkommens der Buchmacher berechnet.

[103] Die Tabelle im Anhang 14.9 gibt einen Überblick zu den in verschiedenen Studien verwendeten Methoden zur Quantifizierung der Rennwettumsätze.

[104] "Die genaue Anzahl an Filialen sowie die Höhe der Umsätze dieser Filialen wird hier nicht genannt, um die den Teilnehmern der Befragung zugesicherte Vertraulichkeit wahren zu können" (Schneider & Maurhart, 2010, 7).

Deutschland keine Rennwettsteuern an. Der zur Approximation der Rennwett-steuer relevante Gesamtumsatz beläuft sich entsprechend auf nur rund 3 Mio. Euro. Zu den Daten der Buchmacher-Befragung addieren die Autoren zusätzlich die Umsätze der Totalisatoren, die sie anhand von Auskünften aus Statistiken der Traberliga sowie aufgrund von Zeitungsartikeln recherchierten. Von den dabei ermittelten 96 Mio. Euro an Gesamtumsätzen für Pferdewetten bei Totalisatoren entfallen rund 26 Mio. Euro (27%) auf von Deutschland nach Frankreich vermit-telte Wetten, die ebenfalls zur Approximation der Rennwettsteuer heraus gerech-net werden müssen. Zusammenfassend bleibt festzuhalten, dass von den in der Studie ausgewiesenen Gesamtumsätzen aus Pferdewetten bei Buchmachern und Totalisatoren in Höhe von rund 250 Mio. Euro nur rund 73 Mio. Euro für eine Approximation der Rennwettsteuer angesetzt werden dürfen.[105] Werden die 73 Mio. Euro an Gesamtumsätzen mit dem Steuersatz von 16 2/3% multipliziert, ergibt sich ein approximiertes Rennwettsteuervolumen von rund 12 Mio. Euro, welches dem tatsächlichen (in den amtlichen Statistiken ausgewiesenem) Renn-wettsteuervolumen für 2009 sehr nahe kommt.

Im Rahmen der Studie der Goldmedia GmbH (2010) wird zwischen einem regu-lierten[106] und einem nicht regulierten[107] Glücksspielmarkt unterschieden. Die

---

[105] Das von Schneider und Maurhart (2010) zusätzlich ermittelte Umsatzaufkommen der spezialisierten Internetangebote (pferdewetten.de und racebets.com) in Höhe von rund 40 Mio. Euro wird an dieser Stelle nicht weiter betrachtet. Professor Schneider teilte diesbzgl. im Rahmen einer ausführlichen schriftlichen Stellungnahme (per Email) mit: "Da der rechtliche Sitz beider Unternehmen auf Malta liegt und beide mit maltesischer Lizenz operieren, sollte bei diesen spezialisierten Internetangeboten keine Rennwettsteuer anfallen. Möglicherweise besteht bei "racebets.com" eine Steuerpflicht bei mit "German Racing" [Dachmarke für Deutschen Galopp-Rennsport] angebotenen Totalisatorwetten". Dabei merkte er an, dass nach § 16 (RennwLottG) die Rennvereine, die einen Totalisator betreiben, bis zu 96% des Totalisator-Steueraufkommens als zweckgebundene Fördermit-tel zurückbekommen.
[106] Zum regulierten Glücksspielmarkt gehören alle Produkte, die nach deutschem Recht regulär und abschließend rechtlich geklärt, angeboten werden dürfen.
[107] Zum nicht regulierten Glücksspielmarkt gehören alle privaten Produkte, für die entwe-der der rechtliche Status nicht eindeutig geklärt ist oder die schlichtweg nach deutscher Regulierung untersagt sind. Hierzu gehören Produkte der im Ausland ansässigen Online-wettanbieter, der niedergelassenen privaten Wettshops sowie der gesamte Schwarzmarkt für Sportwetten.

Ergebnisse basieren auf der Auswertung von Unternehmenskennzahlen sowie mit Unternehmensvertretern aus der Branche getätigten Interviews. In der vorliegenden Kurzfassung "Key Facts" sind keinerlei Angaben zu den genauen Quellen getroffen worden. Auf Anfrage wurde mitgeteilt, dass die an dieser Stelle relevanten Daten zu den Spieleinsätzen / Umsätzen im Bereich Pferdewetten vom Deutschen Buchmacherverband übermittelt wurden. Der Gesamtumsatz für Pferdewetten bei Buchmachern und Totalisatoren entspricht demnach in der Studie der Goldmedia GmbH (2010) den von Schneider und Maurhart (2010) ermittelten 250 Mio. Euro.

Wie die bisher genannten Studien orientiert sich auch die Studie der MKW Wirtschaftsforschung GmbH (2008) an der Angebotsseite des deutschen Wettspielmarktes. Die Studie bezieht sich auf Daten aus der Archiv- und Informationsstelle der deutschen Lotto- und Totounternehmen. Für das Jahr 2007 kommt die Studie auf einen Gesamtumsatz für Pferdewetten bei Buchmachern und Totalisatoren von rund 260 Mio. Euro. Damit liegt der Wert im Vergleich zu den anderen Studien in einer sehr ähnlichen Höhe.[108]

---

[108] Im Gegensatz zu den bisher beschriebenen Studien, orientieren sich Meyer und Ahlert (2000) an der Nachfrageseite zur Quantifizierung des Sportwettumsatzes. Sie quantifizierten die Ausgaben der privaten Haushalte für sportbezogene Wetten (Toto und RennQuintett sowie Wettausgaben bei Trab- und Galoppveranstaltungen) anhand der EVS und unter Nutzung der von ihnen aufgestellten Input-Output Tabelle des Sports. Die EVS wird vom Statistischen Bundesamt bereitgestellt. Die von Meyer und Ahlert erstellten sportbezogenen Input-Output Tabellen basieren ebenfalls auf den Input-Output Tabellen des Statistischen Bundesamtes. Daher sind beide Quellen als repräsentativ, reliabel und valide einzustufen. Zudem sind sie öffentlich verfügbar. Leonhardt (1999) fokussiert bei der Berechnung des Rennwettumsatzes wiederum auf einen angebotsorientierten Ansatz, indem Daten der Geschäftsberichte des Toto Lotto Blocks zum RennQuintett herangezogen werden. Weber et. al (1995) kombinieren den angebots- und nachfrageorientierten Berechnungsansatz, indem sie die Ergebnisse ihrer Bevölkerungsbefragung den Ergebnissen anderer Quellen gegenüberstellen. Sie gehen jedoch davon aus, dass die Angebotsuntersuchung den zuverlässigeren Wert bietet. Dabei führten sie neben einer Befragung der Lotto- und Totogesellschaften (RennQuintette) auch eine Befragung des Hauptverbandes für Traber-Zucht und Rennen sowie des Direktoriums für Vollblutzucht und Rennen durch. Da die Rennwette RennQuintett seit 2003 nicht mehr angeboten wird, sind sowohl verwendete Daten und Methoden als auch die ermittelten Ergebnisse des Vorgehens im Rahmen der Quantifizierung der Umsätze für Rennwetten nicht relevant. Daher werden im

Bzgl. der Rennwetten lässt sich demnach schlussfolgern, dass die identifizierten bisherigen Studien auf sehr ähnliche Ergebnisse kommen. Das (auf Basis der in den Studien ermittelten Rennwettumsätze der Buchmacher und Totalisatoren) approximierte Rennwettsteueraufkommen liegt bei ca. 12 Mio. Euro ist fast identisch mit dem in den amtlichen Statistiken des Statistischen Bundesamtes ausgewiesene Volumen von 11,2 Mio. Euro.

(2) Sportwetten

Abgrenzung: Neben den Pferdewetten gibt es in der Bundesrepublik Deutschland weitere Arten von Sportwetten, die regulatorisch jedoch dem Begriff der Lotterien und somit der Lotteriesteuer unterliegen. Gemäß § 21 Glücksspielstaatsvertrag sind Sportwetten „Kombinationswetten oder Einzelwetten auf den Ausgang von Sportereignissen". Die Steuern, die aus dieser Art von Glücksspiel hervorgehen, weisen einen direkten Bezug zum Sport auf. Das Rennwett- und Lotteriegesetz (RennwLottG) liefert die Grundlage für die Besteuerung von Lotterien. Der *Steuersatz* beträgt 16,66% (§ 10 RennwLottG). *Steuersubjekt* bei der Lotteriesteuer sind die Veranstalter der Lotterien. Durch den Glücksspielstaatsvertrag vom 1. Januar 2009 beansprucht der Bund, die zuständigen Länder-Ministerien sowie die kommunalen Ordnungsbehörden ein Monopol auf Sportwetten. *Steuerobjekt* sind alle im Inland veranstalteten öffentliche Lotterien, Ausspielungen und Oddset-Wetten. Viele Sportwetten werden jedoch über das Internet im Ausland durchgeführt, so dass die Umsätze und Steuereinnahmen nicht in Deutschland anfallen.

Die umsatzstärkste Sportwette in Deutschland ist Oddset. Im Unterschied zu Toto bietet Oddset mehrere Wettarten und Sportarten zum Wetten an. Toto beschränkt sich ausschließlich auf den Fußball *Bemessungsgrundlage* ist der jeweilige Nennwert der Lose bzw. des Wettscheins. Der *Steuersatz* beträgt gemäß § 17 RennwLottG 20% des planmäßigen Preises (Nennwertes) bzw. Nettoumsatzes,

---

Anhang 14.9 zwar die Methoden zur Quantifizierung der letzten drei genannten Studien zusammengefasst, ihre Ergebnisse werden hier jedoch nicht näher betrachtet.

was im Ergebnis wiederum einem Steuersatz auf Umsätze von rund 16,66% entspricht.

Methoden zur Quantifizierung und Datenquellen: Wie bei der Rennwettsteuer können die Steuereinnahmen anhand von Statistiken des Statistischen Bundesamtes berechnet werden. Um die absoluten Steuereinnahmen aus Lotteriesteuern quantifizieren zu können, kann wiederum auf die Tabelle 71211-0002 „Steuereinnahmen: Bundesländer, Quartale, Steuerarten" des Statistischen Bundesamtes zurückgegriffen werden. Aus dieser Statistik können für die einzelnen Quartale und differenziert nach Bundesländern jedoch nur die absoluten Steuereinnahmen aus der Lotteriesteuer abgelesen werden. Daher muss die bereits in Abschnitt (2.1.1.1) erwähnte Quote zu den sportbezogenen Anteilen im Wett-, Toto- und Lotteriewesen herangezogen werden (vgl. Tabelle Anhang 14.3).

Ergebnisse: Geschäftsberichte von 2009 sind von den Lottogesellschaften aus Baden-Württemberg, Berlin, Brandenburg, Hamburg, Hessen, Niedersachsen, Nordrhein-Westfalen, Sachsen-Anhalt und Thüringen öffentlich zugänglich. Daraus konnte unmittelbar der Anteil der Sportwetten am Gesamtumsatz heraus gerechnet werden.[109] Dieser liegt im Schnitt bei 2,3 %, was wiederum als Basis für die Länder herangezogen wurde, die keine eigenen Geschäftsberichte öffentlich zugänglich machen.[110]

Diesem Berechnungsansatz folgend ergab sich für 2009 ein gesamtes Steueraufkommen aus Oddset/Fußballtoto in Höhe 46,5 Mio. Euro (vgl. Tabelle 4). Zu beachten ist, dass diese Statistik die Steuern vor der Steuerverteilung ausweist.

---

[109] Der Anteil wurde jeweils berechnet durch den länderspezifischen Quotienten von „Umsätzen für Sportwetten" und „gesamten Umsätzen".
[110] Die Verwendung der durchschnittlichen Quoten ist grds. für eine Approximation geeignet. Allerdings gab Professor Schneider im Rahmen einer ausführlichen Stellungnahme zu bedenken, dass Personen bspw. in Südbayern auf das legale Sportwett-Angebot in Österreich ausweichen könnten, "wodurch Oddset und Toto "unterdurchschnittlich" zum Ergebnis in Bayern betragen würden".

Tab. 4: Einnahmen der Länder aus der sportrelevanten Lotteriesteuer in 2009.[111]

	Gesamte Lotteriesteuerein-nahmen in Tausend Euro	Anteil Sportwetten	Steuern aus Sportwetten
Baden-Württemberg	187.915	3,73%	7.014
Bayern*	223.983	2,30%	5.152
Berlin	52.626	2,75%	1.448
Brandenburg	31.718	3,20%	1.015
Bremen*	11.332	2,30%	261
Hamburg	69.595	2,40%	1.670
Hessen	116.974	3,10%	3.626
Mecklenburg-Vorpommern*	20.519	2,30%	472
Niedersachsen	134.442	2,66%	3.576
Nordrheinwestfalen	322.280	4,64%	14.955
Rheinland-Pfalz*	102.968	2,30%	2.368
Saarland*	20.324	2,30%	467
Sachsen*	53.237	2,30%	1.224
Sachsen-Anhalt	31.878	3,90%	1.243
Schleswig Holstein*	47.658	2,30%	1.096
Thüringen	27.566	3,14%	866
Summe	1.455.015		46.454

Einordnung der Ergebnisse: Für einen Vergleich des oben berechneten Wertes können wiederum die Umsätze bei Sportwetten herangezogen werden und mit dem Steuersatz von 16 2/3 % gewichtet werden.

In einer weiteren Studie von Schneider und Maurhart (2009) wird der Umsatz für Oddset (Kombi-Wette und Top-Wette) und Toto (6aus45 und 13er) für das Jahr 2008 auf Basis der der dem Geschäftsbericht Lotto Niedersachsen zu entnehmenden Umsatzanteile kalkuliert und für den gesamten DTLB hochgerechnet. Sie kommen insgesamt auf Spieleinsätze für Oddset und Toto auf rund 257,57 Mio. Euro. Bei Gewichtung mit dem Steuersatz von 16 2/3% ergibt sich ein approximiertes Steueraufkommen von rund 42,9 Mio. Euro. Hier drin noch nicht enthalten sind nach Angaben von Professor Schneider die Steuern auf Bearbeitungsgebühren. Basierend auf der von Schneider und Maurhart (2009) verwende-

---

[111] Quellen: Land Brandenburg Lotto GmbH, 2008; Lotto Berlin, 2008; Lotto Hamburg, 2008; Lotto Hessen, 2008; Lotto Niedersachsen, 2008; Lotto Sachsen-Anhalt, 2008; Lotterie Treuhand Gesellschaft mbH Thüringen, 2008; Statistisches Bundesamt, 2010b; Staatliche Toto-Lotto GmbH Baden-Württemberg, 2008; West Lotto GmbH, 2008; eigene Berechnungen; * Berechnung beruht auf Schätzung der durchschnittlichen Quoten.

ten Methode lässt sich entsprechend ein sehr ähnliches Steueraufkommen approximieren. Für das Jahr 2009 kommt Goldmedia GmbH (2010) auf Gesamtumsätze im Bereich Oddset/Toto von rund 240 Mio. Euro.[112] Von der MKW Wirtschaftsforschung GmbH (2008) für 2007 werden Umsätze von 358 Mio. Euro und für 2006 werden von Meyer (2008) Umsätze von rund 407 Mio. Euro berechnet. Alle berechneten Umsatzvolumina liegen in realistischen Bandbreiten. Die sich ergebenden Unterschiede sind auf die im Zeitverlauf rückläufigen Umsätze im Rennwett- und Lotteriewesen zurückzuführen, was die Zeitreihendaten der VGR bzgl. der gesamten Rennwett- und lotteriesteuereinnahmen bestätigen.

Zusammenfassung, abschließende Bewertung und Forschungsdesiderata: Für das Jahr 2009 konnte das sportbezogene Rennwett- und Lotteriesteueraufkommen auf rund 0,058 Mrd. Euro geschätzt werden. Mit 0,047 Mrd. Euro entfällt hiervon der größte Teil auf den Bereich Oddset/Fußballtoto.

Der VGR zufolge belief sich das gesamte Rennwett- und Lotteriesteueraufkommen 2009 auf rund 1,50 Mrd. Euro, womit der sportbezogene Anteil auf rund 3,87% zu beziffern ist (3,13% auf Sportwetten sowie 0,74% auf Rennwetten). Dieser Anteil kann für die Einordnung in die VGR verwendet werden. Wiederum ist zu beachten, dass sich zwischen den aggregierten Angaben in der Fachstatistik und der VGR aufgrund der Phasenverschiebung Abweichungen ergeben können. So liegt das im Rahmen der VGR ausgewiesene Rennwett- und Lotteriesteueraufkommen in 2010 bei 1,42 Mrd. Euro. Wird vereinfachend angenommen, dass die approximierten sportbezogenen Anteile zwischen den Jahren 2009 und 2010 gleich geblieben sind, kann abschließend das sportbezogene Rennwett- und Lotteriesteueraufkommen für das Jahr 2010 auf 0,044 Mrd. Euro (Sportwetten) bzw. 0,011 Mrd. Euro abgeschätzt werden. Abbildung 12 fasst die hier durchgeführten einzelnen Arbeitsschritte zur Quantifizierung der sportbezogenen Gewerbesteuer noch einmal zusammen:

---

[112] Auf Anfrage wurde mitgeteilt, dass die an dieser Stelle relevanten Daten zu den Spieleinsätzen / Umsätzen im Bereich Oddset/Fußballtote aus einer Pressemitteilung des Deutschen Lotto- und Totoblocks entnommen wurden.

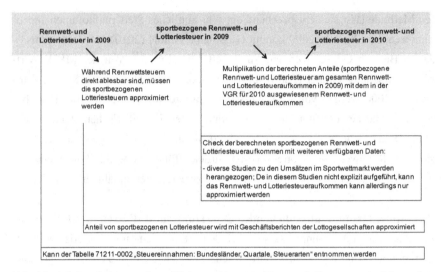

Abb. 12: Arbeitsschritte zur Quantifizierung der sportbezogenen Rennwett- und Lotteriesteuer.

Eine für Vergleichszwecke von uns durchgeführte approximative Herleitung des sportbezogenen Rennwett- und Lotteriesteueraufkommens mit Hilfe von Daten aus verschiedenen Studien zu den sportbezogenen Umsätzen führte zu sehr ähnlichen Ergebnissen.

Dies lässt zwei Schlussfolgerungen zu: (1) zum einen scheinen die Ergebnisse der Studien zu den (hier relevanten) Rennwett- und Lotterieumsätzen in realistischen Größenordnungen zu liegen. (2) Zum anderen erscheint die für den Bereich der Sportwetten durchgeführte Approximation des sportbezogenen Anteils für eine realistische Abschätzung des sportbezogenen Lotteriesteueraufkommens geeignet zu sein.

Im Fokus dieser Studie steht die Quantifizierung der finanzpolitischen Bedeutung des Sports. In Anbetracht der (quantitativ) vergleichsweise geringeren Bedeutung sollten auch zukünftig die regelmäßig veröffentlichten Daten des Statistischen Bundesamtes in Kombination mit den Geschäftsberichten der Lottogesellschaften ausreichen, um die jeweils *aktuelle* Größenordnung des sportbezogenen Rennwett- und Lotteriesteueraufkommens abzuschätzen.

Abschließend sei an dieser Stelle der Vollständigkeit halber darauf hingewiesen, dass insbesondere zur Steuerprognose Studien im Bereich Pferde- und Sportwetten existieren. So veröffentlichte Deloitte (2010a) eine Studie in der mit Hilfe eines Kalkulationsmodells die zukünftigen Steuereinnahmen in Abhängigkeit von verschiedenen Regulierungsszenarien geschätzt werden.

2.1.1.4 Sonstige sportbezogene Produktions- und Importabgaben

In den bisherigen Ausführungen wurde versucht, die sportbezogenen Anteile der Mehrwertsteuer, der Gewerbesteuer sowie der Rennwett- und Lotteriesteuer zu bestimmen. Zu den Produktions- und Importabgaben gehört jedoch noch eine Vielzahl weiterer Steuerkategorien, die in 2010 mit 95,36 Mrd. Euro zusammen rund ein Drittel aller Produktions- und Importabgaben ausmachen (Statistisches Bundesamt, 2011a). Im Folgenden wird versucht, die sportbezogenen Anteile dieser Steuerarten abzuschätzen.

Abgrenzung: Zu den weiteren, bisher noch nicht betrachteten Produktions- und Importabgaben gehören die Verbrauchs-, Versicherungs-, Grund-, Grunderwerbs-, Kfz (von Unternehmen)- und die Feuerschutzsteuer ebenso wie der Kohlepfennig, steuerähnliche Einnahmen, Verwaltungsgebühren und sonstige.[113] Viele der genannten Steuerarten weisen ebenfalls einen Sportbezug auf. So fallen bspw. Energiesteuern durch die Nutzung von Kraftfahrzeugen und dem damit einhergehenden Verbrauch von Energie in Form von Kraftstoffen für Fahrten zur Sportausübung oder zum Besuch von Sportveranstaltungen an. In diesem Zusammenhang wäre zudem eine anteilige Kfz-Steuer von sportbezogener Bedeutung. Darüber hinaus fällt Energiesteuer beim Verbrauch von Heizstoffen in Schwimmbädern, Sporthallen oder Stadien an. In diesem Zusammenhang wäre zudem die Stromsteuer für Sportvereine und -verbände sowie sportrelevante Betriebe relevant. Außerdem fallen Grundsteuern für im Inland liegende sportbezogene Grundbesitztümer an.

Methoden zur Quantifizierung und Datenquellen: Für die oben genannten Steuerarten liegt keine für eine Quantifizierung der sportbezogenen Anteile hilfreiche Sekundärdatenbank vor. Entsprechend kann der sportbezogene Anteil lediglich auf Basis der bisher besprochenen Quellen und Quoten abgeschätzt werden. Dies ist ein sehr grobes Vorgehen. In Anbetracht der verfügbaren Daten-

---

[113] Die Tabelle in Anhang 14.13 gibt einen Überblick zu den einzelnen Steueraufkommen in 2010.

lage ist es aber die einzige Möglichkeit, um den sportbezogenen Anteil der Produktions- und Importabgaben zu bestimmen.

In den vorangehenden Kapiteln wurde zur Abschätzung des sportbezogenen Steueraufkommens beim Wirtschaftszweig "Tankstellen" die Quote zum sportbezogenen motorisierten Individualverkehr in Höhe von 11,3% (vgl. Anhang 14.3) verwendetet. Diese könnte ebenfalls zur Abschätzung des sportbezogenen Mineralölsteueranteils verwendet werden. Entsprechend ist das hierbei ermittelte Steueraufkommen der engen Definition des Sports zuzuordnen. Zu beachten ist dabei, dass nur rund 7/8 des Aufkommens durch die Besteuerung von überwiegend im Straßenverkehr eingesetzten Kraftstoffen erbracht wird (Adolf, 2003).

Zur Quantifizierung des sportbezogenen Versicherungssteueranteils kann die bereits zuvor für den Bereich "sonstige Wirtschaftszweige der weiten Definition", in dem das Versicherungswesen enthalten ist, ermittelte Quote von 5,8% verwendet werden (vgl. Anhang 14.3). Entsprechend ist das hierbei ermittelte Steueraufkommen der weiten Definition des Sports zuzuordnen.

Strom-, Grund-, Grunderwerbs- und Kfz-Steuern (von Unternehmen) fallen grds. in allen sportrelevanten Wirtschaftszweigen an. An dieser Stelle wird versucht, die jeweiligen sportbezogenen Anteile der Steuer für die im Sinne der Kern-, engen und weiten Definition des Sports relevanten Wirtschaftszweige zusammen abzuschätzen. Hierfür werden die Mittelwerte aus den sportbezogenen Anteilen, die sich im Rahmen der Quantifizierung der Mehrwert- und Gewerbesteuer ergeben haben, herangezogen. Diese belaufen sich für die Kern-, enge und weite Definition auf 0,19%, 0,69% und 1,49%.[114]

Die übrigen Produktions- und Importabgaben (Branntweinabgaben, Schaumwein-, Bier-, Kaffe- und übrige Verbrauchssteuern, Feuerschutzsteuer, Kohlepfennig, steuerähnliche Einnahmen, Verwaltungsgebühren und sonstige) werden an dieser Stelle nicht weiter thematisiert, da ihre Relevanz für bzw. die Größen-

---

[114] Diese Werte ergeben sich aus dem arithmetischen Mittel der Mehrwert- und Gewerbesteueranteile der Kern- (0,26% und 0,11%), engen (0,75% und 0,63%) und weiten (1,86% und 1,12%) Definition.

ordnung im Sportbereich marginal erscheint und/oder keine weiteren Daten zu Abschätzung verfügbar sind.[115]

Ergebnisse: Die auf diesem Weg abgeschätzten sportbezogenen Anteile der Steueraufkommen belaufen sich (in der Reihenfolge der Abgrenzung der Kern- / engen / weiten Definition) auf folgende Werte:

- Mineralölsteuer: 0,000 / 3,939 / 3,939 Mrd. Euro
- Versicherungssteuer: 0,000 / 0,000 / 0,595 Mrd. Euro
- Stromsteuer: 0,011 / 0,043 / 0,092 Mrd. Euro
- Grundsteuer: 0,021 / 0,078 / 0,168 Mrd. Euro
- Grunderwerbssteuer: 0,010 / 0,037 / 0,079 Mrd. Euro
- Kfz-Steuer (von Unternehmen):   0,004 / 0,014 / 0,031 Mrd. Euro

Damit entfällt der mit Abstand größte Anteil des hier abgeschätzten sportbezogenen Aufkommens sonstiger Produktions- und Importabgaben auf den Bereich der Mineralölsteuer, gefolgt von der Versicherungssteuer.

Zusammenfassung, abschließende Bewertung und Forschungsdesiderata: Auf Basis der hier gewählten Vorgehensweise lassen sich je nach gewählter Abgrenzung rund 0,046%, 4,31% bzw. 5,15% der sonstigen Produktions- und Importabgaben als sportbezogen identifizieren. Das hier gewählte Vorgehen, ist bedingt durch die Datenlage allerdings äußerst grob und basiert auf den Ergebnissen der vorangehenden drei Kapitel. Am auffälligsten ist dabei der extrem hohe Anteil sportbezogener Mineralölsteuer (3,939 Mrd. Euro), der mit Hilfe der in früheren Studien ermittelten sportbezogenen Quote (11,3%, vgl. Tabelle in Anhang 14.3) ermittelt wurde. Dementsprechend hängt das abgeschätzte sportbezogene Volumen sonstiger Produktions- und Importabgaben entscheidend von dieser Quote ab. Abbildung 13 fasst die im Rahmen dieses Abschnitts ermittelten

---

[115] Grds. Relevanz für den Sportbereich hätten die Branntweinabgaben, Schaumwein- und Biersteuer, die durch den Konsum im Zusammenhang mit einem Sportevent anfallen. Auf Basis der verfügbaren Informationen, lässt sich hierzu allerdings kein sportbezogener Anteil abschätzen.

sonstigen sportbezogenen Produktions- und Importabgaben noch einmal in Abhängigkeit von der zugrunde gelegten Abgrenzung zusammen.

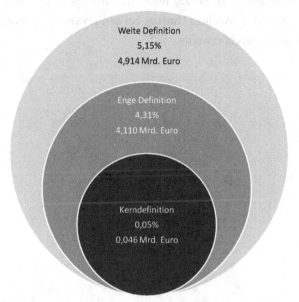

Abb. 13: Die aggregierten sportbezogenen sonstigen Produktions- und Importabgaben in 2010 in Abhängigkeit von der Abgrenzung.[116]

Wie bereits erwähnt werden lediglich bei Weber et al. (1995) Angaben zu den sportbezogenen aggregierten Produktionssteuern (inklusive Sportwetten und Versicherungen) gemacht. Sie kommen für Deutschland (im Jahr 1990) auf 0,486 Mrd. DM, was in etwa 0,353 Mrd. Euro in Preisen von 2010 entspricht.[117] Der im Rahmen dieses Projekts im Vergleich zu Weber et al. (1995) extrem nach oben abweichende Wert, erklärt sich wie bereits erwähnt in erster Linie durch

---

[116] Eigene Berechnungen. Die angegebene Werte und Prozentangaben sind auf Basis der vorhandenen Daten berechnet bzw. abgeschätzt worden. Die Prozentangaben beziehen sich auf das gesamte in der VGR für 2010 ausgewiesene Aufkommen der sonstigen Produktions- und Importabgaben.

[117] Die Umrechnung erfolgte über den Wechselkurs 1 Euro = 1,95583 DM und mit Hilfe des hier relevanten Inflationsfaktors von 1,422 (VPI$_{2010}$/VPI$_{1991}$, vgl. Anhang 14.4).

den sehr hohen Mineralölsteueranteil. Bei einem Vergleich beider Werte ist allerdings zu beachten, dass sich einerseits das Mineralölsteueraufkommen seit der Erhebung von Weber et al. (1995) mehr als verdoppelt hat und zum anderen nicht klar ist, ob und in welchem Umfang bei den Daten von Weber et al. (1995) die Mineralölsteuer beachtet wurde.

2.1.1.5 Zusammenfassende Darstellung

Werden die in den vorangehenden Kapiteln ermittelten Werte für die sportbezogenen Produktions- und Importabgaben (Mehrwert- und Einfuhrumsatzsteuer, Gewerbesteuer, Rennwett- und Lotteriesteuer, sonstige) aggregiert, ergibt sich für das Jahr 2010 für Deutschland in Abhängigkeit von den jeweiligen Abgrenzungen des Sports ein Aufkommen von 0,549 Mrd. Euro (Kerndefinition), 5,671 Mrd. Euro (enge Definition) bzw. 8,673 Mrd. Euro (weite Definition). Dies entspricht 0,18% (Kerndefinition), 1,83% (enge Definition) bzw. 2,79% (weite Definition) der gesamten Produktions- und Importabgaben in Höhe von 310,47 Mrd. Euro.

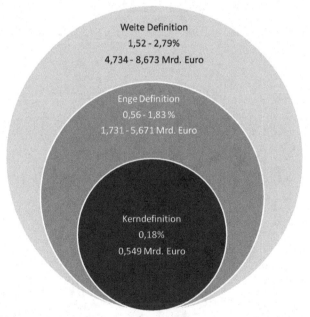

Abb. 14: Die aggregierten sportbezogenen Produktions- und Importabgaben in 2010 in Abhängigkeit von der Abgrenzung.[118]

---

[118] Eigene Berechnungen. Die angegebene Werte und Prozentangaben sind auf Basis der vorhandenen Daten berechnet bzw. abgeschätzt worden. Die Prozentangaben beziehen sich auf das gesamte in der VGR für 2010 ausgewiesene Aufkommen der Produktions- und Importabgaben.

Anzumerken ist, dass bei der engen und weiten Definition des Sports allein die abgeschätzte sportbezogene Mineralölsteuer mit 3,939 Mrd. Euro zu Buche schlägt. Insofern hängen die Ergebnisse zur engen und weiten Definition des Sports in hohem Maße von der unterstellten Quote des sportbezogenen motorisierten Individualverkehrs ab. In aufbauenden Untersuchungen sollte daher insbesondere die Überprüfung/Ermittlung des aktuellen sportbezogenen Anteils am motorisierten Individualverkehr fokussiert werden. Aufgrund der Sensibilität der gewonnenen Ergebnisse wird im Folgenden bei der aggregierten Darstellung der sportbezogenen direkten Einnahmen der öffentlichen Haushalte eine Fallunterscheidung mit/ohne Mineralölsteuer durchgeführt (vgl. Abbildung 14).

2.1.2 Sportbezogene Einkommen- und Vermögensteuern

Die gesamten Einkommen- und Vermögensteuern in 2010 verteilen sich auf die Bereiche (Statistisches Bundesamt 2011):

- Lohnsteuer (einschließlich Solidaritätszuschlag (177,96 Mrd. Euro)
- veranlagte Einkommensteu. (einschl. Solidaritätszuschlag) (36,13 Mrd. Euro)
- nicht veranlagte Steuern v. Ertrag (einschl. Zinsabschlag) (22,44 Mrd. Euro)
- Körperschaftsteuer (13,67 Mrd. Euro)
- Kfz-Steuern (von privaten Haushalten) (6,83 Mrd. Euro)
- Verwaltungsgebühren (0,41 Mrd. Euro)
- Vermögensteuern (0,01 Mrd. Euro)
- sonstige (0,34 Mrd. Euro).

Mit Hilfe der im Projektverlauf identifizierten Daten und Studien, wird im Folgenden versucht, die sportbezogenen Anteile der Lohnsteuer (einschl. Solidaritätszuschlag) (2.1.2.1) und der Körperschaftsteuer (2.1.2.2) im Rahmen einer detaillierteren Betrachtung abzuschätzen. In einer zusammenfassenden Betrachtung (2.1.2.3) wird zudem versucht, auf Basis der zuvor gewonnenen Ergebnisse die sportbezogenen Anteile der anderen Einkommen- und Vermögensteuern abzuschätzen.

2.1.2.1 Sportbezogene Lohnsteuer

Abgrenzung: Ertragshoheit haben Bund (42,5%), Länder (42,5%) und Gemeinden (15%). Die *Steuersubjekte* der Einkommensteuer sind gemäß § 1 EStG natürliche Personen. *Steuerobjekt* sind Einkünfte aus Land- und Forstwirtschaft (§ 13, § 14 EStG), Einkünfte aus Gewerbebetrieb (§ 15, § 16, § 17 EStG), Einkünfte aus selbständiger Arbeit (§ 18 EStG), Einkünfte aus nichtselbständiger Arbeit (§ 19 EStG), Einkünfte aus Kapitalvermögen (§ 20 EStG), Einkünfte aus Vermietung und Verpachtung (§ 21 EStG) sowie sonstige Einkünfte im Sinne des § 22 EStG. Die Steuer auf Einkünfte aus nichtselbständiger Arbeit wird auch Lohnsteuer genannt. *Bemessungsgrundlage* ist die Summe der Einkünfte vermindert um den Altersentlastungsbetrag (§ 2 Abs. 2 EStG), den Entlastungsbetrag für Alleinerziehende (§ 2 Abs. 2 EStG), die Sonderausgaben und außergewöhnlichen Belastungen (§ 2 Abs. 4 EStG) sowie die Freibeträge (§ 32 Abs. 6 EStG). Der *Steuertarif* ist ein Formeltarif (siehe § 32a EStG), welcher sich nach Höhe der Bemessungsgrundlage richtet und linear progressiv ansteigt.

Methoden zur Quantifizierung und Datenquellen: Im Gegensatz zur Umsatzsteuerstatistik ist die Lohn- und Einkommensteuerstatistik (Statistisches Bundesamt, 2009a) nicht nach Wirtschaftszweigen im Sinne der *NACE*-Klassifikation gegliedert. Lediglich Steuerpflichtige mit Einkünften aus freiberuflicher Tätigkeit in ausgewählten freien Berufen werden separat betrachtet. Nach telefonischer Auskunft des Statistischen Bundesamtes lässt sich aus den aufgeführten Angaben zur Anzahl an Steuerfällen und den Einkünften aus freiberuflicher Tätigkeit jedoch nicht das Lohn- bzw. Einkommensteuervolumen bestimmen. Damit ist eine gemeinsame Abschätzung des sportbezogenen Lohn- und Einkommensteuervolumens auf Basis der Lohn- und Einkommensteuerstatistik nicht möglich. Aus diesem Grund wird im Folgenden zunächst versucht, das sportbezogene Lohnsteuervolumen mit Hilfe von anderen Datenquellen separat abzuschätzen. Der Versuch einer Quantifizierung des sportbezogenen Einkommensteuervolumens wird dagegen im Kapitel 2.1.2.3 unternommen.

Zur Abschätzung des sportbezogenen Lohnsteuervolumens werden zwei unterschiedliche Vorgehensweisen gewählt (Variante 1 und 2).

Bei Variante 1 wird versucht, die sportbezogenen Anteile aus dem in der VGR für 2010 ausgewiesenen Lohnsteuervolumen (177,96 Mrd. Euro) mit Hilfe der zuvor ermittelten sportbezogenen Anteile (an Mehrwert- und Gewerbesteuer) der relevanten Wirtschaftszweige heraus zurechnen. Diese Variante setzt voraus, dass die von den Unternehmen abzuführenden Mehrwertsteuern, Gewerbesteuern und Lohnsteuern einen ähnlich hohen sportbezogenen Anteil aufweisen. Ein Vergleich der bisherigen Ergebnisse zeigt tatsächlich für einige Wirtschaftszweige gleich bzw. ähnlich hohe sportbezogene Anteile an Mehrwert- und Gewerbesteuern. Es gibt jedoch auch einige Branchen mit sehr stark auseinandergehenden

Werten.[119] Inwiefern die tatsächlich sportbezogenen Anteile der Lohnsteuer mit den Anteilen der beiden zuvor genannten Steuerarten übereinstimmt, kann mit Hilfe der vorhandenen Daten nicht näher erörtert werden. Daher werden die durchschnittlichen sportbezogenen Anteile als arithmetisches Mittel der in den vorangehenden Kapiteln mit detaillierteren Datenquellen (Umsatz- und Gewerbesteuerstatistik) geschätzten Anteile verwendet.

Im Vergleich zur bisher durchgeführten Quantifizierung der anderen Steuerarten ergibt sich bei der hier vorgeschlagenen Variante 1 zur Quantifizierung des sportbezogenen Lohn- bzw. Einkommensteuervolumens ein noch größerer Unsicherheitsspielraum. Aus diesem Grund wird versucht, die bei der Berechnung nach Variante 1 ermittelten Werte in Relation zu einer anderen Quantifizierungsmethode (Variante 2) zu setzen.

Bei Variante 2 werden zunächst solche Quellen herangezogen, die die Lohnsteuervolumina für Personal bestimmter Wirtschaftszweige oder einzelner Organisationen bestimmter Wirtschaftszweige unmittelbar ausweisen.[120] Diese beschränken sich jedoch überwiegend auf die professionellen Sportmannschaften im Profifußball. Neben vereinzelten öffentlich zugänglichen Geschäftsberichten (z.B. von den Fußballvereinen FC Schalke 04, Alemannia Aachen und TSV München 1860) veröffentlicht die DFL jährlich einen Bericht zur "wirtschaftlichen Situation im Lizenzfußball" (DFL 2010), in dem die betrieblichen (z.B. Umsatzsteuern) und die personenbezogenen Steuern (z.B. Lohnsteuern) der 1. und 2. Fußball Bundesliga in aggregierter Form direkt angegeben sind.[121] Darü-

---

[119] Dies trifft insbesondere für die ermittelten sportbezogenen Gewerbesteuer- und Mehrwertsteueranteile der nicht weiter spezifizierbaren Kategorien "sonstige" in der engen und weiten Abgrenzung des Sports zu.

[120] Von einer Quantifizierung der sportbezogenen Lohnsteuer von Angestellten und Beamten des öffentlichen Dienstes wird an dieser Stelle abgesehen, da die gesamten Personalkosten aus Sicht des Staates finanzpolitisch relevant sind (sie stellen Ausgaben auf kommunaler, Landes- oder Bundesebene dar). Die sportbezogenen Personalkosten des öffentlichen Dienstes werden im Abschnitt (4) thematisiert.

[121] Eine Berechnung der gezahlten Steuern von Profispielern der Football (NFL), Basketball (NBA), Hockey (NHL) und Baseball (MLB) Ligen in Amerika haben Swindell und Rosentraub (1998) durchgeführt.

ber hinaus liegen Angaben zum Lohnsteuervolumen des Landessportverbands Baden-Württemberg vor.

Für die Wirtschaftszweige, wo keine Lohnsteuervolumina vorliegen, wird versucht, diese abzuschätzen. Als Grundlage zur Approximation der sportbezogenen Lohnsteuer kann die Summe der Bruttolöhne und -gehälter des im Sinne der Kern-, engen und weiten Definition des Sports als relevant definierten Wirtschaftszweiges herangezogen werden. Wird diese Summe mit dem Durchschnittssteuersatz (20,68%) gewichtet, lässt sich das Lohnsteueraufkommen des Wirtschaftszweiges approximieren.[122]

Wie sich im Laufe des Vorgehens zeigte, ergeben sich jedoch zwei weitere Identifikationsprobleme: (1) Bruttolöhne und -gehälter liegen nicht für alle Wirtschaftszweige vor; (2) Vorhandene und berechnete Bruttolöhne und -gehälter sind nicht tief genug gegliedert, um sie den in den obigen Definitionen enthaltenen Wirtschaftszweigen eindeutig zuzuordnen.[123]

Zu (1): Zur approximativen Berechnung der Bruttolöhne und -gehälter kann sowohl die Angebotsseite, als auch die Nachfrageseite herangezogen werden. Zur Angebotsseite gehören in diesem Zusammenhang die privaten Haushalte, die ihre Arbeitskraft anbieten. Zur Nachfrageseite gehören dagegen Sportvereine und -verbände sowie sportrelevante Betriebe wie sie im Kapitel (1.2) abgegrenzt wurden, die Arbeitskräfte nachfragen.

Daher wird in diesem Abschnitt von einer angebotsorientierten Methode gesprochen, wenn die Bruttolöhne und -gehälter aus Daten (*hier:* z.B. Löhne und Gehälter, Beschäftigungszahlen) zu den Anbietern (*hier:* natürliche Personen) heraus gerechnet werden können. Konkret gesprochen wird versucht, die Summe

---

[122] Der Durchschnittssteuersatz wurde im Rahmen einer Sonderauswertung der Einkommensteuerstatistik durch das Statistische Bundesamt (2010r) für das Jahr 2006 ermittelt. Der Steuersatz berechnet sich durch die Formel: "Festzusetzende Einkommensteuer" / "zu versteuerndes Einkommen" * 100. Eine genaue Herleitung ist in Anhang 14.7.3 zu finden.
[123] Die für die jeweiligen Wirtschaftszweige in den verfügbaren Daten identifizierte Gliederungstiefe ist im Anhang in den Tabellen 14.7.4 sowie 14.7.5 in Spalte 6 beschrieben. Die in den Tabellen benannten Datenquellen werden in den folgenden Ausführungen dieses Kapitels näher vorgestellt.

der Bruttolöhne und -gehälter durch das Produkt von Beschäftigungszahl, monatlichem Bruttoverdienst und 12 Monaten der jeweiligen Branche zu approximieren.[124] Dieses Vorgehen birgt insofern Verzerrungspotenzial, als dass Unterschiede in Gehältern und Löhnen ebenso wenig wie Sonderzahlungen (z.b. Weihnachtsgeld, Prämienzahlung) beachtet werden können.

Demgegenüber wird von nachfrageorientierter Methode gesprochen, wenn die Summe der Bruttolöhne und -gehälter aus Daten (*hier:* z.b. Personalkosten) der Nachfrager (*hier:* Sportvereine und -verbände sowie sportrelevante Betriebe) heraus gerechnet werden kann. Konkret gesprochen wird versucht, die Summe der Bruttolöhne und -gehälter über die Personalkosten zu approximieren. Personalkosten umfassen die Bruttolöhne und -gehälter sowie die Sozialversicherungsbeiträge (vgl. Kapitel 2.2) eines Wirtschaftszweiges. Vereinfachend wird im Rahmen der Studie angenommen, dass sich die Personalkosten im Verhältnis Vier (80% der Personalkosten entsprechen der Summe der Bruttolöhne und -gehälter) zu Eins (20% der Personalkosten entsprechen der Summe der Sozialbeiträge der Arbeitgeber) aufteilen lassen. Dieses Vorgehen birgt jedoch ebenfalls Verzerrungspotenzial. Ab Löhnen und Gehältern im Jahr von mehr als 66.000 Euro (West) bzw. 55.800 Euro (Ost) erreichen die Sozialversicherungsbeiträge eine Grenze und der jährlich zu leistende Betrag an die Sozialversicherungen auf Arbeitgeberseite bleibt bei rund 11.000 Euro (bzw. auf Arbeitnehmerseite bei rund 11.600 Euro) gleich.

Zu (2): Sowohl die direkt vorhandenen Angaben, als auch die aus den obigen Rechenschritten berechneten Volumina von Bruttolöhnen und -gehältern sind (im Gegensatz zur Umsatzsteuerstatistik) nicht alle bis zum 5-stelligen Bereich im Sinne der *NACE*-Klassifikation gegliedert. Vereinzelt reicht die Gliederungsstufe lediglich bis zum 2-stelligen Bereich.

---

[124] Das Produkt aus Beschäftigungszahl und Bruttoverdienst beschreibt das Gesamtaufkommen der Einkünfte in einer Branche. Hier können die Einkünfte aus freiberuflicher Tätigkeit von Tanzlehrern (*NACE*-Klassifizierung: 92.34.1), Sportlehrern (*NACE*-Klassifizierung: 92.6) sowie Lehrern in Bootsführer-, Segel- und Flugschulen (*NACE*-Klassifizierung: 80.41.2), die einem sportbezogenen Wirtschaftszweig direkt zugeordnet werden können, zusätzlich herangezogen werden.

Im Gegensatz zu den bisher betrachteten Steuerarten, wo Quoten herangezogen wurden, da in den identifizierten sportbezogenen Wirtschaftszweigen auch Lieferungen und Leistungen erstellt werden, die nicht sportbezogen sind, ergibt sich hier demnach das zusätzliche Spezifikationsproblem, dass z.T. ganze Wirtschaftszweige mit betrachtet werden, die nicht sportbezogen sind. So sind bspw. Beschäftigtenzahlen für die Kategorie 01 (Landwirtschaft) angegeben. Tatsächliche Sportrelevanz (zumindest in Teilen) haben (im Sinne der engen Definition des Sports) jedoch lediglich die darin enthaltenen Wirtschaftszweige 01.41.1 (Erbringung von Dienstleistungen für den Pflanzenbau), 01.41.2 (Garten- und Landschaftsbau) sowie 01.42 (Erbringung von landwirtschaftlichen Dienstleistungen für die Tierhaltung). Es ist dementsprechend eine zusätzliche Quote zu bestimmen, die den Anteil der sportbezogenen Wirtschaftszweige an den abgebildeten aggregierten Wirtschaftszweigen ausweist. Aufgrund der dort sehr detailliert (5-Steller) vorhandenen Daten geschieht dies unter Zuhilfenahme der Umsatzsteuerstatistik. Für Vergleichszwecke werden zwei unterschiedliche Quoten berechnet und im Folgenden hinsichtlich ihrer Auswirkungen auf die (approximativ) bestimmten Summe der Bruttolöhne und -gehälter verglichen: (1) die Quote für die Umsatzsteuerpflichtigen ($Q_{Steuerpflichtige}$) beschreibt den Quotienten aus der Anzahl der umsatzsteuerpflichtigen Betriebe des jeweiligen sportbezogenen Wirtschaftszweigs (*hier z.B.* 01.41.1) und der Gesamtzahl der umsatzsteuerpflichtigen Betriebe des aggregierten Wirtschaftszweigs (*hier z.B.* 01); (2) die Quote für die getätigten Lieferungen und Leistungen ($Q_{Leistungen}$) beschreibt den Quotienten aus den Lieferungen und Leistungen der umsatzsteuerpflichtigen Betriebe des sportbezogenen Wirtschaftszweigs (*hier z.B.* 01.41.1) und der Gesamtzahl an Lieferungen und Leistungen der umsatzsteuerpflichtigen Betriebe des aggregierten Wirtschaftszweigs (*hier z.B.* 01).

Abbildung (15) skizziert die komplexe Vorgehensweise der Variante 2 zur Quantifizierung der Lohnsteuervolumina. Es wird versucht, die Lohnsteuervolumina durch die mit dem Durchschnittssteuersatz gewichtete Summe der Bruttolöhne und -gehälter zu approximieren (A). Ist die Summe der Bruttolöhne und -gehälter nicht unmittelbar gegeben, wird versucht, dieses Volumen aus den Personalkosten (B) oder dem Produkt aus Bruttoverdienst und Beschäftigungszahl

(C) zu approximieren. Sind die verfügbaren Daten zu den Wirtschaftszweigen der Kern-, engen und weiten Definition des Sports nicht bis zum 5-Steller im Sinne der *NACE*-Klassifikation gegliedert, wird der relevante Anteil über die beiden oben beschriebenen Quoten ($Q_{\text{Steuerpflichtige}}$, $Q_{\text{Leistungen}}$) approximiert (D).

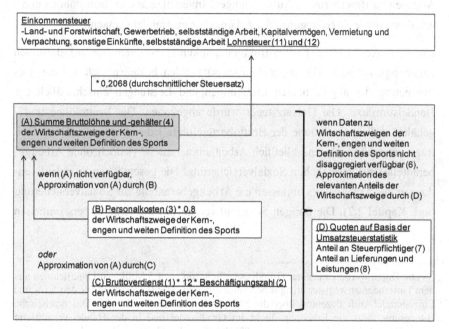

Abb. 15: Ansätze zur Quantifizierung der Lohnsteuervolumina nach Variante 2.

Die jeweilige Zahl, die in Abbildung 15 in Klammern hinter einem Ausdruck steht, gibt die Spaltennummer in der Berechnungstabelle im Anhang wieder (vgl. Anhang 14.6). Dies soll die Nachvollziehbarkeit der Rechenschritte erleichtern.

Im Folgenden werden die zur Berechnung der Lohnsteuervolumina nach Variante 2 identifizierten Datenquellen, die zur Quantifizierung der Bruttolöhne und -gehälter (A), der Personalkosten (B), der Bruttoverdienste und Beschäftigungszahlen (C) sowie der Quoten (D) herangezogen werden können, beschrieben.

(A) Bruttolöhne und -gehälter: Die Statistik zu Binnenhandel, Gastgewerbe und Tourismus des Statistischen Bundesamtes enthält Angaben zu Jahresumsatz, Wareneingang und den Lagerbeständen am Anfang und Ende eines Jahres (Fachserie 6 Reihe 4, vgl. Statistisches Bundesamt, 2008b). Darüber hinaus werden Angaben zu Beschäftigten, Aufwendungen, Investitionen und Bruttolöhnen und -gehältern sowie Sozialabgaben der Arbeitgeber im Handel gemacht.[125]

Die hier verwendeten Kostenstrukturstatistiken[126] beruhen alle auf derselben Erhebungsmethodik. Die angegeben Umsatzzahlen beziehen sich auf den Gesamtbetrag der abgerechneten Lieferungen und Leistungen einschließlich der Handelsumsätze. Die Umsatzsteuer wurde abgezogen. Die Bruttolöhne und -gehälter stellen die Summe der Bruttobezüge ohne jeden Abzug dar. Diese Beiträge verstehen sich einschließlich Arbeitnehmeranteile (jedoch ohne Arbeitgeberanteile) zur gesetzlichen Sozialversicherung. Die gesetzlichen Sozialaufwendungen des Arbeitgebers umfassen die Arbeitgeberanteile zur Sozialversicherung (vgl. Kapitel 2.2). Die übrigen Sozialaufwendungen des Arbeitgebers umfassen

---

[125] Die Daten werden aus einer Grundgesamtheit von ca. 3,5 Millionen Unternehmen aus dem Unternehmensregister stichprobenweise erhoben. Der Berichtsweg für den Kfz- und Einzelhandel läuft dezentral über die Statistischen Ämter der Länder. Das Statistische Bundesamt führt die Erhebung direkt im Großhandel und in der Handelsvermittlung durch. Die Jahreserhebung wird bei ca. 8% der Handels-, Gastgewerbe- und Tourismusunternehmen höchstens jedoch n=55.000 Betrieben durchgeführt. Die Größe der Zufallsstichprobe und ihre Schichtung gewährleistet (in einem bei einer Stichprobenauswahl üblichen Unschärfebereich) Repräsentativität. Die befragten Unternehmen entnehmen die Daten für den Fragebogen überwiegend aus ihren Jahresabschlüssen. Aus diesem Grund kann zudem von Reliabilität und Validität der Daten ausgegangen werden. Die Ergebnisse werden ca. eineinhalb Jahre nach Ende des Berichtsjahres publiziert.
[126] Fachserien 2, Reihen 1.6.1, 1.6.3, 1.6.5, 1.6.6 und 1.6.9, vgl. Statistisches Bundesamt, 2009h; 2009i; 2009j; 2009k; 2009l. Bei der Kostenstrukturstatistik handelt es sich um eine Primärerhebung. Aus der Grundgesamtheit wurde eine fünfprozentige Stichprobe nach dem Verfahren der „systematischen Zufallsauswahl" gezogen. Die Größe der Zufallsstichprobe und ihre Schichtung gewährleistet (in einem bei einer Stichprobenauswahl üblichen Unschärfebereich) Repräsentativität. Der Berichtsweg läuft zentral, d.h. dass die Fragebögen durch das Statistische Bundesamt versendet werden. Die befragten Unternehmen entnehmen die Daten für den Fragebogen überwiegend aus ihren Jahresabschlüssen. Aus diesem Grund kann zudem von Reliabilität und Validität der Daten ausgegangen werden. Die Ergebnisse werden mit einer Verzögerung von ca. drei Jahren veröffentlicht.

die auf tariflicher, betriebs- und branchenüblicher Grundlage beruhenden sowie freiwillig gewährten Sozialaufwendungen.

Darüber hinaus führt das Statistische Bundesamt Strukturerhebungen im Dienstleistungsbereich durch (Fachserie 9 Reihe 2, vgl. Statistisches Bundesamt, 2008d). Hier werden hauptsächlich Angaben zu Umsatz, Investitionen, Beschäftigung, Vorleistungen, Subventionen und Bruttolöhnen und -gehältern sowie Sozialabgaben der Arbeitgeber in den Wirtschaftszweigen Grundstücks- und Wohnungswesen, Vermietung beweglicher Sachen, Datenverarbeitung, Forschung und Entwicklung, und sonstigen wirtschaftlichen Dienstleistungen gemacht.[127]

Für das Produzierende Gewerbe werden in der Fachserie 4 Reihe 4.1.1 (Statistisches Bundesamt, 2009f) detaillierte Angaben zu Bruttolöhnen und -gehältern sowie Beschäftigungszahlen ermittelt.[128] Die Ergebnisse beruhen auf schriftlichen Befragungen (Monatsbericht für Betriebe).

---

[127] Für diese Fachserie wurden nur rechtlich unabhängige Unternehmen und Einrichtungen zur Ausübung freiberuflicher Tätigkeiten mit Sitz in Deutschland befragt. Die hier verwendeten Daten beziehen sich auf das Jahr 2006. In die Stichprobe werden bis zu 15 Prozent aller Einheiten der Auswahlgesamtheit mit einbezogen. Die Größe der Zufallsstichprobe und ihre Schichtung gewährleistet (in einem bei einer Stichprobenauswahl üblichen Unschärfebereich) Repräsentativität. Zur Grundgesamtheit gehören alle in den Unternehmensverzeichnissen der Länder verzeichneten Unternehmen und Einrichtungen mit einem Umsatz von mehr als 17.500 Euro. Als Datenquelle dienen jeweils die Geschäftsaufzeichnungen. Aus diesem Grund kann zudem von Reliabilität und Validität der Daten ausgegangen werden. Die Veröffentlichung der Ergebnisse erfolgt jährlich und in der Regel mit einer Verzögerung von 18 Monate nach Ende der Berichtsperiode.
[128] Für die Erhebung und die monatliche Aufbereitung der Länderergebnisse sind die Statistischen Landesämter zuständig. Aufgabe des Statistischen Bundesamtes ist dagegen die methodische Vorbereitung und Weiterentwicklung dieser Statistik sowie die Zusammenführung der Länderergebnisse zu einem Bundesergebnis und dessen Veröffentlichung. Nach ehemals erfolgter Einbeziehung von Unternehmen mit 20 und mehr tätigen Personen, werden zur Entlastung von kleinen und mittleren Unternehmen bei statistischen Auskunftspflichten seit 2007 nur noch Betriebe mit 50 und mehr tätigen Personen einbezogen. Demnach ist die Statistik nur bedingt repräsentativ. Es kann jedoch von Validität und Reliabilität ausgegangen werden. Die Beschäftigtenzahlen für 2008 wurden anhand der monatlich erscheinenden Beschäftigtenzahlen der Fachserie 4, Reihe 4.1.1 ermittelt. Hierzu wurde der Durchschnitt aus den Monatsangaben errechnet.

Ergänzend kann auf öffentlich zugänglichen Daten zum produzierenden Gewerbe im Kapitel 14 und 17 des Statistischen Jahrbuchs 2009 (vgl. Statistischen Bundesamtes, 2009d) zurückgegriffen werden.

(B) Personalkosten: Für einen Teil der im Sinne der Kerndefinition des Sports abgegrenzten Branchen (insbesondere Profisportmannschaften) liegen unmittelbar Angaben zu den Personalkosten vor. So weist bspw. die Deloitte-Studie "Finanzreport deutscher Profisportligen 2010" (Deloitte, 2010b) unmittelbar die Personalkosten der 2. Fußball Bundesliga, der TOYOTA Handball Bundesliga und der BEKO Basketball Bundesliga aus. Die Daten basieren auf den von den Clubs veröffentlichten Betriebszahlen. Obgleich in der Studie explizit darauf hingewiesen wird (S. 49), dass "keine Überprüfung der Informationen aus Jahresabschlüssen oder anderen Quellen" durchgeführt wurde, ist davon auszugehen, dass die Personalkosten der drei Profiligen hinreichend genau erfasst wurden. Es gilt allerdings zu beachten, dass in den veröffentlichten Betriebszahlen der Clubs nur selten zwischen Lohn- und Gehaltsaufwendungen angestellter Spieler und anderer Angestellter unterschieden wird. Von der Deutsche Eishockey Liga (DEL) wurden keine Aufwandsposten für den kompletten Zeitraum zur Verfügung gestellt. Für diesen Bericht liegen lediglich die Personalkosten einer Mannschaft der DEL vor. Für eine approximative Abschätzung des Lohnsteuervolumens müsste dieser Wert auf die 15 teilnehmenden Teams hochgerechnet werden. Für den Bereich Sportverbände und Vereine können nur sehr vereinzelt (für wenige Bundesländer) Angaben zu den Personalkosten gefunden werden. So kann bspw. auf den Jahresbericht des Hamburger Sportbundes (2009) zurückgegriffen werden. In dem Bericht ist eine detaillierte Einnahmen- und Ausgabenrechnung vorhanden, aus der die Personalaufwendungen hervorgehen. Darüber hinaus lassen sich die Personalkosten der Sportvereine in Deutschland anhand von Daten des SEB quantifizieren (vgl. Breuer, 2009). Im Detail sind die durchschnittlichen Ausgaben für Verwaltungspersonal, Trainer, Übungsleiter, Sportlehrer, Sportler sowie Wartungspersonal und Platzwarte aufgeführt.

(C) Bruttoverdienste und Beschäftigungszahlen: Die Tarifdatenbank des Statistischen Bundesamtes, veröffentlicht die Ergebnisse der halbjährlich durchgeführten Tarifverdienste und ist online zugänglich. Die Publikation Tarifverdienste enthält Tariflöhne, -gehälter und -entgelte sowie tarifliche Regelungen und Mindestlöhne.[129] Basis für die Verdienststrukturerhebung (vgl. Statistisches Bundesamt, 2008c) ist die vierjährliche Erhebung des Statistischen Bundesamtes. Neben den Verdiensten enthält die Verdienststrukturerhebung zudem (nach Wirtschaftszweig und Größe des Unternehmens gegliedert) Angaben zu Arbeitszeiten, Geschlecht, Alter und Beruf von Beschäftigten.[130]

Weitere öffentlich zugängliche Angaben zu Bruttoverdiensten lassen sich im Statistischen Jahrbuch (Statistisches Bundesamt, 2010j) sowie in der oben beschriebenen Fachserie 9 Reihe 2 (vgl. Statistisches Bundesamt, 2008d) finden.

Sportbezogene Beschäftigungszahlen können aus dem Statistischen Jahrbuch 2008 (Statistisches Bundesamt 2008a) entnommen werden. Die dort aufgeführten Ergebnisse der Beschäftigtenstatistik der Bundesagentur für Arbeit (BA) werden dem Statistischen Bundesamt und den Statistischen Ämtern der Länder über eine online zugängliche Datenbank quartalsweise anonymisiert zur Verfü-

---

[129] Die Statistik dient der Analyse von Tariflohnentwicklungen in den verschiedenen Wirtschaftszweigen und Entgeltgruppen. Es handelt sich um eine Sekundärerhebung, da die Tarifverträge vom Bundesministerium für Arbeit und Soziales gesammelt und an das Statistische Bundesamt für ihre Analyse geschickt werden. Für diesen Zweck werden nur Kollektivtarifverträge erhoben und keine Firmentarifverträge. Gelegentlich werden Tarifverträge vom Statistischen Bundesamt direkt von den Gewerkschaften angefordert. Tarifverträge werden für die Wirtschaftsbereiche Produzierendes Gewerbe, Handel, Kredit- und Versicherungsgewerbe, Verkehr- und Nachrichtenübermittlung, Dienstleistungen sowie für die Beschäftigten der Gebietskörperschaften aufgearbeitet. Die im Internet zu Verfügung stehenden Tarifverträge beziehen sich in den meisten Fällen auf das Jahr 2009.
[130] Im Rahmen dieser Erhebung werden rund n=34.000 Betrieben befragt, die insgesamt ca. drei Millionen Personen beschäftigen (rund 1,4 Millionen Personen davon sind in dem Wirtschaftszweig Erziehung und Unterricht tätig). Zur Grundgesamtheit zählen sowohl produzierende Betriebe als auch aus Dienstleistungsunternehmen mit zehn und mehr Angestellten, die mindestens 30 Stunden pro Woche zum Zeitpunkt der Erhebung tätig waren. Selbständige sind nicht Teil dieser Statistik. Insgesamt werden mehr als 160 Wirtschaftszweige einbezogen. Die Größe der Stichprobe gewährleistet (in einem bei einer Stichprobenauswahl üblichen Unschärfebereich) Repräsentativität. Der Berichtsweg der Verdienststrukturerhebung läuft vom Betrieb an das zuständige Statistische Landesamt. Inwiefern Reliabilität und Validität gegeben ist, kann nicht abschließend beurteilt werden. Die Dauer der Datenverarbeitung beträgt ca. 18 Monate.

gung gestellt.[131] Weitere Angaben zu Beschäftigungszahlen lassen sich in der Fachserie 4, Reihe 4.1.1 (vgl. Statistisches Bundesamt, 2009f) finden.

(D) Quoten: Die beiden Quoten ($Q_{Steuerpflichtige}$ und $Q_{Leistungen}$) werden, wie in den vorangehenden Abschnitten beschrieben, aus der Umsatzsteuerstatistik (Statistisches Bundesamt, 2009b) ermittelt.

Abschließend ist anzumerken, dass die im Rahmen der VGR ausgewiesene Lohnsteuern den Solidaritätszuschlag beinhalten. Entsprechend muss der Solidaritätszuschlag auf die nach Variante 2 berechneten sportbezogenen Lohnsteuervolumina noch hinzu gerechnet werden.[132]

Einen Überblick zu den verwendeten Datenquellen bieten die Tabellen im Anhang (14.7). Wie bei der Berechnung der Umsatzsteuervolumina ergibt sich (neben der gerade beschriebenen Identifikationsproblematik von sportrelevanten Wirtschaftszweigen) an dieser Stelle zudem das Spezifikationsproblem bzgl. des tatsächlich sportbezogenen Anteils der Lieferungen und Leistungen innerhalb der

---

[131] Die Erhebung der Daten erfolgt als mehrstufiges Verwaltungsverfahren: nachdem die Arbeitgeber ihre Meldungen i.d.R. an die zuständigen Krankenkassen übermittelt haben, werden die Daten auf formale und inhaltliche Richtigkeit geprüft und an die Datenstellen der Rentenversicherung weitergeleitet, nochmals geprüft, und schließlich an die BA weitergegeben. Die Anzahl der sozialversicherungspflichtigen Beschäftigten vom 30. Juni 2007 ist nach Wirtschaftszweigen im Sinne der WZ2003 klassifiziert. Die Daten zu den Beschäftigungszahlen des Statistischen Bundesamtes können als repräsentativ angesehen werden, da die Daten aller sozialversicherungspflichtig Beschäftigten berücksichtigt werden. Validität und Reliabilität ist ebenfalls gegeben. An dieser Stelle werden keine aktuelleren Fassungen des Statistischen Jahrbuches verwendet, da die dort ausgewiesenen Statistiken (für den hier relevanten Bereich) bereits der WZ2008 folgen und somit die Vergleichbarkeit innerhalb dieser Studien erschweren.

[132] Der Solidaritätszuschlag ist eine Ergänzungsabgabe und steht alleine dem Bund zu. *Steuersubjekte* sind nach § 2 SolzG „natürliche Personen, die nach § 1 des Einkommensteuergesetzes einkommensteuerpflichtig sind, natürliche Personen, die nach § 2 des Außensteuergesetzes erweitert beschränkt steuerpflichtig sind, sowie Körperschaften, Personenvereinigungen und Vermögensmassen, die nach § 1 oder § 2 des Körperschaftsteuergesetzes körperschaftsteuerpflichtig sind". *Steuerobjekte* sind die von Einkommens- und Körperschaftsteuerpflichtigen erzielten Einkünfte. Die *Steuerbemessungsgrundlage* ist die Einkommens,- Lohn- oder Körperschaftsteuer (§ 3 SolzG). Der *Steuersatz* beträgt 5,5% der Bemessungsgrundlage.

sportbezogenen Wirtschaftszweige. Daher werden die bereits erfassten sportbezogenen Quoten (vgl. Tabelle im Anhang 14.3) herangezogen.

Da zur Berechnung der Lohnsteuervolumina nach Variante 2 wie in den vorangehenden Abschnitten ausführlich erläutert zahlreiche Datenquellen herangezogen werden müssen, die sich größtenteils auf sehr unterschiedliche Jahre beziehen, wird versucht, eine gewisse Vergleichbarkeit der Werte durch eine Anpassung der Preise an das Preisniveau von 2010 zu erreichen.[133]

Ergebnisse nach der Kerndefinition des Sports: Die nach Variante 1 berechneten sportbezogenen Lohnsteuervolumina (einschl. Solidaritätszuschlag) belaufen sich auf rund 0,336 Mrd. Euro (vgl. Tabelle im Anhang 14.7).

Zu beachten ist hierbei allerdings, dass insbesondere der sportbezogene Anteil der Lohnsteuervolumina *professioneller Sportmannschaften und Rennställe* deutlich unterschätzt sein dürfte, da hier u.a. die hoch bezahlten Berufssportler bspw. des Profifußballs zugehören. Dieser "Sonderfall" kann anhand der durchschnittlichen Anteile von Mehrwert- und Gewerbesteuer nicht berücksichtigt werden. Insofern erscheint die Berechnung und vergleichende Gegenüberstellung der nach Variante 2 ermittelten Lohnsteuervolumina insbesondere in diesem Wirtschaftszweig sinnvoll.

Im Folgenden wird versucht, auf Basis der vorhandenen Daten das Lohnsteuervolumen der professionellen Sportmannschaften und Rennställe (*NACE*-Kategorie 92.62.2) näherungsweise abzuschätzen. Der Fokus der Betrachtung liegt dabei auf den fünf monetär bedeutendsten professionell organisierten Ligen (1. und 2. Fußball Bundesliga, TOYOTA Handball Bundesliga, Deutsche Eishockey Liga, Beko Basketball Bundesliga).

Die erste und zweite Fußball Bundesliga trägt zu den höchsten Steuereinnahmen der fünf betrachteten Profisportligen bei. Die Einnahmen durch die Lohnsteuer in

---

[133] Die Umrechnung erfolgte mit Hilfe des jeweils relevanten Inflationsfaktors. Der Inflationsfaktor ist dabei der Quotient aus Verbraucherpreisindex des Jahres 2010 und Verbraucherpreisindex des Erhebungsjahres der jeweiligen Daten. Die verwendeten Verbraucherpreisindizes sind im Anhang 14.4 aufgeführt.

der 1. Bundesliga liegen im Jahre 2008/2009 laut DFL (2010) bei rund 306 Mio. Euro. In der 2. Bundesliga haben sie eine Höhe von 48,8 Mio. Euro.

Die TOYOTA Handball Bundesliga hat laut Deloitte (2010b) Personalkosten in Höhe von 54,3 Mio. Euro. Unter Berücksichtigung der Sozialversicherungsbeiträge beläuft sich der Bruttolohn der Arbeitnehmer auf rund 43,4 Mio. Euro (54,3 Mio. € * 0,8). Nach Anwendung des Durchschnittssteuersatzes von 20,68 %, ergeben sich zu zahlende Einkommensteuern in der TOYOTA Handball Bundesliga von 9 Mio. Euro.

Die BEKO Basketball Bundesliga hat laut Deloitte (2010b) Personalkosten in Höhe von 37,5 Mio. Euro. Unter Berücksichtigung der Sozialversicherungsbeiträge der Arbeitgeber beläuft sich der Bruttolohn der Arbeitnehmer auf rund 30 Mio. Euro (37,5 Mio. € * 0,8). Bei Anwendung des Durchschnittssteuersatzes von 20,68 % ergeben sich Lohnsteuerzahlungen von rund 6 Mio. Euro.

Wie bereits oben erwähnt, liegen für die Deutsche Eishockey Liga keine aggregierten Zahlen zu den gezahlten Lohnsteuern vor. Aus der Rechnungslegung eines Vereins lassen sich Bruttolöhne und -gehälter in Höhe von rund 2,25 Mio. Euro ablesen.[134] Insgesamt gibt es 15 Vereine in der Deutschen Eishockey Liga. Wenn der Verein als Beispielsverein genommen wird, können die kompletten Löhne und Gehälter für die Deutsche Eishockey Liga hochgerechnet werden. Sie würden sich auf 33,75 Mio. Euro belaufen. Nach Anwendung des Durchschnittssteuersatzes von 20,68 %, ergeben sich zu zahlende Lohnsteuern in der Deutschen Eishockey Liga von rund 7 Mio. Euro.

Zusammenfassend kann das Lohnsteuervolumen der professionellen Sportmannschaften in den fünf monetär bedeutendsten professionell organisierten Ligen (1. und 2. Fußball Bundesliga, TOYOTA Handball Bundesliga, Deutsche Eishockey Liga, Beko Basketball Bundesliga) auf rund 0,377 Mrd. Euro geschätzt werden. Dies entspricht einem Lohnsteuervolumen einschließlich Solidaritätszuschlag von rund 0,398 Mrd. Euro und liegt damit wie (oben erläutert) zu erwarten weit

---

[134] Die Rechnungslegung wurde per E-mail zugesendet. Dem Verein wurde Anonymität zugesagt.

über dem nach Variante 1 berechneten Lohnsteuervolumen von 0,054 Mrd. Euro. Auch wenn für die Berechnung nach Variante 2 zahlreiche (z.T. sehr grobe) Schätzungen notwendig sind, ist zu vermuten, dass dieser höhere Wert aufgrund der (in Variante 1 nicht abbildbaren) hohen Spielergehälter realistischer ist.

Angaben zu den übrigen Wirtschaftszweigen können ebenfalls nur auf Basis einer sehr lückenhaften Datenlage gemacht werden. Diese werden im Folgenden beginnend mit den Sportverbänden und Vereinen (NACE-Kategorie 92.62.1) aufgezeigt.

Nach Auskunft des Landessportverbands Baden-Württemberg (2009) beliefen sich die Lohnsteuerzahlungen im Jahr 2009 der haupt- und nebenberuflich angestellten Personen auf rund 0,415 Mio. Euro. Darüber hinaus kann auf den Jahresbericht des Hamburger Sportbundes (2009) zurückgegriffen werden. In dem Bericht ist eine detaillierte Einnahmen- und Ausgabenrechnung vorhanden, aus der die Personalaufwendungen hervorgehen. Insgesamt betrugen die Personalkosten des Verbands rund 2 Mio. Euro im Jahr 2009. Wird das vereinfachte Gewichtungsschema angelegt und mit dem Durchschnittssteuersatz gewichtet, ergeben sich hieraus Lohnsteuerzahlungen in Höhe von rund 0,331 Mio. Euro (2 Mio.€ * 0,8 * 0,2068). Angaben bzgl. der Lohsteuerzahlungen von weiteren Verbänden liegen nicht vor. Für eine Approximation der Lohnsteuervolumina der 16 Landessportbünde können die beiden obigen Verbände beispielhaft herangezogen werden. Wird unterstellt, dass die Angaben des Landessportverbands Baden-Württemberg repräsentativ für alle 13 Flächenstaaten und die des Hamburger Sportbundes repräsentativ für alle drei Stadtstaaten sind, kann das gesamte Volumen der Lohnsteuer der Landessportbünde approximativ auf eine Höhe von rund 0,0064 Mrd. Euro geschätzt werden (0,415 Mio. € * 13 + 0,331 Mio. € * 3).[135]

---

[135] Die hier ermittelten Werte machen auf eine markante Lohnsteuerrelevanz der Sportverbände in Deutschland aufmerksam. Gleichwohl können sie aus drei Gründen nicht die Lohnsteuerzahlungen aller Sportverbände in Deutschland repräsentieren: (1) Unberücksichtigt bleiben die Lohnsteuerzahlungen aller Spitzen- und Fachverbände sowie von Verbänden mit besonderer Aufgabenstellung. (2) Unberücksichtigt bleiben auch die Lohnsteuerzahlungen von Dachverbänden auf Bundesebene (DOSB) sowie regionalen und

Den Angaben des SEB zufolge, belaufen sich die durchschnittlichen Ausgaben eines Sportvereins für Verwaltungspersonal auf rund 3.122 Euro, die für Trainer, Übungsleiter und Sportlehrer auf rund 11.634 Euro, die für Sportler auf rund 1.076 Euro und die für Wartungspersonal und Platzwarte auf 2.258 Euro. Dies entspricht insgesamt rund 18.786 Euro an Personalkosten pro Verein in Preisen von 2010. Bei 90.467 Vereinen in Deutschland entspricht dies somit einem Volumen von rund 1,7 Mrd. Euro (in Preisen von 2010) an Personalkosten. Aufgrund von zahlreichen Steuererleichterungen (vgl. Kapitel 5.1), kann die durchschnittliche Lohnsteuer für Trainer, Übungsleiter und Sportlehrer nicht zuverlässig bestimmt werden. Diese Gruppe wird daher im Folgenden ausgeklammert. Die dann resultierenden Personalkosten würden sich auf rund 607 Mio. Euro belaufen. Unter Berücksichtigung der Sozialversicherungsbeiträge der Arbeitgeber beläuft sich der Bruttolohn der Arbeitnehmer auf rund 0,485 Mrd. Euro (0,607 Mrd. € * 0,8). Bei Anwendung des Durchschnittssteuersatzes von 20,68 % ergeben sich Lohnsteuerzahlungen von rund 0,1 Mrd. Euro.[136]

Entsprechend belaufen sich die auf diese Weise approximierten Lohnsteuerzahlungen auf rund 0,106 Mrd. Euro bzw. einschließlich Solidaritätszuschlag auf 0,112 Mrd. Euro. Obgleich die Lohnsteuervolumina für Sportverbände (wie in der Fußnote des vorletzten Abschnitts erläutert) deutlich unterschätzt sein dürften, liegt das auf Basis von Variante 2 berechnete Lohnsteuervolumen (einschl. Solidaritätszuschlag) 0,023 Mrd. Euro über dem auf Basis von Variante 1 ermittelten Aufkommen.

---

lokalen Ebenen (Kreis- und Stadtsportbünde, Gemeindesportverbände etc.). (3) Der Landessportverband Baden-Württemberg selbst dürfte aufgrund seiner Sonderstellung mit drei Sportbünden (Württembergischer Landessportbund, Badischer Sportbund Nord, Badischer Sportbund Freiburg) unterhalb des Landessportverbandes nicht repräsentativ für Landessportbünde in Flächenstaaten sein. Vielmehr ist davon auszugehen, dass er unterproportionale Lohnsteuerzahlungen aufweist, da ein Großteil des Personals in Baden-Württemberg bei den drei Sportbünden in Baden-Württemberg angestellt sein dürfte.
[136] Wie die Berechnungen im Kapitel 5.1 zeigen, kommt es darüber hinaus in einem erheblichen Umfang zu Steuermindereinnahmen aufgrund von gesetzlichen Regelungen zur Förderung des Sports.

Für freiberufliche Sportlehrer (*NACE*-Kategorie 92.62.5) können die Einkünfte aus der Lohn- und Einkommensteuerstatistik (Statistisches Bundesamt, 2009a) abgelesen werden. Diese betragen für Steuerpflichtige mit Einkünften aus freiberuflicher Sportlehrertätigkeit rund 116,9 Mio. Euro und für Steuerpflichtige mit *überwiegenden* Einkünften aus freiberuflicher Sportlehrertätigkeit 106,9 Mio. Euro (in Preisen von 2010). Dies würde bei dem Durchschnittssteuersatz einem Lohnsteuervolumen von rund 0,046 Mio. Euro bzw. einschließlich Solidaritätszuschlag 0,049 Mrd. Euro (in Preisen von 2010) entsprechen. Dieser Wert kommt dem nach Variante 1 bestimmten Wert von 0,043 Mrd. Euro sehr nahe

Zum Betrieb von Sportanlagen (*NACE*-Kategorie 92.61), selbstständigen Berufssportler/innen und -trainer/innen (*NACE*-Kategorie 92.62.3) sowie Sportpromotern und sonstigen professionellen Sportveranstaltern (*NACE*-Kategorie 92.62.4)lassen sich keine Datenquellen finden. Eine vergleichende Berechnung nach der Variante 2 ist demnach für diese Kategorien nicht möglich.

Wie die Ausführungen zeigen, bringen sowohl Quantifizierungs-Variante 1 als auch 2 zahlreiche Approximationen mit sich. Für die Kategorien Sportvereine und Sportverbände (*NACE*-Kategorie 92.62.1) sowie selbständige Sportlehrer/innen (*NACE*-Kategorie 92.62.5) lässt sich kein Ansatz präferieren. Im Folgenden wird daher das arithmetische Mittel der nach beiden Varianten ermittelten Lohnsteuervolumina zu Grunde gelegt.[137] Für die professionellen Sportmannschaften und Rennställe (*NACE*-Kategorie 92.62.2) wird im Folgenden dagegen das nach Variante 2 ermittelte Lohnsteuervolumen verwendet. Obgleich Variante 2 zahlreiche (z.T. sehr grobe) Schätzungen enthält, erscheint dieser Wert aufgrund der hohen Spielergehälter realistischer. Die folgende Tabelle 5 fasst abschließend die für die Kerndefinition des Sports geschätzten Lohnsteuervolumina noch einmal zusammen.

---

[137] Wenngleich die vorhandenen Daten sehr lückenhaft sind, so sich lassen für die beiden genannten Wirtschaftszweige die Lohnsteuervolumina auch auf Basis von Variante 2 plausibel herleiten.

Tab. 5: Die Lohnsteuer (inkl. Solidaritätszuschlag) 2010 der (im Sinne der Kerndefinition) sportbezogenen Wirtschaftszweige (eigene Berechnung nach Variante 1 und 2).

NACE	Wirtschaftszweige	Steuerbetrag nach Vari. 1 in Mrd. €	Steuerbetrag nach Vari. 2 in Mrd. €	verwendeter Steuerbetrag in Mrd. €
92.61	Betrieb von Sportanlagen	0,102		0,102
92.62.1	Sportverbände und Sportvereine	0,089	0,112	0,101
92.62.2	Professionelle Sportmannschaften und Rennställe	0,054	0,398	0,398
92.62.3	Selbst. Berufssportler/innen und -trainer/innen	0,022		0,022
92.62.4	Sportpromotor u. sonst. profess. Sportveranstalter	0,027		0,027
92.62.5	Sportschulen und selbständige Sportlehrer/innen	0,043	0,049	0,046
				0,696

Ergebnisse nach der engen Definition des Sports: Die nach Variante 1 berechneten zusätzlichen sportbezogenen Lohnsteuervolumina (einschl. Solidaritätszuschlag) der im Sinne der *NACE*-Klassifizierung abgegrenzten Wirtschaftszweige, die zur engen Definition des Sports gehören, belaufen sich auf rund 0,891 Mrd. Euro (vgl. Anhang 14.7). Nach Variante 2 kann der entsprechende Betrag in Preisen von 2010 auf rund 1,325 Mrd. Euro abgeschätzt werden.[138]

Beide Berechnungs-Varianten sind, wie die ausführlichen Erläuterungen im Abschnitt zu den "Methoden zur Quantifizierung und Datenquellen" in diesem Kapitel zeigen, mit Ungenauigkeiten behaftet und beruhen auf vereinfachenden Annahmen. Da aufgrund von Plausibilitätsüberlegungen keine der beiden Varianten bevorzugt werden kann, wird im Folgenden das arithmetische Mittel der nach beiden Varianten berechneten Beträge weiter verwendet. Entsprechend beläuft

---

[138] Die nach Variante 2 berechneten zusätzlichen Lohnsteuervolumina (einschl. Solidaritätszuschlag) der im Sinne der *NACE*-Klassifizierung abgegrenzten Wirtschaftszweige, die zur engen Definition des Sports gehören, belaufen sich (je nach zu Grunde gelegter Quote auf Werte zwischen 25,050 ($Q_{Steuerpflichtige}$) und 38,064 Mrd. ($Q_{Leistungen}$) Euro in Preisen von 2010 (vgl. Anhang 14.7). Da aufgrund von Plausibilitätsüberlegungen keine der beiden Quoten bevorzugt werden kann, wird im Folgenden mit dem arithmetischen Mittel der nach beiden Quoten berechneten zusätzlichen Lohnsteuervolumina (einschl. Solidaritätszuschlag) weiter gerechnet. Wie im vorangegangenen Abschnitt ist an dieser Stelle zu beachten, dass zahlreiche Wirtschaftszweige auch nicht sportrelevante Lieferungen und Leistungen vollziehen, sodass lediglich ein (geringer) Teil des Lohnsteuervolumens tatsächlich dem Sport zuzuordnen ist. An dieser Stelle könnten wiederum die in der Tabelle in Anhang (14.3) dargestellten Quoten verwendet werden, um die sportbezogenen Anteile in einigen Bereichen weiter einzugrenzen.

sich das sportbezogenen Lohnsteuervolumen (einschl. Solidaritätszuschlag) der im Sinne der *NACE*-Klassifizierung abgegrenzten Wirtschaftszweige, für 2010 auf 1,108 Mrd. Euro. Rund zwei Drittel dieses Betrags entfällt dabei auf die sonstigen Wirtschaftszweige (0,755 Mrd. Euro). Der zweitgrößte Anteil entfällt auf die Wirtschaftszweige des Sporttextil-, -schuh-, und -artikelhandels mit rund 0,140 Mrd. (vgl. Anhang 14.7).

Abbildung (16) fasst die geschätzten sportbezogenen Lohnsteuervolumina (einschl. Solidaritätszuschlag) der im Sinne der *NACE*-Klassifizierung abgegrenzten Wirtschaftszweige, die zur engen Definition des Sports gehören (einschließlich Kerndefinition) noch einmal zusammen. Mit rund 0,696 Mrd. Euro entfällt von den insgesamt 1,804 Mrd. Euro auf die Wirtschaftszweige der Kerndefinition ein ähnlich hoher Anteil wie auf die sonstigen Wirtschaftszweige (0,755 Mrd. Euro).

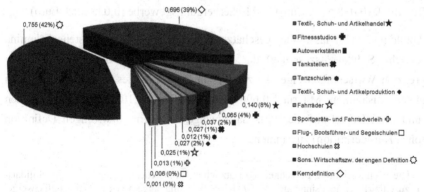

Abb. 16: Die sportbezogenen Lohnsteuervolumina 2010 (in Mrd. Euro) einschließlich Solidaritätszuschlag der im Sinne der engen Definition sportbezogenen Wirtschaftszweige.[139]

---

[139] Eigene Berechnungen. Die angegebene Werte und Prozentangaben sind auf Basis der vorhandenen Daten berechnet bzw. abgeschätzt worden. Die Prozentangaben beziehen sich auf das abgeschätzte gesamte sportbezogene Lohnsteueraufkommen der im Sinne der engen Definition sportbezogenen Wirtschaftszweige.

Ergebnisse nach der weiten Definition des Sports: Die nach Variante 1 berechneten zusätzlichen sportbezogenen Lohnsteuervolumina (einschl. Solidaritätszuschlag) der im Sinne der *NACE*-Klassifizierung abgegrenzten Wirtschaftszweige, die zur weiten Definition des Sports gehören, belaufen sich auf rund 1,488 Mrd. Euro (vgl. Anhang 14.7). Nach Variante 2 kann der entsprechende Betrag in Preisen von 2010 auf rund 0,903 Mrd. Euro abgeschätzt werden.[140]

Im Folgenden wird (wie bei den Wirtschaftszweigen der engen Definition) das arithmetische Mittel der nach beiden Varianten berechneten Beträge weiter verwendet. Entsprechend beläuft sich das sportbezogenen Lohnsteuervolumen (einschl. Solidaritätszuschlag) der im Sinne der *NACE*-Klassifizierung abgegrenzten Wirtschaftszweige für 2010 auf 1,196 Mrd. Euro. Wiederum entfällt der weitaus größte Teil dieses Betrags auf die sonstigen Wirtschaftszweige (0,946 Mrd. Euro). Nennenswert hohe Anteile entfallen zudem auf die Bereiche Zeitungen (0,093 Mrd. Euro), Zeitschriften (0,069 Mrd. Euro) sowie Fernsehen und Rundfunk (0,038 Mrd. Euro) und Beherbergungsgewerbe (0,035 Mrd. Euro).

Abbildung (17) fasst die geschätzten sportbezogenen Lohnsteuervolumina (einschl. Solidaritätszuschlag) der im Sinne der *NACE*-Klassifizierung abgegrenzten Wirtschaftszweige, die zur weiten Definition des Sports gehören noch einmal zusammen. Mit rund 0,696 Mrd. Euro bzw. 1,108 Mrd. Euro entfallen rund zwei Drittel auf die Wirtschaftszweige der Kern- bzw. engen Definition (ohne Kerndefinition) zusammen.

---

[140] Die nach Variante 2 berechneten zusätzlichen Lohnsteuervolumina (einschl. Solidaritätszuschlag) der im Sinne der *NACE*-Klassifizierung abgegrenzten Wirtschaftszweige, die zur weiten Definition des Sports gehören, belaufen sich (je nach zu Grunde gelegter Quote auf Werte zwischen 14,935 ($Q_{Steuerpflichtige}$) und 15,077 Mrd. ($Q_{Leistungen}$) Euro in Preisen von 2010 (vgl. Anhang 14.7). Da aufgrund von Plausibilitätsüberlegungen keine der beiden Quoten bevorzugt werden kann, wird im Folgenden mit dem arithmetischen Mittel der nach beiden Quoten berechneten zusätzlichen Lohnsteuervolumina (einschl. Solidaritätszuschlag) weiter gerechnet. Wie im vorangegangenen Abschnitt ist an dieser Stelle zu beachten, dass zahlreiche Wirtschaftszweige auch nicht sportrelevante Lieferungen und Leistungen vollziehen, sodass lediglich ein (geringer) Teil des Lohnsteuervolumens tatsächlich dem Sport zuzuordnen ist. An dieser Stelle könnten wiederum die in der Tabelle in Anhang (14.3) dargestellten Quoten verwendet werden, um die sportbezogenen Anteile in einigen Bereichen weiter einzugrenzen.

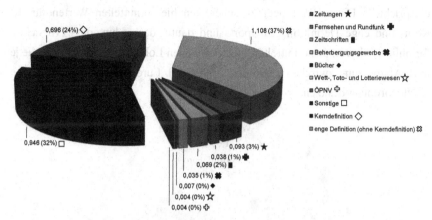

Abb. 17: Die sportbezogenen Lohnsteuervolumina 2010 (in Mrd. Euro) einschließlich Solidaritätszuschlag der im Sinne der weiten Definition sportbezogenen Wirtschaftszweige.[141]

Zusammenfassung, abschließende Bewertung und Forschungsdesiderata:
Mit Hilfe der beiden zuvor vorgestellten Varianten 1 und 2 konnte das sportbezogene Lohnsteuervolumen (einschließlich Solidaritätszuschlag) für 2010 je nach Abgrenzung auf 0,696 Mrd. Euro (Kerndefinition), 1,804 Mrd. Euro (enge Definition einschließlich Kerndefinition) bzw. 2,999 Mrd. Euro (weite Definition einschließlich Kern- und enge Definition) abgeschätzt werden. Bei für 2010 in der VGR insgesamt ausgewiesenen Lohnsteuern (einschließlich Solidaritätszuschlag) von 177,96 Mrd. Euro, entspricht dies je nach Abgrenzung einem Anteil von 0,39%, 1,01% bzw. 1,69% (vgl. Abbildung 18).

Für eine Einordnung der gewonnenen Ergebnisse kann wiederum die von Weber et al. (1995) durchgeführte Studie für Vergleiche herangezogen werden. Weber et al. (1995) beziffern die sportbezogene Lohnsteueranteil in Deutschland (im Jahr 1990) auf 1,723 Mrd. DM, was in etwa 1,245 Mrd. Euro in Preisen von 2010

---

[141] Eigene Berechnungen. Die angegebene Werte und Prozentangaben sind auf Basis der vorhandenen Daten berechnet bzw. abgeschätzt worden. Die Prozentangaben beziehen sich auf das abgeschätzte gesamte sportbezogene Lohnsteueraufkommen der im Sinne der weiten Definition sportbezogenen Wirtschaftszweige.

entspricht.[142] Dieser Wert liegt zwischen den hier ermittelten Werten für die Kern- und enge Definition des Sports und deutet darauf hin, dass (vorsichtig formuliert) die von uns ermittelten sportbezogenen Lohnsteueraufkommen, die je nach Abgrenzung zwischen 0,696 und 2,999 Mrd. Euro liegen, eine realistische Größenordnung besitzen.

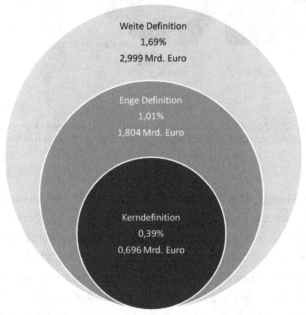

Abb. 18: Die aggregierten sportbezogenen Lohnsteueraufkommen (einschließlich Solidaritätsbeitrag) in 2010 in Abhängigkeit von der Abgrenzung.[143]

Abschließend werden die bei der Quantifizierung getroffenen Annahmen und Einschränkungen noch einmal zusammenfassend dargestellt. Dafür skizziert

---

[142] Die Umrechnung erfolgte über den Wechselkurs 1 Euro = 1,95583 DM und mit Hilfe des hier relevanten Inflationsfaktors von 1,422 (VPI_{2010}/VPI_{1991}, vgl. Anhang 14.4).
[143] Eigene Berechnungen. Die angegebene Werte und Prozentangaben sind auf Basis der vorhandenen Daten berechnet bzw. abgeschätzt worden. Die Prozentangaben beziehen sich auf das gesamte in der VGR für 2010 ausgewiesene Lohnsteueraufkommen (einschließlich Solidaritätszuschlag).

Abbildung 19 zunächst noch einmal die hier durchgeführten zwei Varianten zur Quantifizierung der sportbezogenen Lohnsteuer (einschl. Solidaritätszuschlag).

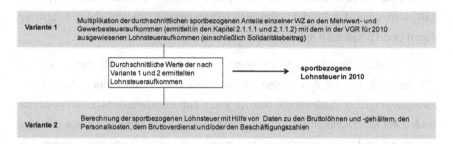

Abb. 19: Arbeitsschritte zur Quantifizierung der sportbezogenen Lohnsteuer (einschl. Solidaritätszuschlag).

Generell treffen sämtliche im Rahmen der Quantifizierung der sportbezogenen Mehrwert- und Gewerbesteuer getroffenen Einschränkungen auch für die mit Variante 1 approximierten sportbezogenen Lohnsteuervolumina zu, da die in den Kapiteln 2.1.1.1 und 2.1.1.2 ermittelten Anteile bei der Berechnung nach Variante 1 vereinfachend übernommen wurden. Neben den hierzu in den entsprechenden Kapiteln bereits geäußerten Problemen und potenziellen Verzerrungsmöglichkeiten setzt die Quantifizierungs-Variante 1 zudem voraus, dass die von den Unternehmen abzuführenden Mehrwertsteuern, Gewerbesteuern und Lohnsteuern einen ähnlich hohen sportbezogenen Anteil aufweisen. Inwiefern die tatsächlich sportbezogenen Anteile der Lohnsteuer mit den Anteilen der beiden zuvor genannten Steuerarten übereinstimmt, kann mit Hilfe der vorhandenen Daten nicht näher erörtert werden.

Die Approximation der sportbezogenen Lohnsteuervolumina mit Hilfe der Quantifizierungs-Variante 2 gestaltet sich als äußerst komplex. So liegen lediglich für einen kleinen Teil der im Sinne der Kerndefinition des Sports abgegrenzten Branchen unmittelbar Angaben zu den Lohnsteuervolumina vor. Für die übrigen Branchen mussten die Lohnsteuervolumina approximiert werden. Dies konnte bestenfalls über die Gewichtung der branchenspezifischen Bruttolöhne

und -gehälter mit dem Durchschnittssteuersatz (20,68%) durchgeführt werden.
Da die Bruttolöhne und -gehälter nicht für alle Wirtschaftszweige vorliegen,
wurden sie für bestimmte Wirtschaftszweige ebenfalls entweder über die Personalkosten oder das Produkt von Beschäftigungszahl, monatlichem Bruttoverdienst und 12 Monaten approximiert.

Da vorhandene/berechnete Bruttolöhne und -gehälter z.T. nicht tief genug gegliedert sind, um sie den in den obigen Definitionen enthaltenen Wirtschaftszweigen eindeutig zuzuordnen, wurden unter Zuhilfenahme der Umsatzsteuerstatistik zwei unter Quoten ($Q_{Steuerpflichtige}$ und $Q_{Leistungen}$) bestimmt, um aus den aggregierten Angaben die sportbezogenen *Wirtschaftszweige* heraus zu rechnen. Fast
immer sind die Abweichungen zwischen beiden wirtschaftszweigspezifischen
Quoten in einer ähnlichen Größenordnung. Lediglich bei dem oben beschriebenen Beispiel der steuerpflichtigen Krankenhäuser (*NACE*-Klassifizierung 85.11)
ist die Abweichung immens. So beläuft sich $Q_{Steuerpflichtige}$ für die Krankenhäuser,
also der Anteil Krankenhäuser an der Gesamtzahl der Steuerpflichtigen im Bereich Gesundheits-, Veterinär- und Sozialwesen auf 2,8%.[144] Dagegen beläuft
sich $Q_{Lieferungen}$ für die Krankenhäuser, also der Anteil der Lieferungen und Leistungen der Krankenhäuser an den gesamten Lieferungen und Leistungen des
Bereiches Gesundheits-, Veterinär- und Sozialwesen auf 49,6%.[145] Die extreme
Abweichung erscheint plausibel und als speziell für das Gesundheitswesen, da
im Vergleich zu den wenigen Krankenhäusern mit sehr großen Lieferungs- und
Leistungsumfängen zahlreiche kleine Arztpraxen existieren, die eine entsprechend kleine Anzahl an Lieferungen und Leistungen auf sich vereinen. Diese
extreme Abweichung führt dazu, dass die anteilig berechnete Lohnsteuer für die
Krankenhäuser auf Werte zwischen 0,727 Mrd. Euro ($Q_{Steuerpflichtige}$) und 12,875
Mrd. Euro ($Q_{Leistungen}$) approximiert werden kann. Die Differenz von mehr als 12

---

[144] Dieser Wert ergibt sich als Quotient aus der in der Umsatzsteuerstatistik ausgewiesenen Anzahl an steuerpflichtigen Krankenhäusern (1.534) und der Gesamtanzahl der Steuerpflichtigen im Bereich Gesundheits-, Veterinär- und Sozialwesen (53.892).
[145] Dieser Wert ergibt sich als Quotient aus der in der Umsatzsteuerstatistik ausgewiesenen Anzahl an Lieferungen und Leistungen der Krankenhäusern (32,127 Mrd. Euro) und
der Gesamtanzahl der Lieferungen und Leistungen im Bereich Gesundheits-, Veterinär-
und Sozialwesen (64,775 Mrd. Euro).

Mrd. Euro erklärt fast vollständig die ermittelte aggregierte Abweichung des nach Variante 2 abgeschätzten Lohnsteuervolumens (zwischen 25,050 Mrd. Euro ($Q_{Steuerpflichtige}$) und 38,064 Mrd. Euro ($Q_{Leistungen}$)).

Es lässt sich schwer argumentieren, welche der beiden Quoten zu bevorzugen ist. Aus diesem Grund wurde (wie für alle anderen Wirtschaftszweige) auch im Rahmen der Quantifizierung des sportbezogenen Lohnsteuervolumens im Bereich Krankenhäuser der Durchschnitt verwendet. Es sei jedoch darauf hingewiesen, dass das sportbezogene Lohnsteuervolumen der Krankenhäuser und damit einhergehend das aggregierte Lohnsteuervolumen aller zur engen Definition des Sports zugehörigen Wirtschaftszweige in höchstem Maße von der zu Grunde gelegten Quote ($Q_{Steuerpflichtige}$ versus $Q_{Leistungen}$) für den Wirtschaftszweig der Krankenhäuser abhängig ist. Eine genauere Untersuchung zum Lohnsteueranteil des Wirtschaftszweiges Krankenhäuser am gesamten Bereich Gesundheits-, Veterinär- und Sozialwesen wäre zukünftig daher von besonderer Bedeutung für eine genauere Abschätzung des sportbezogenen Lohnsteueranteils.

Darüber hinaus sind die im Rahmen der Variante 2 verwendeten Daten aus sehr unterschiedlichen Erhebungsjahren. Die hier vorgenommene Anpassung (Inflationierung) auf Preise von 2010 ist jedoch insofern unvollständig, als das zwischen den einzelnen Erhebungsjahren sich nicht nur die Preise, sondern zahlreiche weitere Faktoren mit einem Einfluss auf relevante Variablen (wie bspw. Personalkosten, Beschäftigungszahl, Bruttoverdienst) etc. geändert haben können. Insofern ist das heranziehen derart unterschiedlicher Datenquellen problembehaftet.

Diese einzelnen Schritte diverser Approximationen verdeutlichen das mögliche Verzerrungspotenzial im Rahmen der Berechnung nach Variante 2. Damit können die gewonnenen Ergebnisse zu den sportbezogenen Lohnsteuervolumina sowohl nach Variante 1 als auch nach Variante 2 als nur sehr eingeschränkt zuverlässig interpretiert werden. Die Verwendung des arithmetischen Mittels aus mit beiden Varianten ermittelten Lohnsteuervolumina ist die entsprechende Konsequenz in dieser Studie.

Für eine vergleichsweise genauere Quantifizierung der sportbezogenen Lohnsteuervolumina könnten wiederum die Daten (Mengen- und Wertgerüste) der zurzeit durchgeführten Primärerhebung im Rahmen des Projektes zur "Wirtschaftlichen Bedeutung des Sports" genutzt werden. Unklar bleibt allerdings auch mit den dadurch neu gewonnenen sportbezogenen Quoten, ob es eine zulässige Approximation ist, aus den (dann neu) ermittelten sportbezogenen Mehrwertsteueranteilen auf die sportbezogenen Lohnsteueranteile zu schließen. Ein anderer Weg, um genauere Werte zum sportbezogenen Lohnsteueraufkommen zu bestimmen wäre wiederum eine umfassende Erhebung auf Unternehmensseite, die alle (im Sinne der Vilnius-Definitionen des Sports) relevanten Wirtschaftszweige umfasst. Diesbzgl. gelten die gleichen Einschränkenden Hinweise wie im Kapitel 2.1.1.1.

2.1.2.2 Sportbezogene Körperschaftsteuer

Abgrenzung: *Steuersubjekte* der Körperschaftsteuer sind gemäß §§ 1-6 KStG Körperschaften, Personenvereinigungen sowie Vermögensmassen. Das bedeutet, dass sämtliche juristische Personen des privaten Rechts, nicht rechtsfähige Personenvereinigungen und Vermögensmassen, sowie Betriebe gewerblicher Art von juristischen Personen mit Geschäftssitz im Inland, körperschaftsteuerpflichtig sind. *Steuerobjekt* ist der Gewinn der Körperschaften. Gemäß § 5 Abs. 1 EStG wird der steuerpflichtige Gewinn mittels Betriebsvermögensvergleich ermittelt. Die *Steuerbemessungsgrundlage* ist dementsprechend die Höhe des steuerpflichtigen Gewinns. Der *Steuersatz* der Körperschaftsteuer beträgt 15% des zu versteuernden Einkommens.

Von grundsätzlicher Relevanz sind in diesem Zusammenhang die Unternehmen aus dem Bereich der in Kapitel 1.2 identifizierten sportbezogenen Branchen. Organisationen, die einem gemeinnützigen Zwecke dienen, sind grundsätzlich von der Körperschaftsteuer befreit. Dazu gehören im Sportbereich neben Vereinen auch die Verbände. Zur Berechnung der Körperschaftsteuer werden diese dennoch mit einbezogen, da Vereine zur Erreichung ihrer gemeinnützigen Zwecke auch unternehmerisch tätig sein *können*. Demnach kann zwischen unbeschränkt und beschränkt Körperschaftsteuerpflichtigen unterschieden werden.

Methoden zur Quantifizierung und Datenquellen: Die Körperschaftsteuern der einzelnen Wirtschaftszweige können wie die Umsatz- und Gewerbesteuern unmittelbar aus den amtlichen Statistiken abgelesen werden.[146] In der Körper-

---

[146] Die Körperschaftsteuerstatistik ist wie die Gewerbesteuerstatistik eine Vollerhebung mit diversen Angaben bspw. zu den Einkünften und Sondervergünstigungen der unbeschränkt und beschränkt steuerpflichtigen Körperschaften und wird in der Fachserie 14 Reihe 7.2 veröffentlicht (Statistisches Bundesamt, 2009e). Der Berichtsweg läuft wie bei der Umsatz- und Gewerbesteuerstatistik über die Finanzämter, die Rechenzentren der Landesfinanzbehörden an die Statistischen Ämter der Länder und von dort an das Statistische Bundesamt. Aufgrund der Vollerhebung ist die Körperschaftsteuerstatistik repräsentativ für alle abgebildeten Wirtschaftszweige. Sie kann zudem als reliabel und valide eingeschätzt werden. Aufgrund der langen Veranlagungsdauer werden die Ergebnisse erst mit einer zeitlichen Verzögerung von rund dreieinhalb Jahren nach Ende des Veranlagungszeitraumes veröffentlicht. Die im Folgenden zu Grunde gelegte Körperschaftsteuer-

schaftsteuerstatistik werden Angaben zu den Körperschaftsteuervolumina von unbeschränkt Körperschaftsteuerpflichtigen und beschränkt Körperschaftsteuerpflichtigen bzw. Organgesellschaften gemacht.

Nach Auskunft des Statistischen Bundesamtes (2010h) fließen in die Berechnung der Körperschaftsteuervolumina die Sondervorschriften zur Umstellung vom Anrechnungs- auf das Halbeinkünfte-Verfahren ein (Körperschaftsteuer-Minderungen/-Erhöhungen nach den §§ 37, 38 KStG). Danach kann es bei einem negativen Gesamtbetrag der Einkünfte (= Verlustfall) bzw. bei einem negativen zu versteuernden Einkommen zu einer Körperschaftsteuer-Erhöhung kommen, so dass im Resultat positive Körperschaftsteuern festgesetzt werden. Ebenso kann eine Körperschaftsteuer-Minderung anfallen und somit im Resultat zu negativer Körperschaftsteuer führen, auch bei Gewinnfällen. Demnach werden in der Körperschaftsteuerstatistik vier verschiedene Körperschaftsteuervolumina ausgewiesen: festgesetzte (1) positive und (2) negative Körperschaftsteuer der Gewinnfälle, also der Steuerpflichtigen mit positivem Gesamtbetrag der Einkünfte sowie festgesetzte (3) positive und (4) negative Körperschaftsteuer der Verlustfälle, also der Steuerpflichtigen mit negativem Gesamtbetrag der Einkünfte. Von einer Darstellung der festgesetzten negativen Körperschaftsteuer der Gewinnfälle wird aufgrund des wertmäßig geringen Umfangs ebenso abgesehen wie von der Darstellung der festgesetzten Körperschaftsteuer der Verlustfälle. Als Ausgangspunkt der Berechnungen wird im Folgenden lediglich die positiv festgesetzte Körperschaftsteuer der Gewinnfälle verwendet.

Im Gegensatz zur Umsatz- und Gewerbesteuerstatistik sind die nach Wirtschaftszweigen veröffentlichten Daten nicht bis zum 5-stelligen Bereich der *NACE*-Klassifikation gegliedert. Während die Angaben zu den unbeschränkt Körper-

---

statistik wurde 2009 veröffentlicht und bezieht sich auf das Jahr 2004. Mit dem Steueränderungsgesetz (Artikel 5, BGBl. I Nr. 35 S. 1657) wurde die Veröffentlichung einer jährliche Körperschaftsteuerstatistik für das Statistische Bundesamt verpflichtend. Diese ist zurzeit für das Veranlagungsjahr 2005 verfügbar. Da die Qualität der Daten zur jährlichen Körperschaftsteuerstatistik im Vergleich zur dreijährlichen jedoch geringer ist (Statistisches Bundesamt, 2010g), wird im Folgenden die Bundesstatistik von 2004 herangezogen. Für eine ausführliche Diskussion und Gegenüberstellung der Methoden zu beiden Erhebungen vgl. Statistisches Bundesamt (2010g).

schaftsteuerpflichtigen bis zum 3-stelligen Bereich vorliegen, werden die Angaben bei den Organgesellschaften lediglich nach den Abteilungen (erste Gliederungsstufe: A-O) aufgeschlüsselt. Damit ergibt sich, wie im Kapitel der Lohn- und Einkommensteuer (Quantifizierungs-Variante 2) das zusätzliche Problem, dass z.T. ganzen Wirtschaftszweige betrachtet werden, die keinen Sportbezug haben. Im vorangehenden Kapitel zur Lohnsteuer wurde die Problematik bereits an konkreten Beispielen erläutert. Wie im Kapitel zur Lohnsteuer wurden auch hier wiederum unter Zuhilfenahme der Umsatzsteuerstatistik die Quoten $Q_{Leistungen}$ und $Q_{Steuerpflichtige}$ gebildet. Die Tabellen im Anhang 14.8 geben die ermittelten Quotenwerte wieder. Basierend auf diesen Quoten ist es möglich, die Körperschaftsteueraufkommen der sportbezogenen Wirtschaftszweige nach Kern- enger und weiter Abgrenzung abzuschätzen. Aufgrund der unterschiedlichen Gliederungstiefe der Daten zu den Organgesellschaften und unbeschränkt Körperschaftsteuerpflichtigen können diese Werte allerdings nur auf aggregierter Ebene getrennt nach Kern- enger und weiter Abgrenzung aufgeschlüsselt werden.

Dies ist insofern problematisch, als dass wie im Kapitel zur Lohnsteuer auch hier zu beachten ist, dass innerhalb der sportrelevanten Wirtschaftszweige, die zur engen und weiten Abgrenzung des Sports gehören, auch nicht sportbezogenen Lieferungen und Leistungen vollzogen werden. Da die Körperschaftsteueraufkommen der mit Hilfe der Quoten $Q_{Leistungen}$ und $Q_{Steuerpflichtige}$ identifizierten sportrelevanten Betriebe lediglich aggregiert vorliegen (siehe Erklärung im vorangehenden Abschnitt), kann der tatsächlich sportbezogene Körperschaftsteueranteil nicht mit Hilfe der Quoten im Anhang 14.3 herausgerechnet werden. Die mit Hilfe der Körperschaftsteuerstatistik hergeleiteten Körperschaftsteuervolumina sind demnach lediglich für die Kerndefinition genau bestimmbar. Die Körperschaftsteuervolumen der engen und weiten Abgrenzung können dagegen nicht weiter eingegrenzt werden. Alternativ wird in Anlehnung an das vorangehende Kapitel zur Lohnsteuer daher zusätzlich versucht, die sportbezogene Körperschaftsteuer mit Hilfe der durchschnittlichen sportbezogenen Anteile von Mehrwert- und Gewerbesteuer zu berechnen.

Ergebnisse nach der Kerndefinition des Sports: Insgesamt gab es in 2004 bei den im Sinne der Kerndefinition des Sports zugehörigen Branchen (*NACE*-Klassifikation: 92.6) 2.643 unbeschränkt Körperschaftsteuerpflichtige mit *negativem* Gesamtbetrag der Einkünfte und 2.759 unbeschränkt Körperschaftsteuerpflichtige mit *positivem* Gesamtbetrag der Einkünfte. Bei den zuletzt genannten Gruppe belief sich der Gesamtbetrag der Einkünfte auf rund 0,136 Mrd. Euro und die festgesetzte Körperschaftsteuer auf rund 0,018 Mrd. Euro.

Darüber hinaus gab es in 2004 bei den im Sinne der hierbei relevanten Oberkategorie (O: Erbringung von sonstigen öffentlichen und persönlichen Dienstleistungen) zugehörigen Branchen 283 körperschaftsteuerpflichtige Organgesellschaften mit negativem Gesamtbetrag der Einkünfte und 427 körperschaftsteuerpflichtige Organgesellschaften mit positivem Gesamtbetrag der Einkünfte. Bei der letzteren Gruppe belief sich der Gesamtbetrag der Einkünfte auf rund 1,166 Mrd. Euro und die festgesetzte Körperschaftsteuer auf rund 0,004 Mrd. Euro. Wird dieser Betrag mit den zugehörigen Quoten[147] multipliziert, ergibt sich hierbei ein (im Größenvergleich vernachlässigbar geringes) Körperschaftsteuervolumen von 0,3 Mio. Euro. Damit liegt das gesamte Körperschaftsteueraufkommen der im Sinne der Kerndefinition des Sports zugehörigen Branchen bei rund 18,3 Mio. Euro.

Alternativ kann in Anlehnung an das vorangehende Kapitel zur Lohnsteuer die sportbezogene Körperschaftsteuer mit Hilfe der durchschnittlichen sportbezogenen Anteile von Mehrwert- und Gewerbesteuer approximiert werden. Wird dieser durchschnittliche Anteil (0,19%) mit dem in der Körperschaftsteuerstatistik für 2004 ausgewiesenen Gesamtvolumen von 22,021 Mrd. Euro[148] multipliziert, ergibt sich ein deutlich höherer Wert (42 Mio. Euro). Diese Abweichung ist auf

---

[147] $Q_{Leistungen}$: 0,063 (7.525.311 (Lieferungen und Leistungen der Wirtschaftszweige 92.6) /120.371.137 (Lieferungen und Leistungen der Oberkategorie "O") bzw. $Q_{Steuerpflichtige}$: 0,067 (23.423 (Umsatzsteuerpflichtige der Wirtschaftszweige WZ 92.6) / 349.280 (Umsatzsteuerpflichtige der Oberkategorie "O"); Quelle: Umsatzsteuerstatistik 2008 (Statistisches Bundesamt, 2009b).

[148] Dies ist die Summe der festgesetzten Körperschaftsteuer aller Gewinnfälle in 2004 der unbeschränkt Körperschaftsteuerpflichtigen (21,723 Mrd. Euro) und beschränkt Körperschaftsteuerpflichtigen bzw. Organgesellschaften (0,298 Mrd. Euro).

die Ungenauigkeiten bei Verwendung der verschiedenen Quoten zurückzuführen. Aufgrund der sich bei geringeren Werten stärker auswirkenden Ungenauigkeiten, wird von einer weiteren Aufgliederung der Körperschaftsteuer in einzelne Wirtschaftszweige der Kerndefinition abgesehen.[149] Im Folgenden wird das arithmetische Mittel beider Werte (30 Mio. Euro) weiter verwendet.[150]

Ergebnisse nach der engen Definition des Sports: Der Körperschaftsteuerbetrag der unbeschränkt Körperschaftsteuerpflichtigen der im Sinne der *NACE*-Klassifizierung zusätzlich abgegrenzten Wirtschaftszweige, die zur engen Definition des Sports gehören, belaufen sich (der Körperschaftsteuerstatistik zufolge) im Jahr 2004 auf rund 2,288 Mrd. Euro.[151] Der darin enthaltene Anteil der tatsächlich sportbezogenen Körperschaftsteuer kann durch Multiplikation des arithmetischen Mittels aus sportbezogenem Mehrwert- und Gewerbesteueranteil und dem gesamten Körperschaftsteueraufkommen (22,021 Mrd. Euro) geschätzt werden. Es beläuft sich auf rund 0,110 Mrd. Euro.

Die folgende Abbildung 20 zeigt die Aufteilung der Körperschaftsteueranteile auf die einzelnen Bereiche der im Sinne der engen Abgrenzung des Sports relevanten Wirtschaftszweige. Der Berechnung zufolge belaufen sich die sportbezogenen Körperschaftsteuervolumina der sonstigen Wirtschaftszweige auf rund 0,055 Mrd. Euro, die des Sporttextil-, schuh- und -artikelhandels auf rund 0,019 Mrd. Euro und der Fitnessstudios auf rund 0,011 Mrd. Euro.

---

[149] Für eine Einordnung der Zahl können die Daten der DFL (2010) herangezogen werden, wonach alleine von den Profisportmannschaften der 1. und 2. Fußball Bundesliga rund 0,0055 Mrd. Euro an Körperschaftsteuern abgeführt wurden. Zu beachten ist jedoch, dass sich die beiden Werte auf unterschiedliche Jahre (2004 versus 2009) beziehen.
[150] Wie die Berechnungen im Kapitel 5.1 zeigen, kommt es darüber hinaus zu Steuermindereinnahmen aufgrund von gesetzlichen Regelungen zur Förderung des Sports.
[151] Dies ist das arithmetische Mittel der nach beiden Quoten ($Q_{Steuerpflichtige}$, $Q_{Leistungen}$) festgesetzten Körperschaftsteuer aller Gewinnfälle in 2004 der unbeschränkt Körperschaftsteuerpflichtigen (2,280 Mrd. Euro) und beschränkt Körperschaftsteuerpflichtigen bzw. Organgesellschaften (0,008 Mrd. Euro), die der engen Definition des Sports zugehören (vgl. Anhang 14.8).

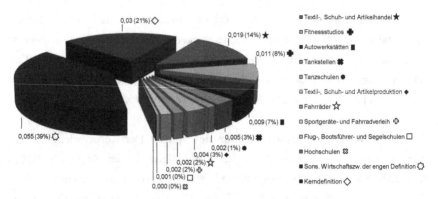

Abb. 20: Das sportbezogenen Körperschaftsteueraufkommen 2004 (in Mrd. Euro) der im Sinne der engen Definition sportbezogenen Wirtschaftszweige.[152]

Ergebnisse nach der weiten Definition des Sports: Der Körperschaftsteuerbetrag der Betriebe der unbeschränkt körperschaftsteuerpflichtigen Wirtschaftszweige, die zur weiten Definition des Sports gehören, belaufen sich (der Körperschaftsteuerstatistik zufolge) im Jahr 2004 auf rund 3,671 Mrd. Euro.[153] Der darin enthaltene Anteil der tatsächlich sportbezogenen Körperschaftsteuer kann mit Hilfe des arithmetischen Mittels aus sportbezogenem Mehrwert- und Gewerbesteueranteil und dem Gesamtvolumen der Körperschaftsteuer (22,021 Mrd. Euro) approximiert werden. Es beläuft sich auf rund 0,184 Mrd. Euro. Abbildung 21 zeigt die Aufteilung der Körperschaftsteueranteile auf die relevanten Wirt-

---

[152] Eigene Berechnungen. Die angegebene Werte und Prozentangaben sind auf Basis der vorhandenen Daten berechnet bzw. abgeschätzt worden. Zu beachten ist, dass die zahlreichen Approximationen zu Ungenauigkeiten führen, die insbesondere bei vergleichsweise kleineren Beträgen stärker ins Gewicht fallen. Insofern ist die Validität der Detailzahlen, die in Abbildung 20 (sowie der Tabelle im Anhang 14.8) aufgeführt sind, als gering einzustufen. Die Prozentangaben beziehen sich auf das abgeschätzte gesamte sportbezogene Körperschaftsteueraufkommen der im Sinne der engen Definition sportbezogenen Wirtschaftszweige.

[153] Dies ist das arithmetische Mittel der nach beiden Quoten ($Q_{Steuerpflichtige}$, $Q_{Leistungen}$) festgesetzten Körperschaftsteuer aller Gewinnfälle in 2004 der unbeschränkt Körperschaftsteuerpflichtigen (3.654 Mrd. Euro) und beschränkt Körperschaftsteuerpflichtigen bzw. Organgesellschaften (0,017 Mrd. Euro), die der weiten Definition des Sports zugehören (vgl. Anhang 14.8).

schaftszweige der weiten Definition des Sports (vgl. auch die Tabelle im Anhang 14.8). Dieser Berechnung zufolge belaufen sich die sportbezogenen Körperschaftsteuervolumina der sonstigen Wirtschaftszweige auf rund 0,146 Mrd. Euro, die der Zeitungen auf rund 0,013 Mrd. Euro und die der Zeitschriften auf rund 0,011 Mrd. Euro.

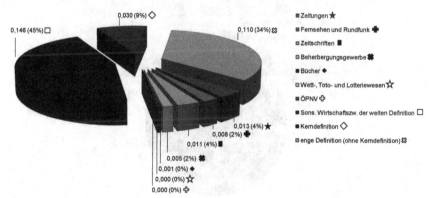

Abb. 21: Die sportbezogenen Körperschaftsteueraufkommen 2004 (in Mrd. Euro) der im Sinne der weiten Definition sportbezogenen Wirtschaftszweige.[154]

Zusammenfassung, Abschließende Bewertung und Forschungsdesiderata: In 2004 entfiel in Abhängigkeit von der zugrunde liegenden Abgrenzung ein Anteil von 0,14%, 0,64% bzw. 1,47% der gesamten Körperschaftsteuer auf den Sportbereich. Bei für 2010 in der VGR insgesamt ausgewiesenen Körperschaftsteuern von 13,67 Mrd. Euro, entspricht dies je nach Abgrenzung 0,019 Mrd. Euro, 0,087 Mrd. Euro bzw. 0,201 Mrd. Euro. (vgl. Abbildung 22).

---

[154] Eigene Berechnungen. Die angegebene Werte und Prozentangaben sind auf Basis der vorhandenen Daten berechnet bzw. abgeschätzt worden. Bzgl. der resultierenden möglichen Ungenauigkeiten gelten die gleichen einschränkenden Hinweise wie bei der Berechnung der sportbezogenen Körperschaftsteuern der Wirtschaftszweige der engen Abgrenzung. Die Prozentangaben beziehen sich auf das abgeschätzte gesamte sportbezogene Körperschaftsteueraufkommen der im Sinne der weiten Definition sportbezogenen Wirtschaftszweige.

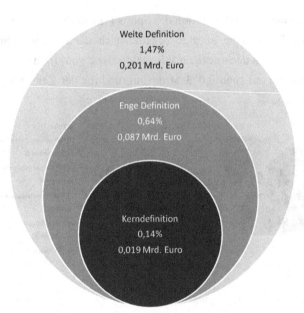

Abb. 22: Die aggregierten sportbezogenen Körperschaftsteueraufkommen in 2010 in Abhängigkeit von der Abgrenzung.[155]

Für eine Einordnung der gewonnenen Ergebnisse kann wiederum die von Weber et al. (1995) durchgeführte Studie für Vergleiche herangezogen. Weber et al. (1995) beziffern die sportbezogene Körperschaftsteueranteil in Deutschland (im Jahr 1990) auf 793,3 Mio. DM, was in etwa 576,8 Mio. Euro in Preisen von 2010 entspricht.[156] Dieser Wert liegt zwar deutlich über dem hier abgeschätzten Körperschaftsteuervolumen, was sich allerdings relativiert, da in der Studie von Weber et al. (1995, 260) ebenfalls die Einkommensteueraufkommen enthalten sind. Diese werden im Rahmen der vorliegenden Studie jedoch separat im folgenden Abschnitt quantifiziert. Damit lässt sich wiederum vorsichtig schlussfol-

---

[155] Eigene Berechnungen. Die angegebene Werte und Prozentangaben sind auf Basis der vorhandenen Daten berechnet bzw. abgeschätzt worden. Die Prozentangaben beziehen sich auf das gesamte in der VGR für 2010 ausgewiesene Körperschaftsteueraufkommen.
[156] Die Umrechnung erfolgte über den Wechselkurs 1 Euro = 1,95583 DM und mit Hilfe des hier relevanten Inflationsfaktors von 1,422 (VPI_{2010}/VPI_{1991}, vgl. Anhang 14.4).

gern, dass auf Basis der vorhandenen Daten eine zumindest realistische Bandbreite (0,019 - 0,201 Mrd. Euro) für das sportbezogene Körperschaftsteueraufkommen gefunden werden konnte.

Im Bezug auf Genauigkeit bei der Quantifizierung der Körperschaftsteuervolumina sind die gleichen Einschränkungen wie der Quantifizierung der Umsatzsteuervolumina sowie der Gewerbesteuervolumina zu konstatieren.[157] Zusätzlich ergibt sich eine potenzielle Verzerrung aufgrund der geringeren Gliederungstiefe der veröffentlichten Daten der Körperschaftsteuerstatistik und der hier verwendeten zusätzlichen Quoten, die den Anteil der sportbezogenen Wirtschaftszweige aus den aggregierten Wirtschaftszweigen approximativ bestimmen. Eine Auswertung der Körperschaftsteuerstatistik bis zum 5-stelligen Bereich ist nach Auskunft des Statistischen Bundesamtes (2010h) im Rahmen einer kostenpflichtigen Sonderauswertung möglich und könnte in zukünftigen Studien in Betracht gezogen werden. Zu beachten ist dabei allerdings, dass mit zunehmender Gliederungstiefe des Wirtschaftszweigs die Wahrscheinlichkeit der Geheimhaltung steigt, d.h. Angaben zu bestimmten (tiefer gegliederten) Wirtschaftszweigen gesperrt werden müssen. Darüber hinaus könnte eine umfassende Erhebung auf Unternehmensseite, die alle (im Sinne der Vilnius-Definition des Sports) relevanten Wirtschaftszweige umfasst, erkenntnisfördernd sein.

---

[157] Siehe hierzu Abschnitt 2.1.1.1 "Abschließende Bewertung und Forschungsdesiderata" bzw. Abschnitt 2.1.1.2 "Abschließende Bewertung und Forschungsdesiderata".

2.1.2.3 Sonstige sportbezogene Einkommen- und Vermögensteuern

In den bisherigen Ausführungen wurde versucht, die sportbezogenen Anteile der Lohnsteuer (einschl. Solidaritätszuschlag) und der Körperschaftsteuer zu bestimmen. Zu den Einkommen- und Vermögensteuern gehört jedoch eine Vielzahl weiterer Steuerkategorien, die in 2010 mit 66,16 Mrd. Euro zusammen rund ein Viertel aller Einkommen- und Vermögenssteuern ausmachen (Statistisches Bundesamt, 2011a). Im Folgenden wird versucht, die sportbezogenen Anteile an den Gesamteinnahmen in diesen Steuerarten abzuschätzen.

Abgrenzung: Zu den weiteren, bisher noch nicht betrachteten Einkommen- und Vermögenssteuern gehören die veranlagte Einkommensteuer (einschl. Solidaritätszuschlag), nicht veranlagte Steuern vom Ertrag (einschl. Zinsabschlag), Kfz-Steuer (von privaten Haushalten), Vermögenssteuer, Verwaltungsgebühren und sonstige. Mit rund 36,13 Mrd. Euro bzw. 22,44 Mrd. Euro entfällt der weitaus größte Anteil auf die beiden erst genannten Kategorien.[158] Viele der genannten Steuerarten weisen ebenfalls einen Sportbezug auf.[159]

Methoden zur Quantifizierung und Datenquellen: Da für die oben genannten Steuerarten keine (für eine Quantifizierung der sportbezogenen Anteile hilfreiche) Sekundärdatenbank vorliegt, kann der sportbezogene Anteil wiederum lediglich auf Basis der bisher besprochenen Quellen und Quoten abgeschätzt werden. Zur Quantifizierung des sportbezogenen Kfz-Steueranteils kann die bereits zuvor für den Bereich "Tankstellen" verwendete Quote von 11,3% verwendet werden (vgl. Anhang 14.3). Entsprechend ist das hierbei ermittelte Steueraufkommen der engen Definition des Sports zuzuordnen. Darüber hinaus wird versucht, die jeweiligen sportbezogenen Anteile der übrigen Einkommen- und Vermögensteuern für die im Sinne der Kern-, engen und weiten Definition des Sports relevanten Wirtschaftszweige zusammen abzuschätzen. Hierfür werden die Mittelwerte aus den sportbezogenen Anteilen, die sich im Rahmen der Quan-

---

[158] Die Tabelle in Anhang 14.13 gibt einen Überblick zu den einzelnen Steueraufkommen in 2010.

[159] Ein Anteil der Kfz-Steuer kann bspw. dem Sport zugeschrieben werden, da Fahrten zur Sportausübung oder zum Besuch von Sportveranstaltungen getätigt. Darüber hinaus fällt bspw. Einkommensteuer für Unternehmer in sportrelevanten Betrieben an.

tifizierung der Lohn- und Körperschaftsteuer ergeben haben, herangezogen. Diese belaufen sich für die Kern-, enge und weite Definition auf 0,27%, 0,83% und 1,58%.[160]

Ergebnisse: Die auf diesem Weg abgeschätzten sportbezogenen Anteile der Steueraufkommen belaufen sich (in der Reihenfolge der Abgrenzung der Kern- / engen / weiten Definition) auf folgende Werte:

- Einkommenst. (einschl. Soli.-Zuschlag): 0,096 / 0,298 / 0,571 Mrd. Euro
- nicht veranlagte Steuer vom Ertrag: 0,059 / 0,185 / 0,355 Mrd. Euro
- Kfz-Steuer: 0,000 / 0,772 / 0,772 Mrd. Euro
- sonst. Einkommen- u. Vermögensteuer[161]: 0,002 / 0,006 / 0,012 Mrd. Euro

Damit entfällt der mit Abstand größte Anteil des hier abgeschätzten sportbezogenen Aufkommens sonstiger Produktions- und Importabgaben auf den Bereich der Kfz-Steuer, gefolgt von der Einkommensteuer (einschl. Solidaritätszuschlag).

Zusammenfassung, abschließende Bewertung und Forschungsdesiderata: Es lassen sich je nach gewählter Abgrenzung (kern-, enge, weite Definition) rund 0,24%, 1,91% bzw. 2,58% der sonstigen Einkommen- und Vermögensteuern als sportbezogen identifizieren. Dies entspricht Werten von 0,157, 1,261 bzw. 1,709 Mrd. Euro (vgl. Abbildung 23).

Das hier gewählte Vorgehen, ist (bedingt durch die Datenlage) allerdings äußerst grob und basiert auf den Ergebnissen der vorangehenden Kapitel. Aufgrund der mit Hilfe der in früheren Studien ermittelten sportbezogenen Quote für den motorisierten Individualverkehr (11,3%, vgl. Tabelle in Anhang 14.3) ist der Kfz-Steueranteil (0,772 Mrd. Euro) ebenso wie der im Kapitel 2.1.1.4 ermittelte Mineralölsteueranteil für das Gesamtergebnis relativ gewichtig. Dementsprechend hängt das abgeschätzte sportbezogene Volumen sonstiger Einkommen- und Ver-

---

[160] Diese Werte ergeben sich aus dem arithmetischen Mittel der Lohn- und Körperschaftsteueranteile der Kern- (0,39% und 0,14%), engen (1,01% und 0,64%) und weiten (1,68% und 1,47%) Definition.
[161] Einschließlich Vermögensteuern und Verwaltungsgebühren.

mögensteuern ebenfalls zu einem gewissen Teil von der Quote des sportbezogenen motorisierten Individualverkehrs ab. Da die Kfz-Steuer im Vergleich zur
Mineralölsteuer absolut gesehen eine weitaus geringere Größenordnung einnimmt, wird im weiteren Verlauf allerdings auf eine Fallunterscheidung
(mit/ohne Kfz-Steuer) verzichtet.

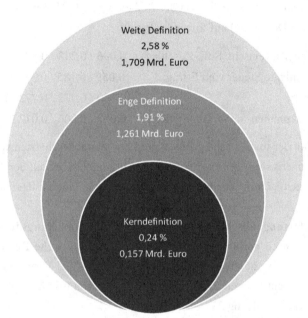

Abb. 23: Die aggregierten sportbezogenen sonstigen Einkommen- und Vermögensteuern
in 2010 (in Mrd. Euro) in Abhängigkeit von der Abgrenzung.[162]

Für eine Einordnung eines Teils der hier ermittelten Ergebnisse kann wiederum
die von Weber et al. (1995) durchgeführte Studie für Vergleiche herangezogen.
Weber et al. (1995) beziffern die sportbezogene Einkommen- und Körperschaftsteueranteil in Deutschland (im Jahr 1990) auf 793,3 Mrd. DM, was in etwa

---

[162] Eigene Berechnungen. Die angegebene Werte und Prozentangaben sind auf Basis der
vorhandenen Daten berechnet bzw. abgeschätzt worden. Die Prozentangaben beziehen
sich auf das gesamte in der VGR für 2010 ausgewiesene Aufkommen an sonstigen Ein-
kommen- und Vermögensteuern.

576,8 Mrd. Euro in Preisen von 2010 entspricht.[163] Werden die im vorangehenden Abschnitt ermittelten Körperschaftsteuervolumina mit den in diesem Kapitel approximierten Einkommensteuer (einschl. Solidaritätszuschlag) addiert, belaufen sich die Werte auf 0,115 Mrd. Euro (Kerndefinition), 0,385 Mrd. Euro (enge Definition) bzw. 0,770 Mrd. Euro (weite Definition). Insofern liegt der damals von Weber et al. (1995) ermittelte Wert zwischen den hier abgeschätzten Werten der engen und weiten Definition. Vorsichtig formuliert konnte auf Basis der vorhandenen Daten damit eine zumindest realistische Bandbreite (0,157-1,709 Mrd. Euro) für den sportbezogene Einkommen- (einschließlich Solidaritätsbeitrag) und Körperschaftsteueranteil gefunden werden.

---

[163] Die Umrechnung erfolgte über den Wechselkurs 1 Euro = 1,95583 DM und mit Hilfe des hier relevanten Inflationsfaktors von 1,422 (VPI_{2010}/VPI_{1991}, vgl. Anhang 14.4).

2.1.2.4 Zusammenfassende Darstellung

Werden die in den vorangehenden Kapiteln ermittelten Werte für die sportbezogenen Einkommen- und Vermögensteuern (Lohnsteuer (einschl. Solidaritätszuschlag), Körperschaftsteuer, sonstige) aggregiert, ergibt sich für das Jahr 2010 für Deutschland in Abhängigkeit von den jeweiligen Abgrenzungen des Sports ein Aufkommen von 0,872 Mrd. Euro (Kerndefinition), 3,152 Mrd. Euro (enge Definition) bzw. 4,909 Mrd. Euro (weite Definition). Dies entspricht 0,34% (Kerndefinition), 1,22% (enge Definition) bzw. 1,90% (weite Definition) der gesamten Einkommen- und Vermögensteuern in Höhe von 257,79 Mrd. Euro (vgl. Abbildung 24).

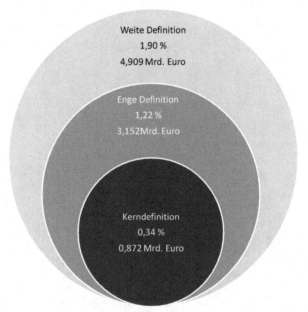

Abb. 24: Die aggregierten sportbezogenen Einkommen- und Vermögensteuern in 2010 (in Mrd. Euro) in Abhängigkeit von der Abgrenzung.[164]

---

[164] Eigene Berechnungen. Die angegebene Werte und Prozentangaben sind auf Basis der vorhandenen Daten berechnet bzw. abgeschätzt worden. Die Prozentangaben beziehen sich auf das gesamte in der VGR für 2010 ausgewiesene Aufkommen an Einkommen- und Vermögensteuern.

2.2 Sportbezogene Sozialbeiträge

Abgrenzung: Sozialbeiträge sind die Arbeitgeber- und Arbeitnehmerbeiträge an die Sozialversicherungen in Deutschland.[165] Den Angaben der VGR folgend betrug das gesamte Volumen der Sozialbeiträge im Jahr 2010 rund 420,28 Mrd. Euro. Von dieser Summe entfielen rund 393,65 Mrd. Euro auf die tatsächlichen, 26,63 Mrd. Euro auf die unterstellten Sozialbeiträge. Zu den tatsächlichen Sozialbeiträgen gehören die Pflicht- und freiwilligen Beiträge der Arbeitgeber, Arbeitnehmer sowie Selbstständigen und Nichterwerbstätigen. Zu den unterstellten Sozialbeiträgen gehören die Beiträge für die Beamtenversorgung sowie Beihilfen und Unterstützungen von Kapitalgesellschaften, dem Staat und der Kirchen (vgl. Abbildung 25).

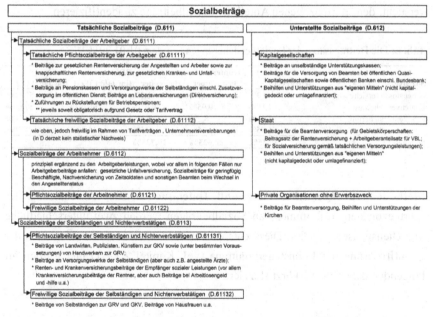

Abb. 25: Übersicht zu den Sozialbeiträgen.[166]

---

[165] Die Sozialversicherungen in Deutschland umfassen die gesetzlichen Arbeitslosenversicherung, Rentenversicherung, Krankenversicherung, Unfallversicherung und Pflegeversicherung.

[166] Quelle: Statistisches Bundesamt, 2001, S. 54.

Die von Arbeitnehmer und Arbeitgeber zu zahlenden Beiträge orientieren sich am Arbeitsentgelt der Beschäftigten. "Im Gegensatz zur Kranken-, Pflege-, Renten- und Arbeitslosenversicherung ist die gesetzliche Unfallversicherung für die Versicherten beitragsfrei" (www.deutsche-sozialversicherung.de). Zu beachten ist, dass das Arbeitsentgelt der Beschäftigten nur bis zu einer gewissen Grenze (Beitragsbemessungsgrenze) berücksichtigt wird. Diese unterscheidet sich in der Höhe zwischen alten und neuen Bundesländern sowie hinsichtlich der Art der Versicherung. Tabelle 6 gibt eine Übersicht zu den aktuellen, seit 1.1.2011 geltenden Beitragssätzen und Beitragsbemessungsgrenzen (BBG). Entsprechend den höheren Beitragsbemessungsgrenzen in den alten Bundesländern in Höhe von 66.000 bzw. 44.500 Euro im Jahr sind von/für einen Beschäftigten maximal rund 11.000 Euro im Jahr an Sozialbeiträgen abzuführen. Im Folgenden wird versucht, den sportbezogenen Anteil der Sozialbeiträge zu identifizieren.

Tab. 6: Die Beitragssätze der Sozialversicherungen seit dem 01.01.2011.[167]

Sozialversicherung	Beitragssatz	darunter Arbeitnehmer	darunter Arbeitgeber	BBG (im Jahr) West	BBG (im Jahr) Ost
Arbeitslosenversicherung	3%	1,5%	1,5%	66.000€	57.600€
Rentenversicherung	19,9%	9,95%	9,95%	66.000€	57.600€
Krankenversicherung	15,5%	8,2%	7,3%	44.500€	44.500€
Pflegeversicherung	1,95%	0,975%	0,975%	44.500€	44.500€
Summe	**40,35%**	**20,625%**	**19,725%**		

Methoden zur Quantifizierung und Datenquellen: Zur Abschätzung des sportbezogenen Aufkommens an Sozialbeiträgen werden zwei unterschiedliche Vorgehensweisen gewählt. Diese entsprechen im Kern den beiden Varianten der Quantifizierung der Lohnsteuervolumina (vgl. Kapitel 2.1.2.1) und werden im Folgenden daher nur verkürzt skizziert.

---

[167] Quelle: www.deutsche-sozialversicherung.de. Anmerkung: "Da im Bundesland Sachsen nicht wie im übrigen Bundesgebiet zur Finanzierung der Pflegeversicherung ein Feiertag abgeschafft wurde, zahlen die Arbeitnehmer hier einen höheren Anteil vom Einkommen: 1,475 Prozent. Die Arbeitgeber übernehmen nur 0,475 Prozent. Kinderlose, die mindestens 23 Jahre alt und nach dem 31. Dezember 1939 geboren sind, zahlen einen Beitragszuschlag von 0,25 Prozent" (www.deutsche-sozialversicherung.de).

Bei Variante 1 wird versucht, die sportbezogenen Anteile aus dem in der VGR für 2010 ausgewiesenen Aufkommen an tatsächlichen Sozialbeiträgen (393,65 Mrd. Euro) mit Hilfe der zuvor ermittelten sportbezogenen Anteile (an Mehrwert- und Gewerbesteuer) der relevanten Wirtschaftszweige heraus zurechnen.[168] Diese Variante setzt voraus, dass die von den Unternehmen abzuführenden Mehrwertsteuern, Gewerbesteuern und Sozialbeiträge einen ähnlich hohen sportbezogenen Anteil aufweisen. Inwiefern die tatsächlich sportbezogenen Anteile der Sozialbeiträge mit den Anteilen der beiden zuvor genannten Steuerarten übereinstimmen, kann mit Hilfe der vorhandenen Daten nicht näher erörtert werden. Daher werden die durchschnittlichen sportbezogenen Anteile als arithmetisches Mittel der in den vorangehenden Kapiteln mit detaillierteren Datenquellen (Umsatz- und Gewerbesteuerstatistik) geschätzten Anteile verwendet.

Wie bei der Quantifizierung des sportbezogenen Lohnsteuervolumens ergibt sich auch hier bei der Verwendung der Quantifizierungs-Variante 1 ein größerer Unsicherheitsspielraum. Aus diesem Grund werden die nach Variante 1 ermittelten Werte in Relation zu einer anderen Quantifizierungsmethode (Variante 2) gesetzt.

Das Vorgehen zur Quantifizierung der Sozialbeiträge nach Variante 2 entspricht im Grundsatz dem in Abbildung 15 (S. 99) skizzierten Vorgehen im Rahmen der Quantifizierung der Lohnsteuer. Entsprechend wird an dieser Stelle nicht noch einmal vertiefend auf die Datenquellen und Berechnungsmethoden eingegangen.[169] Die mit Variante 2 berechneten Sozialversicherungsbeitragsaufkommen

---

[168] Wie im Kapitel zur Lohnsteuer werden auch an dieser Stelle lediglich die sportbezogenen Anteile an Mehrwert- und Gewerbesteuern herangezogen, da die Originalquellen (Umsatzsteuerstatistik und Gewerbesteuerstatistik) für diese Steuerarten vergleichsweise am detailliertesten ausgewiesen werden. Entsprechend wird davon ausgegangen, dass die sportbezogenen Anteile dieser beiden Steuerarten vergleichsweise am genauesten beziffert werden konnten.

[169] Wurden die Sozialbeitragsabgaben der Arbeitgeber in den Datenquellen nicht separat ausgewiesen, wurden sie aus den Bruttolöhnen und Gehältern approximiert, indem diese durch 0,8 geteilt und mit 0,2 multipliziert wurden. Diese Berechnungen wurden bereits im Kapitel 2.1.2.1 zu den Lohnsteuervolumina durchgeführt. Entsprechend sind die berechneten Sozialabgaben der Arbeitgeber bereits in den Tabellen 14.7.1 und 14.7.2 (Spalte 5) im Anhang enthalten. Die Daten aus Spalte 5 der Tabellen 14.7.1 und 14.7.2 wurden

sind im Anhang 14.10 abgebildet.[170] Neben der Identifikationsproblematik von sportrelevanten Wirtschaftszweigen ergibt sich wiederum das Spezifikationsproblem bzgl. des tatsächlich sportbezogenen Anteils der Lieferungen und Leistungen innerhalb der sportbezogenen Wirtschaftszweige. Daher werden hier ebenfalls die bereits erfassten sportbezogenen Quoten (vgl. Tabelle in Anhang 14.3) herangezogen.

Unabhängig von der Quantifizierungsvariante müssen zu den dabei gewonnenen Werten jeweils noch die Sozialbeiträge von staatlichen Angestellten und Beamten mit sportbezogenen Aufgaben bzw. in sportbezogenen Bereichen hinzuaddiert werden. Diese werden zwar erst im Rahmen eines späteren Kapitels (4.1) zu den Personalausgaben der öffentlichen Haushalte in Bereichen des Sports quantifiziert, sie müssen allerdings bereits in diesem Kapitel mit beachtet werden, da dieser Teil der öffentlichen direkten Ausgaben auf der anderen Seite zu Einnahmen der Sozialversicherungsträger zählen. Das im Kapitel 4.1 zu quantifizierende Arbeitnehmerentgelt setzt sich aus den Bruttolöhnen und -gehältern sowie den tatsächlichen und unterstellten Sozialbeiträgen der Arbeitgeber zusammen. Nähere Erläuterungen zu den Berechnungen und Quantifizierungs-Ansätzen sind dem Kapitel 4.1 zu entnehmen.

Ergebnisse nach der Kerndefinition des Sports: Wird das Sozialversicherungsbeitragsaufkommen nach der Variante 1 berechnet, ergibt sich für die Kerndefinition insgesamt ein Aufkommen in Höhe von 0,744 Mrd. Euro. Hiervon entfallen rund 0,197 Mrd. Euro auf den Bereich Sportverbände und Sportvereine (*NACE*-Kategorie 92.62.1), 0,119 Mrd. Euro auf den Bereich Professionelle Sportmannschaften und Rennställe (*NACE*-Kategorie 92.62.2) sowie 0,094 Mrd. Euro auf den Bereich Sportschulen und selbständige Sportlehrer/innen (*NACE*-

---

entsprechend in die Basistabellen zur Quantifizierung der Sozialversicherungsbeitragsaufkommen (Anhang 14.10) übertragen.

[170] Unter der vereinfachenden Annahme, dass Sozialbeiträge von Arbeitgebern und Arbeitnehmern (in etwa in gleicher Höhe) zu entrichten sind, wurden die im Kapitel 2.1.2.1 berechneten und in den Tabellen 14.7.1 und 14.7.2 (Spalte 5) abgetragenen Sozialabgaben der Arbeitgeber in der Basistabelle in Anhang 14.10 zur Abschätzung des Gesamtaufkommens verdoppelt.

Kategorie 92.62.5). Für alle drei Bereiche können nach Variante 2 vergleichende Werte zum Sozialbeitragsaufkommen abgeschätzt werden, wie im Folgenden erläutert wird.

Aus dem für die 16 Landessportbünde approximierten Lohnsteuervolumen von 0,0064 Mrd. Euro[171] kann ein Gesamtvolumen der Sozialbeiträge in Höhe von 0,012 Mrd. Euro geschätzt werden (0,0064 Mrd. €/0,2068 * 0,4).[172] Die Personalkosten der Sportvereine in Deutschland wurden (exklusive Trainer, Übungsleiter und Sportlehrer) auf rund 0,607 Mrd. Euro geschätzt. Die Sozialversicherungsbeiträge belaufen sich demnach auf rund 0,243 Mio. Euro (607 Mio. € * 0,4). Zusammen würden sich das Beitragsaufkommen für Sozialversicherungen der Sportverbände und Sportvereine (NACE-Klassifikation: 92.62.1) entsprechend auf rund 0,255 Mrd. Euro belaufen. Dieser Wert liegt relativ nahe an dem hier verwendeten und nach Variante 1 berechneten Wert von 0,197 Mrd. Euro.

Die erste und zweite Fußball Bundesliga tragen zusammen zu den höchsten Sozialabgaben der fünf betrachteten Profisportligen bei. Diese belaufen sich im Jahre 2008/2009 in der 1. Bundesliga laut DFL (2010) auf rund 48,3 Mio. Euro für Renten-, Arbeitslosen- und Krankenversicherung sowie 13,5 Mio. Euro für die gesetzliche Unfallversicherung. In der 2. Bundesliga haben sie eine Höhe von 19 Mio. Euro für Renten-, Arbeitslosen- und Krankenversicherung sowie 10 Mio. Euro für die gesetzliche Unfallversicherung. Die TOYOTA Handball Bundesliga hat laut Deloitte (2010b) Personalkosten in Höhe von 54,3 Mio. Euro. Die Sozialversicherungsbeiträge belaufen sich demnach auf rund 21,7 Mio. Euro (54,3 Mio. € * 0,4). Die BEKO Basketball Bundesliga hat laut Deloitte (2010b) Personalkosten in Höhe von 37,5 Mio. Euro. Die Sozialversicherungsbeiträge belaufen sich demnach auf rund 15 Mio. Euro (37,5 Mio. € * 0,4). Die Bruttolöhne und -gehälter der Deutsche Eishockey Liga wurden auf rund 33,75 Mio. Euro geschätzt. Die Sozialversicherungsbeiträge belaufen sich demnach auf rund

---

[171] Das Lohnsteuervolumen gilt bzgl. des gesamten Sportverbandswesens deutlich unterschätzt. Zur kritischen Diskussion diesbzgl. siehe S. 83ff.

[172] An dieser Stelle wird (wie im weiteren Verlauf) vereinfachend unterstellt, dass jeweils rund 20% des Arbeitsentgeltes der Beschäftigten von Arbeitgeber und Arbeitnehmer als Beiträge an die Sozialversicherungsträger abgeführt werden muss.

13,5 Mio. Euro (33,75 Mio. € * 0,4). Entsprechend würde sich das Sozialversicherungsbeitragsaufkommen der fünf Profisportliegen diesem Berechnungsansatz folgend auf rund 0,141 Mrd. Euro. Wird davon ausgegangen, dass hiervon der größte Teil auf den Bereich Professionelle Sportmannschaften und Rennställe entfällt, lässt sich somit wieder eine vergleichbare Größenordnung zu dem nach Variante 1 ermittelten Volumen in Höhe von rund 0,119 Mrd. Euro approximieren. Bei Berechnungsvariante 2 muss beachtet werden, dass insbesondere in den Profisportligen davon auszugehen ist, dass zahlreiche Gehälter der Profisportler über den oben aufgeführten Beitragsbemessungsgrenzen liegen und eine Approximation (wie oben durchgeführt) aus den aus den Personalkosten bzw. Bruttolöhnen und -gehältern somit zu einer Überschätzung der Sozialversicherungsbeitragsaufkommen führt.[173]

Für dem Bereich Sportschulen und selbständige Sportlehrer/innen (*NACE*-Kategorie 92.62.5) konnte nach Variante 2 ein Lohnsteuervolumen (exkl. Solidaritätsbeitrag) von rund 0,046 Mrd. Euro berechnet werden. Hieraus lässt sich ein Sozialversicherungsbeitragsaufkommen von rund 0,089 Mrd. Euro abschätzen (0,046 Mrd. €/0,2068*0,4). Auch dieser Wert kommt dem nach Variante 1 berechneten Volumen von 0,094 Mrd. Euro sehr nahe.

Wie die Ausführungen in Kapitel 2.1.2.1 zeigen, bringen sowohl Quantifizierungs-Variante 1 als auch 2 zahlreiche Approximationen mit sich. Für keine der Kategorien Sportvereine und Sportverbände (*NACE*-Kategorie 92.62.1), professionellen Sportmannschaften und Rennställe (*NACE*-Kategorie 92.62.2) oder selbständige Sportlehrer/innen (*NACE*-Kategorie 92.62.5) lässt sich ein Ansatz präferieren. Im Folgenden wird daher das arithmetische Mittel der nach beiden Varianten ermittelten Lohnsteuervolumina zu Grunde gelegt.

Die folgende Tabelle 7 zeigt, wie sich das ermittelte Sozialversicherungsbeitragsaufkommen auf die einzelnen Wirtschaftszweige aufteilt.

---

[173] Siehe in diesem Zusammenhang auch die Berechnungen in Kapitel 2.1.2.1.

Tab. 7: Die Die Sozialversicherungsbeitragsaufkommen der (im Sinne der Kerndefinition) sportbezogenen Wirtschaftszweige in 2010 (ohne Sozialbeiträge für staatliche Angestellte und Beamte).[174]

NACE Wirtschaftszweige	Sozialbeitrags- volumen nach Variante 1 in Mrd. €	Sozialbeitrags- volumen nach Variante 2 in Mrd. €	verwendetes Sozialbeitrags- Volumen in Mrd. €
92.61 Betrieb von Sportanlagen	0,225		0,225
92.62.1 Sportverbände und Sportvereine	0,197	0,255	0,226
92.62.2 Professionelle Sportmannschaften und Rennställe	0,119	0,141	0,130
92.62.3 Selbst. Berufssportler/innen und -trainer/innen	0,049		0,049
92.62.4 Sportpromotor u. sonst. profess. Sportveranstalter	0,059		0,059
92.62.5 Sportschulen und selbständige Sportlehrer/innen	0,094	0,089	0,092
			0,781

Zu den hier ermittelten tatsächlichen Sozialbeiträgen müssen die Sozialbeiträge für Angestellte und Beamte mit sportbezogenen Aufgaben bzw. in sportbezogenen Tätigkeitsfeldern, die der Kerndefinition des Sports zuzuordnen sind, hinzugerechnet werden. Dies waren im Jahr 2007 rund 0,280 Mrd. Euro. Da in den verfügbaren Datenquellen zur Berechnung (vgl. Kapitel 4.1) nicht zwischen Angestellten und Beamten des Staates unterschieden wird, kann auch nicht zwischen tatsächlichen und unterstellten Sozialbeiträgen unterschieden werden. Daher ist dieser Betrag in Relation zu den gesamten (tatsächlichen und unterstellten) Sozialbeiträgen von 400,19 Mrd. Euro in 2007 (VGR 2010, Rechnungsstand Februar 2011) zu setzen. Entsprechend beträgt der zusätzlich zu beachtende sportbezogene Anteil an den Sozialbeiträgen rund 0,07%. Wird vereinfachend angenommen, dass der approximierte sportbezogene Anteil zwischen den Jahren 2007 und 2010 gleich geblieben sind, kann das zusätzliche Sozialbeitragsaufkommen für 2010 auf Basis des Gesamtaufkommens in 2010 (420,28 Mrd. Euro) abgeschätzt werden. Es beträgt rund 0,294 Mrd. Euro. Damit kann das gesamte, der Kerndefinition des Sports zugehörige Sozialversicherungsbeitragsaufkommen für 2010 auf rund 1,075 Mrd. Euro abgeschätzt werden.

---

[174] Eigene Berechnung nach Variante 1 und 2.

Ergebnisse nach der engen Definition des Sports: Das approximierte Sozialversicherungsbeitragsaufkommen der im Sinne der *NACE*-Klassifizierung abgegrenzten Wirtschaftszweige, die zur engen Definition des Sports gehören, beläuft sich (je nach zu Grunde gelegter Quote) auf Werte zwischen 58,086 ($Q_{Steuerpflichtige}$) und 89,941 Mrd. Euro ($Q_{Leistungen}$) (vgl. Anhang 14.10). Wie bei der Berechnung der Lohnsteuervolumina ist diese große Spanne ein Ausdruck des großen Verzerrungspotenzials im Rahmen der Approximation. Diese Verzerrungspotenzial lässt sich allerdings (wie bereits bei der Lohnsteuerberechnung angemerkt) fast in Gänze den durch die Quoten bedingten Unterschieden der Sozialversicherungsbeitragsaufkommen des Bereiches "Krankenhäuser" (*NACE*-Kategorie 85.11) zuschreiben. So liegt der Wert für Krankenhäuser in Abhängigkeit von der zugrunde gelegten Quote zwischen 1,757 ($Q_{Steuerpflichtige}$) und 31,130 Mrd. Euro ($Q_{Leistungen}$).

Wiederum ist zu beachten, dass zahlreiche Wirtschaftszweige auch nicht sportrelevante Lieferungen und Leistungen vollziehen, sodass lediglich ein geringer Teil des Sozialbeitragversicherungsaufkommens tatsächlich dem Sport zuzuordnen ist. An dieser Stelle können wiederum die in der Tabelle im Anhang 14.3 dargestellten Quoten verwendet werden, um einzelne Teilbereiche weiter einzugrenzen. Abbildung (26) fasst die auf Basis dieser Quoten geschätzten Sozialversicherungsbeitragsaufkommen (für sportbezogene Produkte) der im Sinne der engen Definition des Sports relevanten Wirtschaftszweige zusammen.[175] Von den insgesamt für die Wirtschaftszweige der engen Definition des Sports (ohne sportbezogenem staatlichen Personal) ermittelten 3,248 Mrd. Euro entfällt der größte Teil mit rund 1,705 Mrd. Euro auf die sonstigen Wirtschaftszweige gefolgt vom Kernbereich des Sports (ohne sportbezogenem staatlichen Personal) mit rund 0,781 Mrd. Euro.

Zu den hier ermittelten tatsächlichen Sozialbeiträgen müssen die Sozialbeiträge für Angestellte und Beamte mit sportbezogenen Aufgaben bzw. in sportbezogenen Tätigkeitsfeldern, die der engen Definition des Sports zuzuordnen sind, hin-

---

[175] Eine tabellarische Übersicht zu den nach beiden Varianten abgeschätzten Sozialbeitragsaufkommen ist im Anhang 14.10 zu finden.

zugerechnet werden. Dies waren im Jahr 2007 rund 1,524. Im Kapitel 4.1 wird nicht zwischen Angestellten und Beamten des Staates bzw. tatsächlichen und unterstellten Sozialbeiträgen unterschieden. Daher ist der in Kapitel 4.1 ermittelte Betrag in Relation zu den gesamten (tatsächlichen und unterstellten) in der VGR für 2007 (Rechnungsstand 2010) ausgwiesenen Sozialbeiträgen von 400,19 Mrd. Euro zu setzen. Entsprechend beträgt der zusätzlich zu beachtende sportbezogene Anteil an den Sozialbeiträgen rund 0,381%. Wird vereinfachend angenommen, dass der approximierte sportbezogene Anteil zwischen den Jahren 2007 und 2010 gleich geblieben sind, kann das zusätzliche Sozialbeitragsaufkommen für das Jahr 2010 auf Basis des Gesamtaufkommens in 2010 (420,28 Mrd. Euro) abgeschätzt werden. Es beträgt rund 1,601 Mrd. Euro.

Damit kann das gesamte, der engen Definition des Sports zugehörige Sozialversicherungsbeitragsaufkommen für 2010 auf rund 4,849 Mrd. Euro geschätzt werden.

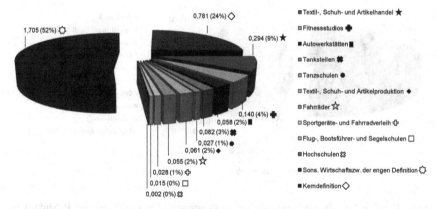

Abb. 26: Die Sozialversicherungsbeitragsaufkommen (für sportbezogene Produkte) in 2010 (in Mrd. Euro) der im Sinne der engen Definition sportbezogenen Wirtschaftszweige (ohne Sozialbeiträge für staatliche Angestellte und Beamte).[176]

---

[176] Eigene Berechnungen. Die angegebene Werte und Prozentangaben sind auf Basis der vorhandenen Daten berechnet bzw. abgeschätzt worden. Die Prozentangaben beziehen sich auf das abgeschätzte gesamte sportbezogene Sozialversicherungsbeitragskommen der im Sinne der engen Definition sportbezogenen Wirtschaftszweige (ohne Sozialbeiträge für staatliche Angestellte und Beamte).

Ergebnisse nach der weiten Definition des Sports: Das approximierte Sozialbeitragsaufkommen der im Sinne der *NACE*-Klassifizierung abgegrenzten Wirtschaftszweige, die (ausschließlich) zur weiten Definition des Sports gehören, beläuft sich (je nach zu Grunde gelegter Quote) auf Werte zwischen 38,670 ($Q_{Steuerpflichtige}$) und 39,030 Mrd. ($Q_{Leistungen}$) Euro in Preisen von 2010 (vgl. Anhang 14.10). Im Gegensatz zum approximierten Sozialbeitragsaufkommen der engen Definition des Sports ist die Spanne der Werte (wie bei den Lohnsteuervolumina) weitaus geringer.

Zu beachten ist wiederum, dass zahlreiche Wirtschaftszweige auch nicht sportrelevante Lieferungen und Leistungen vollziehen, sodass hiervon lediglich ein kleiner Teil tatsächlich dem Sport zuzuordnen ist. Dies führt zu einer starken Überschätzung der sportbezogenen Größen. Wiederum können die in der Tabelle im Anhang 14.3 dargestellten Quoten verwendet werden, um einzelne Teilbereiche weiter einzugrenzen.

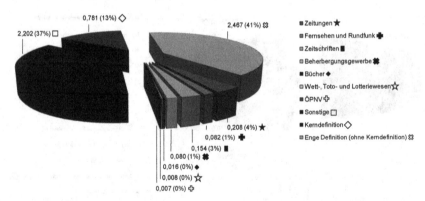

Abb. 27: Die Sozialversicherungsbeitragsaufkommen (für sportbezogene Produkte) in 2010 (in Mrd. Euro) der im Sinne der weiten Definition sportbezogenen Wirtschaftszweige (ohne Sozialbeiträge für staatliche Angestellte und Beamte).[177]

---

[177] Eigene Berechnungen. Die angegebene Werte und Prozentangaben sind auf Basis der vorhandenen Daten berechnet bzw. abgeschätzt worden. Die Prozentangaben beziehen sich auf das abgeschätzte gesamte sportbezogene Sozialversicherungsbeitragsaufkommen der im Sinne der weiten Definition sportbezogenen Wirtschaftszweige (ohne Sozialbeiträge für staatliche Angestellte und Beamte).

Abbildung (27) fasst die geschätzten Sozialversicherungsbeitragsaufkommen (für sportbezogene Produkte) der im Sinne der weiten Definition des Sports relevanten Wirtschaftszweige zusammen. Von den insgesamt für die Wirtschaftszweige der weiten Definition des Sports abgeschätzten 6,005 Mrd. Euro entfällt mit rund 2,202 Mrd. Euro in etwa ein gleich hoher Anteil auf die sonstigen Wirtschaftszweige wie auf die Wirtschaftszweige der engen Definition des Sports (ohne Kernbereich, ohne sportbezogenem staatlichen Personal) mit rund 2,467 Mrd. Euro. Der drittgrößte Wert entfällt auf die nach der Kerndefinition (ohne sportbezogenem staatlichen Personal) abgegrenzten Wirtschaftszweige (781 Mrd. Euro) gefolgt von den Bereichen Zeitungen (0,208 Mrd. Euro) und Zeitschriften (0,154 Mrd. Euro).

Zu den hier ermittelten tatsächlichen Sozialbeiträgen müssen die Sozialbeiträge für Angestellte und Beamte mit sportbezogenen Aufgaben bzw. in sportbezogenen Tätigkeitsfeldern hinzugerechnet werden. Da für die Bereiche der weiten Definition des Sports keine (über die Kern- und enge Definition hinausgehenden) zusätzlichen Sozialbeiträge anfallen, müssen lediglich die oben abgeleiteten Sozialbeitragsaufkommen für sportbezogene staatliche Angestellte und Beamte der engen Definition des Sports (1,601 Mrd. Euro) hinzugerechnet werden. Damit kann das gesamte, der weiten Definition des Sports zugehörige Sozialversicherungsbeitragsaufkommen für 2010 auf rund 7,606 Mrd. Euro abgeschätzt werden.

Zusammenfassung, abschließende Bewertung und Forschungsdesiderata: Mit Hilfe der beiden zuvor vorgestellten Varianten 1 und 2 sowie unter Hinzunahme der im späteren Kapitel 4.1 quantifizierten Sozialbeiträge für sportbezogene staatliche Angestellte und Beamte konnte das sportbezogene Sozialversicherungsbeitragsaufkommen für 2010 je nach Abgrenzung auf 1,075 Mrd. Euro (Kerndefinition), 4,849 Mrd. Euro (enge Definition einschließlich Kerndefinition) bzw. 7,606 Mrd. Euro (weite Definition einschließlich Kern- und enge Definition) abgeschätzt werden. Bei für 2010 in der VGR insgesamt ausgewiesenen (tatsächlichen und unterstellten) Sozialbeiträgen von 420,28 Mrd. Euro, entspricht dies je nach Abgrenzung einem Anteil von 0,26%, 1,15% bzw. 1,81% (vgl. Abbildung 28).

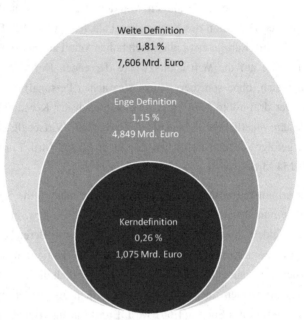

Abb. 28: Die aggregierten sportbezogenen Sozialbeiträge in 2010 in Abhängigkeit von der Abgrenzung (einschließlich Sozialbeiträge für staatliche Angestellte und Beamte).[178]

Für eine Einordnung der gewonnenen Ergebnisse kann wiederum die von Weber et al. (1995) durchgeführte Studie für Vergleiche herangezogen. Weber et al. (1995) beziffern die sportbezogenen Sozialbeiträge von Arbeitgebern und Arbeitnehmern in Deutschland (im Jahr 1990) zusammen auf 3,303 Mrd. DM, was in etwa 2,4 Mrd. Euro in Preisen von 2010 entspricht.[179] Dieser Wert liegt zwischen den hier ermittelten Werten für die Kern- und enge Definition des Sports.

---

[178] Eigene Berechnungen. Die angegebene Werte und Prozentangaben sind auf Basis der vorhandenen Daten berechnet bzw. abgeschätzt worden. Die Prozentangaben beziehen sich auf das gesamte in der VGR für 2010 ausgewiesene Sozialversicherungsbeitragsaufkommen.

[179] Die Umrechnung erfolgte über den Wechselkurs 1 Euro = 1,95583 DM und mit Hilfe des hier relevanten Inflationsfaktors von 1,422 (VPI_{2010}/VPI_{1991}, vgl. Anhang 14.4).

Vorsichtig formuliert konnte auf Basis der vorhandenen Daten damit eine zumindest realistische Bandbreite für das sportbezogene Sozialbeitragsaufkommen gefunden werden.

Da Vorgehen und Datenquellen im Rahmen der Quantifizierung der sportbezogenen Sozialbeiträge denen der im Abschnitt zur Quantifizierung der Lohnsteuer vorgestellten und diskutierten Vorgehensweisen und Datenquellen entsprechen, wird bzgl. einer umfassenden Diskussion der Methoden und den damit verbundenen Einschränkungen auf das Kapitel 2.1.2.1 verwiesen.

Darüber hinaus ergibt sich für Variante 2 (sofern nicht in den verwendeten Statistiken unmittelbar ausgewiesen, vgl. Kapitel 2.1.2) aufgrund des vereinfachend als pauschal angenommenen Anteils der Sozialbeiträge an den Bruttolöhnen und -gehältern (je 20% von Arbeitgeber und Arbeitnehmer) eine gewisse Unschärfe. Dies führt insbesondere für die Berechnungen der Sozialbeiträge in den Profisportligen zu einer gewissen Überschätzung, da zahlreiche Gehälter (der Profisportler) über den oben aufgeführten Beitragsbemessungsgrenzen liegen. Wie die Vergleichswerte der nach Variante 1 ermittelten Sozialbeitragsaufkommen zeigen, ist diese Überschätzung allerdings (im Vergleich zum gesamten sportbezogenen Sozialversicherungsbeitragsaufkommen) als relativ gering einzustufen.

Methodische Aspekte zur Quantifizierung des Sozialbeitragsaufkommens von sportbezogenen staatlichen Angestellten und Beamten sind in Kapitel 4.1 zu finden.

2.3 Sonstige sportbezogene direkte Einnahmen

Im Rahmen dieses Kapitels wird versucht, näherungsweise den sportbezogenen Anteil der übrigen Staatseinnahmen[180] von insgesamt rund 93,55 Mrd. Euro zu identifizieren. Sportbezogen sind hiervon in erster Linie Sportstättennutzungsgebühren. Diese werden als erstes im Rahmen eines eigenen Kapitels (2.3.1) thematisiert. Die übrigen Einnahmen werden hinsichtlich ihres sportbezogenen Anteils im Kapitel 2.3.2 thematisiert.

2.3.1 Sportstättennutzungsgebühren

Abgrenzung: Unter Gebühren für die Sportstättennutzung wird der monetäre Gegenwert verstanden, den gemeinnützige Organisationen (z.B. Vereine in Form von Mieten und Pachten) und private Haushalte (z.B. in Form von Eintrittsgeldern) für die Nutzung von staatlichen Sportstätten zahlen müssen. Sie fallen in erster Linie auf kommunaler Ebene und dadurch auch in den drei Stadtstaaten Bremen, Berlin und Hamburg an. Zu den relevanten Sportstätten gehören Badeanstalten ebenso wie Sporthallen und Sportplätze.

Methoden zur Quantifizierung und Datenquellen: Angebotsorientierte Ansätze zur Quantifizierung der Sportstättennutzungs-gebühren beziehen sich auf die Einnahmen der Kommunen und Stadtstaaten sowie deren Eigenbetriebe im Bereich Sportstätten und Badeanstalten während sich die nachfrageorientierten Ansätze auf die Ausgaben von Vereinen und privaten Haushalten konzentrieren.

Ausgangsbasis zur Berechnung der Sportstättennutzungsgebühren bildet die Fachserie 14, Reihe 3.5 des Statistischen Bundesamtes (2010p). Diese beinhaltet die Rechnungsergebnisse der öffentlichen Haushalte (Bund, Länder, Kommune) zu (u.a.) den Bereichen "Förderung des Sports"[181], "Badeanstalten"[182] sowie

---

[180] Hierzu gehören die Einnahmen aus Verkäufen, sonstigen Subventionen, Vermögenseinkommen, sonstige laufende Transfers sowie Vermögenstransfers.
[181] "Allgemeine Förderung und Verwaltung der Angelegenheiten des Sports Allgemeine Sportpflege, Förderung und Werbung, z. B. Sportlehrgänge, Versehrtensport, Mitwirkung bei Veranstaltungen der Sportorganisationen, gemeindliche Sportveranstaltungen, Maßnahmen zur Förderung des Sports der nicht vereinsgebundenen Bevölkerung (Volkssport),

"eigene Sportstätten"[183].[184] Die zur Quantifizierung der Sportstättennutzungsgebühren relevanten Einnahmen sind in den Gruppierungsnummern 10 (Verwaltungseinnahmen), 11 (Benutzungsgebühren), 12 (Zweckgebundene Abgaben) sowie 14 (Mieten und Pachten) enthalten. "Gebühren" im Sinne der Gruppierungsnummern 10, 11 und 12 werden in der Fachserie 14, Reihe 3.5 zusammengefasst für die Bereiche "eigene Sportstätten" und "Badeanstalten" ausgewiesen.

Unklar ist allerdings, wie hoch die Mieten und Pachten (Gruppierungsnummer 14) sind, da neben den "Gebühren" nur die sonstigen aggregierten Einnahmen der Bereiche "eigene Sportstätten" und "Badeanstalten" ausgewiesen werden. Mieten und Pachten (Gruppierungsnummer 14) werden separat (in Spaltennummer 54) in der Fachserie 14 Reihe 3.3, den Jahresrechnungsergebnissen der kommunalen Haushalte (Statistisches Bundesamt, 2010d) ausgewiesen.[185] Die

---

Förderung des Baues von vereinseigenen Sportanlagen, Sportberatungsstellen, Sportfortbildungskurse" (Statistisches Bundesamt, 2011b).

[182] "Hallenbäder, Freibäder, Luft-, Licht- und Sonnenbäder, Flussbadeanstalten, Sauna, Volksbäder, Wannenbäder u. dgl.; Als Teil eines Kurbetriebes in A 86" (Statistisches Bundesamt, 2011b).

[183] "Sportplätze, Stadien, Turn- und Sporthallen, Sportzentren, Rollschuhbahnen, Tennisplätze, Eisbahnen, Sportschulen, Bobbahnen, Rodelbahnen, Sprungschanzen, Berg- und Schutzhütten, Leistungszentren Sporteinrichtungen der Schulen in 21-24" (Statistisches Bundesamt, 2011b).

[184] Eine ausführliche Erläuterung und Abgrenzung der Bereiche erfolgt im Kapitel 4. Das Zahlenmaterial wird den Rechnungsabschlüssen der Gebietskörperschaften sowie den sonstigen zum finanzstatistischen Berichtskreis gehörenden Institutionen entnommen. Entsprechend sind die Daten reliabel. Da es sich um eine auskunftspflichtige Vollerhebung handelt, ist Repräsentativität gewährleistet. Es kann abschließend jedoch nicht geklärt werden, inwiefern die Zuordnung nach Aufgabenarten und -kategorien in allen Kommunen stets mit dem gleichen Verständnis vorgenommen wurde. Darüber hinaus muss beachtet werden, dass sich die Datenbasis (auf kommunaler Ebene) aufgrund der Reform des Gemeindehaushaltsrechts verändert hat. Dem Qualitätsbericht des Statistischen Bundesamtes zu den Rechnungsergebnissen der kommunalen Haushalte (Statistisches Bundesamt, 2010d) zufolge führen diese Umstellungen zu einer gewissen Unschärfe. Insofern ist die Validität der Daten ggf. eingeschränkt.

[185] Da es sich um eine Vollerhebung handelt, sind die Daten repräsentativ. Da die Daten den Rechnungsabschlüssen direkt entnommen werden, müsste zudem Validität und Reliabilität gegeben sein. Es kann abschließend jedoch nicht geklärt werden, inwiefern die Zuordnung nach Aufgabenarten und -kategorien in allen Kommunen stets mit dem gleichen Verständnis vorgenommen wurde. Darüber hinaus muss beachtet werden, dass sich die Datenbasis aufgrund der Reform des Gemeindehaushaltsrechts verändert hat. Dem

Jahresrechnungsergebnisse beinhalten die aggregierten Daten (u.a.) zu den Einnahmen und Ausgaben der Gemeinden, Gemeindeverbänden und Zweckverbänden gegliedert nach Aufgabenbereichen sowie Einnahmen- und Ausgabenkategorien. Detaillierte Sonderauswertungen zum Thema Sportförderung liegen nicht vor.

In den öffentlichen Statistiken (ebenso in der VGR) sind jedoch nur die Einnahmen und Ausgaben der Kernhaushalte abgebildet. Ein (zunehmender) Teil der Kommunen hat jedoch zudem Sportstätten (insbesondere Frei- und Hallenbäder) in Eigenbetriebe ausgelagert. Diese werden in den oben beschriebenen Fachserien nicht ausgewiesen. Sie müssen daher separat quantifiziert werden.

Hierfür kann die Jahresabschlussstatistik (JAB) herangezogen werden. "In der JAB werden alle Fonds, Einrichtungen und Unternehmen erfasst, die sich in der Trägerschaft der öffentlichen Hand befinden (Einheiten in öffentlich-rechtlicher Rechtsform) oder an denen die öffentliche Hand mehrheitlich beteiligt ist (Einheiten in privatrechtlicher Rechtsform). Nicht einbezogen werden im Ausland gelegene Beteiligungen" (Statistisches Bundesamt, 2011c).[186] Im Rahmen einer Sonderauswertung der JAB 2008 für das Projekt wurden die entsprechenden Daten für den Wirtschaftszweig 93.11 (WZ2008) vormals 92.61 (WZ2003) "Betrieb von Sportstätten" berechnet.

Zur Einordnung der auf Basis der bisher beschriebenen Datenquellen zu quantifizierenden Sportstättennutzungsgebühren, kann auf Daten des SEB zurückgegriffen werden. Im SEB sind Angaben zu Mieten und Kostenerstattung der Sportvereine für die Benutzung nicht vereinseigener Anlagen enthalten. Unter Verwendung der Durchschnittsausgaben der Vereine und Hochrechnung können die Sportstättennutzungsgebühren auf diese Wiese approximiert werden. Ein Vergleichswert für die Einnahmen von Privaten kann aus den LWR gewonnen werden. In diesem Zusammenhang ist in erster Linie die Kategorien 0941014

Qualitätsbericht des Statistischen Bundesamtes zufolge führen diese Umstellungen zu einer gewissen Unschärfe.

[186] Die JAB ist eine Vollerhebung und damit repräsentativ. Da die Unternehmen/Betriebe hierbei ihre ohnehin zu publizierenden Gewinn- und Verlustrechnungen sowie Bilanzen offenlegen, ist zudem von validen Daten auszugehen.

(Besuch von Frei- und Hallenbädern) relevant. Allerdings wird im Rahmen der LWR nicht zwischen Ausgaben für privatwirtschaftliche und öffentliche Sportstätten unterschieden.

Ergebnisse: Die in den Rechnungsergebnissen der öffentlichen Haushalte ausgewiesenen Gebühren (Gruppierungsnummern 10, 11, 12) im Bereich "eigene Sportstätten" bzw. "Badeanstalten" belaufen sich auf 77 bzw. 150 Mio. Euro (Statistisches Bundesamt, 2010p, siehe Anhang 14.11). Hiervon entfallen lediglich im Bereich "eigene Sportstätten" rund 2 Mio. Euro auf die Stadtstaaten. Der Rest entfällt auf die kommunalen Haushalte (Gemeinden, Gemeindeverbände und Zweckverbände). Hinzu kommen Mieten und Pachten (Gruppierungsnummer 14) im Bereich "eigene Sportstätten" bzw. "Badeanstalten" von rund 64 bzw. 23 Mio. Euro (Statistisches Bundesamt, 2010d).[187] Damit können die Einnahmen der Kernhaushalte aus den so definierten Sportstättennutzungsgebühren auf rund 0,314 Mrd. Euro geschätzt werden.

Hinzu kommen die im Rahmen der Sonderauswertung der JAB 2008 für das Projekt ausgewiesenen Umsatzerlöse (ohne Mehrwertsteuer) für den Wirtschaftszweig 93.11 (WZ2008) vormals 92.61 (WZ2003) "Betrieb von Sportstätten" in Höhe von rund 0,403 Mrd. Euro. Damit belaufen sich die Sportstättennutzungsgebühren der Kernhaushalte und Eigenbetriebe auf zusammen rund 0,717 Mrd. Euro.

Für Vergleichszwecke können die Angaben im SEB 2007/ 2008 zu Mieten und Kostenerstattung der Sportvereine für die Benutzung nicht vereinseigener Anlagen herangezogen werden. Diese belaufen sich im Jahr 2006 im Durchschnitt auf rund 2.410 Euro pro Verein. Damit ergibt sich bei 90.467 Vereinen ein Gesamtvolumen von rund 0,218 Mrd. Euro. Werden die im Anhang 14.5 ausgewiesen privaten Konsumausgaben der LWR (0941014) für den Besuch von Frei- und Hallenbädern, die sich ohne Mehrwertsteuer auf rund 0,633 Mrd. Euro belaufen,

---

[187] Ob zusätzliche Mieten und Pachten in den Stadtstaaten anfallen, kann anhand der vorliegenden Datenquellen nicht näher erläutert werden, da sich die hier relevante Quelle rein auf die kommunalen Haushalte bezieht. Es wird jedoch davon ausgegangen, dass (wie bei den Gebühren) ein entsprechender Betrag verhältnismäßig klein ausfällt.

hinzuaddiert, ergibt sich ein approximiertes Volumen von Sportstättennutzungsgebühren in Höhe von rund 0,851 Mrd. Euro. Unter Abzug der in der JAB 2008
ausgewiesenen Umsatzerlöse würde sich das auf diese Weise approximierte Aufkommen der Kernhaushalte aus Sportstättennutzungsgebühren auf rund 0,411
Mrd. Euro belaufen. Im Folgenden wird vom Mittelwert der nach beiden Verfahren berechneten Sportstättennutzungsgebühren der Kernhaushalte (0,314 und
0,411 Mrd. Euro) ausgegangen.

Die Sportstättennutzungsgebühren für die Kernhaushalte werden entsprechend
auf ein Volumen von rund 0,381 Mrd. Euro abgeschätzt. Hinzu kommen die
Einnahmen in diesem Bereich der sportbezogenen Eigenbetriebe in Höhe von
rund 0,403 Mrd. Euro.

Zusammenfassung, abschließende Bewertung und Forschungsdesiderata:
Ansätze zur Quantifizierung der Sportstättennutzungsgebühren beziehen sich auf
die Einnahmen der Kommunen und Stadtstaaten sowie deren Eigenbetriebe im
Bereich Sportstätten und Badeanstalten, während sich die nachfrageorientierten
Ansätze auf die Ausgaben von Vereinen und privaten Haushalten konzentrieren.
Im Rahmen der hier durchgeführten Quantifizierung der Sportstättennutzungs-
gebühren wurden beide Ansätze herangezogen.

Ausgehend von den Rechnungsergebnissen der öffentlichen Haushalte konnten
die Gebühren aus der Sportstättennutzung abgeschätzt werden. Ergänzt wurden
diese Angaben mit den Mieten und Pachten der kommunalen Haushalte sowie
den in der Sonderauswertung der JAB 2008 für das Projekt ausgewiesenen Umsatzerlösen (ohne Mehrwertsteuer) für den Wirtschaftszweig 93.11 (WZ2008)
vormals 92.61 (WZ2003) "Betrieb von Sportstätten". Für Vergleichszwecke
wurden die gezahlten Sportstättennutzungsgebühren der Vereine und Privaten
anhand des SEB und der LWR approximiert.

Auf Basis beider Ansätze ließ sich ein Wertebereich für Sportstättennutzungsgebühren von 0,717 - 0,851 Mrd. Euro ermitteln. Da keiner der Ansätze präfe-
riert werden konnte, wird im weiteren Verlauf des Projekts der Mittelwert von
0,784 Mrd. Euro als monetäres Maß für die Sportstättennutzungsgebühren ver-

wendet. Bei einer Einordnung der gewonnenen Ergebnisse zu den Sportstätten-nutzungsgebühren in die Ergebnisse der VGR muss allerdings eingerechnet werden, das in der VGR lediglich die Ergebnisse der Kernhaushalte ausgewiesen werden. Entsprechend müssen die Einnahmen der Eigenbetriebe in Höhe von 0,403 Mrd. Euro heraus gerechnet werden.[188]

Bei einem Volumen der oben definiteren übrigen Staatseinnahmen in 2007 von rund 89,180 Mrd. Euro entfällt auf die Sportstättennutzungsgebühren (ohne Eigenbetriebe) ein Anteil von rund 0,43%. Wird dieser Anteil vereinfachend auf die für 2010 ausgewiesenen übrigen Staatseinnahmen von 93,550 Mrd. Euro angewendet, ergibt sich für das Jahr 2010 ein approximatives Gebührenaufkommen aus der Nutzung von kommunalen Sportstätten (ohne Eigenbetriebe) in Höhe von rund 0,399 Mrd. Euro.

Für die Abschätzung des Aufkommens an Sportstättennutzungsgebühren der sportbezogenen Eigenbetriebe wurde mit der JAB 2008 die zum Zeitpunkt dieser Studie aktuellste Ausgabe der JAB verwendet. Ein Übergang von Daten des Jahres 2008 zu Daten des Jahres 2010 kann demnach für die Sportstättennut-zungsgebühren der sportbezogenen eigenbetriebe nicht vollzogen werden. Einschließlich der Eigenbetriebe kann das gesamte Aufkommen an Sportstättennut-zungsgebühren in 2010 auf rund 0,8 Mrd. Euro approximiert werden. Aufgrund der fehlenden Einordnungsmöglichkeit der Angaben zu den Eigenbetrieben in Daten aus dem Jahr 2010 ergibt sich jedoch zusätzliches Verzerrungspotenzial.

Abschließend ist anzumerken, dass der Staat zur Unterstützung des Sport auf einen erheblichen Teil möglicher Einnahmen in diesem Bereich durch eine unentgeltliche bzw. verbilligte Sportstättennutzung verzichtet. Der Versuch einer Quantifizierung ist Gegenstand von Kapitel (5.2).

---

[188] Nach Kenntnis der Autoren liegt zum jetzigen Zeitpunkt keine weitere Studie vor, in der versucht wurde, die Sportstättennutzungsgebühren in Deutschland zu quantifizieren, und die für Vergleichszwecke herangezogen werden könnte.

2.3.2 Sonstige sportbezogene direkte Einnahmen

Abgrenzung: Neben den bisher besprochenen Einnahmekategorien (sportbezogene Steuereinnahmen, Sozialversicherungsbeiträge, Sportstättennutzungsgebühren) haben die Gebietskörperschaften weitere sportbezogene direkte Einnahmen zu verzeichnen. Hierunter fallen bspw. Einnahmen aus dem Verkauf, sonstige Verwaltungs- und Betriebseinnahmen oder Zinseinnahmen oder Rückflüsse aus Darlehen, die im Sinne der obigen Abgrenzung den Bereichen "Förderung des Sports", "eigene Sportstätten" oder "Badeanstalten" zugeordnet werden können und im Sinne der Vilnius Definition dementsprechend zum Kernbereich des Sports gehören.

Methoden zur Quantifizierung und Datenquellen: Ausgangsbasis zur Berechnung der sonstigen sportbezogenen direkten Einnahmen bildet die Fachserie 14, Reihe 3.5 des Statistischen Bundesamtes (2010p). Diese beinhaltet die Rechnungsergebnisse der öffentlichen Haushalte (Bund, Länder, Kommunen) zu (u.a.) den Bereichen "Förderung des Sports", "Badeanstalten" sowie "eigene Sportstätten". In der Fachserie werden die aggregierten Einnahmen unmittelbar ausgewiesen.

Neben den Kernhaushalten müssen wiederum die Eigenbetriebe der öffentlichen Haushalte beachtet werden. Hierfür kann wiederum zusätzlich die Jahresabschlussstatistik (JAB) herangezogen werden. Im Rahmen der Quantifizierung der sonstigen Einnahmen der öffentlichen Haushalte und Eigenbetriebe muss allerdings beachtet werden, dass unter den Einnahmen ein nicht unerheblicher Teil an Zahlungen von anderen öffentlichen Bereichen (Zuweisungen und Zuschüsse) enthalten sind. Diese müssen bei einer Betrachtung der sonstigen Einnahmen heraus gerechnet werden.

Ergebnisse: Die sportbezogenen Bruttoeinnahmen der öffentlichen Haushalte belaufen sich für den Bereich "Badeanstalten" auf rund 0,156 Mrd. Euro, für den Bereich "eigene Sportstätten" auf rund 0,180 Mrd. Euro und für den Bereich "Förderung des Sports" auf rund 0,035 Mrd. Euro. Von diesem Betrag entfallen rund 0,025 Mrd. Euro im Bereich "eigene Sportstätten" sowie 0,018 Mrd. Euro Bereich "Förderung des Sports" auf die Haushalte der Länder bzw. der Stadtstaaten. Von diesen Bruttoeinnahmen müssen jedoch im Bereich "Badeanstalten" 0,058 Mrd. Euro, im Bereich "eigene Sportstätten" 0,126 Mrd. Euro und im Bereich "Förderung des Sports" 0,018 Mio. Euro an Zuweisungen und Zuschüssen von anderen öffentlichen Bereichen abgezogen werden.

Entsprechend verbleiben als Nettoeinnahmen im Bereich "Badeanstalten" 0,098 Mrd. Euro, im Bereich "eigene Sportstätten" 0,054 Mrd. Euro und im Bereich "Förderung des Sports" 0,017 Mio. Euro, bzw. zusammen 0,169 Mrd. Euro. Hiervon entfallen rund 0,029 Mrd. Euro auf die Haushalte der Länder und rund 0,139 Mrd. Euro auf die kommunalen Haushalte.

Die Daten zu den Eigenbetrieben der Kommunen liegen im Jab lediglich in Form einer Gewinn- und Verlustrechnung vor. Die Angaben in den Rechnungsergebnissen der öffentlichen Haushalte basieren hingegen auf Kosten und Leistungen bzw. Ausgaben und Einnahmen. Ein Vergleich ist aufgrund der unterschiedlichen Rechnungssysteme grds. schwierig. Auf Basis der Daten lassen sich neben den Umsatzerlösen lediglich die Zuweisungen und Zuschüsse von öffentlichen Haushalte eindeutig als Einnahmen im Sinne der bisher verwendeten und in den Rechnungsstatistiken der öffentlichen Haushalte ausgewiesenen Abgrenzung identifizieren. Da Zuweisungen und Zuschüsse bei der hier relevanten Betrachtung von Nettoeinnahmen ohnehin abgezogen werden, werden im Folgenden daher aus den sportbezogenen Eigenbetrieben des Staates keine weiteren Einnahmen angesetzt.

Zusammenfassung, abschließende Bewertung und Forschungsdesiderata:
Eine Quantifizierung der sonstigen sportbezogenen direkten Einnahmen ist mit Hilfe der Rechnungsergebnisse der öffentlichen Haushalte (Statistisches Bundesamt 2010p) möglich. Um relevante Nettoeinnahmen zu erhalten, wurde der nicht unerhebliche Teil der Zahlungen von anderen öffentlichen Bereichen (Zuweisungen und Zuschüsse) heraus gerechnet.

Die verbleibenden 0,169 Mrd. Euro machen etwa 0,19% der übrigen Staatseinnahmen in 2007 aus. Wird dieser Anteil vereinfachend auf die für 2010 ausgewiesenen übrigen Staatseinnahmen von 93,550 Mrd. Euro angewendet, ergibt
sich für das Jahr 2010 ein approximatives Aufkommen an sonstigen sportbezogenen Einnahmen in Höhe von rund 0,177 Mrd. Euro.

Zusammen mit den Sportstättennutzungsgebühren (ohne Eigenbetriebe) können
entsprechend 0,576 Mrd. Euro in der Übersichtstabelle (Anhang 14.13) und der
folgenden Gesamtschau (Kapitel 2.4) an sportbezogenen sonstigen Einnahmen
angesetzt werden.

2.4 Zusammenfassende Darstellung der sportbezogenen Einnahmen

In den vorangehenden Abschnitten wurde versucht, die sportbezogenen Anteile der Steuereinnahmen (2.1), der Sozialbeiträge (2.2) sowie der sonstigen Einnahmen (2.3) auf Basis der vorhandenen Daten und verfügbaren Methoden abzuschätzen.

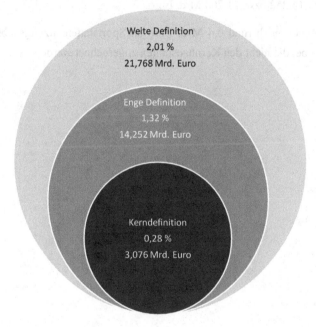

Abb. 29: Die sportbezogenen aggregierten direkten Einnahmen der öffentlichen Kernhaushalte in 2010 in Abhängigkeit von der Abgrenzung.[189]

Eine Übersichtstabelle zu allen einzelnen Einnahmekategorien und den darin identifizierten sportbezogenen Anteil im Sinne der Kern-, engen und weiten Definition des Sports ist im Anhang 14.13 zu finden. An dieser Stelle werden lediglich die aggregierten sportbezogenen direkten Einnahmen noch einmal zusammenfassend dargestellt (Abbildung 29). Den Berechnungen zufolge kön-

---

[189] Eigene Berechnungen. Die angegebene Werte und Prozentangaben sind auf Basis der vorhandenen Daten berechnet bzw. abgeschätzt worden. Die Prozentangaben beziehen sich auf das gesamte in der VGR für 2010 ausgewiesene Einnahmen der öffentlichen Kernhaushalte.

nen die aggregierte sportbezogenen direkten Einnahmen der öffentlichen Kernhaushalte für Deutschland im Jahr 2010 je nach zugrunde gelegter Abgrenzung
(Kern-, enge, weite Definition) auf 0,28%, 1,32% bzw. 2,01% der gesamten in
der VGR 2010 (Rechnungsstand Februar 2011) ausgewiesenen Einnahmen von
1.082,09 Mrd. Euro abgeschätzt werden. Dies entspricht einem Volumen von
rund 3,076, 14,252 bzw. 21,768 Mrd. Euro.[190]

Hinzu kommen noch rund 0,4 Mrd. Euro an Sportstättennutzungsgebühren der
Eigenbetriebe, die nicht den Kernhaushalten zugerechnet werden.

---

[190] Neben den in den einzelnen Kapiteln ausführlich dargelegten vereinfachenden Annahmen bei den durchgeführten Schätzungen, sei an dieser Stelle noch einmal erwähnt, dass
der sportbezogene Mineralölsteueranteil alleine (auf Basis der verfügbaren Informationen)
auf einen Wert von fast 4 Mrd. Euro (enge Abgrenzung) abgeschätzt wurde.

3. Gesellschaftliche Nutzeneffekte des Sports

Wie eingangs erwähnt, wird die "finanzpolitische Bedeutung" im Rahmen der Studie durch die sportrelevanten Nutzen- und Kostenkategorien der öffentlichen Haushalte operationalisiert. Neben den zuvor quantifizierten direkten Einnahmen gehören (mögliche) gesellschaftliche Nutzeneffekte des Sports ebenfalls zu den sportrelevanten Nutzenkategorien der öffentlichen Haushalte. Diese Nutzeneffekte sind finanzpolitisch bedeutsam, da sie dazu beitragen (können), die Einnahmen der öffentlichen Haushalte zu steigern[191] oder aber die Ausgaben der öffentlichen Haushalte zu senken[192]. Die gesellschaftlichen Nutzeneffekte des Sports können in Analogie zu den von Langer (2006) unterschiedenen externen Effekten des Sports in fünf Bereiche unterteilt werden:

(1) Gesundheit: Hierunter fallen die Wechselwirkungen zwischen bspw. kardio-vaskulären Erkrankungen und sportlicher Aktivität ebenso wie die negativen Effekte bspw. aufgrund von Sportunfällen.

(2) Sozio-edukatorische Werte: Langer (2006) unterscheidet dabei den Bildungs- und Erziehungswert (z.B. Sozialisation, Entfaltung der Persönlichkeit), den Sozialwert (z.B. Aufbau sozialer Beziehungen und soziale Integration verschiedener Bevölkerungsgruppen und -schichten) sowie das Sozialkapital (z.B. Entwicklung sozialen Zusammenhalts und Entfaltung bürgerschaftlichen Engagements).

(3) Optionswert: Der Optionswert beschreibt nach Langer (2006, 152) den Wert eines Gutes, den das Individuum dem Gut beimisst, "um sich die Option für die Nutzung in Zukunft offenzuhalten" (z.B. der zukünftige Besuch einer Sportveranstaltung oder die zukünftige Nutzung von Sportinfrastruktur).

(4) Prestigewert: Den Prestigewert unterteilt Langer (2006) in die Dimensionen der Identitätsstiftung und der Repräsentationswirkung. Während zur erstgenann-

---

[191] Durch sportliche Aktivität ausgelöste Produktivitätssteigerungen könnten bspw. die Steuereinnahmen aus Sicht des Staates erhöhen.

[192] Durch sportliche Aktivität ausgelöste positive individuelle Gesundheitseffekte könnten bspw. die Gesundheitsausgaben des Staates verringern.

ten Dimension das (bspw. durch Sportveranstaltungen oder durch sportliche Erfolge von Athleten) induzierte Zusammengehörigkeitsgefühl auf lokaler, regionaler oder nationaler Ebene gehört, wird unter Repräsentationswirkung die Anerkennung durch sportlichen Erfolg auf lokaler, regionaler und nationaler Ebene verstanden.

(5) Wachstumsexternalitäten: Hierunter werden die (bspw. durch Sportveranstaltungen induzierten) Wachstumseffekte innerhalb der Wirtschaft subsummiert.

Im Rahmen der vorliegenden Studie wäre eine Monetarisierung der Effekte aus den oben genannten fünf Bereichen für eine mögliche Saldierung aller sportrelevanter Nutzen- und Kostenkategorien grds. wünschenswert. Bisher ist allerdings weder das Vorhandensein noch das Ausmaß der Effekte umfassend und hinreichend erforscht.

In einer ausführlichen Abhandlung fasst Langer (2006) die empirische Evidenz hinsichtlich des tatsächlichen Vorhandenseins dieser Effekte zusammen. Darauf aufbauend werden die Effekte in Bezug auf ihre Legitimationsfähigkeit für die staatliche Sportförderung untersucht. An dieser Stelle wird diesbzgl. auf die Ausführungen von Langer (2006, 130-166) verwiesen.

Im Fokus der folgenden Ausführungen stehen lediglich die Bereiche, zu denen zum heutigen Zeitpunkt Ansätze zur Quantifizierung/Monetarisierung der gesellschaftlichen Nutzeneffekte des Sports vorliegen. Dies sind die in der Öffentlichkeit häufig diskutierten Effekte der Gesundheitsversorgung (3.1), der Integrationsleistungen (die dem Sozialwert (3.2) zugeordnet werden können) sowie des bürgerschaftlichen Engagements (das dem Sozialkapital (3.3) zugeordnet werden kann). Darüber hinaus werden im Rahmen eines weiteren Abschnitts (ergänzend zu den Ausführungen von Langer, 2006) Forschungsarbeiten jüngeren Datums zum Vorhandensein und dem Ausmaß der gesellschaftlichen Nutzeneffekte des Sports dargestellt (3.4).

3.1 Gesundheit

Abgrenzung: Körperliche Aktivität steigert die Lebenserwartung, reduziert die krankheitsbedingten Ausfallzeiten bei der Arbeit und erhöht die Arbeitsproduktivität (Nys, 2009). So kann das Risiko, an chronischen Krankheiten, wie bspw. Hypertonie, Adipositas, koronare Herzkrankheiten oder Diabetes mellitus vom Typ II, zu erleiden, durch körperliche Aktivität gesenkt werden (Humphreys & Ruseski, 2010; Katzmarzyk, Gledhill und Shephard, 2000; US Department of Health and Human Services, 1996).

So findet Sari (2009) für Kanada heraus, dass eine körperlich inaktive Person im Durchschnitt 38% mehr Tage im Krankenhaus verbringt, sowie 5,5% mehr Hausarztbesuche, 13% mehr Facharztbesuche und 12% mehr Pflegebesuche zu verzeichnen hat als eine körperlich aktive Person. Haapanen-Niemi et al. (1999) finden dabei für Finnland geschlechtsspezifische Unterschiede. So haben körperlich inaktive Frauen im Schnitt 23%, körperlich inaktive Männer dagegen 36% mehr Krankenhaustage zu verzeichnen als aktive Frauen/Männer.

Damit scheint körperliche Aktivität zunächst dem individuellen Sporttreibenden selbst zu nutzen. Damit einhergehend ergeben sich jedoch Folgewirkungen für das Gesundheitssystem und das volkswirtschaftliche Leistungspotenzial. Neben den direkten Gesundheitskosten wirkt sich bspw. ein krankheitsbedingter Arbeitsausfall negativ auf die Fiskalbilanz des Staates aufgrund von volkswirtschaftlichen Produktivitätsverlusten aus. Insofern kann die Gesundheit als ein privates Gut mit öffentlicher Komponente verstanden werden (Langer, 2006). Dabei muss jedoch beachtet werden, dass Sport auch zusätzliche sportbezogene Kosten im Gesundheitssystem verursacht. In diesem Zusammenhang sind bspw. Sportverletzungen (ARAG, 2001), Todesfälle in Extremsportarten (Nys, 2009) oder aber die im Kontext des Sports vermehrt auftretenden Formen des risikoreichen Alkoholkonsums (Duff, Scealy & Rowland, 2005) zu nennen. Eine Quantifizierung sportbezogener Einsparungen in der Volkswirtschaft ist grds. schwierig.

Methoden zur Quantifizierung, Datenquellen und Ergebnisse: In Deutschland existieren bislang keine jüngeren Studien, die die sportbezogenen Einsparungen im Gesundheitssystem quantifiziert haben. Vor einigen Jahren kam jedoch Wagner (1987) auf Basis einer Analyse früherer Studienergebnisse zu dem Resultat, dass Sport kein geeignetes Instrument zur Reduzierung von Gesundheitskosten darstellt, der individuelle Erfolg von präventivem Sporttreiben unsicher ist und die Opportunitätskosten der dazu aufgewandten Zeit sozial ungleich verteilt sind.

Die ARAG Allgemeine Versicherung AG (ARAG, 2001) quantifizierte den Anteil der durch Sportunfälle verursachten Kosten in Zusammenarbeit mit der Ruhr-Universität Bochum. Die Erfassung der Unfalldaten erfolgte dabei in den Landesverbänden mit einem Fragebogen zum Unfallhergang, zur Verletzung und deren Behandlung sowie zu den sportlichen Aktivitäten innerhalb und außerhalb des Sportvereins, der den Personen mit gemeldeten Sportunfällen stichprobenartig zugesandt wurde. Über einen Zeitraum von über 14 Jahren konnten somit Daten zu über 125.000 Sportunfällen gesammelt werden. In dem veröffentlichten Bericht werden keine Angaben zur Stichprobenziehung gemacht. Da eine Zusammenarbeit mit einer universitären Einrichtung erfolgte und 60% der angeschriebenen verunglückten Sportler den Fragebogen ausgefüllt zurückgesendet hat, ist jedoch davon auszugehen, dass die Daten reliabel, valide und repräsentativ für Deutschland sind. Der Studie zufolge belaufen sich die durch Sportunfälle versursachten Kosten auf rund 1,65 Mrd. Euro, was zum damaligen Zeitpunkt rund 0,8% der Gesamtkosten im Gesundheitswesen in Deutschland entsprach (ARAG, 2010).

Methodische Ansätze zur Quantifizierung der sportbezogenen Einsparungen im Gesundheitssystem lassen sich in anderen Ländern finden. So quantifizieren Katzmarzyk et al. (2000) die direkten (unmittelbar durch die Behandlung verursachten) Kosten körperlicher Inaktivität in Kanada, indem sie die Kosten einiger chronischer Krankheiten (Herz-Kreislauf-Erkrankungen, Schlaganfall, Bluthochdruck, Darmkrebs, Brustkrebs, Diabetes und Osteoporose) mit dem populationsabhängigen Risiko gewichten. Das populationsabhängige Risiko ist der Anteil an chronischen Erkrankungen, der theoretisch bei einer sportlich aktiven Bevölkerung vermieden werden könnte. Sie kommen zu dem Ergebnis, dass rund 2,1 Mrd. Dollar bzw. 2,5% der gesamten Gesundheitskosten körperlicher Inaktivität zuzuschreiben sind. Mit einem sehr ähnlichen Ansatz (Gewichtung von Krankheitskosten mit dem populationsabhängigen Risikofaktor) findet Colditz (1999) für die USA heraus, dass 24,3 Mrd. Dollar bzw. 2,4% der gesamten Gesundheitsausgaben aufgrund von körperlicher Inaktivität hervorgerufen werden. Weiß et al. (2000) beachten in ihrer Studie für Österreich darüber hinaus Kosten durch Pensionen aufgrund von Erwerbsunfähigkeit bzw. geminderter Arbeitsfähigkeit, indem Sie den populationsabhängigen Risikowert mit den relevanten Erwerbsunfähigkeitspensionen gewichten. Von den insgesamt gemessenen Einsparungspotenzialen durch sportliche Aktivität in Höhe von damals 7,8 Mrd. österreichischen Schilling entfallen jedoch lediglich 7% auf die so gemessenen Morbiditätseffekte. Smala, Beeler und Szucs (2001) berechnen ebenfalls die Kosten der körperlichen Inaktivität in der Schweiz. Ihren Ergebnissen zufolge belaufen sich die direkten und indirekten (z.B. durch verlorene Arbeitstage von Patienten oder pflegenden Angehörigen)[193] Kosten der körperlichen Inaktivität auf rund 2,4

---

[193] "Kosten die indirekt aus der medizinischen Behandlung eines Patienten resultieren, werden als indirekte Kosten bezeichnet. Hierzu gehören z. B. volkswirtschaftliche Produktivitätsverluste durch verlorene Arbeitstage des Patienten oder von pflegenden Angehörigen. Die Berücksichtigung indirekter Kosten von Krankheiten und Unfällen in Evaluationen wie der vorliegenden, stellt jedoch eine besondere Schwierigkeit dar. Im Rahmen der Gesundheitsökonomie wird hier häufig der Humankapitalansatz verwendet, der die indirekten Kosten nach dem Wert der (verlorengegangenen) Produktivität, basierend auf Statistiken zum Bruttosozialprodukt bzw. zum Arbeitseinkommen, bemisst. Dieser Ansatz geht davon aus, dass nur im Arbeitsprozess stehende Personen eine Wertschöpfung erbringen und vernachlässigt zum Beispiel im häuslichen Bereich durch Hausfrauen oder Großeltern erbrachte Leistungen, die ja auch Produktivität darstellen. Die Annahme, da Arbeitsausfalltage automatisch Tage verlorener Produktivität darstellen, ist jedoch umstritten: im Falle kurzfristiger, vorübergehender Arbeitsausfälle kann davon ausgegangen werden, dass die anfallende Arbeit entweder umorganisiert, d.h. auf andere Arbeitskräfte verlagert wird, oder aber die weniger dringenden Tätigkeiten bis zur Rückkehr des Beschäftigten aufgeschoben werden. Ein tatsächlicher Produktivitätsverlust tritt also bei kurzfristiger Abwesenheit eigentlich nicht ein. Als Alternative zum Humankapitalansatz ist der Friktionskostenansatz verfügbar. Er geht davon aus, dass ein durch Erkrankung, Unfall oder Tod nicht verfügbarer Beschäftigter entweder durch Reorganisation innerhalb des betroffenen Unternehmens oder durch eine externe Arbeitskraft ersetzt wird. Zumin-

Mrd. Schweizer Franken. Dies entspricht (bedingt durch eine andere Abgrenzung), rund 16% der gesamten (direkten und indirekten) Gesundheitskosten.

Zusammenfassung, abschließende Bewertung und Forschungsdesiderata:
Die vergleichende Gegenüberstellung von internationalen Erkenntnissen zu den
durch körperliche Aktivität ausgelösten Einsparungen und Kosten für das
Gesundheitssystem sowie weiteren volkswirtschaftlichen Folgewirkungen lässt
vermuten, dass körperliche Aktivität (unter dem Gesundheitsversorgungsaspekt)
tendenziell einen positiven Beitrag für die Volkswirtschaft leistet.

Eine Abbildung der durch Sportunfälle verursachten Kosten erscheint mit Hilfe
der ARAG-Studie recht gut möglich zu sein. Eine Quantifizierung weiterer
sportbezogener Gesundheitskosten ist dagegen nicht möglich. Zu den Nutzeneffekten von sportlicher Aktivität für das Gesundheitssystem (im Sinne von Kosteneinsparungen) liegt keine deutschlandbezogene Studie vor. In anderen Ländern wurden Einsparungspotenziale zwischen 2,4 und 16% der gesamten
Gesundheitskosten bei einer durchgehend körperlich aktiven Bevölkerung berechnet. Bereits diese große Spannweite verdeutlicht die Schwierigkeit einer
Quantifizierung aufgrund von Abgrenzungs- und Zuordnungsproblemen. Während bspw. in einigen Studien lediglich die direkten (durch Behandlungen verursachte) Kosten herangezogen werden, umfassen andere Studien (z.B. Smala et

---

dest im Fall von Invalidisierungen oder Todesfällen, sei es nun aufgrund von Erkrankungen oder Unfällen, ist diese Vorgehensweise als plausibel anzusehen. Voraussetzung für
den Ersatz einer Arbeitskraft ist eine gewisses Niveau an offener oder verborgener Beschäftigungslosigkeit, wie sie für nahezu alle Industriestaaten angenommen werden darf.
Die Kosten des tatsächlichen Produktivitätsverlustes betragen also die verlorene Wertschöpfung im Zeitraum bis zur Neubesetzung des Arbeitsplatzes (Friktionsperiode) zuzüglich der für die Suche und Auswahl eines geeigneten Bewerbers anfallenden Kosten.
Die Dauer der Friktionsperiode kann anhand von regionalen und berufsbezogenen Arbeitsmarkt-Statistiken geschätzt werden, für die allerdings erst wenige Erfahrungswerte
vorliegen. Deshalb wurden in der vorliegenden Evaluation die indirekten Kosten kurzfristiger, nicht permanenter Arbeitsunfähigkeit mittels Humankapitalansatz bestimmt. Hierfür
wurde die in den entsprechenden Publikationen angegebene Anzahl der Arbeitsausfalltage
mit dem für die Schweiz gültigen täglichen Produktivitätsverlust verrechnet. Es wurden
238 SFr pro Person und Tag angesetzt. Diese ergeben sich aus einem Bruttoinlandprodukt
von 335,17 Mrd. SFr (1999) und 3,833 Mio. Erwerbstätigen in 1999 [Bundesamt für
Statistik, 2000]" (Smala et al., 2001, 18f.).

al., 2001) zudem indirekte, durch verlorene Arbeitstage von Patienten oder pflegenden Angehörigen ausgelöste Kosten.

Sollte für Deutschland eine umfassende Quantifizierung dieser Effekte angestrebt werden, ist eine Kooperation von Wissenschaftlern mit medizinischem und ökonomischem Know-How erstrebenswert.

3.2 Sozialwert durch Integration

Abgrenzung: Wie bereits einleitend erwähnt, können in Anlehnung an Langer (2006) die sozio-edukatorischen Werte des Sports in die Bereiche Bildungs- und Erziehungswert, Sozialwert und Sozialkapital untergliedert werden (vgl. Tabelle 8). Unter dem Sozialwert subsummiert Langer (2006) den Aufbau sozialer Beziehungen und die Integration verschiedener Bevölkerungsgruppen und -schichten durch Sport.

Tab. 8: Wirkungskomplex sozio-edukatorische Werte (nach Langer, 2006, 139).

Wirkungskomplex =>	Sozio-edukatorische Werte		
Thesenkomplex =>	Bildungs-/ Erziehungswert	Sozialwert	Sozialkapital
Argumente =>	- Entfaltung der Persönlichkeit - Sozialisation: (1) Anerkennung des Leistungsprinzips (2) einüben demokratischer Verhaltensweisen (3) Einordnung in die Gesellschaft (u.a. Gewaltprävention)	- Aufbau sozialer Beziehungen - Integration verschiedener Bevölkerungsgruppen und -schichten	- Entwicklung sozialen Zusammenhalts - Entfaltung bürgerschaftlichen Engagements

Soziale Integration ist im Sinne der zu Beginn der Studie getroffenen Operationalisierung finanzpolitisch von Bedeutung, da besser integrierte Menschen höhere Einkommen erzielen, höhere Sozialversicherungsbeiträge zahlen und weniger Sozialleistungen in Anspruch nehmen als solche, die weniger gut integriert sind (Borjas, 1994). Zu beachten ist allerdings, dass durch den Sport ebenso desintegrative Tendenzen zu beobachten sind, wie bspw. die zunehmende Bildung von ethnischen Vereinen (vgl. Rittner & Breuer, 2000).

Im Gegensatz zu der Vielzahl an epidemiologischen Untersuchungen und deren Befunden zum positiven Zusammenhang zwischen körperlicher Aktivität und Gesundheit ist die empirische Evidenz zum Beitrag von Sport zur sozialen Integration bisher sehr dünn. Walseth (2008) konnte bei einer Mehrheit von in Norwegen befragten Mädchen feststellen, dass sportliche Partizipation zu einer Akkumulation von sozialem Kapital und dem Aufbau eines sozialen Netzwerkes führt. Darüber hinaus fanden Herzog et al. (2009) bei einer Befragung von n=1.961 jungen Schweizern im Alter zwischen 15 bis 23 Jahren heraus, dass eine positive Korrelation zwischen der Gruppe der sportlich aktiven Zuwanderern und ihrem (subjektiv empfundenen) allgemeinen Integrationsniveau vorliegt. Rummelt (1995) untersuchte mit einem anonymen Fragebogen n=1.350 Zuwanderer und n=450 einheimische Vereinsmitglieder aller Altersklassen in Nordrhein-Westfalen. Er stellte fest, dass Zuwanderer im Sportverein integrationsbereit sind und den Sport als Mittel zur sozialen Integration erkennen. Er kam auch zu dem Ergebnis, dass die Integrationsbereitschaft der deutschen Vereinsmitglieder höher ist, als die von der übrigen deutschen Bevölkerung. Eine Auflistung von Studien ist bei Breuer, Forst und Wicker (2009) zu finden.

In früheren Studien wurde bereits versucht, die finanzpolitische Bedeutung von sozialer Integration allgemein zu quantifizieren. Diese Ansätze werden im Folgenden kurz skizziert.

Methoden zur Quantifizierung, Datenquellen und Ergebnisse: Büchel und Frick (2005) untersuchen den Einfluss von den Umverteilungsprozessen beim Einkommen zwischen Haushalten mit Einheimischen und Zuwanderern in Europa. Als Zuwanderer-Haushalt werden die Haushalte definiert, bei denen mindestens ein erwachsenes Mitglied im Ausland geboren wurde. In diesem Fall werden alle Mitglieder des Haushalts unabhängig davon, wo sie geboren wurden, als Zuwanderer bezeichnet. Bei den Zuwanderer-Haushalten wird zusätzlich zwischen EU- und nicht EU- Zuwanderern unterschieden. Für ihre Studie in Deutschland ziehen sie (u.a.) Daten des Sozioökonomischen Panels (SOEP) heran.[194] Büchel und Frick (2005) stellten fest, dass Zuwanderer zwar über ein

---

[194] Der SOEP ist ein repräsentatives Panel, mit Fragen zu verschiedenen Themen wie Einkommen, Arbeit, Bildung und Gesundheit der in Deutschland lebenden Personen. Um die langfristigen Lebensbedingungen in Deutschland zu analysieren, werden jedes Jahr ca. 21.000 Personen in 11.600 Haushalten befragt. Es kann von einer validen Erhebung ausgegangen werden. Zudem sind die Daten reliabel.

um 17.8% niedrigeres Einkommen (vor dem Umverteilungsprozess) als der Durchschnitt (alle Haushalte zusammen betrachtet) verfügen, diese Einkommensunterschiede jedoch mit steigender Aufenthaltsdauer abnehmen. Aus den Einkommensunterschieden ergeben sich (finanzpolitisch relevante) Unterschiede in den Steuern und Abgaben an den Staat.

Diese werden von Sinn, Flaig und Werding (2001) unmittelbar thematisiert. Sie vergleichen die Mittelwerte von Steuern und Abgaben (z.B. Sozialversicherung, steuerfinanzierte Sozialleistungen, sonstige staatliche Einnahmen und Ausgaben (wie bspw. für Schulen, Straßen, das Rechtsystem u.a.), die unter Annahmen spezifischer Gewichtungsfaktoren auf die Individuen verteilt werden können) zwischen Zuwanderern und Einheimischen in Deutschland ebenfalls mit Hilfe von Daten des SOEP. Als Zuwanderer werden hier alle Personen definiert, die als Gastarbeiter mit nicht-deutscher Nationalität im Untersuchungszeitraum in Deutschland leben, ebenso wie die Personen, die seit ihrer Einwanderung nach Deutschland die deutsche Staatsbürgerschaft erworben haben (ausschl. Aus- und Übersiedler) und deren Kinder. Sie finden heraus, dass mit zunehmender Aufenthaltsdauer und einhergehender Integration der "fiskalische Wanderungsgewinn" abnimmt. Ab einer Aufenthaltsdauer von mehr als 25 Jahren zahlt jeder Einwanderer sogar 1.700 DM pro Person und Jahr mehr, als er an Leistungen und öffentlichen Gütern durch den Staat in Anspruch nimmt. Soziale Integration wird in diesem Zusammenhang jedoch nicht weiter spezifiziert.

Dies geschieht indes bei der Studie von Fritschi und Jann (2007). Auf Basis von Daten des SOEP werden zunächst Zuwandergruppen im erwerbsfähigen Alter identifiziert und auf Basis eines Integrationsindizes, der Bildung, Sprachfähigkeiten in Wort und Schrift sowie Engagement in sozialen Organisationen umfasst in integrierte/weniger integrierte Zuwanderer unterschieden. Im zweiten Schritt werden dann Unterschiede zwischen integrierten/weniger integrierten Zuwanderern hinsichtlich deren Arbeitsmarktbeteiligung, der erzielten fiskalischen Bilanz (z.B. Einkommensteuer, Sozialversicherungsbeiträge, Alters-, Erwerbsminderungs- und Witwen/Waisenrenten, soziale Transfers an Individuum (ALG I, BaföG, etc.) und sozialen Transfers an Haushalte pro Individuum (Kindergeld,

Wohngeld, ALG II, etc.) bestimmt. So kommen bspw. Fritschi und Jann (2007) zu dem Ergebnis, dass sich die Kosten von unzureichender Integration auf ca. 11,8-15,6 Mrd. Euro jährlich belaufen.

Glover et al. (2001) vergleichen ebenfalls die Fiskalbilanzen zwischen Zuwanderern und Einheimischen in Großbritannien. Sie finden heraus, dass die aggregierten Steuern und Sozialversicherungsbeiträge aller Zuwanderer 10% über den Sozialleistungen, die sie in Anspruch nehmen, liegen. Wang und Lo (2000) untersuchen ebenfalls die Fiskalbilanz von Zuwanderern in Kanada am Beispiel von Toronto. Dabei werden die Einkommensteuerzahlungen aus verschiedenen Einkommenskomponenten mit den Aufwendungen für Sozialversicherungen und Arbeitslosengeld von den Zuwanderern in Toronto verglichen. Sie finden heraus, dass die Zuwanderer netto 578 Millionen CAD $ zu den Staatskassen beitrugen.

Zusammenfassung, abschließende Bewertung und Forschungsdesiderata: Die bisherigen Studien in diesem Bereich versuchen auf Basis einer Fiskalbilanz die Kosten unzureichender Integration zu quantifizieren. Eine Quantifizierung der Nutzenaspekte von sozialer Integration im Allgemeinen ist ebenso wenig zu finden wie eine konkrete Quantifizierung von durch Sport induzierten Integrationseffekten.

Wie im vorangegangenen Abschnitt zeigt sich demnach auch hier die Problematik, eine geeignete Quantifizierung von durch Sport induzierten finanzpolitisch relevanten Effekten zu gewährleisten. In aufbauenden Studien könnte versucht werden, das Vorgehen von bspw. Fritschi und Jann (2007) zu modifizieren und neben den integrierten und nicht integrierten Zuwandergruppen zudem zwischen sportlich aktiven und sportlich inaktiven Zuwanderern zu unterscheiden. Grundlage könnte das SOEP sein, bei dem die körperliche Aktivität auf einer Vierer-Skala (mindestens einmal pro Woche, mindestens einmal pro Monat, weniger häufig, niemals) abgefragt wird. Auf diese Weise könnte die Fiskalbilanz zwischen vier verschiedenen Typen von Zuwandergruppen unterschieden werden: nicht integriert - sportlich inaktiv, nicht integriert - sportlich aktiv, integriert - sportlich inaktiv und integriert - sportlich aktiv.

3.3 Sozialkapital durch ehrenamtliches Engagement

Abgrenzung: Nach Langer (2006) ist die Bildung von Sozialkapital ein weiterer sozio-edukatorischer Wert des Sports (vgl. Tabelle 9). Sozialkapital ist ein interdisziplinär vielfach diskutiertes Konzept und kann sowohl als individuelle Ressource als auch als öffentliches Gut verstanden werden, da die allgemeine Vertrauenswürdigkeit allen Akteuren (ohne Rivalität im Konsum) zur Verfügung steht und als Kuppelprodukt mit anderen sozialen Aktivitäten erzeugt werden muss (ebd.; Putnam, 1993). Sozialkapital ist im Sinne der zu Beginn der Studie getroffenen Operationalisierung finanzpolitisch von Bedeutung, da Sozialkapital Faktoren abbildet, "die Vertrauen innerhalb eine Gruppe schaffen, wodurch opportunistisches Verhalten eingedämmt, Transaktionskosten gesenkt oder Transaktionen erst ermöglicht werden können" (Langer, 2006, 146f.).

Methoden zur Quantifizierung, Datenquellen und Ergebnisse: Das Sozialkapital, das der selbstverwaltende Sport produziert, wird in der Regel anhand der Mitgliedschaft in Freiwilligenorganisationen (*hier insbesondere*: Sportvereine) bzw. dem Ausmaß ehrenamtlicher Tätigkeit operationalisiert (Langer, 2006).[195] Finanzpolitisch ist dass durch den selbstverwaltenden Sport in Form des ehrenamtlichen Engagements produzierte Sozialkapital relevant, weil es dazu beitragen (könnte), die Einnahmen der öffentlichen Haushalte zu steigern.[196] Die volkswirtschaftliche Bedeutung des ehrenamtlichen Engagements wird häufig

---

[195] Es existieren einige Studien, die die Charakteristika von ehrenamtlich engagierten Personen näher untersuchen. So finden bspw. Nichols und Shepherd (2006) für Wales heraus, dass die Gruppe der 35-54-Jährigen besonders stark engagiert ist und insbesondere in Mannschaftssportarten eine hohe Konzentration an ehrenamtlichem Engagement vorliegt. Nach Cuskelly (2004) sind in Australien Migranten aus einem nicht-englischsprachigen Herkunftsland sowie Nicht-Erwerbstätige seltener ehrenamtlich engagiert. Braun (2003) findet heraus, dass freiwilliges Engagement in deutschen Sportvereinen auf eine Koexistenz verschiedener Motivationsstrukturen beruht. Als besonders bedeutend erweist sich in diesem Zusammenhang die Zugehörigkeit zur jeweiligen Wahlgemeinschaft sowie die persönliche Sinngebung.

[196] Das durch ehrenamtliches Engagement generierte Sozialkapital könnte bspw. zu einer verbesserten Teamproduktion in Unternehmen führen. Die dadurch ausgelösten Produktivitätssteigerungen könnten wiederum die Steuereinnahmen des Staates erhöhen.

durch eine Gewichtung des Arbeitsumfangs aller ehrenamtlich Engagierten mit dem durchschnittlichen Lohnsatz bestimmt.

Die drei Wellen des "Freiwilligensurveys" (1999, 2004, 2009) basieren auf einer repräsentativen Bevölkerungsbefragung mit Hilfe von computerunterstützten telefonischen Interviews (CATI) von n=14.922, n=15.000 bzw. n=20.005 über 14-Jährigen. Um Unterrepräsentanz von Personengruppen auszugleichen wurden Gewichtungen durchgeführt, sodass die Strichprobe im Hinblick auf die Kriterien Bundesland, Gemeindegrößenklasse, Geschlecht und Altersgruppe repräsentativ sind (Braun, 2011). Rosenbladt (2001) veröffentlicht in dem Bericht „Freiwilliges Engagement in Deutschland" die Ergebnisse zur ersten Welle. Er kam zu dem Ergebnis, dass in Deutschland zwischen 4 und 4,5 Mio. Personen in Sportvereinen ehrenamtlich tätig sich. Sie engagieren sich durchschnittlich mit 16 Stunden pro Monat, was einem gesamten monatlichen Umfang von rund 64 bis 72 Mio. Stunden entspricht.

Die Sport+Markt AG erstellte in Zusammenarbeit mit dem Deutschen Sportbund, im Auftrag der Brauerei C. & A. Veltins, die „Veltins Sportstudie 2001". Schwerpunkte der Studie sind die Betrachtung der Mitgliedschaften in Sportvereinen, die generellen Einstellungen zu Sportvereinen und die Bedeutung des Ehrenamtes für die Vereinsarbeit. Dazu wurden 1.023 Personen zwischen 16 und 69 Jahren telefonisch befragt, die mindestens einmal pro Woche Sport treiben. Als Stichprobe wurden 5.000 Originalnummern aus den amtlichen Telefonbüchern der Telekom aus 1.000 (nach eigenen Angaben) repräsentativen Ortsnetzen gezogen. Aussagen zur Validität und Reliabilität können nicht getroffen werden. Der Veltins Sportstudie zufolge engagieren sich ca. 4,44 Mio. Personen ehrenamtlich im Sportverein. Sie kommt damit zu sehr ähnlichen Werten wie die Studie von Rosenbladt (2001). Angaben zum zeitlichen Umfang der ehrenamtlichen Tätigkeit werden jedoch nicht gemacht.

Blanke und Schridde (1999) erstellten im Auftrag des Niedersächsischen Ministeriums für Frauen, Arbeit und Soziales (heute: Niedersächsisches Ministerium für Soziales, Frauen, Familie, Gesundheit und Integration) den Bericht „Bürgerengagement und Aktivierender Staat – Expertise im Rahmen des Soziapolitischen Qualitätsmanagements". In dem Bericht werden keine Angaben zur Methode gemacht. Nach Blanke und Schridde (1999) engagieren sich Ehrenamtliche in dem Bereich „Freizeit und Erholung" in einem Umfang, welcher der Arbeitskraft von 350.804 Vollzeitbeschäftigten entspricht. Bei einem durchschnittlichen Bruttoverdienst je Arbeitnehmer beziehungsweise je Arbeitnehmerstunde (in 2009) von jährlich umgerechnet 27.648 Euro[197], ergibt sich eine Wertschöpfung in Höhe von rund 9,7 Mrd. Euro.

Als neuere Datenbasis kann der SEB herangezogen werden (Breuer, 2009). Dem SEB 2007/2008 folgend sind rund 2,1 Mio. Personen in deutschen Sportvereinen in einem Umfang von rund 36,6 Mio. Stunden jeden Monat ehrenamtlich tätig. Daraus resultiert bei einem Stundenlohn von 15 Euro[198] eine monatliche Wertschöpfung durch ehrenamtliches Engagement von ca. 550 Mio. Euro bzw. eine jährliche Wertschöpfung von ca. 6,6 Mrd. Euro. Darüber hinaus wird geschätzt, dass sich rund 6,6 Mio. Mitglieder unentgeltlich z.B. bei Vereinsfesten, Sportveranstaltungen oder Renovierungen für den Verein einsetzen. Eine Quantifizierung dieses Beitrags ist jedoch aufgrund von fehlenden Stundenangaben nicht möglich. Die jüngste Erhebung, der SEB 2009/10 (Breuer, 2011), kommt bei einer Wertschöpfung von berechneten 6,7 Mrd. Euro und einem Umfang von rund 37,2 Mio. ehrenamtlich geleisteten "Arbeitsstunden" im Monat zu einem sehr ähnlichen Wert.

Allen zuvor beschriebenen Ansätzen ist gleich, dass sie Sozialkapital versuchen, von der Input-Seite her zu quantifizieren. Anhaltspunkte für einen möglichen

---

[197] "Bei der Ermittlung der gesamtwirtschaftlichen Durchschnittsverdienste (Bruttolöhne und -gehälter je Arbeitnehmer) der Volkswirtschaftlichen Gesamtrechnungen werden alle Arbeitnehmergruppen einbezogen – auch Beschäftigte in Arbeitsgelegenheiten, geringfügig Beschäftigte ebenso wie leitende Angestellte, Vorstandsmitglieder oder Beamte. Ferner werden alle für geleistete Arbeit empfangenen Entgelte und geldwerte Leistungen, zum Beispiel auch Weihnachts- und Urlaubsgeld, Zulagen oder Prämien, berücksichtigt. Die Sozialbeiträge der Arbeitgeber sind dagegen nicht eingeschlossen" (Statistisches Bundesamt, 2010i).
[198] Die Schattenpreismethode stellt einen etablierten Ansatz der Ökonomik dar zur monetären Bewertung ehrenamtlichen Engagements (Andreff, 2006, p. 221). Der entsprechende Wert von € 15,- bzw. DM 30,- pro Stunde wurde von Heinemann & Schubert (1994) übernommen.

Output-bezogenen Ansatz beinhaltet die Studie von Lechner (2009), der (wenn auch nicht ausschließlich auf Vereine bezogen) die langfristigen Arbeitsmarkteffekte individueller sportlicher Aktivität quantifiziert. Hierfür verwendet Lechner Daten des deutschen sozioökonomischen Panels der Jahre 1984-2006. Mit Hilfe eines semiparametrischen Schätzansatzes, indem Personen die mehr oder weniger als einmal im Monat Sporttreiben unterschieden werden, findet Lechner (2009) (u.a.) heraus, dass Personen, die mindestens einmal im Monat sportlich aktiv sind über einen Zeitraum von 16 Jahren rund 1.200 Euro brutto pro Jahr mehr verdienen als andere. Dies wird bspw. mit positiven Gesundheitseffekten, sozialen Netzwerkeffekten und dem *signaling* von Motivation und guter körperlicher Verfassung begründet.

Zusammenfassung, abschließende Bewertung und Forschungsdesiderata: Die Gewichtung des Arbeitsumfangs aller ehrenamtlich Engagierten mit dem durchschnittlichen Lohnsatz wird in vielen Studien als Indikator für die volkswirtschaftliche Bedeutung des ehrenamtlichen Engagements herangezogen. Jüngsten Berechnungen zu Folge beläuft sich die auf diese Art bestimmte Wertschöpfung auf rund 6,7 Mrd. Euro (Breuer, 2011). Dieser Wert kann allerdings (kritisch betrachtet) kaum mit dem ökonomischen Wert des oben definierten (durch Sport gebildeten) Sozialkapitals gleichgesetzt werden.

Die Messung von Sozialkapital über die Mitgliedschaft bzw. den Umfang des ehrenamtlichen Engagements ist nicht unumstritten (Langer, 2006). Einerseits sagt die reine Zugehörigkeit zu Netzwerken wie Sportvereinen nichts über die tatsächliche Qualität der darin hergestellten sozialen Beziehungen aus (ebd.). Insofern würde der nach obiger Methode berechnete Wert den tatsächlichen Wert des Sozialkapitals überschreiten. Zum anderen besitzt ehrenamtliches Engagement einen Eigenwert, der bei einer quantitativen Betrachtung der obigen Form unberücksichtigt bleibt (Heinemann & Schubert, 1994). Insofern würde der nach obiger Methode berechnete Wert den tatsächlichen Wert des Sozialkapitals unterschreiten. Bereits diese Ausführungen zeigen, dass eine derartige Abschätzung zu sehr unscharfen Ergebnissen führt. Die Auswirkungen von ehrenamtlichem Engagement auf das Vertrauen durch und die Vertrauenswürdigkeit von Personen ist

bislang allerding noch unzureichend erforscht. Insofern ist bis dato noch unzureichend geklärt, ob und in welchem Ausmaß Sportvereine dazu beitragen, Sozialkapital zu bilden.

Darüber hinaus ist fraglich, ob Sozialkapital anstelle einer Input-Betrachtung
nicht besser im Rahmen einer Output-Betrachtung quantifiziert werden sollte.
Einen interessanten Ansatz in diese Richtung beinhaltet die Studie von Lechner
(2009). Zukünftige Forschungsarbeiten in dieser Richtung, die bspw. weitere
Kategorien (z.B. in Sportvereinen mehr/weniger engagierte Personen) unterscheiden und auf eine genauere Sport-Aktivitäts-Einteilung zurückgreifen (können) sind vielversprechend, um plausiblere monetäre Werte für das durch Sport-
treiben/Engagement in Sportvereinen induzierte Sozialkapital zu bestimmen.

3.4 Aktuelle Forschungsrichtungen und Ausblick

"Die große gesellschaftliche Bedeutung des Sports ist der Grund für die Förderung durch die Bundesregierung" (BMI, 2010b). Die Ausführungen zu den bisherigen Ansätzen zum Nachweis sowie zur Quantifizierung einzelner gesellschaftlicher Nutzeneffekte des Sports zeigen deutlich, dass hier noch ein erhebliches Forschungsdefizit vorliegt. Auf Basis der bisherigen Erkenntnisse können keine verlässlichen monetären Größenordnungen zu den gesellschaftlichen Nutzeneffekten des Sports abgeschätzt werden.

Einen Beitrag zur Erfassung dieser und anderer gesellschaftlicher Nutzeneffekte des Sports ist bspw. aus dem Bereich der Glücks- bzw. Zufriedenheitsforschung zu erwarten. Mit den Arbeiten von Van Praag and Frijters (1999) und Kahneman, Diener und Schwarz (1999) fand die Idee, Nutzen (*experienced utility*) mit dem Konstrukt des individuellen Wohlbefindens (*subjective well-being, SWB*) zu operationalisieren, Einzug in die ökonomische Forschung.

Mehrere Studien jüngeren Datums haben dabei bspw. den Einfluss von Sportpartizipation auf SWB untersucht. So zeigen bspw. Becchetti et al. (2008) mit Daten des deutschen sozioökonomischen Panels, dass die Lebenszufriedenheit durch individuelle und kollektive Sportpartizipation gesteigert werden kann. In weiteren Studien können generelle Unterschiede hinsichtlich der Größe des Einflusses von Sportpartizipation auf SWB zwischen Sportarten (Rascuite & Downward, 2010) und im Hinblick auf das Alter der Sporttreibenden gefunden werden (Pawlowski, Downward & Rascuite, 2011).

In einer weiteren Studie untersuchen Kavetsos und Szymanski (2010) mit Daten des Eurobarometers, den Einfluss von sportlichem Erfolg und der Austragung von Sportgroßevents auf das SWB der nationalen Bevölkerung. Die Ergebnisse deuten auf einen positiven aber nicht signifikanten Zusammenhang zwischen sportlichem Erfolg und Zufriedenheit hin. Dagegen finden sie heraus, dass von der Ausrichtung einer Fußball-Endrunde ein signifikant positiver Effekt auf das SWB der nationalen Bevölkerung ausgeht. Diese Ergebnisse bestätigen somit die Vermutung von Süssmuth, Heyne und Maennig (2010), die herausfinden, dass die *ex-ante* Zahlungsbereitschaft der deutschen Bevölkerung für die Austragung der FIFA Fußball-Weltmeisterschaft in Deutschland 2006 mit rund 0,35 Mrd. Euro deutlich unter der *ex-post* Zahlungsbereitschaft von rund 0,82 Mrd. Euro liegt. Sie führen dies auf die durch das Event hervorgerufenen positiven Externalitäten und den generierten Nationalstolz zurück.

Obgleich die Forschungsarbeiten diesbzgl. gerade erst begonnen haben, ist zu erwarten, dass sich hieraus interessante Ergebnisse mit Bedeutung für eine Quantifizierung der gesellschaftlichen Nutzeneffekte des Sports ergeben können. Werden die quantifizierten Nutzeneffekte in eine monetäre Relation gebracht (bspw. zum Nutzeneffekt von Einkommenssteigerungen), wäre bspw. eine Monetarisierung der gesellschaftlichen Nutzeneffekte des Sports grds. möglich.

4. Sportbezogene direkte Ausgaben von den öffentlichen Haushalten

Den Angaben der Volkswirtschaftlichen Gesamtrechnung (Stand Februar 2011) folgend, beliefen sich die gesamten Ausgaben des Staates im Jahr 2010 auf rund 1.164,10 Mrd. Euro (Statistisches Bundesamt 2011). Mit 450,57 Mrd. Euro entfällt hiervon der größte Anteil auf monetäre Sozialleistungen gefolgt von sozialen Sachleistungen (204,17 Mrd. Euro).

Im Rahmen des Projektes wird wiederum versucht, den sportbezogenen Anteil an den Gesamtausgaben des Staates abzuschätzen. In Abhängigkeit von der Staatsebene gibt es grundlegende Unterschiede in Bezug auf die Sportförderung und die direkten Ausgaben der Gebietskörperschaften. Grundsätzlich liegt die Zuständigkeit für die Förderung des Spitzensports beim Bund und den Ländern. Letzt genannte sind mit den Kommunen zudem für die Förderung des Breitensports verantwortlich.

Die Spitzensportförderung auf Bundesebene obliegt federführend dem Bundesministerium des Innern (BMI). Darüber hinaus sind sieben weitere Bundesministerien an der Sportförderung beteiligt:

- Auswärtiges Amt (AA)
- Bundesministerium der Finanzen (BMF)
- Bundesministerium für Arbeit und Soziales (BMAS)
- Bundesministerium der Verteidigung (BMVg)
- Bundesministerium für Umwelt, Naturschutz und Reaktorsicherheit (BMU)
- Bundesministerium für Familie, Senioren, Frauen und Jugend (BMFSFJ)
- Bundesministerium für Bildung und Forschung (BMBF)[199]

---

[199] In der Übersicht über die Sportfördermittel des Bundes in den Haushaltsjahren 2007, 2008 und 2009 (BMI, 2008) wurde nachrichtlich angemerkt, dass in den Bundesministerien für Gesundheit (BMG) und für wirtschaftliche Zusammenarbeit und Entwicklung (BMZ) seit 2005 keine Sportförderung mehr durchgeführt wird. In der jüngeren Übersicht in den Haushaltsjahren 2009, 2010 und 2011 (BMI, 2010a) wurde das BMG allerdings

Insgesamt werden 60 Bundessportfachverbände (31 mit olympischen Sportarten, 19 mit nichtolympischen Sportarten, 4 für Leistungssport von Menschen mit Behinderungen, 6 mit besonderen Aufgabenstellungen), 20 Olympiastützpunkte, 4 Bundesleistungszentren, der Deutsche Olympische Sportbund (DOSB), das Bundesinstitut für Sportwissenschaft (BISp), das Institut für Angewandte Trainingswissenschaft (IAT) Leipzig, das Institut für Forschung und Entwicklung von Sportgeräten (FES) Berlin sowie die Bundespolizei durch Zuwendungen seitens des BMI gefördert.

In den übrigen Ministerien gibt es unterschiedliche Ausrichtungen und Maßnahmen der Sportförderung. So wird durch das BMF insbesondere der Dienstsport der Zollverwaltung gefördert. Das BMAS fördert zentrale Einrichtungen und Maßnahmen des Behindertensports sowie die Durchführung der Versehrtenleibesübungen nach dem BVG. Das BMVg fördert Spitzensportler in der Bundeswehr, das BMU fördert diverse Projekte im Zusammenhang von Sport und Umwelt (z.B. Kommunikationskampagne Sport und Klimaschutz, Naturathlon), das BMFSFJ fördert verschiedene Maßnahmen und Projekte im Bereich Sport, Jugend und Familie (z.B. Deutsche Sportjugend, Jugendverbände, Deutsch-Französisches und Deutsch-Polnisches Jugendwerk, Freiwilliges Soziales Jahr) und das BMBF fördert spezifische Programme und Projekte mit sportwissenschaftlichen Inhalten (vgl. BMI, 2010b).

Wie bereits erwähnt, sind die Länder sowohl für Spitzen- als auch Breitensportförderung zuständig. Einige Länder haben die Sportförderung verfassungsmäßig vorgesehen. In NRW ist die Sportförderung bspw. in der Landesverfassung verankert: Artikel 18, Absatz 3 „Sport ist durch Land und Gemeinden zu pflegen und zu fördern". Aufgrund von unterschiedlichen historischen, regionalen und finanziellen Gegebenheiten (vgl. Weber et al., 1995) obliegt die Zuständigkeit für den Sport in den 16 Bundesländern unterschiedlichen Ministerien (vgl. Tabelle 9).

---

wieder für die entsprechenden drei Haushaltsjahre mit einer Fördersumme von rund 1,374 (Ist 2009), 1,243 (Soll 2010) bzw. 0,113 Mio. Euro (RegE 2011) aufgeführt.

Tab. 9: Die in den Bundesländern primär für den Sport zuständigen Ministerien (eigene Darstellung, in Anlehnung an Weber et al., 1995, 233, aktualisiert).

Bundesland	zuständige Ministerien
Baden-Württemberg	Ministerium für Kultus, Jugend und Sport des Landes Baden-Württemberg
Bayern	Bayerisches Staatsministerium für Unterricht und Kultus
Berlin	Senatsverwaltung für Inneres und Sport
Brandenburg	Ministerium für Bildung, Jugend und Sport
Bremen	Senator für Inneres und Sport
Hamburg	Senator des Innern
Hessen	Hessisches Ministerium des Innern und für Sport
Mecklenburg-Vorpommern	Innenministerium Mecklenburg-Vorpommern
Niedersachsen	Niedersächsisches Ministerium für Inneres und Sport
Nordrhein-Westfalen	Ministerium für Familie, Kinder, Jugend, Kultur und Sport
Rheinland-Pfalz	Ministerium des Innern und für Sport
Saarland	Ministerium für Arbeit, Familie, Prävention, Soziales Inneres und Sport
Sachsen	Sächsisches Staatsministerium für Kultus und Sport
Sachsen-Anhalt	Ministerium für Gesundheit und Soziales
Schleswig-Holstein	Innenministerium
Thüringen	Thüringer Ministerium für Soziales, Familie und Gesundheit

Die Länder machen finanzielle Zuwendungen an die Landessportbünde (LSB) z.B. zur Bezuschussung von Sportschulen, Landesleistungszentren und Landesleistungsstützpunkten sowie von den Geschäftsstellen der LSB. So erhalten bspw. Vereine aus den Mitteln der Länder Zuwendungen für ausgebildete Übungsleiter über den LSB bzw. den Kreissportbund (KSB). Ebenso werden mit Landesmitteln schulische Sportarbeitsgemeinschaften, die in Kooperation mit Vereinen laufen, finanziell durch den LSB unterstützt. In den meisten Ländern übernehmen die LSB zudem indirekt die Förderung des Sportstättenbaus (Baden-Württemberg, Brandenburg, Niedersachsen, Mecklenburg-Vorpommern, Rheinland-Pfalz, Saarland, Schleswig-Holstein), indem sie die Förderanträge bearbeiten und die Vergabe der Zuwendungen verantworten (Breuer & Hovemann, 2006). In Nordrhein-Westfalen werden die Finanzmittel zur Förderung des Sportstättenbaus (Sportpauschale) dagegen über die Kommunen verteilt. Darüber hinaus werden Teile der Einnahmen aus dem staatlichen Lotto-/Totogeschäft über die LSB und die KSB / Stadtsportbünde (SSB) an die Vereine zur Bezuschussung von teuren Sportgeräten (z.B. Sportgewehre, Tischtennisplatten u.ä.) eingesetzt.

Die Kommunen in Deutschland fördern in erster Linie den Breitensport. Dies geschieht bspw. über den Bau und die Unterhaltung von Sportstätten und Badeanstalten für den Schul- und Vereinssport. Darüber hinaus wird der Vereinssport durch die Kommunen in unterschiedlichen Höhen und nach unterschiedlichen Modellen direkt gefördert. Dabei werden auch Zuschüsse für Leistungssportler gewährleistet.

Entsprechend den obigen Ausführungen erscheint eine zweistufige Gliederung (nach Ausgabenarten und Förderbereichen) zur Strukturierung der direkten sportbezogenen Ausgaben der öffentlichen Haushalte sinnvoll. Im weiteren Verlauf des Berichts werden die Ausgaben auf der ersten Stufen zwischen den drei Arten: „Personalkosten"[200], „Laufende Kosten"[201] und „Investitionskosten"[202] unterschieden.

---

[200] Zu den Personalkosten gehören im Sinne der Gruppierung der staatlichen Haushalte (Gruppierungsnummern 4, ohne 43, 446) bzw. der kommunalen Haushalte (Gruppierungsnummern 4, ohne 42, 43, 44) die sportbezogenen Ausgaben für Beamtenbezüge, Angestelltenvergütungen und Arbeitslöhne einschließlich Sozialversicherungsanteil (Arbeitgeberanteil), Beiträge zur zusätzlichen Altersversorgung, Weihnachtszuwendungen, Beschäftigungsentgelte u.ä., Beihilfen und Unterstützungen nach den Beihilfevorschriften bzw. nach den Unterstützungsgrundsätzen für Beamte, Angestellte und Arbeiter, Fürsorgeleistungen sowie personalbezogene Sachausgaben Trennungsgeld, Umzugskostenvergütung, Fahrkostenzuschüsse) (Statistisches Bundesamt, 2010p). Beachtet werden in diesem Zusammenhang bspw. Personalausgaben für Spitzensportler in der Bundeswehr oder Sportlehrer.
[201] Unter Laufenden Kosten werden die Kosten verstanden, die den Gebietskörperschaften entstehen, um unmittelbar oder über Zuweisungen, Zuschüsse und Zuwendungen Sportorganisationen und -projekte finanziell zu unterstützen. Im Sinne der Gruppierung der staatlichen Haushalte (Gruppierungsnummern 517, 519, 521, Rest aus 51-54, 61-63, 66, 671, 676, 686, 68 ohne 697-697, 691-693, 81, 86, 87, 89, 85, 88) bzw. der kommunalen Haushalte (Gruppierungsnummern 50, 51, 52, 53, 54, 55, 56, 638, 639, 64, 65, 660, 661, 670-674, 675-678, 710 - 714, 715, 716, 717, 718, 720-724, 725-728, 73-79, 840, 841, 845, 920-924, 935, 925-928, 980-984, 985-988, 990, 991) gehören hierzu (1) die Unterhaltung von unbeweglichem Vermögen (Laufende Unterhaltung eigener, gemieteter und gepachteter, Gebäude, Grundstücke und Anlagen, Unterhaltung von Straßen, Wegen, Brücken, Wasserstraßen, Dämmen, Deichbauten, Sportanlagen, Freibädern, Park- und Gartenanlagen), (2) die Bewirtschaftung der Grundstücke (Heizung, Beleuchtung, elektrische Kraft, Gas, Wasser, Kosten der Reinigung, Müllabfuhr, Be- und Entwässerung,

Die Betrachtung einer jeden Ausgabeart unterteilt sich auf der zweiten Stufe in die vier großen Förderbereiche des Sports: „Förderung des Sports", „Sportstätten", Schul- und Hochschulsport" sowie „Sportwissenschaft. Diese können wie folgt abgegrenzt werden:

Schneeräumen innerhalb der Grundstücke, Versicherungen, Steuern und Abgaben, Bewachungskosten, Sonstige Bewirtschaftungskosten), (3) der übrige laufende Sachaufwand (Mieten und Pachten, sonstige sächliche Verwaltungsausgaben (z.B. Geschäftsbedarf, Post- und Fernmeldegebühren, Gebrauchsgegenstände soweit sie nicht als Vermögensausgaben nachzuweisen sind, Schutzkleidung, Arznei- und Laborbedarf, Lehr- und Lernmittel), Aus- und Fortbildung, Umschulung von Bediensteten, Gerichts- und ähnliche Kosten, Dienstreisekosten, Sonstiger laufender Sachaufwand (z.B. Erstattungen von Verwaltungskosten und Betriebsausgaben)), (4) der Erwerb von beweglichem Sachvermögen (Geräte, Ausstattungs-, Ausrüstungs- und sonstige Gebrauchsgegenstände (mit bestimmter Nutzungsdauer und festgelegtem Anschaffungswert), Fahrzeuge), (5) die Zahlungen an andere Bereiche und übrige Welt (Renten, Unterstützungen, Zuschüsse für laufende Zwecke an öffentliche und private Unternehmen, Laufende Zuschüsse an soziale oder ähnliche Einrichtungen früher: Erstattungen an die DDR, Zuschüsse für laufende Zwecke im Ausland, früher: Ausgleichsleistungen an die DDR, Schuldendiensthilfen an öffentlichen und private Unternehmen, Investitionszuschüsse, Vermögensübertragungen an Unternehmen und an sonstige im Inland (z.B. Sparprämien, Hauptentschädigungen des Landesausgleichsfonds), Darlehen an öffentliche und private Unternehmen und an Sonstige im Inland und Ausland) sowie (6) die Zahlungen an öffentlichen Bereich (Laufende Zuweisungen und Erstattungen, Erstattungen von Verwaltungsausgaben, Sonstige Zuweisungen (z.B. für soziale Maßnahmen, Förderung der Jugendhilfe), Schuldendiensthilfen (Zuweisungen zur Erleichterung des Schuldendienstes) für auf dem Kapitalmarkt aufgenommene Darlehen und Anleihen, vorwiegend zur Verbilligung der Zinsleistungen. Vermögensübertragungen, soweit nicht Investitionszuweisungen, Darlehen) (Statistisches Bundesamt, 2010p).
[202] Unter Investitionskosten werden die Ausgaben der Gebietskörperschaften subsummiert, die unmittelbar oder über Zuweisungen, Zuschüsse und Zuwendungen für Investitionen in bspw. den Gebäude- und Sportstättenbau oder den Erwerb von Grundstücken ausgegeben werden. Im Sinne der Gruppierung der stattlichen Haushalte (Gruppierungsnummern 7, 82, 83) bzw. der kommunalen Haushalte (Gruppierungsnummern 94-96, 930, 932) gehören hierzu (1) Baumaßnahmen (Neu-, Um-, Erweiterungs- und Ausbauten einschl. der im baulichen Zusammenhang stehenden Tiefbauten und Anlagen wie Heizungsanlagen und Entwässerungsanlagen, dauerhafte Einbauten und Ausstattungen wie Heizungen, Versorgungsleistungen, elektrische Anlagen, Baunebenkosten, wie Kosten für Leistungen von Architekten, Ingenieuren und Behörden, Kosten für Grundsteinlegungen), Erwerb von unbeweglichen Sachvermögen Erwerb von bebauten und unbebauten Grundstücken und sonstigen Anlagen, Entschädigungen und Abfindungen, Grunderwerbskosten (Auflassungskosten, Grundbucheintragungen, Grunderwerbssteuer) sowie Erwerb von Beteiligungen (Erwerb von Beteiligungen und sonstigem Kapitalvermögen, Erwerb von Forderungen und Anteilsrechten an Unternehmen, Ausgaben für die Heraufsetzung des Kapitals von Unternehmen, Erwerb von Aktien, Pfandbriefen und anderen Wertpapieren).

Unter der "Förderung des Sports" werden in den Staatshaushalten[203] die allgemeine Förderung des Sports (ohne Schulsport), Zuwendungen an Sportverbände und -vereine, sowie sonstige Förderungsmaßnahmen wie bspw. die Förderung des Flug-, Freizeit- und Leistungssports, des Baues von vereinseigenen Sportanlagen sowie Sportlehrgänge, Versehrtensport, Volkssport sowie Sportberatungsstellen verstanden (Statistisches Bundesamt 2010p). Zu diesen Bereichen, die in den Rechnungsergebnissen der öffentlichen Haushalte betrachtet werden, werden im Rahmen des Berichts die weiteren Ausgaben des Bundes für bspw. Stellen zur Förderung des Spitzensports (Sportsoldaten etc.) sowie die Ausgaben für Polizeibedienstete zur Sicherung von Sportveranstaltungen gerechnet. Neben den in den Haushaltsplänen und in den öffentlichen Rechnungsstatistiken ausgewiesenen Beträgen werden zudem solche Ausgaben erfasst, die unmittelbar von den Lottogesellschaften an Bereiche des Sports (insbesondere Landessportbünde) weitergegeben werden, ohne dass diese in den öffentlichen Rechnungsstatistiken ausgewiesen werden. Dies ist zurzeit für die Bundesländer Hessen und Saarland gegeben, wo die Landessportbünde mit jeweils rund 20 bzw. 14,4 Mio. Euro unmittelbar bezuschusst werden.

Auch der Bereich „Sportstätten", also die "eigenen Sportstätten"[204] sowie "Badeanstalten"[205] können mit Hilfe der generellen Bezeichnung in den Staatshaushalten abgegrenzt werden. Zu den "eigenen Sportstätten" gehören Sportämter (Einrichtungen der Stadtstaaten) sowie Sportanlagen und -einrichtungen wie bspw. das Bundesinstitut für Sportwissenschaft (soweit nicht Fu 175), Freizeitsportanlagen, Olympische Sportstätten, Schwimmbäder nur für sportliche Zwecke, Sportärztliche Hauptberatungsstelle, Berlin, Sportflugplätze (Segelflugplätze), Sportplätze, Sportstadien, Tennisplätze, Bobbahnen, Rodelbahnen, Sprungschanzen, Sportstätten für den Hochleistungssport, Sport und Sportleiterschulen, Turn- und Sporthallen (ohne Schulturn- und -sporthallen) Statistisches Bundesamt

---

[203] Veröffentlichungsnummer: 4011, Funktionsnummer Bund und Länder: 324, Gliederungsnummer der kommunalen Haushalte: 55.
[204] Veröffentlichungsnummer: 4010, Funktionsnummer Bund und Länder: 323, Gliederungsnummer der kommunalen Haushalte: 56.
[205] Veröffentlichungsnummer: 4009, Funktionsnummer Bund und Länder: 322, Gliederungsnummer der kommunalen Haushalte: 57.

2010p). Zu den "Badeanstalten" gehören Hallen-, Frei- und Luftbäder, eigene Einrichtungen der Stadtstaaten sowie die staatliche Förderung kommunaler Einrichtungen.

Neben den zuvor beschriebenen Bereichen "Förderung des Sports und Sportstätten", für die unmittelbar eigene Veröffentlichungsnummern in den Staatshaushalten existieren, sind in diesem Abschnitt zudem die staatlichen Ausgaben für "Schul- und Hochschulsport" als auch für "Sportwissenschaft" relevant. Für beide Bereiche existieren keine separaten Veröffentlichungsnummern. Entsprechend sind die sportbezogenen Ausgaben in den allgemeinen Ausgaben dieser Bereiche (Schulen, Hochschulen, Wissenschaft) enthalten.

Eine eindeutige Zuordnung der vier Kategorien im Sinne der Vilnius Definition des Sports ist grds. schwierig. Die Kategorie "Förderung des Sports" bezieht sich in erster Linie auf Sportvereine, Sportverbände und Profisportler. Damit ist sie zur Kerndefinition des Sports zugehörig. Der Bereich "Sportstätten" ist dagegen nicht eindeutig zuordenbar, da sich die direkten Ausgaben des Staates in diesem Bereich sowohl auf Sportstätten von Sportvereinen (die der Kerndefinition des Sports zugehören) als auch auf Sportstätten von Schulen beziehen (die der engen Definition des Sports zugehören). Darüber hinaus werden Sportstätten häufig von Sportvereinen und Schulen zusammengenutzt. Da auf Basis der Vorhandenen Informationen keine weiteren Eingrenzungen getroffen werden können, wird die Kategorie "Sportstätten" im weiteren Verlauf des Berichts der Kerndefinition des Sports zugeordnet.

Während der Bereich "Schul- und Hochschulsport" wiederum klar einer Abgrenzung (enge Definition) des Sports zugeordnet werden kann, ergeben sich für den Bereich "Sportwissenschaft" wiederum Abgrenzungsschwierigkeiten. Einerseits ist sportbezogene Ausbildung/Lehre an Hochschulen in den Bereich 80.30 (Hochschulen und andere Bildungseinrichtungen des Tertiärbereichs) der *NACE*-Klassifikation einzuordnen (enge Definition). Andererseits ist sportbezogene Forschung den Bereichen 73.01 (Forschung und Entwicklung im Bereich Natur- und Ingenieurswissenschaften) und 73.02 (Forschung und Entwicklung im Bereich der Rechts-, Wirtschafts- und Sozialwissenschaften) der *NACE*-

Klassifikation (weite Definition) zuzuordnen. Eine Aufteilung von Ausgaben für Hochschulen nach den beiden Aufgabenbereichen (Lehre und Forschung) erscheint wenig sinnvoll und im Rahmen des Projekts nicht praktikabel. Da auf Basis der Vorhandenen Informationen keine weiteren Eingrenzungen getroffen werden kann, wird die Kategorie "Sportwissenschaft" im weiteren Verlauf des Berichts der engen Definition des Sports zugeordnet.

Die folgenden Ausführungen orientieren sich an der oben beschriebenen Doppelgliederung. Beginnend mit den Personalkosten (4.1) werden im Anschluss die Laufenden Kosten (4.2) sowie die Investitionskosten (4.3) betrachtet. Dabei erfolgt jeweils eine getrennte Betrachtung nach Förderbereichen (Förderung des Sports, Sportstätten, Schul- und Hochschulsport sowie Sportwissenschaft). Die Betrachtung schließt mit einer zusammenfassenden Darstellung zu den sportbezogenen direkten Ausgaben (4.4). Wichtig ist in diesem Zusammenhang die Anmerkung, dass die jeweiligen drei Ausgabenarten in der Einzelbetrachtung zunächst reine Bruttogrößen darstellen. Bruttoausgaben enthalten noch Zahlungen von gleicher und anderer Ebene der öffentlichen Haushalte. Um Doppelzählungen zu vermeiden müssen diese in Nettogrößen überführt werden.[206] Die für eine Einordnung der Ergebnisse herangezogene VGR enthält bereits konsolidierte (um die Transfers zwischen Bund, Länder und Kommunen bereinigte) Angaben.

---

[206] Vorstellbar ist bspw., dass ein Land einer Kommune Zuwendungen für sportbezogene Investitionen zukommen lässt, die die Kommune dann an die Sportvereine in Form von Zuschüssen weiterleitet. Bei der Betrachtung von Bruttoausgaben, fallen Ausgaben auf Länderebene (in diesem Fall die Zuwendungen an die Kommunen) und auf kommunaler Ebene (in diesem Fall die Zuschüsse an die Sportvereine) an. Relevant zur Abschätzung der finanzpolitischen Bedeutung ist allerdings nur der einfache (Netto-)betrag. Dieser umfasst im beschriebenen Beispiel lediglich die Anfangsausgaben der Länder.

4.1 Sportbezogene Personalkosten

Unter Personalkosten werden die Kosten verstanden, die für Angestellte und Beamte im öffentlichen Dienst anfallen, die (z.T.) im Sport oder für den Sport arbeiten.[207] Dabei wird zwischen der Förderung des Sports (4.1.1), Sportstätten (4.1.2), Schul- und Hochschulsport (4.1.3) sowie Sportwissenschaft (4.1.4) unterscheiden.

4.1.1 Förderung des Sports

Abgrenzung: Neben (1) den direkt in den Rechnungsergebnissen der öffentlichen Haushalte ablesbaren Personalausgaben werden im Rahmen dieses Kapitels zudem (2) die Ausgaben für bspw. Spitzensportler, die in öffentlichen Institutionen (mit dem Ziel, eine Sportkarriere zu fördern) angestellt sind, ebenso wie das für die Ausbildung der Spitzensportler notwendige Personal (Trainer, Betreuer etc.) betrachtet.

Darüber hinaus wird versucht, die (3) Beschäftigungskosten für Polizeibedienstete zur Sicherung von Sportveranstaltungen zu bestimmen. Die Polizei in Deutschland unterteilt sich in verschiedene Institutionen. Neben den Polizeibehörden der 16 Bundesländer gibt es zudem Polizeiinstitutionen auf Bundesebene: die Bundespolizei, das Bundeskriminalamt, den Zoll, die Militärpolizei und die Polizei beim Deutschen Bundestag. In Deutschland werden regelmäßig zahlreiche Polizeibedienstete zur Sicherung von Sportveranstaltungen eingesetzt. Aufgrund des Umfangs und der Häufigkeit des Polizeieinsatzes sind in diesem Zusammenhang in der jüngeren Vergangenheit immer wieder die Spiele im Profi-Fußball in den Mittelpunkt der Betrachtung gerückt. Im Folgenden wird daher versucht, die Kosten dieser Polizeieinsätze zu schätzen.

Im Folgenden werden die beschriebenen drei Bereiche der Personalkosten zur Förderung des Sports hinsichtlich der verfügbaren Methoden zur Quantifizierung sowie der vorhandenen Datenquellen näher betrachtet.

---

[207] Die genaue Definition ist den einleitenden Ausführungen in Kapitel 4 zu entnehmen.

Methoden zur Quantifizierung und Datenquellen: (1) Ausgangsbasis zur Berechnung der Personalkosten bildet die Fachserie 14, Reihe 3.5 des Statistischen Bundesamtes (2010p). Diese beinhaltet die Rechnungsergebnisse der öffentlichen Haushalte (Bund, Länder, Kommune) zu (u.a.) den Bereichen "Förderung des Sports", "Badeanstalten" sowie "eigene Sportstätten". Das Zahlenmaterial wird den Rechnungsabschlüssen der Gebietskörperschaften sowie den sonstigen zum finanzstatistischen Berichtskreis gehörenden Institutionen entnommen. Entsprechend sind die Daten reliabel. Da es sich um eine auskunftspflichtige Vollerhebung handelt, ist Repräsentativität gewährleistet. Es kann abschließend jedoch nicht geklärt werden, inwiefern die Zuordnung nach Aufgabenbereichen und Ausgabenkategorien in allen Kommunen und Ländern stets mit demselben Verständnis vorgenommen wurde. Darüber hinaus muss beachtet werden, dass sich die Datenbasis (auf kommunaler Ebene) aufgrund der Reform des Gemeindehaushaltsrechts verändert hat. Dem Qualitätsbericht des Statistischen Bundesamtes zu den Rechnungsergebnissen der kommunalen Haushalte (Statistisches Bundesamt, 2010d) zufolge führen diese Umstellungen zu einer gewissen Unschärfe. Insofern ist die Validität der Daten ggf. eingeschränkt.

(2) Wie die Abgrenzung (Zuordnungsschlüssel im Anhang) zeigt, sind im Rahmen der Rechnungsergebnisse allerdings nicht alle hier relevanten Personalkosten enthalten. Beschäftigungskosten für Stellen in öffentlichen Institutionen zur Förderung des Spitzensports ergeben sich insbesondere auf Bundes- und Landesebene. Auf Bundesebene gibt es den einzelnen Ministerien zugeordnete Institutionen (Bundespolizei (BMI), Zollverwaltung (BMF), Bundeswehr (BMVg)), die Spitzensportler anstellen und ausbilden. Die Daten können aus der "Übersicht über die Sportfördermittel des Bundes in den Haushaltsjahren 2009, 2010 und 2011" (BMI, 2010a) entnommen werden. Da die jüngsten veröffentlichten Rechnungsergebnisse allerdings das Berichtsjahr 2007 aufweisen, wird im Folgenden die "Übersicht über die Sportförderungsmittel des Bundes in den Haushaltsjahren

2007, 2008 und 2009" (BMI, 2008) verwendet. Dabei werden die Zahlen Ist 2007 verwendet.[208]

(3) Die Kosten der Sicherung von Sportveranstaltungen können durch die Anzahl an eingesetzten Polizisten, dem veranschlagten Stundenumfang sowie dem Gehalt bzw. der Besoldung der Polizisten approximiert werden. Als Datengrundlage für die personelle Belastung der Polizeibehörden (Gesamtanzahl geleisteter Arbeitsstunden) kann der "Jahresbericht Fußball Saison 2008/09" des Landesamt für Zentrale Polizeiliche Dienste NRW (LZPD NRW) und der Zentralen Informationsstelle Sporteinsätze (ZIS) (LZPD/ZIS, 2010) herangezogen werden. Dieser basiert auf einer Fragebogenerhebung bei den zuständigen Polizeibehörden der Länder und der Informationsstelle Sport des Bundespolizeipräsidiums für den Bereich der Deutschen Bahn AG. Insgesamt wurden für die Saison 2008/09 787 Fußballspiele erfasst, von denen je 306 in der 1. und 2. Bundesliga, 36 im DFB-Pokal, 39 in dem UEFA-Clubwettbewerb, 11 durch Nationalmannschaften und 89 sonstige Spiele bestritten wurden. Darüber hinaus wurden 380/918 Verlaufsberichte der zuständigen Polizeibehörden bezogen auf den Spielbetrieb der 3. Liga/Regionalligen zusammengefasst und ausgewertet. Die Daten können als reliabel und valide angenommen werden. Da es sich um eine Vollerhebung handelt, sind sie zudem repräsentativ.

Da jede Landespolizei ihren eigenen Aufbau hat und die Zusammensetzung der Einsatzgruppen sehr unterschiedlich ist, ist es grds. sehr schwierig, Abschätzungen über den Durchschnittsverdienst der Polizisten und damit die Kosten der Polizeieinsätze zu machen. Zunächst wird zwischen Tarifbeschäftigten und Polizeibeamten unterschieden. Da Tarifbeschäftigte in erster Linie im Servicebereich der Polizei eingesetzt werden, kann vereinfachend die Besoldung von Polizeibeamten herangezogen werden. Die unterscheidet sich allerdings weiter für Ledige und Verheiratete sowie nach der jeweiligen Besoldungsgruppe. Ohne weitere Informationen kann daher kein zuverlässiger Durchschnittswert für die Besol-

---

[208] Auf Landesebene erfolgt dagegen eine indirekte Förderung der Spitzensportler über die Bezuschussung von Sportschulen, Landesleistungszentren und Landesleistungsstützpunkten. Da die Gelder nicht unmittelbar bzw. ausschließlich für die Beschäftigung des dortigen Personals vorgesehen sind, können sie im Folgenden nicht separat aufgeführt werden.

dung eines am Einsatz zur Sicherung eines Sportevents beteiligten Polizisten getroffen werden.

Ein Verfahren, wie die Höhe der polizeilichen Sicherheitskosten bei Sportgroßveranstaltungen dennoch zu ermitteln sei, schlägt Moser (2009) vor. Er geht dabei von den Personaldurchschnitts- bzw. Personalvollkosten der einzelnen Besoldungsgruppen aus. Diese setzen sich aus drei Kostenbestandteilen zusammen (vgl. Tab. 10). Eine grobe Aufteilung der bei Sportgroßveranstaltungen eingesetzten Beamten nach Besoldungsgruppen sieht vor, dass 65% zum mittleren Dienst, 33% zum gehobenen Dienst und 2% zum höheren Dienst gehören (Schmidbauer, 2008). Mit Hilfe dieser prozentualen Aufteilung sowie den durchschnittlichen Personalvollkosten der drei Beamtenlaufbahnen lassen sich bei Kenntnis der Gesamteinsatzstunden der Polizei bei einem Sportgroßevent die polizeilichen Personalkosten näherungsweise bestimmen.

Tab. 10: Zusammensetzung der Personalkosten von Beamten.[209]

1. Personaldurchschnittskosten	2. Arbeitsplatzkosten	3. Gemeinkosten
▪ Dienstbezüge ▪ Sonderzuwendungen ▪ Urlaubsgeld ▪ Künftige Versorgungsleistungen ▪ Vermögenswirksame Leistungen ▪ Beihilfen	▪ Kapitalkosten (z.B. Geschäftszimmerausstattung) ▪ Laufende Kosten (z.B. Telefonkosten) ▪ Raumkosten ▪ EDV-Kosten	▪ Sämtliche amtsinterne Kosten, die der Aufrechterhaltung der Behörden dienen
Die Summe aus 1.,2. und 3. ergibt die **Personalvollkosten**		

Ergebnisse: (1) Den Rechnungsergebnissen der öffentlichen Haushalte zufolge beliefen sich die Personalkosten im Bereich "Förderung des Sports" im Jahr 2007 auf rund 52 Mio. Euro. Diese 52 Mio. Euro entfallen zur Gänze auf die kommunalen Haushalte, wobei mit rund 17 Mio. Euro der größte Teil auf die Kommunen in Nordrhein-Westfalen entfällt.

(2) Mit 744 (bzw. vorübergehend (2008 bis Februar 2010) 824) Stellen für beim Staat angestellte Spitzensportler entfällt der weitaus größte Teil auf die Bundes-

---

[209] Quelle: Moser, 2009.

wehr. Dementsprechend entfällt auch der weitaus größte Teil (30,7 Mio. Euro) der insgesamt rund 39,1 Mio. Euro des Bundes für Stellen zur Förderung des Spitzensports auf die Bundeswehr bzw. das BMVg. Alleine 16,9 Mio. Euro werden dabei direkt als Personalkosten für Spitzensportler ausgewiesen. Weitere 5,6 Mio. Euro entfallen auf Personalkosten für beschäftigte Sportlehrer. Der zweitgrößte Anteil der hier betrachteten Beschäftigungskosten entfällt auf die Bundespolizei bzw. das BMI (7,6 Mio. Euro). Rund 0,9 Mio. Euro werden vom BMF bzw. der Zollverwaltung als Mittel zur Förderung des Sports ausgewiesen. Da diese auch die Ausgaben für Ski-Wettkampfmannschaften umfassen, wird an dieser Stelle davon ausgegangen, dass hierunter auch die Beschäftigungskosten für in der Zollverwaltung angestellte Spitzensportler entfallen (vgl. Tabelle 11).

Tab. 11: Beschäftigungskosten (Ist 2007) des Bundes zur Förderung des Spitzensports (Quelle: BMI, 2008).

Ministerium	Institution	Art der Beschäftigungskosten	in 1.000 €
BMI	Bundespolizei	Sportschule Bad Endorf	5.075
		OSP Cottbus	2.300
		Förderung des Sports (einschl. Ski-Wettkampfmannschaften)	229
BMF	Zollverwaltung	Förderung des Sports (einschl. Ski-Wettkampfmannschaften)	883
BMVg	Bundeswehr	Sportlehrer	5.564
		Personalkosten Spitzensportler	16.878
		Verpflegungszuschuss für Leistungssportler	243
		zusätzl. Mittel für Spitzensportlerstellen	0
		Personalkosten Regiepersonal	1.577
		Personalkosten Militärsportarten	1.136
		Kosten Wehrübungstage	313
		sonstige Ausgaben wie Vergütung ziviler Trainer	268
		Liegenschaftsbetriebskosten SportFGrBw	449
		Liegenschaftsbetriebskosten SportFGrBw	1.912
		plus 10% Spitzensportförderung	2.313
			39.140

Fraglich ist allerdings nach Pohlmann (2011), ob hier tatsächlich alle Personalkosten für Spitzensportler enthalten sind. So werden bspw. vom BMVg rund 22.685 Euro pro Spitzensportlerstelle für 2007 (16,878 Mio. Euro / 744 Stellen) veranschlagt, obgleich bereits im einfachen Dienst auf der niedrigsten Stufe sowie ohne Versorgungszuschlag und Personalnebenkosten rund 26.000 Euro im Jahr an Personalkosten anfallen.

(3) Den Daten des Jahresberichts der LZPD/ZIS (2010) folgend kann die personelle Belastung der Polizeibehörden, die durch die Sicherung von Fußballspielen entsteht, auf rund 1,722 Mio. Arbeitsstunden der Landespolizei und 0,669 Mio. Arbeitsstunden der Bundespolizei pro Jahr geschätzt werden (vgl. Tabelle 12).

Tab. 12.: Arbeitsstunden der Polizeibehörden der Länder und der Bundespolizei zur Sicherung von Fußballspielen in der Saison 2008/09.[210]

Fußballspiel	Anzahl erfasster Spiele	zur unmittelbaren Einsatzbewältigung geleistete Arbeitsstunden	
		Landespolizei	Bundespolizei
1. Bundesliga	306	543.539	245.770
2. Bundesliga	306	294.594	101.265
DFB-Pokal	36	44.928	33.166
UEFA Clubwettbewerbe	39	106.195	19.881
Länderspiele	11	54.113	15.556
Sonstige	89	56.571	10.363
3. Liga	380	335.190	126.587
Regionalligen	918	287.208	116.214
		1.722.338	**668.802**

Bei der Vergleichsgröße von 1.300 Stunden pro Jahr (LZPD/ZIS, 2010) ergibt sich eine Anzahl von rund 1.325 Polizeibeamten der Länderpolizei sowie 515 Polizeibeamten der Bundespolizei, die vollzeitäquivalent für Fußballspiele eingesetzt werden.

Wie bereits beschrieben ist es grds. schwierig, den Bruttoverdienst eines eingesetzten Beamten valide zu bestimmen. Für das Bundesland Bayern sind Angaben zu den Personaldurchschnitts- und Personalvollkosten vom Bayerischen Staatsministerium der Finanzen für den Zeitraum ab dem 1. März 2010 verfügbar (Bayerisches Staatsministerium der Finanzen, 2010). So ergeben sich für einen

---

[210] Quelle: LZPD/ZIS, 2010, 16f.

Beamten des mittleren Dienstes Personalvollkosten in Höhe von rund 65.390 Euro, für einen Beamten des gehobenen Dienstes Personalvollkosten in Höhe von rund 78.650 Euro und für einen Beamten des höheren Dienstes Personalvollkosten in Höhe von rund 102.670 Euro (vgl. Tab. 13). Nicht beachtet werden hier allerdings Zulagen für bspw. Dienst zu ungünstigen Zeiten oder die Wechseldienstzulage.

Tab. 13: Personalkosten der Beamten in Bayern ab 1. März 2010.[211]

Beamte		Personaldurchschnittskosten		Personalvollkosten	
BesGr	Stufe	Jahr (in €)	Stunde (in €)	Jahr (in €)	Stunde (in €)
A5	4	37.927	21,60	49.305	28,08
A6	6	40.240	22,97	52.312	29,86
A7	8	44.171	25,20	57.423	32,76
A8	Endstufe	49.279	28,35	64.062	36,86
A9	Endstufe	52.818	30,48	68.663	39,62
A9 + Z	Endstufe	56.855	33,07	73.911	42,99
Ø-Wert für Laufbahn mittlerer Dienst:		50.299	28,97	65.389	37,67
A9	4	44.396	24,61	57.715	31,99
A10	6	51.612	29,26	67.096	38,04
A11	8	59.326	33,70	77.124	43,81
A12	Endstufe	70.212	40,26	91.276	52,34
A13	Endstufe	77.245	44,62	100.419	58,01
A13+Z	Endstufe	81.332	47,41	105.731	61,63
Ø-Wert für Laufbahn gehob. Dienst:		60.501	34,47	78.651	44,81
A13	7	68.901	38,04	89.572	49,45
A14	8	74.853	41,64	97.308	54,13
A15	9	04.969	48,03	110.459	62,44
A16	Endstufe	103.527	58,72	134.585	76,34
A16+Z	Endstufe	106.660	61,24	138.659	79,61
Ø-Wert für Laufbahn höherer Dienst:		78,977	44,19	102.670	57,45

Wird die oben genannte prozentuale Verteilung für jeden Polizeieinsatz unterstellt sowie vereinfachend von den gleichen Personalvollkosten bei Bundespoli-

---

[211] Quelle: Bayerisches Staatsministerium der Finanzen, 2010.

zeibeamten und Beamten anderer Bundesländer ausgegangen, ergeben sich Personalkosten auf Landesebene in Höhe von rund 93 Mio. Euro[212] sowie Personalkosten auf Bundesebene in Höhe von rund 36 Mio. Euro.[213]

Zusammenfassung, abschließende Bewertung und Forschungsdesiderata:
Nach der hier getroffenen Abgrenzung können die Personalkosten zur Förderung des Sports (insgesamt rund 220 Mio. Euro) auf Bundesebene auf rund 75 Mio. Euro, auf Landesebene auf rund 93 Mio. Euro und auf kommunaler Ebene auf rund 52 Mio. Euro beziffert werden.

Die Beschäftigungskosten für Stellen in öffentlichen Institutionen zur Förderung des Spitzensports werden in der Übersicht über die Sportfördermittel des Bundes (BMI, 2008), zum größten Teil mit klarer Zuordnung, ausgewiesen. Da die Gelder auf Landesebene nicht unmittelbar bzw. ausschließlich für die Beschäftigung des Spitzensportpersonals vorgesehen sind, umfassen die ausgewiesenen 39 Mio. Euro jedoch nicht die kompletten Ausgaben für Stellen in öffentlichen Institutionen zur Förderung des Spitzensports.[214] Darüber hinaus ist (wie bereits oben erläutert) fraglich, ob auf Bundesebene tatsächlich alle Personalkosten für Spitzensportler ausgewiesen werden. Dies scheint in Anbetracht der durchgeführten Beispielkalkulation zu den Personalausgaben des BMVg zumindest zweifelhaft. Entsprechend ist davon auszugehen, dass die tatsächlichen Personalkosten der öffentlichen Haushalte zur Förderung des Sports höher anzusetzen sind.

Neben den unmittelbar verfügbaren Daten wurde darüber hinaus eine Quantifizierung der Personalkosten für Polizeibedienstete zur Sicherung von Sportveranstaltungen durchgeführt. Da diese in erster Linie bei der Sicherung von Fußball-

---

[212] 1.325*(0,65*65.390+0,33*78.650+0,02*102.670).
[213] 515*(0,65*65.390+0,33*78.650+0,02*102.670).
[214] Für eine Übersicht sind die manuell identifizierten sportbezogenen Einnahmen- und Ausgabenkategorien der Haushaltspläne der Länder im Anhang 14.11 zusammengetragen. Auf Basis der in den Haushaltplänen vorhandenen Angaben wurde versucht, das Einnahme- und Ausgabevolumen manuell den einzelnen Einnahme- und Ausgabearten zuzuordnen. Aufgrund von z.T. sehr fragmentierten und verkürzten Angaben in den Haushaltsplänen, ist die getroffene Zuordnung allerdings fehlerhaftet. Entsprechend können die Tabellen lediglich als Orientierung dienen.

spielen anfallen, wurden die Ausführungen auf diese Sportart beschränkt. Zu der zur unmittelbaren Einsatzbewältigung geleisteten Arbeitsstunden der Landes- und Bundespolizei liegen verwertbare Daten vor, die als reliabel, valide und repräsentativ eingestuft werden können. Problematisch ist allerdings, dass die Zusammensetzung der Einsatzgruppen sehr unterschiedlich ist und somit eine Abschätzung über den Durchschnittsverdienst der eingesetzten Polizeibeamten grds. sehr schwierig ist. Hier ergibt sich einiges an Beeinflussungspotenzial bei der Berechnung.

Wünschenswert wäre eine genaue Erfassung der Polizeibediensteten in den eingesetzten Dienstgruppen. Inwiefern dies im Rahmen der Befragungen seitens der LZPD/ZIS möglich ist, ist unklar. Insgesamt ist zu beachten, dass die hergeleiteten Zahlen (neben der Berechnungsunsicherheit) nur die Personalkosten zur unmittelbaren Sicherung von Fußballspielen beinhalten. Dazu kommen Kosten derjenigen Polizeibediensteten, die den Einsatz vorab planen. Zudem könnten Kosten für die Heilbehandlung von beim Einsatz durch z.B. Hooligans verletzten Polizeibediensteten anfallen. Darüber hinaus fallen neben den Personalkosten auch Kosten für Fahrzeuge an, wobei sich die Anzahl benötigter Fahrzeuge durch die Anzahl der am Einsatz beteiligten Polizisten ergibt. Neben einer Tagespauschale pro Fahrzeug muss die Entfernung berücksichtigt werden, die mit den Fahrzeugen zurückgelegt wird. Somit sind die Gesamtkosten insgesamt höher einzuschätzen. Zu beachten ist allerdings, dass die hierbei verwendeten Daten (Arbeitsstunden 2008/09, Personalkosten ab 2010) ein anderes Bezugsjahr aufweisen als die beiden zuvor verwendeten Datenquellen, die sich auf das Jahr 2007 beziehen. Dies birgt zusätzliches Verzerrungspotenzial bei der Kalkulation.

4.1.2 Sportstätten

Abgrenzung: Die Kategorie der Personalausgaben für Sportstätten umfasst alle sportbezogenen Beschäftigungskosten, die unmittelbar den Sportstätten (eigene Sportstätten und Badeanstalten) zugeordnet werden können.

Methoden zur Quantifizierung und Datenquellen: Zur Quantifizierung können wiederum die Rechnungsergebnisse der öffentlichen Haushalte (Statistisches Bundesamt, 2010p) herangezogen werden. Zusätzlich muss beachtet werden, dass Personalkosten auch in den zahlreichen Eigenbetrieben im Sportbereich anfallen. Hierfür kann wiederum die Jahresabschlussstatistik (JAB) herangezogen werden. Im Rahmen einer Sonderauswertung der JAB 2008 für das Projekt wurden die entsprechenden Daten für den Wirtschaftszweig 93.11 (WZ2008) vormals 92.61 (WZ2003) "Betrieb von Sportstätten" berechnet.

Ergebnisse: Die Personalkosten im Bereich "eigene Sportstätten" werden auf Basis der Rechnungsergebnisse der Haushalte für 2007 mit rund 257 Mio. Euro und im Bereich "Badeanstalten" mit rund 222 Mio. Euro beziffert. Hiervon entfallen lediglich im Bereich "eigene Sportstätten" 25 Mio. Euro auf die Länderhaushalte (Berlin: 1 Mio. Euro, Brandenburg: 1 Mio. Euro, Bremen: 1 Mio. Euro sowie Hamburg: 22 Mio. Euro). Die restlichen 232 Mio. Euro im Bereich "eigene Sportstätten" bzw. die kompletten 222 Mio. Euro im Bereich "Badeanstalten" entfallen auf die kommunalen Haushalte. Wie die Übersichtstabellen zu den Rechnungsergebnissen der öffentlichen Haushalte im Anhang 14.11 zeigen, unterscheiden sich die einzelnen Bundesländer hinsichtlich der Personalausgaben in diesem Bereich z.T. beträchtlich. Hinzu kommen die Personalausgaben für den Betrieb von Sportstätten der Eigenbetriebe in Höhe von 0,277 Mrd. Euro.

Zusammenfassung, abschließende Bewertung und Forschungsdesiderata: Nach der hier getroffenen Abgrenzung können die Personalkosten der Kernhaushalte im Bereich Sportstätten (insgesamt rund 479 Mio. Euro) auf Landesebene auf rund 25 Mio. Euro und auf kommunaler Ebene auf rund 454 Mio. Euro beziffert werden. Hinzu kommen die Personalausgaben für den Betrieb von Sportstätten der Eigenbetriebe in Höhe von 0,277 Mrd. Euro.

In Anbetracht der z.T. erheblichen Unterschiede zwischen den Bundesländern, ist allerdings unklar, ob tatsächlich alle Länder und Kommunen die Ausgaben in diesem Bereich grds. gleich verbuchen. Dies kann abschließend nicht geklärt werden.

4.1.3 Schul- und Hochschulsport

Abgrenzung: Im Rahmen dieses Abschnitts werden die Personalkosten für Lehrer zum Anbieten des Schulsports, die auf Ebene der Länder anfallen, thematisiert. Nach den Empfehlungen der Kultusministerkonferenz (KMK) sollten drei Sportstunden in der Woche im Stundenplan unterrichtet werden. Dafür werden Sportlehrer eingesetzt, die von den Bundesländern eine Besoldung erhalten.

Im Folgenden steht die Quantifizierung dieser Kosten im Fokus der Betrachtung. Darüber hinaus fallen weitere Personalkosten im Bereich des Schulsports an, da kommunale Sportstätten bspw. z.T. sowohl für Vereins- als auch für Schulsport genutzt werden. Der Schulsportstätten-Anteil der Personalkosten ist bereits im Kapitel 4.1.1.2 "Sportstätten" enthalten. Diesen heraus zu rechnen, ist nicht möglich. Neben dem Bereich Schulsport fallen zudem im Bereich Hochschulsport unmittelbar Personalkosten (bspw. für Übungsleiter oder Verwaltungspersonal) an. Ob und in welchem Umfang diese Relevanz für die öffentlichen Haushalte haben, hängt vom Finanzierungsmodell des Hochschulsports der jeweiligen Hochschule im entsprechenden Bundesland ab.

Methoden zur Quantifizierung und Datenquellen: Die Kosten für Lehrer zum Anbieten des Schulsports sind in den Haushaltsplänen der Bundesländer und den Rechnungsergebnissen der öffentlichen Haushalte nicht separat aufgeführt.[215] Daher wird im Folgenden versucht, die Kosten für Lehrer zum Anbieten des Schulsports durch die Anzahl an eingesetzten Lehrern, dem veranschlagten

---

[215] Im Haushaltsplan des Landes Bayern werden lediglich die Bezüge, Entgelte und sonstigen Personalausgaben der Bayerischen Landesstelle für den Schulsport angegeben.

Stundenumfang sowie dem Gehalt bzw. der Besoldung der Lehrer zu approximieren. Da es im Gegensatz zum vorangehenden Abschnitt (4.1.1.2) Bedienstete/Angestellte gibt, die unmittelbar (im Sinne der oben getroffenen Abgrenzung) dem Sport zuzuordnen sind, sind grds. drei unterschiedliche Quantifizierungsmöglichkeiten denkbar: (1) Zum einen könnte die Anzahl an Sportlehrkräften mit dem Gehalt bzw. der Besoldung der Lehrer multipliziert werden, um die Beschäftigungskosten zu ermitteln. (2) Zum anderen könnten auf Basis der ermittelten Sportstundenanzahl und der Pflichtstundenkontingente der Lehrer die vollzeitäquivalenten Stellen für den Sportunterricht berechnet werden, um wiederum durch eine Gewichtung mit dem Gehalt bzw. der Besoldung der Lehrer die Beschäftigungskosten zu ermitteln. Bei beiden genannten Ansätzen muss beachtet werden, dass zu den hierbei ermittelten Bruttolöhnen und -gehältern noch die Sozialbeiträge der Arbeitgeber hinzuaddiert werden müssen, um die gesamten Personalkosten zu bestimmen. (3) Diese wären beim dritten Ansatz bereits mit eingeschlossen, bei dem die gesamten Personalausgaben für Schulen und Schulverwaltung mit dem Anteil der Sportstundenanzahl an den Pflichtstundenkontingenten der Lehrer gewichtet werden.

Zu 1: Die statistische Veröffentlichung der Kultusministerkonferenz gibt an, wie viel Lehrkräfte bundesweit an allgemein bildenden und beruflichen Schulen als Lehrkraft tätig sind (Sekretariat der Ständigen Konferenz der Kultusminister der Länder in der Bundesrepublik Deutschland, 2008). 13 von 16 Kultusministerien in Deutschland haben zudem die Anzahl von Sportlehrkräften in ihrem Bundesland angegeben. Damit wäre die Anzahl an eingesetzten Lehrern grds. quantifizierbar. Es ist allerdings zu beachten, dass Sportlehrkräfte neben dem Fach Sport in der Regel noch ein oder zwei weitere Fächer unterrichten. Das heißt, dass auch nur eine bestimmte Anzahl bzw. ein gewisser Prozentsatz der gesamten Unterrichtseinheiten (und damit der aus Sicht der Länder Beschäftigungskosten) einer Sportlehrkraft das Fach Sport einnimmt. Dieser prozentuale Anteil ist jedoch nicht einfach zu bestimmen, da Lehrer über ein unterschiedliches Gesamtstundenkontingent verfügen und z.T. aus Lehrkräftemangel ausschließlich oder hauptsächlich für ihr 2. oder 3. Fach eingesetzt werden. Bei der Quantifizierung der Beschäftigungskosten für den Schulsportunterricht müssten diese Lehrkräfte demnach ausgeklammert werden. Andererseits ist zu beobachten, dass insbesondere in der Primarstufe oder an Hauptschulen des Öfteren nicht ausschließlich ausgebildete Sportlehrer, sondern fachfremde Lehrkräfte Sport unterrichten. Nach Brettschneider (2006) beläuft sich der Anteil des fachfremden Sportunterrichts auf Werte zwischen 40% und 50%. Bei der Quantifizierung der Beschäftigungskosten für den Schulsportunterricht müssten diese fachfremden Lehrkräfte demnach zusätzlich berücksichtigt werden. Eine unmittelbare Verwendung der Anzahl der ausgewiesenen Sportlehrkräfte birgt demnach unterschiedliches Verzerrungspotenzial.

Auch hinsichtlich des Bewertungsmaßstabes (Gehalt bzw. Besoldung) ergibt sich ein Quantifizierungsproblem. Grundsätzlich erhält jede Lehrkraft an den allgemein bildenden und berufsbildenden Schulen in Deutschland den Beamtenstatus. Liegen jedoch bei der Einstellung in den Öffentlichen Dienst die beamtenrechtlichen Voraussetzungen nicht vor, erfolgt eine Beschäftigung im Tarifbeschäftigungsverhältnis (TV-L). Dies gilt bspw. für Diplom-Sportwissenschaftler, welche aufgrund ihres Hochschulabschlusses ohne Staatsexamen nur als Angestellte an den Schulen Sport unterrichten dürfen.[216]

Die Bezahlung von Beamten bei Bund, Ländern und Gemeinden wird durch das Bundesbesoldungsgesetz (BBesG) geregelt, wobei sich die Besoldung nicht an die tatsächlich ausgeübte Tätigkeit richtet, sondern ausschließlich am übertragenen statusrechtlichen Amt, welches dem jeweiligen Beamten verliehen wird. Die Beschäftigungskosten für Lehrkräfte an den allgemein bildenden und berufsbildenden Schulen in Deutschland unterliegen den Besoldungstabellen der einzelnen Bundesländer, welche wiederum durch die Landesbesoldungsgesetze

---

[216] Bis zum Jahr 2006 galten in den westdeutschen Ländern die Regelungen des Bundes-Angestelltentarifvertrages (BAT) und in den ostdeutschen Ländern des BAT-Ost, wobei sich die Vergütung der tarifbeschäftigten Lehrkräfte an der Besoldung der beamteten Lehrkräfte orientierte. Im November 2006 ist der Tarifvertrag für den öffentlichen Dienst der Länder (TV-L), ausgenommen der Bundesländer Berlin und Hessen, in Kraft getreten, worauf die tarifbeschäftigten Lehrkräfte aus den Vergütungsgruppen des BAT und des BAT-Ost in die Entgeltgruppe des TV-L überführt wurden. Die Eingruppierungssystematik blieb hierbei unverändert (Sekretariat der Ständigen Konferenz der Kultusminister der Länder in der Bundesrepublik Deutschland, 2009).

(LBesG) geregelt sind. Aus diesem Grund sind die Besoldungstabellen der jeweiligen Bundesländer von der Struktur und Benennung gleich, jedoch ergeben sich unter der gleichen Bezeichnung unterschiedlich Größenordnungen hinsichtlich der tatsächlich ausgezahlten Löhne in den einzelnen Bundesländern (DGB, 2006). Die Einstufung für Lehrer umfasst die Besoldungsgruppen A12 bis A15 (gehobener bis höherer Dienst), wobei bis zu 12 Besoldungsstufen in der A-Besoldung durchlaufen werden. Je nach Dauer des Dienstes als Beamter erhöht sich die Besoldungsstufe der jeweiligen Lehrkraft und damit auch der ausgezahlte Lohn. Nach Studium und Vorbereitungsdienst werden die Lehrkräfte generell in ein Amt der Besoldung A12 oder A13 eingewiesen. Die Besoldung der verbeamteten Lehrkräfte enthält das Grundgehalt, den Familienzuschlag und Zulagen, wobei sich das Grundgehalt nach der Besoldungsgruppe und -stufe richtet. Die Höhe des Familienzuschlages orientiert sich an der Besoldungsgruppe und den Familienverhältnissen der beamteten Lehrkraft und Zulagen können bei herausgehobenen Funktionen wie beispielsweise Gremien der Kollegialorgane genehmigt werden. Eine sog. jährliche Sonderzahlung, deren Höhe Bund und Länder festlegen können, ist in einigen Bundesländern gestrichen worden, wird monatlich oder jährlich ausgezahlt oder wie in Baden-Württemberg und Thüringen dem Grundgehalt zugerechnet (Sekretariat der Ständigen Konferenz der Kultusminister der Länder in der Bundesrepublik Deutschland, 2009).

Tabelle (14) veranschaulicht die generelle Zuordnung der Besoldungsgruppen mit den Beförderungsmöglichkeiten. Die Bestimmung eines durchschnittlichen Lohns/einer durchschnittlichen Besoldung ist demnach wie im vorangehenden Beispiel bei der Quantifizierung der Beschäftigungskosten beim Polizeieinsatz nur schwer möglich.

Tab. 14: Generelle Zuordnung zu den Besoldungsgruppen mit Beförderungsmöglichkeiten.[217]

Schulform	Besoldungsgruppe
Lehrkräfte an Grundschulen	A12
Lehrkräfte an Hauptschulen	A12
Lehrkräfte an Realschulen	A13
Lehrkräfte an Förderschulen	A13
Lehrkräfte an Gymnasien mit Beförderungsmöglichkeiten zum:	
• Studienrat	A13
• Oberstudienrat	A14
• Studiendirektor	A15
Lehrkräfte an beruflichen Schulen mit Beförderungsmöglichkeiten zum:	
• Studienrat	A13
• Oberstudienrat	A14
• Studiendirektor	A15

Zu 2: Nach den Empfehlungen der KMK sollten drei Sportstunden in der Woche im Stundenplan erscheinen bzw. unterrichtet werden. Bei einer Untersuchung der Schullehrpläne im Rahmen der DSB-SPRINT-Studie (Brettschneider, 2006) hat sich jedoch gezeigt, dass lediglich in 44% aller Lehrpläne die Anzahl der Sportstunden pro Woche festgelegt ist. Insbesondere bei den Berufsschulen wird eine Mindestanzahl von Sportstunden wöchentlich oft nicht vorgegeben. Darüber hinaus wird bei einigen Bundesländern in den Lehrplänen eine geringere Anzahl an Sportstunden pro Woche ausgewiesen. Bereits bei den Planzahlen wird deutlich, dass die Sportstundenanzahl zwischen den einzelnen Schulen stark variiert. Auch bei den tatsächlich erteilten Sportstunden zeigen sich starke Unterschiede in den Schulformen. So werden beispielsweise im Sekundar-Bereich durchschnittlich nur 2,2 Sportstunden pro Woche erteilt. Insbesondere im Haupt- und Realschulzweig sind deutliche Verluste an Sportstunden zu erkennen (Brettschneider, 2006).

Auf Basis von Daten zur Anzahl an Klassen in den Bundesländern könnte die Gesamtzahl der Wochenstunden "Sport" zumindest approximiert werden. Unter Beachtung des durchschnittlichen Pflichtstundenkontingents eines Lehrers könn-

---

[217] Quelle: Sekretariat der Ständigen Konferenz der Kultusminister der Länder in der Bundesrepublik Deutschland, 2009.

ten die vollzeitäquivalenten Sportlehrerstellen berechnet werden und mit dem Gehalt bzw. der Besoldung der Lehrer zur Ermittlung der Beschäftigungskosten gewichtet werden. Während sich hinsichtlich des Bewertungsmaßstabes (Gehalt bzw. Besoldung) das bereits oben erwähnte Verzerrungspotenzial ergibt, ist zudem anzumerken, dass sich die Pflichtstundenkontingente der Lehrer zwischen den Bundesländern und den Schularten unterscheiden (vgl. Tab. 15).

Tab. 15: Wöchentliche Pflichtstunden der Lehrerinnen und Lehrer.[218]

Schulform	Durchschnitt der wöchentlichen Pflichtstunden
Grundschule	27,9
Hauptschule	27,25
Realschule	26,8
Gymnasium	25,4
Gesamtschule	25,7
Berufskolleg	25,9
Sonderschule	26,8
Orientierungsstufe	26,8
Schularten mit mehreren Bildungsgängen	26,4
Durchschnitt Pflichtstunden insg.	**26,55**

Zu 3: Mit Hilfe der Sportstundenanzahl (2,2) sowie der durchschnittlichen Pflichtstundenanzahl (26,55) kann der sportbezogene Pflichtstundenanteil approximiert werden (8,29%). Dieser Anteil kann verwendet werden, um aus den gesamten Personalausgaben für Schulen und Schulverwaltung den sportbezogenen Anteil zu approximieren. Die gesamten Personalausgaben für Schulen und Schulverwaltung in 2007 können auf Basis der Angaben zu den Bildungsausgaben je Schüler/in (Statistisches Bundesamt, 2010o)[219] sowie den in der Fachserie

---

[218] Quelle: Sekretariat der Ständigen Konferenz der Kultusminister der Länder in der Bundesrepublik Deutschland, 2009.

[219] "Ausgangspunkt der Berechnungen sind die Ergebnisse der Jahresrechnungsstatistik der öffentlichen Haushalte" (Hetmeier, Wilhelm & Baumann, 2007, 69). Diese werden im Rahmen eines vom Statistischen Bundesamt in Zusammenarbeit mit dem Unterausschuss Schuldaten der Kultusministerkonferenz und der Arbeitsgruppe "Vergleichende Internationale Statistik" der Bund-Länder-Kommission für Bildungsplanung und Forschungsförderung entwickelten Schätzverfahrens in Beziehung zu den Schülerdaten der Schulstatistik gesetzt und ausgewertet (Hetmeier, Wilhelm & Baumann, 2007).

11 Reihe 1 (Statistisches Bundesamt, 2010q)[220] angegebenen Anzahl an Schü-
ler/innen in Deutschland abgeschätzt werden.

Die Personalkosten (bspw. für Übungsleiter oder Verwaltungspersonal) im Bereich Hochschulsport finanzpolitisch relevant, sofern der Hochschulsport über
Mittel der Landeshaushalte finanziert wird. Nach Auskunft von Thorsten Hütsch,
Sportdirektor des Allgemeinen Deutschen Hochschulsportverbands, sind die
Finanzierungsmodelle des Hochschulsports jedoch sehr unterschiedlich. Sie
variieren von Bundesland zu Bundesland und z.T. sogar zwischen den Hochschulen eines Bundeslandes. Während einige Hochschulen den Hochschulsport aus
allgemeinen zentralen Mitteln finanzieren, erhalten andere (bspw. in Bayern)
speziell für den Hochschulsport Zuwendungen. Darüber hinaus werden die
Sportangebote an einigen Hochschulen über Kursbeiträge und/oder Marketingak-
tivitäten (z.B. Sponsoring) finanziert. Aufgrund der Heterogenität der Finanzierungsmodelle ist keine Statistik verfügbar, um den Personalkostenanteil der Länder für den Bereich des Hochschulsports zu quantifizieren. Auf Basis vorhandener Daten, ist es zum jetzigen Zeitpunkt ebenfalls nicht möglich, eine zuverlässige Schätzung zu ermöglichen. Insofern muss auf die Quantifizierung des Perso-
nalkostenanteils der Länder für den Bereich des Hochschulsports verzichtet werden.

Ergebnisse: Aus der Veröffentlichung der Kultusministerkonferenz (Sekretariat
der Ständigen Konferenz der Kultusminister der Länder in der Bundesrepublik
Deutschland, 2008) ist zu entnehmen, dass bundesweit 713.542 Lehrer an allgemein bildenden und beruflichen Schulen als Lehrkraft tätig sind. Darüber hinaus
wird die aggregierte Anzahl an Sportlehrkräften von 13 Kultusministerien mit
106.765 beziffert werden. Wird die daraus ableitbare durchschnittliche Anzahl
von Sportlehrkräften pro Bundesland (8.212,7) mit 16 (Anzahl der gesamten
Bundesländer) multipliziert, kann die bundesweite Anzahl an Sportlehrkräften

---

[220] Die Daten werden für die Schulstatistik i.d.R. in elektronischer Form bei den Schulen
erhoben. Da es sich i.d.R. um eine Totalerhebung handelt, steht die Repräsentativität
außer Frage. Zudem kann von Validität und Reliabilität der Daten ausgegangen werden.

auf rund 131.403 abgeschätzt werden. Demnach ist in etwa jeder fünfte Lehrer eine ausgebildete Sportlehrkraft (Ansatz 1).

Die Dokumentation der Kultusministerkonferenz (Sekretariat der Ständigen Konferenz der Kultusminister der Länder in der Bundesrepublik Deutschland, 2008) gibt an, wie viele Schulklassen in jeder Schulform und jedem Bundesland bestehen. Das Addieren dieser Angaben ergab eine bundesweite Anzahl an Schulklassen von 573.027. Um herauszufinden, wie viele Sportstunden bundesweit wöchentlich unterrichtet werden, wird die Anzahl der Schulklassen mit dem Durchschnitt der wöchentlich erteilten Sportstunden (2,2) multipliziert, wodurch sich eine bundesweite Sportstundenanzahl pro Woche von 1.262.558 ergeben hat.

Für die weitere Quantifizierung und den Erhalt von Lehrkraftstellen für Sportstunden bundesweit, wurde die wöchentliche Sportstundenanzahl durch die wöchentlich durchschnittliche Pflichtstundenzahl einer Lehrkraft von 26,55 dividiert. Als Ergebnis wurden 47.554 Lehrkraftstellen für Sportstunden bundesweit pro Woche errechnet (Ansatz 2).

Tab. 16: Jährliche Bruttolöhne und -gehälter der Sportlehrkräfte auf Basis der beiden Ansätze.[221]

Schulform	Berufserfahrung	Bruttojahresgehalt einer Lehrkraft (2006) in Euro	Nach Ansatz (1) abgeschätzte jährliche Bruttolöhne und -gehälter der Sportlehrkräfte (Anzahl an Sportlehrkräften) in Mio. Euro	Nach Ansatz (2) abgeschätzte jährliche Bruttolöhne und -gehälter der Sportlehrkräfte (Anzahl der Lehrkraftstellen für Sport) in Mio. Euro
Primarbereich	Anfangsgehalt	35.363	4.647	1.682
	15 Jahre	45.005	5.914	2.140
	Höchstgehalt	45.883	6.029	2.182
Sekundarbereich I	Anfangsgehalt	36.689	4.821	1.745
	15 Jahre	45.160	5.934	2.148
	Höchstgehalt	47.145	6.195	2.242
Sekundarbereich II	Anfangsgehalt	39.679	5.214	1.887
	15 Jahre	48.645	6.392	2.313
	Höchstgehalt	50.827	6.679	2.417

---

[221] Eigene Berechnungen; Quelle: Sekretariat der Ständigen Konferenz der Kultusminister der Länder in der Bundesrepublik Deutschland, 2009.

Aus der Veröffentlichung des Sekretariats der Ständigen Konferenz der Kultusminister der Länder in der Bundesrepublik Deutschland (2009) ist das gesetzlich bzw. vertraglich vereinbarte Bruttojahresgehalt eines Lehrers im bundesweiten Durchschnitt nach unterschiedlichen Schulformen (Primarbereich, Sekundarbereich I, Sekundarbereich II) zu entnehmen. Dabei wird von Familienzuschlägen und Sonderbeträgen für Kinder abgesehen. Zulagen und Sonderzahlungen sind dagegen in der Berechnung enthalten. Für jede Schulform ist ein Anfangsgehalt, ein Gehalt nach 15 Jahren Berufserfahrung und ein Höchstgehalt angegeben worden. Mit diesen Lohnangaben wurden die jährlichen Bruttolöhne und -gehälter zum einen mit den bundesweiten Lehrkraftstellen für Sportunterricht (47.554) und zum anderen mit der aus Ansatz eins errechneten Sportlehrkraftanzahl bundesweit (131.403) errechnet (vgl. Tab. 16).

Hierbei zeigt sich eine Differenz der Bruttolöhne und -gehälter bundesweit zwischen den Berechnungen mit der Sportlehrerstellenanzahl und der Anzahl an Sportlehrkräften bundesweit in den verschiedenen Schulformen mit unterschiedlichen Gehältern von jeweils circa 4 Mrd. Euro. Werden die einzelnen Berechnungen separat betrachtet, liegt die Spanne der Bruttolöhne und -gehälter von Sportlehrkräften bei der Quantifizierung mit der Stellenanzahl von Sportlehrkräften zwischen 1,7 und 2,4 Mrd. Euro und mit Berechnung der Sportlehreranzahl zwischen 4,6 und 6,7 Mrd. Euro.

Mit geschätzten Bruttolöhnen und -gehältern für Sportlehrer zwischen 1,7 und 6,7 Mrd. Euro ergibt sich eine beträchtliche Spannweite. Wird jedoch davon ausgegangen, dass die 131.403 Sportlehrkräfte zu einem großen Anteil ebenfalls für andere Fächer eingesetzt werden und nur ein Teil Ihres Pflichtstundenkontingentes tatsächlich auf den Schulsport entfällt, würde der zweite Berechnungsansatz mit Werten zwischen 4,6 und 6,7 Mrd. Euro zu einer großen Überschätzung der tatsächlichen Bruttolöhne und -gehälter führen. Damit lässt sich der Wertebereich (auf Basis des ersten Berechnungsansatzes) auf 1,7 bis 2,4 Mrd. Euro realistischer. Der Berechnungsansatz 1 wird entsprechend verworfen.

Zur weiteren Berechnung wird der Mittelwert hiervon (2,05 Mrd. Euro) zu Grunde gelegt. Zu beachten ist, dass die Bruttolöhne und -gehälter noch nicht den Sozialversicherungsanteil der Arbeitgeber beinhalten. Wird unterstellt, dass die arbeitgeberbezogenen Sozialbeiträge in den Bruttolöhnen und -gehältern enthalten sind und der arbeitnehmerbezogene Sozialversicherungsanteil in Etwa 20% ausmacht, können die Personalkosten vereinfacht berechnet werden, indem die Bruttolöhne und -gehälter durch 0,8 geteilt werden. Entsprechend würden sich die Personalkosten auf rund 2,563 Mrd. Euro belaufen, wobei hiervon rund 1,025 Mrd. Euro auf Sozialbeiträge entfallen (Ansatz 2).

Wie beschrieben kann zudem der ermittelte sportbezogene Anteil am Pflichtstundenkontingent (8,29%) verwendet werden und mit den gesamten Personalkosten für Schulen und Schulverwaltung gewichtet werden. Die gesamten Personalkosten ergeben sich dabei als Produkt aus Personalausgaben pro Schüler/in in 2007 (4.000 Euro, vgl. Statistisches Bundesamt, 2010o) und der Gesamtzahl an Schüler/innen in Deutschland im Jahr 2007 (9,184 Mio., vgl. Statistisches Bundesamt, 2010q). Entsprechend belaufen sich die relevanten gesamten Personalausgaben auf rund 36,736 Mrd. Euro.[222] Gewichtet mit dem sportbezogenen Anteil am Pflichtstundenkontingent (8,29%) ergeben sich sportbezogene Personalkosten in Höhe von rund 3,045 Mrd. Euro (Ansatz 3). Zu beachten ist, dass in diesen Ergebnissen zudem ein Sportanteil für die Schulverwaltung enthalten ist, da es sich um Personalausgaben pro Schüler/in für Schulen und Schulverwaltung handelt. Eine Beachtung des sportbezogenen Schulverwaltungspersonalkostenanteils erscheint sinnvoll. Aus diesem Grund wird im Folgenden der Wert von 3,045 Mrd. Euro für die sportbezogenen Personalkosten im Schulbereich verwendet.

Zusammenfassung, abschließende Bewertung und Forschungsdesiderata: Die Personalkosten für Sportlehrkräften (einschl. Schulverwaltungsanteil) im Jahr 2007 konnten auf rund 3,045 Mrd. Euro geschätzt werden. Es zeigt sich, dass aufgrund der Komplexität der Besoldung zwischen den Bundesländern sowie aufgrund der Sonderzahlungen und der (für die Berechnung der Beschäftigungskosten relevanten) individuellen Situation einer Lehrkraft (Familienstand,

---

[222] 4.000 Euro * 9,814 Mio. Schüler/innen.

Anzahl Kinder, etc.) für Sportlehrkräfte bundesweit viele Schwierigkeiten auftreten, die die Genauigkeit der Ergebnisse einschränken.

Vergleichend kann eine 20 Jahre alte Schätzung des Kultusministeriums Nordrhein-Westfalen herangezogen (vgl. Weber et al., 1995) werden. Dieser Schätzung zufolge belaufen sich die Wochenstunden "Sport" auf rund 281.000 in Nordrhein-Westfalen, was etwa 11.800 vollzeitäquivalenten Stellen entspricht. Bei einem durchschnittlichen Jahresgehalt ergeben sich demnach (hochgerechnet auf die alten Bundesländer) Personalkosten für Sportlehrer in Höhe von rund 3,3 Mrd. DM (vgl. ebd.), was in etwa 2,4 Mrd. Euro in Preisen von 2010 entspricht.[223] Im Gegensatz zur Studie von Weber et al. (1995) beruht die hier durchgeführte Schätzung allerdings auf Angaben zu allen Bundesländern, was für grds. zuverlässigere Werte spricht.

Wie bereits angemerkt, lässt sich der Personalkostenanteil der Länder für den Bereich des Hochschulsports aufgrund der Heterogenität der Finanzierungsmodelle mit den vorhandenen Daten nicht abschätzen. Das monetäre Aufkommen wird zwar deutlich unter den sportbezogenen Personalkosten im Bereich des Schulsports liegen, wäre aber dennoch für eine umfassende Gesamtschau der finanzpolitischen Bedeutung des Sports relevant. Für eine Erfassung wäre eine Datenerhebung auf Seiten der Hochschulen notwendig. Würde eine entsprechende Auswahl (nach Bundesländern und Größe der Einrichtung) der befragten Hochschulen vorab getroffen, ließe sich der Personalkostenanteil der Länder für den Bereich des Hochschulsports zukünftig abschätzen.

---

[223] Die Umrechnung erfolgte über den Wechselkurs 1 Euro = 1,95583 DM und mit Hilfe des hier relevanten Inflationsfaktors von 1,422 (VPI_{2010}/VPI_{1991}, vgl. Anhang 14.4).

4.1.4 Sportwissenschaft

Abgrenzung: Im Rahmen dieses Abschnitts wird versucht, die Kosten für das in der Sportwissenschaft arbeitende Personal zu quantifizieren. Dabei werden zum einen die Kosten des an sportwissenschaftlichen Hochschulen/Fakultäten beschäftigten bzw. in der Fächergruppe „Sport" eingesetzten Personals betrachtet, die auf Ebene der Bundesländer anfallen. Zudem werden die allgemeinen Personalkosten des Bundesinstituts für Sportwissenschaften (BISp) thematisiert.

Methoden zur Quantifizierung und Datenquellen: Die allgemeinen Personalkosten des Bundesinstituts für Sportwissenschaften (BISp) können der Übersicht über die Sportförderungsmittel des Bundes (BMI, 2008) direkt entnommen werden. Um die Ergebnisse im späteren Verlauf des Berichts in die Rechnungsergebnisse der öffentlichen Haushalte (Statistisches Bundesamt, 2010p) einpflegen zu können, werden wiederum die Zahlen des Haushaltsjahres 2007 verwendet. Die Personalkosten des an sportwissenschaftlichen Hochschulen/Fakultäten beschäftigten bzw. in der Fächergruppe „Sport" eingesetzten Personals sind nicht unmittelbar in den Haushaltsplänen der Bundesländer abzulesen. Dafür werden Sie in der Fachserie 11, Reihe 4.5, des Statistischen Bundesamtes (2009m; 2010m) ausgewiesen.

Bei der Fachserie 11, Reihe 4.5, handelt es sich um eine Vollerhebung auf Basis von Hochschulverwaltungsdaten in Form eines elektronischen Fragebogens. Der Berichtsweg läuft über die Statistischen Landesämter zum Statistischen Bundesamt. Die Daten erscheinen jährlich mit einer zeitlichen Verzögerung von rund 17 Monaten. Aufgrund der Vollerhebung sind die Daten repräsentativ. Auch wenn eine eingeschränkte Vergleichbarkeit aufgrund von unterschiedlichen Rechnungslegungssystemen grds. eingeräumt wird, können die Daten als valide und reliabel angesehen werden. In den Daten werden Aussagen über die einzelnen Fächergruppen und Fachgebiete gemacht. Die Fächergruppe *Sport* mit dem Lehr- und Forschungsbereich *Sport* umfasst die Fachgebiete *Sportwissenschaften allgemein*, *Didaktiken einzelner Sportarten*, *Sportmedizin* und *Sportpädagogik/Sportpsychologie*. *Sportmanagement/Sportökonomie* ist nach Auskunft des

Statistischen Bundesamtes unter der Fächergruppe *Rechts-, Wirtschafts- und Sozialwissenschaften* eingeordnet, jedoch nicht separat ausgewiesen. Da jedoch die Angaben von allen sportwissenschaftlichen Fakultäten oder Hochschulen (wie die Deutsche Sporthochschule Köln) in der Fächergruppe *Sport* enthalten sind, ist davon auszugehen, dass die Sportwissenschaft bzw. die Personalausgaben der Sportwissenschaft recht umfassend abgebildet werden können (Statistisches Bundesamt, 2009m, 2010m).

Für Vergleichszwecke wird darüber hinaus wie im vorangegangenen Abschnitt versucht, die Personalkosten durch Multiplikation von (1) der Anzahl an eingesetztem Personal sowie (2) dem Gehalt bzw. der Besoldung des Personals zu approximieren.

Zu (1): Angaben zur Anzahl des in der Sportwissenschaft beschäftigten Personals können aus der Fachserie 11, Reihe 4.4, des Statistischen Bundesamtes (2008e; 2010n) entnommen werden. Die Personalstatistik ist eine jährliche Vollerhebung auf Basis von Verwaltungsdaten der Hochschulen und wird mit ca. 11-monatiger Verzögerung publiziert. Bzgl. Repräsentativität, Validität und Reliabilität gelten die gleichen Aussagen wie bei der oben beschriebenen Reihe 4.5. In den Daten werden Angaben zu den einzelnen Fächergruppen und Fachgebieten gemacht. Bzgl. der Fächergruppe *Sport* gelten die gleichen Aussagen wie bei der Fachserie 11, Reihe 4.5.

Zu (2): Wie das Schulpersonal (vgl. Abschnitt 4.1.3) erhält auch das Hochschulpersonal grds. den Beamtenstatus, wobei die Bezahlung durch die BBesG geregelt wird. Daher wird das Hochschulpersonal ebenso nach den Besoldungstabellen der einzelnen Bundesländer bezahlt, wobei die Ämter unter die Besoldungsgruppen A, C und W fallen. Die Ämter und die ihnen gemäßen Dienstbezüge der Professoren, Hochschulassistenten sowie Dozenten sind der Besoldungsgruppe W (W1-W3) beigeordnet.[224]

---

[224] Seit dem 31. Dezember 2004 ist (anstatt der alten Besoldungsordnung C) bundesweit die neue Besoldungsordnung W in Kraft getreten. Für bereits im Amt befindliche Professoren/innen gilt das so genannte Optionsmodell, welches besagt, dass diese weiterhin im alten System der C-Besoldungsordnung bleiben und in den altersabhängigen Stufen auf-

Des Weiteren gilt für tarifgebundene Beschäftigte an Hochschulen die Beschäftigung im Tarifbeschäftigungsverhältnis (TV-L). Im November 2006 ist das neue Tarifrecht der Länder (TV-L) zusammen mit den Sonderregelungen Wissenschaft (§ 40 TV-L) in Kraft getreten. Berlin und Hessen führen allerdings weiterhin den BAT bei Angestellten im öffentlichen Dienst.

Somit zeigen sich auch hier aufgrund der Komplexität der Besoldung und individuellen Situation eines Beamten sowie bei Angestellten im Tarifbeschäftigungsverhältnis Schwierigkeiten für die Quantifizierung der Beschäftigungskosten für Hochschulpersonal in der Fächergruppe *Sport*. Vereinfachend wurde daher aus der bereits diskutierten Erhebung des Statistischen Bundesamtes (2008c) ein Durchschnittsbruttogehalt von Personal an Hochschulen und anderen Bildungseinrichtungen des Tertiärbereichs herangezogen.[225]

Ergebnisse: Der Übersicht über die Sportförderungsmittel des Bundes zufolge beliefen sich die allgemeinen Personalkosten des BISp im Jahr 2007 auf rund 1,622 Mio. Euro (BMI, 2008). Der Fachserie 11, Reihe 4.5, des Statistischen Bundesamtes (2008e) zufolge, können die Personalabgaben im Bereich Sport im Jahr 2007 des Landes auf rund 89 Mio. Euro, die des Bundes auf 1 Mio. Euro und die von Privaten auf rund 0,16 Mio. Euro beziffert werden.

Wie bereits beschrieben, kann für Vergleichszwecke zudem (1) die Anzahl an eingesetztem Personal mit dem durchschnittlichen Bruttogehalt bzw. der Besoldung des Personals multipliziert werden.

Nach den Daten des Statistischen Bundesamtes arbeiten bundesweit rund 3.099 Personen in den verschiedenen Besoldungs- und Vergütungsgruppen an Hochschulen aus der Fächergruppe *Sport* (vgl. Tabelle 17).

---

steigen, jedoch keine neuen Berufungs- und Bleibezuschüsse mehr erhalten. Der Wechsel in das neue System (Besoldungsgruppe W) ist wiederum jederzeit möglich (DGB, 2006).
[225] An dieser Stelle wurde im Gegensatz zum Kapitel 2.1.2.1, wo der Bruttoverdienst aufgrund der zahlreichen weiteren Datenquellen unterschiedlichster Jahre auf Preise des Jahres 2010 inflationiert wurde, mit dem Originalwert gerechnet. Dieser bezieht sich auf die Kategorie "Hochschullehrer, Dozenten an höheren FS und Akademien".

Tab. 17: Anzahl der Hochschulpersonalstellen der Fächergruppe „Sport" nach Dienstbezeichnungen.[226]

	Dienstbezeichnung	Besoldungs- und Vergütungsgruppe	Anzahl
Wissenschaftl. & künstl. Personal Hauptberuflich	Professoren	**Professoren:** C2 (auf Dauer & Zeit),C3, C4, W2-W3 **Juniorprof.:** W1, AT **Gastprofessoren:** W2, W3, C2, C3, BATI IIa, E13h, E14, AT	209
	Dozenten und Assistenten	**Hochschuldozenten:** R1, C2, C3, A9-A15, BAT I-IIa, III, E11-E15Ü, AT **Universitätsdozenten:** H1-H3, BAT Ia, Ib, E14, E15, AT **Oberassistenten:** C2, H1, H2, A14, BAT Ia-IIa, E13-E15, AT **Wissenschaftliche und künstlerische Assistenten:** C1, H1, A13-A14, BAT Ib, IIa, E12-E15, AT **Akademische (Ober)Räte (auf Zeit):** A13, A14, AT	34
	Wissenschaftliche und künstlerische Mitarbeiter	**Akademische Räte, Oberräte und Direktoren:** A13-A16, C1-C3, R1, R2, B3, H1-H3, BAT I-IIa, E12-E15Ü, AT **Wissenschaftl. und künstl. Mitarbeiter im Angestelltenverh.:** BAT I-Va, E9-E15Ü, AT, Verg. entspr. A13 **Akademische Mitarbeiter in Brandenburg:** A9-A11, A13-A16, C1-C3, R1, R2, D1-H3, BAT Va-I, E9-E15Ü, AT	749
	Lehrkräfte für besondere Aufgaben	**Studienräte, -direktoren im Hochschuldienst:** A12-A16, BAT I-IIb, E12-E15Ü, AT **Fachlehrer, Technische Lehrer:** C2, A9-A15, AT **Lektoren:** A13-A14, BAT I-II, E12-E15Ü, AT **Sonstige Lehrkräfte für besondere Aufgaben:** A9-A13, BAT I-Vc, Kr.VIII-XIII, E8-E15Ü, AT	309
Wissenschaftl. & künstl. Personal Nebenberuflich	Gastprofessoren, Emeriti		2
	Lehrbeauftragte	**Lehrbeauftragte, Honorarprof., Privatdozenten**	1.029
	Wissenschaftliche Hilfskräfte	**Wissens. Hilfskräfte und Tutoren**	216
Verwaltungs-, techn. & sonstiges Personal Hauptberuflich	Verwaltungspersonal, Bibliothekspersonal, Technisches Personal, Sonstiges Personal (jeweils im/ohne höheren Dienst); Auszubildende		551
Verwaltungs-, techn. & sonstiges Personal Nebenberuflich	Sonstige Hilfskräfte		0
Personal insgesamt			**3.099**

---

[226] Quelle: Statistisches Bundesamt, 2008e.

Wird die Anzahl vereinfachend mit dem Bruttogehalt von monatlich 3.857 Euro multipliziert, ergeben sich monatliche Beschäftigungskosten in Höhe von rund 12 Mio. Euro bzw. jährliche Beschäftigungskosten von rund 143 Mio. Euro. Zu beachten ist wiederum, dass die Bruttolöhne und -gehälter noch nicht den Sozialversicherungsanteil der Arbeitgeber beinhalten. Wird unterstellt, dass die arbeitgeberbezogenen Sozialbeiträge in den Bruttolöhnen und -gehältern enthalten sind und der arbeitnehmerbezogene Sozialversicherungsanteil in Etwa 20% ausmacht, können die Personalkosten vereinfacht berechnet werden, indem die Bruttolöhne und -gehälter durch 0,8 geteilt werden. Entsprechend würden sich die Personalkosten auf rund 179 Mio. Euro belaufen.

Zu beachten ist allerdings, dass bei diesem Berechnungsansatz zur Bestimmung der Personalkosten das Bruttogehalt der "Hochschullehrer, Dozenten an höheren FS und Akademien" herangezogen wurde. Vermutlich ist der Wert von 179 Mio. Euro daher überschätzt.

Da die oben beschriebene Einschränkung hinsichtlich der Zuordnung des Bereichs "Sportökonomie/Sportmanagement" für beide Ansätze gilt, wird im Folgenden daher vom "unteren Schwellenwert" von 90 Mio. Euro ausgegangen. Inwiefern diese aus Landesmitteln bezahlt werden, ist allerdings unklar. Neben den Landesmitteln könnten zudem Drittmittel- und/oder Verwaltungseinnahmen (z.B. Studiengebühren) zur Finanzierung der Personalausgaben herangezogen werden. Eine Berechnung dieser wäre bspw. auf Basis von Angaben in der gleichen Datenquelle zu den Einnahmen der Hochschulen der Fächergruppe Sport aus Studierendenbeiträgen, wirtschaftlicher Tätigkeit, Drittmitteln und anderen Einnahmen aus Zuweisungen und Zuschüssen (ohne Träger) möglich. Diese belaufen sich für Hochschulen mit dem Träger Land auf rund 27,29% und für solche mit dem Träger Bund auf rund 0,70%.

Wird vereinfachend unterstellt, dass die Gelder stets im gleichen Verhältnis wie die Einnahmen auch investiert werden, würden sich für die Gebietskörperschaften relevanten Personalkosten für sportwissenschaftliches Personal an Hochschulen auf Ebene der Länder auf rund 64,7 Mio. Euro (89 Mio. Euro * 72,71%) und die des Bundes auf 0,99 Mio. Euro (1 Mio. Euro * 99,3%) belaufen.[227]

Zusammenfassung, abschließende Bewertung und Forschungsdesiderata: Die Personalkosten des BISp belaufen sich im Jahr 2007 auf rund 1,622 Mio. Euro. In Abhängigkeit von dem zu Grunde gelegten Ansatz lassen sich darüber hinaus für das Jahr 2007 die Personalkosten für wissenschaftliches Personal an Hochschulen der Fächergruppe Sport abschätzen. Entsprechend werden die Personalausgaben im Bereich Sportwissenschaft zusammen auf rund 67 Mio. Euro geschätzt, von denen mit 65 Mio. Euro der überwiegende Anteil auf die Länder entfällt.

Wie die Ausführungen zur den gewählten Berechnungsansätzen zeigen, sind die Ergebnisse als zuverlässig zu bewerten. Weiterer Forschungsbedarf zur Quantifizierung der Personalkosten im Bereich "Sportwissenschaft" besteht nicht.

4.1.5 Zusammenfassende Darstellung und Einordnung in die VGR

In den vorangehenden Abschnitten wurde versucht, die Personalkosten für die einzelnen sportbezogenen Bereiche abzuschätzen.

Ausgangsbasis zur Berechnung bildete die Fachserie 14, Reihe 3.5 des Statistischen Bundesamtes (2010p). Diese beinhaltet die Rechnungsergebnisse der öffentlichen Haushalte (Bund, Länder, Kommune) aus dem Jahr 2007 zu (u.a.) den Bereichen "Förderung des Sports", "Badeanstalten" sowie "eigene Sportstätten". Mit den darin enthaltenen Daten können die sportbezogenen Personalkosten des Staates jedoch noch nicht vollständig erfasst werden. Entsprechend wurden die Daten der Rechnungsergebnisse um Beschäftigungskosten für Stellen in öffentlichen Institutionen zur Förderung des Spitzensports, Personalkosten für Polizeibedienstete zur Sicherung von Sportveranstaltungen, Personalkosten für Sportlehrkräfte (einschl. sportbezogener Schulverwaltungsanteil), Personalkosten des

---

[227] Eine Zusammenfassung zu allen Einnahmen und Ausgaben der Hochschulen der Fächergruppe *Sport* ist im Anhang 14.12 zu finden.

BISp sowie Personalkosten für wissenschaftliches Personal an Hochschulen der Fächergruppe Sport ergänzt. Neben diesen, den Kernhaushalten zurechenbaren Ausgaben, wurden zudem die Personalausgaben der sportbezogenen Eigenbetriebe beachtet.

Während für Beschäftigungskosten für Stellen in öffentlichen Institutionen zur Förderung des Spitzensports, Personalkosten des BISp sowie Personalkosten für Beschäftigte an Hochschulen der Fächergruppe Sport sportbezogene Daten in den amtlichen Rechnungsstatistiken für das Jahr 2007 zu finden sind, mussten die Personalkosten für Polizeibedienstete zur Sicherung von Sportveranstaltungen sowie für Sportlehrkräfte anhand von verschiedenen Datenquellen (z.T. aus anderen Jahren) approximiert werden. Damit einhergehend ergibt sich bzgl. der letzten beiden genannten Bereiche sowohl durch die Approximationsschritte als auch durch die Verwendung unterschiedlicher Jahre eine gewisse Unschärfe. Von den abgeschätzten Werten wurden jeweils solche verwendet, die eher im unteren Wertebereich liegen.

Tabelle 18 fasst die ermittelten Bruttoausgaben der öffentlichen Kernhaushalte für sportbezogenes Personal noch einmal zusammen. Insgesamt belaufen sich die Bruttoausgaben der Kernhaushalte für sportbezogenes Personal auf rund 3,811 Mrd. Euro.

Tab. 18: Die geschätzten öffentlichen Bruttoausgaben der öffentlichen Kernhaushalte (in Mio. Euro) für sportbezogenes Personal in 2007 (eigene Berechnungen).

Sportbereich	Bund	Länder	Kommunen	gesamt
Förderung des Sports	75	93	52	220
Sportstätten	0	25	454	479
Schul- und Hochschulsport	0	3.045	0	3.045
Sportwissenschaft	2	65	0	67
	77	3.228	506	**3.811**

In diesem Betrag enthalten sind die approximierten tatsächlichen und unterstellten Sozialbeiträge für staatliche Angestellte und Beamte mit sportbezogenen Tätigkeiten bzw. sportbezogenen Funktionen. Dieses sind aus Sicht von Bund,

Ländern und Kommunen Ausgaben, aus Sicht der Sozialversicherungsträger jedoch Einnahmen. Entsprechend wurden das (im Folgenden zu quantifizierende) Aufkommen an Sozialbeiträgen für staatliche Angestellte und Beamte mit sportbezogenen Tätigkeiten bzw. sportbezogenen Funktionen im Kapitel 2.2 bereits mit eingerechnet.

Wird die eingangs getroffene Abgrenzungslogik beibehalten, wonach die Bereiche "Förderung des Sports" und "Sportstätten" zur Kerndefinition des Sports und die Bereiche "Schul- und Hochschulsport" sowie "Sportwissenschaft" zusätzlich zur engen und weiten Abgrenzung des Sports zugeordnet werden, kann das sportbezogene Beitragsaufkommen bestimmt werden. Vereinfachend wird wiederum angenommen, dass rund 40% der Personalkosten die Sozialbeiträge umfassen. Entsprechend beläuft sich das Volumen der zusätzlich im Kapitel 2.2 zu beachtenden sportbezogenen Sozialbeiträge auf 0,280 bzw. 1,524 Mrd. Euro für die Kern- bzw. enge und weite Abgrenzung des Sports.

Zur Einordnung der Personalkosten in die Ergebnisse der VGR 2010 (Rechnungsstand Februar 2011) müssen zwei wesentliche Schritte vollzogen werden. (1) Zunächst ist festzustellen, wo die in den obigen Abschnitten erfasste Ausgabenart "Personalkosten" in der Logik der VGR anzusiedeln ist. (2) Zum anderen muss ein Übergang von Bruttoausgaben (wie sie in den vorangegangenen Abschnitten ermittelt wurden) zu den Nettoausgaben (wie sie in der VGR ausgewiesen sind) vollzogen werden.

Zu 1: Die Identifikation der ermittelten Personalkosten in der Struktur der VGR ist unkompliziert. Das in der VGR ausgewiesene Arbeitnehmerentgelt umfasst im Wesentlichen alle Ausgabenkomponenten, die zu Beginn des Kapitels 4 als Personalkosten[228] definiert wurden. Insofern können die hier identifizierten sportbezogenen Personalkosten unmittelbar in Relation zu den in der VGR für

---

[228] "Das von den Arbeitgebern geleistete Arbeitnehmerentgelt umfasst die Bruttolöhne und -gehälter, die tatsächlichen Arbeitgeberbeiträge zur Sozialversicherung, an Lebensversicherungsunternehmen und an Pensionskassen, ferner unterstellte Sozialbeiträge, die den Gegenwert der sozialen Leistungen darstellen, die von Arbeitgebern an gegenwärtig oder früher beschäftigte Arbeitnehmer gezahlt oder als unverfallbare Forderung gutgeschrieben werden" (Statistisches Bundesamt, 2011a).

2007 ausgewiesenen Arbeitnehmerentgelten in Höhe von 168,310 Mrd. Euro gebracht werden. Da in der VGR nur die Kernhaushalte abgebildet sind, müssen die sportbezogenen Eigenbetriebe in der Gegenüberstellung mit den Ergebnissen der VGR ausgelassen werden.

Zu 2: Die bisher berechneten Personalkosten sind Bruttoausgaben der öffentlichen Haushalte. Um Doppelzählungen zu vermeiden, müssen jedoch sowohl die Zahlungen von gleicher Ebene (z.B. Länder untereinander) als auch die Zahlungen von anderer Ebene (z.b. Länder erhalten Zahlungen vom Bund) abgezogen werden. Die Ausgaben nach Abzug der Zahlungen von anderer und gleicher Ebene werden Nettoausgaben für Personal genannt. Von allen verwendeten Datenquellen wurden diese Verrechnungen lediglich in den Rechnungsergebnissen der öffentlichen Haushalte (Statistisches Bundesamt, 2010p) durchgeführt. Allerdings wird der Übergang von den Brutto- zu den Nettoausgaben der öffentlichen Haushalte lediglich für die aggregierte Kategorie aller Ausgaben vollzogen.[229] Zudem werden in den Rechnungsergebnissen der öffentlichen Haushalte nicht alle Ausgabenbereiche (wie zu Beginn dieses Kapitels 4.1.5 erläutert) betrachtet.

Zum Übergang von den Bruttoausgaben zu den Nettoausgaben für einzelne Ausgabenarten und Ausgabenbereiche müssen Schätzungen durchgeführt werden. Dafür werden folgende Annahmen getroffen: der Anteil von Netto- an Bruttoausgaben ist für alle Ausgabenarten (Personalkosten, Laufende Kosten, Investitionskosten) eines Ausgabenbereiches (z.B. Sportstätten) identisch; der Anteil von Netto- an Bruttoausgaben ist für die nicht in den Rechnungsergebnissen erfassten Ausgabenbereiche identisch zu den erfassten Ausgabenbereichen.

Basierend auf diesen Annahmen können Netto/Brutto-Quoten für die Ausgaben zur Förderung des Sports auf 98,10%, für die Ausgaben für Sportstätten auf 93,61% sowie für die Ausgaben in den Bereichen Schul- und Hochschulsport

---

[229] Diese umfassen die Personalkosten, die Laufenden Kosten sowie die Investitionskosten wie sie zu Beginn des Kapitels in diesem Bericht definiert wurden.

und Sportwissenschaft auf 95,86% abgeschätzt werden.[230] Die ermittelten Ergebnisse auf Ebene der Länder und der Kommunen werden mit den Netto/Brutto-Quoten gewichtet, um die ungefähre Höhe der sportbezogenen Nettoausgaben zu ermitteln. Auf Bundesebene sind Brutto- und Nettoausgaben identisch.

Tab. 19: Die geschätzten öffentlichen Nettoausgaben der Kernhaushalte (in Mio. Euro) für sportbezogenes Personal in 2007 (eigene Berechnungen).

Sportbereich	Bund	Länder	Kommunen	gesamt
Förderung des Sports	75	91	51	217
Sportstätten	0	23	425	448
Schul- und Hochschulsport	0	2.919	0	2.919
Sportwissenschaft	2	62	0	64
	77	3.096	476	**3.649**

Tabelle 19 fasst die in diesem Abschnitt geschätzten öffentlichen Ausgaben für sportbezogenes Personal noch einmal zusammen. Insgesamt belaufen sich die Nettoausgaben für sportbezogenes Personal der Kernhaushalte auf rund 3,649 Mrd. Euro, wobei mit 3,096 Mrd. Euro der weitaus größte Teil auf die Länderhaushalte entfällt.

Wie erwähnt können die hier identifizierten Nettoausgaben für sportbezogenes Personal in Relation zu den in der VGR für 2007 ausgewiesenen Arbeitnehmerentgelten gebracht werden. Wird die eingangs getroffene Abgrenzungslogik beibehalten, wonach die Bereiche "Förderung des Sports" und "Sportstätten" zur Kerndefinition des Sports und die Bereiche "Schul- und Hochschulsport" sowie "Sportwissenschaft" zusätzlich zur engen und weiten Abgrenzung des Sports zugeordnet werden, entfällt von den für 2007 in der VGR ausgewiesenen

---

[230] Die Quoten wurden berechnet mit Hilfe der in den Rechnungsergebnissen der öffentlichen Haushalte ausgewiesenen Brutto- und Nettoausgaben (aggregiert für Länder und Kommunen) für die jeweiligen Bereiche. Für den Bereich "Förderung des Sports ergibt sich: 98,10% = 929 / 947, für die Bereiche "eigene Sportstätten" und "Badeanstalten" zusammen ergibt sich: 93,61% = 0,5*(991 / 1049 + 1623 / 1750). Basierend auf diesen beiden Quoten kann für die Bereiche "Schul- und Hochschulsport" sowie "Sportwissenschaft" der Mittelwert gebildet werden 95,86% = 0,5*(98,10% + 93,61%).

168,310 Mrd. Euro an Arbeitnehmerentgelten 0,40% bzw. 2,17% auf die Kern-bzw. enge und weite Definition des Sports.

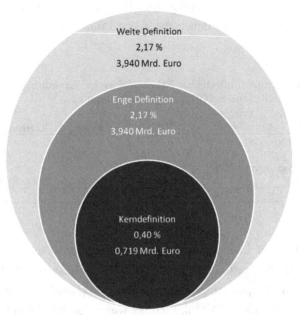

Abb. 30: Die geschätzten öffentlichen Nettoausgaben der Kernhaushalte für sportbezoge-nes Personal (in Mrd. Euro) in 2010 in Abhängigkeit von der Abgrenzung.[231]

Wird vereinfachend angenommen, dass der sportbezogene Anteil an den Arbeit-nehmerentgelten zwischen den Jahren 2007 und 2010 gleich geblieben sind, können abschließend die öffentlichen Nettoausgaben für sportbezogenes Perso-nal in 2010 in Abhängigkeit von der gewählten Definition geschätzt werden (vgl. Abbildung 30).

Wie eingangs erwähnt wird im Rahmen des gesamten Berichts versucht, die sportbezogenen Einnahmen- und Ausgabenkategorien in die Ergebnisse der VGR

---

[231] Eigene Berechnungen. Die angegebene Werte und Prozentangaben sind auf Basis der vorhandenen Daten berechnet bzw. abgeschätzt worden. Die Prozentangaben beziehen sich auf das gesamte in der VGR für 2010 ausgewiesene Arbeitnehmerentgelt der öffentli-chen Kernhaushalte.

einzugliedern. In der VGR werden allerdings lediglich die öffentlichen Kernhaushalte erfasst. Unberücksichtigt bleiben bspw die Personalkosten, die im Bereich der sportbezogenen Eigenbetriebe anfallen. Diese belaufen sich auf brutto rund 0,277 Mrd. Euro bzw. netto rund 0,229 Mrd. Euro in 2008 und sollen an dieser Stelle der Vollständigkeit halber erwähnt werden.[232]

Da die Eigenbetriebe nicht in der VGR enthalten sind und zudem ein Übertrag der Daten der JAB von 2008 nach 2010 aufgrund der fehlenden Informationen nicht möglich ist, werden die Nettopersonalausgaben der sportbezogenen Eigenbetriebe nicht in der obigen Abbildung 30 mit einberechnet.

---

[232] Hiervon müssen noch die Zuweisungen und Zuschüsse der öffentlichen Haushalte abgezogen werden. Unklar ist, wie groß der Anteil der Zuweisungen und Zuschüsse für Laufende Zwecke ist, der für die Personalkosten verwendet wird. Da keinerlei weitere Informationen verfügbar sind, wird angenommen, dass sich diese zur Hälfte auf Personal- und sonstige laufende Kosten verteilen. Entsprechend wird das in der Sonderauswertung der JAB 2008 ausgewiesene Aufkommen an Zuschüssen (0,097 Mrd. Euro) halbiert und von den Bruttopersonalkosten abgezogen.

4.2 Sportbezogene Laufende Kosten

Unter Laufenden Kosten werden die Kosten verstanden, die den Gebietskörperschaften entstehen, um unmittelbar oder über Zuweisungen, Zuschüsse und Zuwendungen Sportorganisationen und -projekte finanziell zu unterstützen.[233] Dabei wird wiederum zwischen der Förderung des Sports (4.2.1), Sportstätten (4.2.2), Schul- und Hochschulsport (4.2.3) sowie Sportwissenschaft (4.2.4) unterschieden.

4.2.1 Förderung des Sports

Abgrenzung: Zu den Laufenden Kosten der öffentlichen Haushalte zur Förderung des Sports gehören bspw. Ausgaben für die Beschaffung von Sportbekleidung und -geräten der in öffentlichen Institutionen angestellten Spitzensportlern (insbesondere auf Bundesebene), Zuschüsse an Landessportbünde (insbesondere auf Ebene der Bundesländer) sowie Zuschüsse an Sportvereine und Stadtsportbünde (insbesondere auf kommunaler Ebene). Aufgrund der Heterogenität der geförderten Organisationen und Projekte lassen sich im Gegensatz zu den Personalausgaben zur Förderung des Sports (vgl. Kapitel 4.1.1) keine Schwerpunkte herausarbeiten. Dennoch wird im Folgenden versucht, die zu quantifizierenden Ausgaben auf den drei Ebenen der Gebietskörperschaften (sofern möglich) weiter aufzuschlüsseln.

Methoden zur Quantifizierung und Datenquellen: Als Datenquelle dienen die bereits beschriebenen Rechnungsergebnisse der öffentlichen Haushalte (Statistisches Bundesamt, 2010p). Auf Bundesebene können zusätzliche relevante Ausgaben aus der Übersicht über die Sportförderungsmittel des Bundes (BMI, 2008) entnommen werden. Zur Ergänzung werden auf Landesebene die im Anhang 14.11 im Detail aufgeführten Informationen zur Sportförderung aus dem Wettmittelfond hinzugezogen.

---

[233] Die genaue Definition ist den einleitenden Ausführungen in Kapitel 4 zu entnehmen.

Ergebnisse: Den Rechnungsergebnissen der öffentliche Haushalte (Statistisches Bundesamt, 2010p) zufolge können die Laufenden Kosten zur Förderung des Sports auf Bundesebene auf rund 87 Mio. Euro, auf Ebene der Landeshaushalte auf rund 302 Mio. Euro und auf kommunaler Ebene auf rund 571 Mio. Euro beziffert werden. Mit 85 Mio. Euro auf Bundes-, 242 Mio. Euro auf Landes- und 501 Mio. Euro auf kommunaler Ebene entfällt hiervon der weitaus größte Teil auf die Zahlungen an andere Bereiche. Hierunter fallen bspw. Zuwendungen und Zuschüsse an Sportorganisationen (Sportvereine, Stadtsportbünde).

Wie die einleitenden Definitionen bzgl. der Rechnungsergebnisse der öffentlichen Haushalte gezeigt haben, sind hierunter (neben den Zuschüssen für Laufende Zwecke) jedoch zudem die Investitionszuschüsse enthalten, die eigentlich als Investitionskosten im Kapitel 4.3 aufgeführt werden müssten. Sie lassen sich jedoch nicht aus den veröffentlichten Daten des Statistischen Bundesamtes (2010p) von den übrigen Zahlungen an andere Bereiche extrahieren.

Neben den in den Haushaltsplänen ausgewiesenen und in den öffentlichen Rechnungsstatistiken ausgewiesenen Beträgen müssen zudem solche Ausgaben erfasst werden, die unmittelbar von den Lottogesellschaften an Bereiche des Sports (insbesondere Landessportbünde) weitergegeben werden, ohne dass diese in den Haushaltsplänen der Länder verrechnet werden. Dies ist zurzeit für die Bundesländer Hessen und Saarland gegeben, wo die Landessportbünde mit jeweils 20 bzw. rund 14,5 Mio. Euro unmittelbar bezuschusst werden. Entsprechend sind die Laufenden Kosten auf Landesebene mit 336,5 Mio. Euro zu beziffern.

Darüber hinaus ist zu beachten, dass auf Ebene des Bundes nur ein (kleiner) Teil der tatsächlichen Ausgaben zur Förderung des Sports in den Rechnungsergebnissen enthalten sind. Enthalten in den rund 87 Mio. Euro sind lediglich ein Teil der Ausgaben des BMI, hierunter 73,796 Mio. Euro für zentrale Maßnahmen auf dem Gebiet des Sports, 8,551 Mio. Euro für Sporteinrichtungen (FES, IAT), 2,172 Mio. Euro für periodisch wiederkehrende Sportveranstaltungen, 1,166 Mio. Euro zur Dopingbekämpfung sowie 0,530 Mio. Euro für internationale Projekte und Tagungen.

Nicht enthalten sind hingegen die Zuschüsse an die WADA (0,513 Mio. Euro) sowie die Laufenden Kosten zur Förderung des Sports der Bundespolizei. Diese umfassen die Ausgaben für Sportbekleidung und -geräte, die ebenfalls in den anderen Bundesministerien mit Personalstellen für Spitzensportler (BMF, BMVg) anfallen. Die Ausgaben für Sportbekleidung und -geräte von BMI, BMF und BMVg beliefen sich 2007 auf rund 3,767 Mio. Euro. Darüber hinaus fielen 2007 weitere Laufende Kosten im AA, BMAS und dem BMFSFJ in Höhe von rund 10,729 Mio. Euro an (vgl. Tabelle 20).

Tab. 20: Laufende Kosten des Bundes (Ist 2007) zur Förderung des Sports.[234]

Ministerium	Institution	Art der Kosten	in 1.000 €
Laufende Kosten für Sportbekleidung und -geräte			
BMI	Bundespolizei	Beschaffung Sportbekleidung	50
		Beschaffung Sportgeräte	150
BMF	Zollverwaltung	Beschaffung Sportbekleidung	635
		Beschaffung Sportgeräte	224
BMVg	Bundeswehr	Sportsonderbekleidung für Lehrgangsteilnehmer	147
		Sportsonderbekleidung für SportFGrpBw	1.312
		Geräte, Ausstattungs- und Ausrüstungsgegenstände	450
		Erwerb von Turn- und Sportgerät	164
		Erst- und Ersatzbeschaffungen Sportgerät	635
			3.767
Sonstige Laufende Kosten			
AA		Förderung von Sportbeziehungen einschl. Sachspenden	2.825
BMAS		Einrichtungen u. Maßnahmen des Behindertensports	185
		Durchführung der Versehrtenleibesübungen	968
BMFSFJ		Kinder- und Jugendplan des Bundes	5.207
		sonstige	1.544
			10.729
Gesamtsumme			**14.496**

Entsprechend den obigen Ausführungen müssen auf Bundesebene zu den in den Rechnungsergebnissen der öffentlichen Haushalte veröffentlichten 87 Mio. Euro nach der im Rahmen der Studie getroffenen Abgrenzung weitere rund 14,5 Mio.

---

[234] Quelle: BMI, 2008.

Euro zu den Laufenden Kosten zur Förderung des Sports hinzugerechnet werden. Somit können die gesamten Laufenden Kosten zur Förderung des Sports im Jahr 2007 auf Bundesebene auf rund 101,5 Mio. Euro abgeschätzt werden.

Zusammenfassung, abschließende Bewertung und Forschungsdesiderata: Die Laufenden Kosten zur Förderung des Sports können insgesamt auf 1,009 Mrd. Euro beziffert werden. Mit 0,571 Mrd. Euro entfällt hiervon der Großteil auf die kommunalen Haushalte gefolgt von den Landeshaushalten mit 0,337 Mrd. Euro und dem Bundeshaushalt mit 0,1015 Mrd. Euro. Hierfür konnten die Rechnungsergebnisse der öffentlichen Haushalte auf Bundesebene durch Angaben aus der Übersicht über die Sportförderungsmittel des Bundes (BMI, 2008) sowie den in Hessen und im Saarland unmittelbar von den Lottogesellschaften an Bereiche des Sports (insbesondere Landessportbünde) abgeführten Mittel ergänzt werden (vgl. Anhang 14.11).

Es mussten keine Schätzungen vorgenommen werden. Insofern sind die Ergebnisse mit den Angaben in den Haushaltsplänen der Gebietskörperschaften konsistent. Zu beachten ist allerdings, dass ein Großteil der Laufenden Kosten Zuwendungen und Zuschüsse an andere Bereiche umfasst. Hierunter fallen neben den Zuschüssen für Laufende Zwecke zudem die Investitionszuschüsse, die eigentlich als Investitionskosten im Kapitel 4.3 aufgeführt werden müssten. Sie lassen sich jedoch nicht aus den veröffentlichten Daten des Statistischen Bundesamtes (2010p) von den übrigen Zahlungen an andere Bereiche extrahieren. Insofern sind die in diesem Kapitel identifizierten Kosten nicht trennscharf zum Kapitel 4.3.

4.2.2 Sportstätten

Abgrenzung: Zu den Laufenden Kosten der öffentlichen Haushalte für Sportstätten gehören die Ausgaben für die Unterhaltung und den Betrieb. Auf Bundesebene sind dies in erster Linie Kosten für den Betrieb der Sportschulen zur Ausbildung der in öffentlichen Institutionen angestellten Spitzensportler. Auf Ebene der Stadtstaaten und Kommunen sind dies insbesondere Ausgaben für die Unterhaltung und Bewirtschaftung der eigenen Sportstätten und Badeanstalten.

Methoden zur Quantifizierung und Datenquellen: Als Datenquelle dienen die bereits beschriebenen Rechnungsergebnisse der öffentlichen Haushalte (Statistisches Bundesamt, 2010p). Auf Bundesebene können zusätzliche relevante Ausgaben aus der Übersicht über die Sportförderungsmittel des Bundes (BMI, 2008) entnommen werden. Zusätzlich muss beachtet werden, dass Laufende Kosten auch in den sportbezogenen Eigenbetrieben anfallen. Hierfür kann wiederum die Jahresabschlussstatistik (JAB) herangezogen werden. Im Rahmen einer Sonderauswertung der JAB 2008 für das Projekt wurden die entsprechenden Daten für den Wirtschaftszweig 93.11 (WZ2008) vormals 92.61 (WZ2003) "Betrieb von Sportstätten" berechnet.

Ergebnisse: Den Rechnungsergebnissen der öffentliche Haushalte (Statistisches Bundesamt, 2010p) zufolge können die Laufenden Kosten für eigene Sportstätten auf Bundesebene auf rund 24 Mio. Euro, auf Ebene der Landeshaushalte auf rund 200 Mio. Euro und auf kommunaler Ebene auf rund 764 Mio. Euro beziffert werden. Hinzu kommen auf Ebene der Landeshaushalte rund 47 Mio. Euro und auf kommunaler Ebene rund 577 Mio. Euro an Laufenden Kosten für Badeanstalten. Darin enthalten sind wiederum Zahlungen für eigene Sportstätten an andere Bereiche in Höhe von 159 Mio. Euro sowie für Badeanstalten in Höhe von 221 Mio. Euro wie bspw. Zuschüsse und Zuweisungen an ausgegliederte Eigenbetriebe der Kommunen/Stadtstaaten.

Wie im vorangehenden Kapitel erläutert, sind in den Rechnungsergebnisse der öffentlichen Haushalte bei den Zahlungen an andere Bereiche Investitionszuschüsse enthalten, die eigentlich als Investitionskosten im Kapitel 4.3 aufgeführt werden müssten. Wie eine genauere Betrachtung der Laufenden Kosten für eigene Sportstätten auf Bundesebene zeigt, sind in den Zahlungen an öffentliche Bereiche ebenfalls Zahlungen für Bauinvestitionen enthalten. So teilen sich die 24 Mio. Euro auf Bundesebene auf die Bereiche Sportstättenbau (20,857 Mio. Euro), Goldener Plan Ost (2 Mio. Euro) sowie Stadien Berlin und Leipzig (1,094

Mio. Euro) auf. Dies sind alles Ausgaben, die dem obigen Verständnis nach als Investitionskosten im Kapitel 4.3 aufgeführt werden müssten. Im Gegensatz zu den Laufenden Kosten zur Förderung des Sports lassen diese mit Hilfe der Übersicht über die Sportförderungsmittel des Bundes (BMI, 2008) unmissverständlich identifizieren. Entsprechend werden die 24 Mio. Euro an "Laufenden Kosten" für Sportstätten auf Bundesebene in 2007 in das Kapitel 4.3.2 zu den "Investitionskosten" für Sportstätten verschoben.

Damit sind die Laufenden Kosten für Sportstätten auf Bundesebene jedoch nicht gleich Null zusetzen. Vielmehr muss beachtet werden, dass weitere (in den Rechnungsergebnissen der öffentlichen Haushalte des Statistischen Bundesamtes (2010p) nicht ausgewiesene Ausgaben hier relevant sind. So belaufen sich die Ausgaben für die Unterhaltung der Sportstätten auf Bundesebene (BMI, BMF, BMVg) auf rund 6,765 Mio. Euro (vgl. Tabelle 21). Darüber hinaus lassen sich auf Bundesebene keine weiteren Laufenden Kosten für den Bereich der Sportstätten identifizieren.

Tab. 21: Kosten (Ist 2007) für die Unterhaltung der Sportstätten des Bundes.[235]

Ministerium	Institution	Art der Kosten	in 1.000 €
BMI	Bundespolizei	Betrieb Sportschule Bad Endorf	228
		Neu-, Ergänzung- u. Erstausstattung Sportschule Bad Endorf	11
		Betrieb OSP Cottbus	47
		Neu-, Ergänzung- u. Erstausstattung Sportschule OSP Cottbus	0
		Betrieb Sportanlagen	1.246
BMF	Zollverwaltung	Betrieb Sportanlagen	279
BMVg	Bundeswehr	Sportplatzpflegegeräte	1.460
		Liegenschaftsbetriebskosten Sportschule der Bundeswehr	3.494
			6.765

---

[235] Quelle: BMI, 2008.

In den sportbezogenen Eigenbetrieben fallen rund 0,315 Mrd. Euro an Laufenden Kosten an (Aufwendungen für Roh-, Hilfs-, Betriebsstoffe, Waren/Leistungen).

Zusammenfassung, abschließende Bewertung und Forschungsdesiderata: Insgesamt belaufen sich die Laufenden Kosten für Sportstätten der Kernhaushalte auf rund 1,595 Mrd. Euro. Mit 1,341 Mrd. Euro entfällt dabei der mit Abstand größte Anteil auf die kommunalen Haushalte, gefolgt von den Landeshaushalten mit 0,247 Mrd. Euro und dem Bundeshaushalt mit 0,0068 Mrd. Euro. Hinzu kommen rund 0,315 Mrd. Euro an Laufenden Kosten für sportbezogene Eigenbetriebe.

Wie im vorangegangenen Kapitel konnten die Rechnungsergebnisse der öffentlichen Haushalte auf Bundesebene durch Angaben aus der Übersicht über die Sportförderungsmittel des Bundes (BMI, 2008) ergänzt bzw. "bereinigt" werden (vgl. Anhang 14.11). Unter "Bereinigung" ist in diesem Zusammenhang das Verschieben der 24 Mio. Euro auf Bundesebene in das Kapitel 4.3.2 zu den "Investitionskosten" für Sportstätten verstanden. Diese Maßnahme erscheint für eine Ausgabenart-spezifische Betrachtung, wie Sie hier durchgeführt wird, zweckmäßig und notwendig. Zu beachten ist allerdings, dass auf Basis der veröffentlichten Daten des Statistischen Bundesamtes (2010p) derartige "Fälle" auf Ebene der Landes- und kommunalen Haushalte nicht aufgedeckt werden können. Insofern sind die in diesem Kapitel identifizierten "Laufenden Kosten" nicht immer trennscharf zu den "Investitionskosten" im Kapitel 4.3.

4.2.3 Schul- und Hochschulsport

Abgrenzung: Laufende Kosten im Bereich Schul- und Hochschulsport beziehen sich bspw. auf die Ausgaben für Sportgeräte und -ausrüstung. Darüber hinaus fallen Laufende Kosten für die Nutzung von Sportstätten an. Inwiefern ein Teil der Laufenden Kosten für die Nutzung kommunaler Sportstätten des Bereiches „Schul- und Hochschulsport" bereits im Bereich "Sportstätten" enthalten ist, kann anhand der verfügbaren Daten nicht geklärt werden. Im Folgenden wird diskutiert, inwiefern der Schul- und Hochschulanteil bei sonstigen Laufenden Kosten wie bspw. Sportgeräte und -ausrüstung quantifiziert werden kann.

Methoden zur Quantifizierung und Datenquellen: Wie die gesamten Perso-nalkosten für Schulen und Verwaltung lassen sich auch die gesamten Ausgaben für Laufenden Sachaufwand der Schulen in Deutschland bestimmen. Sie ergeben sich dabei als Produkt aus "Laufendem Sachaufwand" pro Schüler/in in 2007 (600 Euro, vgl. Statistisches Bundesamt, 2010o) und der Gesamtzahl an Schü-ler/innen in Deutschland im Jahr 2007 (9,184 Mio., vgl. Statistisches Bundesamt, 2010q). Mit Hilfe der Sportstundenanzahl (2,2) sowie der durchschnittlichen Pflichtstundenanzahl (26,55) kann der sportbezogene Pflichtstundenanteil appro-ximiert werden (8,29%). Dieser Anteil kann verwendet werden, um aus dem gesamten Laufenden Sachaufwand den sportbezogenen Anteil zu approximie-ren.

Wie bereits im Kapitel (4.1.3) zu den Personalkosten im Bereich Schul- und Hochschulsport angemerkt, sind die Finanzierungsmodelle im Bereich Hoch-schulsport durch eine extreme Heterogenität geprägt. Entsprechend ist bis dato keine (amtliche) Statistik verfügbar, um die Kosten der Länder für den Bereich des Hochschulsports zu quantifizieren. Grds. sind die Ausgaben für Hochschul-sport in den Haushaltsplänen enthalten. Allerdings werden sie mit wenigen Aus-nahmen (Bayern und Nordrhein-Westfalen, siehe Anhang 14.11) nicht separat ausgewiesen.

Grds. könnte ausgehend von den Angaben in den Haushaltsplänen der beiden genannten Bundesländer versucht werden, den sportbezogenen Anteil an den gesamten Laufenden Ausgaben zu bestimmen. Im Falle der genannten Länder erfolgt allerdings eine unterschiedliche Zuordnung. Während die Ausgaben für Hochschulsport in Bayern mit den Funktionsziffern 131 "Universitäten" und 136 "Fachhochschulen" ausgewiesen werden, sind sie in Nordrhein-Westfalen in der Funktionsziffer 324 "Förderung des Sports" enthalten. Im Fall von Nordrhein-Westfalen sind die Laufenden Ausgaben für Hochschulsport entsprechend bereits im Kapitel (4.1.1) mit beachtet worden, während sie im Fall von Bayern zusätzlich beachtet werden müssten.

Auf Basis der verfügbaren Daten können keine Rückschlüsse gezogen werden, welche Bundesländer die Ausgaben in den Haushaltsplänen wie Bayern unter den Funktionsziffern 131 "Universitäten" und 136 "Fachhochschulen" oder wie Nordrhein-Westfalen in der Funktionsziffer 324 "Förderung des Sports" ausweisen. Vereinfachend wird im Folgenden davon ausgegangen, dass bei der Hälfte aller Bundesländer die Laufenden Ausgaben für Hochschulsport in den Laufenden Ausgaben von Hochschulen enthalten sind. Entsprechend kann der Prozentteil von Laufenden Ausgaben für Hochschulsport an den gesamten Ausgaben in Bayern mit Hilfe von Daten der Fachserie 11, Reihe 4.5, des Statistischen Bundesamtes (2010m) berechnet und durch Multiplikation mit der Hälfte der gesamten Ausgaben der Länder hochgerechnet werden (Teil 1).

Das (bereits in den Laufenden Ausgaben zur "Förderung des Sports" enthaltende) Ausgabenvolumen der anderen Hälfte der Bundesländer kann auf Basis der Angaben im Haushaltsplan von Nordrhein-Westfalen abgeschätzt werden. So kann zunächst der prozentuale Anteil der Ausgaben zur Förderung des Hochschulsports an den gesamten Ausgaben zur Förderung des Sports berechnet werden. Im Anschluss daran kann dieser Anteil mit der Hälfte der Laufenden Kosten der Länder zur Förderung des Sports multipliziert werden, um die andere Hälfte der Laufenden Ausgaben für Hochschulsport abzuschätzen (Teil 2).

Diesem sehr ungenauen Ansatz entsprechend, ergibt sich das abgeschätzte gesamte Volumen an Laufenden Ausgaben zur Förderung des Hochschulsports als Summe der beiden oben beschriebenen Teile.

Ergebnisse: Die Laufenden Kosten für Sport an Schulen können wie oben beschrieben über eine Gewichtung des Laufenden Sachaufwands approximiert werden. Entsprechend beläuft sich der relevante gesamte Laufende Sachaufwand auf rund 5,510 Mrd. Euro.[236] Wird der ermittelte sportbezogene Anteil am

---

[236] 600 Euro * 9,814 Mio. Schüler/innen.

Pflichtstundenkontingent (8,29%) verwendet, kann der sportbezogene Laufende Sachaufwand von Schulen auf rund 0,457 Mrd. Euro abgeschätzt werden.

Die Sachausgaben für Hochschulsport werden in Bayern im Jahr 2007 auf rund 1,627 Mio. Euro beziffert, während die gesamten Ausgaben für Laufenden Sachaufwand der Hochschulen in Bayern zum gleichen Zeitpunkt auf 1.615,3 Mio. Euro beziffert werden. Damit ergibt sich ein Anteil des Hochschulsports an den gesamten Laufenden Ausgaben in Höhe von rund 1 Promille. Bei gesamten Ausgaben in allen Ländern für Laufende Sachkosten der Hochschulen in Höhe von 11.578,8 Mio. Euro können die Laufenden Kosten für Hochschulsport auf rund 11,7 Mio. Euro beziffert werden. Da Angenommen wird, das nur die Hälfte der Haushaltspläne der Bundesländer die Laufenden Ausgaben für Hochschulsport in den Laufenden Ausgaben von Hochschulen enthalten, kann das relevante, im weiteren Verlauf zu Grunde gelegte Aufkommen an Laufenden Ausgaben für Hochschulsport auf rund 6 Mio. Euro geschätzt werden (Teil 1).

Der andere (bereits in den Laufenden Ausgaben zur "Förderung des Sports" enthaltende) Teil der Laufenden Ausgaben für Hochschulsport kann wie folgt bestimmt werden: Die Zuschüsse zur Förderung des Allgemeinen Hochschulsports in Nordrhein-Westfalen belaufen sich auf 0,593 Mio. Euro in 2010. Bei gesamten Laufenden Ausgaben zur Förderung des Sports in Höhe von rund 46,727, ergibt sich ein Anteil des Hochschulsports an den gesamten Laufenden Ausgaben zur Förderung des Sports in Höhe von 1,27 Prozent.[237] Bei geschätzten Laufenden Gesamtausgaben der Länder zur Förderung des Sports in Höhe von rund 302 Mio. Euro (vgl. Kapitel 4.2.1) können die Laufenden Kosten für Hochschulsport nach diesem Ansatz auf rund 4 Mio. Euro geschätzt werden. Da Angenommen wird, das nur die Hälfte der Haushaltspläne der Bundesländer die Laufenden Ausgaben für Hochschulsport in den Laufenden Ausgaben zur Förderung des Sports enthalten, kann das relevante, Aufkommen an Laufenden Ausgaben für Hochschulsport auf rund 2 Mio. Euro geschätzt werden (Teil 1).

---

[237] siehe Ausführungen zu den Haushaltsplänen im Anhang 14.11.

Werden die beiden Teilsummen addiert, können die gesamten Laufenden Ausgaben zur Förderung des Hochschulsports auf rund 8 Mio. Euro geschätzt werden. Da hiervon 2 Mio. Euro bereits in den Laufenden Ausgaben zur Förderung des Sports enthalten sind (Kapitel 4.2.1), werden für die Gesamtschau der Laufenden Ausgaben nur die zusätzlichen 6 Mio. Euro weiter verwendet.

Zusammenfassung, abschließende Bewertung und Forschungsdesiderata:
Mit Hilfe der oben beschriebenen Quellen und Berechnungsansätze kann der sportbezogene Laufende Sachaufwand von Schulen auf 0,457 Mrd. Euro abgeschätzt werden. Auf Basis der vorhandenen Informationen kann die Zuverlässigkeit des Ergebnisses nicht näher beurteilt werden.

Der sportbezogene Anteil der Laufenden Kosten zur Förderung des Hochschulsports lässt sich aufgrund der Heterogenität der Finanzierungsmodelle und der äußerst mangelhaften Datenlage mit den vorhandenen Daten nur sehr grob abschätzen. Ermittelt wurden 8 Mio. Euro, von denen rund 2 Mio. Euro bereits in den Laufenden Ausgaben zur Förderung des Sports enthalten sind. Neben dem oben beschriebenen äußerst groben Vorgehen im Rahmen der Schätzung ist zudem zu beachten, dass die ermittelten Ausgaben der Hochschulen nicht zwingend zur Gänze mit Mitteln der Länder finanziert wurden. Sie können zudem über Drittmitteleinnahmen und/oder Verwaltungseinnahmen (z.B. Gebühren) finanziert worden sein. Insgesamt werden 0,463 Mrd. Euro an Laufenden Kosten für Schul- und Hochschulsport auf Länderebene angesetzt.

Wie bereits im Kapitel zu den Personalkosten (4.1.3) angemerkt, wäre für eine genauere Erfassung eine Datenerhebung auf Seiten der Hochschulen notwendig. Würde eine entsprechende Auswahl (nach Bundesländern und Größe der Einrichtung) der befragten Hochschulen vorab getroffen, ließe sich der sportbezogene Anteil der Laufenden Kosten zur Förderung des Hochschulsports weitaus zuverlässiger abschätzen.

4.2.4 Sportwissenschaft

Abgrenzung: Im Rahmen dieses Abschnitts wird versucht, die Laufenden Kosten der Sportwissenschaft zu quantifizieren. Dabei werden zum einen die Laufenden Kosten, die an Hochschulen/Fakultäten in der Fächergruppe „Sport" auf Ebene der Bundesländer anfallen, betrachtet. Zudem werden die Laufenden Kosten durch Zuwendungen und Zuschüsse der Sportwissenschaft auf Bundesebene thematisiert.

Methoden zur Quantifizierung und Datenquellen: Die Laufenden Kosten des Bundes können aus der Übersicht über die Sportförderungsmittel des Bundes (BMI, 2008) direkt entnommen werden. Die Laufenden Kosten, die an Hochschulen/Fakultäten in der Fächergruppe „Sport" auf Ebene der Bundesländer anfallen, sind nicht unmittelbar in den Haushaltsplänen der Bundesländer abzulesen. Dafür werden Sie in der oben bereits beschriebenen Fachserie 11, Reihe 4.5, des Statistischen Bundesamtes (2010m) ausgewiesen. Unter Laufenden Ausgaben werden dort allerdings die Personalausgaben subsummiert. Da diese bereits im Kapitel 4.1.4 separat betrachtet wurden, werden im Folgenden von den in der Fachserie ausgewiesenen Laufenden Ausgaben lediglich die "Unterhaltung der Grundstücke und Gebäude (inkl. Mieten und Pachten" sowie die "sonstigen laufenden Ausgaben" herangezogen.

Ergebnisse: Übersicht über die Sportförderungsmittel des Bundes (BMI, 2008) zufolge belaufen sich die Laufenden Kosten[238] des BISp auf rund 2,868 Mio. Euro. Darüber hinaus können die Ausgaben des BMU (0,406 Mio. Euro) und die Ausgaben den BMBF (0,548 Mio. Euro) in den Bereich der "Laufenden Ausgaben" für Sportwissenschaft eingeordnet werden.

Der Fachserie 11, Reihe 4.5, des Statistischen Bundesamtes (2010m) zufolge, können die Laufenden Ausgaben der Hochschulen im Bereich Sport des Landes

---

[238] Ausgewiesen als "sächliche Verwaltungsausgaben" sowie "Zuwendungen und Zuschüsse (einschl. Forschungsmittel)".

auf 27,189 Mio. Euro und die des Bundes auf 0,21 Mio. Euro[239] beziffert werden.

Zu beachten ist allerdings wiederum, dass die Ausgaben der Hochschulen nicht zwingend (zur Gänze) über Mittel von Bund und Ländern finanziert werden, da darüber hinaus Drittmittel- und oder Verwaltungseinnahmen (z.B. Studiengebühren) herangezogen werden können. Werden wiederum die Quoten von Ländern und Bund von Einnahmen (der Hochschulen der Fächergruppe Sport aus Studierendenbeiträgen, wirtschaftlicher Tätigkeit, Drittmitteln und anderen Einnahmen aus Zuweisungen und Zuschüssen (ohne Träger)) zu gesamten Ausgaben herangezogen (für solche mit dem Träger Land: 27,91%, für solche mit dem Träger Bund: 0,70%) sowie vereinfachend unterstellt, dass die Gelder stets im gleichen Verhältnis wie die Einnahmen auch investiert werden, würden sich für die Gebietskörperschaften relevante Laufende Kosten auf Ebene der Länder von rund 19,8 Mio. Euro ergeben. Die Ausgaben des Bundes belaufen sich entsprechend auf rund 0,21 Mio. Euro.

Zusammenfassung, abschließende Bewertung und Forschungsdesiderata:
Zusammenfassend können die Laufenden Ausgaben für Sportwissenschaft auf Ebene des Bundes auf rund 4 Mio. Euro beziffert werden. Hinzu kommen Laufende Ausgaben der Länder von rund 20 Mio. Euro.

Wie die Ausführungen zur den gewählten Berechnungsansätzen zeigen, sind die Ergebnisse als zuverlässig zu bewerten. Weiterer Forschungsbedarf zur Quantifizierung der Laufenden Kosten im Bereich "Sportwissenschaft" besteht nicht.

---

[239] Die Laufenden Ausgaben von Hochschulen in privater Trägerschaft (0,148 Mio. Euro) werden hier nicht weiter beachtet.

4.2.5 Zusammenfassende Darstellung und Einordnung in die VGR

Ausgangsbasis zur Berechnung der sportbezogenen Laufenden Kosten bildete wiederum die Fachserie 14, Reihe 3.5 des Statistischen Bundesamtes (2010p). Ergänzt wurde die Daten der Rechnungsergebnisse um die Laufenden Kosten der Bundesministerien zur Förderung des Sports (bspw. zur Anschaffung von Sportbekleidung und -geräten), zum Betrieb von bspw. Sportschulen, für sportbezogenen Sachaufwand an Schulen, zur Förderung des Hochschulsports sowie Laufende Kosten des BISp und an Hochschulen der Fächergruppe Sport ergänzt. Neben diesen, den Kernhaushalten zurechenbaren Ausgaben, wurden zudem die Laufenden Ausgaben der sportbezogenen Eigenbetriebe beachtet.

Bzgl. der Abschätzung der sportbezogenen Laufenden Ausgaben von Schulen sowie Hochschulen für den Hochschulsport gelten die gleichen einschränkenden Bemerkungen wie in Kapitel 4.1.5 beschrieben.

Tabelle 22 fasst die in diesem Abschnitt abgeschätzten sportbezogenen Laufenden Bruttoausgaben der öffentlichen Kernhaushalte noch einmal zusammen. Insgesamt belaufen sich die sportbezogenen Laufenden Bruttoausgaben auf rund 3,091 Mrd. Euro, wobei mit 1,912 Mrd. Euro der größte Teil auf die kommunalen Haushalte entfällt.

Tab. 22: Die geschätzten sportbezogenen Laufenden Bruttoausgaben der öffentlichen Kernhaushalte (in Mio. Euro) in 2007.

Sportbereich	Bund	Länder	Kommunen	gesamt
Förderung des Sports	102	337	571	1.010
Sportstätten	7	247	1341	1.595
Schul- und Hochschulsport	0	463	0	463
Sportwissenschaft	4	20	0	24
	112	1.067	1.912	**3.091**

Zur Einordnung in die Ergebnisse der VGR 2010 (Rechnungsstand Februar 2011) müssen wiederum zwei wesentliche Schritte vollzogen werden. (1) Zunächst ist festzustellen, wo die in den obigen Abschnitten erfasste Ausgabenart

"Laufende Kosten" in der Logik der VGR anzusiedeln ist. (2) Zum anderen muss ein Übergang von Bruttoausgaben (wie sie in den vorangegangenen Abschnitten ermittelt wurden) zu den Nettoausgaben (wie sie in der VGR ausgewiesen sind) vollzogen werden.

Der Übergang von Brutto- zu Nettoausgaben wird analog zum in Abschnitt 4.1.5 beschriebenen Vorgehen vollzogen.[240] Die Identifikation der "Laufenden Kosten" in der Ausweis-Logik der VGR ist allerdings nicht ohne weiteres möglich, da im Gegensatz zu den Personalkosten, die per definitionem den in der VGR ausgewiesenen Arbeitnehmerentgelten entsprechen, keine entsprechende Kategorie für die oben definierten und im Rahmen dieser Studie verwendeten "Laufenden Kosten" gegeben ist. Daher werden die "Laufenden Kosten" der aggregierten übrigen Ausgaben (ohne Arbeitnehmerentgelte) der VGR gegenübergestellt. Die aggregierten übrigen Ausgaben (ohne Arbeitnehmerentgelte) wurden in der VGR für 2007 mit einer Höhe von 891,130 Mrd. Euro ausgewiesen.

Darüber hinaus ist zu beachten, dass in den vorhandenen und verwendeten Datenquellen in diesem Abschnitt nicht immer trennscharf zwischen "Laufenden Kosten" und "Investitionskosten", wie sie im Rahmen dieser Studie definiert wurden, unterschieden wird. Deutlich wurde dies an dem Beispiel der Ausgaben des Bundes für Sportstätten. Mit Hilfe der Detailangaben in der Übersicht der Sportförderungsmittel des Bundes (BMI, 2008) konnten die unter "Laufenden Kosten" ausgewiesenen Zuweisungen, Zuschüsse und Zuwendungen für Investitionen identifiziert werden und entsprechend bei den "Laufenden Kosten" im Bereich "Sportstätten" heraus gerechnet werden. Aufgrund von fehlenden Detailinformationen ist diese Identifikation für die Länder- und kommunalen Haushalte allerdings nicht möglich. Insofern ist zu vermuten, dass in den aggregierten Angaben zu den "Laufenden Kosten" von Ländern und Kommunen zudem ein

---

[240] Die Quoten wurden berechnet mit Hilfe der in den Rechnungsergebnissen der öffentlichen Haushalte ausgewiesenen Brutto- und Nettoausgaben (aggregiert für Länder und Kommunen) für die jeweiligen Bereiche. Für den Bereich "Förderung des Sports ergibt sich: 98,10% = 929 / 947, für die Bereiche "eigene Sportstätten" und Badeanstalten" zusammen ergibt sich: 93,61% = 0,5*(991 / 1049 + 1623 / 1750). Basierend auf diesen beiden Quoten kann für die Bereiche "Schul- und Hochschulsport" sowie "Sportwissenschaft" der Mittelwert gebildet werden 95,86% = 0,5*(98,10% + 93,61%).

Teil an Investitionszuschüssen, die eigentlich im nachfolgenden Kapitel 4.3 thematisiert werden, enthalten sind.

Tabelle 23 fasst die in diesem Abschnitt abgeschätzten sportbezogenen Laufenden Nettoausgaben der öffentlichen Kernhaushalte noch einmal zusammen. Insgesamt belaufen sich die sportbezogenen Laufenden Nettoausgaben auf rund 2,952 Mrd. Euro, wobei mit 1,815 Mrd. Euro der größte Teil auf die kommunalen Haushalte entfällt.

Tab. 23: Die geschätzten sportbezogenen Laufenden Nettoausgaben der öffentlichen Kernhaushalte (in Mio. Euro) in 2007.

Sportbereich	Bund	Länder	Kommunen	gesamt
Förderung des Sports	102	331	560	992
Sportstätten	7	231	1.255	1.493
Schul- und Hochschulsport	0	444	0	444
Sportwissenschaft	4	19	0	23
	112	1.025	1.815	**2.952**

Wie erwähnt werden die hier identifizierten sportbezogene Laufenden Nettoausgaben in Relation zu den in der VGR für 2007 ausgewiesenen gesamten übrigen Ausgaben (ohne Arbeitnehmerentgelte) gebracht. Wird die eingangs getroffene Abgrenzungslogik beibehalten, wonach die Bereiche "Förderung des Sports" und "Sportstätten" zur Kerndefinition des Sports und die Bereiche "Schul- und Hochschulsport" sowie "Sportwissenschaft" zusätzlich zur engen und weiten Abgrenzung des Sports zugeordnet werden, entfällt von den für 2007 in der VGR ausgewiesenen 891,130 Mrd. Euro aggregierten übrigen Ausgaben (ohne Arbeitnehmerentgelte) 0,28% bzw. 0,33% auf die Kern- bzw. enge und weite Definition des Sports.

Wird vereinfachend angenommen, dass der sportbezogene Anteil der "Laufenden Kosten" an den aggregierten übrigen Ausgaben (ohne Arbeitnehmerentgelte) zwischen den Jahren 2007 und 2010 gleich geblieben ist, können abschließend die öffentlichen sportbezogenen Laufenden Nettoausgaben in 2010 in Abhängigkeit von der gewählten Definition geschätzt werden (vgl. Abbildung 31).

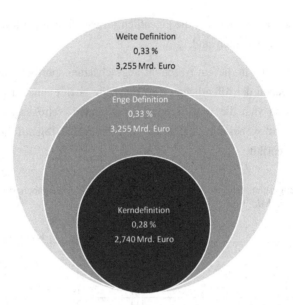

Abb. 31: Die geschätzten Nettoausgaben der öffentlichen Kernhaushalte für sportbezogene Laufende Kosten (in Mrd. Euro) in 2010 in Abhängigkeit von der Abgrenzung.[241]

In der Betrachtung fehlen allerdings noch die Laufenden Kosten der sportbezogenen Eigenbetriebe. Diese belaufen sich auf brutto rund 0,315 Mrd. Euro. Hiervon müssen noch die Zuweisungen und Zuschüsse der öffentlichen Haushalte für
Laufende Zwecke abgezogen werden. Entsprechend lassen sich die der Kerndefinition des Sports zuzuordnenden Laufenden Nettoausgaben der sportbezogenen
Eigenbetriebe in 2008 auf rund 0,267 Mrd. Euro beziffern.[242]

---

[241] Eigene Berechnungen. Die angegebene Werte und Prozentangaben sind auf Basis der
vorhandenen Daten berechnet bzw. abgeschätzt worden. Die Prozentangaben beziehen
sich auf die gesamten in der VGR für 2010 ausgewiesenen übrigen Ausgaben (ohne Arbeitnehmerentgelte) der öffentlichen Kernhaushalte.
[242] Unklar ist, wie groß der Anteil der Zuweisungen und Zuschüsse für Laufende Zwecke
ist. Da keinerlei weitere Informationen verfügbar sind, wird angenommen, dass sich diese
zur Hälfte auf Personal- und sonstige laufende Kosten verteilen. Entsprechend wird das in
der Sonderauswertung der JAB 2008 ausgewiesene Aufkommen an Zuschüssen (0,097
Mrd. Euro) halbiert und von den Laufenden Bruttoausgaben abgezogen. Da die Eigenbetriebe nicht in der VGR enthalten sind und zudem ein Übertrag der Daten der JAB von

4.3 Sportbezogene Investitionskosten

Unter Investitionskosten werden die Ausgaben der Gebietskörperschaften sub-summiert, die unmittelbar oder über Zuweisungen, Zuschüsse und Zuwendungen für Investitionen in bspw. den Gebäude- und Sportstättenbau oder den Erwerb von Grundstücken ausgegeben werden.[243] Dabei wird wiederum zwischen der Förderung des Sports (4.3.1), Sportstätten (4.3.2), Schul- und Hochschulsport (4.3.3) sowie Sportwissenschaft (4.3.4) unterscheiden.

4.3.1 Förderung des Sports

Abgrenzung: Zu den Investitionskosten der öffentlichen Haushalte zur Förde-rung des Sports gehören bspw. Ausgaben sowie Zuweisungen, Zuschüsse und Zuwendungen für Investitionen in bspw. Kraftfahrzeuge, EDV oder ähnliches. Aufgrund mangelnder Informationen in den Datenquellen kann die Quantifizie-rung wie im Kapitel (4.2.1) nicht nach Investitionsschwerpunkten herausgearbei-tet werden. Daher werden die Ausgaben im Folgenden lediglich nach den drei Ebenen der Gebietskörperschaften aufgeschlüsselt dargestellt.

Methoden zur Quantifizierung und Datenquellen: Als Datenquelle dienen die bereits beschriebenen Rechnungsergebnisse der öffentlichen Haushalte (Statisti-sches Bundesamt, 2010p). Auf Bundesebene kann auf Basis der Angaben in der Übersicht über die Sportförderungsmittel des Bundes (BMI, 2008) keine Ab-grenzung zwischen Laufenden Kosten und Investitionskosten zur "Förderung des Sports" getroffen werden. Aus diesem Grund wurden (neben den identifizierten Personalkosten, vgl. Kapitel 4.1.1) sämtliche Ausgaben bereits im Rahmen der Ausführungen zu den Laufenden Kosten zur "Förderung des Sports" (vgl. Kapi-tel 4.2.1) aufgeführt.

2008 nach 2010 aufgrund der fehlenden Informationen nicht möglich ist, werden die Laufenden Nettoausgaben der sportbezogenen Eigenbetriebe nicht in der obigen Abbil-dung 31 mit einberechnet.
[243] Die genaue Definition ist den Erläuterungen zu Beginn von Kapitel 4 zu entnehmen.

Ergebnisse: Den Rechnungsergebnissen der öffentlichen Haushalte (Statistisches Bundesamt, 2010p) zufolge belaufen sich die Investitionskosten im Bereich "Förderung des Sports" auf rund 18 Mio. Euro. Der komplette Betrag entfällt hierbei auf die kommunalen Haushalte.

Zusammenfassung, abschließende Bewertung und Forschungsdesiderata: Auf Basis der Rechnungsergebnisse der öffentlichen Haushalte lassen sich die "Investitionskosten" im Bereich "Förderung des Sports" auf rund 18 Mio. Euro abschätzen. Aufgrund von fehlenden Informationen kann jedoch nicht mit Sicherheit geklärt werden, ob und in welchem Ausmaß Zuweisungen, Zuschüsse und Zuwendungen für Investitionen im Bereich "Förderung des Sports" evtl. bereits in den "Laufenden Kosten" enthalten sind. Insofern ist zu vermuten, dass in den aggregierten Angaben zu den "Investitionskosten" von Ländern und Kommunen ein Teil an Investitionszuschüssen nicht enthalten ist.

4.3.2 Sportstätten

Abgrenzung: Zu den Investitionskosten der öffentlichen Haushalte für Sportstätten gehören unmittelbare Ausgaben sowie Zuweisungen, Zuschüsse und Zuwendungen für Investitionen in den Gebäude- und Sportstättenbau ebenso wie in den Erwerb von Grundstücken. Auf Bundesebene sind dies in erster Linie Kosten für Baumaßnahmen der Sportschulen zur Ausbildung der in öffentlichen Institutionen angestellten Spitzensportler. Auf Ebene der Stadtstaaten und Kommunen sind dies insbesondere Ausgaben für Baumaßnahmen der eigenen Sportstätten und Badeanstalten.

Kommunale Sportstätten werden z.T. sowohl für Vereins- als auch für Schulsport genutzt. Der kommunale Schulsportstätten-Anteil der Investitionskosten ist bereits in den folgenden Berechnungen enthalten. Eine Herausrechnung ist nicht möglich. Der länderbezogene Schulsportstätten-Anteil der Investitionskosten wird im Abschnitt 4.3.3 separat berechnet.

Methoden zur Quantifizierung und Datenquellen: Als Datenquelle dienen die bereits beschriebenen Rechnungsergebnisse der öffentlichen Haushalte (Statistisches Bundesamt, 2010p). Auf Bundesebene können zusätzliche relevante Ausgaben aus der Übersicht über die Sportförderungsmittel des Bundes (BMI, 2008) entnommen werden.

Zusätzlich muss beachtet werden, dass Investitionskosten auch in den sportbezogenen Eigenbetrieben anfallen. Hierfür kann wiederum die Jahresabschlussstatistik (JAB) herangezogen werden. Im Rahmen einer Sonderauswertung der JAB 2008 für das Projekt wurden die entsprechenden Investitionskosten für den Wirtschaftszweig 93.11 (WZ2008) vormals 92.61 (WZ2003) "Betrieb von Sportstätten" zwar nicht unmittelbar berechnet. Zur Approximation kann jedoch im Folgenden der im Anlagenachweis angegebene Zugang an Sachanlagevermögen und immateriellen Vermögensgegenständen zur Approximation der Investitionskosten herangezogen werden.

Ergebnisse: Den Rechnungsergebnissen der öffentliche Haushalte (Statistisches Bundesamt, 2010p) zufolge können die Investitionskosten für eigene Sportstätten auf Ebene der Landeshaushalte auf rund 11 Mio. Euro und auf kommunaler Ebene auf rund 515 Mio. Euro beziffert werden. Hinzu kommen auf kommunaler Ebene rund 200 Mio. Euro an Investitionskosten für Badeanstalten.

Wie im vorangehenden Kapitel (4.2.2) erläutert, sind in den Rechnungsergebnisse der öffentlichen Haushalte bei den Zahlungen an andere Bereiche Investitionszuschüsse enthalten. Entsprechend werden die 24 Mio. Euro an "Laufenden Kosten" für Sportstätten auf Bundesebene zu den "Investitionskosten" für Sportstätten in diesem Kapitel hinzu gerechnet. Darüber hinaus können auf Bundesebene weitere sportbezogene Investitionskosten identifiziert werden, die dem BMI, BMF und BMVg zugeordnet werden können. Insgesamt belaufen sich die Ausgaben auf Bundeseben auf rund 36,151 Mio. Euro (vgl. Tabelle 24).

Hinzu kommen die Investitionskosten der sportbezogenen Eigenbetriebe, die dem Zugang an Sachanlagevermögen und immateriellen Vermögensgegenständen endsprechen. Dies sind rund 327 Mio. Euro in 2008.

Tab. 24: Kosten (Ist 2007) für den Sportstättenbau des Bundes.[244]

Ministerium	Institution	Art der Kosten	in 1.000 €
BMI		Sportstättenbau	20.857
		Goldener Plan Ost	2.000
		Stadien Berlin und Leipzig	1.094
	Bundespolizei	Baumaßnahmen Sportschule Bad Endorf	100
		Aus- Umbau von Sporthallen	384
BMF	Zollverwaltung	Baumaßnahmen (u.a. Raumschießanlage)	830
BMVg	Bundeswehr	große und kleine Baumaßnahmen	10.886
			36.151

Zusammenfassung, abschließende Bewertung und Forschungsdesiderata: Insgesamt belaufen sich die Investitionskosten für Sportstätten auf rund 762 Mio. Euro. Mit 715 Mio. Euro entfällt dabei der mit Abstand größte Anteil auf die kommunalen Haushalte, gefolgt vom Bundeshaushalt mit 36 Mio. Euro und von den Landeshaushalten mit 11 Mio. Euro. Hinzu kommen die Investitionskosten der sportbezogenen Eigenbetriebe in Höhe von rund 327 Mio. Mrd. Euro.

Wie im vorangegangenen Kapitel konnten die Rechnungsergebnisse der öffentlichen Haushalte auf Bundesebene durch Angaben aus der Übersicht über die Sportförderungsmittel des Bundes (BMI, 2008) ergänzt bzw. "bereinigt" werden (vgl. Anhang 14.11). Unter "Bereinigung" ist in diesem Zusammenhang auf Bundesebene die Aufnahme der 24 Mio. Euro an "Laufenden Kosten" für Sportstätten aus dem Kapitel 4.2.2 verstanden. Diese Maßnahme erscheint für eine Ausgabenart-spezifische Betrachtung, wie Sie hier angestrebt wird, zweckmäßig und notwendig.

Zu beachten ist allerdings, dass auf Basis der veröffentlichten Daten des Statistischen Bundesamtes (2010p) derartige "Fälle" auf Ebene der Landes- und kommunalen Haushalte nicht „aufgedeckt" werden können. Insofern sind die in diesem Kapitel identifizierten "Laufenden Kosten" nicht immer trennscharf zu den "Investitionskosten" im Kapitel 4.3.

---

[244] Quelle: BMI, 2008.

4.3.3 Schul- und Hochschulsport

Abgrenzung: Investitionskosten im Bereich Schul- und Hochschulsport beziehen sich bspw. auf Baumaßnahmen für Schul- und Hochschulsportstätten.

Auf Basis der verfügbaren Angaben, können keine Aussagen zu den Investitionsausgaben für Hochschulsportstätten abgeleitet werden. Im Folgenden wird jedoch versucht, den sportbezogenen Anteil an Investitionsausgaben für Schulen zu quantifizieren. Dabei muss beachtet werden, dass Sportstätten häufig sowohl für Vereins- als auch für Schulsport genutzt werden. Entsprechend existieren Sportstätten an Schulen, die z.T. von Vereinen mitbenutzt werden. Darüber hinaus existieren "externe", also außerhalb der Schule gelegene Sportstätten, die von Schulen mitbenutzt werden, wie bspw. häufig Schwimmbäder.

Methoden zur Quantifizierung und Datenquellen: In den Rechnungsergebnissen der öffentlichen Haushalte (Statistisches Bundesamt, 2008a) werden keine Angaben zu den Investitionsausgaben für Schulsportstätten gemacht. Allerdings ist (nach obiger Abgrenzung) der Investitionskostenanteil der Schulen für "externe", also außerhalb der Schule gelegene Sportstätten, bereits in den Investitionskosten für Sportstätten (Kapitel 4.3.2) enthalten. Dieser Anteil kann auf Basis der verfügbaren Daten jedoch nicht separiert werden. Es werden zwei verschiedene Quantifizierungsansätze versucht:

Zu 1): Im Folgenden wird versucht, die Investitionskosten für Schulsportstätten zu quantifizieren. Wie die gesamten Personalkosten und der Laufende Sachaufwand für Schulen und Verwaltung lassen sich auch die gesamten Investitionsausgaben der Schulen in Deutschland bestimmen. Sie ergeben sich dabei als Produkt aus Investitionsausgaben "pro Schüler/in in 2007 (400 Euro, vgl. Statistisches Bundesamt, 2010o) und der Gesamtzahl an Schüler/innen in Deutschland im Jahr 2007 (9,184 Mio., vgl. Statistisches Bundesamt, 2010q).

Mit Hilfe der Sportstundenanzahl (2,2) sowie der durchschnittlichen Pflichtstundenanzahl (26,55) kann der sportbezogene Pflichtstundenanteil approximiert werden (8,29%). Dieser Anteil kann verwendet werden, um aus den gesamten Investitionsausgaben den sportbezogenen Anteil zu approximieren.

Zu 2): Als Alternative kann versucht werden, die schulsportstättenbezogenen Investitionskosten anhand von Angaben in den Haushaltsplänen der Länder zu approximieren. Wie im Anhang 14.11 ersichtlich, werden für Rheinland-Pfalz die Zuwendungen (Ist 2008) für Schulbauten und den Bau von Turnhallen und Sportanlagen (Baukosten) Grund- und Hauptschulen separat ausgewiesen.

Für eine Hochrechnung der Investitionskosten könnten die Anteile der Investitionskosten an den gesamten Investitionskosten von Rheinland-Pfalz herangezogen werden und in einem nächsten Schritt mit den deutschlandweiten Investitionskosten im Schulbereich gewichtet werden. Die gesamten Investitionskosten für öffentliche Schulen in Rheinland-Pfalz und ganz Deutschland ergeben sich dabei als Produkt aus Investitionsausgaben "pro Schüler/in in 2007 (vgl. Statistisches Bundesamt, 2010o) und der Gesamtzahl an Schüler/innen in Deutschland im Jahr 2007 (vgl. Statistisches Bundesamt, 2010q). Neben den deutschlandweiten Angaben (s.o.) sind in den Fachserien zudem Angaben für die einzelnen Bundesländer aufgeführt. So belaufen sich die Investitionsausgaben "pro Schüler/in in 2007 in Rheinland-Pfalz ebenfalls auf 400 Euro (vgl. Statistisches Bundesamt, 2010o). Darüber hinaus belief sich die Gesamtzahl an Schüler/innen in Rheinland-Pfalz im Jahr 2007 auf rund 0,475 Mio. (vgl. Statistisches Bundesamt, 2010q).

Auf Basis der verfügbaren Daten lässt sich jedoch auch hier nicht der tatsächliche nutzungsäquivalente Anteil an den Investitionskosten bestimmen. Entsprechend ist es nicht möglich, bei den zu quantifizierenden sportbezogenen Investitionskosten zwischen Vereins- und Schulanteil zu unterscheiden.

Ergebnisse: Zu 1): Die Investitionskosten für Schulsportstätten können wie oben beschrieben über eine Gewichtung der gesamten Investitionskosten approximiert werden. Entsprechend belaufen sich die relevanten gesamten Investitionskosten auf rund 3,674 Mrd. Euro.[245] Wird der ermittelte sportbezogene Anteil am Pflichtstundenkontingent (8,29%) verwendet, können die schulsportstättenbezogenen Investitionskosten auf rund 0,305 Mrd. Euro abgeschätzt werden.

Zu 2): In 2008 investierte Rheinland-Pfalz rund 12,129 Mio. Euro für Schulbauten und den Bau von Turnhallen und Sportanlagen (Baukosten) bei Grund - und Hauptschulen. Die Investitionskosten für Schulsportstätten in Rheinland-Pfalz können wie oben beschrieben über eine Gewichtung des gesamten Investitionskosten approximiert werden. Entsprechend belaufen sich die relevanten gesamten Investitionskosten auf rund 0,190 Mrd. Euro.[246]Somit können die schulsportstättenbezogenen Investitionskosten auf rund 6,38% geschätzt werden.[247] Wird dieser ermittelte sportbezogene Anteil (6,38%) verwendet, können die schulsportstättenbezogenen Investitionskosten auf rund 0,235 Mrd. Euro abgeschätzt werden.

Beide Ansätze führen damit zu unterschiedlichen Werten. Zu beachten ist allerdings, dass der Haushaltsplan von Rheinland-Pfalz lediglich die Investitionskosten für Grund - und Hauptschulen beinhaltet. Darüber hinaus kann abschließend nicht geklärt werden, inwiefern das im Jahr 2008 getätigte Investitionsvolumen über die Jahre schwankt bzw. inwiefern die Höhe der schulsportstättenbezogenen Investitionskosten auch für das Jahr 2007 zutrifft.

Aus diesen Gründen wird im Folgenden der nach dem ersten Ansatz berechnete Wert für die schulsportstättenbezogenen Investitionskosten in Höhe von 0,305 Mrd. Euro verwendet.

Zusammenfassung, abschließende Bewertung und Forschungsdesiderata: Mit Hilfe der oben beschriebenen Quellen und Berechnungsansätze können die schulsportstättenbezogenen Investitionskosten auf rund 0,305 Mrd. Euro abgeschätzt werden. Der von Weber et al. (1995) approximierte Wert zu diesem Be-

---

[245] 400 Euro * 9,814 Mio. Schüler/innen.
[246] 400 Euro * 0,475 Mio. Schüler/innen.
[247] 12,129 Mio. Euro / 190 Mio. Euro.

reich in Höhe von 0,190 Mrd. DM bzw. 0,138 Mrd. Euro in Preisen von 2010, der sich lediglich auf die acht Flächenstaaten der alten Bundesländer bezieht, lässt vermuten, dass der auf obige Weise approximierte Wert in einer realistischen Bandbreite liegt.[248]

Zu beachten ist bei diesem Wert allerdings, dass es auf Basis der vorhandenen Daten nicht möglich ist, den tatsächlichen schulbezogenen Anteil bei einer Mischnutzung durch Verein und Schulen zu bestimmen. Zudem ist der Investitionskostenanteil der Schulen für "externe", also außerhalb der Schule gelegene Sportstätten, bereits in den Investitionskosten für Sportstätten (Kapitel 4.3.2) enthalten.

Wie bereits angemerkt, lässt sich der Investitionskostenanteil der Länder für den Bereich des Hochschulsports aufgrund der Heterogenität der Finanzierungsmodelle mit den vorhandenen Daten nicht abschätzen. Für eine Erfassung wäre eine Datenerhebung auf Seiten der Hochschulen notwendig. Würde eine entsprechende Auswahl (nach Bundesländern und Größe der Einrichtung) der befragten Hochschulen vorab getroffen, ließe sich der Investitionskostenanteil der Länder für den Bereich des Hochschulsports zukünftig abschätzen.

4.3.4 Sportwissenschaft

Abgrenzung: Im Rahmen dieses Abschnitts wird versucht, die Investitionskosten der Sportwissenschaft zu quantifizieren. Dabei werden zum einen die Investitionsausgaben, die an Hochschulen/Fakultäten in der Fächergruppe „Sport" auf Ebene der Bundesländer anfallen, betrachtet. Zum anderen werden die Ausgaben für Investitionen des Bundesinstituts für Sportwissenschaft thematisiert.

Methoden zur Quantifizierung und Datenquellen: Die Investitionsausgaben für EDV, Kraftfahrzeuge und Baumaßnahmen für das Bundesinstitut für Sport-

---

[248] Die Umrechnung erfolgte über den Wechselkurs 1 Euro = 1,95583 DM und mit Hilfe des hier relevanten Inflationsfaktors von 1,422 (VPI_{2010}/VPI_{1991}, vgl. Anhang 14.4).

wissenschaft können aus der Übersicht über die Sportförderungsmittel des Bundes (BMI, 2008) direkt entnommen werden.

Die Investitionskosten, die an Hochschulen/Fakultäten in der Fächergruppe „Sport" auf Ebene der Bundesländer anfallen, sind nicht unmittelbar in den Haushaltsplänen der Bundesländer abzulesen. Dafür werden Sie in der oben bereits beschriebenen Fachserie 11, Reihe 4.5, des Statistischen Bundesamtes (2010m) ausgewiesen.

Ergebnisse: Der Übersicht über die Sportförderungsmittel des Bundes (BMI, 2008) zufolge belaufen sich die Investitionskosten des BISp auf rund 0,018 Mio. Euro. Der Fachserie 11, Reihe 4.5, des Statistischen Bundesamtes (2010m) zufolge, können die Investitionsausgaben der Hochschulen im Bereich Sport des Landes auf 9,923 Mio. Euro und die des Bundes auf 0,049 Mio. Euro[249] beziffert werden.

Zu beachten ist allerdings wiederum, dass die Ausgaben der Hochschulen nicht zwingend (zur Gänze) über Mittel von Bund und Ländern finanziert werden, da darüber hinaus Drittmittel- und oder Verwaltungseinnahmen (z.B. Studiengebühren) herangezogen werden können. Werden wiederum die Quoten von Ländern und Bund von sonstigen Einnahmen[250] zu gesamten Ausgaben herangezogen (für solche mit dem Träger Land: 27,29%, für solche mit dem Träger Bund: 0,70%) sowie vereinfachend unterstellt, dass die Gelder stets im gleichen Verhältnis wie die Einnahmen auch investiert werden, würden sich für die Gebietskörperschaften relevante Investitionskosten auf Ebene der Länder von rund 7,2 Mio. Euro ergeben. Die Ausgaben des Bundes belaufen sich entsprechend auf rund 0,049 Mio. Euro.

Zusammenfassung, abschließende Bewertung und Forschungsdesiderata: Zusammenfassend können die Investitionsausgaben für Sportwissenschaft auf

---

[249] Die Investitionsausgaben von Hochschulen in privater Trägerschaft (0,010 Mio. Euro) werden hier nicht weiter beachtet.
[250] Einnahmen aus Studierendenbeiträgen, wirtschaftlicher Tätigkeit, Drittmitteln und anderen Einnahmen aus Zuweisungen und Zuschüssen (ohne Träger).

Ebene des Bundes auf rund 0,067 Mio. Euro beziffert werden. Hinzu kommen Investitionsausgaben der Länder von rund 7,2 Mio. Euro. Wie die Ausführungen zur den gewählten Berechnungsansätzen zeigen, sind die Ergebnisse als zuverlässig zu bewerten. Weiterer Forschungsbedarf zur Quantifizierung der Investitionskosten im Bereich "Sportwissenschaft" besteht nicht.

4.3.5 Zusammenfassende Darstellung und Einordnung in die VGR

In den vorangehenden Abschnitten wurde versucht, die Investitionskosten für die einzelnen sportbezogenen Bereiche abzuschätzen. Ausgangsbasis zur Berechnung bildete wiederum die Fachserie 14, Reihe 3.5 des Statistischen Bundesamtes (2010p). Ergänzt wurden die Daten der Rechnungsergebnisse der öffentlichen Haushalte um die Investitionskosten der Bundesministerien zur Förderung des Sports (bspw. für Baumaßnahmen an Sportschulen), für Schulsportstätten sowie die Investitionskosten des BISp und die Kosten für Investitionen an Hochschulen der Fächergruppe Sport ergänzt. Darüber hinaus wurden die Investitionskosten der sportbezogenen Eigenbetriebe beachtet.[251]

Tab. 25: Die geschätzten sportbezogenen Bruttoinvestitionsausgaben der öffentlichen Kernhaushalte (in Mio. Euro) in 2007.

Sportbereich	Bund	Länder	Kommunen	gesamt
Förderung des Sports	0	0	18	18
Sportstätten	36	11	715	762
Schul- und Hochschulsport	0	305	0	305
Sportwissenschaft	0	7	0	7
	36	323	733	**1.092**

---

[251] Die sportbezogenen Investitionsausgaben von Schulen mussten geschätzt werden. Diesbzgl. ergibt sich durch die Approximationsschritte eine gewisse Unschärfe. Die Hochschulsportstättenbezogenen Investitionskosten konnten dagegen gar nicht beachtet / quantifiziert werden.

Insgesamt belaufen sich die sportbezogenen Bruttoinvestitionsausgaben der öffentlichen Kernhaushalte auf rund 1,092 Mrd. Euro, wobei mit 0,733 Mrd. Euro der größte Teil auf die kommunalen Haushalte entfällt (vgl. Tab. 25).

Tab. 26: Die geschätzten sportbezogenen Nettoinvestitionsausgaben der öffentlichen Kernhaushalte (in Mio. Euro) in 2007.

Sportbereich	Bund	Länder	Kommunen	gesamt
Förderung des Sports	0	0	18	18
Sportstätten	36	10	669	716
Schul- und Hochschulsport	0	292	0	292
Sportwissenschaft	0	7	0	7
	36	310	687	**1.033**

Der Übergang von Brutto- zu Nettoausgaben wird völlig analog zum in Abschnitt 4.1.5 beschriebenen Vorgehen vollzogen.[252] Insgesamt belaufen sich die sportbezogenen Nettoinvestitionsausgaben auf rund 1,033 Mrd. Euro, wobei mit 0,687 Mrd. Euro der größte Teil auf die kommunalen Haushalte entfällt (vgl. Tab. 26). Da in der VGR für "Investitionskosten" keine entsprechende Kategorie ausgewiesen wird, werden die "Investitionskosten" den aggregierten übrigen Ausgaben (ohne Arbeitnehmerentgelte) der VGR gegenübergestellt. Diese wurden für 2007 in der VGR mit einer Höhe von 891,130 Mrd. Euro ausgewiesen.[253]

---

[252] Die Quoten wurden berechnet mit Hilfe der in den Rechnungsergebnissen der öffentlichen Haushalte ausgewiesenen Brutto- und Nettoausgaben (aggregiert für Länder und Kommunen) für die jeweiligen Bereiche. Für den Bereich "Förderung des Sports ergibt sich: 98,10% = 929 / 947, für die Bereiche "eigene Sportstätten" und Badeanstalten" zusammen ergibt sich: 93,61% = 0,5*(991 / 1049 + 1623 / 1750). Basierend auf diesen beiden Quoten kann für die Bereiche "Schul- und Hochschulsport" sowie "Sportwissenschaft" der Mittelwert gebildet werden 95,86% = 0,5*(98,10% + 93,61%).

[253] In den verwendeten Datenquellen wird nicht immer trennscharf zwischen "Laufenden Kosten" und "Investitionskosten", wie sie im Rahmen dieser Studie definiert wurden, unterschieden. Deutlich wurde dies an dem Beispiel der Ausgaben des Bundes für Sportstätten. Mit Hilfe der Detailangaben in der Übersicht der Sportförderungsmittel des Bundes (BMI, 2008) konnten die unter "Laufenden Kosten" ausgewiesenen Zuweisungen, Zuschüsse und Zuwendungen für Investitionen identifiziert werden und entsprechend bei den "Investitionskosten" im Bereich "Sportstätten" hinzugerechnet werden. Aufgrund von fehlenden Detailinformationen ist diese Identifikation für die Länder- und kommunalen Haushalte allerdings nicht möglich. Insofern ist zu vermuten, dass in den aggregierten

Wird die eingangs getroffene Abgrenzungslogik beibehalten, wonach die Bereiche "Förderung des Sports" und "Sportstätten" zur Kerndefinition des Sports und
die Bereiche "Schul- und Hochschulsport" sowie "Sportwissenschaft" zusätzlich
zur engen und weiten Abgrenzung des Sports zugeordnet werden, entfällt von
den für 2007 in der VGR ausgewiesenen 891,130 Mrd. Euro der aggregierten
übrigen Ausgaben (ohne Arbeitnehmerentgelte) 0,08% bzw. 0,12% auf die Kern-
bzw. enge und weite Definition des Sports.

Wird vereinfachend angenommen, dass der sportbezogene Anteil an den aggregierten übrigen Ausgaben (ohne Arbeitnehmerentgelte) zwischen den Jahren
2007 und 2010 gleich geblieben sind, können abschließend die öffentlichen
sportbezogenen Nettoinvestitionsausgaben in 2010 in Abhängigkeit von der
gewählten Definition geschätzt werden (vgl. Abbildung 32).

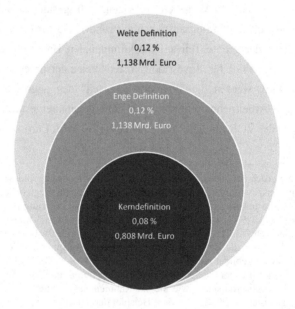

Angaben zu den "Investitionskosten" von Ländern und Kommunen ein Teil an Investitionszuschüssen fehlt, da dieser Anteil bereits in den Werten des Kapitel 4.2 enthalten ist.

Abb. 32: Die geschätzten Nettoinvestitionsausgaben der öffentlichen Kernhaushalte in 2010 in Abhängigkeit von der Abgrenzung.[254]

Noch nicht beachtet wurden in der Betrachtung die Investitionsausgaben, die im Bereich des sportbezogenen Eigenbetriebs anfallen. Diese belaufen sich auf brutto rund 0,327 Mrd. Euro. Hiervon müssen noch die Zuweisungen und Zuschüsse der öffentlichen Haushalte für Investitionen abgezogen werden. Diese belaufen sich in 2008 auf rund 0,010 Mrd. Euro. Entsprechend belaufen sich die der Kerndefinition des Sport zuzuordnende Nettoinvestitionsausgaben der sportbezogenen Eigenbetriebe auf rund 0,317 Mrd. Euro.[255]

---

[254] Eigene Berechnungen. Die angegebene Werte und Prozentangaben sind auf Basis der vorhandenen Daten berechnet bzw. abgeschätzt worden. Die Prozentangaben beziehen sich auf die gesamten in der VGR für 2010 ausgewiesenen übrigen Ausgaben (ohne Arbeitnehmerentgelte) der öffentlichen Kernhaushalte.

[255] Da die Eigenbetriebe nicht in der VGR enthalten sind und zudem ein Übertrag der Daten der JAB von 2008 nach 2010 aufgrund der fehlenden Informationen nicht möglich ist, werden die Laufenden Nettoausgaben der sportbezogenen Eigenbetriebe nicht in der obigen Abbildung 31 mit einberechnet.

4.4 Zusammenfassende Darstellung der sportbezogenen Ausgaben

In den Kapiteln 4.1 bis 4.3 wurde versucht, die sportbezogenen Ausgaben der öffentlichen Haushalte abzuschätzen. Abbildung 33 visualisiert diesbzgl. noch einmal das generelle Vorgehen.

Als Ausgangsbasis der Berechnungen dienten dazu die Rechnungsergebnisse der öffentlichen Haushalte für die Bereiche "Badeanstalten", "eigene Sportstätten" und "Förderung des Sports" (Statistisches Bundesamt, 2010p). "Badeanstalten" und "eigene Sportstätten" wurden als "Sportstätten" in einer Kategorie zusammengefasst.

Basisdatenbank (1):
Personal-, Laufende und Investitionskosten der Bereiche „Badeanstalten", „eigene Sportstätten" und „Förderung des Sports" (Fachserie 14, Reihe 3.5, Statistisches Bundesamt, 2010p)

Erweiterung (2):
Sportfördermittel der Bundesministerien (BMI, 2008)

Erweiterung (3):
Polizeibedienstete zur Sicherung von Sportveranstaltungen (eigene Berechnung)

Erweiterung (4):
Sportbezogene Eigenbetriebe (JAB, 2008)

Erweiterung (5):
direkte Förderung aus Wettmittelfonds (Internetrecherchen)

Erweiterung (6):
Kosten an Hochschulen der Fächergruppe Sport (Fachserie 11, Reihe 4.5, Statistisches Bundesamt 2009m, 2010m)

Erweiterung (7):
Personal zum Anbieten des Schulsports (eigene Berechnung)*

Erweiterung (8):
Laufende und Investitionskosten im Bereich Schul- und Hochschulsport (eigene Berechnung)*

	Bund	Länder	Kommunen
Sportstätten			
Personalkosten	(1)(2)(3)	(1)(3)	(1)(4)
Laufende Kosten	(1)(2)	(1)	(1)(4)
Investitionskosten	(1)(2)	(1)	(1)(4)
Förderung des Sports			
Personalkosten	(1)(2)	(1)	(1)
Laufende Kosten	(1)(2)	(1)(5)	(1)
Investitionskosten	(1)(2)	(1)	(1)
Schul- und Hochschulsport			
Personalkosten		(7)	
Laufende Kosten		(8)	
Investitionskosten		(8)	
Sportwissenschaft			
Personalkosten	(2)	(6)	
Laufende Kosten	(2)	(6)	
Investitionskosten	(2)	(6)	

* Personalkosten und Investitionskosten im Bereich Hochschulsport konnten aufgrund der mangelnden Datenlage nicht quantifiziert werden.

Abb. 33: Die Systematik zur Quantifizierung der direkten sportbezogenen Ausgaben im Kapitel 4.

Nach einer Auswertung des in den Rechnungsergebnissen enthaltenen Datenmaterials wurde festgestellt, dass einige sportbezogene Ausgaben in den oben genannten Bereichen noch nicht berücksichtigt wurden. So beinhaltet die Statistik bspw. nur rund 110 Mio. Euro, der in der Übersicht des BMI (2008) zu den Sportförderungsmitteln des Bundes für 2007 insgesamt ausgewiesenen 188,750 Mio. Euro. Im Rahmen von einer Erweiterung (2) wurden daher die noch nicht erfassten und in der Übersicht des BMI (2008) zu den Sportförderungsmitteln des Bundes ausgewiesenen Ausgaben ergänzt. Zudem wurden die Ausgaben für Polizeibedienstete zur Sicherung von Sportveranstaltungen abgeschätzt (3) und im Bereich "Sportstätten" wurden die Ausgaben der Kernhaushalte um die Ausgaben der Eigenbetriebe (4) ergänzt. In einem weiteren Schritt wurden die direkten (in den Rechnungsergebnissen nicht enthaltenen) Sportfördermittel aus den Wettmittelfonds für die Bundesländer Hessen und Saarland ergänzt (5).

Mit den beschriebenen Daten werden bisher lediglich die Bereiche "Förderung des Sports" und "Sportstätten" abgedeckt. Darüber hinaus sind jedoch in den Bereichen "Schul- und Hochschulsport" sowie "Sportwissenschaft" sportbezogene öffentliche Ausgaben in nicht unerheblichem monetären Umfang zu vermuten, die für eine Gesamtschau der finanzpolitischen Bedeutung des Sports, wie sie zu Beginn des Berichts als Projektziel formuliert wurde, beachtet werden müssen. Entsprechend wurden Kosten an Hochschulen der Fächergruppe Sport (6), Ausgaben für Personal zum Anbieten des Schulsports (7) sowie Laufende und Investitionskosten im Bereich Schul- und Hochschulsport abgeschätzt und ergänzt.

Aufgrund der mangelnden Datenlage gestaltete sich dabei der Versuch, die sportbezogenen Ausgaben zur Förderung des Hochschulsports zu quantifizieren, am schwierigsten. Lediglich für die Laufenden Kosten konnte hier (sehr wage) ein Volumen bestimmt werden.

In zusammenfassenden Darstellungen am Ende der Kapitel 4.1, 4.2 und 4.3 wurden die auf diese Art erfassten Bruttoausgaben nach Abzug von Zahlungen von öffentlichen Bereichen (gleicher und anderer Ebene) in Nettoausgaben überführt und in die in der VGR 2007 (Rechnungsstand Februar 2011) ausgewiesenen

Ausgaben des Staates eingegliedert, um sie in Werte für das Jahr 2010 zu über-
führen.

Auf Basis der beschriebenen Ansätze und der verwendeten Methoden, konnten
die sportbezogenen Nettoausgaben der öffentlichen Kernhaushalte in 2007 auf
rund 7,634 Mrd. Euro abgeschätzt werden. Der größte Teil hiervon entfällt auf
die Länderhaushalte (4,430 Mrd. Euro), gefolgt von den kommunalen Haushalten (2,978 Mrd. Euro). Zu beachten ist allerdings, dass auf Ebene der Länder
hiervon rund drei Viertel auf Schulpersonal zum Anbieten des Schulsports entfallen. Von den vier betrachteten Sportbereichen ist entsprechend der Bereich
"Schul- und Hochschulsport" trotz der z.T. fehlenden Berücksichtigung des
Hochschulsports mit rund 3,963 Mrd. Euro am monetär bedeutsamsten (vgl.
Tabelle 27). Unter Verwendung des sportbezogenen Anteils an den gesamten
Ausgaben der öffentlichen Kernhaushalte in 2007, die in der VGR ausgewiesen
werden, konnten die sportbezogenen Ausgaben der öffentlichen Kernhaushalte
für das Jahr 2010 geschätzt werden. Diese belaufen sich auf rund 8,333 Mrd.
Euro.

Tab. 27: Die geschätzten gesamten sportbezogenen Nettoausgaben der öffentlichen Kernhaushalte in (in Mio. Euro) 2007 und hochgerechnet auf 2010.

Sportbereich	Bund	Länder	Kommunen	gesamt 2007	gesamt 2010
Förderung des Sports	177	422	629	1.227	1.348
Sportstätten	43	265	2.350	2.657	2.919
Schul- und Hochschulsport	0	3655	0	3.655	3.963
Sportwissenschaft	6	88	0	94	102
	225	4.430	2.978	7.634	**8.333**

Wird die eingangs getroffene Abgrenzungslogik beibehalten, wonach die Bereiche "Förderung des Sports" und "Sportstätten" zur Kerndefinition des Sports und
die Bereiche "Schul- und Hochschulsport" sowie "Sportwissenschaft" zusätzlich
zur engen und weiten Abgrenzung des Sports zugeordnet werden, entfallen von
den für 2010 in der VGR ausgewiesenen 1.164,10 Mrd. Euro der aggregierten

öffentlichen Ausgaben 0,37% bzw. 0,72% auf die Kern- bzw. enge und weite Definition des Sports (vgl. Abbildung 34).[256]

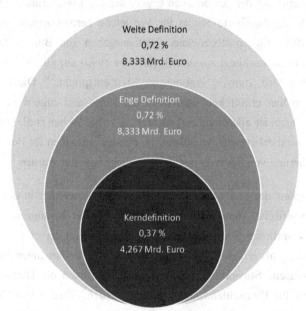

Abb. 34: Die geschätzten aggregierten sportbezogenen direkten Ausgaben der öffentlichen Kernhaushalte (in Mrd. Euro) in 2010.[257]

In Abbildung 34 sind lediglich die sportbezogenen direkten Ausgaben der Kernhaushalte abgebildet. Werden die der Kerndefinition des Sports zugehörigen Nettoausgaben der sportbezogenen Eigenbetriebe in Höhe von rund 0,812 Mrd. in 2008 ergänzt, belaufen sich die gesamten Ausgaben der öffentlichen Haushalte (Kernhaushalte und Eigenbetriebe) in Abhängigkeit von der Abgrenzung auf

---

[256] Zu beachten ist, dass bei der Überführung der Daten von 2007 nach 2010 Ungenauigkeiten auftreten, weil Sondermittel (bspw. die Konjunkturpakete 1 und 2) nicht beachtet werden.

[257] Eigene Berechnungen. Die angegebene Werte und Prozentangaben sind auf Basis der vorhandenen Daten berechnet bzw. abgeschätzt worden. Die Prozentangaben beziehen sich auf die gesamten in der VGR für 2010 ausgewiesenen Ausgaben der öffentlichen Kernhaushalte.

rund 5,079 Mrd. Euro (Kerndefinition) bzw. 9,145 Mrd. Euro (enge und weite Abgrenzung).

Für eine Einordnung der gewonnenen Ergebnisse kann wiederum die von Weber et al. (1995) durchgeführte Studie für Vergleiche herangezogen. Weber et al. (1995) beziffern die sportbezogenen Nettoausgaben von Bund, Ländern und Kommunen in Deutschland zusammen (im Jahr 1990) auf 10,35 Mrd. DM, was in etwa 7,656 Mrd. Euro in Preisen von 2010 entspricht.[258] Dieser Wert liegt zwischen den hier ermittelten Werten für die Kern- und enge/weite Definition des Sports. Dabei ist allerdings zu beachten, dass bei Weber et al. (1995) einige relevante Ausgabenbereiche, wie bspw. die Personalausgaben für Polizeibedienstete zur Sicherung von Sportveranstaltungen nicht beachtet wurden.[259]

Zur Genauigkeit der (z.T.) abgeschätzten Ergebnisse wurden in den einzelnen Kapiteln spezifische Anmerkungen gemacht. Viele der herangezogenen Daten beruhen auf amtlichen Statistiken und sind entsprechend der eingangs getroffenen Abgrenzung als *reliabel* einzustufen. Da häufig Vollerhebungen durchgeführt oder angemessene Stichproben gezogen wurden, können die Daten zudem als *repräsentativ* für Deutschland angenommen werden. Abschließend kann allerdings nicht geklärt werden, inwiefern die Zuordnung nach Aufgabenbereichen und Ausgabenkategorien in allen Kommunen und Ländern stets mit demselben Verständnis vorgenommen wurde. Daher ist die Validität der Einzelergebnisse sowohl für die Aufgabenbereiche[260] als auch für die Ausgabenkategorien[261] ein-

---

[258] Die Umrechnung erfolgte über den Wechselkurs 1 Euro = 1,95583 DM und mit Hilfe des hier relevanten Inflationsfaktors von 1,422 (VPI_{2010}/VPI_{1991}, vgl. Anhang 14.4).

[259] In einer Studie jüngeren Datums beschreiben Ahlert und Stöver (2008) die Entwicklung der öffentlichen Ausgaben für Sport in Deutschland. Ihre Berechnungen konzentrieren sich jedoch auf die Rechnungsergebnisse der öffentlichen Haushalte. Insofern wird der Sportbereich nicht umfassend abgedeckt. Eine Analyse der Sportförderung in Deutschland für die einzelnen Bundesländer mit Darstellungen zum geschichtlichen und gesetzlichen Hintergrund (u.a.) zur Lottosportförderung ist in der kürzlich erschienenen Monographie von Haring (2010) zu finden. Bei der vergleichenden Darstellung der Haushaltsdaten von 2006 wurden allerdings alle Förderungen von Investitionen in Sportstätten weggelassen (siehe Haring, 2010, 143).

[260] Als problematisch erwies sich bspw. die Quantifizierung der Laufenden und Investitionskosten im Bereich "Sportstätten". Unklar ist, inwiefern schulsportbezogene Ausgaben-

geschränkt. Die in den Unterkapiteln ausgewiesenen Einzeldaten (z.B. Laufende Kosten im Bereich "Sportstätten") dienen demnach eher zur (wertmäßigen) Orientierung. Sie können aber aufgrund von Zuordnungsunterschieden zwischen einzelnen Kommunen und Ländern sowohl unter- als auch überschätzt sein. Dies kann auf Basis der vorhandenen Informationen nicht eindeutig geklärt werden. Als valider können hingegen die aggregierten Angaben (Abbildung 34) angesehen, da sich etwaige Zuordnungsunterschiede bzgl. der Ausgabenkategorien auf aggregierter Ebene aufheben.[262] Zuordnungsunterschiede zwischen einzelnen Kommunen und Ländern bzgl. der Aufgabenbereiche können jedoch auch auf aggregierter Ebene weiterhin zu einer Unter- bzw. Überschätzung der hier berechneten Ergebnisse führen.[263] Obgleich vermutet wird, dass die hierdurch hervorgerufenen Ungenauigkeiten auf aggregierter Ebene (absolut gesehen) nicht erheblich sind, muss dieser Aspekt bei der Interpretation der Ergebnisse beachtet werden.

---

anteile in den Rechnungsergebnissen (Statistisches Bundesamt, 2010p) im Bereich "Sportstätten" bereits mit abgedeckt sind.

[261] Als problematisch erwies sich bspw. die Abgrenzung zwischen "Laufenden Kosten" und "Investitionskosten". Beispielhaft konnte dies mit Hilfe der Daten zu den öffentlichen Rechnungsergebnissen (Statistisches Bundesamt, 2010p) und der Übersicht zu den Sportförderungsmitteln (BMI, 2008) auf Bundesebene veranschaulicht werden.

[262] Werden alles Ausgabenkategorien (Personalkosten, Laufende Kosten, Investitionskosten) zusammen betrachtet, heben sich Zuordnungsunterschiede bspw. bzgl. der Laufenden und Investitionskosten auf.

[263] Dies wird am Berechnungsbeispiel der Laufenden Kosten des Hochschulsports (Kapitel 4.2.3) deutlich. Dabei kann nicht sicher geklärt werden, ob tatsächlich alle relevanten öffentlichen Ausgaben in den Haushaltsplänen identifiziert werden konnten.

5. Einnahmeverzicht der öffentlichen Haushalte

Im Rahmen dieses Abschnitts soll in erster Linie der Verzicht von Bund, Ländern und Kommunen auf Einnahmen zur Unterstützung des Sports im Sinne von Steuererleichterungen und Ausnahmeregelungen (5.1) quantifiziert werden. Ein weiterer Fokus des Abschnitts ist auf den Einnahmeverzicht der Kommunen im Sinne einer unentgeltlichen bzw. verbilligten Sportstättennutzung (5.2) gelegt.

Von einer Quantifizierung der Förderung des Sports, die dadurch entsteht, dass der Staat bspw. das Ein-Verbands-Prinzip und individuelle Verbandsregelungen anerkennt oder der öffentlich-rechtliche Rundfunk unentgeltliche Kurzberichte von Randsportarten sendet, wird aus forschungsökonomischen Gründen abgesehen.

5.1 Steuererleichterungen zur Förderung des Sports

Es gibt verschiedene gesetzlich festgelegte Steuererleichterungen zur Förderung des Sports. Zunächst ist die Freibetragsgrenze für Übungsleiter von 2.100 Euro zu nennen (5.1.1). Eine weitere Steuererleichterung ist durch die Einführung des allgemeinen Freibetrags von 500 Euro für sonstige ehrenamtlich Tätige gewährleistet (5.1.2). Des Weiteren entstehen Steuererleichterungen aufgrund der Steuervergünstigungen für Spenden (5.1.3). Wie bereits angemerkt, unterliegen eingetragene Vereine einer komplexen Besteuerung, die je nach Art der Ausgaben und Einnahmen, eine Steuerbefreiung, eine Steuerermäßigung oder Steuerbarkeit in voller Höhe vorsieht. Im Rahmen von Kapitel (5.1.4) wird versucht, den Einnahmeverzicht aufgrund der Umsatzsteuerbefreiung des ideellen Bereiches (Mitgliedsbeiträge und Spenden) abzuschätzen. Das Kapitel schließt mit einer zusammenfassenden Darstellung (5.1.5).

5.1.1 Freibetrag für Übungsleiter

Abgrenzung: Steuerfrei sind "Einnahmen aus nebenberuflichen Tätigkeiten als Übungsleiter, Ausbilder, Erzieher, Betreuer oder vergleichbaren nebenberuflichen Tätigkeiten, aus nebenberuflichen künstlerischen Tätigkeiten oder der nebenberuflichen Pflege alter, kranker oder behinderter Menschen im Dienst oder im Auftrag einer juristischen Person des öffentlichen Rechts, die in einem Mitgliedstaat der Europäischen Union oder in einem Staat belegen ist, auf den das Abkommen über den Europäischen Wirtschaftsraum Anwendung findet, oder einer unter § 5 Abs. 1 Nr. 9 des Körperschaftsteuergesetzes fallenden Einrichtung zur Förderung gemeinnütziger, mildtätiger und kirchlicher Zwecke (§§ 52 bis 54 der Abgabenordnung) bis zur Höhe von insgesamt 2 100 Euro im Jahr" (§ 3 Nr. 26 EStG).

Die aus diesem Gesetz resultierenden Steuermindereinnahmen beziehen sich entsprechend sowohl auf die Einkommensteuer als auch auf den Solidaritätszuschlag. Der Gesamtbetrag (in allen oben genannten Bereichen) der Steuerminderungen aufgrund des "Übungsleiterfreibetrags" (§ 3 Nr. 26 EStG) wird vom BMF auf rund 0,810 Mrd. Euro geschätzt. Von diesem Betrag entfallen rund 0,770 Mrd. Euro auf Mindereinnahmen im Bereich der Einkommensteuer und rund 0,040 Mrd. Euro auf Mindereinnahmen im Bereich Solidaritätszuschlag. Im Sportbereich relevant ist der Freibetrag bei Aufwandsentschädigungen für Übungsleiter und Betreuer. Entsprechend wird im Folgenden versucht, den sportbezogenen Anteil der Steuermindereinnahmen abzuschätzen.

Methoden zur Quantifizierung und Datenquellen: Bisher wurde keine Studie durchgeführt, die explizit die Quantifizierung der Steuererleichterung für Übungsleiter im Sportbereich zum Gegenstand hat. Im Rahmen einer umfassenden Studie zu den „Auswirkungen der Einführung des Gesetzes zur weiteren Stärkung des bürgerlichen Engagements" vom DZI wurde der Aspekt neben Bereichen wie Soziales und Gesundheit, Bildung, Forschung und Wissenschaft sowie für den kirchlichen Bereich auch für den gesamten Bereich "Sport, Freizeit und Kultur" analysiert. Approximativ könnten die Steuererleichterungen anhand der Anzahl der Übungsleiter und der Anzahl derer, die den Freibetrag vergütet bekommen, auf Basis des Grenzsteuersatzes quantifiziert werden. Die Studie des DZI hat in diesem Zusammenhang auf Basis einer Bevölkerungsbefragung (n=2.000) sowie unter Beachtung der Bestandserhebung des Deutschen Olympischen Sportbundes (DOSB) die Anzahl der Übungsleiter im Bereich "Sport, Freizeit und Kultur", sowie die Quote derer, die den Übungsleiterfreibetrag vergütet bekommen haben, bestimmt. Die Studie ist öffentlich zugänglich und die Daten können als reliabel und valide eingeschätzt werden. Bezüglich der Repräsentativität lassen sich aufgrund der Heterogenität der Vereins- und Verbandslandschaft in Deutschland allerdings nur schwer Aussagen treffen. Aussagen zur Anzahl der Übungsleiter im Sportbereich können aus den Sportentwicklungsberichten entnommen werden.

Nach Aussage des BMF wirken sich steuerliche Abzugsbeträge durch den progressiven Tarifverlauf der Einkommensteuer mit dem Grenzsteuersatz aus. Berechnungen von Steuermindereinnahmen sind daher nicht mit dem Durchschnittssteuersatz (20,68 %) zu errechnen. Der im Folgenden angesprochene "durchschnittliche Einkommensteuersatz" ist ein Grenzsteuersatz von 30 %. Problematisch hierbei könnte sein, dass es sich bei der Verwendung des Grenzsteuersatzes nur um eine Überschlagsrechnung handelt. Gegebenenfalls entspricht die Gruppe der Übungsleiter bzgl. ihres Einkommens und den zu zahlenden Steuern nicht dem Durchschnitt in Deutschland.[264]

Ergebnisse: Die meisten Übungsleiter gibt es im Bereich „Sport, Freizeit und Kultur". Nach der Befragung des DZI sind dort 41 % der Ehrenamtlichen tätig (DZI, 2009, 49). Davon bekamen im Jahre 2008 35,5 % den Übungsleiterfreibetrag vergütet (DZI, 2009, 51). Dem Sportentwicklungsbericht 2009/2010 zufolge sind rund 1.062.000 Personen als Trainer, Übungsleiter, Vereinsmanager oder Jugendleiter tätig, von denen rund 89,5%, also rund 950.470 keine Aufwandsentschädigung oder eine Aufwandsentschädigung bis maximal in Höhe der Übungsleiterpauschale (2.100 Euro pro Jahr) erhalten (Breuer, 2011). Demnach könnte das zu versteuernde Einkommen vereinfachend durch multiplikative Verknüpfung berechnet werden (0,355*950.470*2100). Dem einfachen Berechnungsansatz zufolge beläuft sich dieses auf rund 0,709 Mrd. Euro. Bei einem angenom-

---

[264] Eine Übersicht zu zur Quantifizierung der Steuererleichterungen relevanten Sekundärdatenquellen ist im Anhang (14.15) zu finden.

men Grenzsteuersatz von 30% würden sich entgangene Einkommensteuereinnahmen von rund 0,213 Mrd. Euro für den Sportbereich ergeben. Dies entspricht rund 27,66% der vom BMF insgesamt abgeschätzten Steuermindereinnahmen von 0,770 Mrd. Euro. Wird vereinfachend unterstellt, dass von den insgesamt abgeschätzten Mindereinnahmen beim Solidaritätszuschlag in Höhe von 0,040 Mrd. Euro ebenfalls rund 27,66% sportbezogenen sind (0,011 Mrd. Euro), kann sich der aus § 3 Nr. 26 EStG ergebene sportbezogene Gesamtbetrag der Steuermindereinnahmen auf rund 0,224 Mrd. Euro abgeschätzt werden.

Zusammenfassung, abschließende Bewertung und Forschungsdesiderata: Sekundärstatistisches Datenmaterial zu einer direkten Quantifizierung der Steuererleichterungen für Übungsleiter im Sportbereich liegt nicht vor. Näherungsweise lässt sich der Gesamtbetrag der Steuermindereinnahmen für den Freibetrag für Übungsleiter in Höhe von rund 0,224 Mrd. Euro wie oben beschrieben auf Basis von Ergebnissen bestehender Studien bestimmen. Zu beachten ist in diesem Zusammenhang, dass hierfür zwar einerseits reliable und valide Datenquellen herangezogen wurden. Andererseits ist die durchgeführte Überschlagsrechnung ungenau. Kritische Fragen wie bspw. "Ist der Anteil derer, die den Übungsleiterfreibetrag im Sport erhalten, mit dem Anteil des tatsächlich erfassten Bereiches "Sport, Freizeit und Kultur" (35%) identisch?" bleiben unbeantwortet. Aufgrund der einmaligen Erhebung des DZI ist eine Fortschreibung der Ergebnisse nur sehr eingeschränkt möglich.

Da es sich beim SEB um eine fortlaufende Vereinsbefragung handelt, die im Abstand von zwei Jahren durchgeführt wird, wäre zu klären, inwiefern eine getrennte Ausweisung von ehrenamtlich tätigen Personen, die den Übungsleiterfreibetrag vergütet bekommen, zweckmäßig sein kann. Zur Quantifizierung der hier beschriebenen Steuermindereinnahmen wäre eine derartige getrennte Ausweisung hilfreich.

5.1.2 Steuervergünstigungen bei Spenden

Abgrenzung: Spenden und Mitgliedsbeiträge sind Zuwendungen, die gemäß §
10 b Abs. 1 EStG zur Förderung steuerbegünstigter Zwecke im Sinne der §§ 52
bis 54 der Abgabenordnung insgesamt bis zu 20% des Gesamtbetrags der Einkünfte oder 4 Promille der Summe der gesamten Umsätze und der im Kalender-
jahr aufgewendeten Löhne und Gehälter als Sonderausgaben abgezogen werden
können. Gleiches gilt für entsprechende Zuwendungen aus den Mitteln des Ge-
werbebetriebs (§ 9 Nr. 5 GewStG) oder dem körperschaftsteuerpflichtigen Gewinn (§ 9 Abs. 1 Nr. 2 KStG). Nicht abziehbar sind hingegen die Mitgliedsbeiträge an Körperschaften, die den Sport fördern (§ 10 b Abs. 1 Satz 8, EStG).

Die aus diesem Gesetz resultierenden Steuermindereinnahmen beziehen sich
entsprechend auf die Einkommensteuer, den Solidaritätszuschlag, die Körperschaftsteuer und die Gewerbesteuer. Der Gesamtbetrag der Steuerminderungen
(in allen oben genannten Bereichen) wird vom BMF auf rund 1,307 Mrd. Euro
geschätzt. Von diesem Betrag entfallen rund 1,085 Mrd. Euro auf Mindcrein-
nahmen im Bereich der Einkommensteuer (einschl. Solidaritätszuschlag), 0,110
Mrd. Euro auf Mindereinnahmen im Bereich der Körperschaftsteuer und rund
0,112 Mrd. Euro auf Mindereinnahmen im Bereich der Gewerbesteuer.

Methoden zur Quantifizierung und Datenquellen: Als Grundlage zur Ermittlung der Steuervergünstigungen für Spenden können sowohl Daten der Spender
(nachfrageorientiert) als auch der Empfänger (angebotsorientiert) herangezogen
werden. Daten zu den Spendern sind allerdings nur für die privaten Haushalte
verfügbar. So enthalten die LWR den Posten Spenden an Sportorganisationen.
Noch nicht berücksichtigt sind dann allerdings die von Unternehmen und anderen Organisationen an Sportvereine getätigten Spenden. Im Kapitel "Finanzen"
des SEB 2009/10 sind dagegen die Mittelwerte aller Spenden, die im Rahmen
der Vereinsbefragung angegeben wurden, aufgeführt. Durch Multiplikation mit
der Gesamtzahl der Vereine (N=90.767) kann das Gesamtaufkommen ermittelt
werden. Zur Ermittlung der tatsächlich steuerlich geltend gemachten Spenden
kann auf die DZI Bevölkerungsumfrage zurückgegriffen werden. Die DZI Be-

völkerungsumfrage ermittelt eine Prozentzahl an Personen, die ihre Spenden von der Steuer abgesetzt haben. Diese kann mit den Ergebnissen des SEB gewichtet werden und ergibt die Höhe der Steuererleichterungen.

Ergebnisse: Dem SEB 2009/10 folgend nahmen Sportvereine im Jahr 2008 im Durchschnitt 3.666 Euro an Spenden ein. Hochgerechnet auf die 90.767 Sportvereine ergibt das ein Gesamtvolumen von 0,333 Mrd. Euro an Spenden.

Laut der Bevölkerungsumfrage der DZI haben rund 43 % aller befragten ihre Spenden steuerlich geltend gemacht. Wird dieser Wert angenommen, ergibt sich ein Gesamtvolumen der Steuervergünstigungen für Spenden in Höhe von 0,043 Mrd. Euro (0,333 Mrd.*0,43*0,3). Wird der Solidaritätszuschlag in Höhe von 5,5% hinzugerechnet, können die Steuermindereinnahmen (Einkommensteuer und Solidaritätszuschlag) auf Basis dieser Methode auf rund 0,045 Mrd. Euro abgeschätzt werden. Unklar ist allerdings, wer die Spender sind und ob entsprechend Steuermindereinnahmen tatsächlich in voller Höhe bei der Einkommensteuer anfallen oder ggf. ebenfalls im Bereich Körperschafts- oder Gewerbesteuer anfallen. Dies kann auf Basis der Daten nicht weiter differenziert werden. Daher werden die Steuermindereinnahmen in voller Höhe der Einkommensteuer zugeschrieben.

Zusammenfassung, abschließende Bewertung und Forschungsdesiderata: Insgesamt konnten die Steuermindereinnahmen für sportbezogene Spenden auf rund 0,045 Mrd. Euro abgeschätzt werden. Bei der Berechnung der Steuervergünstigungen ist jedoch einschränkend anzumerken, dass der Anteil der tatsächlich steuerlich geltend gemachten Spenden nur approximiert wurde. Darüber hinaus ist unklar, wer die Spender sind und ob entsprechend Steuermindereinnahmen tatsächlich in voller Höhe bei der Einkommensteuer anfallen oder ggf. ebenfalls im Bereich Körperschafts- oder Gewerbesteuer anfallen.

Ein Ansatz zur genaueren Bestimmung des Anteils der steuerlich geltend gemachten sportbezogenen Spenden wäre bspw. die zukünftige Aufnahme einer separaten Kategorie für sportbezogene Spenden im Rahmen der Einkommensteuerstatistik. Darüber hinaus wäre eine nach Spendern getrennte Ausweisung im Rahmen des SEB erkenntnisfördernd.

5.1.3 Freibetrag für sonstige ehrenamtlich Tätige

Abgrenzung: Steuerfrei sind „Einnahmen aus nebenberuflichen Tätigkeiten im Dienst oder Auftrag einer juristischen Person des öffentlichen Rechts, die in einem Mitgliedstaat der EU oder in einem Staat belegen ist, auf den das Abkommen über den Europäischen Wirtschaftsraum Anwendung findet, oder einer unter § 5 Abs. 1 Nr. 9 des Körperschaftsteuergesetzes fallenden Einrichtung zur Förderung gemeinnütziger, mildtätiger und kirchlicher Zwecke (§§ 52 bis 54 der Abgabenordnung) bis zur Höhe von insgesamt 500 Euro im Jahr" (§ 3 Abs. 26a EStG). Der Gesamtbetrag (in allen oben genannten Bereichen) der Steuerminderungen aufgrund dieses Gesetzes (§ 3 Nr. 26 EStG) wird vom BMF auf rund 0,145 Mrd. Euro geschätzt. Von diesem Betrag entfallen rund 0,140 Mrd. Euro auf Mindereinnahmen im Bereich der Einkommensteuer und rund 0,005 Mrd. Euro auf Mindereinnahmen im Bereich Solidaritätszuschlag.

Methoden zur Quantifizierung und Datenquellen: Bisher wurde keine Studie durchgeführt, die explizit die Quantifizierung des Freibetrags von 500 Euro für sonstige ehrenamtlich Tätige im Sportbereich zum Gegenstand hatte. Das Vorgehen zur Quantifizierung der sportbezogenen Steuermindereinnahmen in diesem Bereich ist dasselbe, wie bei der Quantifizierung der Steuererleichterungen durch den Übungsleiterfreibetrag. Die Summe, die insgesamt den Ehrenamtlichen vergütet wurde, kann dabei mit dem Grenzsteuersatz gewichtet werden.

Ergebnisse: Dem Sportentwicklungsbericht 2009/2010 zufolge sind rund 1.062.000 Personen als Trainer, Übungsleiter, Vereinsmanager oder Jugendleiter tätig, von denen rund 89,5%, also rund 950.470 keine Aufwandsentschädigung oder eine Aufwandsentschädigung bis maximal in Höhe der Übungsleiterpauschale (2.100 Euro pro Jahr) erhalten (Breuer, 2011). Im Gegensatz zur Quantifizierung der Steuererleichterungen durch den Übungsleiterfreibetrag ist allerdings unbekannt, wie viele Ehrenamtlich den Freibetrag für sonstige ehrenamtlich Tätige in Höhe von 500 Euro erhalten haben. Vereinfachend wird angenommen, dass der Anteil der sonstigen ehrenamtlich Tätigen, die den Freibetrag von 500 Euro pro Jahr erhalten, dem Anteil derer, die den Übungsleiterfreibetrag (2.100 Euro pro Jahr) erhalten, entspricht (35,5%). Demnach könnte das zu versteuernde Einkommen vereinfachend durch multiplikative Verknüpfung berechnet werden (0,355*950.470*500). Dem einfachen Berechnungsansatz zufolge beläuft sich dieses auf rund 0,169 Mrd. Euro. Bei einem angenommen Grenzsteuersatz von 30% würden sich entgangene Einkommensteuereinnahmen von rund 0,051 Mrd. Euro für den Sportbereich ergeben. Dies entspricht rund 36,43% der vom BMF insgesamt abgeschätzten Steuermindereinnahmen von 0,140 Mrd. Euro. Wird vereinfachend unterstellt, dass von den insgesamt abgeschätzten Mindereinnahmen beim Solidaritätszuschlag in Höhe von 0,005 Mrd. Euro ebenfalls rund 36,43% sportbezogenen sind (0,002 Mrd. Euro), kann sich der aus § 3 Nr. 26 EStG ergebene sportbezogene Gesamtbetrag der Steuermindereinnahmen auf rund 0,053 Mrd. Euro abgeschätzt werden.

Zusammenfassung, abschließende Bewertung und Forschungsdesiderata: Das BMF beziffert den Betrag der Steuermindereinnahmen aufgrund der steuerfreien Aufwandspauschale auf rund 145 Mio. Euro. Dabei ist zu beachten, dass dieser Betrag nicht sportbezogen ist, sondern sämtliche für Tätigkeiten in Einrichtung zur Förderung gemeinnütziger, mildtätiger und kirchlicher Zwecke erhaltene Aufwandspauschalen umfasst. Wird vereinfachend angenommen, dass der Anteil der sonstigen ehrenamtlich Tätigen, die den Freibetrag von 500 Euro pro Jahr erhalten, dem Anteil derer, die den Übungsleiterfreibetrag (2.100 Euro pro Jahr) erhalten, entspricht (35,5%), können die sportbezogenen Steuermindereinnahmen auf rund 0,053 Mrd. Euro abgeschätzt werden.

Die Annahme, dass 35,5% der ehrenamtlich Tätigen den Freibetrag von 500 Euro pro Jahr erhalten, erscheint basierend auf den Erkenntnissen zum Übungsleiterfreibetrag (DZI, 2009) nicht unplausibel. Sie kann mit Hilfe der aktuell verfügbaren Daten jedoch nicht abschließend überprüft werden. Da es sich beim SEB um eine fortlaufende Vereinsbefragung handelt, die im Abstand von zwei

Jahren durchgeführt wird, wäre zu klären, inwiefern eine getrennte Ausweisung von ehrenamtlich tätigen Personen, die den Übungsleiterfreibetrag vergütet bekommen, zweckmäßig sein kann. Zur Quantifizierung der hier beschriebenen Steuermindereinnahmen wäre eine derartige getrennte Ausweisung hilfreich.

5.1.4 Umsatzsteuerbefreiung von Spenden und Mitgliedsbeiträgen

Abgrenzung: Nach Art. 13 Teil A Abs. 1 Buchst. m der 6. EG-Richtlinie sind Mitgliedsbeiträge unter der Voraussetzung steuerfrei, "soweit die den Mitgliedsbeiträgen gegenüberstehenden Leistungen in engem Zusammenhang mit Sport und Körperertüchtigung stehen und von Einrichtungen ohne Gewinnstreben an Personen erbracht werden, die Sport oder Körperertüchtigung ausüben" (*www.vereinsbesteuerung.de*). Auch Spenden an gemeinnützige Sportvereine sind umsatzsteuerbefreit. In bisherigen Untersuchungen wurden die dadurch entstehenden Steuermindereinnahmen nicht betrachtet. Dies soll im Folgenden versucht werden.

Methoden zur Quantifizierung und Datenquellen: Zur Quantifizierung der sportbezogenen Steuermindereinnahmen aufgrund der Umsatzsteuerbefreiung von Mitgliedsbeiträgen und Spenden bei Sportvereinen wird auf Daten des SEB 2009/10 zurückgegriffen. Im Kapitel "Finanzen" des SEB 2009/10 sind die Mittelwerte aller Spenden und Mitgliedsbeiträge, die im Rahmen der Vereinsbefragung angegeben wurden, aufgeführt. Durch Multiplikation mit der Gesamtzahl der Vereine (N=90.767) kann das Gesamtaufkommen ermittelt werden. Die Abschätzung der Steuermindereinnahmen erfolgt im Anschluss durch Gewichtung des ermittelten Gesamtaufkommens ans Mitgliedsbeiträgen und Spenden mit dem Umsatzsteuersatz von 19%.

Ergebnisse: Dem SEB 2009/10 folgend nahmen Sportvereine im Jahr 2008 im Durchschnitt 3.666 Euro an Spenden sowie 21.139 Euro an Mitgliedsbeiträgen ein. Hochgerechnet auf die 90.767 Sportvereine ergibt das ein Gesamtvolumen an Spenden und Mitgliedsbeiträgen von rund 2,251 Mrd. Euro.

Wird dieses Aufkommen mit dem Umsatzsteuersatz (19%) gewichtet, können die sich aus dem Urteil resultierenden Steuermindereinnahmen auf rund 0,428 Mrd. Euro abgeschätzt werden.

Zusammenfassung, abschließende Bewertung und Forschungsdesiderata: Mit Hilfe von Daten des SEB 2009/10 konnten die Umsatzsteuermindereinnahmen bei Sportvereinen aus den (umsatzsteuerfreien) Mitgliedsbeiträgen und Spenden auf rund 0,428 Mrd. Euro abgeschätzt werden.

Weitere Steuermindereinnahmen aufgrund von reduzierten Umsatzsteuersätzen oder der Befreiung von anderen Steuerarten können auf Basis der vorhandenen Daten nicht ermittelt werden.

5.1.5 Zusammenfassende Betrachtung

Ausgehend von der Studie der DZI (2008) und den Daten des BMF werden die gesamten gesetzlich festgelegten Steuererleichterungen zur Förderung des Ehrenamtlichen Engagements auf rund 2,262 Mrd. Euro in 2009 beziffert. Im Rahmen des Kapitels 5 wurde versucht, hiervon den sportbezogenen Anteil abzuschätzen. Hierfür wurde insbesondere auf Daten des aktuellen SEB 2009/10 zurückgegriffen. Insgesamt konnten die sportbezogenen Steuermindereinnahmen auf rund 0,322 Mrd. Euro abgeschätzt werden. Hinzu kommen die Umsatzsteuermindereinnahmen bei Sportvereinen aus den (umsatzsteuerfreien) Mitgliedsbeiträgen und Spenden in Höhe von rund 0,428 Mrd. Euro. Damit können die sportbezogenen Steuermindereinnahmen insgesamt auf rund 0,750 Mrd. Euro abgeschätzt werden (vgl. Tabelle 28).

Bei der Abschätzung der Steuermindereinnahmen konnten nicht alle Maßnahmen beachtet werden. So konnte nur ein Teil der Steuermindereinnahmen aufgrund der Ausnahmeregelungen für eigetragene Vereine beachtet werden (die Umsatzsteuerbefreiung für Mitgliedsbeiträge und Spenden). Eine zukünftig detailliertere Abschätzung erscheint nur bei einer entsprechenden Ausweisung im Rahmen der Sportvereinsbefragung (SEB) möglich. Um die hier bereits abgeschätzten sportbezogenen Steuermindereinnahmen zukünftig genauer abschätzen zu können, wäre zudem eine getrennte Ausweisung von ehrenamtlich tätigen Personen, die den Übungsleiterfreibetrag von 2.100 bzw. 500 Euro pro Jahr vergütet bekommen, wünschenswert.

Tab. 28: Die geschätzten sportbezogenen Steuermindereinnahmen (in Mrd. Euro). [265]

Gesetzliche Grundlage	Steuerart	gesamte Steuermin- derungen	darunter sportbezogen
§ 3 Nr.26 EStG	darunter Einkommensteuer	0,770	0,213
	darunter Solidaritätszuschlag	0,040	0,011
	gesamt	0,810	0,224
§ 3 Nr. 26a EStG	darunter Einkommensteuer	0,140	0,051
	darunter Solidaritätszuschlag	0,005	0,002
	gesamt	0,145	0,053
§ 10b Abs. 1 EStG, § 9 Abs. 1 Nr. 2 KStG und § 9 Nr. 5 GewStG	darunter Einkommensteuer (einschl. Solidaritätszuschlag)	1,085	0,045
	darunter Körperschaftsteuer	0,110	
	darunter Gewerbesteuer	0,112	
	gesamt	1,307	0,045
Art. 13 Teil A Abs. 1 Buchst. m der 6. EG-Richtlinie	darunter Umsatzsteuer	n.b.	0,428
	gesamt	n.b.	0,428
Summe aller o.g. Steuervergünstigungen	darunter Einkommensteuer (einschl. Solidaritätszuschlag)	2,040	0,322
	darunter Körperschaftsteuer	0,110	
	darunter Gewerbesteuer	0,112	
	darunter Umsatzsteuer	n.b.	0,428
	gesamt	2,262	**0,750**

---

[265] Die gesamten Steuermindereinnahmen wurden ausgehend von der DZI (2008)-Studie durch das BMF geschätzt. Für die gesamten Umsatzsteuermindereinnahmen, die sich aus Art. 13 Teil A Abs. 1 Buchst. m der 6. EG-Richtlinie ergeben, liegen keine Werte vor (n.b. = nicht berechnet). Bei der Berechnug wurde vereinfachend angenommen, dass der gesamte im Sportbereich anfallende Betrag an Steuermindereinnahmen auf die Einkommensteuer entfällt. Eine Herausrechnung des Anteils der Steuermindereinnahmen im Bereich Gewerbe- und Körperschaftsteuern war indes nicht möglich. Aufgrund des vergleichsweise geringen Spendenaufkommens im Sportbereich schlägt diese Ungenauigkeit relativ gesehen allerdings nicht allzu stark zu Buche.

5.2 Unentgeltliche bzw. verbilligte Sportstättennutzung

Abgrenzung: Neben direkten Fördermitteln und den Verzicht auf Steuereinnahmen wird der Sport zudem durch den Verzicht auf Einnahmen durch Vermietung und den Verzicht auf die vollständige Beteiligung der Vereine und Schulen an den allgemeinen und den Energiekosten sowie durch Investitionen in neue Sportstätten und der Modernisierung bestehender Anlagen gefördert. In der Vergangenheit wurden die Vereine und Schulen weder an den laufenden Kosten noch an den Investitionskosten der Sportstätten beteiligt. Die Übernahme dieser Kosten durch die Kommunen stellte somit eine indirekte Sportförderung dar.[266] Aufgrund der bereits beschriebenen Abgrenzungsschwierigkeit kann der schul- und vereinsbezogene Anteil der Förderung nur zusammen betrachtet werden.

Methoden zur Quantifizierung und Datenquellen: Im Folgenden wird versucht, das Volumen der unentgeltlichen bzw. verbilligten Sportstättennutzung zu approximieren. Dafür werden die Rechnungsergebnisse der öffentlichen Haushalte (Statistisches Bundesamt, 2010p) herangezogen. Darüber hinaus werden Angaben aus der JAB 2008 für die Eigenbetriebe entnommen. Für eine Abschätzung des Fördervolumens in diesem Bereich werden vereinfachend die Einnahmen aus der Sportstättennutzungsgebühr (vgl. Kapitel 2.3) und Ausgaben des Bereichs eigene Sportstätten und Badeanstalten gegenübergestellt.

Ergebnisse: Den Berechnungen in Kapitel 2.3 zufolge beliefen sich die relevanten sportbezogenen Einnahmen der kommunalen Haushalte aus der so definierten Sportstättennutzungsgebühr in 2010 auf (netto) rund 0,399 Mrd. Euro. Hinzu kommen rund 0,403 Mrd. Euro an Einnahmen der sportbezogenen kommunalen Eigenbetriebe für 2008. Da Eigenbetriebe nicht im öffentlichen Kernhaushalt und somit auch nicht in der VGR abgebildet werden, ist eine Abschätzung der Werte von 2010 auf Basis der Werte von 2010 nicht möglich. Vereinfachend

---

[266] Die hier berechneten Werte werden in der Betrachtung nach Sportbereichen und -aspekten neben den Einnahmen und Ausgaben der Gebietskörperschaften nicht zusätzlich aufgeführt, da es sich ansonsten um eine Doppelzählung handeln würde.

wurde das gesamte Aufkommen an Sportstättennutzungsgebühren für 2010 auf rund 0,8 Mrd. Euro abgeschätzt.

Demgegenüber belaufen sich in 2010 die gesamten sportbezogenen Ausgaben für Sportstätten auf (netto) rund 2,919 Mrd. Euro. Hiervon entfiel der größte Teil mit rund 2,581 Mrd. Euro auf die kommunalen Haushalte, gefolgt von den Länderhaushalten (0,292 Mrd. Euro) und dem Bundeshaushalt (0,047 Mrd. Euro). Hinzu kommen netto noch rund 0,812 Mrd. Euro an Personal-, Laufenden und Investitionsausgaben der sportbezogenen Eigenbetriebe. Unterteilt nach Kernhaushalten und Eigenbetrieben ergibt sich ein Anteil von Einnahmen an Ausgaben im Bereich Sportstätten von rund 13,6% bzw. 50%.[267] Werden die aggregierten Werte gegenübergestellt, so übersteigen die gesamten Ausgaben von Kernhaushalten und Eigenbetriebe die Einnahmen aus Sportstättennutzungsgebühren um rund 2,942 Mrd. Euro (vgl. Abbildung 35).

Abb. 35: Die geschätzten aggregierten sportstättenbezogenen direkten Nettoeinnahmen und -ausgaben der öffentlichen Kernhaushalte und Eigenbetriebe (in Mrd. Euro) in 2010.

---

[267] Kernhaushalte: 0,399/2.932 ; Eigenbetriebe: 0,403/0,812.

Zusammenfassung, abschließende Bewertung und Forschungsdesiderata:
Wie die obigen Ausführungen zeigen, übersteigen die gesamten Ausgaben von
Kernhaushalten und Eigenbetriebe die Einnahmen aus Sportstättennutzungsgebühren um rund 2,942 Mrd. Euro. Damit unterstützen die öffentlichen Haushalte
den Sport in erheblichem Umfang durch eine unentgeltliche bzw. verbilligte
Sportstättennutzung. Aufgrund der bereits beschriebenen Abgrenzungsschwierigkeit kann dabei der schul- und vereinsbezogene Anteil dieser Förderung nicht
getrennt ausgewiesen werden. Bei den obigen Berechnungen wurde vorausge-
setzt, dass die Kommunen und Länder lediglich auf solche Einnahmen verzichten, die gerade notwendig wären, um die Kosten im entsprechenden Bereich
(eigene Sportstätten, Badeanstalten) zu decken. Von einer Quantifizierung des
Volumens bei einer etwaigen gewinnorientierten Vermietung wurde abgesehen.

Zudem ist zu beachten, dass immer mehr Kommunen in den letzten Jahren die
Entscheidung treffen, die Vereine und Schulen auch an den allgemeinen Kosten
zu beteiligen. Dies geschieht bspw. durch die Übertragung von Aufgaben zur
Pflege und Unterhaltung der Sportplätze oder Sportstätten von der Kommune auf
die Vereine. Die Vereine erhalten für ihre „Leistungen" feste Zuschüsse durch die
Kommunen. Diese decken die tatsächlichen Kosten der zu verrichtenden Arbeiten durch privatwirtschaftliche Arbeitskräfte in der Regel zwar nicht, aber die
Vereine kompensieren das Defizit durch ehrenamtliche Mitarbeiter. Auch an den
Energiekosten werden die Vereine zunehmend beteiligt, so dass in diesem Bereich ebenfalls die indirekte Förderung abnimmt. Die Verteilung dieser Kosten
auf die Vereine ist von Kommune zu Kommune höchst unterschiedlich. Grds.
sind die Energiekosten nach dem Verursacherprinzip überproportional dem Vereinssport zuzurechnen (Schulkinder duschen in der Regel nicht; der Vereinssport
findet i.d.R. in den Abendstunden statt, daher wird Licht benötigt). Darüber hinaus werden die Vereine an den allgemeinen Betriebskosten der Sporthallen durch
die Einführung von „Hallennutzungsgebühren" immer mehr beteiligt. Auch die
bisher für Vereine häufig kostenfreie Nutzung von Schwimmbädern wird z.B.
durch die Einführung eines „Eintrittsgeldes für erwachsene Schwimmsport-
ler/innen" eingeschränkt. All dies führt vermutlich dazu, dass sich das ermittelte
Volumen in den kommenden Jahren verringern wird. Insofern ist die getroffene

Gegenüberstellung lediglich eine Momentaufnahme und das Volumen wird sich vermutlich kurzfristig stärker als andere Einnahmen- und Ausgabenkategorien verändern.

Abschließend ist festzuhalten, dass bei der obigen Gegenüberstellung Investitionskosten mit einberechnet wurden, die einerseits zu direkten Ausgaben der Gebietskörperschaften und Eigenbetriebe führen, aber zum anderen zudem deren Anlagevermögen aufwerten oder erweitern. So wird bspw. das sportbezogene Anlagevermögen der Eigenbetriebe in der Bilanz der JAB 2008 auf rund 3,426 Mrd. Euro beziffert, wobei 2,723 Mrd. Euro auf Sachanlagen, 0,697 Mrd. Euro auf Finanzanlagen und 0,007 Mrd. auf immaterielle Vermögensgegenstände entfallen.

Das Anlagevermögen im Bereich Sportstätten der Kernhaushalte ist dagegen bisher noch nicht deutschlandweit ermittelt, da im Rahmen der kommunalen Finanzstatistik nach kameralem System nur Zahlungsströme (Einnahmen/Ausgaben) erfasst werden. Seit Einführung des neuen Haushaltsrechts der Kommunen wenden allerdings viele Kommunen die doppelte kaufmännische Buchführung (Doppik) an oder bereiten deren Einführung vor. So wird bspw. in Nordrhein-Westfalen das neue Haushaltsrecht in den Kommunen (spätestens) seit 1.1.2009 angewendet.[268] Für die Eröffnungsbilanz sind nach Angaben des Gesetzgebers in Nordrhein-Westfalen für das Vermögen "vorsichtig geschätzte Zeitwerte" anzusetzen. Nach Auskunft der Kämmerei geschah dies bspw. bei der Stadt Köln ohne Gutachterhilfe anhand der bekannten Herstellungskosten mit entsprechenden Abschlägen hinsichtlich des Zustandes in technischer und Instandhaltungssicht (Friedel, 2011). In der laufenden Buchhaltung wird dann ausschließlich zu Anschaffungs-/Herstellungs-kosten bilanziert und linear abge-

---

[268] Allerdings sind die Kommunen bei der Umsetzung des neuen Haushaltsrechts unterschiedlich weit vorangeschritten. Da einige Bundesländer (von den Flächenstaaten sind dies z.B. Bayern, Hessen, Schleswig-Holstein und Thüringen) allerdings zurzeit noch ein Wahlrecht zugestehen, kann es bis zu einer deutschlandweit einheitlichen bzw. vergleichbaren Handhabung zumindest noch dauern (eine Übersicht bietet KGSt & Bertelsmann Stiftung, 2011).

schrieben. Für die Nutzungsdauern hat der Gesetzgeber Rahmenvorgaben festgelegt (Ministerium für Inneres und Kommunales des Landes NRW, 2011).

Derzeit ist für die Sportanlagen[269] ein Wert von rund 42 Mio. Euro in der Eröffnungsbilanz der Stadt Köln ausgewiesen, der sich aber noch im Rahmen der Prüfung ändern kann (Friedel, 2011). Hinzu kommt ein Sachanlagenvermögen der Köln Bäder GmbH in Höhe von rund 69 Mio. Euro (Stand 31.12.2009) sowie der Kölner Sportstätten GmbH in Höhe von rund 181 Mio. Euro (Stand 31.12.2009). Entsprechend entfällt auf den öffentlichen Kernhaushalt der Stadt Köln ein Anteil von nur rund 14,4% des gesamten Sportanlagevermögens. Eine deutschlandweite Abschätzung zur wirtschaftlichen Bedeutung des Sportstättenbaus kann zukünftig basierend auf dem derzeit ausgeschriebenen Forschungsprojekt des BMWi erwartet werden.

---

[269] "Dieser umfasst sowohl die Grün-Bestandteile auf Sportanlagen als auch deren Aufbauten einschl. Gebäude" (Friedel, 2011).

6. Die finanzpolitische Bedeutung des Sports für die Gebietskörperschaften

In diesem Abschnitt werden die identifizierten und quantifizierten direkten Einnahmen- und Ausgabenkategorien der einzelnen Gebietskörperschaften zusammenfassend dargestellt. Dabei wird zudem der Einnahmeverzicht durch Steuererleichterungen beachtet. Bei einer zusammenfassenden Darstellung nach Gebietskörperschaften muss zunächst beachtet werden, dass einige der betrachteten Steuerarten Gemeinsteuern darstellen, deren Aufkommen zu einem bestimmten Anteil auf zwei oder alle drei Gebietskörperschaften verteilt wird.[270]

Vom insgesamt quantifizierten sportbezogenen Steueraufkommen fällt mit je nach Abgrenzung rund 0,624, 5,701 bzw. 8,130 Mrd. Euro (Kern-, enge bzw. weite Definition) der größte Anteil an Steuereinnahmen auf Bundesebene an (vgl. Tabelle 29).

Tab. 29: Die geschätzten sportbezogenen Steuereinnahmen der Gebietskörperschaften 2010 (eigene Berechnungen, in Mrd. Euro).

Abgrenzung	Bund	Länder	Kommunen	Gesamt
Kerndefinition	0,624	0,595	0,202	1,421
enge Definition	5,701	2,446	0,675	8,823
weite Definition	8,130	4,216	1,243	13,588

---

[270] Hierzu gehören die Mehrwertsteuer (Bund: 51,4%, Länder: 46,5%, Kommunen: 2,1%), die Gewerbesteuer einschl. Umlage (Bund: 7%, Länder: 7%, Kommunen: 86%), die Lohnsteuer einschl. Solidaritätszuschlag (Bund: 42,5%, Länder: 42,5%, Kommunen: 42,5%), die Körperschaftsteuer (Bund: 50%, Länder: 50%), die veranlagte Einkommensteuer Lohnsteuer einschl. Solidaritätszuschlag (Bund: 42,5%, Länder: 42,5%, Kommunen: 42,5%) sowie die nicht veranlagte Steuern vom Ertrag einschl. Zinsabschlag (Bund: 42,5%, Länder: 42,5%, Kommunen: 42,5%). Da der Solidaritätszuschlag jeweils in der berechneten Lohn- bzw. Einkommensteuer eingeschlossen ist, wird das Aufkommen aus dem Solidaritätszuschlag (obwohl es zu 100% dem Bundeshaushalt zufließt) den obigen Anteilen entsprechen aufgeteilt. Dies führt zu einer leichten (vernachlässigbar geringen) Ungenauigkeit bzgl. des geschätzten aggregierten Steueraufkommens der Gebietskörperschaften (die Berechnungstabelle ist im Angang 14.16 zu finden).

Die Verteilung der Gemeinschaftsteuern ist ebenfalls bei der Zuordnung der Steuermindereinnahmen von Relevanz. Mit 0,357 Mrd. Euro entfällt dabei der größte Anteil auf den Bund (vgl. Tabelle 30).

Tab. 30: Die geschätzten sportbezogenen Steuermindereinnahmen der Gebietskörperschaften (eigene Berechnungen, in Mrd. Euro).

Abgrenzung	Bund	Länder	Kommunen	gesamt
Lohn-/Einkommensteuer (einschl. Soli)	0,220	0,199	0,009	0,428
Mehrwertsteuer	0,137	0,137	0,048	0,322
Summe	0,357	0,336	0,057	0,750

Diese Anteile werden im Folgenden bei der Betrachtung und Zusammenfassung der sportbezogenen direkten Einnahmen und Ausgaben auf Ebene des Bundes (6.1), der Länder (6.2) und der Kommunen (6.3) beachtet.

6.1 Bund

Wie der vorangehenden Tabelle zu entnehmen ist, hat der Bund 2010 insgesamt sportbezogene direkte Einnahmen in Abhängigkeit von der zu Grunde gelegten Abgrenzung von rund 0,624, 5,701 bzw. 8,130 Mrd. Euro (Kern-, enge bzw. weite Definition) zu verzeichnen. Als sportbezogene direkte Ausgaben auf Bundesebene werden in der Übersicht der Sportförderungsmittel (BMI, 2008) rund 0,189 Mrd. Euro ausgewiesen (vgl. Tabelle 31).

Hinzu kommen noch die im Rahmen der Studie geschätzten Kosten für Polizeibedienstete zur Sicherung von Sportveranstaltungen (0,036 Mrd. Euro) sowie die Personal- und Laufenden Kosten für Sportwissenschaft an Hochschulen mit dem Bund als Träger (0,001 Mio. Euro). Somit belaufen sich die sportbezogenen direkten Ausgaben für 2007 auf rund 0,219 bzw. 0,225 Mrd. Euro (Kern- bzw. enge und weite Definition). Diese Werte können, wie in den einzelnen Kapiteln 4.1 - 4.3 in den zusammenfassenden Darstellungen vollzogen, mit Hilfe der

Daten in der VGR 2010 (Rechnungsstand Februar 2011) in Werte von 2010 überführt werden.[271]

Tab. 31: Sportbezogene Ausgaben (Ist 2007) der einzelnen Ministerien (in Mio. Euro).[272]

Ministerium	in Mio. Euro
Auswärtiges Amt **AA**	2,825
BM des Innern **BMI**	125,015
BM der Finanzen **BMF**	2,851
BM für Arbeit und Soziales **BMAS**	1,153
BM der Verteidigung **BMVg**	49,201
BM für Umwelt, Naturschutz und Reaktorsicherheit **BMU**	406
BM für Familie, Senioren, Frauen und Jugend **BMFSFJ**	6,751
BM für Bildung und Forschung **BMBF**	548
Gesamt	**188,750**

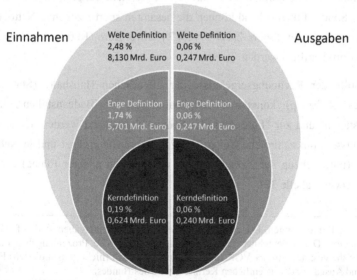

Abb. 36: Die geschätzten sportbezogenen direkten Einnahmen und Ausgaben des Bundes
(in Mrd. Euro) in 2010 in Abhängigkeit von der Abgrenzung.[273]

---

[271] Da der Bund keine Zahlungen von anderer Ebene (Länder, Kommunen) erhält, entsprechen sich Brutto- und Nettobeträge.
[272] Quelle: BMI, 2008.

Wie Abbildung 36 zeigt, stehen auf Bundeseben den direkten sportbezogenen Einnahmen in Höhe von 0,624, 5,701 bzw. 8,130 Mrd. Euro (Kern-, enge, weite Definition) direkte Ausgaben in Höhe von 0,240 bzw. 0,247 Mrd. Euro (Kern- bzw. enge und weite Definition) gegenüber.[274]

6.2 Länder

Wie der Tabelle zu Beginn von Kapitel 6 zu entnehmen ist, haben die Länder in 2010 insgesamt sportbezogene Steuereinnahmen in Abhängigkeit von der zu Grunde gelegten Abgrenzung von rund 0,595, 2,446 bzw. 4,216 Mrd. Euro (Kern-, enge bzw. weite Definition) zu verzeichnen. Hinzukommen 0,002 Mrd. Euro an Einnahmen aus der Sportstättennutzungsgebühr sowie sonstige direkte Einnahmen von rund 0,029 Mrd. Euro. Beide Bereiche gehören zur Kerndefinition des Sports. Entsprechend können die gesamten sportbezogenen Nettoeinnahmen der Länder auf 0,626, 2,477 bzw. 4,247 Mrd. Euro (Kern-, enge bzw. weite Definition) beziffert werden

Mit Hilfe der Rechnungsergebnisse der öffentlichen Haushalte (Statistisches Bundesamt 2010p), konnten die Bruttoausgaben für "Badeanstalten", "eigene Sportstätten" und zur "Förderung des Sports" abgeschätzt werden. Diese Angaben mussten um zahlreiche weitere Ausgabenbereiche ergänzt und in Nettoausgaben (unter Abzug der Zahlungen von gleicher und anderer Ebene) überführt werden (vgl. Tabelle 32).[275]

---

[273] Eigene Berechnungen. Die angegebene Werte und Prozentangaben sind auf Basis der vorhandenen Daten berechnet bzw. abgeschätzt worden. Die Prozentangaben beziehen sich auf die gesamten in der VGR für 2010 ausgewiesenen (nicht konsolidierten) Einnahmen und Ausgaben der öffentlichen Kernhaushalte des Bundes.

[274] Neben den direkten Ausgaben verzichtet der Bund auf rund 0,357 Mrd. Euro an jährlichen Steuereinnahmen, um den Sport bzw. das ehrenamtliche Engagement im Sportbereich zu fördern.

[275] Da die Überführung von Brutto- in Nettoausgaben in den Rechnungsergebnissen lediglich für die aggregierte Kategorie der Ausgaben (Personal-, Laufende und Investitionsausgaben) durchgeführt wird, mussten sie im Rahmen des Projektes anhand der in Kapitel 4.1.5 beschrieben Quoten vollzogen werden. Durch diese Schätzung kommt es zu leichten Abweichungen zwischen den manuell berechneten und den ausgewiesenen Nettowerten.

Tab. 32: Sportbezogene Ausgaben (2007) auf Ebene der Länder (in Mrd. Euro).[276]

Bereich der Ausgaben	Brutto[1]	Anteil[2]	Netto
Badeanstalten	0,047	93,61%	0,044
eigene Sportstätten	0,236	93,61%	0,221
Förderung des Sports	0,303	98,10%	0,297
Polizeibedienstete zur Sicherung von Sportveranstaltungen	0,093	98,10%	0,091
Ausgaben für Personal zum Anbieten des Schulsports	3,045	95,86%	2,919
Laufende Kosten für Schulsport	0,457	95,86%	0,438
Laufende Kosten für Hochschulsport	0,006	95,86%	0,006
Investitionskosten für Schulsportstätten	0,305	95,86%	0,292
Personalkosten für Sportwissenschaftler an Hochschulen	0,065	95,86%	0,062
Laufende Kosten der Sportwissenschaft an Hochschulen	0,020	95,86%	0,019
Investitionskosten der Sportwissenschaft an Hochschulen	0,007	95,86%	0,007
Lottosportförderung Hessen	0,02	95,86%	0,019
Lottosportförderung Saarland	0,0145	95,86%	0,014
	4,6187		**4,430**

Die auf diese Weise ermittelten sportbezogenen Nettoausgaben der Länder belaufen sich in 2007 auf rund 4,430 Mrd. Euro. Werden diese Werte mit Hilfe der Daten in der VGR 2010 in Werte von 2010 überführt, so belaufen sich die gesamten sportbezogenen Ausgaben auf Ebene der Bundesländer auf rund 0,754 bzw. 4,814 Mrd. Euro (Kern- bzw. enge und weite Definition) (vgl. Abbildung 37).[277]

---

[276] Anmerkungen: [1] aggregierte Bruttogrößen zu Personal-, Laufenden und Investitionskosten (vgl. Kapitel 4.1 - 4.3). [2] Zur Überführung von Brutto- in Nettogrößen verwendete Quoten (vgl. Kapitel 4.1.5).
[277] Neben diesen direkten Ausgaben verzichten die Länder auf rund 0,336 Mrd. Euro an jährlichen Steuereinnahmen, um den Sport bzw. das ehrenamtliche Engagement im Sportbereich zu fördern.

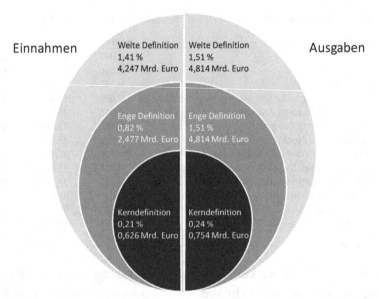

Abb. 37: Die geschätzten sportbezogenen direkten Einnahmen und Ausgaben der Bundesländer in 2010 in Abhängigkeit von der Abgrenzung (in Mrd. Euro).[278]

6.3 Kommunen

Wie der Tabelle im einleitenden Teil von Kapitel 6 zu entnehmen ist, haben die Kommunen in 2010 insgesamt sportbezogene Steuereinnahmen in Abhängigkeit von der zu Grunde gelegten Abgrenzung von rund 0,202, 0,675 bzw. 1,243 Mrd. Euro (Kern-, enge bzw. weite Definition) zu verzeichnen. Hinzukommen 0,397 Mrd. Euro an Einnahmen aus der Sportstättennutzungsgebühr sowie sonstige direkte Einnahmen von rund 0,139 Mrd. Euro. Entsprechend können die gesamten sportbezogenen Nettoeinnahmen der Kommunen auf 0,738, 1,211 bzw. 1,779 Mrd. Euro (Kern-, enge bzw. weite Definition) beziffert werden.

---

[278] Die angegebene Werte und Prozentangaben sind auf Basis der vorhandenen Daten berechnet bzw. abgeschätzt worden. Die Prozentangaben beziehen sich auf die gesamten in der VGR für 2010 ausgewiesenen Einnahmen und Ausgaben der öffentlichen Kernhaushalte der Länder.

Mit Hilfe der Rechnungsergebnisse der öffentlichen Haushalte (Statistisches Bundesamt 2010p), konnten die Bruttoausgaben für "Badeanstalten", "eigene Sportstätten" und zur "Förderung des Sports" abgeschätzt werden. Diese Angaben mussten in Nettoausgaben (unter Abzug der Zahlungen von gleicher und anderer Ebene) überführt werden.[279] Die auf diese Weise ermittelten sportbezogenen Nettoausgaben der Kernhaushalte belaufen sich in 2007 auf rund 2,978 Mrd. Euro. Werden diese Werte mit Hilfe der Daten in der VGR 2010 in Werte von 2010 überführt, so belaufen sich die gesamten sportbezogenen Ausgaben auf Ebene der Kommunen auf rund 3,273 Mrd. Euro. Dieser Wert ist für alle drei Abgrenzung identisch, da alle Ausgaben in den Bereichen "Förderung des Sports" und "Sportstätten" getätigt werden, die der Kerndefinition des Sports (die in der engen und weiten Abgrenzung enthalten ist) zugeordnet werden können (vgl. Abbildung 38).[280]

Neben den Kernhaushalten sind auf kommunaler Ebene zudem die sportbezogenen Eigenbetriebe von Relevanz. Diese haben, der JAB 2008 zufolge Einnahmen aus der Sportstättennutzung in Höhe von rund 0,403 Mrd. zu verzeichnen. Demgegenüber stehen Personalkosten von (brutto) rund 0,277 Mrd. Euro, Laufende Kosten von (brutto) rund 0,315 Mrd. Euro sowie Investitionskosten von (brutto) rund 0,327 Mrd. Euro gegenüber. Von diesen insgesamt 0,919 Mrd. Euro müssen noch die Zuweisungen und Zuschüssen der öffentlichen Haushalte abgezogen werden, so dass sich die gesamten Nettoausgaben in 2008 auf rund 0,812 Mrd. Euro belaufen.

Abschließend ist darauf hinzuweisen, dass (über die im Rahmen dieses Projektes quantifizierten Einnahmen- und Ausgabenkategorien hinaus) insbesondere die Kommunen im Besitz eines nicht unerheblichen Anlagevermögens im Bereich

---

[279] Da die Überführung von Brutto- in Nettoausgaben in den Rechnungsergebnissen lediglich für die aggregierte Kategorie der Ausgaben (Personal-, Laufende und Investitionsausgaben) durchgeführt wird, mussten sie im Rahmen des Projektes anhand der in Kapitel 4.1.5 beschrieben Quoten vollzogen werden. Durch diese Schätzung kommt es zu leichten Abweichungen zwischen den manuell berechneten und den ausgewiesenen Nettowerten.
[280] Neben diesen direkten Ausgaben verzichten die Kommunen auf rund 0,057 Mrd. Euro an jährlichen Steuereinnahmen, um den Sport bzw. das ehrenamtliche Engagement im Sportbereich zu fördern.

Sportstätten sind. Dieses wird in der Bilanz der JAB 2008 für die sportbezogenen Eigenbetriebe auf rund 3,426 Mrd. Euro beziffert, wobei 2,723 Mrd. Euro auf Sachanlagen, 0,697 Mrd. Euro auf Finanzanlagen und 0,007 Mrd. auf immaterielle Vermögensgegenstände entfallen. Entsprechende Ergebnisse zum sportbezogenen Anlagevermögen der Kernhaushalte in Deutschland liegen derzeit nicht vor.

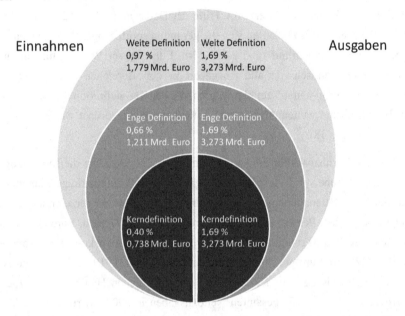

Abb. 38: Die geschätzten sportbezogenen direkten Einnahmen und Ausgaben der Kernhaushalte der Kommunen in 2010 in Abhängigkeit von der Abgrenzung (in Mrd. Euro).[281]

---

[281] Die angegebene Werte und Prozentangaben sind auf Basis der vorhandenen Daten berechnet bzw. abgeschätzt worden. Die Prozentangaben beziehen sich auf die gesamten in der VGR für 2010 ausgewiesenen Einnahmen und Ausgaben der öffentlichen Kernhaushalte der Kommunen.

Teil III: Sportbereiche und -aspekte

In diesem Teil werden die im vorangehenden Abschnitt quantifizierten einzelnen Nutzen- und Kostenkategorien für spezielle Sportbereiche und -aspekte aggregiert. Die einzelnen Bereiche wurden anhand von den vorab geführten Gesprächen zwischen Auftraggeber und -nehmer identifiziert. Im Folgenden wird zunächst versucht, ausgehend von den vorherigen Berechnungen die finanzpolitische Bedeutung der fünf wichtigsten Profisportligen (Kapitel 7) sowie des Vereinssports (Kapitel 8) und des Schulsports (Kapitel 9) abzuschätzen. Teil III des Berichts schließt mit einer qualitativen Übersicht zu finanzpolitischen Bedeutung von Sportgroßevents (Kapitel 10).

7. Die finanzpolitische Bedeutung der Profisportligen

Ziel dieses Abschnitts ist es, die identifizierten und quantifizierten sportbezoge-nen direkten Einnahmen des Staates soweit wie möglich den einzelnen Profiligen zuzuordnen. Dabei werden die 1. und 2. Fußball Bundesliga, die TOYOTA Handball Bundesliga, die Deutsche Eishockey Liga sowie die Beko Basketball Bundesliga betrachtet.

Da die Profisportligen dem Kernbereich zuzuordnen sind, werden im Folgenden nur solche Steuer- und sonstige Einnahmeaufkommen betrachtet, die in diesem Bereich liegen. Ausgeblendet bleiben die Rennwett- und Lotteriesteuer, die Mi-neralölsteuer/Energiesteuer, die Versicherungssteuer sowie die Kfz-Steuer (von privaten Haushalten), obgleich einige der Steuerarten für Folgeprodukte und -dienstleistungen von einer gewissen Relevanz sind.[282] Damit werden an dieser Stelle nur die direkten Einnahmen des Staates aus Steuern und Sozialbeiträgen der Profiligen betrachtet. Mögliche indirekte[283] und induzierte Effekte[284], wie sie nach eigenen Angaben in der Studie von McKinsey (2010) mit beachtet wurden, konnten hier auf Basis der im Bericht verwendeten Daten nicht heraus gerechnet werden.

Die Steueraufkommen werden ausgehend von den Lohnsteueraufkommen (einschl. Solidaritätszuschlag) berechnet, da diese (vgl. Kapitel 2.1.2.1) für die Ligen einzeln abgeschätzt werden konnten. Sie belaufen sich für die 1. und 2. Fußball Bundesliga (1.+2. FBL) auf rund 374 Mio. Euro, für die TOYOTA Handball Bundesliga (HBL) auf rund 9 Mio. Euro, für die BEKO Basketball

---

[282] Unter Folgeprodukten und -dienstleistungen werden im Sinne der Vilnius-Definition die Lieferungen und Leistungen von Wirtschaftszweigen des *downstream sectors* verstan-den (vgl. Kapitel 1.2). Hierzu gehören bspw. Wettspiele auf Sportereignisse.
[283] "Umsatz, Wertschöpfung und Beschäftigung, die im Rahmen des professionellen Fuß-balls erzielt werden, und zwar von den Gruppen der Lizenznehmer, den Zulieferern sowie den unabhängigen Begünstigten" (McKinsey, 2010, 7).
[284] "Umsatz, Wertschöpfung und Beschäftigung außerhalb des Profifußballs, die durch den Konsum der Beschäftigten des Systems entstehen (beispielsweise Autokauf oder Restaurantbesuch eines Clubmitarbeiters)" (McKinsey, 2010, 7).

Bundesliga auf rund 6 Mio. Euro und für die Deutsche Eishockey Liga (DEL) auf rund 7 Mio. Euro. Wird vereinfachend angenommen (*Annahme 1*), dass diese Ligen den gesamten Bereich der professionellen Sportmannschaften und Rennställe (*NACE*-Kategorie 92.62.2) ausmachen, ergibt sich hieraus ein Steueranteil der 1.+2. FBL von zusammen 94,16%, der HBL von 2,39%, der BBL von 1,59% sowie der DEL von 1,86%. Diese Anteile werden im Folgenden vereinfachend als konstant bei allen Steuer- und Beitragsaufkommen unterstellt (*Annahme 2*).

Aufgrund der hohen Gehälter in den Profisportligen ist es jedoch nicht sehr realistisch, dass der hohe Anteil an Lohnsteuer (einschl. Solidaritätszuschlag) der professionellen Sportmannschaften und Rennställe an dem gesamten Lohnsteueraufkommen (einschl. Solidaritätszuschläge) der Kerndefinition des Sports ebenfalls bei den anderen Steuerarten zutrifft. Tatsächlich entfallen rund 57,12% des gesamten Lohnsteueraufkommens (einschl. Solidaritätszuschläge) der Kerndefinition des Sports auf den Wirtschaftszweig der professionellen Sportmannschaften und Rennställe, aber nur 13,19% der Mehrwertsteuer und 20,53% der Gewerbesteuer. Für die anderen Steuerarten ist keine Untergliederung der Angaben der Kerndefinition vorhanden. Entsprechend wird vereinfachend unterstellt, dass jeweils der Mittelwert aus Mehrwert- und Gewerbesteueranteil (17,86%) das Steueraufkommen der professionellen Sportmannschaften und Rennställe am gesamten Steueraufkommen der Kerndefinition umfasst (*Annahme 3*).

Für die Sozialbeiträge sind wiederum Untergliederungen der Angaben zur Kerndefinition vorhanden. Entsprechend beläuft sich der Sozialbeitragsanteil der professionellen Sportmannschaften und Rennställe auf rund 16,65% aller Beiträge der Wirtschaftszweige der Kerndefinition.

Ausgehend von den oben getroffenen drei Annahmen kann das Steuer- und Beitragsaufkommen der Profisportligen abgeschätzt werden (vgl. Tabelle 33). Erwartungsgemäß entfällt der mit Abstand größte Teil auf die 1. und 2. Fußball-Bundesliga. Im Gegensatz zu den anderen Ligen können die abgeschätzten Ergebnisse unmittelbar in Relation zu den von der DFL (2010) veröffentlichten Ergebnissen gebracht werden. Aufgrund der zahlreichen vereinfachenden Annahmen im Rahmen unserer Schätzung ergeben sich z.T. deutliche Unterschiede zu den Daten der DFL (2010). Während Lohnsteuer- (einschl. Solidaritätszuschlag), Gewerbesteuer- (einschl. Umlagen) und Körperschaftsteueraufkommen relativ ähnlich sind, ergibt sich im Vergleich zu den Angaben der DFL (2010) bzgl. des Mehrwertsteueraufkommens eine deutliche Unterschätzung und bzgl. des Sozialversicherungsbeitragsaufkommens eine deutliche Überschätzung.[285]

Tab. 33: Zusammenfassung der approximierten Steuer- und Sozialversicherungsbeitragsvolumina in den betrachteten Profisportligen (in Mio. Euro).[286]

	1.+2. FBL[*1]	1.+2. FBL[*2]	HBL[*1]	DEL[*1]	BBL[*1]
Mehrwertsteuer	57,6	199,2[*3]	1,5	1,0	1,1
Gewerbesteuer (einschl. Umlagen)	8,3	7,8	0,2	0,1	0,2
Stromsteuer	1,9		0,0	0,0	0,0
Grundsteuern	3,5		0,1	0,1	0,1
Grunderwerbsteuer	1,6		0,0	0,0	0,0
Kfz-Steuer (von Unternehmen)	0,6		0,0	0,0	0,0
Lohnsteuer (einschl. Solizuschlag)	374,3	376,7[*4]	9,5	6,3	7,4
Körperschaftsteuer	3,2	5,5	0,1	0,1	0,1
veranlagte Einkommensteuer (einschl. Solizuschlag)	16,1		0,4	0,3	0,3
nicht veranlagte Steuern vom Ertrag (einschl. Zinsabschlag)	9,9		0,3	0,2	0,2
Sonstige Einkommen- und Vermögensteuern	0,3		0,0	0,0	0,0
gesamtes geschätztes Steueraufkommen	477,5		12,1	8,1	9,4
geschätzte Sozialbeiträge	122,4	90,8[*5]	3,1	2,1	2,4
gesamte geschätzte Steuern und Abgaben	599,9	683,7[*6]	15,2	10,1	11,8

Abschließend ist festzuhalten, dass (neben den generellen Anmerkungen zu den im Bericht verwendeten Datenerhebungs- und -Auswertungsmethoden) jede der

---

[285] Auf schriftliche Anfrage (per Email) bei der DFL wurden keine weiteren Details zur Datenerhebungsmethodik zugesandt. Eine nähere Aufschlüsselung der möglichen Gründe für die deutlichen Abweichungen ist daher an dieser Stelle nicht möglich.

[286] Anmerkungen: [*1] Auf Basis der im Text beschriebenen Ansätze geschätzt; [*2] Vergleichsdaten der DFL (2010); [*3] Umsatzsteuer nach Abzug der Vorsteuer; [*4] Lohnsteuer, Kirchensteuer und Solidaritätszuschlag zusammen; [*5] Renten-, Arbeitslose-, Kranken- und gesetzliche Unfallversicherung zusammen; [*6] einschließlich nicht näher spezifizierter sonstiger Steuern und Abgaben zusammen.

drei getroffenen Annahmen zur approximativen Abschätzung der ligenspezifischen Steuer- und Beitragsaufkommen diskussionswürdig ist. Insofern können die Ergebnisse in diesem Abschnitt als erster Anhaltspunkt dienen. Wie die Vergleichsdaten der DFL (2010) allerdings zeigen, wäre für eine zuverlässige Abschätzung eine Ausweisung der tatsächlichen Bilanzzahle der Profimannschaften notwendig. Präziser können die Steuer- und Beitragsaufkommen auf Basis der hier verwendeten Daten jedoch nicht abgeschätzt werden.

8. Die finanzpolitische Bedeutung des Vereinssports

Ziel dieses Abschnitts ist es, aus den identifizierten und quantifizierten sportbezogenen Einnahmen und Ausgaben (sofern möglich) den Vereinssportanteil heraus zu rechnen.

Zur Abschätzung der vereinssportbezogenen direkten Einnahmen öffentlichen Haushalte wird zunächst angenommen, dass entsprechende Beträge in den Wirtschaftszweigen Sportvereine und Sportverbände (*NACE*-Kategorie 92.62.1) sowie Betrieb von Sportanlagen (*NACE*-Kategorie 92.61) enthalten sind (*Annahme 1*). Neben den bereits in den einzelnen Kapiteln ausführlich diskutierten Einschränkungen bzgl. der Genauigkeit der einzelnen Steuerabschätzungen ist zu konstatieren, dass nicht sicher ist, inwiefern unter der Kategorie Betrieb von Sportanlagen nur vereinssportbezogene Größen erfasst sind. Denkbar wäre, dass hierunter zudem Lieferungen und Leistungen an private Haushalte subsummiert werden. Aus diesem Grund ist das Steueraufkommen des Bereichs Betrieb von Sportanlagen in Bezug auf die Vereinssportrelevanz vermutlich überschätzt.

Da der Vereinssport im Sinne der obigen Abgrenzung dem Kernbereich zuzuordnen ist, werden im Folgenden nur solche Steuer- und sonstige Einnahmeaufkommen betrachtet, die in diesem Bereich liegen. Ausgeblendet bleiben die Rennwett- und Lotteriesteuer, die Mineralölsteuer/Energiesteuer, die Versicherungssteuer sowie die Kfz-Steuer (von privaten Haushalten), obgleich einige der Steuerarten für Folgeprodukte und -dienstleistungen von Relevanz sind. Solche so genannten induzierten Effekte können im Rahmen dieser Darstellung nicht spezifiziert werden.

Detaillierte Angaben zu den relevanten Steueraufkommen der beiden genannten Wirtschaftszweige sind für die Mehrwertsteuer, die Gewerbesteuer (einschl. Umlagen) sowie für die Lohnsteuer (einschl. Solidaritätszuschlag) aus den vorherigen Kapiteln vorhanden. Vereinfachend werden die Anteile an den sonstigen Produktions- und Importabgaben auf Basis des Mittelwertes der Anteile von Mehrwert- und Gewerbesteuer der beiden Wirtschaftszweige am Aufkommen

des gesamten Kernbereichs geschätzt (*Annahme 1*). Darüber hinaus wird vereinfachend angenommen, dass die Anteile der beiden Wirtschaftszweige an den
sonstigen Einkommen- und Vermögensteuern des gesamten Kernbereichs den
Anteile der beiden Wirtschaftszweige an der Lohnsteuer (einschl. Solidaritätszuschlag) des gesamten Kernbereichs entsprechen (*Annahme 2*).

Für die Sozialbeiträge sind wiederum Untergliederungen der Angaben zur Kerndefinition vorhanden. Entsprechend beläuft sich der Sozialbeitragsanteil der
Sportvereine und Sportverbände auf rund 28,94%, das des Bereichs Betrieb von
Sportanlagen auf rund 28,81% aller Beiträge der Wirtschaftszweige der Kerndefinition.

Ausgehend von den oben getroffenen Annahmen kann das Steuer- und Beitragsaufkommen im Bereich Vereinssport abgeschätzt werden (vgl. Tabelle 34).

Tab. 34: Zusammenfassung der approximierten Steuer- und Sozialversicherungsbeitragsvolumina im Bereich Vereinssport (in Mio. Euro).[287]

	Sportvereine und Sportverbände[*1]	Betrieb von Sportstätten[*1]	zusammen[*1]
Mehrwertsteuer	142,9	135,0	277,9
Gewerbesteuer (einschl. Umlagen)	6,4	12,9	19,3
Stromsteuer	2,7	3,5	6,2
Grundsteuern	4,9	6,5	11,4
Grunderwerbsteuer	2,3	3,0	5,4
Kfz-Steuer (von Unternehmen)	0,9	1,2	2,1
Lohnsteuer (einschl. Solizuschlag)	101,0	102,0	203,0
Körperschaftsteuer	2,8	2,8	5,5
veranlagte Einkommensteuer (einschl. Solizuschlag)	13,9	14,1	28,0
nicht veranlagte Steuern vom Ertrag (einschl. Zinsabschlag)	8,6	8,6	17,2
Sonstige Einkommen- und Vermögensteuern	0,3	0,3	0,6
gesamtes geschätztes Steueraufkommen	286,7	289,9	576,6
geschätzte Sozialbeiträge	226,0	225,0	451,0
gesamte geschätzte Steuern und Abgaben	512,7	514,9	1.027,6

---

[287] Anmerkungen: [*1] Auf Basis der im Text beschriebenen Ansätze geschätzt.

Neben den vereinssportbezogenen Steuereinnahmen haben die Kommunen zudem Einnahmen aus Sportstättennutzungsgebühren zu verzeichnen. Die Höhe der Sportstättennutzungsgebühr kann auf Basis des SEB 2007/08 auf rund 0,218 Mrd. Euro geschätzt werden.

Auf der anderen Seite tätigen die öffentlichen Haushalte zahlreiche Ausgaben, um den Vereinssport zu unterstützen. Direkte (aus Sicht der Gebietskörperschaften) Ausgaben sind in den kommunalen und bundeslandbezogenen Ausgaben zur Förderung des Sports sowie im Bereich Sportstätten enthalten. Die Ausgaben zur Förderung des Sports enthalten ebenso wie die Ausgaben für Sportstätten sowohl die Breiten- als auch die Leistungssportförderung. Da die Kategorie Sportstätten zudem die Ausgaben für (einen Teil der) Schulsportstätten umfasst, und im Bereich Förderung des Sports auf Landesebene zudem die den Profiligen zuzuordnen Ausgaben für Polizeibedienstete enthalten sind, ist das Gesamtvolumen, der hier quantifizierten Ausgaben bzgl. des Vereinssportanteils überschätzt (vgl. Tabelle 35).

Tab. 35: Zusammenfassung von für den Vereinssport relevanten direkten Ausgaben 2010 (in Mio. Euro).

Aufgabenart	Länder	Kommunen	gesamt
Förderung des Sports	463	692	1.348
Sportstätten allgemein	292	2.581	2.919
	754	3.273	4.267

Neben diesen direkten Ausgaben verzichten die öffentlichen Haushalte zudem auf Steuereinnahmen, um das ehrenamtliche Engagement oder die Sportpartizipation durch bspw. steuerfreie Mitgliedsbeiträge zu fördern. Die Steuermindereinnahmen wurden im Rahmen von Kapitel 5 auf rund 0,750 Mrd. Euro abgeschätzt.

Auch wenn in den direkten (vgl. Tab. 35) und indirekten Kosten ein nicht dem Vereinssport zurechenbarer Anteil enthalten ist, der auf Basis der vorliegenden Daten nicht weiter spezifiziert werden kann, zeichnet sich ab, dass die Kosten in diesem Bereich deutlich über den direkten Einnahmen liegen. Es sei jedoch ex-

plizit darauf hingewiesen, dass eine Saldierung von direkten vereinssportbezogenen Einnahmen, Ausgaben und den Steuermindereinnahmen unvollständig ist, da
die indirekten Nutzenkomponenten bisher nicht entsprechend quantifizierbar
sind und somit außen vorbleiben. An dieser Stelle sollten künftige Forschungsarbeiten ansetzen.

9. Die finanzpolitische Bedeutung des Schul- und Hochschulsports

In diesem Kapitel sollen in einer kurzen Abhandlung die wesentlichen Aspekte zur Abschätzung der finanzpolitischen Bedeutung des Schul- und Hochschulsport zusammengefasst werden. Während im Kapitel zu den Profisportligen die direkten Einnahmen der öffentlichen Haushalte und im Kapitel zum Vereinssport die Einnahmen und Ausgaben betrachtet wurden, liegt der Fokus in diesem Kapitel auf den direkten Ausgaben, da im Bereich Schul- und Hochschulsport keine (aus Sicht der öffentlichen Haushalte) relevante Einnahmen anfallen. Dennoch sind einige (im Kapitel 3 angemerkten) indirekten Nutzeneffekte zu erwarten, die jedoch (wie oben angemerkt) bisher nicht entsprechend quantifizierbar sind.

Die gesamten Ausgaben belaufen sich in 2010 auf netto rund 3,963 Mrd. Euro und sind zur Gänze den Haushalten der Länder zuzuschreiben. Rund drei Viertel hiervon entfallen auf Personalkosten zum Anbieten des Schulsports. Die übrigen Kosten entfallen in etwa in gleicher Höhe auf die Laufenden Kosten sowie die Investitionsausgaben.

Neben den in den einzelnen Kapiteln bereits angemerkten kritischen Aspekten zur Quantifizierung sei an dieser Stelle noch einmal explizit darauf hingewiesen, dass (mit Ausnahme einer Abschätzung zu den Laufenden Kosten auf Basis eines diskussionswürdigen Ansatzes) die Quantifizierung der finanzpolitischen Bedeutung des Hochschulsports aufgrund von fehlenden Daten nicht durchgeführt werden konnte. Entsprechend sind die Kosten in voller Höhe dem Schulsport zuzuschreiben.

10. Die finanzpolitische Bedeutung von Sportgroßevents

Im Rahmen des Abschnitts erfolgt eine reine Methodendiskussion ohne konkrete Quantifizierung. Dabei wird bereits an dieser Stelle auf die Besonderheit hingewiesen werden, dass für Sportevents keine spezifischen amtlichen Statistiken existieren. Dies macht die isolierte Ermittlung sporteventbezogener ökonomischer Auswirkungen zu einem schwierigen Unterfangen (Brenke & Wagner, 2007). Dennoch existieren Methoden und Datenquellen zur Approximation der für die Einnahmen- und Ausgabenkategorien erforderlichen Größen. Auf diese wird in den folgenden Abschnitten eingegangen. Anders als in den anderen Kapiteln des Berichts wird hier rein qualitativ vorgegangen, d.h. Berechnungen für konkrete Events werden, wenn überhaupt, nur zur exemplarischen Verdeutlichung vorgenommen. Das Ziel besteht vielmehr darin, die methodischen und datentechnischen Stellschrauben zu identifizieren, die Einfluss auf die Höhe der fiskalischen Kosten und Nutzen haben.

10.1 Definition Sportgroßevents

Sportgroßveranstaltungen können als spezielle Art von Großveranstaltungen angesehen werden. Nach Rahmann et al. (1998, S.65) sind Großveranstaltungen „geplante, zeitlich begrenzte Ereignisse, die sich mit ihrem jeweiligen Austragungsinhalt an eine spezifische Zielgruppe richten. Neben periodisch wiederkehrenden Veranstaltungen an gleichen oder wechselnden Austragungsorten können unter diesem Begriff auch einmalige Ereignisse subsumiert werden. (...) Mit Großveranstaltungen sind stets touristische Attraktionen verbunden, wobei die Teilnahme von Besuchern – in Abhängigkeit des Veranstaltungstyps – eine unverzichtbare Bedingung darstellt." Großveranstaltungen, deren Inhalt in einem oder mehreren sportlichen Wettkämpfen besteht, sind als Sportgroßevents zu bezeichnen (Gans, Horn & Zemann, 2003).[288]

---

[288] Sportgroßevents lassen sich ferner nach bestimmten Kriterien wie Größe, Regelmäßigkeit, Dauer, medialer Verbreitung und Siedlungsstruktur kategorisieren (Hallmann, 2010).

10.2 Finanzpolitisch relevante Einnahmen- und Ausgabenkategorien

Von einem sportlichen Großereignis können diverse Effekte ausgehen, die wiederum verschiedene Akteure innerhalb der Austragungsregion betreffen. So können die Akteure Wirtschaft, Sportverband/Ausrichter und der Staat, als Repräsentant der Gesellschaft, von der Austragung eines Sportevents profitieren (Rahmann et al., 1998). Die Wirkungen lassen sich in wohlfahrtsbezogene Effekte (v.a. Schaffung von Einkommen und Beschäftigung), Kommunikations- und Imagewirkungen (standortpolitische Signalwirkung und Markenführung) und sozio-kulturelle Effekte (Stadt-, Freizeit- und Gesellschaftswirkung) unterteilen (Preuß, Kurscheidt & Schütte, 2009). Da sich die beiden letztgenannten Arten von Effekten erstens einer quantitativen Ermittlung weitgehend entziehen und sie zweitens für die hier interessierenden fiskalischen Effekte von Sportevents von untergeordneter Bedeutung sind, soll hier der Fokus auf wohlfahrtsbezogene, d.h. ökonomische Wirkungen gelegt werden.

Unklarheit herrscht in der Literatur bezüglich der Entstehung wirtschaftlicher Wirkungen von Sportevents. Gemäß Kasimati (2003, S. 434) entstehen ökonomische Effekte durch einen Zufluss von Mitteln, der nicht durch Umverteilung aus einem anderen Bereich der betroffenen Volkswirtschaft entstanden ist und der ohne die Sportgroßveranstaltung nicht existieren würde. Dieser Zufluss von Ressourcen kann von Medienanstalten, Sponsoren, Ausrichtern, Athleten, Funk-

---

Die Größe einer Sportveranstaltung kann durch die Anzahl der involvierten Zuschauer und/oder Teilnehmer bestimmt werden. Es fehlen jedoch anerkannte Grenzwerte, ab denen Sportereignisse als Großevents klassifiziert werden (Müller & Stettler, 1999). Leichter gestaltet sich die Einordnung hinsichtlich des Kriteriums Regelmäßigkeit in einmalige (z.B. Leichtathletik-Weltmeisterschaft in Berlin), regelmäßige (z.B. Köln-Marathon) und permanente (z.B. Spiele der Fußball-Bundesliga) Veranstaltungen (Freyer, 2000). Im Hinblick auf die Dauer findet eine Einteilung in eintägige (z.B. Ironman in Roth) und mehrtägige Sportevents (z.B. Fußballweltmeisterschaft 2006) statt. Die mediale Verbreitung einer Veranstaltung im TV ist ein weiteres Kriterium, anhand dessen sich Sportgroßevents einteilen lassen. Hier ist zu unterscheiden zwischen Kurzberichten, Teilaufzeichnungen und Liveübertragungen. Schließlich ist eine Klassifikation von Sportgroßveranstaltungen anhand der betroffenen Region sinnvoll, wobei zum einen zwischen ländlichem Raum, verdichtetem Raum und Großstädten (Gans et al., 2003) und zum anderen zwischen einzelnen Orten und Regionen (z.B. Olympische Spiele) und einem gesamten Land (z.B. Fußball-WM) unterschieden werden kann (Preuß, 2006).

tionären und nicht zuletzt nicht-einheimischen Touristen stammen. Dieses Verständnis ökonomischer Effekte, welches auf dem Zufluss nicht inländischer Gelder fußt, bildet die Grundlage für eine Vielzahl von Economic Impact Studien (z.B. Crompton, 1995; auch Preuß et al., 2009). Da im Rahmen dieses Berichts jedoch u.a. die finanziellen Ressourcen, die vom Staat für sportliche Großveranstaltungen zur Verfügung gestellt und damit anderen Verwendungszwecken entzogen werden, betrachtet werden, greift dieses Verständnis für den hier zu untersuchenden Gegenstand zu kurz. Stattdessen können vier Bereiche identifiziert werden, in denen der Staat als Spender und Empfänger von Ressourcen beteiligt ist (Kurscheidt, 2009; Helmenstein, Kleisner & Mosner 2007): (1) Investitionen in sporteventbezogene Infrastruktur (Stadien, Verkehrsinfrastruktur), (2) Ausgaben von Eventbesuchern (Nicht-Einheimische und ggf. Einheimische, die ihr Konsumverhalten aufgrund des Events verändern), (3) Veranstaltungsbudgets inkl. Sicherheitsleistungen sowie (4) Nettoergebnis des Betriebs der Sportanlagen nach dem Event. Ausgehend von diesen Zahlungsströmen lassen sich Einnahmen- und Ausgabenkategorien des Staates ableiten, die im folgenden Abschnitt erörtert werden.

Die öffentlichen Haushalte können in vielfältiger Form von der Austragung von Sportgroßevents betroffen sein. Analog zu der in Abschnitt (1.2) formulierten Kategorisierung der finanzpolitischen Nutzen- und Kostenarten kann auch bei sportlichen Großveranstaltungen zwischen eventbezogenen Einnahmen, Ausgaben sowie einem Einnahmeverzicht des Staates differenziert werden.

Eventbezogene Einnahmen sind Umsatzsteuereinnahmen aus durch eine Veranstaltung generierten Umsätzen ebenso wie Lohn- und Einkommenssteuer sowie Sozialversicherungsbeiträge aus zusätzlich geschaffenen Arbeitsplätzen oder Gebühren für die Sportstättennutzung während und im Anschluss an eine Veranstaltung. Eventbezogene Ausgaben entstehen dem Staat durch (Teil-)Finanzierung von Aus- und Aufbau von während der Veranstaltung genutzter Sportstätten und Verkehrsinfrastruktur, die Bereitstellung von Personal zur Planung und Durchführung des Events sowie den Betrieb der eigens für ein Event geschaffenen Sportarenen im Anschluss an das Ereignis. Schließlich können dem Staat

Einnahmen entgehen (indirekte Kosten), falls er den Veranstaltern eines Sport-großevents Steuerfreiheit für die durch die Veranstaltung erzielten Erlöse gewährt (Bundesregierung, 2006; Fischer, 2006; Gans et al., 2003; Helmenstein et al., 2007; Madden, 2006).

10.3 Sporteventbezogene direkte Einnahmen für die öffentlichen Haushalte

Im Folgenden werden Aspekte zu den sporteventbezogenen Steuereinnahmen (10.3.1) und Beiträgen an Sozialversicherungen (10.3.2) sowie zu den sport-eventbezogenen Gebühren der Sportstättennutzung (10.3.3) thematisiert.

10.3.1 Sporteventbezogene Steuereinnahmen

Bei den sporteventbezogenen Steuereinnahmen wird zwischen den Umsatz-(10.3.1.1) und den Lohn- und Einkommensteuern (10.3.1.2) unterschieden.

10.3.1.1 Umsatzsteuer

Wird durch ein Sportgroßevent ein wirtschaftlicher Impuls ausgelöst kommt es zu einem Anstieg der Lieferungen und Leistungen von Unternehmen und damit zu einem Anstieg der Umsatzsteuer. Da sich bislang keine Studie explizit und ausschließlich mit dem Einfluss von Sportevents auf die Umsatzsteuereinnahmen des Staates beschäftigt hat, sollen in diesem Abschnitt Methoden zur Ermittlung der Bemessungsgrundlage (also des Umsatzes bzw. der Wertschöpfung) vorgestellt und evaluiert werden.

Vorherrschend bei Economic Impact Studien sind zwei verschiedene methodische Ansätze: "Bottom-Up"-Ansätze, die den gesamtwirtschaftlichen Effekt auf Basis von mikroökonomischen Daten hochrechnen (z.B. Helmenstein et al., 2007; Preuß et al., 2009) und "Top-Down"-Ansätze, die den Event-Effekt anhand makroökonomischer Verfahren ermitteln (z.B. Baade & Matheson, 2004; Brenke

& Wagner, 2007). Darüber hinaus kann zwischen nachfrage- und angebotsorientierten Ansätzen unterschieden werden. Nachfrageorientierte Methoden beziehen sich auf die Wirtschaftssubjekte, die im Rahmen eines Events Leistungen nachfragen (z.B. Zuschauer) und dafür das vereinbarte Entgelt (welches die Umsatzsteuer enthält) zahlen. Angebotsorientierte Methoden beziehen sich auf Betriebe, die im Rahmen eines Events Leistungen anbieten (z.B. Hotelbetreiber), hierfür das vereinbarte Entgelt erhalten und die Umsatzsteuer an den Staat abführen müssen.

Nachfrageorientierte Ansätze: Grundlage der nachfrageorientierten Verfahren ist eine durch ein Sportevent induzierte Variation der Endnachfrage (z.B. in Form von privatem und staatlichem Konsum, Investitionen oder Im- und Exporten). Die Auswirkungen dieses sog. Primärimpulses werden daraufhin durch ein gesamtwirtschaftliches Modellierungsverfahren berechnet.[289] Zur Modellierung der ökonomischen Verflechtungen innerhalb einer Volkswirtschaft und damit zur Quantifizierung des multiplikativ verstärkten gesamtwirtschaftlichen Effektes haben sich in der internationalen Sporteventforschung zwei zentrale Ansätze

---

[289] Die interessierende Größe bei korrekt durchgeführten Economic Impact Studien ist nicht der durch ein Event generierte Mehrumsatz innerhalb einer Volkswirtschaft. Vielmehr ist die Steigerung der Wertschöpfung, also der über die Vorleistungen hinausgehende Anteil des Produktionswertes relevant (Blake, 2005). Aufgrund der Eigenschaft der deutschen Umsatzsteuer, die als „Mehrwertsteuer" nur die Wertschöpfung eines Produkts besteuert, ist dies auch eine zentrale Größe bei der Schätzung des zusätzlichen Umsatzsteueraufkommens.
Ein weiterer zentraler Aspekt im Rahmen von Economic Impact Studien ist das Multiplikator-Konzept. Dieses beruht auf der wechselseitigen Verflechtung einer Volkswirtschaft. Jeder Euro, der im Rahmen eines Sportevents von Wirtschaftssubjekten ausgegeben wird, entspricht den Einnahmen anderer Wirtschaftssubjekte, die dieses Geld wiederum nachfragewirksam verwenden, so dass es zu einer Multiplikation des Primärimpulses kommt. In diesem Zusammenhang unterscheidet man indirekte Effekte und induzierte Effekte. Während indirekte Effekte auf einer Verwendung der direkten Geldflüsse, z.B. für Leistungen von Zulieferern, beruhen, entstehen induzierte Effekte durch die Verwendung zusätzlich geschaffener Haushaltseinkommen für Güter in der Volkswirtschaft (Crompton, 1995; Kasimati, 2003).

herausgebildet (Kasimati, 2003): Die Input-Output-Analyse und sog. CGE (Computable General Equilibrium)-Modelle.[290]

Die auf Leontief (1936) zurückgehende Methode der Input-Output-Analyse basiert auf Input-Output-Tabellen, in denen die Güter- und Dienstleistungsströme eines Wirtschaftsraums detailliert dargestellt sind. In diesen Matrizen sind die Vorleistungsverflechtungen zwischen den einzelnen Industriesektoren, die Beziehung des Produktionssystems zur Endnachfrage (privater und öffentlicher Konsum, Bruttoinvestitionen, Exporte) und der Primärinput (Abschreibungen, Steuern minus Subventionen, Arbeitnehmerentgelte, Nettogewinne, Importe) enthalten. Die Wertschöpfung errechnet sich durch Subtraktion der Importe vom Primärinput (vgl. Tabelle 36).

Tab. 36: Systematik der Input-Output-Tabellen (in Anlehnung an das Statistische Bundesamt, 2010f).

		Input der Produktionsbereiche			Letzte Verwendung			Gesamte Verwendung
		PB	SB	TB	Konsum	Invest.	Exporte	
Gütergruppen	PB							
	SB							
	TB		Vorleistungsmatrix		Endnachfrage-matrix			Σ
Gesamte Vorleistungen bzw. Endnachfrage								
Komponenten der Wertschöpfung			Matrix der Primärinputs					
Importe					Gesamtes Aufkommen = Gesamte Verwendung			
Gesamtes Aufkommen			Σ					

Eine Modellierung der ökonomischen Auswirkungen von Sportevents mit Hilfe der Input-Output-Analyse erfolgt durch eine exogene Variation der Endnachfrage (z.B. erhöhte Konsumausgaben von Eventtouristen). Unter der Annahme, dass

---

[290] Während deutschsprachige Studien zur Ermittlung des ökonomischen Einflusses von Sportgroßevents bislang zumeist auf der Input-Output-Analyse beruhen (z.B., Helmenstein et al., 2007; Preuß et al., 2009), ist in der angloamerikanischen Forschung ein Trend hin zur Verwendung des CGE-Ansatzes zu erkennen (z.B. Blake, 2005; Madden, 2006).

die betroffenen Industrien diese zusätzliche Endnachfrage mit der gleichen proportionalen Verteilung von Inputs (Vorleistungen, Wertschöpfung und Importe) befriedigen wie im Nicht-Event-Fall, lässt sich der Effekt auf das Produktionssystem inklusive indirekter und induzierter Effekte simulieren.

Die Vorteile der Input-Output-Analyse bestehen in der vollständigen Harmonisierung mit der Volkswirtschaftlichen Gesamtrechnung sowie der hohen Disaggregierung, wodurch die intersektoralen Verflechtungen zum Ausdruck kommen und branchenspezifische Multiplikatoren ermittelt werden können (Kurscheidt, 2006). Kritiker der Input-Output-Analyse bemängeln jedoch insbesondere die Partialität des Ansatzes. Der Versuch, die gesamten volkswirtschaftlichen Effekte eines Events zu modellieren, muss demnach scheitern, da Rückkopplungseffekte und Kapazitätsbeschränkungen nicht berücksichtigt werden (Dwyer, Fursyth & Spurr, 2006).[291]

Im CGE-Ansatz hingegen bedingen sich Märkte gegenseitig, Ressourcen wie Arbeit und Kapital können begrenzt sein und Angebot und Nachfrage müssen im Einklang miteinander stehen. So kann etwa modelliert werden, dass ein Nachfrageanstieg im Tourismusbereich aufgrund eines Events erstens zu höheren Hotelpreisen und damit zu einer Verdrängung von „Nicht-Event-Touristen" und zweitens zur Verschiebung von Ressourcen in die Tourismusbranche und damit einhergehend zu geringen Produktionsniveaus in anderen Sektoren einer Volkswirtschaft führen kann (Brenke & Wagner, 2007). Aufgrund dieser höheren Endogenität soll die CGE-Methodologie laut ihren Verfechtern zu realistischeren, d.h. in der Regel geringeren ökonomischen Wirkungen als die Input-Output-Analyse führen (Blake, 2005). Allerdings sind auch CGE-basierte Analysen nicht

---

[291] Es sei an dieser Stelle darauf hingewiesen, dass moderne Input-Output-Modelle Mengen-Preis- und Lohn-Preisinterdependenzen berücksichtigen können und somit einen höheren Endogenisierungsgrad aufweisen als frühere Modelle. Ein Beispiel hierfür ist das deutsche INFORGE-(INterindustry FORecasting Germany)-Modell der GWS mbH (Meyer & Ahlert 2000), welches in erster Linie auf den Ergebnissen der nicht aggregierten Inlandsproduktberechnung, dem Kontensystem der VGR und den Input-Output-Tabellen des Statistischen Bundesamtes beruht. Es wurde bereits mehrfach zur Berechnung der ökonomischen Effekte von Sportgroßevents verwendet (Ahlert, 2001; Preuß et al., 2009).

ohne Kritik. Auf der einen Seite sind sie komplexer als Input-Output-Analysen und damit mit einem höheren Kostenaufwand verbunden. Des Weiteren entsprechen auch die in den CGE-Modellen getroffenen vereinfachenden Annahmen, wie vollkommen perfekte Gütermärkte, nicht immer der Realität in einer Volkswirtschaft (Kasimati, 2003).

Tabelle (37) fasst die wichtigsten Vor- und Nachteile von Input-Output- und CGE-Modellen noch einmal zusammen und stellt ausgewählte Studien dar, in denen die Modelle verwendet wurden.

Tab. 37: Input-Output-Analyse und CGE im Vergleich (eigene Darstellung).

	Input-Output-Analysen	CGE-Modelle
Vorteile	▪ Harmonisierung mit der volkswirtschaftlichen Gesamtrechnung ▪ Detaillierte Abbildung der Wirtschaftsverflechtungen ▪ Breite Anwendung bei Economic Impact Studien	▪ Berücksichtigung von Ressourcenbeschränkungen ▪ Ausgleich von Angebot und Nachfrage ▪ Hoher Endogenisierungsgrad
Nachteile	▪ Ursprünglich keine Berücksichtigung von Ressourcenbeschränkungen (z. T. enthalten in neueren Varianten)	▪ Hohe Komplexität ▪ Bislang nur wenige CGE-Studien zum Economic Impact von Events
Studien	▪ Economics Research Associates , 1984 (Olympia 1984 in Los Angeles) ▪ Helmenstein et al., 2007 (EURO 2008 in Österreich/Schweiz) ▪ Preuß et al., 2009 (Fußball WM 2006 in Deutschland)	▪ Andersen, 1997 (Olympia 2000 in Sydney) ▪ Blake, 2005 (Olympia 2012 in London)

Neben der Auswahl eines geeigneten Modellierungsverfahrens kommt der Schätzung des Primäreffektes, also des durch ein Sportgroßevent ausgelösten Nachfrageimpulses aufgrund von (1) Infrastrukturinvestitionen, (2) Konsum der Eventbesucher und (3) Ausgaben der Veranstalter, eine herausragende Rolle zu (Kasimati, 2003; Kurscheidt et al, 2008).

Die (1) Infrastrukturinvestitionen stellen dabei aus fiskalpolitischer Sicht einen Sonderfall dar, da sie sowohl Ausgaben (bei öffentlicher Finanzierung von Stadien und Verkehrsinfrastruktur, vgl. unten Abschnitt 10.4.1) als auch eine Quelle für Einnahmen darstellen können (durch Umsatzsteuereinnahmen[292]) (Kurscheidt, 2009). Die korrekte Schätzung des Investitionsaufwands ist allerdings mit einer Reihe von Schwierigkeiten behaftet.

Zunächst existieren nicht immer konkrete Pläne, anhand derer sich die Investitionskosten und darauf aufbauend Multiplikatoreffekte und Umsatzsteuereinnahmen ermitteln lassen. In einer Ex-Post-Betrachtung (z.B. Bundesregierung, 2006) oder kurz vor einem durchzuführenden Event (z.B. Helmenstein et al., 2007) sind die genauen Ausgaben normalerweise bekannt. Findet die Analyse jedoch lange vor einem Sportgroßevent statt und sind nicht einmal die konkreten Veranstaltungsorte bekannt (wie es z.B. bei internationalen Turnieren in den Mannschaftssportarten Fußball, Handball oder Eishockey der Fall sein kann) gestaltet sich die Quantifizierung der Investitionskosten als schwierig. Rahmann et al. (1998) bedienen sich zur Lösung dieses Schätzproblems einer Szenarioanalyse, in der die potenziellen Spielorte der WM 2006 anhand der Kriterien „Vorhandene Sportinfrastruktur" und „Nachfragepotenzial nach dem Event" vorab kategorisiert wurden (vgl. auch Abschnitt 10.4.1). In ihrer Studie mischen die Autoren die potenziellen Spielorte systematisch, so dass sich verschiedene Szenarien mit unterschiedlich hohem Investitionsbedarf und damit einhergehend unterschiedlich hohen Multiplikatoreffekten ergeben. Solch eine Szenarioanalyse erlaubt die Ermittlung einer groben Bandbreite an möglichen Investitionsausgaben.

Des Weiteren dürfen nicht alle Investitionsausgaben als Primäreffekte mit eingerechnet werden. Preuß (2005) weist darauf hin, dass die zunehmende Globalisierung dafür sorgt, dass Bauleistungen häufig im Ausland eingekauft werden. Bei öffentlichen Baumaßnahmen in der EU besteht sogar die Pflicht einer EU-weiten Ausschreibung. Infrastrukturinvestitionen, die an ausländische Firmen fließen, sind jedoch als Importe nicht Teil der inländischen Wertschöpfung und stoßen

---

[292] Für die steuerliche Betrachtung ist es unerheblich, wer den Stadionbau finanziert, da private und öffentliche Stadionbetreiber beim Bezug von Bauleistungen rechtlich gleichgestellt sind, d.h. sie müssen Umsatzsteuer zahlen, sind jedoch vorsteuerabzugsberechtigt.

zudem nur im Ausland Multiplikatoreffekte an. Sie sind somit aus der Schätzung der Investitionsausgaben heraus zu rechnen.

Drittens sind bei der Ermittlung des primären Investitionsimpulses solche Infrastrukturprojekte heraus zu rechnen, die unabhängig von der Ausrichtung einer Sportgroßveranstaltung durchgeführt würden (Madden, 2006). Hierzu gehören insbesondere notwendige Verkehrsinfrastrukturmaßnahmen, die durch ein Event zwar möglicherweise beschleunigt, nicht jedoch verursacht werden.

Schließlich muss der Tatsache Rechnung getragen werden, dass sich Stadionneubauten und -renovierungen sowie sonstige Baumaßnahmen in der Regel über mehrere Jahre hinziehen (Madden, 2006; Preuß, 2005; Rahmann et al., 1998). Statt einer zeitlichen Zuordnung aller direkten und multiplikativen Effekte zum Eventjahr sollten die Wirkungen auf die Jahre der Bauphase und ggf. auf die Zeit nach dem Event (bei induzierten Effekten) aufgeteilt werden.

Der (2) Konsum von Eventbesuchern stellt die zweite Säule der ökonomischen Wirkungen von Sportgroßevents dar (Helmenstein et al., 2007; Kurscheidt, 2009, Preuß, 2004) und ist somit ebenfalls relevant für die eventbedingten Umsatzsteuereinnahmen des Staates. Die Frage, welche Eventbesucher mit welchen Ausgaben bei der Ermittlung berücksichtigt werden sollten, ist jedoch nicht trivial. So weist bereits Crompton (1995) darauf hin, dass die eventbedingten Konsumausgaben inländischer Zuschauer zumeist lediglich Umverteilungen von Ressourcen darstellen, die ohne das Event anderweitig in der Volkswirtschaft eingesetzt würden. Zur Unterscheidung der verschiedenen Arten von Zuschauern entwickelten Preuß et al. (2009) eine umfassende Typologie, die die Besucher eines Events in Abhängigkeit der Richtung der Geldflüsse (Mittelzufluss, überwiegend neutrale Wirkung oder Mittelabfluss) kategorisiert (vgl. Tabelle 38).

Tab. 38: Arten von Eventbesucher-Typen (in Anlehnung an Preuß et al., 2009)

Besuchertyp	Erklärung	Art des Mittelflusses
Event visitors	Personen, die nur aufgrund des Events in eine Ausrichterregion reisen	Mittelzufluss in die Region
Extentioners	Touristen, die eine Region ohnehin besucht hätten, aber wegen des Events länger bleiben	Mittelzufluss in die Region
Home Stayers	Einheimische, die wegen des Events auf einen Auslandsurlaub verzichten	Mittelzufluss in die Region (sog. Importsubstitution)
Changers	Einheimische, die die Region für ihren Urlaub verlassen und diesen gezielt auf den Zeitraum des Events legen	überwiegend neutrale Wirkungen
Casuals	Touristen, die auch ohne das Event in die Region gekommen wären	überwiegend neutrale Wirkungen
Time switchers	Touristen, die die Region ohnehin besuchen wollten, aber die Reise auf die Zeit des Events verschieben	überwiegend neutrale Wirkungen
Avoiders	Touristen, die gekommen wären, aber aufgrund des Events auf eine Reise (zum Zeitpunkt des Events) verzichten	Mittelabfluss
Runaways	Einheimische, die die Region aufgrund des Events verlassen, um Urlaub zu machen	Mittelabfluss
Residents	Übrige Einheimische	überwiegend neutrale Wirkungen

Die zentrale Erkenntnis dieser Typologie besteht darin, dass nicht alle ausländischen Besucher eines Sportevents berücksichtigt werden dürfen (lediglich Event-Touristen und so genannte „Extentioners" (Verlängerer)), aber auch nicht alle Inländer (wie bspw. Home Stayers) vernachlässigt werden dürfen.[293] In der Rea-

---

[293] Neben der Identifikation verschiedener Besuchertypen sind die Reise- und Konsummuster dieser unterschiedlichen Besuchergruppen für die Schätzung der gesamten event-induzierten Konsumausgaben erforderlich (Preuß et al., 2009). Hierzu zählen zum einen die durchschnittlichen Aufenthaltsdauern sowie die Art der Beherbergung, zum anderen die Aufteilung der Konsumausgaben auf verschiedene Bereiche (Übernachtung, Eintrittskarten, Gastronomie, etc.). Der Primärimpuls durch die Konsumausgaben der Eventbesucher ergibt sich schließlich idealerweise durch eine Kombination der Besuchertypen mit den durchschnittlichen Reise- und Konsummustern. Ein Beispiel hierfür wäre der Eventtourist, der ausschließlich aufgrund eines Sportevents die Ausrichterregion besucht, sieben Tage bleibt und pro Tag Konsumausgaben von 200 Euro zu jeweils 25 % auf die Bereiche

lität ergeben sich jedoch einige Probleme. So zeigt die Untersuchung von Preuß et al. (2009), dass die Konsummuster einer Sportgroßveranstaltung äußerst heterogen sind, was eine einheitliche Zuordnung von Konsummustern zu Besuchertypen stark erschwert. Des Weiteren muss zu einer genauen Erfassung der Besuchertypen und der Konsummuster eine Primärerhebung während der Veranstaltung durchgeführt werden, was lediglich eine Ex-Post-Analyse der Konsumausgaben ermöglicht.

Um auch im Vorfeld eines Sportgroßevents zumindest einen Teil der Konsumausgaben der Veranstaltungsbesucher schätzen zu können, kann eine Modellrechnung auf Basis der Sportstätten-Kapazitäten herangezogen werden (Helmenstein, 2007; Rahmann et al., 1998). Dafür wird in einem ersten Schritt die Anzahl an zu verkaufenden Eintrittskarten prognostiziert, wobei auf die Auslastung vergangener, ähnlicher Veranstaltungen zurückgegriffen werden kann. Da ohne eine Primärerhebung nicht bestimmt werden kann, welcher Anteil der inländischen Besucher aufgrund der Veranstaltung auf einen Urlaub verzichtet oder seine Konsumquote ändert, sollten lediglich die ausländischen Besucher berücksichtigt werden. Hierfür muss der Ausländeranteil geschätzt werden, wobei zum einen wiederum auf vergangene Events und zum anderen auf die geplante Verteilung der Eintrittskarten auf In- und Ausland im internetgestützten Ticketverkauf zurückgegriffen werden kann. Zusätzlich zu diesen „normalen" Zuschauern sollte die Anzahl ausländischer Medienvertreter geschätzt werden. Schließlich müssen die Ausgaben pro ausländischem Ticket geschätzt werden, was eine sinnvolle Durchschnittsbildung unter Berücksichtigung von unterschiedlichen Konsummustern erfordert. Eine Multiplikation dieser Ausgaben pro Ticket mit der Anzahl der ausländischen Tickets ergibt nun die gesamten Besucherausgaben, die den Primärimpuls aus dem eventbedingten Tourismus bilden. Um der Unsicherheit bezüglich der genauen Zuschauerzahlen und ihrer Ausgaben Rechnung zu tragen, empfiehlt sich eine Szenariobildung mit einem optimistischem

---

Eintrittskarten, Übernachtung, Gastronomie und Transport verwendet. Werden diese Ausgaben über alle Besuchertypen hinweg aggregiert, ergibt sich der konsuminduzierte Primärimpuls eines Sportgroßevents, der wiederum Multiplikatoreffekte auslöst und dem Staat Umsatzsteuereinnahmen ermöglicht.

Szenario (z.B. 95 % Auslastung) und einem pessimistischem Szenario (z.B. 75 % Auslastung) (vgl. für ein solches Vorgehen Helmenstein et al., 2007; Rahmann et al., 1998).

Der dritte Treiber gesteigerter wirtschaftlicher Aktivität durch ein Event und damit von Umsatzsteuereinnahmen des Staates sind die (3) Ausgaben, die der Veranstalter zur Durchführung eines Events tätigt (Preuß, 2005). Im Vergleich zu den beiden vorher behandelten Nachfragearten ist die Ermittlung des vom Veranstaltungsbudget ausgehenden Primärimpulses mit weniger Aufwand verbunden.[294]

Angebotsorientierte Ansätze: Neben den dargestellten nachfrageorientierten Methoden zur Ermittlung des Umsatzes (bzw. der Wertschöpfung) und damit den Umsatzsteuereinnahmen des Staates können auch angebotsorientierte Methoden zum Einsatz kommen. Eine Möglichkeit besteht dabei darin, anhand von Umsätzen von durch ein Sportgroßevent betroffenen Branchen Rückschlüsse auf eventbedingte Wirkungen zu ziehen. Dieses Verfahren wenden u.a. Brenke & Wagner (2007) an, indem sie die Umsätze im Gastgewerbe und im Einzelhandel in den von der Fußball-WM 2006 betroffenen Monaten mit Vorjahresumsätzen vergleichen. Die Autoren stellen dabei jedoch in Frage, ob sich etwaige Mehrumsätze tatsächlich dem Event zuordnen lassen. Diese Skepsis teilt auch Maennig (2007), der zusätzlich Regressionsanalysen zur Erklärung der Einzel-

---

[294] In der Regel sind die Veranstalter von Sportgroßevents verpflichtet, im Vorfeld der Veranstaltung ein vorläufiges Budget mit den einzelnen Ausgabenposten aufzustellen. Diese umfassen bspw. bei Olympischen Spielen die Aufwendungen für Infrastruktur, Durchführung der Sportveranstaltung, Zeremonien, Medizinische Dienste, Catering, Transport, Sicherheit, Werbung, Verwaltung, vorolympische Events und sonstige Ausgaben (IOC, 2002). Eine ähnliche Aufgliederung findet sich auch bei Fußball Europa- (Helmenstein et al. 2007) und Weltmeisterschaften (Bundesregierung, 2006) wieder. Diese Ausgaben tragen direkt und indirekt (über Multiplikatoreffekte) zur eventinduzierten Wertschöpfung innerhalb einer Volkswirtschaft und somit zu Umsatzsteuereinnahmen bei. Hierbei muss beachtet werden, dass zum einen keine Doppelzählung von Infrastrukturausgaben vorgenommen wird (falls der Veranstalter ebenfalls Investitionen in Infrastruktur leistet, Preuß & Weiß, 2003) und zum anderen die Ausgaben des Veranstaltungsbudgets, die im Ausland anfallen (etwa bei Beauftragung einer ausländischen Werbeagentur), als Importe von den Gesamtausgaben abgezogen werden.

handelsumsätze mit einer Dummy-Variablen für den WM-Zeitraum durchführt, jedoch keine signifikanten WM-Effekte identifiziert. Diese Art von Analysen ist jedoch nicht unproblematisch, da bei den aggregierten Umsätzen nicht zwischen von Ausländern und Inländern getätigten Konsumausgaben unterschieden werden kann und Inländerkonsumausgaben bei strenger kreislauftheoretischer Betrachtung nur berücksichtigt werden dürften, falls sie entweder aufgrund des Events nicht verreisen oder sich ihre Konsumquote zumindest vorübergehend erhöht (s.o.).

Eine zweite Methode stellt die Befragung von Unternehmen dar, inwiefern sie durch ein Sportgroßevent erhöhte Umsätze erwarten (ex-ante) bzw. erzielt haben (ex-post). Hierbei ist zwischen Unternehmen am Veranstaltungsort und sonstigen Unternehmen zu unterscheiden. Stellvertretend für Erhebungen der ersten Art kann die Studie von Gans et al. (2003) genannt werden, in der Beherbergungs- und Gastronomiebetriebe Einzelhandelsgeschäfte sowie sonstige Unternehmen in Willingen zur ökonomischen Wirkung des dort stattfindenden Weltcup-Skispringens im Jahr 2001 befragt wurden. Hierbei können auch Umsatzschätzungen erfragt werden, anhand derer sich Umsatzsteuereinnahmen berechnen lassen. Ist eine empirische Befragung von Unternehmen aufgrund der Größe einer Ausrichtungsregion mit einem unverhältnismäßigen Aufwand verbunden, können ersatzweise Vertreter von Industrie- und Handelskammern befragt werden. Diese Methode kam in der erwähnten Studie im Rahmen des ISTAF 2001 in Berlin zum Einsatz.

Darüber hinaus können landesweit Branchenvertreter nach den Umsatzwirkungen von Sportevents befragt werden. Hierbei sind insbesondere solche Branchen relevant, die von der Durchführung einer Sportveranstaltung besonders profitieren. Neben dem Gastgewerbe sind dies insbesondere Getränkehersteller, der Sportfachhandel sowie der Elektrohandel. Eine primärempirische Erhebung dieser Art führten bspw. Helmenstein et al. (2006) durch. Allerdings ist hierbei wiederum der Einwand zu leisten, dass erstens eine Zuordnung von ausschließlich eventbedingten Mehrumsätzen schwierig ist und zweitens größtenteils Käufe von Inländern berücksichtigt werden, die auf einer Umverteilung des verfügbaren Einkommens beruhen.

10.3.1.2 Lohn- und Einkommenssteuer

Obgleich empirisch nicht immer nachweisbar (vgl. z.B. Hagn & Maennig, 2007a; 2007b), wird Sportgroßevents häufig die Fähigkeit zugesprochen, einen Einfluss auf die Beschäftigung einer Veranstaltungsregion auszuüben (Kasimati, 2003). Diese Wirkung ist jedoch nicht isoliert zu betrachten. Vielmehr ist es die erhöhte Nachfrage nach Gütern, die zu einer erhöhten Produktion und damit zu einer höheren Nachfrage nach Arbeitskraft führen kann (Preuß, 2000). Falls diese erhöhte Nachfrage mit einem Beschäftigungsanstieg verbunden ist, profitiert der Staat in Form höherer Einnahmen aus der Lohn- und Einkommenssteuer. Zusätzlich zu diesen Steuereinnahmen, die auf dem wirtschaftlichen Impuls eines Events beruhen, findet eine Besteuerung der Einkommen der beteiligten Athleten statt (z.B. Preisgelder).

Wiederum wird zwischen nachfrage- und angebotsorientierten Methoden unterschieden. Nachfrageorientierte Methoden betreffen dabei die erhöhte Nachfrage nach Arbeitskräften aufgrund eines Events, während angebotsorientierte Methoden die Veränderung des Arbeitskräfteangebots aufgrund einer Sportveranstaltung untersuchen.

Nachfrageorientierte Ansätze: Bei der Ermittlung der durch ein Sportgroßevent induzierten zusätzlichen Nachfrage nach Arbeitskräften aufgrund des allgemeinen wirtschaftlichen Impulses ergeben sich einige Parallelen zum vorherigen Abschnitt. So beruht auch die Beschäftigungssteigerung auf der gestiegenen Güternachfrage in den Bereichen Infrastrukturinvestitionen, Besucherausgaben und Veranstaltungsbudget. Auf die Besonderheiten bei der Berechnung dieser direkten Effekte soll daher hier nicht noch einmal eingegangen werden. Ebenso kann auch das Multiplikator-Konzept auf Beschäftigungswirkungen übertragen werden. Im diesem Kontext beschreibt ein Beschäftigungsmultiplikator, wie viele zusätzliche Arbeitsplätze durch den Nachfrageimpuls direkt, indirekt und induziert in der Volkswirtschaft entstehen (Crompton, 1995).

Die Frage liegt jedoch darin, wie sich monetäre Effekte (höhere Nachfrage, höhere Wertschöpfung), in Personenzahlen übertragen lassen. In modernen Modellierungsverfahren wie CGE oder INFORGE ist der Arbeitsmarkt ein integrativer Bestandteil des Modells. Das bedeutet, dass die zusätzliche Beschäftigung ein Teilergebnis des Modellierungsergebnisses darstellt. Weniger anspruchsvoll, jedoch deutlich anschaulicher, ist die Berechnung des Beschäftigungseffektes auf Basis bereits ermittelter Produktionswerte oder Wertschöpfungswerte. So lässt sich in Anlehnung an Preuß et al. (2009) ein mit Hilfe einer Input-Output-Analyse ermitteltes Produktionsvolumen in verschiedenen Sektoren in die Anzahl an Beschäftigungsjahren umrechnen, die hierfür von Nöten sind.[295]

Die mathematische Umrechnung von durch Sportgroßevents induzierter Mehrbeschäftigung in die Schaffung neuer Stellen ist jedoch problematisch. So merkt Crompton (1995) an, dass dieses Vorgehen auf der Annahme beruhe, alle existierenden Arbeitskräfte seien vollkommen ausgelastet. Diese Annahme ist allerdings wenig realistisch, da insbesondere im Fall von einmaligen, nur über wenige Tage andauernden Sportveranstaltungen entweder vorübergehende Mehrarbeit durch die normale Belegschaft geleistet wird oder zeitlich befristete Aushilfsjobs geschaffen werden. Langfristige Arbeitsstellen, die nachhaltig zu Einkommenssteuereinnahmen führen, entstehen allenfalls in Branchen, die durch ein Megaevent wie die Olympischen Spiele strukturell verändert werden, wie etwa im Tourismus oder im Transportwesen (Preuß, 2000).

---

[295] Ein anderes Vorgehen nutzen Helmenstein et al. (2007), die von der üblichen Beschäftigungsstruktur eines Wirtschaftssektors im Verhältnis zur Bruttowertschöpfung ausgehen. Bei Kenntnis der durch ein Sportevent generierten zusätzlichen Wertschöpfung in einem Sektor (ebenfalls aus Input-Output-Tabelle) lassen sich die hierfür erforderlichen Arbeitskräfte berechnen. Die Steuereinnahmen des Staates ergeben sich anschließend approximativ, indem die zusätzlich geschaffenen Arbeitsstellen pro Sektor mit dem durchschnittlichen Bruttoverdienst sowie dem Durchschnittssteuersatz dieses Sektors multipliziert werden.

Eine weitere Möglichkeit einer nachfrageorientierten Bestimmung der sport-eventbezogenen Einkommensteuereinnahmen besteht darin, die Beschäftigungs-zahlen von betroffenen Unternehmen und Organisationen zu betrachten. Direkt zurechenbar sind die Arbeitskräfte, die der Veranstalter im Vorfeld und während der Sportveranstaltung beschäftigt. Veranstalter von großen Sportevents wie die Organisationskommitees der Olympischen Spiele (Preuß, 2000) oder von Fuß-ball-Weltmeisterschaften (Bundesregierung, 2006) veröffentlichen in der Regel Mitarbeiterzahlen und/oder Personalkosten. Werden diese mit dem Durch-schnittslohn (z.B. bei den Olympischen Spielen 1972 in München 41.600 US-Dollar zu Preisen von 1995 für Angestellte des mittleren Managements, Preuß, 2000) und dem Durchschnittssteuersatz multipliziert, lässt sich das Lohnsteuer-volumen berechnen. Bei ausschließlicher Kenntnis der Personalkosten ist eine Bereinigung um die Sozialversicherungsbeiträge vorzunehmen.

Darüber hinaus können Unternehmens- und Branchenvertreter nach den Beschäf-tigungswirkungen von Sportevents befragt werden (z.B. DIHK, 2006). Dabei ist jedoch wiederum die Einschränkung zu machen, dass eine exakte Zuordnung von Neueinstellungen zum betrachteten Sportevent nur sehr schwierig vorzu-nehmen ist, da auch andere Einflüsse die Beschäftigungspolitik beeinflussen können.

Angebotsorientierte Ansätze: Ein Verfahren, welches die Arbeitsangebotsseite betrachtet, besteht in der Analyse von Arbeitslosenstatistiken im zeitlichen Um-feld eines sportlichen Großevents. Aufgrund des in der Regel eher regionalen Impulses eines Sportevents ist die Verwendung bundesweiter Statistiken wenn überhaupt nur im Falle eines das ganze Land betreffenden Großevents (wie Fuß-ball-Europa- und Weltmeisterschaften) sinnvoll. Die Arbeitslosenstatistik der Bundesagentur für Arbeit ist jedoch auch disaggregiert erhältlich, und zwar so-wohl auf Bundesland- als auch auf Stadt-/Landkreisebene. Signifikante Abwei-chungen vom sonstigen saisonalen Verlauf der Arbeitslosenzahlen im Vorfeld bzw. während eines Events könnten demselben zugerechnet werden. Anhand von Durchschnittsbruttoverdiensten und Durchschnittssteuersätzen ließen sich die Einkommensteuereinnahmen approximieren. Allerdings ist zum einen wiederum der temporäre Charakter der meisten eventbedingten Jobs zu berücksichtigen. Zum anderen könnte eine etwaige atypische Veränderung der Beschäftigtenzahlen auf andere, nicht eventbedingte Einflüsse zurückzuführen sein.[296]

10.3.2 Sporteventbezogene Beiträge an Sozialversicherungen

Die unter 10.3.1 vorgestellten Methoden zur Ermittlung der Beschäftigungszunahme und damit der Einkommensteuereinnahmen aufgrund eines Events können analog zur Bestimmung der Sozialversicherungsbeiträge verwendet werden. Es müssen jedoch auch hier die Einwände gemacht werden, dass erstens entstehende Mehrarbeit häufig nicht mit Einstellungen von zusätzlichen Arbeitskräften kompensiert wird und zweitens eine Zuordnung von Beschäftigungssteigerungen zu einem Sportevent nicht immer eindeutig möglich ist.

10.3.3 Sporteventbezogene Gebühren für die Sportstättennutzung

Stellt eine Kommune ihre Sportstadien und/oder Sporthallen für die Austragung eines Sportgroßevents zur Verfügung, so sind die Mieteinnahmen aus dieser Nutzung eventspezifische Einnahmen des Staates. Es ist jedoch zu berücksichtigen, dass sich viele große Sportstätten inzwischen in privater Hand befinden. So gehörten von den zwölf Stadien der Fußball-WM 2006 immerhin vier vollstän-

---

[296] Besteuerung der Sportlerprämien: Weniger schwierig als die Schätzung von geschaffenen Jobs und der dadurch induzierten Steuereinnahmen aufgrund des wirtschaftlichen Impulses eines Sportgroßevents, erweist sich die Ermittlung der Steuereinnahmen aus den Prämien der beteiligten Sportler. Gemäß § 49 Abs. 1 Nr. 2d EStG sind die Einkünfte einkommensteuerpflichtig, die durch in Deutschland ausgeübte oder verwertete sportliche Leistungen (z.B. erfolgsunabhängige Antrittsgelder und Prämien) erzielt werden. Des Weiteren gehören hierzu Einkünfte aus anderen mit diesen sportlichen Leistungen zusammenhängenden Leistungen (z.B. Einkünfte aus Sponsoring-Verträgen). Die Einkommensteuer wird dabei gemäß § 50a Abs. 1 Nr. 1 EStG im Zuge des Steuerabzugs erhoben, d.h. der Vergütungsschuldner (z.B. ein ausländischer Sportverband, der seine Sportler für die Teilnahme an einem Sportevent in Deutschland entlohnt) muss die Steuer einbehalten und an die deutsche Steuerverwaltung abführen. Der Steuersatz beträgt dabei gemäß § 50a Abs. 2 EStG 15 %. Im Zuge dieser Besteuerung nahm der Staat während der Fußball-WM 2006 ca. 7,2 Mio. Euro ein (Bundesregierung 2006).

dig den Fußball-Vereinen, die ihre Spiele normalerweise in den Stadien austragen (FC Schalke, Borussia Dortmund, FC Bayern und 1860 München sowie Hamburger SV). Die 51 Mio. Euro, die das WM-Organisations-Komitee an Mieten bezahlt hat (Bundesregierung, 2006), flossen damit nur zum Teil an die betroffenen Kommunen.

Die Mietzahlungen, die von einem Veranstalter an einen Sportstätten-Betreiber fließen, basieren auf vor Beginn eines Sportgroßevents getroffenen Vereinbarungen. Hierbei sind zwei verschiedene Varianten denkbar. Entweder wird ein fixer Mietzins vereinbart, oder der Sportstätten-Betreiber erhält einen variablen Anteil an den Eintrittserlösen des Veranstalters (Rahmann et al., 1998). Sind die Vertragsdetails sowie ggf. die Zahl der verkauften Eintrittskarten hinreichend bekannt (im Fall der variablen Miete), so lassen sich die Mieteinnahmen einer Kommune relativ genau prognostizieren. Fraglich ist jedoch, ob die im Anschluss an ein Event zu erwartenden Mieteinnahmen ebenfalls ursächlich der Sportgroßveranstaltung zuzurechnen sind (so wird es z.B. bei Rahmann et al. (1998) gehandhabt). Bei Erweiterungen von Sportstätten ist streng genommen lediglich der Teil der zukünftigen Mieteinnahmen, der die Normalmiete (Miete ohne Erweiterung/Renovierung) übersteigt, dem Event zuzuordnen. Bei Neubauten hingegen können sämtliche zukünftige Mieteinnahmen der Veranstaltung zugerechnet werden (Gans et al., 2003; siehe auch Abschnitt 10.5.3).

10.4 Sporteventbezogene direkte Ausgaben von den öffentlichen Haushalten

Bei den sportbezogenen direkten Ausgaben der öffentlichen Haushalte werden Sportstätten- und Infrastrukturinvestitionen (10.4.1), Beschäftigungskosten (10.4.2) sowie Kosten für den Betrieb der Sportstätten nach Veranstaltungsende (10.4.3) unterschieden.

10.4.1 Sportstätten- und Infrastrukturinvestitionen

Der Staat ist bei sportlichen Großveranstaltungen häufig bei der Investition in Sportstätten und Verkehrsinfrastruktur beteiligt.[297] Eine zentrale Rolle im Hinblick auf die Rolle des Staates beim Um- oder Neubau von Sportstätten spielt auf der einen Seite die Existenz bereits bestehender Sportinfrastruktur und auf der anderen Seite das Nutzungspotenzial im Anschluss an das betrachtete Event. Rahmann et al. (1998) entwickeln auf Basis dieser beiden Kriterien verschiedene Szenarien für die Aufteilung der Investitionskosten (vgl. Tabelle 39).

Die Szenarien 1 und 2 ergeben eine Situation, in der relativ sichere zukünftige Rückflüsse (z.B. aus permanentem Ligabetrieb) bei relativ geringen, speziell für

---

[297] Die finanzielle Unterstützung von Sportevents wird häufig mit den durch sie ausgelösten positiven direkten ökonomischen Effekten (siehe vorheriger Abschnitt) sowie indirekten gesellschaftlichen Wirkungen (z.B. höherer Freizeitwert) gerechtfertigt (Baade & Matheson, 2004; Kasimati, 2003). Sowohl direkte als auch indirekte positive Effekte von Sportevents sind allerdings fraglich. Insbesondere in letzter Zeit haben sich Forscher den indirekten Effekten zugewandt mit allerdings gemischten Ergebnissen (vgl. Kapitel 3.4).
Die Anteile staatlicher Beteiligung bei Sportevents unterscheiden sich deutlich voneinander. So betrug der öffentliche Finanzierungsanteil bei den Olympischen Spielen von 1972 bis 2000 zwischen zwei (Los Angeles 1984) und 95 Prozent (Montreal 1976) (Preuß, 2000). Bei der Fußball-WM 2006 reichte die öffentliche Beteiligung für den Neu- und Umbau der Stadien von 0 Prozent (München, Dortmund) bis 100 Prozent (Berlin, Köln, Nürnberg). Dabei waren die Gebietskörperschaften zu unterschiedlichen Anteilen beteiligt (Berlin: Bund 81%, Land Berlin 19% [Bürgschaft]), Köln: Stadt Köln 22%, Kölner Sportstätten GmbH [Tochter der Stadt Köln] 78%, Nürnberg: Freistaat Bayern 50%, Stadt Nürnberg 50%; Bundesregierung, 2006). Diese Beispiele zeigen, dass eine pauschale Aussage über den Finanzierungsbeitrag von Bund, Ländern und Kommunen für Sportgroßveranstaltungen nicht getroffen werden kann. Er hängt vielmehr von einer Reihe von Faktoren ab, auf die im Folgenden eingegangen werden soll.

ein Event notwendigen Investitionen zu erwarten sind. Dieses positive Nutzen-Kosten-Verhältnis ermöglicht die Nutzung von privatwirtschaftlichen Investitionsmodellen (z.B. durch Gründung von Betreibergesellschaften), die durch staatliche Garantien flankiert werden können.

Szenario 3 ist gekennzeichnet durch eine mittlere bis schwache Sportinfrastrukturausstattung sowie unsicheres bis ausreichendes Nachfragepotenzial. Die Erneuerung der Sportstätte sowie das Event an sich sollen dabei als Impulsgeber für die Folgenutzung dienen. Aufgrund der größeren Unsicherheit bezüglich der Profitabilität ist ein rein privatwirtschaftliches Engagement eher unwahrscheinlich. Stattdessen können sich Staat und Privatwirtschaft das Investment in Form eines Public-Private-Partnerships aufteilen.

Tab. 39: Finanzierungsszenarien (Quelle: Rahmann et al., 1998).

Szenario	Finanzierungsaspekte	Anteil des Staates bei der Finanzierung
1	▪ geringe Investitionen ▪ gesicherte Nachnutzung	gering
2	▪ mittlere bis geringe Investitionen ▪ ausreichende bis gesicherte Nachnutzung	gering
3	▪ mittlere bis hohe Investitionen ▪ unsichere bis ausreichende Nachnutzung	mittel
4	▪ mittlere bis hohe Investitionen ▪ ungenügende bis unsichere Nachnutzung	hoch

Beim vierten Szenario ist der Nutzen der Investitionsmaßnahme mit Ausnahme des eigentlichen Events sehr unsicher. Die Wahl einer solchen Sportstätte für ein Sportevent kann nur mit sozio-politischen Motiven, wie z.B. der Stärkung einer besonders benachteiligten Region begründet werden. Da private Investoren nicht bereit wären, solch ein rein öffentliches Interesse ohne hinreichende Aussicht auf unternehmerischen Gewinn finanziell zu tragen, stellen staatliche Finanzierungsmittel den einzigen Weg dar, den Bau eines solches Stadions zu ermöglichen.[298] Neben dem Neu- und Umbau von Sportstätten werden insbesondere Verkehrsinfrastrukturprojekte durch die öffentliche Hand finanziert. Beim Ausbau von ÖPNV und Straßen zur besseren Anbindung von Sportstätten sind private Akteure wie der Eventveranstalter oder Investoren normalerweise nicht beteiligt. Das Ausmaß der erforderlichen Investitionen wird dabei von zwei Faktoren getrieben. Erstens bestimmt das bereits vorhandene Niveau der Verkehrsinfrastruktur die zusätzlich notwendigen Baumaßnahmen. Zweitens kann das Bedürfnis der lokalen Verwaltung, durch eine Sportgroßveranstaltung die Infrastruktur einer Stadt zu verbessern, die Höhe der staatlichen Ausgaben beeinflussen (Preuß, 2000).

Sowohl bei den Investition in Stadien und Sporthallen als auch bei der Investition in Verkehrsinfrastruktur muss berücksichtigt werden, dass viele Projekte auch ohne die Austragung einer Sportgroßveranstaltung durchgeführt würden. Falls es sich nur um eine zeitliche Verschiebung sowieso geplanter Bauvorhaben handelt, können die Ausgaben streng genommen nicht dem Event zugerechnet werden (Madden, 2006).

10.4.2 Beschäftigungskosten

Der Staat stellt bei Sportgroßveranstaltungen in der Regel eigenes Personal, welches in erster Linie für die Gewährleistung der Sicherheit während des Events eingesetzt wird. Diese Sicherheitsleistungen werden sowohl durch den

---

[298] Diese theoretischen Szenarien erweisen sich beim Blick auf die tatsächlich bei der Fußball-WM 2006 gewählten Finanzierungsmodelle als recht robust. So wurde beispielsweise das Dortmunder Westfalenstadion, das bereits über einen sehr hohen Standard verfügte und dessen Nutzung durch Borussia Dortmund auch nach dem Event gesichert war, allein durch den Verein (und damit einen privaten Akteur) umgebaut. Hingegen finanzierte der Bund mehr als 50 Prozent des Neubaus des Leipziger Zentralstadions, einer Sportstätte mit nur sehr geringem Nutzungspotenzial im Anschluss an die WM (Bundesregierung, 2006).

Bund (Bundeswehr, Bundespolizei) als auch durch die Länder (Polizei) erbracht (Gans et al, 2003).[299]

Über die Höhe der Sicherheitskosten bei Sportgroßveranstaltungen existieren gesicherte Schätzungen lediglich dann, wenn eine Weiterverrechnung an andere staatliche Ebenen möglich ist. So stellte die Bundeswehr bei der WM 2006 im Rahmen der technischen Amtshilfe Unterstützungsleistungen zur Verfügung, deren Kosten von 600.000 Euro nach sog. Amtshilfesätzen (entspricht 4,4 Mio. Euro auf Vollkostenbasis) auf die Länder und Kommunen übertragen wurden (Bundesregierung, 2006). Besteht die Möglichkeit nicht, die Kosten zu erheben, findet eine Berechnung aufgrund des überflüssigen bürokratischen Aufwands nicht statt (Schmidbauer, 2008).

Ein grds. Ansatz zur Berechnung der Beschäftigungskosten wurde bereits in Kapitel (4) vorgestellt, auf den an dieser Stelle verwiesen wird. Wie bereits an der Stelle erwähnt, ist eine näherungsweise Bestimmung der Einsatzkosten grds. schwierig. Zusätzliche Kostenkomponenten beim Einsatz während einer Sportveranstaltung sind Einsatzverpflegung und ggf. Unterbringung bei mehrtägigen Einsätzen.

10.4.3 Kosten für den Betrieb der Sportstätten nach Veranstaltungsende

Genauso wie bei der Zurechnung der Sportstättenmieteinnahmen des Staates im Anschluss an ein Sportgroßevent (vgl. Abschnitt 10.3.3) ist auch bei den Folgekosten zu verfahren. Bei Erweiterungen und Neubauten von Stadien und Hallen ist ein Vergleich der Betriebskosten vor und nach dem Aus-/Neubau vorzunehmen. Nur die, aufgrund der Sportveranstaltung zusätzlich anfallenden Kosten, sind ursächlich der Modernisierungsmaßnahme zuzurechnen.[300]

---

[299] Bislang hat der Staat wegen des Grundsatzes der Kostenfreiheit für polizeiliche Maßnahmen keine Möglichkeiten, den Veranstalter eines Sportevents an den Sicherheitskosten zu beteiligen (Moser, 2009). Eine Möglichkeit der Kostenbeteiligung wird jedoch in der Öffentlichkeit zur Zeit diskutiert (o.V., 2010a).

[300] Am Beispiel des Müngersdorfer Stadions/Rhein-Energie-Stadions soll die Auswirkung der sporteventbedingten Erweiterung auf die Betriebskosten gezeigt werden. Das Mün-

Eine andere Situation ergibt sich, falls eine Sportstätte für ein sportliches Groß-
event neu errichtet wird und sie keinen Ersatz für einen bisherigen Veranstaltungsort darstellt. Dies ist zum Beispiel beim Bau von Stadien und Hallen für
olympische „Randsportarten" wie Bahnradfahren der Fall (Preuß, 2000; Preuß &
Weiss, 2003). Da es ohne ein besonderes Sportevent wie die Olympischen Spiele
nicht zum Bau solcher Sportstätten käme, können sämtliche Folgekosten dem
Event zugerechnet werden (Gans et al., 2003).

Im Rahmen einer umfassenden Betrachtung von sporteventbezogenen direkten
Ausgaben müsste zudem beachtet werden, dass die öffentlichen Mittel in einer
anderen Verwendung (als für das Sportevent) ggf. zu einem größeren volkswirtschaftlichen Nutzen führen könnten (Brenke & Wagner, 2007). Diese Opportunitätskosten lassen sich allerdings kaum quantifizieren.

---

gersdorfer Stadion wurde zwischen 1973 und 1975 erbaut. Die Baukosten beliefen sich
damals auf rund 45 Mio. DM (vgl. 1. FC Köln, 2010). Bei einem Umrechnungskurs von 1
Euro = 1,95583 DM und den Verbraucherpreisindizes von 1975 (47,8) und 2010 (107,9)
ergibt sich ein Volumen von umgerechnet 51,8 Mio. Euro. Dies ergibt jährliche Betriebskosten für die Stadt Köln (als Eigentümerin des Stadions) in Höhe von 5,18 Mio. Euro (in
Preisen von 2010) zwischen 1975 und 2003. Der Nachfolger des Müngersdorfer Stadions,
das Rhein-Energie-Stadion, wurde anlässlich der WM 2006 im Jahr 2003 fertig gestellt.
Die Baukosten beliefen sich damals auf rund 119 Mio. Euro (vgl. Bundesregierung,
2006). Bei den Verbraucherpreisindizes von 2003 (96,9) und 2010 (107,9) ergibt sich ein
Volumen von umgerechnet 132,5 Mio. Euro. Die jährlichen Betriebskosten von 10% der
Investitionssumme belaufen sich damit auf 13,25 Mio. Euro (in Preisen von 2010). Somit
würden die „WM-bedingten" Folgekosten 8,07 Mio. Euro, also die Differenz zwischen
13,25 und 5,18 Mio. Euro (in Preisen von 2010) betragen. Dabei ist jedoch zu berücksichtigen, dass eine Sportstätte wie das Müngersdorfer Stadion nach einer Nutzungsdauer von
knapp 30 Jahren den wirtschaftlichen Bedürfnissen nicht mehr gewachsen ist (Maennig,
2007) und somit wohl auch ohne die Weltmeisterschaft modernisiert worden wäre.

10.5 Einnahmeverzicht der öffentlichen Haushalte durch Steuererleichterung

Grundsätzlich sind Veranstalter von Sportevents verpflichtet, für die Erlöse aus dem Verkauf von Eintrittskarten, Sponsoring, TV-Rechten etc. Umsatzsteuer an den Staat abzuführen.[301] Darüber hinaus gilt grundsätzlich, dass an sportlichen Veranstaltungen in Deutschland teilnehmende Vereine, Nationalverbände sowie deren Personal der deutschen Quellensteuer unterliegen, d.h. ihre in Deutschland erzielten Einkünfte sind hier zu versteuern (Sigloch & Klimmer, 2003)

Trotz dieser steuerrechtlichen Regelungen existieren sportliche Großereignisse, bei denen die Veranstalter Steuerfreiheit als zentrales Kriterium für die Vergabe an eine Land oder eine Stadt einfordern. Hier sind an erster Stelle die Fußball-spitzenverbände FIFA und UEFA zu nennen. Häufig wird argumentiert, dass die FIFA eine Fußball-Weltmeisterschaft nur an Länder vergibt, die der FIFA vollständige Steuerfreiheit garantieren (vgl. Bröll, 2010). Dies ist jedoch differenziert zu betrachten. Im Rahmen der FIFA WM 2006 wurde etwa eine Einkommensteuer auf die Einkünfte der teilnehmenden Spieler und Trainer erhoben (vgl. Abschnitt 10.3.1.2). Genauso waren die Umsätze aus dem Verkauf der Eintrittskarten, die dem Deutschen Fußball-Verband als Ausrichter zuflossen, umsatzsteuerpflichtig (Bundesregierung, 2006). Allerdings wurde der FIFA selbst, ihren Vertretern und Mitarbeitern, den Schiedsrichtern, den Gästen sowie den teilnehmenden Nationalverbänden inkl. ihres Personals (ohne Spieler und Trainer) Freiheit von der Quellensteuer zugebilligt (Eichel, 1999). Damit bezog sich der deutsche Finanzminister auf § 50 Abs. 7 EStG (alte Fassung, in der neuen Fassung § 50 Abs. 4 Nr.1 EStG), wonach die obersten Finanzbehörden der Länder und die von ihnen beauftragten Finanzbehörden mit Zustimmung des Bundesfinanzmi-

---

[301] Wenn Vereine als Veranstalter von Sportveranstaltungen auftreten, gilt die umsatzsteuerliche Regelung in § 67a AO. Demnach sind sportliche Veranstaltungen ein Zweckbetrieb, wenn die Einnahmen einschließlich Umsatzsteuer insgesamt 35.000 Euro im Jahr nicht übersteigen. In diesem Fall wird die reduzierte Umsatzsteuer von 7% erhoben. Übersteigen die Einnahmen den Betrag von 35.000 Euro ist der volle Umsatzsteuersatz (19%) zu entrichten. Diese Regelung gilt in gleicher Form für gemeinnützige Körperschaften, bei denen die Förderung des Sports Satzungszweck ist (z.B. Sportverbände).

nisters die Quellensteuer aufheben kann, falls dies im öffentlichen Interesse liegt. Schwerwiegend war dabei insbesondere der Verzicht auf die Besteuerung der Einkünfte der FIFA aus dem Verkauf der Vermarktungsrechte (TV- und Sponsoringrechte), die eigentlich der deutschen Besteuerung hätten unterzogen werden müssen (Sigloch & Klimmer, 2003), womit dem deutschen Fiskus ein Einnahmeverzicht von rund 250 Mio. Euro entstand (Fischer, 2006).

Steuerlich in ähnlicher Weise begünstigt ist die UEFA. Sie fordert von den Austragungsländern der Endspiele in den europäischen Pokalwettbewerben eine Befreiung von der Quellensteuer. Deutschland billigte der UEFA diese Steuererleichterung über mehrere Jahre nicht zu, weshalb es als Ausrichtungsland lange Zeit nicht berücksichtigt wurde. Erst nachdem eine Regelung getroffen wurde, wonach auf die Erhebung der Quellensteuer bei den beteiligten Vereinen verzichtet wird, wenn auch das Herkunftsland der Gastmannschaften darauf verzichtet (o.V., 2007), konnte mit Hamburg als Ausrichter des Europa League Finals 2010 wieder ein Endspiel nach Deutschland geholt werden. Auch das Internationale Olympische Komitee fordert für die Ausrichtung der Olympischen Spiele eine Steuerbefreiung für sich, seine Firmen und die Athleten (o.V., 2010b).

Abbildung (39) fasst die in Kapitel 10 aufgeführten, finanzpolitisch relevanten Aspekte bei der ökonomischen Betrachtung von Sportgroßevents zusammen.

	Öffentliche Haushalte
Sporteventbezogene direkte Einnahmen	
Steuereinnahmen *Umsatzsteuer*	Nachfrageorientierte Ansätze - *z.B. Auswahl geeigneter Modellierungsverfahren (I-O-Analyse / CGE-Ansätze) und Schätzung des Primäreffekts (Infrastrukturinvestitionen, Konsum der Endverbraucher, Ausgaben der Veranstalter)* Angebotsorientierte Ansätze - *z.B. Umsatzvergleiche innerhalb der Branchen, ex-ante und ex-post Befragungen von Branchenvertretern*
Lohn-/Einkommensteuer	Nachfrageorientierte Ansätze - *z.B. Auswahl geeigneter Modellierungsverfahren (I-O-Analyse / CGE-Ansätze), Befragungen, Vergleich der Beschäftigungszahlen* Angebotsorientierte Ansätze - *z.B. Vergleich der Arbeitslosenstatistiken der Bundesagentur für Arbeit*
Beiträge an Sozialversicherungen	Analoge Verwendung der Methoden zur Ermittlung der Beschäftigungszahlen.
Gebühren für die Sportstättennutzung	Eventspezifische Mieteinnahmen durch die Nutzung der Sportstätten, die die Kommunen im Rahmen der Events zur Verfügung stellen.
Sporteventbezogene direkte Ausgaben	
Sportstätten- / Infrastrukturinvestitionen	Anhand der Kriterien Um-/Neubau sowie Nutzungspotential sind vier verschiedene Finanzierungsszenarien zur Aufteilung der Investitionskosten entwickelt worden (Rahmann et al., 1998).
Beschäftigungskosten	Administrative Erfassung der Sicherheitskosten bei Sportgroßevents.
Kosten für den Betrieb der Sportstätten nach Veranstaltungsende	Vergleich der Betriebskosten bei Um-/Neubauten vor und nach dem Aus-/Neubau.
Einnahmeverzicht durch Steuererleichterungen	
Freiheit von der Quellensteuer	FIFA, UEFA und IOC fordern bspw. die Steuerbefreiung für sich, ihre Firmen und die Athleten.

Abb. 39: Finanzpolitische relevante Aspekte bei der ökonomischen Betrachtung von Sportgroßevents.

Teil IV: Abschließende Betrachtung

Im Folgenden werden zunächst die gewonnen Ergebnisse diskutiert (Kapitel 11). Dabei geht es nicht um eine Wiederholung einzelner spezifischer Aspekte, sondern um eine zusammenfassende Einschätzung der gewonnenen Ergebnisse. Im Ausblick (Kapitel 12) werden die bereits im Einzelnen vorab beschriebenen Forschungsdesiderata als grundlegende Ansätze zur Verbesserung der Daten- und Erkenntnislage im betrachteten Bereich zusammengefasst und formuliert.

11. Zusammenfassung und Diskussion der Ergebnisse

Im Folgenden wird das Vorgehen zur Erreichung der einzelnen zu Beginn des Berichts formulierten Teilziele zusammengefasst und diskutiert.

(1) Es soll eine möglichst redundanzfreie Systematisierung der sportrelevanten Nutzen- und Kostenkategorien der öffentlichen Haushalte entwickelt werden.

Zur Erreichung dieses Teilziels wurden insgesamt vier sportbezogene Nutzen- und Kostenkategorien der öffentlichen Haushalte unterschieden und anhand der EU-Nomenklatur zur Klassifizierung der wirtschaftlichen Aktivitäten in Europa (NACE), sowie bei der weiteren Untergliederung anhand der EU-Klassifizierung von Produkten nach Aktivitäten (CPA) weiter spezifiziert. Basierend auf diesen beiden Systematiken wurden im Sinne der Vilnius-Definition die Kern-, enge und weite Abgrenzung des Sports unterschieden. Diese Systematik ist (in der Theorie) redundanzfrei und bildet die finanzpolitische Bedeutung des Sports umfassend ab.

(2 und 3) Bestehende Methoden zur Quantifizierung der identifizierten sportrelevanten Nutzen- und Kostenkategorien der öffentlichen Haushalte sollen aufgeführt, bewertet und ggf. durch eigene Methoden ergänzt werden. Datenmaterial zur Quantifizierung der identifizierten sportrelevanten Nutzen- und Kostenkategorien der öffentlichen Haushalte soll gesichtet und bewertet werden.

Ausgehend von der obigen Systematik wurden zahlreiche Daten identifiziert und Methoden vorgestellt, um die finanzpolitische Bedeutung des Sports für Deutschland möglichst vollständig abzuschätzen. Die identifizierten Daten wurden dabei hinsichtlich der zugrunde liegenden Datenerhebungsmethoden anhand von klar definierten Kriterien (Reliabilität, Validität und Repräsentativität) evaluiert. Zudem wurden die Methoden, mit Hilfe derer einzelne sportrelevante Nutzen- und Kostenkategorien basierend auf den zuvor identifizierten Daten abgeschätzt wurden, bzgl. ihrer Genauigkeit kritisch betrachtet. Zu den zentralen identifizierten Problemen und Herausforderungen gehören die Folgenden:

- die Validität der Einzelergebnisse zu den öffentlichen Ausgaben ist aufgrund von möglichen Zuordnungsunterschieden auf kommunaler Ebene und Ebene der Länder eingeschränkt;

- nicht alle verwendete Daten konnten hinsichtlich ihrer Güte evaluiert werden;

- die zur Abschätzung des sportbezogenen Anteils verfügbaren Quoten sind zum Teil veraltet;

(4) Die aufbauend auf (2) und (3) ermittelten monetären Größen der identifizierten sportrelevanten Nutzen- und Kostenkategorien der öffentlichen Haushalte sollen mit den Ergebnissen anderer Studien verglichen werden.

Unter Verwendung der Evaluationsergebnisse und Abwägungen zu Datenerhebungs- und Datenauswertungsmethoden wurden die sportbezogenen direkten Einnahmen und Ausgaben der öffentlichen Kernhaushalte abgeschätzt. In Abhängigkeit von der Abgrenzung (Kern-, enge, weiter Definition) stehen den Berechnungen zufolge in 2010 sportbezogene direkte Einnahmen in Höhe von rund 3,076 Mrd. Euro (0,28%), 14,252 Mrd. Euro (1,32%) und 21,768 Mrd. Euro (2,01%)[302] sportbezogenen Ausgaben in Höhe von rund 4,267 (0,37%) Mrd. Euro, 8,333 Mrd. Euro und 8,333 Mrd. Euro (0,72%) der öffentlichen Kernhaushalte gegenüber.[303] Werden die Einnahmen (0,403 Mrd. Euro) und Ausgaben (0,812 Mrd. Euro) der sportbezogenen Eigenbetriebe ebenso wie die Steuermindereinnahmen (0,750 Mrd. Euro) hinzugerechnet, ergeben sich die in Abbildung 40 ausgewiesenen Größenordnungen der sportrelevanten direkten Einnahmen und Kosten des Staates.

---

[302] An dieser Stelle sei noch einmal darauf hingewiesen, dass in den Werten der sportbezogenen direkten Einnahmen der engen und weiten Abgrenzung des Sports rund 3,939 Mrd. Euro an sportbezogener Mineralölsteuern enthalten sind. Die zur Berechnung verwendete sportbezogene Quote zum motorisierten Individualverkehr basiert allerdings auf einer über 20 Jahre alten Studie.

[303] Die Prozentangaben beziehen sich auf die gesamten, in der VGR für 2010 ausgewiesenen Einnahmen und Ausgaben des Staates. Alle sportbezogenen öffentlichen Ausgaben sind der Kern- und/oder engen Abgrenzung des Sports zuzuordnen. Im Rahmen der weiten Abgrenzung des Sports fallen keine zusätzlichen Ausgaben an. Daher sind die abgeschätzten Ergebnisse für die enge und weite Abgrenzung des Sports identisch.

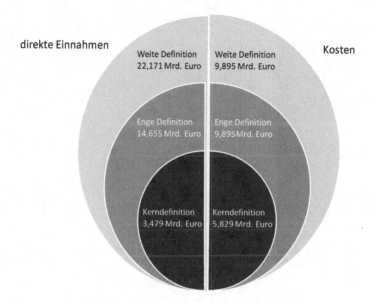

direkte Einnahmen

Kosten

Weite Definition
22,171 Mrd. Euro

Weite Definition
9,895 Mrd. Euro

Enge Definition
14,655 Mrd. Euro

Enge Definition
9,895 Mrd. Euro

Kerndefinition
3,479 Mrd. Euro

Kerndefinition
5,829 Mrd. Euro

Abb. 40: Die geschätzten sportbezogenen direkten Einnahmen und Kosten des Staates.[304]

Obgleich die Steuermindereinnahmen, die aufgrund der besonderen Besteue-rungsvorschriften bei eingetragenen Vereinen bestehen, auf der Kostenseite nicht berücksichtigt werden konnten und obwohl eine Monetarisierung weiterer (ge-sellschaftlicher) Nutzeneffekte des Sports nicht möglich war, überwiegen (bei enger und weiter Abgrenzung des Sports) die aus Sicht der öffentlichen Haushal-te sportbezogenen Nutzeneffekte insgesamt die sportbezogenen Kosteneffekte.

(5) Offene Fragen und der weitere Forschungsbedarf sollen benannt werden.

Die wesentlichen Aspekte hierzu werden im folgenden Kapitel 12 zusammenfas-send dargelegt.

---

[304] Die Ergebnisse beruhen auf den im Rahmen des Berichts durchgeführten Schätzungen. Ergänzend zu den in den Tabellen 0.1 und 0.2 aufgeführten direkten Einnahmen und Ausgaben des Staates wurden hier die Einnahmen und Ausgaben der sportbezogenen Eigenbetriebe sowie die Steuermindereinnahmen mit abgebildet. Nicht Quantifizierbar (und damit in der Abbildung enthalten) sind die Steuermindereinnahmen, die aufgrund der besonderen Besteuerungsvorschriften bei eingetragenen Vereinen bestehen sowie die monetäre Bedeutung der gesellschaftlichen Nutzeneffekte des Sports.

12. Zukünftiger Forschungsbedarf

Im Folgenden werden die bereits im Einzelnen vorab beschriebenen Forschungs-desiderata als grundlegende Ansätze zur Verbesserung der Daten- und Erkennt-nislage im betrachteten Bereich zusammengefasst. Die Ausführungen sind in die vier Bereiche im Sinne der generellen Abgrenzungslogik des Berichts unterteilt.

Sportbezogene direkte Einnahmen: Wie die Ausführungen zu den einzelnen sportbezogenen direkten Steuereinnahmen und Sozialversicherungsbeiträgen gezeigt haben, lassen sich auf Basis der amtlichen Statistiken generelle Band-breiten hinsichtlich des Steuer- und Sozialversicherungsaufkommen sportrele-vanter Wirtschaftszweige bestimmen.

Bei einer einfachen Übernahme der veröffentlichten Werte von Branchen und Wirtschaftszweigen, die im Sinne der engen und weiten Definition relevant sind, würden jedoch zahlreiche auch nicht sportbezogene Steuer- und Sozialversiche-rungsbeitragsaufkommen mit einbezogen werden. Für eine genauere Abschät-zung des sportbezogenen Anteils müssen zusätzlich die Quoten zu den tatsäch-lich sportbezogenen Lieferungen und Leistungen der Wirtschaftszweige heran-gezogen werden. Dies ist mit Hilfe von Ergebnissen früherer Studien oder ande-ren aktuelleren Sekundärdatenquellen geschehen. Insgesamt sind die Werte der verwendeten Quoten plausibel. Werden neue Ergebnissen diesbzgl. in zukünfti-gen Studien[305] ermittelt, sollten die in diesem Projekt ermittelten Werte noch einmal verglichen werden.

Als besonders bedeutsam zeigte sich in diesem Bericht die sportbezogene Quote des motorisierten Individualverkehrs, da mit Hilfe dieser Quote, der sportbezo-gene Mineralölsteueranteil unmittelbar abgeschätzt wird. Inwiefern hierzu eine zuverlässige Quote aus dem angesprochenen Projekt vom BISp/BMI gewonnen werden kann, muss abgewartet werden. Ist dies nicht der Fall, sollte eine separate

---

[305] Im Rahmen eines Projektes vom Bundesinstitut für Sportwissenschaft und dem Bun-desinnenministeriums (BMI) wird zurzeit die "Wirtschaftliche Bedeutung des Sports in Deutschland - Erhebung und Auswertungen zum sportbezogenen Konsum" ermittelt.

Datenerhebung zum sportbezogenen Individualverkehr in Erwägung gezogen werden.

Darüber hinaus zeigte eine vergleichende Gegenüberstellung zweier Quoten ($Q_{Steuerpflichtige}$ versus $Q_{Leistungen}$) zu den sportbezogenen Dienstleistungen von Kranhäusern im Gegensatz zu allen anderen Wirtschaftszweigen eine extreme Abweichung. Daher konnte nur eine sehr grobe Abschätzung des Lohnsteueraufkommens sowie des Sozialbeitragsaufkommens im Wirtschaftszweig Krankenhäuser durchgeführt werden. Auch Erhebungen mit dem Ziel, sportbezogene Quoten in diesem Bereich zu ermitteln, versprechen demnach eine Steigerung an Zuverlässigkeit im Rahmen der Quantifizierung der finanzpolitischen Bedeutung des Sports.

Neben den Ausführungen zum sportbezogenen privaten Konsum muss jedoch beachtet werden, dass die privaten Haushalte, wie ausführlich im Bericht erläutert, nur einen Teil der Endnachfrager nach Sportgütern und -dienstleistungen darstellen. Ohne Berücksichtigung des Endverbrauchs von Vereinen und Verbänden sowie sonstigen Betrieben und dessen branchenübergreifender Verflechtungen wäre eine umfassende Quantifizierung der sportbezogenen Steuer- und Sozialbeitragsvolumina nur unzureichend möglich.

Während der Vereinsbereich mit der kontinuierlichen Sportvereinsbefragung (SEB) bereits gut erschlossen ist, existiert im Verbandsbereich noch keine vergleichbare Erhebung. Zur besseren Quantifizierung der finanzpolitischen Bedeutung des Sports wäre zu überlegen, finanzpolitisch relevante Fragen und Kategorien im SEB zu ergänzen[306] und eine ähnliche Erhebung für das Sportverbandswesen in Deutschland zu initiieren. Mit dem derzeit laufenden Projekt des BMWi zur Bedeutung des Spitzen- und Breitensports im Bereich Werbung, Sponsoring und Medienrechte wird hingegen der größte und bedeutendste Be-

---

[306] Wünschenswert wäre bspw. eine getrennte Ausweisung von Personen im Verein, die den Freibetrag für Übungsleiter oder den Freibetrag für sonstige ehrenamtliche Tätigkeiten ausbezahlt bekommen.

reich des sportbezogenen Endverbrauch sonstiger Betriebe wissenschaftlich erschlossen.[307]

Gesellschaftliche Nutzeneffekte des Sports: "Die große gesellschaftliche Bedeutung des Sports ist der Grund für die Förderung durch die Bundesregierung" (BMI, 2010b). Die Ausführungen zu den bisherigen Ansätzen zum Nachweis sowie zur Quantifizierung (Monetarisierung) einzelner gesellschaftlicher Nutzeneffekte des Sports zeigen allerdings deutlich, dass hier noch ein erhebliches Forschungsdefizit vorliegt. Auf Basis der bisherigen Erkenntnisse können keine verlässlichen monetären Größenordnungen zu den gesellschaftlichen Nutzeneffekten des Sports abgeschätzt werden. Obgleich die gesellschaftlichen Nutzeneffekte schwer zu quantifizieren sind, fehlt es diesbzgl. generell noch an einem systematischen und ganzheitlichen Versuch.

Eine geeignete Systematisierung als Ausgangspunkt der Quantifizierung ist der Abhandlung von Langer (2006) zu entnehmen. Aufbauend auf dieser Systematisierung könnten zukünftig theoretische und methodische Quantifizierungsansätze aus den Bereichen der Gesundheits- und Umweltökonomik transferiert und modifiziert werden. Dabei sollte eine Kooperation von Wissenschaftlern verschiedener Fachbereiche (z.B. Ökonomie, Sozialwissenschaften, Medizin) angestrebt werden, um die heterogene Expertise für dieses anspruchsvolle Vorhaben gewinnbringend nutzen zu können.

Einen Beitrag zur Erfassung der gesellschaftlicher Nutzeneffekte des Sports ist bspw. aus dem Bereich der Glücks- bzw. Zufriedenheitsforschung zu erwarten. Mit den Arbeiten von Van Praag and Frijters (1999) und Kahneman, Diener und Schwarz (1999) fand die Idee, Nutzen (*experienced utility*) mit dem Konstrukt des individuellen Wohlbefindens (*subjective well-being, SWB*) zu operationalisieren, Einzug in die ökonomische Forschung.

Mehrere Studien jüngeren Datums haben dabei bspw. den Einfluss von Sportpartizipation auf SWB untersucht. So zeigen bspw. Becchetti et al. (2008) mit Daten

---

[307] Dieser Bereich ist bisher nur durch kommerzielle Studien, z.B. Pilot (2009) oder PwC (2006), erfasst worden.

des deutschen sozioökonomischen Panels, dass die Lebenszufriedenheit durch individuelle und kollektive Sportpartizipation gesteigert werden kann. In weiteren Studien können generelle Unterschiede hinsichtlich der Größe des Einflusses von Sportpartizipation auf SWB zwischen Sportarten (Rascuite & Downward, 2010) und im Hinblick auf das Alter der Sporttreibenden gefunden werden (Pawlowski, Downward & Rasciute, 2011).

In einer weiteren Studie untersuchen Kavetsos und Szymanski (2010) mit Daten des Eurobarometers, den Einfluss von sportlichem Erfolg und der Austragung von Sportgroßevents auf das SWB der nationalen Bevölkerung. Die Ergebnisse deuten auf einen positiven aber nicht signifikanten Zusammenhang zwischen sportlichem Erfolg und Zufriedenheit hin. Dagegen finden sie heraus, dass von der Ausrichtung einer Fußball-Endrunde ein signifikant positiver Effekt auf das SWB der nationalen Bevölkerung ausgeht. Diese Ergebnisse bestätigen somit die Vermutung von Süssmuth, Heyne und Maennig (2010), die herausfinden, dass die *ex-ante* Zahlungsbereitschaft der deutschen Bevölkerung für die Austragung der FIFA Fußball-Weltmeisterschaft in Deutschland 2006 mit rund 0,35 Mrd. Euro deutlich unter der *ex-post* Zahlungsbereitschaft von rund 0,82 Mrd. Euro liegt. Sie führen dies auf die durch das Event hervorgerufenen positiven Externalitäten und den generierten Nationalstolz zurück.

Obgleich die Forschungsarbeiten diesbzgl. gerade erst begonnen haben, ist zu erwarten, dass sich daraus interessante Ergebnisse mit Bedeutung für eine Quantifizierung der gesellschaftlichen Nutzeneffekte des Sports ergeben können. Werden die quantifizierten Nutzeneffekte in eine monetäre Relation gebracht (bspw. zum Nutzeneffekt von Einkommenssteigerungen), wäre bspw. eine Monetarisierung der gesellschaftlichen Nutzeneffekte des Sports grds. möglich.

Sportbezogene direkte Ausgaben: Zur Genauigkeit und Möglichkeit der (z.T.) abgeschätzten Ergebnisse wurden in den einzelnen Kapiteln spezifische Anmerkungen gemacht. Fraglich ist bspw. nach Pohlmann (2011), ob in den Aufstellungen der Sportförderungsmittel der Ministerien tatsächlich alle Personalkosten für Spitzensportler enthalten sind. So werden bspw. vom BMVg rund 22.685

Euro pro Spitzensportlerstelle für 2007 (16,878 Mio. Euro / 744 Stellen) veranschlagt, obgleich bereits im einfachen Dienst auf der niedrigsten Stufe sowie ohne Versorgungszuschlag und Personalnebenkosten rund 26.000 Euro im Jahr an Personalkosten anfallen.

Darüber hinaus lassen sich die Kosten der Länder für den Bereich des Hochschulsports aufgrund der Heterogenität der Finanzierungsmodelle mit den vorhandenen Daten kaum abschätzen. Das monetäre Aufkommen wäre (wenngleich monetär weniger bedeutsam) dennoch für eine umfassende Gesamtschau zur finanzpolitischen Bedeutung des Sports relevant. Für eine Erfassung wäre eine Datenerhebung auf Seiten der Hochschulen notwendig. Würde eine entsprechende Auswahl (nach Bundesländern und Größe der Einrichtung) der befragten Hochschulen vorab getroffen, ließen sich die Kosten der Länder für den Bereich des Hochschulsports zukünftig abschätzen.

Darüber hinaus soll abschließend noch einmal auf den generell problematischen Aspekt eingegangen werden. Viele der herangezogenen Daten beruhen auf amtlichen Statistiken und sind entsprechend der eingangs getroffenen Abgrenzung als *reliabel* einzustufen. Da häufig Vollerhebungen durchgeführt oder angemessene Stichproben gezogen wurden, können die Daten zudem als *repräsentativ* für Deutschland angenommen werden. Abschließend kann allerdings nicht geklärt werden, inwiefern die Zuordnung nach Aufgabenbereichen und Ausgabenkategorien in allen Kommunen und Ländern stets mit demselben Verständnis vorgenommen wurde. Daher ist die Validität der Einzelergebnisse sowohl für die Aufgabenbereiche[308] als auch für die Ausgabenkategorien[309] eingeschränkt. Die in den Unterkapiteln ausgewiesenen Einzeldaten (z.B. Laufende Kosten im Bereich "Sportstätten") dienen demnach eher zur (wertmäßigen) Orientierung. Sie kön-

---

[308] Als problematisch erwies sich bspw. die Quantifizierung der Laufenden und Investitionskosten im Bereich "Sportstätten". Unklar ist, inwiefern schulsportbezogene Ausgabenanteile in den Rechnungsergebnissen (Statistisches Bundesamt, 2010p) im Bereich "Sportstätten" bereits mit abgedeckt sind.
[309] Als problematisch erwies sich bspw. die Abgrenzung zwischen "Laufenden Kosten" und "Investitionskosten". Beispielhaft konnte dies mit Hilfe der Daten zu den öffentlichen Rechnungsergebnissen (Statistisches Bundesamt, 2010p) und der Übersicht zu den Sportförderungsmitteln (BMI, 2008) auf Bundesebene veranschaulicht werden.

nen aber aufgrund von Zuordnungsunterschieden zwischen einzelnen Kommunen und Ländern sowohl unter- als auch überschätzt sein. Dies kann auf Basis der vorhandenen Informationen nicht eindeutig geklärt werden. Als valider können hingegen die aggregierten Angaben angesehen, da sich etwaige Zuordnungsunterschiede bzgl. der Ausgabenkategorien auf aggregierter Ebene aufheben.[310] Zuordnungsunterschiede zwischen einzelnen Kommunen und Ländern bzgl. der Aufgabenbereiche können jedoch auch auf aggregierter Ebene weiterhin zu einer Unter- bzw. Überschätzung der hier berechneten Ergebnisse führen.[311] Obgleich vermutet wird, dass die hierdurch hervorgerufenen Ungenauigkeiten auf aggregierter Ebene (absolut gesehen) nicht erheblich sind, wäre es insbesondere für eine genaue Darstellung der Einzelergebnisse notwendig, über Möglichkeiten zur Verbesserung der Situation zu diskutieren. Ein Ansatz wäre die Einführung von "sportbezogenen Verrechnungsstandards".

Einnahmeverzicht: Wie bereits erwähnt, wurden die Einnahmeverzichte aufgrund von Steuererleichterungen vom BMF abgeschätzt. Wünschenswert wäre eine Sonderauswertung, die lediglich den sportbezogenen Anteil quantifiziert. Dies gestaltet sich allerdings auf Basis der vorhandenen Datenquellen als schwierig. Mit einer bereits erwähnten leichten Modifikation des SEB wäre der sportbezogene Anteil zuverlässiger (als bisher im Bericht) quantifizierbar. Inwiefern darüber hinaus mit Hilfe des SEB eine Abschätzung der Steuermindereinnahmen aufgrund der besonderen Besteuerungsvorschriften bei eingetragenen Vereinen möglich wäre, und ob dies im Sinne von Kosten-/Nutzenüberlegungen zum Erhebungsdesign umsetzbar ist, müsste im Einzelnen geklärt werden.

---

[310] Werden alles Ausgabenkategorien (Personalkosten, Laufende Kosten, Investitionskosten) zusammen betrachtet, heben sich Zuordnungsunterschiede bspw. bzgl. der Laufenden und Investitionskosten auf.

[311] Dies wird am Berechnungsbeispiel der Laufenden Kosten des Hochschulsports (Kapitel 4.2.3) deutlich. Dabei kann nicht sicher geklärt werden, ob tatsächlich alle relevanten öffentlichen Ausgaben in den Haushaltsplänen identifiziert werden konnten.

13. Literatur

Adolf, J. (2003). Mineralölsteuer - stütze unseres Steuersystems oder Auslauf-modell?! *Wirtschaftsdienst 2003, 7*, 460-468.

Ahlert, G. (2001). The Economic Effects of the Soccer World Cup 2006 in Germany with Regard to Different Financing. *Economic Systems Research, 13*(1), 109-127.

Ahlert, G. & Stöver, B. (2008). *Entwicklung der öffentlichen Ausgaben für Sport im vereinten Deutschland* (gws Discussion Paper 2008/05). Osnabrück: Gesellschaft für Wirtschaftliche Strukturforachung mbH.

AMB Generali Holding AG und Prognos AG (2008): *Engagementatlas 2009*, Berlin/Aachen.

Andersen, A. (1999). *Economic Impact Study of the Sydney 2000 Olympic Games*. CREA: Centre for Regional Economic Analysis/University of Tasmania.

Andreff, W. (2006). Voluntary work in sport. In W. Andreff & S. Szymanski (eds.), Handbook on the economics of sport (pp. 219-224). Cheltenham: Edward Elgar.

ARAG (2001). *Sportunfälle - Häufigkeit, Kosten, Prävention*. Düsseldorf: ARAG Allgemeine Versicherungs-AG.

Baade, R. A. & Matheson V. A. (2004). The Quest for the Cup: Assessing the Economic Impact of the World Cup. *Regional Studies, 38*(4), 343-354.

Bayerisches Staatsministerium der Finanzen (2010). *Personaldurchschnitts- und Personalvollkosten ab dem 1. März 2010*. Anlage zum FMS 23-P 1509-001-7649/10.

Becchetti, A., Pelloni, A. & Rossetti, F. (2008). Relational goods, sociability, and happiness. *Kyklos 61*(3), 343-363.

Blake, A. (2005). *The Economic Impact of the London 2012 Olympics*. Nottingham: Christel DeHaan Tourism and Travel Research Institute, Nottingham University Business School.

BMI (2008). *Übersicht über die Sportförderungsmittel des Bundes in den Haushaltsjahren 2007, 2008 und 2009*. Berlin: Bundesministerium des Innern.

BMI (2010a). *Übersicht über die Sportfördermittel des Bundes in den Haushaltsjahren 2009, 2010 und 2011*. Berlin: Bundesministerium des Innern.

BMI (2010b). *Zwölfter Sportbericht der Bundesregierung.* Berlin: Bundesministerium des Innern.

Borjas, G.-J. (1994). The Economics of Immigration. *Journal of Economic Literature, 32,* 1667-1717.

Bortz, J. & Döring, N. (2009). *Forschungsmethoden und Evaluation für Human- und Sozialwissenschaftler* (4. überarb. Aufl.). Heidelberg: Springer.

Braun, S. (2003). Zwischen Gemeinschaftsorientierung und Selbstverwirklichung. In J. Baur & S. Braun (Hrsg.), *Integrationsleistungen von Sportvereinen als Freiwilligenorganisationen,* 242-267. Aachen: Meyer & Meyer.

Braun, S. (2011). *Ehrenamtliches und freiwilliges Engagement im Sport. Sportbezogene Sonderauswertung der Freiwilligensurveys von 1999, 2004 und 2009.* (Wissenschaftliche Berichte und Materialien des Bundesinstituts für Sportwissenschaft). Köln: Sport und Buch Strauß.

Brenke, K. & Wagner, G. (2007). Zum volkswirtschaftlichen Wert der Fußball-Weltmeisterschaft 2006 in Deutschland. *Research Notes 19.* Berlin: Deutsches Institut für Wirtschaftsforschung.

Brettschneider, W.-D. (2006). *DSB-Sprint-Studie: Eine Untersuchung zur Situation des Schulsports in Deutschland.* Aachen: Meyer & Meyer.

Breuer, C. (2007). *Sportentwicklungsbericht für Deutschland 2005/2006.* (Wissenschaftliche Berichte und Materialien des Bundesinstituts für Sportwissenschaft; Bd. 02). Köln: Sport und Buch Strauß.

Breuer, C.(2009). *Sportentwicklungsbericht für Deutschland 2007/2008.* (Wissenschaftliche Berichte und Materialien des Bundesinstituts für Sportwissenschaft). Köln: Sport und Buch Strauß.

Breuer, C.(2011). *Sportentwicklungsbericht 2009/2010. Analyse der Situation der Sportvereine in Deutschland.* (Wissenschaftliche Berichte und Materialien des Bundesinstituts für Sportwissenschaft). Köln: Sport und Buch Strauß.

Breuer, C., Forst, M. & Wicker, P. (2009). Forschungsstand. In C. Breuer (Hrsg.), *Sportentwicklungsbericht für Deutschland 2007/2008.* (Wissenschaftliche Berichte und Materialien des Bundesinstituts für Sportwissenschaft), 667-709. Köln: Sport und Buch Strauß.

Breuer, C. & Hovemann, G. (2002). Individuelle Konsumausgaben als Finanzierungsquelle des Sports. In H.-D. Horch, J. Heydel & A. Sierau (Hrsg.), *Finanzierung des Sports. Probleme und Perspektiven* (Edition Sportökonomie und Sportmanagement, 2, S. 61-79). Aachen: Mayer & Mayer

Breuer, C. & Hovemann, G. (2006). *Finanzierung von Sportstätten. Perspektiven der Sportvereine und Kommunen* (Edition Sportökonomie / Sportmanagement 5). Köln: Institut für Sportökonomie und Sportmanagement.

Breuer, C. & Wicker, P. (2009). Öffentliche Förderung des Vereinssports. In C. Breuer (ed.), *Sportentwicklungsbericht für Deutschland 2007/2008* (Wissenschaftliche Berichte und Materialien des Bundesinstituts für Sportwissenschaft, pp. 145-169). Köln: Sportverlag Strauß.

Bröll, C. (2010, 14. Juni). Warten auf den "Höllen-Kater". *Frankfurter Allgemeine Zeitung*, 26.

BSI, Bundesverband Deutscher Sportartikelindustrie (2010). *Produktionszahlen für Sport- und Freizeitartikel in Deutschland 2007 in Mio. EUR.* (Zusammenfassung per Email erhalten).

Büchel, F. & Frick, J.-R. (2005). Immigrants' economic performance across Europe- does immigration policy matter? *Population Research and Policy Review, 24*(2), 175-212.

Bundesministerium der Finanzen (2008). *Haushaltsrechnung und Vermögensrechnung des Bundes für das Haushaltsjahr 2008* (Jahresrechnung 2008), Berlin, http://www.bundesfinanzministerium.de/nn_53848/DE/Wirtschaft__und_ _Verwaltung/Finanz__und__Wirtschaftspolitik/Bundeshaushalt/Jahresrec hnung/ Jahresrechnung__2008,property=publicationFile.pdf

Bundesministerium der Finanzen (2009a). *Die Einnahmen, Ausgaben und Kassenlager der Länder bis Dezember 2009*, Berlin, http://www.bundesfinanzministerium.de/nn_93284/DE/BMF__Startseite/ Aktuelles/Monatsbericht__des__BMF/2010/03/statistiken-und-dokumentationen/02-laenderhaushalte/tabellen/Tabelle__S26.html

Bundesministerium der Finanzen (2009b). *Eckdaten zur Entwicklung und Struktur der Kommunalfinanzen 2000 bis 2009*, Berlin, http://www.bundesfinanzministerium.de/nn_4486/DE/Wirtschaft__und__ Verwaltung/Finanz__und__Wirtschaftspolitik/Foederale__Finanzbeziehu ngen/Kommunalfinanzen/K_C3_B6__Eckdaten_20zur_20Entwicklung_2 0und_20 Struktur_20der_20Kommunalfinanzen,templateId=raw,property=publicati onFile.pdf

Bundesministerium für Familie, Senioren, Frauen und Jugend: *Freiwilligen-Survey: Freiwilliges Engagement in Deutschland 1999-2004*, Berlin, http://www. bmfsfj.de/BMFSFJ/engagementpolitik,did=121872.html.

Bundesregierung (2006). *Fußball-WM 2006. Abschlussbericht der Bundesregierung.* Berlin.

Colditz, G. A. (1999). Economic costs of obesity and inactivity. *Medicine and Science in Sports and Excercise, 31* (11), 663-667.

Council of Europe. 2001. *The European sports charter* (revised). Brussels: Council of Europe.

Crompton J., (1995). Economic impact analysis of sports facilities and events: eleven sources of misapplication. *Journal of Sport Management 9*(1), 14–35.

Cuskelly, G. (2004). Volunteer retention in community sport organisations. *European Sport Management Quarterly, 4*(2), 59-76.

Deloitte (2009). *Der Deutsche Fitness- und Wellnessmarkt – Fit durch stürmische Zeiten.*

Deloitte (2010a). *Studie zum deutschen Sportwettenmarkt 2010.* Zugriff am 3.10.11   unter http://www.google.de/url?sa=t&source=web&cd=1&sqi=2&ved=0CBwQ FjAA&url=http%3A%2F%2Fwww.vprt.de%2Fsites%2Fdefault%2Ffiles %2Fdocuments%2Fo_document_20100922154620_stud_2009_09_15_St udie_deloitte_zumdeutschenSportwettenmarkt2010_lang.pdf&ei=xWeJT vP8C8bDhAfg8vmHDQ&usg=AFQjCNHJmiSfic4s1ObPsHZ3TsucaRFL nA

Deloitte (2010b): *Finanzreport deutscher Profisportligen.* www.sponsors.de 12/2010, 36-50.

Deloitte (2011). *Der Deutsche Fitnessmarkt. Studie 2011.*

Deutscher Olympischer Sportbund (2001-2009): *Bestandserhebung der DOSB-Lizenzen.* Frankfurt.

Deutsches Zentralinstitut für soziale Fragen (2009): *Evaluierung von Auswirkungen des Gesetzes zur weiteren Stärkung des bürgerschaftlichen Engagements. Empirische Untersuchung der Entwicklungen im Regelungsbereich, insbesondere zum Spendenaufkommen* (Bericht zum Forschungsauftrag fe 17/07). Berlin: Deutsches Zentralinstitut für soziale Fragen.

DFL Deutsche Fußball Liga GmbH (2010). *Bundesliga 2010, Die wirtschaftliche Situation im Lizenzfußball.* Frankfurt am Main.

DGB (2006): *Wissenswertes für Beamtinnen und Beamte.* Besoldung. 118 -144.

Diekmann, H., Hoffmann, C. & Ohlmann, W. (2008). *Praxishandbuch für das gesamte Spielrecht* (Recht und Verwaltung). Stuttgart: Kohlhammer.

DIHK (2006), *DIHK-Saisonumfrage 2006 – Sonderauswertung zur Fußball WM*. Zugriff am 26.10.2010 unter http://www.dihk.de/inhalt/download/ sonderauswertung_fussball.pdf

DSSV Deutscher Sportstudio Verband e.V. (2007). *Eckdaten 2007 der deutschen Fitnesswirtschaft*. Hamburg: DSSV.

Duff, C., Scealy, M. & Rowland, B. (2005). *The culture and context of alcohol use in community sporting clubs in Australia*. Melbourne: Australian Drug Foundation.

dwif (2005). *Tagesreisen der Deutschen*. München: Deutsches Wirtschaftswissenschaftliches Institut für Fremdenverkehr e.V.

dwif (2006). *Tagesreisen der Deutschen. Teil 2 - Jahr 2005*. München: Deutsches Wirtschaftswissenschaftliches Institut für Fremdenverkehr e.V.

dwif (2007). *Tagesreisen der Deutschen. Teil 3 - Jahr 2006*. München: Deutsches Wirtschaftswissenschaftliches Institut für Fremdenverkehr e.V.

Dwyer, L., Forsyth P. & Spurr, R. (2006). Assessing the Economic Impacts of Events: A Computable General Equilibrium Approach. *Journal of Travel Research, 45*, 59-66.

Economics Research Associates (1984). *Community Economic Impact of the 1984 Olympic Games in Los Angeles and Southern California*. Los Angeles: Los Angeles Olympic Organizing Committee.

Eichel, H. (1999). Brief an Joseph Blatter vom 13. Juni 1999 mit dem Betreff: Steuerentscheid betreffend den FIFA-Weltpokal 2006. In *Bundesregierung* (2006), S. 126.

Europäische Kommission (2010). *Sport Satellite Accounts - A European Project: First Results*, zugegriffen am 3.09.2010 unter http://ec.europa.eu/sport/library/doc/b1/madrid_forum_sport_satellite_acc ount_leaflet.pdf

Europäische Kommission (2011). *Study on the funding of grassroots sports in the EU. With a focus on the internal market aspects concerning legislative frameworks and systems of financing*. (Noch unveröffentlichter Abschlussbericht eines Projektes durchgeführt von Eurostrategies, Amnyos, CDES, Deutsche Sporthochschule Köln).

Europäische Union, (2010). *Umrechnungskurse*, zugegriffen am 21.06.2010 unter http://europa.eu/legislation_summaries/economic_and_monetary_affairs/i nstitutional_and_economic_framework/l25043_de.htm.

Eurostat (2010). *NACE Rev. 2. Einführende Leitlinien.* Zugriff am 9.09.2010 unter http://circa.europa.eu/irc/dsis/nacecpacon/info/data/en/NACE%20Rev.%2 02% 20Introductory%20guidelines%20-%20DE.pdf

Finanzministerium des Landes NRW (2005). *Vereine & Steuern. Arbeitshilfe für Vorstände und Mitglieder* (5. Ausgabe). Düsseldorf: Finanzministerium des Landes NRW.

Fischer, H. (2006). *Beim Geld kennt die FIFA keine Freunde.* http://www.manager-magazin.de/unternehmen/artikel/0,2828,421389-3,00.html

Friedel, K. (2011). *Schriftlich Stellungnahme zur Schätzung und Bewertung des sportbezogenen Anlagenbaus in Köln und NRW* (per Email vom 20. Juli 2011).

Frijters P, Geishecker I, Haisken-DeNew JP, Shields MA (2006) Can the large swings in Russian life satisfaction be explained by ups and downs in real incomes? *Scand J Econ 108*(3), 433-458.

Fritschi, T. & Jann, B. (2007). *Gesellschaftliche Kosten unzureichender Integration von Zuwanderinnen und Zuwandern in Deutschland. Welche gesellschaftlichen Kosten entstehen, wenn Integration nicht gelingt?* Bertelsmann Stiftung: Projektbericht.

Freyer, W. (2000). *Ganzheitlicher Tourismus. Beiträge aus 20 Jahren Tourismusforschung.* Dresden: FIT-Forschungsinsitut für Tourismus.

Gans, P., Horn, M. & Zemann, C. (2003). *Sportgroßveranstaltungen – ökonomische, ökologische und soziale Wirkungen.* Schorndorf: Hofmann.

Gesellschaft für Konsumforschung (2005): *Charity Scope-Der Spendenmarkt 2004.* Nürnberg.

Glover, S., Gott, C., Loizillon, A., Portes, J., Price, R., Spencer, S., Srinivasan, V., & Willis C. (2001). *Migration: an economic and social analysis.* RDS Occasional Paper No. 67. London: Home Office. The Research, Developlment and Statistics Directorate.

Goldmedia (2010). *Glücksspielmarkt Deutschland - Key Facts zur Studie (April 2010).* Berlin: Goldmedia GmbH Media Consulting & Research.

Gratton, C. & Taylor, P. (2000). *Economics of sport and recreation.* London: Spon Press.

Hagn, F. & Maennig, W. (2007a). Labour market effects of the 2006 Soccer World Cup in Germany. IASE/NAASE Working Paper Series, Paper No. 07-16.

Hagn, F. & Maennig, W. (2007b). Short-term to long-term employment effects of the Football World Cup 1974 in Germany. IASE/NAASE Working Paper Series, Paper No. 07-21.

Hallmann, K. (2010). *Zur Funktionsweise von Sportevents - Eine theoretisch-empirische Analyse der Entstehung und Rolle von Images sowie deren Interdependenzen zwischen Events und Destinationen.* Dissertation, Deutsche Sporthochschule Köln.

Hamburger Sportbund (2009). *Jahresbericht.* Hamburger Sportbund e.V.

Haring, M. (2010). *Sportförderung in Deutschland. Eine vergleichende Analyse der Bundesländer.* Wiesbaden: VS Verlag für Sozialwissenschaften.

Heinemann, K. (1992). *Ehrenamtlichkeit und Hauptamtlichkeit in Sportvereinen: Eine empirische Studie zur Professionalisierung am Beispiel eines ABM-Programms* (1. Aufl., Schriftenreihe des Bundesinstituts für Sportwissenschaft: Bd. 78). Schorndorf: Hofmann.

Heinemann, K. & Schubert, M. (1994). *Der Sportverein: Ergebnisse einer repräsentativen Untersuchung* (1. Aufl., Schriftenreihe des Bundesinstituts für Sportwissenschaft: Bd. 80). Schorndorf: Hofmann.

Heinemann und Schubert (1994): *Der Sportverein - Ergebnisse einer repräsentativen Untersuchung.* Schorndorf: Hofmann.

Helmenstein, C., Kleissner A. & Moser, B. (2007). *Makroökonomische und sektorale Effekte der UEFA EURO 2008 in Österreich.* Studie im Auftrag der Wirtschaftskammer.

Herzog, W., Egger, K., Makarova, E., Neuenschwander, M.-P., & Abächerli, A. (2009). *Sport als Medium der sozialen Integration bei schweizerischen und ausländischen Jugendlichen.* Forschungsbericht Nr. 38. Bern: Universität Bern.

Hetmeier, H.-W., Wilhelm, R. & Baumann, T. (2007). Methodik zur Gewinnung der Kennzahl "Ausgaben öffentlicher Schulen je Schülerin und Schüler. *Wirtschaft und Statistik, 1/2007,* 68-76.

Höhne, S. (1999). Nationale Sportartikelindustrie im globalen Wettbewerb in G. Trosien (Hrsg.) *Die Sportbranche. Wachstum, Wettbewerb, Wirtschaftlichkeit.* Frankfurt/New York: Campus Verlag.

Haapanen-Niemi, N., Miilunpalo, S., Vuori, I., Pasanen, M. & Oja, P. (1999). The impact of Smoking, Alcohol Consumption, and Physical Activity on Use of Hospital Services. *American journal of public health, 89* (5), 691-698.

Humphrey, B. & Ruseski, J. (2010). *Participation in physical activity and health outcomes: Evidence from the Canadian Community Health Survey.* : University of Alberta.

Info-Service Öffentlicher Dienst/Beamte. *Die Besoldung der Beamten.* zugegriffen am 10.10.2010 unter: http://www.beamten-informationen.de/besoldung

International Olympic Committee (2002). *Manual for Candidate Cities for the XXI Olympic Winter Games 2010.* Lausanne

Isa Guide (2010). *Lotto informiert: Lotto Rheinland-Pfalz erwartet trotz aktueller Probleme eine positive Zukunft,* zugegriffen am 20.05.2010 unter http://www.isa-guide.de/gaming/articles/28144_lotto_informiert_lotto_rh einland_pfalz_erwartet_trotz_aktueller_probleme_eine_positive_zukunft. html

JAB (2008). *Sonderauswertung der Jahresabschlussstatistik (JAB) 2008 für die WZ 93.11.0.* Wiesbaden: Statistisches Bundesamt.

Jost, K. (1999). Sportfachhandel im Wandel. In G. Trosien (Hrsg.) *Die Sportbranche. Wachstum, Wettbewerb, Wirtschaftlichkeit,* 268-281. Frankfurt, New York: Campus Verlag.

Kahneman, D., Diener, E., Schwarz, N. (1999). *Well-being: the foundations of hedonic psychology.* Russell Sage Found, New York

Kasimati, E. (2003). Economic Aspects and the Summer Olympics: a Review of Related Research. *International Journal of Tourism Research, 5,* 433-444.

Kavetsos, G. & Szymanski, S. (2010), National well-being and international sports events. *Journal of Economic Psychology, 31,* 158-171.

Kurscheidt, M. (2006). *Ökonomische Analyse von Sportgroßveranstaltungen: ein integrierter Evaluierungs- und Management-Ansatz am Beispiel von Fußball-Weltmeisterschaften.* Universität Paderborn.

Kurscheidt, M., Preuß, H., Schütte, N. (2008). Konsuminduzierter Impakt von Sportgroßevents am Beispiel der Fußball-WM 2006 - Befragungsergebnisse und Implikationen für die EURO 2008. *Wirtschaftspolitische Blätter, 55*(1), S.79-94.

Kurscheidt, M. (2009). The World Cup. In W. Andreff & S. Szymanski (Hrsg.), *Handbook on the Economics of Sport* (Paperback reprint ed.) (197-213). Cheltenham, UK, & Northampton, MA: Edward Elgar.

Kamberovic, R. (1998). Fitnesswirtschaft in Deutschland in G. Trosien (Hrsg.) *Die Sportbranche. Wachstum, Wettbewerb, Wirtschaftlichkeit,* 236-254. Frankfurt, New York: Campus Verlag.

Katzmarzyk, P. T., Gledhill, N. & Shephard, R. J. (2000). The economic burden of physical inactivity in Canada. *Canadian Medical Association Journal, 163* (11), 1435-1440.

Land Brandenburg Lotto GmbH (2008). *Geschäftsbericht,* zugegriffen am 20.05.2010 unter http://www.lotto-brandenburg.de/index.php?option=com_docman&task= doc_ download&gid=139

Landtag des Saarlandes (2009). *Anfrage des Abgeordneten Manfred Baldauf. Betreff Glücksspielstaatsvertrag,* zugegriffen am 20.05.2010 unter http://www.landtag-saar.de/ dms13/Aw2419.pdf.

Landessportbund Bremen (2004). *Sport und Ökonomie im Bundesland Bremen-zum Wertschöpfungsbeitrag durch den Vereinssport.* Bremen.

Langer, M. (2006). *Öffentliche Förderung des Sports. Eine ordnungspolitische Analyse* (Volkswirtschaftliche Schriften, 548). Berlin: Duncker & Humblot.

Lechner, M. (2009). Long-run labour market and health effects of individual sports activities. *Journal of Health Economics 28,* 839-854

Leonhardt, R-P. (1999). Sportwetten und Lotterien in Deutschland. In G. Trosien (Hrsg.). *Die Sportbranche. Wachstum-Wettbewerb-Wirtschaftlichkeit,* 179-208). Frankfurt, New York: Campus

Lotterie Treuhand Gesellschaft mbH Thüringen (2008). *Geschäftsbericht,* zugegriffen am unter 20.05.2010 http://www.thueringenlotto.de/_data/pdf/ geschaeftsberichte/Geschaeftsbericht_LTG_Thueringen_2008.pdf.

Lotto Berlin (2008). *Geschäftsbericht,* zugegriffen am 20.05.2010 unter https://www.lotto-berlin.de/imperia/md/content/pfe-dklb/gesch__ftsbericht _08.pdf.

Lotto Hamburg (2008). *Geschäftsbericht,* zugegriffen am 20.05.2010 unter http://www.lotto-hh.de/nlthportal/media/presse/gesch_ftsberichte/ Geschaeftsbericht_2008.pdf.

Lotto Hessen (2008). *Geschäftsbericht,* zugegriffen am 20.05.2010 unter https://www.lotto-hessen.de/imperia/md/content/cas/geschaeftsberichte/ geschaeftsbericht_2008.pdf.

Lotto Niedersachsen (2008). *Geschäftsbericht*, zugegriffen am 20.05.2010 unter http://www.lotto-niedersachsen.de/downloads/91/TLN_Geschaeftsbericht _2008.pdf.

Lotto Sachsen Anhalt (2008). *Geschäftsbericht*, zugegriffen am 20.05.2010 unter https://www.lotto-hessen.de/imperia/md/content/cas/geschaeftsberichte/ geschaeftsbericht_2008.pdf.

LZPD/ZIS (2010). *Jahresbericht Fußball Saison 2008/09*. Landesamt für Zentrale Polizeiliche Dienste NRW (LZPD NRW) und Zentrale Informationsstelle Sporteinsätze (ZIS).

Madden, J. (2006). Economic and fiscal impacts of mega sporting events: a general equilibrium assessment. *Public Finance and Management, 6*(3), 38-89.

Maennig, W. (2007). Ein Jahr danach - eine ökonomische Nachlese zur Fußball-WM 2006. *Wirtschaftsdienst, 6*, 378-385.

Mankiw, N. G. & Taylor, M. P. (2008). *Grundzüge der Volkswirtschaftslehre* (4. überarb. und erw. Auflage). Stuttgart: Schäffer-Poeschel.

McKinsey (2010). *Wirtschaftsfaktor Bundesliga. Die volkswirtschaftliche Bedeutung des professionellen Fußballs in Deutschland* (Zusammenfassung). McKinsey & Company, Inc.

Meyer, B. & Ahlert, G. (2000). *Die ökonomischen Perspektiven des Sports. Eine empirische Analyse für die Bundesrepublik Deutschland* (Schriftenreihe des Bundesinstituts für Sportwissenschaft, Band 100). Schorndorf: Hofmann.

Meyer, G. (2003). *Glücksspiel – Zahlen und Fakten*. Zugegriffen am 22.05.2010 unter   http://www-user.uni-bremen.de/~drmeyer/index_dateien/JBSucht_05.pdf

Meyer, G. (2008). Glücksspiel- Zahlen und Fakten. In: Deutsche Hauptstelle für Suchtfragen (Hrsg.), *Jahrbuch Sucht 2008*, 120-137. Geesthacht.

Ministerium für Inneres und Kommunales des Landes NRW, 2011). Zugriff am 20.06.2011   unter http://www.mik.nrw.de/fileadmin/user_upload/Redakteure/Dokumente/Th emen_und_Aufgaben/Kommunales/19_NKF-Handreichung__Teil_4.pdf

MKW Wirtschaftsforschung GmbH (2008). *Studie über die Auswirkungen des Glücksspielstaatsvertrags zum Lotterie- und Sportwettmarkt auf die deutsche Volkswirtschaft*. München.

Moser, C. (2009), *Kostenbeteiligungsmodelle für Polizeieinsätze bei sportlichen Großveranstaltungen. Untersuchung und Entwicklung am Beispiel der Fußball-Bundesliga.* Hamburg: Verlag Dr. Kovac.

Müller, H. & Stettler, J. (1999): *Ökonomische Bedeutung sportlicher Großveranstaltungen in der Schweiz. Vorschläge zur Klassifikation.* Schlussbericht. Auftraggeber Bundesamt für Sport, Magglingen, Auftragnehmer Forschungsinstitut für Freizeit und Tourismus der Universität Bern.

Nichols, G. & Shepherd, M. (2006). Volunteering in sport: the use of ratio analysis to analyse volunteering and participation. *Managing Leisure, 11*(4), 205-216.

Nys, J. F. (2009). Physical activity, sport and health. *Handbook on the economics of sport,* 143-152.

o.V. (2007, 13. Dezember). Deutschland bietet UEFA Steuerfreiheit. *Frankfurter Allgemeine Zeitung.* 32.

o.V. (2010a, 23. April). Fußballvereine beteiligen sich nicht an Polizeikosten. *Zeit Online.* Zugriff am 20.10.2010 unter http://www.zeit.de/sport/2010-04/gewalt-fussball-mai-runder-tisch.

o.V. (2010b, 17. August). Vertrag der Zumutungen. *Süddeutsche Zeitung Landkreisausgabe Starnberg,* R 1.

Pawlowski, T. (2009). *Die Dienstleistungsnachfrage im Freizeitsektor - Eine ökonometrische Modellierung des Ausgabenverhaltens von Privathaushalten in Deutschland auf Basis von Daten der Laufenden Wirtschaftsrechnungen.* Dissertation: Deutsche Sporthochschule Köln.

Pawlowski, T., Downward, P. & Rasciute, S. (2011). Subjective well-being in European countries - On the age specific impact of physical activity. *European Review of Aging and Physical Activity.* doi:10.1007/s11556-011-0085-x

Pfaff, D. (2005). *Competitive Intelligence in der Praxis: Mit Informationen über Ihre Wettbewerber auf der Überholspur.* Frankfurt: Campus Verlag.

Pilot (2010). *Pilot präsentiert Studienergebnisse der SPONSOR VISIONS 2009.* Zugriff am 26.10.2010 unter http://www.pilot.de/en/node/661

Pohlmann, A. (2011). *Erläuterungen zum Thema Sportförderung des Bundes im Rahmen einer E-Mail vom 18. Juli 2011.*

Preuß, H. (1999). *Ökonomische Implikationen der Ausrichtung Olympischer Spiele von München 1972 bis Atlanta 1996,* Kassel: Agon-Sportverl.

Preuß, H. (2000). *Economics of the Olympic Games. Hosting the Games 1972 – 2000.* Sydney: Walla Walla Press.

Preuß, H., & Weiss, H. J. (2003). *Torchholder value added. Der ökonomische Nutzen der Olympischen Spiele 2012 in Frankfurt Rhein/Main*. Eschborn: AWV Verlag.

Preuß, H. (2005). Calculating the regional economic impact of the Olympic Games. *European Sport Management Quarterly, 4*(4), 234-253.

Preuß, H. (2006). Impact and Evaluation of Major Sporting Events. *European Sport Management Quarterly, 6*(4). 313-316.

Preuß, H., Kurscheidt, M. & Schütte, N. (2009). *Ökonomie des Tourismus durch Sportgroßveranstaltungen: Eine empirische Analyse zur Fußball-Weltmeisterschaft 2006*. Wiesbaden: Gabler.

PricewaterhouseCoopers (2006). *German Entertainment and Media Outlook 2006-2010*. Zugriff am 27.10.2010 unter http://www.bi-50tausendbaeume.de/PDF /Hinweise/german_ EM20Outlook_2006.pdf

Putnam, R. D. (1993). *Making democracy work. Civic traditions in modern Italy*. Princeton (N.J.): University Press.

Rahmann, B., Weber, W., Groening, M., Kurscheidt, M., Napp, H.-G. & Pauli, M. (1998). *Sozio-ökonomische Analyse der Fußball-Weltmeisterschaft 2006 in Deutschland: Gesellschaftliche Wirkungen, Kosten-Nutzen-Analyse und Finanzierungsmodelle einer Sportgroßveranstaltung*. Köln: Sport und Buch Strauss.

Rasciute, S. & Downward, P. (2010). Health or happiness? What is the impact of physical activity on the individual. *Kyklos 63*(2), 256–270.

Rittner, V. & Breuer, C. (2000). *Soziale Bedeutung und Gemeinwohlorientierung des Sports*. Köln: Sport & Buch Strauß.

Rittner, V. & Breuer, C. (2004). *Gemeinwohlorientierung und soziale Bedeutung des Sports* (2., aktualisierte und erw. Aufl., Wissenschaftliche Berichte und Materialien / Bundesinstitut für Sportwissenschaft: Bd. 2004,2). Köln: Sport und Buch Strauß.

Rodgers, B. (1977). *Rationalising Sports Policies; Sport in the Social Context: Technical Supplement*. Strasbourg: Council of Europe.

Rummelt, P. (1995). Sport als Mittel der sozialen Integration. Eine exemplarische Untersuchung des Landesprogramms „Sport mit Aussiedlern"— (1989-1993). In Jütting, D. H. & Lichtenauer, P. (Hrsg.), *Ausländer im Sport. Bericht über die 2. Sommeruniversität Münster*, 141-159. Münster: Münsteraner Schriften zur Körperkultur Band 23.

Sari, N. (2009). Physical inactivity and its impact on healthcare utilization. *Health Economics, 18:*, 885-901.

Schmid, M. und Börnsen, S. (2010).*Glücksspielmarkt Deutschland 2015. Situation des deutschen Glücksspielmarktes in Deutschland*. Goldmedia GmbH Media Consulting & Research.

Schmidbauer, W. (2008). Persönliches Schreiben an Christian Moser vom 11.01.2008. In Moser, Christian (2009), *Kostenbeteiligungsmodelle für Polizeieinsätze bei sportlichen Großveranstaltungen. Untersuchung und Entwicklung am Beispiel der Fußball-Bundesliga*. Hamburg: Verlag Dr. Kovac.

Schneider, F. und Maurhart, M. (2009). *Volkswirtschaftliche Analyse des legalen/illegalen Marktes für Glücksspiel in Deutschland*.

Schneider, F. und Maurhart, M. (2010). *Marktuntersuchung zum deutschen Markt für Pferderennwetten (2005-2009)*. Deutscher Buchmacherverband, zugegriffen am 20.06.2010 unter http://www.buchmacherverband.de/pdf/stellungnahmen/Markt_Pferdewetten_DE_April%202010.pdf?PHPSESSID_netsh50064=77f3b558bc7a148143a2d36a577f832f.

Sekretariat der Ständigen Konferenz der Kultusminister der Länder in der Bundesrepublik Deutschland (2008). *Schüler, Klassen, Lehrer und Absolventen der Schulen 1999 bis 2008*. Statistische Veröffentlichungen der Kultusministerkonferenz. Dokumentation Nr. 188.

Sekretariat der Ständigen Konferenz der Kultusminister der Länder in der Bundesrepublik Deutschland (2009). *Das Bildungswesen in der Bundesrepublik Deutschland 2008 - Darstellung der Kompetenzen, Strukturen und bildungspolitischen Entwicklungen für den Informationsaustausch in Europa*. KMK, Bonn 2009.

Sigloch, J. & Klimmer, C. (Hrsg.) (2003). *Rechnungslegung und Besteuerung im Sport*. Wiesbaden: Gabler.

Singer, R. (1985) Befragung. In R. Singer & K. Willimczik (Hrsg.), *Grundkurs Datenerhebung 2* (S. 97-134). Hamburg: Czwalina.

Sinn, H.-W., Flaig, G. und Werding, M. (2001): *EU-Erweiterung und Arbeitskräftemigration – Wege zu einer schrittweisen Annäherung der Arbeitsmärkte*. München: ifo-Beiträge zur Wirtschaftsforschung, Nr. 2.

Smala, A., Beeler, I. & Szucs, T. D. (2001). *Die Kosten der körperlichen Inaktivität in der Schweiz*. Zürich

Staatliche Toto-Lotto GmbH Baden-Württemberg (2008). *Geschäftsbericht*, zugegriffen am 22.05.2010 unter https://www.lotto-bw.de/imperia/md/gesch__ ftsbericht_2008.pdf

Statistisches Bundesamt (2001). *Volkswirtschaftliche Gesamtrechnungen. Einkommensrechnungen. Überblick über die Methoden und Grundlagen in der Bundesrepublik Deutschland.* Wiesbaden: Statistisches Bundesamt.

Statistisches Bundesamt (2008a). *Statistisches Jahrbuch 2008. Für die Bundesrepublik Deutschland.* Wiesbaden: Statistisches Bundesamt.

Statistisches Bundesamt (2008b). *Binnenhandel, Gastgewerbe, Tourismus. Beschäftigte, Umsatz, Aufwendungen, Lagerbestände, Investitionen und Warensortiment im Handel 2006* (Fachserie 6 Reihe 4). Wiesbaden: Statistisches Bundesamt.

Statistisches Bundesamt (2008c). *Verdienste und Arbeitskosten. Verdienststrukturerhebung 2006 – Verdienste nach Berufen.* Wiesbaden: Statistisches Bundesamt.

Statistisches Bundesamt (2008d). *Dienstleistungen. Strukturerhebung im Dienstleistungsbereich. Grundstücks- und Wohnungswesen, Vermietung beweglicher Sachen, Erbringung von wirtschaftlichen Dienstleistungen, a.n.g. 2006* (Fachserie 9 Reihe 2). Wiesbaden: Statistisches Bundesamt.

Statistisches Bundesamt (2008e). *Bildung und Kultur. Personal an Hochschulen 2007.* Fachserie 11, Reihe 4.4. Wiesbaden: Statistisches Bundesamt.

Statistisches Bundesamt (2009a). *Finanzen und Steuern. Lohn- und Einkommensteuer 2004* (Fachserie 14 Reihe 7.1). Wiesbaden: Statistisches Bundesamt.

Statistisches Bundesamt (2009b). *Finanzen und Steuern. Steuerpflichtige Unternehmen und deren Lieferungen und Leistungen nach wirtschaftlicher Gliederung (Tabelle 2.3 der Jahrespublikation, Fachserie 14 Reihe 8).* Wiesbaden: Statistisches Bundesamt.

Statistisches Bundesamt (2009c). *Finanzen und Steuern. Gewerbesteuer 2004* (Fachserie 14 Reihe 10). Wiesbaden: Statistisches Bundesamt.

Statistisches Bundesamt (2009d). *Statistisches Jahrbuch 2009. Für die Bundesrepublik Deutschland.* Wiesbaden: Statistisches Bundesamt.

Statistisches Bundesamt (2009e). *Finanzen und Steuern. Körperschaftsteuer 2004* (Fachserie 14 Reihe 7.2). Wiesbaden: Statistisches Bundesamt.

Statistisches Bundesamt (2009f). *Produzierendes Gewerbe. Beschäftigung und Umsatz der Betriebe des Verarbeitenden Gewerbes sowie des Bergbaus und der Gewinnung von Steinen und Erden* (Fachserie 4 Reihe 4.1.1). Wiesbaden: Statistisches Bundesamt.

Statistisches Bundesamt (2009g). *Verdienste und Arbeitskosten 2008. Begleitmaterial zur Pressekonferenz am 13. Mai 2009 in Berlin*. Wiesbaden: Statistisches Bundesamt.

Statistisches Bundesamt (2009h). *Unternehmen und Arbeitsstätten. Kostenstruktur bei Arzt- und Zahnarztpraxen, Praxen von psychologischen Psychotherapeuten sowie Tierarztpraxen*, Fachserie 2 Reihe 1.6.1. Wiesbaden: Statistisches Bundesamt.

Statistisches Bundesamt (2009i). *Unternehmen und Arbeitsstätten. Kostenstruktur bei Bädern, Saunas, Solarien, Fitnesszentren u.Ä.*, Fachserie 2 Reihe 1.6.3. Wiesbaden: Statistisches Bundesamt.

Statistisches Bundesamt (2009j). *Unternehmen und Arbeitsstätten. Kostenstruktur bei Fahr- und Flugschulen*, Fachserie 2 Reihe 1.6.5. Wiesbaden: Statistisches Bundesamt.

Statistisches Bundesamt (2009k). *Unternehmen und Arbeitsstätten. Kostenstruktur bei Einrichtungen des Gesundheitswesens*, Fachserie 2 Reihe 1.6.6. Wiesbaden: Statistisches Bundesamt.

Statistisches Bundesamt (2009l). *Unternehmen und Arbeitsstätten. Kostenstruktur bei audiovisuellen Dienstleistungen*, Fachserie 2 Reihe 1.6.9. Wiesbaden: Statistisches Bundesamt.

Statistisches Bundesamt (2009m). *Bildung und Kultur. Finanzen der Hochschulen 2007*. Fachserie 11, Reihe 4.5. Wiesbaden: Statistisches Bundesamt.

Statistisches Bundesamt (2010a). *Gesundheit. Ausgaben 2008*. Wiesbaden: Statistisches Bundesamt.

Statistisches Bundesamt (2010b). *Steuereinnahmen: Bundesländer, Quartale, Steuerarten*. Wiesbaden: Statistisches Bundesamt.

Statistisches Bundesamt (2010c). *Verbraucherpreisindex für Deutschland*. Wiesbaden: Statistisches Bundesamt.

Statistisches Bundesamt (2010d). *Finanzen und Steuern. Jahresrechnungsergebnisse kommunaler Haushalte 2007*. Wiesbaden: Statistisches Bundesamt.

Statistisches Bundesamt (2010e). *Gewerbesteuerhebesätze 2009 im Bundesdurchschnitt leicht gesunken* (Pressemitteilung Nr. 298 vom 26.08.2010). Wiesbaden: Statistisches Bundesamt.

Statistisches Bundesamt (2010f). *Input-Output-Rechnung im Überblick*. Wiesbaden: Statistisches Bundesamt.

Statistisches Bundesamt (2010g). *Finanzen und Steuern. Jährliche Körperschaftsteuerstatistik 2005*. Wiesbaden: Statistisches Bundesamt.

Statistisches Bundesamt (2010h). *Informationen zur Körperschaftsteuerstatistik.* E-Mail vom 29.10.2010.

Statistisches Bundesamt (2010i). *2009: Bruttoverdienste sinken erstmals seit Gründung der Bundesrepublik* (Pressemitteilung Nr. 074 vom 03.03.2010). Wiesbaden: Statistisches Bundesamt.

Statistisches Bundesamt (2010j). *Statistisches Jahrbuch 2010. Für die Bundesrepublik Deutschland.* Wiesbaden: Statistisches Bundesamt.

Statistisches Bundesamt (2010k). *Sonderauswertung der jährlichen Rechnungsstatistik. Ausgaben der öffentlichen Haushalte für Sport 1992-2007.* Wiesbaden: Statistisches Bundesamt.

Statistisches Bundesamt (2010l). *Verwaltungsvorschriften zur Haushaltssystematik des Bundes. Funktionenplan.* Wiesbaden: Statistisches Bundesamt.

Statistisches Bundesamt (2010m). *Bildung und Kultur. Finanzen der Hochschulen 2008.* Fachserie 11, Reihe 4.5. Wiesbaden: Statistisches Bundesamt.

Statistisches Bundesamt (2010n). *Bildung und Kultur. Personal an Hochschulen 2009.* Fachserie 11, Reihe 4.4. Wiesbaden: Statistisches Bundesamt.

Statistisches Bundesamt (2010o). *Bildungsausgaben. Ausgaben je Schüler/ -in 2007.* Wiesbaden: Statistisches Bundesamt.

Statistisches Bundesamt (2010p). *Finanzen und Steuern. Rechnungsergebnisse der öffentlichen Haushalte für soziale Sicherung und für Gesundheit, Sport, Erholung.* Wiesbaden: Statistisches Bundesamt.

Statistisches Bundesamt (2010q). *Bildung und Kultur. Allgemeinbildende Schulen Schuljahr 2007/08.* Fachserie 11, Reihe 1. Wiesbaden: Statistisches Bundesamt.

Statistisches Bundesamt (2010r). *Gesamtbetrag der Einkünfte, das zu versteuernde Einkommen, die festgesetzte Einkommensteuer und die daraus errechneten Durchschnittssteuersatz für die Jahre 2001 - 2006 auf Basis der Einkommensteuerstatistik.* Sonderauswertung und Erläuterungen im Rahmen einer E-Mail vom 22. Juni 2010 durch Iris Bachmann (VID Steuern) übermittelt.

Statistisches Bundesamt (2011a). *Ergebnisse über die Entwicklung der Einnahmen und der Ausgaben des Staates seit 1991 im Rahmen der Volkswirtschaftlichen Gesamtrechnungen nach dem revidierten Rechenstand Februar 2011.* Wiesbaden: Statistisches Bundesamt.

Statistisches Bundesamt (2011b). *Erläuterungen durch Claudia Gerster zum Thema Gesamthaushalt im Rahmen einer E-Mail vom 29. Juni 2011.*

Statistisches Bundesamt (2011c). *Erläuterungen durch Patrizia Mödinger zum Thema Eigenbetriebe / Jahresabschlussstatistik im Rahmen einer E-Mail vom 21. Juli 2011.*

Statistisches Bundesamt (2011d). *Aktuelle Information zu den Öffentlichen Finanzen im 1. Halbjahr 2008, zugegriffen am 10. Juni 2011 unter* http://www.destatis.de/jetspeed/portal/cms/Sites/destatis/Internet/DE/Cont ent/Statistiken/FinanzenSteuern/OeffentlicheHaushalte/AktuellInformatio nen,templateId=renderPrint.psml

Stelmaszyk, L. (2010). Sport im TV. Grollen am Himmel. *Sponsors, 9,* 30-38.

Sussmuth, B., Heyne, M. & Maennig, W. (2010), Induced Civic Pride and Integration, *Oxford Bulletin of Economics and Statistics,* 72, 2, 202-220.

Swindell, D. & Rosentraub (1998). Who Benefits from the Presence of Professional Sports Team? The Implications for Public Funding of Stadiums and Arenas in: *Public Administration Review, January, February, 58*(1).

TNS Infratest (2008): *Deutscher Spendenmonitor,* Bielefeld.

Trosien, G. (1991). *Die Sportbranche und ihre Geldströme.* Witten: Verlag am Steinberg May

U.S. Department of Health and Human Services (1996). *Physical Activity and Health: A Report of the Surgeon General.* Atlanta, GA: U.S. Department of Health and Human Services, Centers for Disease Control and Prevention, National Center for Chronic Disease Prevention and Health Promotion

VDS, Verbands Deutscher Sportfachhandel e.V. (2010) . *03.02.2010: Stabiles Wachstum im Sportfachhandel trotz der allgemeinen Wirtschaftskrise,* zugegriffen am 16. September 2010 unter http://www.vds-sportfachhandel.de/index.php?id=2&sub=3&DS=310

Veltins (2001). *Sportstudie.* Meschede: Drees.

V&M Service GmbH Konstanz (2008): *Vereinsstatistik.* Konstanz.

Volkwein, T. (2009). *Die Rechtsproblematik der Sportwette.* Hamburg: Verlag Dr. Kovac.

Wagner, G. (1987). Sport as a means for reducing the cost of illness - Theoretical, statistical and empirical remarks. *International Review for the Sociology of Sport, 22* (3), 217-227.

Walseth, K. (2008). Bridging and bonding social capital in sport – experiences of young women with an immigrant background. *Sport, Education, and Society, 13*(1), 1-17.

Wang, S. & Lo, L. (2000). Economic Impacts of Immigrants in the Toronto CMA: A Tax-Benefit Analysis. *Journal of International Migration and Integration, 1*(3), 273-303.

Weber, W., Schneider, C., Kortlücke, N. & Horak, B. (1995). *Die wirtschaftliche Bedeutung des Sports*. Schorndorf: Hofmann.

Weiß et al. (2000). *Sport und Gesundheit. Eine sozioökonomische Analyse*. Wien: BMSG.

West Lotto GmbH (2008), *Geschäftsbericht*, zugegriffen am 20.05.2010 unter http://www.westdeutsche-lotterie.de/media/pdf-files/unternehmen_westlotto/ WestLotto-GB-2008.pdf

1.FC Köln (2010). Müngersdorfer Stadion. Stadion-Historie. Zugriff am 27.10.2010 unter http://www.fc-koeln.de/index.php?id=402.

14. Anhang

14.1 Sportbezogene Wirtschaftszweige im Sinne der Vilnius-Definition

14.1.1 Kerndefinition des Sports

Erbringung sonstiger personenbezogener Dienstleistungen
- 92 Kultur, Sport und Unterhaltung
    - 92.61: Betrieb von Sportanlagen
    - 92.62.1: Sportvereine und Sportverbände
    - 92.62.2: Professionelle Sportmannschaften und Rennställe
    - 92.62.3: Selbstständige Berufssportler/innen und -trainer/innen
    - 92.62.4: Sportpromotor und sonstige professionelle Sportveranstalter
    - 92.62.5: Sportschulen und selbstständige Sportlehrer/innen

14.1.2 Enge Definition des Sports

Alle Wirtschaftszweige der Kerndefinition des Sports

Land- und Forstwirtschaft
- 01 Landwirtschaft und Jagd
    - 01.22: u.a. Züchtung von Rennpferden
    - 01.41: u.a. Herstellung und Pflege von Rasenflächen für Sport
    - 01.42: u.a. Reinigung von Rennpferdstallungen

Verarbeitendes Gewerbe
- 17 Textilgewerbe
    - 17.40: u.a. Herstellung von Segeln für Boote
    - 17.52: u.a. Herstellung von Kletterseilen
- 18 Bekleidungsgewerbe
    - 18.21: u.a. Arbeitskleidung, die für Sportzwecke verwendet wird
    - 18.22: u.a. Outdoor Sportbekleidung und Reitbekleidung
    - 18.23: u.a. Unterwäsche z.B. zum Skifahren
    - 18.24: u.a. Handschuhe und Mützen z.B. zum Skifahren
- 19 Ledergewerbe
    - 19.20: u.a. Pferdesättel
    - 19.30: u.a. Sportschuhe
- 24 Herstellung von chemischen Erzeugnissen
    - 24.42: u.a. pharmazeutische Produkte zur Versorgung von Sportlern
- 25 Herstellung von Gummi- und Kunststoffwaren

- 25.11: u.a. Herstellung von Schläuchen für Sportfahrzeuge
- 28 Herstellung von Metallerzeugnissen
  - 28.75: u.a. Herstellung von z.b. Fahrradketten oder Speerspitzen
- 29 Maschinenbau
  - 29.60: u.a. Herstellung von z.b. Biathlon-Gewehren
- 33 Medizin-, Mess- und Steuertechnik, Optik, etc.
  - 33.10: u.a. Herstellung von orthopädischen Erzeugnissen für Sportler
  - 33.40: u.a. Herstellung von Sportbrillen oder Kontaktlinsen für Sportler
  - 33.50: u.a. Herstellung von Stoppuhren für den Sport
- 34 Herstellung von Kraftwagen und Kraftwagenteilen
  - 34.10: u.a. Herstellung von Schneefahrzeugen oder Golfwagen
  - 34.20: u.a. Herstellung von LKWs für den Transport von Sportwagen
- 35 Sonstiger Fahrzeugbau
  - 35.12: u.a. Herstellung von Sportbooten
  - 35.30: u.a. Herstellung von Sportflugzeugen
  - 35.41: u.a. Herstellung von Sportmotorrädern
  - 35.42: u.a. Herstellung von Sportfahrrädern
  - 35.43: u.a. Herstellung von behinderten gerechten Sportfahrzeugen
  - 35.50: u.a. Herstellung von Pferdeanhängern
- 36 Möbel, Schmuck, Musikinstrumente etc.
  - 36.40: Herstellung von Sportgeräten
  - 36.50: u.a. Herstellung von Billardtischen oder Sport-Videospielen

Baugewerbe
- 45 Baugewerbe
  - 45.21: u.a. Bau von Sportinfrastruktur
  - 45.23: u.a. Bau von Sportstadien
  - 45.24: u.a. Bau von Wassersportanlagen

Handel, Instandhaltung / Reparatur von Kraftfahrzeugen und Gebrauchsgütern
- 50 Handel mit Kraftfahrzeugen, Instandhaltung, Tankstellen, etc.
  - 50.10: u.a. Handel mit Motorsportfahrzeugen
  - 50.20: u.a. Pflege und Instandhaltung von Motorsportfahrzeugen
  - 50.30: u.a. Zubehör von Motorsportfahrzeugen
  - 50.40: u.a. Handel, Pflege und Instandhaltung von Sportmotorrädern
  - 50.50: u.a. Verkauf von Benzin für Motorsportfahrzeuge
- 51 Handelsvermittlung und Großhandel
  - 51.11: u.a. Handelsvermittlung von Rennpferden
  - 51.16: u.a. Handelsvermittlung von Sportkleidung und -schuhen
  - 51.18: u.a. Handelsvermittlung von pharmazeutischen Produkten
  - 51.23: u.a. Großhandel mit Rennpferden
  - 51.41: u.a. Großhandel mit Segeln von Booten

- 51.42: u.a. Großhandel mit Sportkleidung
- 51.46: u.a. Großhandel mit pharmazeutischen Produkten
- 51.47: u.a. Großhandel mit Sportgeräten
- 51.51: u.a. Großhandel mit Benzin für Motorsportfahrzeuge
- 52 Einzelhandel und Reparaturen von Gebrauchsgütern
  - 52.11: u.a. Einzelhandel mit Sportkleidung und -schuhen
  - 52.12: u.a. spez. Einzelhandel mit Sportkleidung und -schuhen
  - 52.31:   u.a. Medizin in Apotheken
  - 52.32: u.a. Einzelhandel mit pharmazeutischen Produkten
  - 52.42: u.a. Einzelhandel mit Sportkleidung
  - 52.43: u.a. Einzelhandel mit Sportschuhen
  - 52.48: u.a. Einzelhandel mit optischen Sportgeräten und -fahrrädern
  - 52.61: u.a. Versandhandel von Sportbekleidung und -schuhen
  - 52.63: u.a. sonstiger Handel von Sportbekleidung und -schuhen
  - 52.74: u.a. Reparatur von Sportprodukten

Grundstücks- und Wohnungswesen, Vermietungsgewerbe beweglicher Sachen
- 71 Vermietung von beweglichen Sachen und Bedienungspersonal
  - 71.40: u.a. Vermietung von Sportausrüstung

Öffentliche Verwaltung, Verteidigung, Sozialversicherung
- 80 Erziehung und Unterricht
  - 80.10: u.a. Sportunterricht in Vor- und Grundschulen
  - 80.20: u.a. Sportunterricht in weiterführenden Schulen
  - 80.30: u.a. sportbezogene Ausbildung in Hochschulen
  - 80.41: u.a. Segel- und Bootsführerscheine

Gesundheits-, Veterinär- und Sozialwesen
- 85 Gesundheits-, Veterinär- und Sozialwesen
  - 85.11: u.a. Krankenhausdienstleistungen für Sportler
  - 85.12: u.a. Arztpraxen-Dienstleistungen für Sportler
  - 85.14: u.a. anderweitige medizinische Dienstleistungen für Sportler
  - 85.20: u.a. Veterinärdienstleistungen für Rennpferde

Erbringung sonstiger personenbezogener Dienstleistungen
- 92 Kultur, Sport und Unterhaltung
  - 92.34: u.a. Dienstleistungen von Tanzschulen
  - 92.72: u.a. Miete für Paddelboote
- 93 Sonstige Dienstleistungen
  - 93.04: u.a. Dienstleistungen von Fitnessstudios

14.1.3 Weite Definition des Sports

Alle Wirtschaftszweige der engen Definition (inkl. Kerndefinition) des Sports

Verarbeitendes Gewerbe
- 15 Ernährungsgewerbe
  - 15.88: u.a. Herstellung von Nahrungsergänzungsmitteln für Athleten
  - 15.89: u.a. Herstellung von Energydrinks für Athleten
- 22 Verlags-, Druckgewerbe, Tonträger etc.
  - 22.11: u.a. sportbezogene Bücher
  - 22.12: u.a. sportbezogene Zeitungen
  - 22.13: u.a. sportbezogene bespielte Tonträger
  - 22.14: u.a. sportbezogene Zeitungen
  - 22.15: u.a. Sportkalender
  - 22.21: u.a. Druck von sportbezogenen Zeitungen
  - 22.22: u.a. Druck von sportbezogenen Büchern
  - 22.23: u.a. Druck von sonstigen sportbezogenen Druckerzeugnissen
  - 22.24: u.a. Dienstleistungen der Medienvorstufe
- 23 Mineralölverarbeitung etc.
  - 23.20: u.a. Sprit von Sportfahrzeugen

Handel, Instandhaltung / Reparatur von Kraftfahrzeugen und Gebrauchsgütern
- 51 Handelsvermittlung und Großhandel
  - 51.38: u.a. Großhandel mit Nahrungsergänzungsmittel/Energydrinks
  - 51.43: u.a. Großhandel mit DVDs mit sportbezogenem Inhalt
  - 51.47: u.a. Großhandel mit Videospielen
- 52 Einzelhandel und Reparaturen von Gebrauchsgütern
  - 52.25: u.a. Einzelhandel mit Energydrinks
  - 52.27: u.a. Einzelhandel mit Nahrungsergänzungsmittel
  - 52.45: u.a. Einzelhandel mit DVDs mit sportbezogenem Inhalt
  - 52.47: u.a. Einzelhandel mit sportbezogenen Büchern und Zeitschriften

Gastgewerbe
- 55 Gastgewerbe
  - 55.10: u.a. Ausgaben Sporttouristen und Sportler in Hotels
  - 55.21: u.a. Ausgaben Sporttouristen und Sportler in Jugendherbergen
  - 55.22: u.a. Ausgaben Sporttouristen und Sportler auf Campingplätzen
  - 55.23: u.a. Ausgaben Sporttouristen und Sportler in sonst. Beherberg.
  - 55.30: u.a. Ausgaben Sporttouristen und Sportler in Restaurants
  - 55.40: u.a. Ausgaben Sporttouristen und Sportler in Bars
  - 55.51: u.a. Ausgaben Sporttouristen und Sportler in Kantinen
  - 55.52: u.a. Ausgaben Sporttouristen und Sportler für Catering

Verkehr und Nachrichtenübermittlung
- 60 Landverkehr
  - 60.10: u.a. Transport Sporttouristen und Sportler mit der Bahn
  - 60.21: u.a. Transport Sporttouristen und Sportler mit Straßenbahnen
  - 60.22: u.a. Transport Sporttouristen und Sportler mit Taxen
  - 60.23: u.a. Transport Sporttouristen und Sportler mit Mietbussen
- 61 Schifffahrt
  - 61.10: u.a. Transport Sporttouristen und Sportler mit Seeschiffen
  - 61.20: u.a. Transport Sporttouristen und Sportler mit Binnenschiffen
- 62 Luftfahrt
  - 62.10: u.a. Transport Sporttouristen und Sportler mit Linienflügen
  - 62.20: u.a. Transport Sporttouristen und Sportler mit Gelegenheitsflügen
- 63 Verkehrsvermittlung
  - 63.30: u.a. durch Agenturen vermittelte Sportreisen
- 65 Kreditgewerbe
  - 65.21: u.a. Finanzdienstleistungen für Sportvereine
- 66 Versicherungsgewerbe
  - 66.01: u.a. sportbezogene Lebensversicherungen
  - 66.02: u.a. sportbezogene Pensions- und Sterbekassen
  - 66.01: u.a. sportbezogene Schaden- und Unfallversicherungen
- 71 Vermietung von beweglichen Sachen und Bedienungspersonal
  - 71.40: u.a. Vermietung von Sportvideos und -filmen
- 73 Forschung und Entwicklung
  - 73.01: u.a. Forschung und Entwicklung bspw. in der Formel Eins
  - 73.02: u.a. sportbezogene Forschung im Bereich Geisteswissenschaft

Grundstücks- und Wohnungswesen, Vermietungsgewerbe beweglicher Sachen
- 74 Wirtschaftliche Dienstleistungen
  - 74.11: u.a. Rechtsberatung für Sportvereine
  - 74.12: u.a. Wirtschaftsprüfung von Sportvereinen
  - 74.14: u.a. Beratung von Sportvereinen
- 75 Öffentliche Verwaltung, Verteidigung, Sozialversicherung
  - 75.12: u.a. öffentliche Verwaltung von Sportdienstleistungen
  - 75.30: u.a. Sozialversicherungsleistungen für Sportler

Erbringung sonstiger personenbezogener Dienstleistungen
- 92 Kultur, Sport und Unterhaltung
  - 92.11: u.a. Produktion von Sportvideos und -filmen
  - 92.12: u.a. Verkauf von Sportvideos und -filmen
  - 92.20: u.a. sportbezogene Rundfunkveranstaltungen
  - 92.40: u.a. sportbezogene Aktivitäten von Nachrichtenagenturen
  - 92.71: u.a. Sportwetten

14.2 Umsteigeschlüssel WZ2003 zu WZ2008

Anmerkung: Sind in den folgenden Tabellen der Abschnitte 14.2.1, 14.2.2 und 14.2.3 in der Spalte "Tätigkeiten, die von dem Wirtschaftszweig WZ2003 zu dem Wirtschaftszweig WZ2008 wechseln" keine Einträge vorhanden, sind alle Tätigkeiten vom Wirtschaftszweig WZ2003 auch im Wirtschaftszweig WZ2008 enthalten. So sind bspw. alle Tätigkeiten des Wirtschaftszweigs "Betrieb von Sportanlagen" (WZ2003: 92.61) nach der neuen Abgrenzung im gleichnamigen Wirtschaftszweig (WZ2008: 93.11) enthalten. Nach der neuen Abgrenzung der WZ2008 enthält der Wirtschaftszweig "Betrieb von Sportanlagen" jedoch zusätzlich die Tätigkeit(en) "Durchführung von Sportveranstaltungen im Freien oder in der Halle im Rahmen des Profi- oder Amateursports", die nach der alten Abgrenzung im Wirtschaftsbereich "Sportverbände und Sportvereine" (WZ2003: 92.62.1) enthalten war(en) (vgl. 14.2.1)

14.2.1 Kerndefinition

Tab. 14.2.1: Der Umsteigeschlüssel für die Wirtschaftszweige der im Sinne der Kerndefinition des Sports relevanten Wirtschaftszweige (eigene Darstellung).

WZ2003	Wirtschaftszweige WZ2003	WZ2008	Tätigkeiten, die von dem Wirtschaftszweig WZ2003 zu dem Wirtschaftszweig WZ 2008 wechseln
92.61	Betrieb von Sportanlagen	93.11.0	
92.62.1	Sportverbände und Sportvereine	85.51.0	Sport- und Spielunterricht von Sportverb. u. Sportvereinen
		93.11.0	Durchführung. von Sportveranstaltungen im Freien oder in der Halle im Rahmen des Profi- oder Amateursport
		93.12.0	Sportausübung in Sportvereinen
		93.19.0	Sportfischerei, Jagd zu Sportzwecken
		93.29.0	Tätigkeiten von Yachthäfen
92.62.2	Professionelle Sportmannschaften u. Rennställe	93.12.0	Professionelle Sportmannschaften
		93.19.0	Durchführung von Sportveranst., im Freien oder in der Halle, im Rahmen des Profisports; Betrieb von Rennställen
92.62.3	Selbst. Berufssportler/innen und -trainer/innen	93.19.0	
92.62.4	Sportpromotor u. sonst.profess. Sportveranstalter	93.19.0	
92.62.5	Sportschulen und selbständige Sportlehrer/innen	85.51.0	

14.2.2 Enge Definition des Sports

Tab. 14.2.2: Der Umsteigeschlüssel für die Wirtschaftszweige (der im Sinne der engen Definition des Sports) relevanten Wirtschaftszweige (eigene Darstellung).

WZ2003	Wirtschaftszweige WZ2003	WZ2008	Tätigkeiten, die von dem Wirtschaftszweig WZ2003 zu dem Wirtschaftszweig WZ2008 wechseln
01.22	Haltung von Schafen, Ziegen, Pferden und Eseln	01.45.0	
01.41.1	Erbringung von Dienstleistungen f.d. Pflanzenbau	01.61.0	
01.41.2	Garten- und Landschaftsbau	81.30.1	
01.42	Erbringung v. landw. Dienstleist. f.d.Tierhaltung	01.62.0	

17.40	H. v. konfektion.Textilwaren (ohne Bekleidung)	13.92.0	
17.52	Herstellung von Seilerwaren	13.94.0	
18.21	Herstellung von Arbeits- und Berufsbekleidung	14.12.0	
18.22	H. v. Oberbekleidg.(oh.Arbeits-u.Berufsbekleidg.)	14.13.1	H. v. gewebter Oberbekleidg. (f. Herren und Knaben)
		14.13.2	H. v. gewebter Oberbekleidg. (f. Damen und Mädchen)
		14.13.3	Herstellung von gewirkter und gestrickter Oberbekleidung
18.23	Herstellung von Wäsche	14.14.1	H. v. gewebter Wäsche (o. Miederwaren)
		14.14.2	H. v. gewirkter und gestrickter Wäsche (o. Miederwaren)
18.24.1	Herstellung von Sportbekleidung	14.19.0	
18.24.2	H. v. Hüten und sonstigen Kopfbedeckungen	14.19.0	
18.24.3	H. v. Bekleidung,Bekleidungszubehör f.Kleinkind.	14.19.0	
18.24.4	H. v. sonst. gewirkten u.gestr.Fertigerzeugnissen	14.19.0	
18.24.5	Herstellung von Bekleidungszubehör ang.	14.19.0	
19.20	Lederverarb. (oh. H. v.Lederbekl. u.Schuhen)	15.12.0	
19.30	Herstellung von Schuhen	15.20.0	Herstellung von Sportschuhen (ohne Skischuhe)
		16.29.0	Herstellung von Schuhteilen aus Holz
		22.19.0	H. v. Gummis. und Schuht. aus Gummi f. sonst. Schuhe
		22.29.0	H. v. Schuht., Laufs. und Abs. aus Kunst.f. sonst Schuhe
		32.30.0	Herstellung von Skistiefeln
24.42	H. v. pharmaz.Spezialit.u.sonst. Erzeugnissen	21.20.0	
25.11	Herstellung von Bereifungen	22.11.0	
28.75.3	Herstellung von Metallwaren ang.	25.99.3	
29.60	Herstellung von Waffen und Munition	25.40.0	
33.10.3	Herstellung von orthopädischen Erzeugnissen	32.50.2	
33.40.1	Herstellung von augenoptischen Erzeugnissen	32.50.1	
33.50	Herstellung von Uhren	26.52.0	
34.10	H. von Kraftwagen und Kraftwagenmotoren	29.10.1	
34.20	H. von Karosserien,Aufbauten u.Anhängern	29.20.0	
35.12	Boots- und Yachtbau	30.12.0	
35.30	Luft- und Raumfahrzeugbau	30.30.0	
35.41	Herstellung von Krafträdern	30.91.0	
35.42	Herstellung von Fahrrädern	30.92.0	
35.43	Herstellung von Behindertenfahrzeugen	30.92.0	
35.50	Fahrzeugbau, anderweitig nicht genannt	30.99.0	
36.40	Herstellung von Sportgeräten	32.30.0	
36.50	Herstellung von Spielwaren	32.40.0	
45.21	Hochbau, Brücken- und Tunnelbau u.Ä.	41.20.1	Hochbau (ohne Fertigteilbau)
		41.20.2	Errichtung von Fertigteilbauten
		42.11.0	Straßenbau
		42.12.0	Bahnbau
		42.13.0	Brücken- und Tunnelbau
		42.21.0	Rohrleitungs-, Brunnen- und Kläranlagenbau
		42.22.0	Ba. v. Strom- u. Kommunikationsk.(innerstädt. u. ü. Land)
		42.91.0	Wasserbau
		42.99.0	Sonstiger Tiefbau a.n.g.
		43.99.9	Bau von Außenschwimmbecken
45.23.1	Bau von Straßen, Rollbahnen und Sportanlagen	41.20.1	Bau von Gebäuden (ohne Fertigteilbauten)
		42.11.0	Straßenbau
		42.99.0	Sonstiger Tiefbau a.n.g.
45.24	Wasserbau	42.91.0	
50.10.1	Handelsvermittlung von Kraftwagen	45.11.0	HV. mit Kraftwagen (Gesamtgew. von 3,5 t oder weniger)
		45.19.0	HV. mit Kraftwagen (Gesamtgewicht von mehr als 3,5 t)
50.10.2	Großhandel mit Kraftwagen	45.11.0	Gh. mit Kraftwagen (Gesamtgew. von 3,5 t oder weniger)
		45.19.0	Gh. mit Kraftwagen (Gesamtgewicht von mehr als 3,5 t)
50.10.3	Einzelhandel mit Kraftwagen	45.11.0	Eh. mit Kraftwagen (Gesamtgew. von 3,5 t oder weniger)
		45.19.0	Eh. mit Kraftwagen (Gesamtgewicht von mehr als 3,5 t)
50.20	Instandhaltung und Reparatur von Kraftwagen	45.20.3	Instandh. u. Rep. v.Kraftw.(Gesamtgew. 3,5 t o. w.)
		45.20.4	Instandh. u. Rep. v. Kraftw. (Gesamtgew. mehr als 3,5 t)
50.30	Handel mit Kraftwagenteilen und -zubehör	45.31.0	Großhandel mit Kraftwagenteilen und -zubehör
		45.32.0	Einzelhandel mit Kraftwagenteilen und -zubehör
50.40	Ha. m. Krädern, Teilen u. Zubeh.;Instandh.u.Rep.	45.40.0	
50.50	Tankstellen	47.30.1	Eh. in fremd. Nam. m.Motorenkraftst. (Agenturtankst.)
		47.30.2	Eh. in eig. Nam. m.Motorenkraftst(Freie Tankstellen)
51.11	HV.v.landw.Grundstf.,leb. Tieren,text.Rohstf.usw.	46.11.0	
51.16	HV. v. Textilien, Bekleidung,Schuhen u.Lederwar.	46.16.1	HV. v. Meterware für Bekleidung und Wäsche
		46.16.2	HV. v. Heim- und Haustextilien und Bodenbelägen
		46.16.3	Handelsvermittlung von Bekleidung
		46.16.4	Handelsvermittlung von Bekleidungszubehör
		46.16.5	HV. v. Schuhen, Lederwaren und Reisegepäck

51.18	Handelsvermittlung von Waren, ang.	46.18.1	HV. v. feinmechanischen, Foto- und optischen Erzeug.
		46.18.2	HV. v. Uhren, Edelmetallwaren und Schmuck
		46.18.3	HV. v. Spielwaren und Musikinstrumenten
		46.18.4	HV. v. pharmazeut. Erzeug., med. u. orthopäd. Art., Labor-, Ärzte-, Dental-, Krankenh.- und Altenpflegebed.
		46.18.5	HV. v. kosmetischen Erzeug. und Körperpflegemitteln
		46.18.6	HV. v. Karton, Papier und Pappe, Schreibw., Bürobed., Geschenk- und Werbeart., Verpackungsm. u. Tapeten
		46.18.7	HV. v. Bü., Zeitschr., Zeitung., Musikalien u. s. Druckerz.
		46.18.9	HV. v. Fahr., Fahrradt. u.-zübehör., Sport- u. Campinga.. (o. Campingm.)
		46.18.9	Handelsvermittlung von Altmaterialien und Reststoffen
51.23	Großhandel mit Rennsportpferden	46.23.0	
51.41	Großhandel mit Textilien	46.41.0	
51.42	Großhandel mit Bekleidung und Schuhen	46.42.1	
51.46.1	Großhandel mit pharmazeutischen Erzeugnissen	46.46.1	
51.46.2	Gh. m.medizin.u.orthopäd.Artikeln u. Laborbedarf	46.46.2	
51.47.3	Gh. m. Fahrrädern,-teilen u.-zubeh.,Sport-u.ä.Art.	49.49.2	
51.47.7	Gh. mit feinmech.,Foto- u. optischen Erzeugnissen	46.43.1	Großhandel mit Foto- und optischen Erzeugnissen
		46.49.5	Großhandel mit feinmechanischen Erzeugnissen
		46.69.3	Großhandel mit Messgeräten
51.51	Gh. m. festen Brennstoffen u. Mineralölerzeug.	46.71.1	
		46.71.2	
52.11	Eh. mit Waren versch. Art, Nahrungsm. usw.	47.11.1	
		47.11.2	
52.12	Sonst. Einzelhandel mit Waren verschiedener Art	47.19.1	
		47.19.2	
52.31	Apotheken	47.73.0	
52.32	Einzelhandel mit med. u. orthopädischen Artikeln	47.74.0	
52.42	Einzelhandel mit Bekleidung	47.71.0	
52.43.1	Einzelhandel mit Schuhen	47.72.1	
52.43.2	Einzelhandel mit Leder- und Täschnerwaren	47.72.2	
52.47.3	Eh. mit Unterhaltungszeitschriften und Zeitungen	47.62.1	
52.48	Eh. m. Tapeten, Geschenkart., Uhren, Spielw.usw	47.53.0	
		47.58.3	
		47.77.0	
		47.65.0	
52.61	Versandhandel	47.91.1	
		47.91.9	
52.63	Sonstiger Einzelhandel (nicht in Verkaufsräumen)	47.99.9	
52.74.1	Reparatur von Fahrrädern	95.29.0	
71.40.2	Verleih von Sportgeräten und Fahrrädern	77.21.0	
80.10	Kindergärten, Vor- und Grundschulen	85.10.1	Kindergärten, Kinderhorte
		85.10.2	Vorklassen, Schulkindergärten
		85.20.0	Grundschulen
80.20	Weiterführende Schulen	85.31.1	Allg. bildende weiterführende Schulen Sekundarbereich I
		85.31.2	Allg. bildende weiterführende Schulen Sekundarbereich II
		85.32.0	Berufsbildende weiterführ. Schulen im Sekundarbereich
80.30	Hochschulen u.a. Bild.einrichtg. d. Tertiärbereichs	85.41.0	Post-Sek. Unterr., der nicht z. Erl. eines akad. Grad führt
		85.42.1	Universitäten
		85.42.2	Allgemeine Fachhochschulen
		85.42.3	Verwaltungsfachhochschulen
		85.42.4	Berufsakad., Fachakad., Schulen des Gesundheitsw.
80.41.2	Flug-, Bootsführer-, Segel- u.ä. Schulen	85.32.0	Schulen für professionelle Boots- und Schiffsführer
		85.53.0	Flug-, Bootsf.-, Segel- u.ä. Schulen (ohne professionelle)
85.11	Krankenhäuser	86.10.1	Krankenh. (o. Hochschulkl., Vorsorge- und Rehakl.)
		86.10.2	Hochschulkliniken
		86.10.3	Vorsorge- und Rehabilitationskliniken
		87.20.0	Station.Einr. z. psychosoz. Betr., Suchtbekämpfung u.Ä.
85.12	Arztpraxen (ohne Zahnarztpraxen)	86.21.0	Arztpraxen für Allgemeinmedizin
		86.22.0	Facharztpraxen

85.14	Gesundheitswesen, anderweitig nicht genannt	86.90.1	Praxen v. psych. Psychotherapeuten
		86.90.2	Praxen. f. Massage, Krankengym., v. med. Badem., Hebam. u. Entbindungspfl.u.ä. Berufen
		86.90.3	Heilpraktikerpraxen
		86.90.9	Sonst. selbstständige Tätigkeiten im Gesundheitswesen
		87.10.0	Ber. u. Vors. f. Patienten d. Krankenschwestern/-pfleger
		87.20.0	Einr. in Altenpflegeh. zur psychosoz. Betr., Suchtbek. u.Ä.
		87.30.0	Einr. in Altenpflegeh. zur Betr. v.ält. und beh. Pers. durch. param. Pers.
85.20.1	Tierarztpraxen	75.00.1	
85.20.2	Sonst. selbständige Tätigkeiten i. Veterinärwesen	75.00.9	
92.34.1	Tanzschulen	85.52.0	
92.72.1	Garten- und Grünanlagen	93.29.0	
92.72.2	Erbrg. v. sonst. Dienstleist. f. Unterhaltg.u.Ä.ang.	93.29.0	
93.04	Saunas, Solarien, Fitnesszentren u.Ä.	93.13.0	Fitnesszentren
		96.04.0	Bäder und Saunas (ohne medizinische Bäder)
		96.04.0	Solarien, Massagesalons (o. med. Massagen)

14.2.3 Weite Definition des Sports

Tab. 14.2.3: Der Umsteigeschlüssel für die Wirtschaftszweige der (im Sinne der weiten Definition des Sports) relevanten Wirtschaftszweige (eigene Darstellung).

WZ2003	Wirtschaftszweige WZ2003	WZ2008	Tätigkeiten, die von dem Wirtschaftszweig WZ 2003 zu dem Wirtschaftszweig WZ2008 wechseln
15.88	Herst. v. homogenis.u. diätetisch. Nahrungsmitteln	10.86.0	
15.89	Herst. von sonst. Nahrungsmitteln (oh. Getränke)	10.85.0	H. v. Nahrungsmittelzub. (Fertiggerichten) a.n.g.
		10.89.0	Herstellung von Nahrungsmitteln a.n.g.
		10.89.0	Herstellung von Backmitteln
22.11	Verlegen von Büchern	58.11.0	
22.12	Verlegen von Zeitungen	58.13.0	Verlegen von Tageszeitungen
		58.14.0	Verlegen von Wochen- und Sonntagszeitungen
22.13	Verlegen von Zeitschriften	58.14.0	
22.14	Verlegen von bespielten Tonträgern u. Musikalien	59.20.2	Verlegen von bespielten Tonträgern
		59.20.3	Verlegen von Musikalien
22.15	Sonstiges Verlagsgewerbe	58.19.0	
22.21	Drucken von Zeitungen	18.11.0	
22.22	Drucken anderer Druckerzeugnisse	18.12.0	
22.23	Druckweiterverarbeitung	18.14.0	
22.24	Druck- und Medienvorstufe	18.13.0	
23.20	Mineralölverarbeitung	19.20.0	
51.38.3	Großhandel mit Nahrungsmitteln, ang.	46.38.9	
51.43	Gh. mit elektr. Haush.- u. Unterhaltungsgerät. usw.	46.43.2	Großhandel mit elektrischen Haushaltsgeräten
		46.43.3	Großhandel mit Geräten der Unterhaltungselektronik
		46.47.0	Großhandel mit elektrischen Lampen und Leuchten
		46.52.0	Gh. m. unbesp. Ton- und Videob. und Disk., magnetischen und optischen CDs und DVDs
51.47.2	Großhandel mit Spielwaren u. Musikinstrumenten	46.49.1	
52.25	Einzelhandel mit Getränke	47.25.0	
52.27	Sonstiger Facheinzelhandel mit Nahrungsmitteln	47.29.0	
52.45.2	Eh. m. Gerät.der Unterhaltg.elektr. und Zubehör	47.43.0	Eh. m. Geräten d. Unterhaltungselekt. (o. besp. u. unbesp. Ton- und Bildträger)
		47.63.0	Eh. m. besp. u. unbesp. Ton- und Bildträgern
52.47.2	Einzelhandel mit Büchern und Fachzeitschriften	47.61.0	Einzelhandel mit Büchern
		47.62.1	Einzelhandel mit Fachzeitschriften
52.47.3	Eh. m. Unterhaltungszeitschriften u. Zeitungen	47.62.1	
55.10	Hotellerie	55.10.1	Hotels (ohne Hotels garnis)
		55.10.2	Hotels garnis
		55.10.3	Gasthöfe
		55.10.4	Pensionen
55.21	Jugendherbergen und Hütten	55.20.4	
55.22	Campingplätze	55.30.0	
55.23	Beherbergungsgew., anderweitig nicht genannt	55.10.1	Boardinghouses (nicht als Hotels Garnis betrieben)
		55.10.2	Boardinghouses (als Hotels Garnis betrieben)
		55.20.1	Erholungs- und Ferienheime
		55.20.2	Ferienzentren
		55.20.3	Ferienhäuser und Ferienwohnungen
		55.90.1	Privatquartiere
		55.90.9	Sonstiges Beherbergungsgewerbe a.n.g.
55.30	Speisengeprägte Gastronomie	56.10.1	Restaurants mit herkömmlicher Bedienung
		56.10.2	Restaurants mit Selbstbedienung
		56.10.3	Imbissstuben u.Ä.
		56.10.4	Cafés
		56.10.5	Eissalons
55.40	Getränkegeprägte Gastronomie	56.30.1	Schankwirtschaften
		56.30.2	Diskotheken und Tanzlokale
		56.30.3	Bars
		56.30.4	Vergnügungslokale
		56.30.9	Sonstige getränkegeprägte Gastronomie
55.51	Kantinen	56.29.0	

55.52	Caterer	56.10.1	Hausl. v. Speisen durch Restaurants m. herk. Bed.
		56.10.2	Hausl. v. Speisen durch Restaurants m. Selbstbed.
		56.21.0	Event-Catering (nicht von Restaurants mit Hausl.)
		56.29.0	Caterer (ohne Event-Catering)
60.10	Eisenbahnverkehr	49.10.0	Personenbeförderung im Eisenbahnfernverkehr
		49.20.0	Güterbeförderung im Eisenbahnverkehr
		49.31.0	Personenbeförderung im Eisenbahnnahverkehr
		52.21.3	Schlepp- und Schubd.. (Rangieren) im Eisenbahnverk.
60.21	Personenbeförderung im Linienverkehr zu Land	49.31.0	Personenbef. im Omnib. -Orts- u.-Nachbarortslinienverk.
		49.31.0	Personenbef. m. Stadtschnellbahnen u. Straßenbahnen
		49.31.0	Berg- u. Seilbahnen (als Teil v. Orts- u.Nahverkehrss.)
		49.39.1	Personenbeförderung im Omnibus-Überlandlinienfernv.
		49.39.9	Betr. v. Schulb., Zubringerb. und Bussen im Werksverk.
60.22	Betrieb von Taxis und Mietwagen mit Fahrer	49.32.0	
60.23	Sonstige Personenbeförderung im Landverkehr	49.39.2	Personenbeförderung im Omnibus-Gelegenheitsverkehr
		49.39.9	Personenbeförderung im Landverkehr a.n.g.
61.10	See- und Küstenschifffahrt	50.10.0	Personenbeförderung in der See- und Küstenschifffahrt
		50.20.0	Güterbeförderung in der See- und Küstenschifffahrt
		52.22.9	Schleppd. f. in Seenot gerat. Hochsee- und Küstensch.
61.20.1	Personenbeförderung in der Binnenschifffahrt	50.30.0	
61.20.2	Güterbeförderung i. d. Binnenschifff. d. Reedereien	52.22.9	
62.10	Linienflugverkehr	51.10.0	Linienflugverkehr (Personenbeförderung)
		51.21.0	Linienflugverkehr (Güterbeförderung)
62.20	Gelegenheitsflugverkehr	51.10.0	Gelegenheitsflugverkehr (Personenbeförderung)
		51.21.0	Gelegenheitsflugverkehr (Güterbeförderung)
63.30	Reisebüros und Reiseveranstalter	79.11.0	Reisebüros
		79.12.0	Reiseveranstalter
65.21	Institutionen für Finanzierungsleasing	64.91.0	
66.01	Lebensversicherungen	65.11.0	
66.02	Pensions- und Sterbekassen	65.20.0	
		65.30.0	
66.03.1	Krankenversicherungen	65.12.1	
66.03.2	Schaden- und Unfallversicherungen	65.12.2	
66.03.3	Rückversicherung. f.d.sonst. Versicherungsgew.	65.20.0	
71.40.4	Videotheken	77.22.0	
73.1	Forschg.u.Entwicklg.i.Be.Natur-u.ä.Wissenschaft.	72.11.0	Biotechn. Forschung u. Entwickl. Be. Naturwissensch..
		72.11.0	Biotechn. Forschung u. Entwickl. Be. Ingenieurwissen.
		72.11.0	Biotechn. Forschung. u. Entwickl. Be. Agrar-, Forst-, u. Ernährungswissenschaften
		72.19.0	Sonst. Forsch. u. Entwickl. Be. Naturw. u. Mathematik
		72.19.0	Sonstige Forschung u. Entwickl. Be. Ingenieurwissen.
		72.19.0	Sonst. Forschung. u. Entwickl. Be. Agrar-, Forst-, und Ernährungswissenschaften
73.2	Forschg.und Enwicklg. i. Be. Geisteswissenschaft.	72.20.0	
74.11	Rechtsberatung	69.10.1	Rechtsanwaltskanzleien mit Notariat
		69.10.2	Rechtsanwaltskanzleien ohne Notariat
		69.10.3	Notariate
		69.10.4	Patentanwaltskanzleien
		69.10.9	Erbringung sonstiger juristischer Dienstleistungen a.n.g.
74.12	Wirtsch.-u. Buchprüf., Steuerberatg.,Buchführg.	69.20.1	Praxen v. Wirtschaftsprüf., Wirtschaftsprüfungssg.
		69.20.2	Praxen v. vereidigten Buchprüf., Buchprüfungsgesellsch.
		69.20.3	Praxen von Steuerber., Steuerberatungsgesellschaften
		69.20.3	Praxen von Steuerbevollmächtigten
		69.20.4	Buchführung (ohne Datenverarbeitungsdienste)
74.14.1	Unternehmensberatung	70.22.0	
74.14.2	Public-Relations-Beratung	70.21.0	
92.11	Film- und Videofilmherstellung	59.11.0	Herstellung von Kinofilmen
		59.11.0	Herstellung von Fernsehfilmen
		59.11.0	H. v. Industrie-, Wirtschafts- und Werbefilmen
		59.12.0	Sonstige Filmherstellung
		59.12.0	Filmtechnik
		59.13.0	Filmverleih
		59.20.1	Tonstudios
		82.99.9	Echtzeit- (d.h. simultane) Untertitelung von Live-Fernsehaufnahmen von Sitzungen und Konferenzen
92.12	Filmverleih und Videoprogrammanbieter	59.13.0	

92.20.1	Rundfunkveranstalter	60.10.0	Gestalt., Realisation und Ausstrahlung v. Hörfunkprogr.
		60.20.0	Gestalt., Realisation und Ausstrahlung v. Fernsehprogr.
92.20.2	Herstellung von Hörfunk- u. Fernsehprogrammen	59.11.0	H. v. Fernsehprogrammbeiträgen auf Band u.Ä.
		59.20.2	Herstellung von Hörfunkbeiträgen auf Band u.Ä.
		60.10.0	Herstellung von Hörfunkprogrammen
		60.20.0	Herstellung von Fernsehprogrammen
92.40	Korrespondenz, Nachrichtenbüros, selbst. Journalisten	63.91.0	Korrespondenz- und Nachrichtenbüros
		74.20.1	Tätigkeiten von Fotojournalistinnen und Fotojournalisten,
		90.03.5	bei denen die fotografische Arbeit im Vordergrund steht
			Tätigkeiten von selbstständigen Journalist(en/innen),
			Pressefotograf(en/innen), sofern sie ihre Fotos selbst mit
			Textberichten versehen und die Textberichterstattung im
			Vordergrund steht.
92.71.3	Wett-, Toto- und Lotteriewesen	92.00.3	

14.3 Sportbezogene Quoten von Lieferungen und Leistungen

Tab. 14.3: Übersicht zu den identifizierten Anteilen sportbezogener Produkte in den zusammengefassten Wirtschaftszweigen

Definition des Sports	(B) zusammengefasste Wirtschaftszweige (NACE)	(Bezeichnung)	dukte in (B) bzw. (C) sportbezogener Produkte	Quelle
1. WZ in der Kerndefinition				
	92.61	Sportanlagen	100	
	92.62.1	Sportverbände/-vereine	100	
	92.62.2	prof. Sportmann.	100	
	92.62.3	Berufssportler/-trainer	100	
	92.62.4	Sportveranstalter	100	
	92.62.5	Sportschulen/-lehrer	100	
2. zusätzliche WZ in der engen Definition				
	35.42, 51.47.3, 52.74.1	Fahrräder	10	Weber et al., 1995, S. 277
	50.20, 50.30, 50.40	Autowerkstätten	3,3	Weber et al., 1995, S. 184ff.
	50.50	Tankstellen	11,3	Weber et al., 1995, S. 184ff.
	80.30	Hochschulen	0,74	eigene Berechnung[1]
	93.04	Fitnessstudios	100	
	71.40.2	Sportgeräte- und Fahrradverleih	100	
	80.41.2	Flug-, Segel-, sonst. Sportschulen	100	
	92.34.1	Tanzschulen	100	
	51.16, 51.18, 51.41, 51.42, 51.47.7, 52.11, 52.12, 52.42, 52.43, 52.48, 52.61, 52.63	Textil-, Schuh-, Artikelhandel	2,2	eigene Berechnung[2]
	17.40, 17.52, 18.21, 18.22, 18.23, 18.24, 19.20, 19.30, 28.75, 29.60, 33.50, 35.12, 36.40 01.22, 01.41, 01.42, 24.42, 25.11, 33.00, 3.33.40 1.34, 10.34, 24.20, 35.30, 35.41, 35.43, 35.50, 36.50, 45.21, 45.23, 1.45.24, 50.10, 51.11, 51.23, 51.46.1, 51.46.2, 51.51, 52.31, 52.32, 52.47.3, 80.10, 80.20, 80.41.2, 85.11, 85.12, 85.14, 85.20, 92.72	Textil-, Schuh-, Artikelproduktion	3,3	eigene Berechnung[2]
		sonstige	4,1	eigene Berechnung[3]
3. zusätzliche WZ in der weiten Definition				
	22.11, 22.22, 22.23, 22.24 52.47.2	Bücher	1,2	Weber et al., 1995, S. 203
	22.12, 22.21, 22.22, 22.23, 22.24, 52.47.3, 92.40	Zeitungen	9,25	Weber et al., 1995, S. 204ff.
	22.13, 22.22, 22.23, 22.24, 52.47.2, 92.40	Zeitschriften	9	Weber et al., 1995, S. 204ff.
	55.10, 55.21, 55.22, 55.23	Beherbergungsgewerbe	3,1	Weber et al., 1995, S. 184
	60.21	ÖPNV	2,1	Weber et al., 1995, S. 184ff.
	92.20, 92.40	Fernsehen und Rundfunk	7,4	eigene Berechnung[5]
	92.71.3	Wett-, Toto- und Lotteriewesen	2,3	eigene Berechnung[6]
	15.88, 15.89, 22.14, 22.15, 23.20, 51.38.3, 51.43, 51.47.2, 52.25, 52.27, 52.45.2, 55.30, 55.40, 55.51, 55.52, 60.10, 60.22, 60.23, 61.10, 61.20.2, 62.10, 62.20, 63.21, 66.01, 66.02, 66.03.1, 66.03.3, 71.40.4, 73.1, 73.2, 74.11, 74.12, 74.14.1, 74.14.2, 92.11, 92.12	Sonstige	5,8	eigene Berechnung[7]
4. sonstige				
		Sonstige	0	

[1] Berechneter Anteil des sportbezogenen Personals am gesamten hauptberuflich wissenschaftlichen Personal (Statistisches Bundesamt (2009e, S. 153)).
[2] Anteil der sportbezogenen Umsätze (Daten des VDS, 2010) an den gesamten Umsätzen (Lieferungen und Leistungen der zusammengefassten Wirtschaftszweige aus der Umsatzsteuerstatistik).
[3] Anteil der sportbezogenen Umsätze (Daten des BSI, 2010) an den gesamten Umsätzen (Lieferungen und Leistungen der zusammengefassten Wirtschaftszweige aus der Umsatzsteuerstatistik).
[4] vereinfachender Übertrag des sportbezogenen Mehrwertsteueranteils aller der engen Definition zugehörigen und unter (C) zusammengefassten Wirtschaftszweige.
[5] in Anlehnung an Weber et al. (1995) berechnet als durchschnittlicher Anteil der Sportsendeminuten der ARD/AKD Jahrbuch 2008) und des ZDF (Statistisches Jahrbuch 2009).
[6] Anteil der sportbezogenen Umsätze an den gesamten Umsätzen auf Basis von Geschäftsberichte der Lottogesellschaften Deutschlands.
[7] vereinfachender Übertrag des sportbezogenen Mehrwertsteueranteils aller der weiten Definition zugehörigen und unter (C) zusammengefassten Wirtschaftszweige.

14.4 Verbraucherpreisindex

Tab. 14.4: Verbraucherpreisindex Deutschland 1991-2010 (Quelle: Statistisches Bundesamt, 2010c).

Jahr	Verbraucherpreisindex 2005 =100
1991	75,9
1992	79,8
1993	83,3
1994	85,6
1995	87,1
1996	88,3
1997	90,0
1998	90,9
1999	91,4
2000	92,7
2001	94,5
2002	95,9
2003	96,9
2004	98,5
2005	100,0
2006	101,6
2007	103,9
2008	106,6
2009	107,0
2010	107,9*

* Schätzung (Annahme 0,8 Prozent Inflation)

14.5 Zur Quantifizierung der Mehrwertsteuer

Tab. 14.5.1: Bisherige relevante Studien und mögliche methodische Ansätze zur Quantifizierung der Umsätze / Umsatzsteuer aus den darin ermittelten Daten.

Bereich	Jahr	Autor	Daten	mögliche Methode zur Quantifizierung der Umsatzsteuer
Fitnesswirtschaft	2011	Deloitte	Eigene Erhebung in Kooperation mit dem Deutscher Sportstudio Verband (DSSV)	Umsatzsteuer könnte aus den Umsätzen der Fitness- und Gesundheitsanlagen approximiert werden.
Sportsponsoring	2010	Pilot	Befragung von Experten aus Unternehmen/Agenturen	Umsatzsteuer könnte aus den Ausgaben approximiert werden.
Sportdienstleistungen	2009	Pawlowski	Laufende Wirtschaftsrechnungen (LWR)	Umsatzsteuer könnte aus den Ausgabenkategorien errechnet werden
Einnahmen und Ausgaben der Sportvereine	2009	Breuer	Sportentwicklungsbericht (SEB)	Umsatzsteuer könnte aus den Einnahmen und Ausgaben der Vereine errechnet werden
Sportbezogener privater Verbrauch	2000	Meyer & Ahlert	Weber et al. (1995) zur Bestimmung der sportbezogenen Umsatzanteile; Statistisches Bundesamt Fachserie 18, Reihe 2: Input-Output Tabellen 1986/88/90/91/93; Statistisches Bundesamt Fachserie 15, Heft 4, u.a.	Quantifizierung über die Nachfrageseite (sportbezogener Konsum der Vereine, Verbände und privaten HH); Umsatzsteuer könnte daraus berechnet werden
Produktion und Außenhandel der Sportartikelindustrie	1999	Höhne	Bundesverband der Deutschen Sportartikelindustrie (BSI)	Der BSI gibt Angaben (jährlich) über die Gesamtproduktion in der Sportartikelindustrie; Umsatzsteuer könnte daraus berechnet werden
Umsätze der 20 führenden Sportunternehmen	1999	Jost	BBE Branchenreport	Umsatzsteuer könnte aus dem Wert des deutschen Sportmarktes errechnet werden; Umsatzsteuer könnte daraus berechnet werden
Sportprodukte und -dienstleistungen	1995	Weber et al.	Bundesverband der Deutschen Sportartikelindustrie (BSI), Verband des Deutschen Sportfachhandels (VDS), eigene Schätzung; ARD/ZDF Jahrbuch, Statistisches Bundesamt: Pressstatistik, Börsenverein des Deutschen Buchhandels: Buch und Buchhandel in Zahlen, 1991, Zentralverband der Deutschen Werbewirtschaft: Werbung in Deutschland 1992, S.15; Thiel (1991); Haushaltspläne der Landessportbünde, Bundesfachverbände und, DOSB; FISAS; eigene Erhebungen	Schätzung der sportbezogenen Anteile an den Umsätzen auf Basis von diversen Veröffentlichungen ergänzt um eigene Erhebungen auf der Angebotsseite sowie Befragung der privaten Haushalte; Umsatzsteuer könnte daraus berechnet werden

Tab. 14.5.2: Ermittelte Umsätze/Ausgaben von Studien zu Sportausgaben/-umsätzen in Deutschland.

Bereich	Jahr	Autor	Angaben in Studien mit Erhebungsjahr	Angaben in Preisen von 2010
Sportsponsoring	2010	Pilot	**2009:** Sponsoringvolumen i.H.v. 2,7 Mrd. Euro	2,72 Mrd. Euro $(VPI_{2010}/VPI_{2009} =1,008)$
Sportdienstleistungen gesamt	2009	Pawlowski	**2005:** 11.100 Mrd. Euro darunter 606,27 Mio. Euro für Sportveranstaltungen, 695,30 Mio. Euro für Eintritte in Bäder, 356,13 Mio. Euro für Tanzunterricht, 669,86 Mio. Euro für Sportunterricht, 1.259 Mrd. Euro für Fitnessstudiobesuche, 610,51 Mio. Euro für Sporteinrichtungsmiete, 199,26 Mio. Euro für Campingartikelmiete, 529,96 Mio. Euro für Skilifte, 7,29 Mio. Euro für die Benutzung von Skipisten, 3.196 Mrd. Euro für Mitgliedsbeiträge in Sportorganisationen).	11.977 Mrd. Euro $(VPI_{2010}/VPI_{2005} =1,079)$
Ausgaben der Sportvereine	2009	Breuer	**2006:** Gesamt 2,346 Mrd. Euro, darunter (pro Verein) 3.242 Euro für Sportgeräte und -kleidung, 6.595 Euro für Unterhaltung und Betrieb eigener Anlagen, 2.410 Euro für Mieten und Kosten für die Benutzung nicht vereinseigener Anlagen, 1.803 Euro für Reisekosten, 2.101 Euro für die Durchführung eigener Sportveranstaltungen, 2.079 Euro für allgemeine Verwaltungskosten, 1.210 Euro für Versicherungen, 1.547 Euro für außersportliche Veranstaltungen, 4.047 Euro für sonstige Kosten. (Ausgaben pro Verein)	2,491 Mrd. Euro $(VPI_{2010}/VPI_{2006} =1,062)$
Sport in Medien	2006	Pricewa-terhouseCoopers S. 38	**2006:** Prognose eines Sponsoringvolumens i.H.v. 2,5 Mrd. Euro in 2009, davon 1,380 Mrd. Euro aus Verkauf von Medienrechten.	2,52 Mrd. Euro $(VPI_{2010}/VPI_{2009} =1,008)$
Sportbezogener privater Verbrauch entspricht den sportbezogenen Ausgaben der privaten Haushalte und dem Eigenverbrauch der Vereine und Verbände	2000	Meyer und Ahlert	**1993:** 33,218 Mrd. DM darunter 0,277 Mrd. DM für Sportnahrung, 0,059 Mrd. DM für Sportgetränke, 1,645 Mrd. DM für den Verzehr bei Sportaktivitäten, 6,165 Mrd. DM für Sportbekleidung, 1,243 Mrd. DM für Sportschuhe, 0,148 Mrd. DM für sportbezogene Verbrauchsgüter, 0,094 Mrd. DM für sportbezogene Dienstleistungen von Ärzten etc., 1,351 Mrd. DM für Sportfahrräder, 2,401 Mrd. DM für sportbezogenen Kraftstoffverbrauch, 1,692 Mrd. DM für sportbezogene Reparaturaufwendungen, 0,345 Mrd. DM für sportbezogene fremde Verkehrsleistungen, 2,921 Mrd. DM für Sportartikel, 1,620 Mrd. DM für Sportbücher und Sportzeitungen, 1,525 Mrd. DM für den Besuch von Sportveranstaltungen, 0,539 Mrd. DM für sportbezogene Rundfunkgebühren, 5,970 Mrd. DM für die Nutzung von Sporteinrichtungen, 0,428 Mrd. DM für Wettgebühren, 0,312 Mrd. DM für sportbezogene Dienstleistungen des Beherbergungsgewerbes, 0,558 Mrd. DM für Sportreisen und 3,838 Mrd. DM für Sportversicherungen sowie Eigenverbrauch von Vereinen und Verbänden.	21,999 Mrd. Euro $(VPI_{2010}/VPI_{1993} =1,2953)$
Umsätze der 20 führenden Sportunternehmen	1999	Jost	**1998:** Deutscher Sportmarkt wird auf 11,3 Mrd. DM geschätzt	6,858 Mrd. Euro $(VPI_{2010}/VPI_{1993} =1,1870)$
Produktion und Außenhandel der Sportartikelindustrie	1999	Höhne	**1998:** gesamt 12,89 Mrd. DM, darunter 6,1 Mrd. DM für Sportartikelproduktion, 1,2 Mrd. DM für Exporte, 3,5 Mrd. DM für Importe	7,823 Mrd. Euro $(VPI_{2010}/VPI_{1993} =1,1870)$
Sportbezogene Gesamtausgaben in Deutschland (Nachfrage), neue und alte Bundesländer	1995	Weber et al.	**1990:** gesamt 36 Mrd. DM (davon 8,1 Mrd. DM für Sportbekleidung/-schuhe, 5,6 Mrd. DM für Sportgeräte, 0,2 Mrd. DM für Sportnahrung, 0,36 Mrd. DM für Sportversicherungen, 3,52 Mrd. DM für Fahrten zur Sportausübung, 5,1 Mrd. DM für Sporturlaub, 3,02 Mrd. DM für Vereinsbeiträge, 3,26 Mrd. DM für Training und Sporttreiben in erwerbswirtschaftlichen Einrichtungen, 3,42 Mrd. DM für Eintrittsgelder für nicht erwerbswirtschaftliche Einrichtungen, 1,5 Mrd. DM für Sportveranstaltungen, 0,88. Euro Mrd. DM für Sportliteratur)	26,174 Mrd. Euro $(VPI_{2010}/VPI_{1991})^1 =1,422)^1$
Sportbezogene Umsätze des Unternehmenssektors (Angebot), nur alte Bundesländer	1995	Weber et al.	**1990:** gesamt 26,949 Mrd. DM (davon 3,9 Mrd. DM für Sportprodukte aggregiert, 438,6 Mio. DM für Sportfahrräder, 158,9 Mio. DM (Vertrieb), 117,9 Mio. DM (Herstellung) für Sportnahrung, 420 Mio. DM für Sportversicherungen, 704,2 Mio. DM für Beherbergungsgewerbe aus Sporturlaub, 2,8 Mrd. DM für Verkehrsmittelnutzung zur Fahrt zur Sportausübung/Sporturlaub (aggregiert), 1.51 Mrd. DM Einnahmen der Tankstellen (Sporturlaub und Transport zur Sportausübung), 1,06 Mrd. DM Einnahmen der Autowerkstätten (Sporturlaub und Transport zur Sportausübung), 75,9 Mio. DM für Einnahmen der Eisenbahn (Sporturlaub und Transport zur Sportausübung), 154,9 Mio. DM für Einnahmen des öffentlichen Straßenpersonenverkehrs (ÖSPV), 402,4 Mio. DM für Sportversicherungen, 1,51 Mrd. DM für den Verkauf von Zeitungen, Büchern und Zeitschriften und sportbezogene Gebühreneinnahmen, 700 Mio. DM für Werbeumsätze der Medien, 645,8 Mio. DM für Werbe- und Beratungsagenturen)	19,593 Mrd. Euro $(VPI_{2010}/VPI_{1991})^1 =1,422)^1$

n.e.: nicht erforderlich; n.a.: nicht angegeben; 1 vereinfachend wurde der gesamtdeutsche VPI des Jahres 1991 herangezogen.

Tab. 14.5.3: Ausgaben der privaten Haushalte für sportbezogene Produkte und Dienstleistungen in 1.000 Euro (auf Basis der LWR 2007, eigene Berechnung).

Bezeichnung	Datenquelle	Konsumausgaben in Preisen des Erhebungsjahres	Kalkulierte Umsatzsteuer vor Abzug der Vorsteuerbeträge[1]
Produkte und Dienstleistungen, die den Wirtschaftszweigen der Kerndefinition des Sports zugeordnet werden können (vgl. Anhang 14.1.1)			
Personenbeförderung mit Skiliften, Seilbahnen in Skigebieten oder Ferienzentren (ohne solche auf Reisen)	LWR (941191)	67.196	10.729
Besuch von Frei- und Hallenbädern (ohne Thermalbäder) (erm. 7%)	LWR (0941014)	676.715	44.271
Besuch von Sportveranstaltungen	LWR (0941011)	736.319	117.564
Außerschulischer Einzel- oder Gruppenunterricht in Sport oder musischen Fächern (erm. 7%)	LWR (094102)	2.635.272	172.401
Anderer Sportunterricht, z.B. Reitunterricht, Ski, Segel und Tenniskurse	LWR (0941023)	677.320	108.144
Miete für Tennisplätze, Kegelbahnen u.a. Sporteinrichtungen	LWR (0941041)	632.287	100.953
		5.425.109	**554.062**
Produkte und Dienstleistungen, die den Wirtschaftszweigen der engen Definition des Sports zugeordnet werden können (vgl. Anhang 14.1.2)			
1. Sporttextil-, Sportschuh- und Sportartikelbranchen			
Sportbekleidung (Herren, Damen, Kinder)	LWR (031217, -28, -34)	1.443.270	230.438
Sportschuhe (Herren, Damen, Kinder)	LWR (0321150, -250, -350)	924.803	147.658
Spezialsportschuhe für Herren, Damen und Kinder	LWR (0932018)	223.800	35.733
Sportbälle; Wintersportartikel: Tennis, Tischtennis, Badminton und andere verwandte Sportartikel	LWR (0932011, -012,-013)	200.132	31.954
Andere Sportartikel	LWR (0932019)	218.794	34.933
Reitsportartikel (ohne Reitbekleidung, 03; Reitstiefel, 0932018; Reithelme, 0932019)	LWR (0932017)	67.579	10.790
Fitnessgeräte, z.B. Bodybuildinggeräte, Heimtrainer	LWR (0932014)	95.850	15.304
Wasser- und Flugsportgeräte (einschl. Zubehör, Einzel und Ersatzteilen	LWR (092102)	154.628	24.689
Andere größere langlebige Gebrauchsgüter für Freizeit im Freien, z.B. Golfplatzwagen, Sporttauchergeräte	LWR (0921040)	517.142	82.569
Pferde und Ponys	LWR (0921051)	0	0
Gespannfahrzeuge und Ausrüstungen für Pferde und Ponys	LWR (0921052)	0	0
Kindersportfahrzeuge, z.B. Dreiräder, Roller, GoCarts	LWR (0931016)	41.169	6.573
Waffen und Munition für Jagd, Sport und persönlichen Schutz	LWR (0932 015)	77.314	12.344
Angelruten u.a. Ausrüstungsgegenstände für die Sportfischerei, z.B. Angelhaken	LWR 0932 016)	35.223	5.624
		3.999.704	**638.609**
2. Sonstige			0
Miete für Sport und Campingartikel, Reitpferde (einschl. der Miete für Spezialsportschuhe, z.B. BowlingSchuhe, Schlittschuhe), Sportboote, Strandkörbe	LWR (0941043)	249.460	39.830
Fremde Installationen von Sport und Campinggeräten	LWR (0932030)	0	0
Fremde Reparaturen an Sport und Campingartikel	LWR (0932040)	25.700	4.103
Tanzunterricht	LWR (0941022)	348.655	55.668
Beiträge und Entgelte für Dienstleistungen von Fitnessstudios u.ä. Einrichtungen	LWR (0941030)	1.359.642	217.086
Erholungsdienstleistungen, a.n.g., z.B. Angelkarten, Jagdpachten, Navigationshilfen für Wasser und Flugsport	LWR (0941099)	107.827	17.216
		2.091.284	**333.903**

[1] Umrechnung: Ausgaben/(1+Steuersatz)*Steuersatz; wie im Text erläutert, handelt es sich hierbei um die Umsatzsteuereinnahmen aus eindeutigem Endverbrauch.

Tab. 14.5.4: Zur Quantifizierung der Umsatzsteuer relevante Sekundärdatenquellen in der Übersicht

Datenbeschreibung				Erhebungsmethodik			Evaluation			
Name	Anbieter	Inhalt allgemein	Inhalt projektspezifisch	Art der Erhebung	Stichprobe	Turnus Time Lag	REP	REL	VAL	SZ / DZ
Der deutsche Fitness- und Wellnessm.	Deloitte	Informationen zur Sportstudiobranche	Zahlen zu Umsätzen, Mitgliedern und Entwicklung der Fitnessstudios, Europäischer und deutscher Markt	Fragebogen, Telefoninterviews	in der Studie 2011: n=558 unabhängige Studios und n=28 Ketten	jährlich	ja	n.a.	n.a.	ja
Die wirtschaftliche Situation im Profifußball Fußball Bundesliga	DFL Deutsche Fußball Liga GmbH	Zahlen zu der wirtschaftlichen Situation der Bundesligen	Angaben zu Steuer- und Abgabenvolumina der 1. und 2. Fußball Bundesliga	n.a.	n.a.	jährlich	n.a.	n.a.	n.a.	ja / nein
Eckdaten der deutschen Fitnesswirtschaft	DSSV Deutscher Sportstudio Verband e.V.	Informationen u.a. zur Marktentwicklung, zum Ausbildungsmarkt und zur Betriebswirtschaft des Fitnessmarktes	Die Umsätze der deutschen Fitnesswirtschaft, die der NACE-Klassifikation 93.04 zugeordnet werden kann	Interview mit unabhängigen Fitness-Anlagen sowie Ketten- und Franchiseverwaltungen	2007: n=548 unabhängige Fitness-Anlagen sowie n=13 Ketten- und Franchiseverwaltungen	jährlich	n.a.	n.a.	n.a.	ja (aktuellere Versionen sind kostenpflichtig / nein
Laufende Wirtschaftsrechnungen (LWR)	Statistisches Bundesamt	Detaillierte Informationen über u.a. die Gebrauchsgüterausstattung sowie die Einnahmen und Ausgaben der privaten Haushalte	Ausgaben der privaten Haushalte für Sport- und Erholungsdienstleistungen sowie Sportartikel	Schriftliche Befragung von Haushalten in zwei Teilen (allgemeiner Fragebogen, Haushaltsbuch zu Einnahmen und Ausgaben)	Quotenstichprobe in Anlehnung an den Mikrozensus; n=8.000	jährlich, allerdings erscheinen die Daten mit einer zeitl. Verzögerung von 2 Jahren	durch Quotenstichprobe für Deutschland gegeben	Ja	ja	ja / ja
Sportentwicklungsberichte (SEB)	Deutsche Sporthochschule Köln, Christoph Breuer und Pamela Wicker	Der Sportentwicklungsbericht schildert die Situation der Vereine in Deutschland und deren zukünftige Entwicklung	u.a. wird die Anzahl der Übungsleiter sowie das Steueraufkommen der Vereine etc. berechnet	Bundesweite Online-Erhebung	2007/2008: n=13.068 (Interview) N=90.467	alle zwei Jahre	Ja	ja	ja / nein	
Umsatzsteuerstatistik Fachserie 14 Reihe 8	Statistisches Bundesamt	Information und Daten zu der Umsatzsteuer in Deutschland	Feingliederung mit Angaben zu Sportanlagen, Sportvereinen und Sportverbänden, professionellen Sportmannschaften und Rennstallen, Selbstständigen Berufssportler/innen und -trainer/innen, Sportpromotern und sonstige professionelle Sportveranstaltern, Sportschulen und selbstständigen Sportlehrer/innen	Sekundärerhebung mit Daten der Landesfinanzbehörden	Alle Datensätze jedes 1996, Steuerpflichtigen, die beiden Landesfinanz-behörden vorliegen	jährlich seit 1996, Daten erscheinen mit einer zeitlichen Verzögerung von 2 Jahren	ja	ja	ja	ja / ja

n.a. nicht angegeben; ./. Einschätzung nicht möglich; REP: Repräsentativität; REL: Reliabilität; VAL: Validität; SZ: Studienzugang; DZ: Datenzugangsmöglichkeiten.

Tab. 14.5.5: Die Umsatzsteuervorauszahlung 2008 der (im Sinne der engen Definition) sportbezogenen Wirtschaftszweige (ohne Kerndefinition) - Basistabelle (Statistisches Bundesamt, 2009b).

NACE	Wirtschaftszweige	Steuer-pflichtige	Lieferungen und Leistungen in 1.000 €	Umsatzsteuer vor Abzug der Vor-steuerbeträge in 1.000 €	Umsatzsteuervo-rauszahlung in 1.000 €
01.22	Haltung von Schafen, Ziegen, Pferden und Eseln	2.101	388.722	45.286	-1.304
01.41.1	Erbringung von Dienstleistungen f.d. Pflanzenbau	3.517	2.168.568	355.459	45.422
01.41.2	Garten- und Landschaftsbau	18.697	6.394.163	1.082.255	440.669
01.42	Erbringung v. landw. Dienstleist. f.d. Tierhaltung	1.407	856.994	90.330	6.059
17.40	H. v. konfektion. Textilwaren (ohne Bekleidung)	1.199	3.365.598	557.130	87.240
17.52	Herstellung von Seilerwaren	108	200.306	38.789	11.913
18.21	Herstellung von Arbeits- und Berufsbekleidung	187	519.229	104.429	24.558
18.22	H. v. Oberbekleidg. (oh.Arbeits-u.Berufsbekleidg.)	2.087	7.628.413	1.197.147	115.911
18.23	Herstellung von Wäsche	290	1.262.724	220.558	40.147
18.24.1	Herstellung von Sportbekleidung	317	888.881	126.056	16.252
18.24.2	H. v. Hüten und sonstigen Kopfbedeckungen	71	86.449	14.200	4.432
18.24.3	H. v. Bekleidung, Bekleidungszubehör f.Kleinkind.	101	52.522	9.803	2.158
18.24.4	H. v. sonst. gewirkten u.gestr. Fertigerzeugnissen	81	72.375	12.708	3.383
18.24.5	Herstellung von Bekleidungszubehör ang.	277	436.856	82.025	22.352
19.20	Lederverarb. (oh. H. v. Lederbekl. u. Schuhen)	838	662.414	111.630	29.837
19.30	Herstellung von Schuhen	1.090	3.749.944	662.400	57.042
24.42	H. v. pharmaz. Spezialit. u. sonst. Erzeugnissen	899	48.432.667	6.992.612	404.116
25.11	Herstellung von Bereifungen	289	18.906.034	2.602.957	134.582
28.75.3	Herstellung von Metallwaren ang.	5.230	13.171.659	2.111.707	403.786
29.60	Herstellung von Waffen und Munition	231	2.789.047	272.685	-79.834
33.10.3	Herstellung von orthopädischen Erzeugnissen	1.482	2.454.482	263.608	23.298
33.40.1	Herstellung von augenoptischen Erzeugnissen	784	1.251.038	212.763	72.595
33.50	Herstellung von Uhren	271	608.157	81.360	8.138
34.10	H. von Kraftwagen und Kraftwagenmotoren	514	220.735.393	23.479.150	-11.130.012
34.20	H. von Karosserien, Aufbauten u. Anhängern	1.895	9.576.203	1.395.885	-21.745
35.12	Boots- und Yachtbau	600	1.070.316	131.600	-11.464
35.30	Luft- und Raumfahrzeugbau	331	7.183.315	836.822	-257.293
35.41	Herstellung von Krafträdern	153	274.272	46.150	4.547
35.42	Herstellung von Fahrrädern	264	985.403	172.848	16.193
35.43	Herstellung von Behindertenfahrzeugen	47	291.843	43.112	9.625
35.50	Fahrzeugbau, anderweitig nicht genannt	395	1.170.260	183.527	24.437
36.40	Herstellung von Sportgeräten	605	1.136.856	187.449	29.136
36.50	Herstellung von Spielwaren	968	7.157.508	753.331	-448.716
45.21	Hochbau, Brücken- und Tunnelbau u.Ä.	31.604	64.007.519	12.903.496	4.176.599
45.23.1	Bau von Straßen, Rollbahnen und Sportanlagen	4.789	11.011.072	1.990.054	466.451
45.24	Wasserbau	449	1.197.795	180.784	20.724
50.10.1	Handelsvermittlung von Kraftwagen	5.755	6.170.552	1.131.159	221.398
50.10.2	Großhandel mit Kraftwagen	2.344	37.052.347	9.381.229	2.689.504
50.10.3	Einzelhandel mit Kraftwagen	40.882	83.110.327	15.022.780	1.499.582
50.20	Instandhaltung und Reparatur von Kraftwagen	34.925	18.341.516	3.409.081	939.522
50.30	Handel mit Kraftwagenteilen und -zubehör	17.893	34.042.670	6.348.594	1.151.854
50.40	Ha. m.K.rädern,Teilen u.Zubeh.;Instandh.u.Rep.	4.886	3.933.229	816.315	172.190
50.50	Tankstellen	11.075	16.559.880	2.991.183	344.065
51.11	HV v.landw.Grundstf.,leb.Tieren,text.Rohstf.usw.	1.709	822.623	106.706	15.412
51.16	HV. v. Textilien, Bekleidung,Schuhen u.Lederwar.	6.185	2.805.353	487.568	109.007
51.18	Handelsvermittlung von Waren, ang.	21.074	12.478.545	1.887.502	161.014
51.23	Großhandel mit Rennsportpferden	2.794	13.498.625	1.028.677	-238.497
51.41	Großhandel mit Textilien	2.870	9.084.843	1.577.676	120.410
51.42	Großhandel mit Bekleidung und Schuhen	2.589	17.101.726	2.896.850	371.645
51.46.1	Großhandel mit pharmazeutischen Erzeugnissen	298	827.273	166.325	40.745
51.46.2	Gh. m.medizin.u.orthopäd.Artikeln u. Laborbedarf	500	3.239.334	588.727	48.695
51.47.3	Gh. m.Fahrrädern,-teilen u.-zubeh.,Sport-u.ä.Art.	1.218	3.647.307	678.329	119.726
51.47.7	Gh. mit reinmech.,Foto-u.optischen Erzeugnissen	815	6.141.970	854.258	-11.276
51.51	Gh. m.festen Brennstoffen u.Mineralölerzeug.	1.841	196.245.809	36.675.480	5.423.567
52.11	Eh. mit Waren versch.Art, Nahrungsm.usw.	27.123	156.622.323	18.297.905	825.223

52.12	Sonst. Einzelhandel mit Waren verschiedener Art	28.019	46.613.003	7.528.453	970.398
52.31	Apotheken	19.996	37.891.971	7.090.764	1.360.692
52.32	Einzelhandel mit med.u. orthopädischen Artikeln	5.430	4.827.947	750.724	205.792
52.42	Einzelhandel mit Bekleidung	26.084	24.919.451	4.897.200	1.367.061
52.43.1	Einzelhandel mit Schuhen	5.403	5.947.180	1.223.373	403.737
52.43.2	Einzelhandel mit Leder- und Täschnerwaren	1.807	999.880	202.262	61.757
52.47.3	Eh. mit Unterhaltungszeitschriften und Zeitungen	2.425	903.742	123.144	26.730
52.48	Eh. m.Tapeten, Geschenkart., Uhren, Spielw.usw	23.880	9.348.341	1.562.509	423.886
52.61	Versandhandel	6.581	17.020.962	3.023.108	495.173
52.63	Sonstiger Einzelhandel (nicht in Verkaufsräumen)	24.248	15.897.593	2.814.726	383.870
52.74.1	Reparatur von Fahrrädern	239	41.142	8.044	2.285
71.40.2	Verleih von Sportgeräten und Fahrrädern	559	106.761	24.186	9.475
80.10	Kindergärten, Vor- und Grundschulen	/	0	0	0
80.20	Weiterführende Schulen	403	388.988	32.369	17.718
80.30	Hochschulen u.a. Bild.einrichtg. d. Tertiärbereichs	399	1.314.608	119.142	73.928
80.41.2	Flug-, Bootsführer-, Segel- u.ä. Schulen	512	135.051	19.690	3.153
85.11	Krankenhäuser	1.534	32.126.854	629.580	221.716
85.12	Arztpraxen (ohne Zahnarztpraxen)	8.975	2.554.673	138.203	99.713
85.14	Gesundheitswesen, anderweitig nicht genannt	15.469	5.027.634	513.922	193.391
85.20.1	Tierarztpraxen	9.309	2.242.545	410.630	210.409
85.20.2	Sonst. selbständige Tätigkeiten i. Veterinärwesen	700	90.577	15.017	6.748
92.34.1	Tanzschulen	1.618	209.190	38.625	20.324
92.72.1	Garten- und Grünanlagen	1.344	220.221	35.994	12.802
92.72.2	Erbrg. v. sonst. Dienstleist. f. Unterhaltg. u.Ä.ang.	8.755	2.187.972	377.025	88.765
93.04	Saunas, Solarien, Fitnesszentren u.Ä.	7.224	1.989.839	334.820	85.978
		471.857	1.276.877.373	195.811.961	15.500.523

Tab. 14.5.6: Die Umsatzsteuervorauszahlung 2008 der (im Sinne der engen Definition) sportbezogenen Wirtschaftszweige (ohne Kerndefinition) (eigene Berechnungen).

NACE	Mit Hilfe verfügbarer Quoten weiter eingrenzbare Wirtschaftszweige	Lieferungen und Leistungen in 1.000 €	Umsatzsteuer vor Abzug der Vorsteuerbeträge in 1.000 €	Umsatzsteuervorauszahlung in 1.000 €
35.42, 51.47.3, 52.74.1	**Fahrräder**	4.673.853	859.221	138.204
	darunter sportbezogen (10%)	467.385	85.922	13.820
50.20, 50.30, 50.40	**Autowerkstätten**	56.317.415	10.573.990	2.263.566
	darunter sportbezogen (3,3%)	1.858.475	348.942	74.698
50.50	**Tankstellen**	16.559.880	2.991.183	344.065
	darunter sportbezogen (11,3%)	1.871.266	338.004	38.879
80.30	**Hochschulen**	1.314.608	119.142	73.928
	darunter sportbezogen (0,74%)	9.728	882	547
93.04	**Fitnessstudios**	1.989.839	334.820	85.978
	darunter sportbezogen (100%)	1.989.839	334.820	85.978
71.40.2	**Sportgeräte- und Fahrradverleih**	106.761	24.186	9.475
	darunter sportbezogen (100%)	106.761	24.186	9.475
80.41.2	**Flug-, Bootsführer- und Segelschulen**	135.051	19.690	3.153
	darunter sportbezogen (100%)	135.051	19.690	3.153
92.34.1	**Tanzschulen**	209.190	38.625	20.324
	darunter sportbezogen (100%)	209.190	38.625	20.324
51.16, 51.18, 51.41, 51.42, 51.47.7, 52.11, 52.12, 52.42, 52.43, 52.48, 52.61, 52.63,	**Textil-, Schuh- und Artikelhandel**	324.981.169	47.253.391	5.681.905
	darunter sportbezogen (2,2%)	7.149.586	1.039.575	125.002
17.40, 17.52, 18.21, 18.22, 18.23, 18.24, 19,20, 19.30, 28.75, 29.60, 33.50, 35.12, 36.40,	**Textil-, Schuh- und Artikelproduktion**	37.701.745	5.921.675	764.988
	darunter sportbezogen (2,2%)	829.438	130.277	16.830
	Zwischensumme aller hier beachteter Wirtschaftszweige	443.989.510	68.135.922	9.385.587
	darunter sportbezogen	14.626.718	2.360.922	**388.707**
01.22, 01.41, 01.42, 24.42, 25.11, 33.10.3, 33.40.1, 34.10, 34,20, 35.30, 35.41, 35.43, 35.50, 36.50, 45.21, 45.23.1, 45.24, 50.10, 51.11, 51.23, 51.46.1, 51.46.2, 51.51, 52.31, 52.32, 52.47.3, 80.10, 80.20, 80.41.2, 85.11, 85.12, 85.14, 85.20, 92.72	**Sonstige**	832.887.864	127.676.038	6.114.936
	darunter sportbezogen (4,1%)	34.148.402	523.4718	**250.712**
	Werte für alle Wirtschaftszweige	1.276.877.373	195.811.961	15.500.523
	darunter sportbezogen	48.775.120	7.595.640	**639.419**

Tab. 14.5.7: Die Umsatzsteuervorauszahlung 2008 der (im Sinne der weiten Definition) sportbezogenen Wirtschaftszweige (ohne Kern- und enge Definition) - Basistabelle (Statistisches Bundesamt, 2009b).

NACE	Wirtschaftszweige	Steuer-pflichtige	Lieferungen und Leistungen in 1.000 €	Umsatzsteuer vor Abzug der Vor-steuerbeträge in 1.000 €	Umsatzsteuervo-rauszahlung in 1.000 €
15.88	Herst. v. homogenis.u.diätetisch. Nahrungsmitteln	194	1.021.290	118.565	8.441
15.89	Herst. von sonst. Nahrungsmitteln (oh. Getränke)	696	8.044.061	674.448	-140.683
22.11	Verlegen von Büchern	2.787	11.211.407	1.569.935	307.484
22.12	Verlegen von Zeitungen	741	8.873.054	1.315.459	397.347
22.13	Verlegen von Zeitschriften	1.713	12.271.427	1.575.474	344.298
22.14	Verlegen von bespielten Tonträgern u. Musikalien	1.536	1.806.219	290.949	51.342
22.15	Sonstiges Verlagsgewerbe	2.900	3.622.952	552.076	153.127
22.21	Drucken von Zeitungen	386	3.423.442	489.661	135.380
22.22	Drucken anderer Druckerzeugnisse	9.794	16.353.538	2.634.067	597.637
22.23	Druckweiterverarbeitung	1.014	936.787	155.074	58.748
22.24	Druck- und Medienvorstufe	2.446	1.445.432	250.204	104.250
23.20	Mineralölverarbeitung	146	130.247.420	28.159.722	6.610.800
51.38.3	Großhandel mit Nahrungsmitteln, ang.	1.675	22.314.153	2.520.228	53.574
51.43	Gh. mit elektr.Haush.-u. Unterhaltungsgerät. usw.	4.738	56.766.156	9.849.619	764.311
51.47.2	Großhandel mit Spielwaren u. Musikinstrumenten	648	2.098.764	431.171	119.242
52.25	Einzelhandel mit Getränke	10.953	4.905.639	934.474	171.955
52.27	Sonstiger Facheinzelhandel mit Nahrungsmitteln	9.081	4.303.349	454.994	44.114
52.45.2	Eh. m. Gerät. der Unterhaltg.elektr. und Zubehör	8.753	14.366.293	2.666.802	353.340
52.47.2	Einzelhandel mit Büchern und Fachzeitschriften	4.861	3.962.094	380.227	31.100
52.47.3	Eh. m. Unterhaltungszeitschriften u. Zeitungen	2.425	903.742	123.144	26.730
55.10	Hotellerie	37.386	17.329.738	3.223.454	1.481.307
55.21	Jugendherbergen und Hütten	226	155.971	19.869	5.315
55.22	Campingplätze	1.167	354.500	46.523	17.833
55.23	Beherbergungsgew., anderweitig nicht genannt	6.197	1.568.064	212.710	82.366
55.30	Speisengeprägte Gastronomie	130.953	27.361.237	4.426.581	1.998.428
55.40	Getränkegeprägte Gastronomie	51.055	7.420.805	1.323.837	545.712
55.51	Kantinen	4.731	1.682.798	231.315	122.817
55.52	Caterer	6.502	3.687.557	500.721	219.392
60.10	Eisenbahnverkehr	/	0	0	0
60.21	Personenbeförderung im Linienverkehr zu Land	4.395	7.440.599	951.111	-127.694
60.22	Betrieb von Taxis und Mietwagen mit Fahrer	23.656	3.445.505	397.544	90.972
60.23	Sonstige Personenbeförderung im Landverkehr	2.707	1.417.925	223.894	38.840
61.10	See- und Küstenschifffahrt	2.242	12.637.040	129.302	-62.519
61.20.1	Personenbeförderung in der Binnenschifffahrt	394	405.088	53.240	9.696
61.20.2	Güterbeförderung i.d. Binnenschifff. d.Reedereien	487	1.834.912	320.481	93.093
62.10	Linienflugverkehr	118	11.397.474	627.713	47.358
62.20	Gelegenheitsflugverkehr	439	1.971.774	61.333	-14.747
63.30	Reisebüros und Reiseveranstalter	12.474	15.323.238	1.843.042	757.127
65.21	Institutionen für Finanzierungsleasing	427	12.638.403	2.436.922	155.931
66.01	Lebensversicherungen	57	353.427	74.273	35.541
66.02	Pensions- und Sterbekassen	74	307.679	58.443	27.876
66.03.1	Schaden- und Unfallversicherungen	23	65.495	13.159	6.685
66.03.2	Krankenversicherungen	98	878.593	212.300	123.000
66.03.3	Rückversicherung. f. d. sonst. Versicherungsgew.	13	1.494.296	342.903	87.804
71.40.4	Videotheken	1.444	372.121	68.351	18.953
73.1	Forschg. u. Entwicklg.i.B.Natur-u.ä.Wissenschaft.	8.371	6.843.623	1.070.484	45.235
73.2	Forschg. und Entwicklg.i.B.Geisteswissenschaft.	1.030	327.658	57.486	25.810
74.11	Rechtsberatung	58.659	17.755.986	3.376.820	2.466.230
74.12	Wirtsch.-u. Buchprüf., Steuerberatg., Buchführg.	51.695	23.035.236	4.407.353	3.206.383
74.14.1	Unternehmensberatung	68.807	24.715.978	4.560.644	2.224.575
74.14.2	Public-Relations-Beratung	2.328	1.213.941	234.741	98.940
92.11	Film- und Videofilmherstellung	7.211	3.668.322	487.641	118.761
92.12	Filmverleih und Videoprogrammanbieter	1.022	1.450.996	213.360	56.776
92.20.1	Rundfunkveranstalter	333	7.304.067	1.434.150	711.470
92.20.2	Herstellung von Hörfunk- u. Fernsehprogrammen	601	1.474.074	253.890	75.691
92.40	Korrespondenz-,Nachrichtenbüros, selbst. ournal	18.988	2.066.057	335.596	184.893
92.71.3	Wett-, Toto- und Lotteriewesen	3.476	8.448.897	240.523	70.920
		577.273	**538.726.293**	**89.618.003**	**25.239.306**

Tab. 14.5.8: Die Umsatzsteuervorauszahlung 2008 der (im Sinne der weiten Definition) sportbezogenen Wirtschaftszweige (ohne Kerndefinition) (eigene Berechnungen).

NACE	Mit Hilfe verfügbarer Quoten weiter eingrenzbare Wirtschaftszweige	Lieferungen und Leistungen in 1.000 €	Umsatzsteuer vor Abzug der Vorsteuerbeträge in 1.000 €	Umsatzsteuervorauszahlung in 1.000 €
22.11, 22.22, 22.23, 22.24 52.47.2	**Bücher**	19.437.707	2.773.164	576.579
	darunter sportbezogen (1,2%)	233.252	33.278	6.919
22.12, 22.21, 22.22, 22.23, 22.24, 52.47.3, 92.40	**Zeitungen**	20.134.176	3.053.245	874.633
	darunter sportbezogen (9,25%)	1.862.411	282.425	80.904
22.13, 22.22, 22.23, 22.24, 52.47.2, 92.40	**Zeitschriften**	20.609.592	2.890.568	675.024
	darunter sportbezogen (9%)	1.854.863	260.151	60.752
55.10, 55.21, 55.22, 55.23	**Beherbergungsgewerbe**	19.408.272	3.502.556	1.586.821
	darunter sportbezogen (3,1%)	601.656	108.579	49.191
60.21	**ÖPNV**	7.440.599	951.111	-127.694
	darunter sportbezogen (2,1%)	156.253	19.973	-2.682
92.20, 92.40	**Fernsehen und Rundfunk**	9.466.826	1.799.905	848.792
	darunter sportbezogen (7,4%)	700.545	133.193	62.811
92.71.3	**Wett-, Toto- und Lotteriewesen**	8.448.897	240.523	70.920
	darunter sportbezogen (2,3%)	194.325	5.532	1.631
	Zwischensumme aller hier beachteter Wirtschaftszweige	104.946.069	15.211.073	4.505.075
	darunter sportbezogen	5.603.306	843.132	**259.526**
15.88, 15.89, 22.14, 23.20, 22.15, 51.38.3, 51.43, 51.47.2, 52.25, 52.27, 52.45.2, 55.30, 55.40, 55.51, 55.52, 60.10, 60.22, 60.23, 61.10, 61.20.1, 61.20.2, 62.10, 62.20, 63.30, 65.21, 66.01, 66.02, 66.03.1, 66.03.2, 66.03.3, 71.40.4, 73.1, 73.2, 74.11, 74.12, 74.14.1, 74.14.2, 92.11, 92.12	**Sonstige**	433.780.225	74.406.930	20.734.231
	darunter sportbezogen (5,8%)	25.159.253	4.315.602	**1.202.585**
	Werte für alle Wirtschaftszweige	538.726.293	89.618.003	25.239.306
	darunter sportbezogen	30.762.559	5.158.734	**1.462.112**

Anmerkung: Vereinfachend wurde angenommen, dass sich die Lieferungen und Leistungen sowie Umsatzsteuervolumina der Branchen *NACE* 22.22, 22.23, 22.24 zu gleichen Teilen auf Bücher, Zeitungen und Zeitschriften verteilen, die der Branche *NACE* 52.47.2 zu gleichen Teilen auf Bücher und Zeitschriften verteilen und die der Branche *NACE* 92.40 zu gleichen Teilen auf Zeitschriften, Zeitungen, Fernsehen und Rundfunk verteilen.

Tab. 14.5.9: Fußball im Fernsehen 2009/10. Entnommen aus Stelmaszyk (2010, 37).

Wettbewerb	Sender	Sendeart	Reich-weite*	Markt-anteil**
FIFA WM 2010 (dt. Spiele)	ARD® ZDF	Live (7 Spiele)	26,58	81,7
FIFA WM 2010	ARD® ZDF RTL	Live (64 Spiele)	10,83	48,2
WM-Qualifikation (dt. Spiele)	ARD® ZDF	Live (4 Spiele)	9,25	39,0
DFB-Länderspiele	ARD® ZDF	Live (6 Spiele)	8,86	31,1
DFB-Pokal	ARD® ZDF	Live (8 Spiele)	6,78	22,6
UEFA Champions League	SAT.1	Live (15 Spiele)	6,65	21,9
Sportschau am Sonntag	ARD®	Highlights	5,3	24,3
UEFA Frauen-EM 2009	ARD® ZDF	Live (6 Spiele)	3,40	23,5
UEFA Europa League	SAT.1	Live (31 Spiele)	3,30	12,3
Aktuelles Sportstudio	ZDF	Highlights	2,32	11,4
Fußballbundesliga am Sonntag	3. Programme	Highlights	2,31	7,7
2. Fußballbundesliga	SPORT1	Live (30 Spiele)	0,89	2,8

* Durchschnitt in Millionen Zuschauer, ab 3 Jahren, ** Durchschnitt in Prozent; Durchschnitt bezieht sich in diesen Beispielen auf den durchschnittlichen Wert während der jeweiligen Spiele.

Tab. 14.5.10: TV-Sportrechte im Überblick (Auswahl). Entnommen aus Stelmaszyk (2010, 38f.).

Fernseh-gattung	Sender	Sportart	Event	Originärer Rechtein-haber	Rechtever-markter	Laufzeit	Lizenzkosten pro Jahr[a]	Rechteart
Öffentlich-rechtlich	ARD	Fußball	Bundesliga	DFL	Eigenvermarktung	bis 2013		Erstvermarktung im Free-TV (mit Ausnahme des 18.30-Uhr-Samstagsspiels), Live-Rechte für zwei Eröffnungspartien und zwei Relegationsspiele
			2. Bundesliga	DFL	Eigenvermarktung	bis 2013	100 Millionen	Erstvermarktung im Free-TV (Samstagsspiele), Live-Rechte für zwei Relegationsspiele
		Boxen	Kämpfe des Sauerland-Boxstalls	Sauerland Event GmbH	Eigenvermarktung	bis 2015	10 Millionen (10-12 Kampfabende)	Erstsenderechte
		Motorsport	DTM	ITR	Eigenvermarktung	bis 2012	3 Millionen	Erstsenderechte
	ZDF	Fußball	Bundesliga	DFL	Eigenvermarktung	bis 2013		Zweitverwertung (Erstverwertung des 18.30-Uhr-Samstagsspiels im Free-TV)
			2. Bundesliga	DFL	Eigenvermarktung	bis 2013	20 Millionen	Zweitverwertung (Samstagsspiele)
	ARD/ZDF	Biathlon	IBU Weltcup und IBU WM	IBU	EBU	bis 2014	12 Millionen	Erstsenderechte
		Diverse	Olympische Spiele 2012	IOC	EBU	bis 2012	180 Millionen (2010 & 2012) (EBU-Vertrag für 51 Länder: 614 Millionen)	Erstsenderechte
		Eiskunstlauf	EM 2011, WM 2011	ISU	EBU	bis 2011	k. A.	Erstsenderechte (nicht exklusiv)
		Eisschnelllauf	EM 2011, WM 2011	ISU	EBU	bis 2011	k. A.	Erstsenderechte (nicht exklusiv)
		Fußball	DFB-Pokal (auch 3. Liga, Regionalliga)	DFB	Eigenvermarktung	bis 2012	75 Millionen	Ein Live-Spiel pro Runde plus Highlight (Host Broadcaster)
			Deutsche Nationalmannschaft (Männer/Frauen)	DFB	Eigenvermarktung	bis 2012		Erstsenderechte

		Sportart	Event	Rechteinhaber	Vermarkter	Laufzeit	Reichweite	Rechte
			UEFA Euro 2012	UEFA	Eigenvermarktung**	bis 2012	120 Millionen	Erstsenderechte
			FIFA WM 2014	FIFA	Eigenvermarktung**	bis 2014	150 Millionen	Erstsenderechte (mindestens 44 Spiele live, zeitversetzte Verwertung aller 64 Spiele)***
		Gewichtheben	EM 2011	EWF	EBU	bis 2012	k. A.	Erstsenderechte (nicht exklusiv)
		Handball	Herren-EM 2012	EHF	Infront	bis 2015	k. A.	Erstsenderechte
		Kanu	WM 2010	KCF	EBU	bis 2013	k. A.	Erstsenderechte (nicht exklusiv)
		Leichtathletik	Hallen-EM	EAA	EBU	bis 2011	k. A.	Erstsenderechte (nicht exklusiv)
		Radsport	Tour de France	ASO	EBU	bis 2011	6 Millionen	Erstsenderechte (nicht exklusiv)
		Reitsport	Dressur und Springreiten	FEI	EBU	bis Ende 2010	k. A.	Erstsenderechte (nicht exklusiv)
			Events in Deutschland (u.a. CHIO)	FN	Eigenvermarktung	bis Ende 2010	k. A.	Live- und Highlightberichterstattung
		Ringen	EM 2011, WM 2011	FILA	EBU	bis 2012	k. A.	Erstsenderechte (nicht exklusiv)
		Rudern	Weltcup, WM 2011	FISA	EBU	bis 2012	k. A.	Erstsenderechte (nicht exklusiv)
		Schwimmen	WM 2011, Kurzbahn-WM 2012	FINA	EBU	bis 2012	k. A.	Erstsenderechte (nicht exklusiv)
		SKI Alpin/ Nordisch	FIS-Weltcup (u.a. DSV-Events)	FIS/nat. Verbände (u.a. DSV)	Infront /Eigenvermarktung	versch. Laufzeiten	6 Millionen (DSV-Events)	Erstsenderechte (Host Broadcaster bei den deutschen Events, u.a. auch Vierschanzentournee)
			Alpine Ski-WM 2011, Nordische Ski-WM 2011	FIS	EBU	bis 2012	k. A.	Erstsenderechte (nicht exklusiv)
		Turnen	Kunstturn- und Rhythm.-Sportgymnastik-EM	UEG	EBU	bis 2012	k. A.	Erstsenderechte (nicht exklusiv)
Privat (Free-TV)	RTL	Motorsport	Formel 1	FIA	Eigenvermarktung	bis 2011	70 Millionen	Erstsenderechte im Free-TV (live), inkl. Internet
			Tourenwagen-WM (WTCC)	FIA	KSO/European Events	bis Ende 2010	k. A.	Highlightformat im Rahmen der Formel-I-Übertragungen
		Boxen	Kämpfe der Klitschko-Brüder	Klitschko Management Group	Eigenvermarktung	bis 2011	10 Millionen (4 Kämpfe)	Erstsenderechte im Free-TV (live)

SAT.1	Fußball	UEFA Champions League	UEFA	TEAM	bis 2012	40 Millionen	Erstsenderechte im Free-TV (17 Partien, darunter die mit deutscher Beteiligung sowie Endspiel)
	Fußball	UEFA Europa League	UEFA	TEAM	bis 2012	35 Millionen	Erstsenderechte im Free-TV (29 Partien, jeweils zwei Spiele pro Woche live)
Sport1	Basketball	Beko BBL	BBL	Eigenvermarktung	bis 2012	100 000	Erstsenderechte im Free-TV und Web
	Eishockey	WM 2011	IIHF	Infront Sports & Media	bis 2011	k. A.	Erstsenderechte (30 Spiele im TV, keine Internetübertragung)
	Fußball	Bundesliga	DFL	Eigenvermarktung	bis 2013	k. A.	Drittverwertung im Free-TV
	Fußball	2. Bundesliga	DFL	Eigenvermarktung	bis 2013	10 Millionen	Erstsenderechte (Montagsspiele live) und Erstverwertung im Free-TV (Freitag und Sonntag)
	Golf	PGA-Tour (Major-Turniere)	US PGA Tour/European Tour	Eigenvermarktung	bis 2012	k. A.	Erstverwendung
	Handball	Toyota HBL	HBL	Eigenvermarktung	bis 2013	1,2 Millionen	Erstsenderechte im Free-TV und Web (mindestens 176 Partien, davon 9 live)
	Leichtathletik	Diamond League	IAAF	IMG	bis 2012	k. A.	Erstsenderechte
	Motorsport	Moto GP	FIM	IMG	bis 2011	5 Millionen	Erstsenderechte im Free-TV und Web (alle 18 Rennen)
		Formel 1	FIA	Eigenvermarktung	bis 2011	k. A.	Zweitverwertung
		DTM	ITR	Eigenvermarktung	bis 2010	k. A.	Highlightverwertung aller Rennen
		FIA-GT1-WM	FIA	SRO Motorsports Group	bis 2010	k. A.	Highlightverwertung aller Rennen
	Tennis	ATP-Tour	ATP	Eigenvermarktung/ Turnierveranstalter	k. A.	k. A.	Erstsenderechte für diverse Turniere (u.a. Halle, Hamburg, Stuttgart)
Eurosport	Biathlon	IBU Weltcup und IBU WM	IBU	Eigenvermarktung	bis 2014	k. A.	Erstsenderechte (internationale Satelliten- und Kabelrechte)
	Eiskunstlauf	EM 2011, WM 2011	ISU	EBU	bis 2011	k. A.	Erstsenderechte (internationale Satelliten- und Kabelrechte, u.a. für Deutschland)
	Eisschnelllauf	EM 2011, WM 2011	ISU	EBU	bis 2011	k. A.	Erstsenderechte (internationale Satelliten- und Kabelrechte, u.a. für Deutschland)
	Fußball	Africa Cup of Nations 2012	CAF	Sportfive	bis 2012	k. A.	Live-Rechte für Free-TV und Web-TV (auch als Pay-Angebot)
		FIFA Frauen-WM 2011	FIFA	Eigenvermarktung	k. A.	k. A.	Erstsenderechte
		UEFA-Events (u.a. U19-EM 2011)	UEFA	Eigenvermarktung	k. A.	k. A.	Erstsenderechte
		UEFA EURO 2012 Qualifikation	UEFA	Eigenvermarktung	k. A.	k. A.	Highlightverwertung
	Gewichtheben	EM 2011	EWF	EBU	bis 2012	k. A.	Erstsenderechte (internationale Satelliten- und Kabelrechte, u.a. für Deutschland)

Golf	US PGA Tour/European Tour	US PGA Tour/European Tour	Eigenvermarktung	k. A.	k. A.	Highlightverwertung
Handball	EHF Champions League	EHF	Eigenvermarktung	bis 2013	1,5 Millionen	Erstsenderechte
Kanu	WM 2010	ICF	EBU	bis 2013	k. A.	Erstsenderechte (internationale Satelliten- und Kabelrechte, u.a. für Deutschland
Leichtathletik	Hallen-EM 2011, Team-EM 2011	EAA	Eigenvermarktung	bis 2011	k. A.	Erstsenderechte
Motorsport	Tourenwagen-WM (WTCC)	FIA	KSO/Eurosport Events	Eigenevent	k. A.	Erstsenderechte
	Le Mans Series (u.a. 24h von Le Mans)	ACO	Eigenvermarktung	k. A.	k. A.	Erstsenderechte
	Superbike-WM	FIM	Infront	bis 2012	k. A.	Erstsenderechte
	Motocross-WM	FIM	Youthstream	k. A.	k. A.	Erstsenderechte
	Intercontinental Rally Challenge (IRC)	SRW Events	SRW/Eurosport Events	Eigenevent	k. A.	Erstsenderechte
Radsport	Tour de France	ASO	EBU	bis 2011	k. A.	Erstsenderechte (internationale Satelliten- und Kabelrechte, u.a für Deutschland
	Giro d'Italia, Lombardei Rundfahrt	RCS	RAI Trade	bis 2012	k. A.	Erstsenderechte
	Vuelta a España	Unipublic	Eigenvermarktung	bis 2011	k. A.	Erstsenderechte
	UCI-Events (u.a. Bahn-WM 2011, Straßen-WM 2011)	UCI	Eigenvermarktung	k. A.	k. A.	Erstsenderechte
Reitsport	diverse Events (u.a. EM, WM, Global Champions Tour)	FEI	EBU	k. A.	k. A.	Erstsenderechte (internationale Satelliten- und Kabelrechte, u.a. für Deutschland
Rudern	Weltcup, WM 2011	FISA	EBU	bis 2012	k. A.	Erstsenderechte (internationale Satelliten- und Kabelrechte, u.a. für Deutschland
Schwimmen	WM 2011, Kunst- und Turnsprung-EM 2011	FINA	EBU	bis 2012	k. A.	Erstsenderechte (internationale Satelliten- und Kabelrechte, u.a. für Deutschland
Ski Alpin/ Nordisch	FIS-Weltcup	FIS/ nationale Verbände	Infront/ Eigenvermarktung	k. A.	k. A.	Erstsenderechte (internationale Satelliten- und Kabelrechte, u.a. für Deutschland
	Alpine Ski-WM 2011, Nordische Ski-WM 2011	FIS	EBU	bis 2012	k. A.	Erstsenderechte

Anbieter	Sender	Sportart	Wettbewerb	Rechteinhaber	Vermarkter	Vertragsende	Wert (Euro)*	Rechteart
Privat (Pay-TV)	Sky	Snooker	WSA Tour	WPBSA		k. A.	k. A.	Erstsenderechte
		Tennis	Australian Open	Tennis Australia	IMG	bis 2011	k. A.	Erstsenderechte
			French Open	FFT	EBU	bis 2011	14 Millionen (EBU, exklusive Frankreich)	Erstsenderechte (internationale Satelliten- und Kabelrechte, u.a. für Deutschland)
			US Open	USTA	Eigenvermarktung	bis 2012	k. A.	Erstsenderechte
			ATP Tour	ATP	Eigenvermarktung/ Turniere	bis 2011	k. A.	Erstsenderechte für ausgewählte Turniere
			WTA Tour	WTA	Eigenvermarktung	k. A.	k. A.	Erstsenderechte der gesamten WTA-Tour
		Tischtennis	WM 2011	ITTF	Eigenvermarktung	bis 2011	k. A.	Erstsenderechte
		Eishockey	DEL	DEL	Eigenvermarktung	bis 2012	3 Millionen	Erstsenderechte (2 Partien pro Woche)
		Fußball	Bundesliga	DFL	Eigenvermarktung	bis 2013	250 Millionen	Erstsenderechte und Highlights im Pay-TV, Web-TV-Rechte
			2. Bundesliga	DFL	Eigenvermarktung	bis 2013		Erstsenderechte und Highlights im Pay-TV, Web-TV-Rechte
			DFB-Pokal	DFB	Eigenvermarktung	bis 2012	17,5 Millionen	Erstsenderechte im Pay-TV (alle 63 Partien live)
			UEFA Champions League	UEFA	TEAM	bis 2012	44 Millionen	Erstsenderechte im Pay-TV (alle 125 Partien, plattformneutral)
			UEFA Europa League	UEFA	TEAM	bis 2012	40 Millionen	Erstsenderechte im Pay-TV (alle 205 Partien, plattformneutral)
			Barclays Premier League	Premier League	Eigenvermarktung	bis 2013	k. A.	Erstsenderechte im Pay-TV (alle 380 Partien, plattformneutral)
		Golf	PGA-Tour (u.a. Major-Turniere)	US PGA Tour/European Tour	Eigenvermarktung	bis 2010	k. A.	Erstsenderechte im Pay-TV (US Open, British Open and PGA Championship)
		Motorsport	Formel 1	FIA	Eigenvermarktung	bis 2010	30 Millionen	Erstsenderechte im Pay-TV (alle 19 Rennen inklusive aller Trainingssessions, plattformneutral)
		Tennis	Wimbledon	AELTC	IMG	bis 2013	700 000	Erstsenderechte im Pay-TV (plattformneutral)
IPTV	Telekom	Fußball	Bundesliga	DFL	Eigenvermarktung	bis 2013	20 Millionen	Live-Rechte für IPTV- und Mobilfunk

* Angaben in Euro (ohne Produktionskosten), Summen teilweise geschätzt

** in einigen Märkten, u.a. Deutschland

*** Möglichkeit der Sublizensierung an weitere Sender (auch zur parallelen Verwertung im Pay-TV)

14.6 Zur Quantifizierung der Gewerbesteuer

Tab. 14.6.1: Die Gewerbesteuervolumina 2004 der (im Sinne der engen Definition) sportbezogenen Wirtschaftszweige - Basistabelle (Statistisches Bundesamt, 2009c).

NACE	Wirtschaftszweige	Steuer-pflichtige	Gewerbeertrag in 1.000 €	Steuermessbetrag in 1.000 €	Steuerbetrag in 1.000 €
01.22	Haltung von Schafen, Ziegen, Pferden und Eseln	630	- 8.196	91	351
01.41.1	Erbringung von Dienstleistungen f.d. Pflanzenbau	2.395	60.039	1.811	7.010
01.41.2	Garten- und Landschaftsbau	14.478	376.828	7.744	29.970
01.42	Erbringung v. landw. Dienstleist. f.d. Tierhaltung	925	13.797	510	1.973
17.40	H. v. konfektion. Textilwaren (ohne Bekleidung)	1.274	89.627	4.902	18.971
17.52	Herstellung von Seilerwaren	160	13.267	623	2.409
18.21	Herstellung von Arbeits- und Berufsbekleidung	194	62.578	3.369	13.037
18.22	H. v. Oberbekleidg. (oh.Arbeits-u.Berufsbekleidg.)	2.114	250.192	16.435	63.602
18.23	Herstellung von Wäsche	311	28.986	2.067	7.998
18.24.1	Herstellung von Sportbekleidung	355	40.002	2.186	8.458
18.24.3	H. v. Hüten und sonstigen Kopfbedeckungen	81	3.045	159	614
18.24.3	H. v. Bekleidung, Bekleidungszubehör f.Kleinkind.	98	- 384	17	64
18.24.4	H. v. sonst. gewirkten u.gestr. Fertigerzeugnissen	95	1.676	191	740
18.24.5	Herstellung von Bekleidungszubehör ang.	334	10.971	546	2.115
19.20	Lederverarb. (oh. H. v. Lederbekl. u. Schuhen)	772	33.858	1.719	6.652
19.30	Herstellung von Schuhen	1.181	194.282	10.312	39.907
24.42	H. v. pharmaz. Spezialit. u. sonst. Erzeugnissen	1.064	1.171.355	78.577	304.093
25.11	Herstellung von Bereifungen	241	484.727	24.344	94.210
28.75.3	Herstellung von Metallwaren ang.	5.278	659.995	38.094	147.424
29.60	Herstellung von Waffen und Munition	227	25.562	1.284	4.968
33.10.3	Herstellung von orthopädischen Erzeugnissen	1.441	121.737	5.359	20.738
33.40.1	Herstellung von augenoptischen Erzeugnissen	750	38.958	1.937	7.497
33.50	Herstellung von Uhren	294	14.546	1.145	4.433
34.10	H. von Kraftwagen und Kraftwagenmotoren	446	246.283	61.190	236.807
34.20	H. von Karosserien, Aufbauten u. Anhängern	2.015	137.953	11.164	43.203
35.12	Boots- und Yachtbau	587	55.014	2.912	11.268
35.30	Luft- und Raumfahrzeugbau	367	- 170.589	-4.849	18.767
35.41	Herstellung von Krafträdern	141	8.003	486	1.882
35.42	Herstellung von Fahrrädern	270	27.204	1.485	5.747
35.43	Herstellung von Behindertenfahrzeugen	51	4.340	240	927
35.50	Fahrzeugbau, anderweitig nicht genannt	402	5.020	2.150	8.319
36.40	Herstellung von Sportgeräten	689	31.062	1.900	7.354
36.50	Herstellung von Spielwaren	1.056	73.053	4.876	18.870
45.21	Hochbau, Brücken- und Tunnelbau u.Ä.	40.030	152.165	55.174	213.521
45.23.1	Bau von Straßen, Rollbahnen und Sportanlagen	4.183	143.436	9.620	37.231
45.24	Wasserbau	462	24.523	1.299	5.026
50.10.1	Handelsvermittlung von Kraftwagen	5.000	92.047	3.456	13.373
50.10.2	Großhandel mit Kraftwagen	2.713	323.670	22.255	86.127
50.10.3	Einzelhandel mit Kraftwagen	37.419	1.087.233	52.313	202.451
50.20	Instandhaltung und Reparatur von Kraftwagen	28.128	828.598	22.129	85.640
50.30	Handel mit Kraftwagenteilen und -zubehör	14.771	719.803	35.016	135.512
50.40	Ha. m. K.rädern,Teilen u.Zubeh.;Instandh.u.Rep.	4.031	74.568	2.877	11.133
50.50	Tankstellen	12.601	418.343	7.867	30.444
51.11	HV. v.landw. Grundstf.,leb.Tieren,text.Rohstf.usw.	1.483	38.989	1.094	4.234
51.16	HV. v. Textilien,Bekleidung,Schuhen u.Lederwar.	7.123	163.077	6.146	23.785
51.18	Handelsvermittlung von Waren, ang.	22.121	561.080	17.053	65.995
51.23	Großhandel mit Rennsportpferden	2.773	103.129	3.625	14.028
51.41	Großhandel mit Textilien	3.398	190.546	12.551	48.573
51.42	Großhandel mit Bekleidung und Schuhen	3.160	304.489	22.704	87.866
51.46.1	Großhandel mit pharmazeutischen Erzeugnissen	1.438	682.064	37.654	145.720
51.46.2	Gh. m.medizin.u.orthopäd.Artikeln u. Laborbedarf	2.349	286.155	17.648	68.296
51.47.3	Gh. m. Fahrrädern,-teilen u.-zubeh.;Sport-u.ä.Art.	1.320	88.978	4.946	19.141
51.47.7	Gh. mit feinmech.,Foto-u.optischen Erzeugnissen	968	91.537	8.014	31.014
51.51	Gh. m. festen Brennstoffen u.Mineralölerzeug.	2.020	655.053	35.604	137.789
52.11	Eh. mit Waren versch. Art, Nahrungsm. usw.	22.787	1.623.523	80.405	311.169

52.12	Sonst. Einzelhandel mit Waren verschiedener Art	26.060	53.903	16.076	62.215
52.31	Apotheken	21.608	2.507.232	81.904	316.970
52.32	Einzelhandel mit med. u. orthopädischen Artikeln	5.872	243.402	11.441	44.278
52.42	Einzelhandel mit Bekleidung	24.841	905.934	45.879	177.551
52.43.1	Einzelhandel mit Schuhen	5.236	182.116	7.763	30.043
52.43.2	Einzelhandel mit Leder- und Täschnerwaren	1.761	41.941	1.373	5.313
52.47.3	Eh. mit Unterhaltungszeitschriften und Zeitungen	1.763	40.566	798	3.089
52.48	Eh. m.Tapeten, Geschenkart., Uhren, Spielw.usw	22.389	503.045	17.636	68.253
52.61	Versandhandel	5.143	179.886	12.759	49.377
52.63	Sonstiger Einzelhandel (nicht in Verkaufsräumen)	24.215	571.287	18.353	71.028
52.74.1	Reparatur von Fahrrädern	165	2.713	32	123
71.40.2	Verleih von Sportgeräten und Fahrrädern	530	22.255	968	3.747
80.10	Kindergärten, Vor- und Grundschulen	115	- 1.041	13	49
80.20	Weiterführende Schulen	636	6.612	644	2.493
80.30	Hochschulen u.a. Bild.einrichtg. d. Tertiärbereichs	239	- 218	254	984
80.41.2	Flug-, Bootsführer-, Segel- u.ä. Schulen	409	3.985	186	719
85.11	Krankenhäuser	1.611	- 60.660	2.727	10.553
85.12	Arztpraxen (ohne Zahnarztpraxen)	966	63.595	3.450	13.351
85.14	Gesundheitswesen, anderweitig nicht genannt	10.725	80.245	8.233	31.862
85.20.1	Tierarztpraxen	572	28.127	920	3.560
85.20.2	Sonst. selbständige Tätigkeiten i. Veterinärwesen	363	10.795	318	1.229
92.34.1	Tanzschulen	400	1.165	39	150
92.72.1	Garten- und Grünanlagen	875	16.511	307	1.189
92.72.2	Erbrg. v. sonst.Dienstleist. f. Unterhaltg. u.a. ang.	7.535	197.896	13.472	52.136
93.04	Saunas, Solarien, Fitnesszentren u.Ä.	7.276	- 63.825	2.880	11.144
		432.299	**18.295.269**	**1.002.547**	**3.879.855**

Tab. 14.6.2: Die Gewerbesteuervolumina 2004 der (im Sinne der engen Definition) sportbezogenen Wirtschaftszweige (ohne Kerndefinition) (eigene Berechnungen).

NACE	Mit Hilfe verfügbarer Quoten weiter eingrenzbare Wirtschaftszweige	Gewerbeertrag in 1.000 €	Steuermessbe- trag in 1.000 €	Steuerbetrag in 1.000 €
35.42, 51.47.3, 52.74.1	**Fahrräder**	118.896	6.463	25.011
	darunter sportbezogen (10%)	11.890	646	2.501
50.20, 50.30, 50.40	**Autowerkstätten**	1.622.969	60.022	232.285
	darunter sportbezogen (3,3%)	53.558	1.981	7.665
50.50	**Tankstellen**	418.343	7.867	30.444
	darunter sportbezogen (11,3%)	47.273	889	3.440
80.30	**Hochschulen**	- 218	254	984
	darunter sportbezogen (0,74%)	-2	2	7
93.04	**Fitnessstudios**	- 63.825	2.880	11.144
	darunter sportbezogen (100%)	- 63.825	2.880	11.144
71.40.2	**Sportgeräte- und Fahrradverleih**	22.255	968	3.747
	darunter sportbezogen (100%)	22.255	968	3.747
80.41.2	**Flug-, Bootsführer- und Segelschulen**	3.985	186	719
	darunter sportbezogen (100%)	3.985	186	719
92.34.1	**Tanzschulen**	1.165	39	150
	darunter sportbezogen (100%)	1.165	39	150
51.16, 51.18, 51.41, 51.42, 51.47.7, 52.11, 52.12, 52.42, 52.43, 52.48, 52.61, 52.63,	**Textil-, Schuh- und Artikelhandel**	5.372.365	266.714	1 032.182
	darunter sportbezogen (2,2%)	118.192	5.868	22.708
17.40, 17.52, 18.21, 18.22, 18.23, 18.24, 19,20, 19.30, 28.75, 29.60, 33.50, 35.12, 36.40,	**Textil-, Schuh- und Artikelproduktion**	1.514.280	87.860	340.016
	darunter sportbezogen (2,2%)	33.314	1.933	7.480
	Zwischensumme aller hier beachteter Wirtschaftszweige	9.010.215	433.251	1 676.682
	darunter sportbezogen	227.805	15.391	**59.562**
01.22, 01.41, 01.42, 24.42, 25.11, 33.10.3, 33.40.1, 34.10, 34,20, 35.30, 35.41, 35.43, 35.50, 36.50, 45.21, 45.23.1, 45.24, 50.10, 51.11, 51.23, 51.46.1, 51.46.2, 51.51, 52.31, 52.32, 52.47.3, 80.10, 80.20, 80.41.2, 85.11, 85.12, 85.14, 85.20, 92.72	**Sonstige**	9.285.054	569.295	2.203.173
	darunter sportbezogen (4,1%)	380.687	23.341	**90.330**
	Werte für alle Wirtschaftszweige	18.295.269	1.002.547	3.879.855
	darunter sportbezogen	608.492	38.732	**149.892**

Tab. 14.6.3: Die Gewerbesteuervolumina 2004 der (im Sinne der weiten Definition) sportbezogenen Wirtschaftszweige - Basistabelle (Statistisches Bundesamt, 2009c).

NACE	Wirtschaftszweige	Steuer-pflichtige	Gewerbeertrag in 1.000 €	Steuermessbetrag in 1.000 €	Steuerbetrag in 1.000 €
15.88	Herst. v. homogenis.u.diätetisch. Nahrungsmitteln	212	- 14.745	1.258	4.867
15.89	Herst. von sonst. Nahrungsmitteln (oh. Getränke)	814	186.366	11.510	44.543
22.11	Verlegen von Büchern	3.431	273.159	16.709	64.662
22.12	Verlegen von Zeitungen	755	364.929	21.115	81.715
22.13	Verlegen von Zeitschriften	1.990	507.828	29.936	115.852
22.14	Verlegen von bespielten Tonträgern u. Musikalien	1.935	3.187	2.191	8.480
22.15	Sonstiges Verlagsgewerbe	3.469	78.470	9.769	37.806
22.21	Drucken von Zeitungen	409	191.561	10.603	41.035
22.22	Drucken anderer Druckerzeugnisse	10.977	536.645	30.218	116.944
22.23	Druckweiterverarbeitung	1.022	52.005	2.124	8.220
22.24	Druck- und Medienvorstufe	2.171	111.275	4.791	18.543
23.20	Mineralölverarbeitung	181	792.796	40.782	157.826
51.38.3	Großhandel mit Nahrungsmitteln, ang.	1.593	185.424	10.763	41.653
51.43	Gh. mit elektr.Haush.-u. Unterhaltungsgerät. usw.	5.512	524.776	41.077	158.967
51.47.2	Großhandel mit Spielwaren u. Musikinstrumenten	683	65.458	3.746	14.498
52.25	Einzelhandel mit Getränke	9.215	185.548	5.052	19.551
52.27	Sonstiger Facheinzelhandel mit Nahrungsmitteln	7.709	148.313	3.790	14.669
52.45.2	Eh. m. Gerät. der Unterhaltg.elektr. und Zubehör	8.708	290.053	13.853	53.613
52.47.2	Einzelhandel mit Büchern und Fachzeitschriften	4.641	124.332	4.006	15.502
52.47.3	Eh. m. Unterhaltungszeitschriften u. Zeitungen	1.763	40.566	798	3.089
55.10	Hotellerie	31.871	245.052	16.757	64.850
55.21	Jugendherbergen und Hütten	182	2.878	56	218
55.22	Campingplätze	1.424	50.670	1.442	5.581
55.23	Beherbergungsgew., anderweitig nicht genannt	4.351	11.641	1.406	5.439
55.30	Speisengeprägte Gastronomie	93.501	1.651.116	24.722	95.675
55.40	Getränkegeprägte Gastronomie	37.061	512.802	6.731	26.051
55.51	Kantinen	3.314	68.466	1.567	6.063
55.52	Caterer	4.155	109.576	3.571	13.820
60.10	Eisenbahnverkehr	240	- 37.828	1.110	4.295
60.21	Personenbeförderung im Linienverkehr zu Land	4.104	- 463.001	9.752	37.741
60.22	Betrieb von Taxis und Mietwagen mit Fahrer	14.765	277.527	2.766	10.705
60.23	Sonstige Personenbeförderung im Landverkehr	1.998	12.606	2.689	10.407
61.10	See- und Küstenschifffahrt	3.309	- 48.618	8.903	34.454
61.20.1	Personenbeförderung in der Binnenschifffahrt	448	13.803	550	2.129
61.20.2	Güterbeförderung i.d. Binnenschifff. d.Reedereien	611	44.970	1.912	7.398
62.10	Linienflugverkehr	145	- 234.638	1.880	7.277
62.20	Gelegenheitsflugverkehr	469	- 41.823	291	1.127
63.30	Reisebüros und Reiseveranstalter	14.483	64.221	13.692	52.987
65.21	Institutionen für Finanzierungsleasing	1.190	203.598	14.856	57.493
66.01	Lebensversicherungen	432	402.052	35.077	135.750
66.02	Pensions- und Sterbekassen	59	- 43.576	2.254	8.722
66.03.1	Schaden- und Unfallversicherungen	113	583.051	29.560	114.397
66.03.2	Krankenversicherungen	410	1.411.778	76.048	294.308
66.03.3	Rückversicherung. f.d. sonst. Versicherungsgew.	151	659.388	36.220	140.172
71.40.4	Videotheken	1.312	19.254	678	2.623
73.1	Forschg. u.Entwicklg i.B. Natur-u.ä.Wissenschaft.	4.693	- 321.785	12.219	47.289
73.2	Forschg. und Entwicklg i.B. Geisteswissenschaft.	359	3.560	348	1.348
74.11	Rechtsberatung	1.462	87.825	5.932	22.956
74.12	Wirtsch.-u. Buchprüf., Steuerberatg.,Buchführg.	15.250	408.578	18.100	70.046
74.14.1	Unternehmensberatung	48.155	1.141.368	65.998	255.413
74.14.2	Public-Relations-Beratung	1.713	51.619	2.750	10.642
92.11	Film- und Videofilmherstellung	6.264	-1.467.864	14.624	56.595
92.12	Filmverleih und Videoprogrammanbieter	1.232	74.707	4.749	18.378
92.20.1	Rundfunkveranstalter	572	41.786	15.019	58.124
92.20.2	Herstellung von Hörfunk- u. Fernsehprogrammen	617	69.554	6.188	23.949
92.40	Korrespondenz-,Nachrichtenbüros, selbst.Journal	1.861	38.460	2.158	8.353
92.71.3	Wett-, Toto- und Lotteriewesen	2.410	141.441	5.187	20.073
		371.876	10.392.161	711.856	2.754.884

Tab. 14.6.4: Die Gewerbesteuervolumina 2004 der (im Sinne der weiten Definition) sportbezogenen Wirtschaftszweige (ohne Kerndefinition) (eigene Berechnungen).

NACE	Mit Hilfe verfügbarer Quoten weiter eingrenzbare Wirtschaftszweige	Lieferungen und Leistungen in 1.000 €	Umsatzsteuer vor Abzug der Vorsteuerbeträge in 1.000 €	Umsatzsteuervo- rauszahlung in 1.000 €
22.11, 22.22, 22.23, 22.24 52.47.2	**Bücher**	568.633	31.089	120.316
	darunter sportbezogen (1,2%)	6.824	373	1.444
22.12, 22.21, 22.22, 22.23, 22.24, 52.47.3, 92.40	**Zeitungen**	843.184	45.614	176.526
	darunter sportbezogen (9,25%)	77.995	4.219	16.329
22.13, 22.22, 22.23, 22.24, 52.47.2, 92.40	**Zeitschriften**	816.123	45.036	174.290
	darunter sportbezogen (9%)	73.451	4.053	15.686
55.10, 55.21, 55.22, 55.23	**Beherbergungsgewerbe**	310.241	19.661	76.089
	darunter sportbezogen (3,1%)	9.617	609	2.359
60.21	**ÖPNV**	-463.001	9.752	37.741
	darunter sportbezogen (2,1%)	-9.723	205	793
92.20, 92.40	**Fernsehen und Rundfunk**	124.160	21.927	84.857
	darunter sportbezogen (7,4%)	9.188	1.623	6.279
92.71.3	**Wett-, Toto- und Lotteriewesen**	141.441	5.187	20.073
	darunter sportbezogen (2,3%)	3.253	119	462
	Zwischensumme aller hier beachteter Wirtschaftszweige	2.340.781	178.266	689.890
	darunter sportbezogen	170.605	11.202	**43.351**
15.88, 15.89, 22.14, 23.20, 22.15, 51.38.3, 51.43, 51.47.2, 52.25, 52.27, 52.45.2, 55.30, 55.40, 55.51, 55.52, 60.10, 60.22, 60.23, 61.10, 61.20.1, 61.20.2, 62.10, 62.20, 63.30, 65.21, 66.01, 66.02, 66.03.1, 66.03.2, 66.03.3, 71.40.4, 73.1, 73.2, 74.11, 74.12, 74.14.1, 74.14.2, 92.11, 92.12	**Sonstige**	8.051.380	533.590	2.064.994
	darunter sportbezogen (5,8%)	466.980	30.948	**119.770**
	Werte für alle Wirtschaftszweige	10.392.161	711.856	2.754.884
	darunter sportbezogen	637.585	42.150	**163.120**

Anmerkung: Vereinfachend wurde angenommen, dass sich die Lieferungen und Leistungen sowie Umsatzsteuervolumina der Branchen *NACE* 22.22, 22.23, 22.24 zu gleichen Teilen auf Bücher, Zeitungen und Zeitschriften verteilen, die der Branche *NACE* 52.47.2 zu gleichen Teilen auf Bücher und Zeitschriften verteilen und die der Branche *NACE* 92.40 zu gleichen Teilen auf Zeitschriften, Zeitungen, Fernsehen und Rundfunk verteilen.

14.7 Zur Quantifizierung der Lohnsteuer

Tab. 14.7.1: Bisherige relevante Studien und mögliche methodische Ansätze zur Quantifizierung der Lohnsteuer aus den darin ermittelten Daten.

Bereich	Jahr	Autor	Daten	mögliche Methode zur Quantifizierung der Lohnsteuer
wirtschaftliche Situation im deutschen Profifußball	2010	DFL Deutsche Fußball Liga GmbH	Sekundärdaten aus Geschäftsberichten, Bilanzen etc.	angebotsorientierter Ansatz; Lohnsteuer direkt ablesbar; Datenerhebung unklar
wirtschaftliche Entwicklung deutscher Profiligen	2010 b	Deloitte	Sekundärdaten aus Geschäftsberichten	angebotsorientierter Ansatz; Lohnsteuer kann über die Personalkosten auf Basis des Durchschnittssteuersatzes approximiert werden
Ausgaben für Beschäftigte in Sportvereinen	2009	Breuer	Sportentwicklungsbericht (SEB)	angebotsorientierter Ansatz; Lohnsteuer kann auf Basis des Durchschnittssteuersatzes approximiert werden
sportbezogene Beschäftigung aggregiert	2000	Meyer & Ahlert	Statistisches Bundesamt 1995: Erwerbstätigenstatistik; Statistik des Produzierenden Gewerbe, ökonomische Studien: Heinemann & Schubert 1994, Weber et al. 1995, Kamberovic & Schwarze 1998)	angebotsorientierter Ansatz; über Beschäftigtenzahl, Durchschnittseinkommen und -steuersatz kann die Einkommensteuer approximiert werden
Personalkosten in (1) Sportorganisationen (Vereine und Verbände), (2) Unternehmen und beim (3) Staat	1995	Weber et al.	(1) Stellenpläne der Sportverbände; FISAS; (2) Verband der Fahrrad- und Motorrad-Industrie (VFM) und eigene Berechnungen; (3) Statistisches Bundesamt, Fachserie 18, Reihe 1.3, Schätzungen des Kultusministeriums Nordrhein-Westfalen; Statistisches Bundesamt: Fachserie 2, Reihe 1.1 Reihe 1.2.1, Reihe 1.2.2. Reihe 1.3., Reihe 1.4. Reihe 1.5.1., Reihe 1.6.3; Fachserie 4, Reihe 4.3.2, Reihe 4.3.3; Fachserie 18, Reihe 1.3.; Pressestatistik; Statistisches Jahrbuch 1992; Deutscher Sportstudio Verband	angebotsorientierter Ansatz; Lohnsteuer kann über die Personalkosten auf Basis des Durchschnittssteuersatzes approximiert werden

Tab. 14.7.2: Die Lohnsteuer (inkl. Solidaritätszuschlag) 2010 der (im Sinne der Kerndefinition) sportbezogenen Wirtschaftszweige (eigene Berechnung nach Variante 1).

NACE	Wirtschaftszweige	sportbezogener Anteil an der Mehrwertsteuer	sportbezogener Anteil an der Gewerbesteuer	Durchschnitt beider sportbezogener Anteile	Steuerbetrag in Mrd. €
92.61	Betrieb von Sportanlagen	0,08%	0,04%	0,06%	0,102
92.62.1	Sportverbände und Sportvereine	0,08%	0,02%	0,05%	0,089
92.62.2	Professionelle Sportmannschaften und Rennställe	0,03%	0,03%	0,03%	0,054
92.62.3	Selbst. Berufssportler/innen und -trainer/innen	0,01%	0,01%	0,01%	0,022
92.62.4	Sportpromotor u. sonst. profess. Sportveranstalter	0,02%	0,01%	0,02%	0,027
92.62.5	Sportschulen und selbständige Sportlehrer/innen	0,04%	0,01%	0,02%	0,043
		0,26%	0,11%	0,19%	**0,336**

Tab. 14.7.3: Der durchschnittliche Einkommensteuersatz (Statistisches Bundesamt, 2010r).

Jahr	Gesamtbetrag der Einkünfte		Zu versteuerndes Einkommen		Festgesetzte Einkommensteuer		Durchschitts-steuersatz [1)]
	Stpfl.	1.000 €	Stpfl.	1.000 €	Stpfl.	1.000 €	%
2001	27.817.436	968.937.911	27.736.537	818.292.140	21.390.339	180.039.319	22,00
2002	27.424.918	944.988.507	27.350.154	791.330.666	21.308.197	175.683.100	22,20
2003	26.935.113	933.674.521	26.886.024	781.817.300	20.818.782	172.513.852	22,07
2004	26.656.039	954.803.063	26.654.253	808.186.369	20.495.235	169.153.749	20,93
2005	26.624.867	990.127.796	26.623.758	842.383.792	20.700.706	171.642.576	20,38
2006	26.251.740	1.008.235.291	26.251.134	859.801.210	20.556.490	177.786.854	**20,68**

[1)] Festzusetzende Einkommensteuer / zu versteuerndes Einkommen * 100
Weitere Angaben zur Tabelle: VID/37311110-0201, Stand Juni 2010

Tab. 14.7.4: Basistabelle zur Berechnung der Lohnsteuervolumina der (im Sinne der engen Definition) sportbezogenen Wirtschaftszweige mit Hilfe der Variante 2 (eigene Umrechnung in Preise von 2010; diverse Datenquellen: s.u.).

Spaltenlegende:
(1) monatlicher Bruttoverdienst in € — (2) Beschäftigte — (3) Personalkosten in Mio. € — (4) Bruttolöhne und -gehälter insgesamt in Mio. € — (5) Sozialabgaben Arbeitgeber insgesamt in Mio. € — (6) Spalten (1) bis (5) bezogen auf NACE / WZ — (7) Quote Steuerpflichtige[1] zur Berechnung des Anteils sportrelevanter WZ in Spalte (5) — (8) Quote Lieferungen und Leistungen[1] zur Berechnung des Anteils sportrelevanter WZ in Spalte (5) — (9) Anteilig berechnete Bruttolöhne und -gehälter mit der Quote Steuerpflichtige in Mio. € — (10) Anteilig berechnete Bruttolöhne und -gehälter mit der Quote Lieferungen und Leistungen in Mio. € — (11) Anteilig berechnete Lohnsteuer (Spalte (9)*0,2068) mit der Quote Steuerpflichtige in Mio. € — (12) Anteilig berechnete Lohnsteuer (Spalte (10)*0,2068) mit der Quote Lieferungen und Leistungen Mio. €

NACE	Wirtschaftszweige	(1)	(2)	(3)	(4)	(5)	(6)	(7)	(8)	(9)	(10)	(11)	(12)
0122	Haltung von Schafen, Ziegen, Pferden und Eseln	1.991[4]	292.704[4]		6.993	1.748	0,1[2]	0,023	0,011	161	77	33	16
01411	Erbringung von Dienstleistungen f.d. Pflanzenbau	1.991[5]	292.704[5]		6.993	1.748	0,1[2]	0,039	0,062	273	434	56	90
01412	Garten- und Landschaftsbau	2.228[6]	292.704[6]		7.826	1.956	0,1[2]	0,206	0,83	1.612	1.432	333	296
0142	Erbringung v. landw. Dienstleist. f.d. Tierhaltung	1.991[5]	292.704[5]		6.993	1.748	0,1[2]	0,016	0,025	112	175	23	36
17.40	H v. konfektion. Textilwaren (ohne Bekleidung)				268	67	direkt[4,5]	1	1	268	268	55	55
17.52	Herstellung von Seilerwaren				15	4	direkt[4,5]	1	1	15	15	3	3
18.21	Herstellung von Arbeits- und Berufsbekleidung				37	9	direkt[4,5]	1	1	37	37	8	8
18.22	H v. Oberbekleidg. (oh. Arbeits- u.Berufsbekleidg.)				674	168	direkt[4,5]	1	1	674	674	139	139
18.23	Herstellung von Wäsche				216	54	direkt[4,5]	1	1	216	216	45	45
18.24.1	Herstellung von Sportbekleidung				80	20	18.24[4,5]	0,374	0,578	30	46	6	10
18.24.2	H v. Hüten und sonstigen Kopfbedeckungen				80	20	18.24[4,5]	0,084	0,056	7	4	1	1
18.24.3	H v. Bekleidung, Bekleidungszubehör f. Kleinkind.				80	20	18.24[4,5]	0,119	0,034	10	3	2	1
18.24.4	H v. sonst. gewirkten u. gestr. Fertigerzeugnissen				80	20	18.24[4,5]	0,096	0,047	8	4	2	1
18.24.5	Herstellung von Bekleidungszubehör ang.				80	20	18.24[4,5]	0,327	0,284	26	23	5	5
19.20	Lederverarb. (oh. H v. Lederbekl. u. Schuhen)				60	15	direkt[4,5]	1	1	60	60	12	12
19.30	Herstellung von Schuhen				425	106	direkt[4,5]	1	1	425	425	88	88
24.42	H v. pharmaz. Spezialit. u. sonst Erzeugnissen				6.012	1.503	direkt[4,5]	1	1	6.012	6.012	1.243	1.243
25.11	Herstellung von Bereifungen				904	226	direkt[4,5]	1	1	904	904	187	187
28.75.3	Herstellung von Metallwaren ang.				1.483	371	28.75e[4,5]	0,937	0,879	1.390	1.303	287	269
29.60	Herstellung von Waffen und Munition				692	173	direkt[4,5]	1	1	692	692	143	143
33.10.3	Herstellung von orthopädischen Erzeugnissen				3.371	843	direkt[4,5]	0,119	0,111	403	374	83	77
33.40.1	Herstellung von augenoptischen Erzeugnissen				1.124	281	33.40[4,5]	0,465	0,168	522	189	108	39
33.50	Herstellung von Uhren				93	23	direkt[4,5]	1	1	93	93	19	19

Code	Bezeichnung									
34.10	H von Kraftwagen und Kraftwagenmotoren	24.005	6.001	direkt*[15]	1	1	24.005	24.005	4.964	4.964
34.20	H von Karosserien, Aufbauten u. Anhängern	1.256	314	direkt*[15]	1	1	1.256	1.256	260	260
35.12	Boots- und Yachtbau	208	52	direkt*[15]	1	1	208	208	43	43
35.30	Luft- und Raumfahrzeugbau	4.154	1.038	direkt*[15]	1	1	4.154	4.154	859	859
35.41	Herstellung von Krafträdern	147	37	direkt*[15]	1	1	147	147	30	30
35.42	Herstellung von Fahrrädern	75	19	direkt*[15]	1	1	75	75	16	16
235.43	Herstellung von Behindertenfahrzeugen	47	12	direkt*[15]	1	1	47	47	10	10
35.50	Fahrzeugbau, anderweitig nicht genannt	101	25	direkt*[15]	1	1	101	101	21	21
36.40	Herstellung von Sportgeräten	95	24	direkt*[15]	1	1	95	95	20	20
36.50	Herstellung von Spielwaren	302	76	direkt*[15]	1	1	302	302	62	62
45.21	Hochbau, Brücken- und Tunnelbau u.Ä.	7.052	2.459	direkt*[2]*[16]	1	1	7.052	7.052	1458	1458
45.23.1	Bau von Straßen, Rollbahnen und Sportanlagen	1.764	615	direkt*[2]*[16]	1	1	1.764	1.764	365	365
45.24	Wasserbau	19.837	7.129	F*[2]*[16]	0,035	0,006	684	113	141	23
50.10.1	Handelsvermittlung von Kraftwagen	8.765	1.878	50.1*[4]	0,118	0,049	1.030	430	213	89
50.10.2	Großhandel mit Kraftwagen	8.765	1.878	50.1*[4]	0,048	0,293	420	2.568	87	531
50.10.3	Einzelhandel mit Kraftwagen	8.765	1.878	50.1*[4]	0,835	0,658	7.319	5.767	1.514	1.193
50.20	Instandhaltung und Reparatur von Kraftwagen	3.487	792	direkt*[4]	1	1	3.487	3.487	721	721
50.30	Handel mit Kraftwagenteilen und -zubehör	2.503	528	direkt*[4]	1	1	2.503	2.503	518	518
50.40	Ha. m Krädern, Teilen u. Zubeh.; Instandh. u.Rep.	284	56	direkt*[4]	1	1	284	284	59	59
50.50	Tankstellen	698	156	direkt*[4]	1	1	698	698	144	144
51.11	HV. v landw. Grundstf., leb. Tieren, text. Rohstf usw.	1.237	213	51.1*[4]	0,023	0,021	29	26	6	5
51.16	HV. v. Textilien, Bekleidung, Schuhen u. Lederwar.	1.237	213	51.1*[4]	0,083	0,071	103	88	21	18
51.18	Handelsvermittlung von Waren, ang.	1.237	213	51.1*[4]	0,283	0,317	350	392	72	81
51.23	Großhandel mit Rennsportpferden	201	51	direkt*[4]	1	1	201	201	42	42
51.41	Großhandel mit Textilien	325	68	direkt*[4]	1	1	325	325	67	67
51.42	Großhandel mit Bekleidung und Schuhen	994	187	direkt*[4]	1	1	994	994	206	206
51.46.1	Großhandel mit pharmazeutischen Erzeugnissen	2.607	584	direkt*[4]	1	1	2.607	2.607	539	539
51.46.2	Gh. m medizin. u. orthopäd Artikeln u. laborbedarf	1.198	212	direkt*[4]	1	1	1198	1198	248	248
51.47.3	Gh. m. Fahrrädern,-teilen u. -zubeh. Sport-u.a.Art.	253	49	direkt*[4]	1	1	253	253	52	52
51.47.7	Gh. mit feinmech. Foto- u. optischen Erzeugnissen	521	120	direkt*[4]	1	1	346	346	72	72
51.51	Gh. m festen Bremsstoffen u. Mineralölerzeug.	719	172	direkt*[4]	1	1	719	719	149	149
52.11	Eh. mit Waren versch. Art, Nahrungsm. usw.	12.485	2.637	direkt*[4]	1	1	12.485	12.485	2.582	2.582
52.12	Sonst. Einzelhandel mit Waren verschiedener Art	3.022	646	direkt*[4]	1	1	3.023	3.023	625	625
52.31	Apotheken	2.781	656	direkt*[4]	1	1	2.781	2.781	575	575
52.32	Einzelhandel mit med. u. orthopädischen Artikeln	760	171	direkt*[4]	1	1	760	760	157	157
52.42	Einzelhandel mit Bekleidung	4.148	883	direkt*[4]	1	1	4.148	4.148	858	858
52.43.1	Einzelhandel mit Schuhen	1.003	244	direkt*[4]	1	1	1.003	1.003	207	207
52.43.2	Einzelhandel mit Leder- und Taschenwaren	124	24	direkt*[4]	1	1	124	124	26	26
52.47.3	Eh. mit Unterhaltungszeitschriften und Zeitungen	69	15	direkt*[4]	1	1	69	69	14	14
52.48	Eh. m. Tapeten, Geschenkart., Uhren, Spielw. usw	1.093	238	direkt*[4]	1	1	1.093	1.093	226	226

52.61	Versandhandel			1.534		360	direkt*4	1		1.534	1.534	317	317
52.63	Sonstiger Einzelhandel (nicht in Verkaufsräumen)			688		143	direkt*4	1		688	688	142	142
52.74.1	Reparatur von Fahrrädern			361		80	52.7*4	0,022	0,09	8	7	2	2
71.40.2	Verleih von Sportgeräten und Fahrrädern			536		109	714*11	0,106	0,031	60	16	12	3
80.10	Kindergärten, Vor- und Grundschulen	2.704*3	982.924*1	31.894	7.974	80*2	0,011	0,047	351	1.499	73	310
80.20	Weiterführende Schulen	3.920*2	982.924*3	46.237	11.559	80*2	0,011	0,159	509	7.352	105	1520
80.30	Hochschulen u.a. Bild.einrichtg. d. Tertiärbereichs	4.126*3	982.924*3	48.667	12.167	80*2	0,015	0,16	730	779	151	161
80.412	Flug-, Bootsführer-, Segel- u.a. Schulen	50		40	10	direkt*10	1	1	40	40	8	8
85.11	Krankenhäuser	3.301*14	3.168.785*	125.522	31.381	85*2	0,028	0,496	3.515	62.259	727	12.875
85.12	Arztpraxen (ohne Zahnarztpraxen)	6.759		5.562	1.197	direkt*8	1		5.554	5.554	1.149	1.149
85.14	Gesundheitswesen, anderweitig nicht genannt	3.020		2.449	571	direkt*8	1	1	2.449	2.449	506	506
85.20.1	Tierarztpraxen	257		207	50	direkt*7	1		207	207	43	43
85.20.2	Sonst.selbständige Tätigkeiten i. Veterinärwesen	3.301*14	3.168.785*	125.522	31.381	8.5*2	0,013	0,001	1.632	126	337	26
92.34.1	Tanzschulen	1.364*13	320.334*3	5.243	1.311	92*2	0,014	0,004	73	21	15	4
92.72.1	Garten- und Grünanlagen	2.228*3	320.334*3	8.564	2.141	92*2	0,012	0,005	103	43	21	9
92.72.2	Erbrg. v. sonst. Dienstleist. f. Unterhaltg. u.a. ang.	1.001*13	320.334*3	3.848	962	92*2	0,076	0,046	292	177	60	37
93.04	Saunas, Solarien, Fitnesszentren u.Ä.	205		167	38	direkt*9	1	1	167	167	35	3.5
										25.050	38.064		

*1 Umsatzsteuerstatistik (Statistisches Bundesamt, 2009b)

*2 Bruttolöhne und -gehälter (Spalte 4) kalkuliert als Produkt aus monatlichem Bruttoverdienst in €(Spalte 1) multipliziert mit 12 und Beschäftigten (Spalte 2); Sozialabgaben (Spalte 5) berechnet aus Bruttolöhnen

*3 Statistisches Jahrbuch 2009 (Statistisches Bundesamt, 2009d)

*4 Fachserie 6 Reihe 4 (Statistisches Bundesamt)

*5 Tarifdatenbank des Statistischen Bundesamtes

*6 Fachserie 2 Reihe 16.5 (Statistisches Bundesamt, 2009j)

*7 Fachserie 2 Reihe 16.1 (Statistisches Bundesamt, 2009h)

*8 Fachserie 2 Reihe 16.6 (Statistisches Bundesamt, 2009k)

*9 Fachserie 2 Reihe 16.3 (Statistisches Bundesamt, 2009i)

*10 Statistisches Jahrbuch 2008 (Statistisches Bundesamt, 2008a)

*11 Fachserie 9 Reihe 2 (Statistisches Bundesamt, 2008d)

*12 Verdienste und Arbeitskosten 2006 (Statistisches Bundesamt, 2008c)

*13 Statistisches Jahrbuch 2010 (Statistisches Bundesamt, 2010j)

*14 Verdienste und Arbeitskosten 2008 (Statistisches Bundesamt, 2008g)

*15 Fachserie 4, Reihe 4.1.1(Statistisches Bundesamt, 2009f)

*16 Sozialabgaben (Spalte 5) berechnet aus Bruttolöhnen und -gehältern (Spalte 4) /0,8*0,2

Tab. 14.7.5: Basistabelle zur Berechnung der Lohnsteuervolumina der (im Sinne der weiten Definition) sportbezogenen Wirtschaftszweige mit Hilfe der Variante 2 (eigene Umrechnung in Preise von 2010; diverse Datenquellen: s.u.).

NACE	Wirtschaftszweige	(1) monatlicher Bruttoverdienst in €	(2) Beschäftigte	(3) Personalkosten in Mio. €	(4) Bruttolöhne und -gehälter insgesamt in Mio. €	(5) Sozialabgaben Arbeitgeber insgesamt in Mio. €	(6) Spalten (4) und (5) bezogen auf NACE / WZ	(7) Quotesteuerpflichtige¹ zur Berechnung des Anteils sportrelevanter WZ in Spalte (5)	(8) Quote Lieferungen und Leistungen¹ zur Berechnung des Anteils sportrelevanter WZ in Spalte (5)	(9) Anteilig berechnete Bruttolöhne und -gehälter mit der Quotesteuerpflichtige in Mio. €	(10) Anteilig berechnete Bruttolöhne und -gehälter mit der Quotelieferungen und Leistungen in Mio. €	(11) Anteilig berechnete Lohnsteuer (Spalte (9)*0,2068) mit der Quotesteuerpflichtige in Mio. €	(12) Anteilig berechnete Lohnsteuer (Spalte (10)*0,2068) mit der Quotelieferungen und Leistungen in Mio. €
15.88	Herst. v. homogens. u. diätetisch. Nahrungsmitteln				127	32	direkt[9].			127	127	26	26
15.89	Herst. von sonst. Nahrungsmitteln (oh. Getränke)	3.644[9]	18.998[10]		612	153	direkt[11]			612	612	127	127
22. Nov	Verlegen von Büchern				831	208	direkt[11]			831	831	172	172
22. Dez	Verlegen von Zeitungen	3.644[9]	53.197[10]		2.326	582	direkt[11]			2.326	2.326	481	481
22.13	Verlegen von Zeitschriften	3.644[9]	21.914[10]		959	240	direkt[11]			959	959	198	198
22.14	Verlegen von bespielten Tonträgern u. Musikalien				53	21	direkt[11]			53	53	11	11
22.15	Sonstiges Verlagsgewerbe	3.644[9]	1.889[10]		83	81	direkt[9].			83	83	17	17
22.21	Drucken von Zeitungen				323	563	direkt[9].			323	323	67	67
22.22	Drucken anderer Druckerzeugnisse				2.250	214	direkt[9].			2.250	2.250	465	465
22.23	Druckweiterverarbeitung				214	218	direkt[9].			214	214	44	44
22.24	Druck- und Medienvorstufe				218	55	direkt[9].			218	218	45	45
23.20	Mineralölverarbeitung				1.104	276	direkt[9].			1.104	1.104	228	228
5138.3	Großhandel mit Nahrungsmitteln, ang.				616	126	direkt[4].			616	616	127	127
5143	Gh. mit elektr. Haush.-u. Unterhaltungsgerät. usw.				3.066	590	direkt[4].			3.066	3.066	634	634
5147.2	Großhandel mit Spielwaren u. Musikinstrumenten				206	37	direkt[4].			206	206	43	43
52.25	Einzelhandel mit Getränke				458	104	direkt[4].			458	458	95	95
52.27	Sonstiger Facheinzelhandel mit Nahrungsmitteln				257	54	direkt[4].			257	257	53	53
52.45.2	Eh. m. Gerät.der Unterhaltg. elektr. und Zubehör				806	164	direkt[4].			806	806	167	167
52.47.2	Einzelhandel mit Büchern und Fachzeitschriften				518	120	direkt[4].			518	518	107	107
52.47.3	Eh. m. Unterhaltungszeitschriften u. Zeitungen				69	15	direkt[4].			69	69	14	14
55.10	Hotellerie				4.078	1.020	direkt[4].[12]			4.078	4.078	843	843
55.21	Jugendherbergen und Hütten				425	106	55.2[4].[12]	0,03	0,075	13	32	3	7
55.22	Campingplätze				425	106	55.2[4].[12]	0,154	0,17	65	72	13	15
55.23	Beherbergungsgew., anderweitig nicht genannt				425	106	55.2[4].[12]	0,817	0,754	347	321	72	66
55.30	Speisengeprägte Gastronomie				5.074	1.269	direkt[4].[12]		1	972	5.074	201	1.049
55.40	Getränkegeprägte Gastronomie				972	243	direkt[4].[12]	0,421	0,314	641	972	133	201
55.51	Kantinen				1.522	381	55.5[4].[12]	0,579	0,687	881	477	182	99
55.52	Caterer				1.522	381	55.5[4].[12]			881	1.046	182	216

Nr.	Branche											
60.10	Eisenbahnverkehr	3.330		2.714	614	direkt[2]	–	1	3.330	3.330	689	689
60.21	Personenbeförderung im Linienverkehr zu Land	14.397		11.473	2.924	60.2[2]	0,056	0,156	806	2.246	167	464
60.22	Betrieb von Taxis und Mietwagen mit Fahrer	14.397		11.473	2.924	60.2[2]	0,3	0,072	4.319	1.037	894	215
60.23	Sonstige Personenbeförderung im Landverkehr	14.397		11.473	2.924	60.2[2]	0,034	0,03	489	432	101	90
61.10	See- und Küstenschifffahrt	1.114		964	150	direkt[2]	–	1	1.114	1.114	231	231
6120.1	Personenbeförderung in der Binnenschifffahrt	283		223	60	612[3]	0,268	0,137	76	39	16	8
6120.2	Güterbeförderung i.d. Binnenschiff. d. Reedereien	283		223	60	612[3]	0,332	0,622	94	176	19	36
62.10	Linienflugverkehr	3.892		2.699	1.193	direkt[2]	–	1	3.892	3.892	805	805
62.20	Gelegenheitsflugverkehr	4.140		2.901	1.239	62[2,3]	0,769	0,147	3.185	608	659	126
63.30	Reisebüros und Reiseveranstalter	1.631		1.340	290	direkt[2,3]	–	1	1.631	1.631	338	338
65.21	Institutionen für Finanzierungsleasing	4.019[2]	661.536[3]	31.905	7.976	65[1]	0,165	0,28	5.264	8.933	1.089	1.847
66.01	Lebensversicherungen	4.019[2]	205.938[3]	9.932	2.483	66[1]	0,215	0,114	2.135	1.132	442	234
66.02	Pensions- und Sterbekassen	2.572[2]	205.938[3]	6.356	1.589	66[1]	0,279	0,099	1.773	629	367	130
66.03.1	Schaden- und Unfallversicherungen	4.019[2]	205.938[3]	9.932	2.483	66[1]	0,087	0,021	864	209	179	43
66.03.2	Krankenversicherungen	3.559[2]	205.938[3]	8.795	2.199	66[1]	0,37	0,283	3.254	2.489	673	515
66.03.3	Rückversicherung, f. d. sonst. Versicherungsgew.	4.019[2]	205.938[3]	9.932	2.483	66[1]	0,049	0,482	487	4.787	101	990
7140.4	Videotheken			516	109	71.4[a]	0,108	0,299	154	56	32	12
73.1	Forsch. u. Entwicklg. i.B. Natur- u.a. Wissenschaft.			3.348	769	73[a]	–	1	769	769	159	159
73.2	Forschg. und Entwicklg. i.B. Geisteswissenschaft.			299	64	direkt[a]	–	1	64	64	13	13
74.11	Rechtsberatung			3.579	811	direkt[a]	–	1	811	811	168	168
74.12	Wirtsch.-u Buchprüf., Steuerberatg., Buchführg.			8.121	1.816	direkt[a]	0,953	0,967	1.816	1.816	376	376
74.14.1	Unternehmensberatung	660		5.914	933	74.1[a]	0,047	0,033	5.720	5.637	1.183	1.666
74.14.2	Public-Relations-Beratung			5.914	933	74.1[a]	–	1	194	277	40	57
92.11	Film- und Videofilmherstellung	73		569	91	direkt[a]	–	1	569	569	118	118
92.12	Filmverleih und Videoprogrammanbieter			62	11	direkt[a]	–	1	62	62	13	13
92.20.1	Rundfunkveranstalter	639		543	96	92.20[a]	0,357	0,832	194	452	40	93
92.20.2	Herstellung von Hörfunk- u. Fernsehprogrammen	639		543	96	92.20[a]	0,644	0,168	350	91	72	19
92.40	Korrespondenz-/Nachrichtenbüros, selbst. Journal.	4.417[2]	320.334[3]	16.979	4.245	92[1]	0,087	0,046	1.477	781	305	162
92.71.3	Wett-, Toto- und Lotteriewesen	2.284[2]	320.334[3]	8.780	2.195	92[1]	0,016	0,189	140	1.659	29	343
											14.935	15.077

*1 Umsatzsteuerstatistik (Statistisches Bundesamt, 2009b)
*2 Sozialabgaben (Spalte 5) berechnet aus Personalkosten (Spalte 3) *0,2
*3 Statistisches Jahrbuch 2008 (Statistisches Bundesamt, 2008a)
*4 Fachserie 6 Reihe 4 (Statistisches Bundesamt, 2008b)
*5 Statistisches Jahrbuch 2009 (Statistisches Bundesamt, 2009d)
*6 Fachserie 9 Reihe 2 (Statistisches Bundesamt, 2008d)
*7 Fachserie 2 Reihe 16.9 (Statistisches Bundesamt, 2009l)
*8 Tarifdatenbank des Statistischen Bundesamtes
*9 Verdienste und Arbeitskosten 2006 (Statistisches Bundesamt, 2008c)
*10 Fachserie 4, Reihe 4.1.1(Statistisches Bundesamt, 2009f)
*11 Bruttolöhne und -gehälter (Spalte 4) kalkuliert als Produkt aus monatlichem Bruttoverdienst in 6(Spalte 1) multipliziert mit 12 und Beschäftigten (Spalte 2), Sozialabgaben (Spalte 5) berechnet aus Bruttolöhnen und -gehältern (Spalte 4) /0,8*0,2
*12 Sozialabgaben (Spalte 5) berechnet aus Bruttolöhnen und -gehältern (Spalte 4) /0,8*0,2
*13 Bruttolöhne und -gehälter berechnet aus Personalkosten

Tab. 14.7.6: Übersicht zu den auf Basis der Varianten 1 und 2 berechneten Lohnsteuer (einschließlich Solidaritätszuschlag) in Abhängigkeit von der zugrunde gelegten Abgrenzung der Sportbranche (eigene Berechnung, Erläuterung siehe unten).

	Mehrwertsteuer 2008 in Mrd. Euro *1	Gewerbesteuer 2004 in Mrd. Euro *2	sportbezogener Anteil an Mehrwertsteuern *3	sportbezogener Anteil an Gewerbesteuern *4	durchschnittlicher sportbezogener Anteil *5	Variante 1 Lohnsteuer 2010 in Mrd. Euro (einschl. Soli) *6	Variante 2 Lohnsteuer 2010 in Mrd. Euro (einschl. Soli) *7	verwendete Lohnsteuer 2010 in Mrd. Euro (einschl. Soli) *8
Wirtschaftszweige der Kerndefinition								
Betrieb von Sportanlagen	0,101	0,011	0,08%	0,04%	0,06%	0,102		0,102
Sportverbände und Sportvereine	0,107	0,005	0,08%	0,02%	0,05%	0,089	0,112	0,101
Professionelle Sportmannschaften und Rennställe	0,046	0,007	0,03%	0,03%	0,03%	0,054	0,398	0,398
Selbst. Berufssportler/innen und -trainer/innen	0,019	0,003	0,01%	0,01%	0,01%	0,022		0,022
Sportpromotor u. sonst. professionelle Sportveranstalter	0,020	0,004	0,02%	0,01%	0,02%	0,027		0,027
Sportschulen und selbständige Sportlehrer/innen	0,055	0,002	0,04%	0,01%	0,02%	0,043	0,049	0,046
Summe	0,348	0,033	0,26%	0,11%	0,19%	0,336		**0,696**
zusätzliche Wirtschaftszweige der engen Definition								
Textil-, Schuh- und Artikelhandel	0,125	0,023	0,10%	0,08%	0,09%	0,154	0,126	0,140
Fitnessstudios	0,086	0,011	0,07%	0,04%	0,05%	0,092	0,037	0,065
Autowerkstätten	0,075	0,008	0,06%	0,03%	0,04%	0,074	0,000	0,037
Tankstellen	0,039	0,003	0,03%	0,01%	0,02%	0,037	0,017	0,027
Tanzschulen	0,020	0,000	0,02%	0,00%	0,01%	0,014	0,010	0,012
Textil-, Schuh- und Artikelproduktion	0,017	0,007	0,01%	0,03%	0,02%	0,034	0,020	0,027
Fahrräder	0,014	0,003	0,01%	0,01%	0,01%	0,017	0,033	0,025
Sportgeräte- und Fahrradverleih	0,009	0,004	0,01%	0,01%	0,01%	0,018	0,008	0,013
Flug-, Bootsführer- und Segelschulen	0,003	0,001	0,00%	0,00%	0,00%	0,004	0,008	0,006
Hochschulen	0,001	0,000	0,00%	0,00%	0,00%	0,000	0,001	0,001
Sonstige Wirtschaftszweige der engen Definition	0,251	0,090	0,19%	0,31%	0,25%	0,446	1,064	0,755
Summe	0,639	0,150	0,49%	0,51%	0,50%	0,891	1,325	**1,108**
zusätzlich Wirtschaftszweige der weiten Definition								
Zeitungen	0,081	0,016	0,06%	0,06%	0,06%	0,105	0,080	0,093
Fernsehen und Rundfunk	0,063	0,006	0,05%	0,02%	0,03%	0,062	0,015	0,038
Zeitschriften	0,061	0,016	0,05%	0,05%	0,05%	0,089	0,049	0,069
Beherbergungsgewerbe	0,049	0,002	0,04%	0,01%	0,02%	0,040	0,030	0,035
Bücher	0,007	0,001	0,01%	0,00%	0,01%	0,009	0,005	0,007
Wett-, Toto- und Lotteriewesen	0,002	0,000	0,00%	0,00%	0,00%	0,003	0,005	0,004
ÖPNV	-0,003	0,001	0,00%	0,00%	0,00%	0,001	0,007	0,004
Sonstige	1,203	0,120	0,91%	0,41%	0,66%	1,180	0,712	0,946
Summe	1,462	0,163	1,11%	0,56%	0,84%	1,488	0,903	**1,196**
gesamt in den jeweiligen Erhebungsjahren	131,501	29,108				177,96	177,96	177,96

*1 Dies sind die in Kapitel 2.1.1.1 berechneten sportbezogenen Mehrwertsteuern in Mrd. Euro

*2 Dies sind die in Kapitel 2.1.1.2 berechneten sportbezogenen Gewerbesteuern in Mrd. Euro

*3 Berechnet sich als Quotient aus den in der ersten Spalte aufgeführten sportbezogenen Mehrwertsteuern und dem gesamten Mehrwertsteueraufkommen in 2008 nach der Umsatzsteuerstatistik (131,501 Mrd. Euro)

*4 Berechnet sich als Quotient aus den in der zweiten Spalte aufgeführten sportbezogenen Gewerbesteuern und dem gesamten Gewerbesteueraufkommen in 2004 nach der Gewerbesteuerstatistik (29,108 Mrd. Euro)

*5 berechnet sich als arithmetisches Mittel der Werte aus den Spalten drei und vier

*6 berechnet sich als Produkt von durchschnittlichem sportbezogenen Anteil und den in der VGR ausgewiesenen Lohnsteuern (einschl. Solidaritätszuschlag) von 2010 (177,96 Mrd. Euro).

*7 berechnet mit Hilfe der Tabellen 14.7.2, 14.7.3 und 14.7.4 und den sportbezogenen Quoten (Anhang 14.3) in Mrd. Euro.

*8 mit Ausnahme der Kategorie "Professionelle Sportmannschaften und Rennställe" berechnet als arithmetisches Mittel der durch Varianten 1 und 2 ermittelten Lohnsteuer 2010 (einschl. Solidaritätszuschlag) in Mrd. Euro.

Tab. 14.7.7: Zur Quantifizierung der Lohnsteuer relevante Sekundärdatenquellen in der Übersicht.

Datenbeschreibung				Erhebungsmethodik			Evaluation			
Name	Anbieter/Autor	Inhalt allgemein	Inhalt projektspezifisch	Art der Erhebung	Stichprobe	Turnus Time Lag	REP	REL	VAL	SZ / DZ
Die wirtschaftliche Entwicklung deutscher Profifligen	Deloitte	Finanzreport (Umsatz, Erlöse, Aufwände, Zuschauerzahlen etc.)	Angaben zu den Personalkosten der 2. Fußball Bundesliga, der TOYOTA Handball Bundesliga und der BEKO Basketball Bundesliga	Informationen aus Jahresabschlüssen und nicht näher spezifizierten "sonstigen" Datenquellen.	Vollerhebung	n.a.	ja	ja	ja	ja / nein
Fachserie 2 Reihe 16.1	Statistisches Bundesamt	Ergebnisse zur Kostenstruktur bei Arzt- und Zahnarztpraxen, Praxen von psychologischen Psychotherapeuten sowie Tierarztpraxen	Detaillierte Daten zur Tätigkeit und Kostenstruktur der Praxen, gegliedert nach Einnahmegroßenklassen	Primärerhebung mit Auskunftspflicht. Systematische 5% Zufallsauswahl	Arztpraxen: n=52.99 Tierarztpraxen= 416	Time Lag von 3 Jahren	ja	ja	ja	ja / nein
Fachserie 2 Reihe 16.3	Statistisches Bundesamt	Ergebnisse zur Kostenstruktur bei Bädern, Saunas, Solarien, Fitnesszentren u.Ä.	Wie bei Reihe 16.1 bei Bädern, Saunas, Solarien, Fitnesszentren u.Ä.	Primärerhebung mit Auskunftspflicht. Systematische 5% Zufallsauswahl	WZ 93.04 Bäder, Saunas u.Ä.: n=452	Time Lag von 3 Jahren	ja	ja	ja	ja / nein
Fachserie 2 Reihe 16.5	Statistisches Bundesamt	Ergebnisse zur Kostenstruktur bei Fahr- und Flugschulen	Wie bei Reihe 16.1 bei Fahr- und Flugschulen	Primärerhebung mit Auskunftspflicht. Systematische 5% Zufallsauswahl	n=495	Time Lag von 3 Jahren	ja	ja	ja	ja / nein
Fachserie 2 Reihe 16.6	Statistisches Bundesamt	Ergebnisse zur Kostenstruktur bei Massagepraxen, Praxen von medizinischen Bademeistern etc.	Wie bei Reihe 16.1 bei Einrichtungen des Gesundheitswesens	Primärerhebung mit Auskunftspflicht. Systematische 5% Zufallsauswahl	n=2.167	Time Lag von 3 Jahren	ja	ja	ja	ja / nein
Fachserie 2 Reihe 16.9	Statistisches Bundesamt	Ergebnisse zur Kostenstruktur bei audiovisuellen Dienstleistungen	Wie bei Reihe 16.1 bei audiovisuellen Dienstleistungen	Primärerhebung mit Auskunftspflicht. Systematische 5% Zufallsauswahl	n=1829	Time Lag von 3 Jahren	ja	ja	ja	ja / nein
Fachserie 4 Reihe 4.1.1	Statistisches Bundesamt	Beschäftigung und Umsatz der Betriebe des Verarbeitenden Gewerbes	Beschäftigtenzahlen im produzierenden Gewerbe	schriftliche Befragung (Monatsbericht für Betriebe); Betriebe mit 50 und mehr Beschäftigten	n.a.	monatlich; Time Lag gering	nein	ja	ja	ja / nein
Fachserie 6 Reihe 4	Statistisches Bundesamt	Binnenhandel, Gastgewerbe, Tourismus	Beschäftigte, Umsatz und Aufwendungen im Handel	Systematische 8% Zufallsauswahl	n=55.000	jährlich; time Lag ca. 1,5 Jahre	ja	ja	ja	ja / nein

Quelle	Institution	Titel	Inhalt	Erhebung	n	Häufigkeit	REP	REL	VAL	SZ / DZ
Fachserie 9 Reihe 2	Statistisches Bundesamt	Strukturerhebung im Dienstleistungs-bereich	Beschäftigungszahlen und Bruttoentgelte im Dienstleistungsbereich	Systematische 15% Zufallsauswahl von Unternehmen mit >17.500€ Umsatz	n=158.200	jährlich; time Lag ca. 1,5 Jahre	ja	ja	ja	ja / nein
Fachserie 14 Reihe 7.1	Statistisches Bundesamt	Lohn- und Einkommensteuer	Einkommen aus freiberuflicher Tätigkeit z.B. Tanzschulen, Flug-, Bootsführer- und Segelschulen	Gesamterhebung aus allen angemeldeten Steuerpflichtigen	132.580 bei freiberuflichen Lehrtätigkeiten	dreijährlich	ja	ja		ja / nein
Umsatzsteuerstatistik vgl. Anhang 14.5										
Sportentwicklungsberichte (SEB) vgl. Anhang 14.5										
Statistisches Jahrbuch	Statistisches Bundesamt	Zusammenfassende Darstellung der veröffentlichten Statistiken	2008: Kapitel 3.16: Sozialversicherungspflichtig Beschäftigte; 2002: Kapitel 14: wirtschaftliche Kennzahlen über das Produzierende Gewerbe, Kapitel 17: wirtschaftliche Kennzahlen von Finanz- und anderen Dienstl.; 2010: Beschäftigte	Diverse	./.	./.	./.	./.	./.	./.
Tarifdatenbank Online	Statistisches Bundesamt	Höhe der verschiedenen Tarifverträge in Deutschland	Entgelte nach Branchen und Berufen	Gesamterhebung, wobei nur die Hälfte der Arbeitnehmer in einem Tarifvertrag steht.	Alle gültige Tarifverträge	jährlich	./.	ja	ja	ja / ja
Verdienste und Arbeitskosten	Statistisches Bundesamt	Verdienste und Arbeitskosten in Deutschland	Bruttoentgelte nach Branchen	Stichprobe nur von Betrieben mit mehr als 10 Arbeitnehmer gezählt werden; nur vollzeitbeschäftigte Arbeitnehmer und keine selbständige werden miteinbezogen. Für die Jahresverdienste wurden nur Arbeitnehmer, die mindestens 30 Stunden in der Woche arbeiten	n.a.	vierjährlich; time Lag ca. 1,5 Jahre	./.	./.		ja / nein

n.a. nicht angegeben. ./. Einschätzung nicht möglich; REP: Repräsentativität; REL: Reliabilität; VAL: Validität; SZ: Studienzugang; DZ: Datenzugangsmöglichkeiten.

Tab. 14.8.1: Ermittelte Quotenwerte zur approximativen Abschätzung des Anteils der unbeschränkt Körperschaftsteuerpflichtigen der sportbezogenen Wirtschaftszweige in den einzelnen aggregierten Wirtschaftszweigen der engen Definition des Sports (eigene Berechnung auf Basis der Umsatzsteuerstatistik).

NACE	Wirtschaftszweig	relevant für NACE	$Q_{Steuerpflichtige}$	$Q_{Leistungen}$
01.2	Tierhaltung	01.22	0,17	0,05
01.4	Erbringung von landwirt. und gärtnerischen Dienstleistungen	01.41.1, 01.41.2, 01.42	0,13	0,21
17.4	Herstell. von konfektionierten Textilwaren (ohne Bekleidung)	17.4	1,00	1,00
17.5	Sonst. Textilgewerbe (ohne Herstellung von Maschenware)	17.52	0,05	0,04
18.2	Herstellung von Bekleidung (ohne Lederbekleidung)	18.21, 18.22, 18.23, 18.24.1, 18.24.2, 18.24.3, 18.24.4, 18.24.5	0,05	0,05
19.2	Lederverar. (ohne H. von Lederbekleidung und Schuhen)	19.2	1,00	1,00
19.3	Herstellung von Schuhen	19.3	1,00	1,00
24.4	Herstellung von pharmazeutischen Erzeugnissen	24.42	0,88	0,87
25.1	Herstellung von Gummiwaren	25.11	0,24	0,71
28.7	Herstellung von sonstigen Metallwaren	28.75.3	0,65	0,36
29.6	Herstellung von Waffen und Munition	29.6	1,00	1,00
33.1	H. von med. Geräten und orthopädischen Erzeugnissen	33.10.3	0,12	0,11
33.4	Herstellung von optischen und fotografischen Geräten	33.40.1	0,46	0,17
33.5	Herstellung von Uhren	33.5	1,00	1,00
34.1	Herstellung von Kraftwagen und Kraftwagenmotoren	34.1	1,00	1,00
34.2	Herstellung von Karosserien, Aufbauten und Anhängern	34.2	1,00	1,00
35.1	Schiff- und Bootsbau	35.12	0,65	0,18
35.3	Luft- und Raumfahrzeugbau	35.3	1,00	1,00
35.4	H.g von Krafträdern, Fahrrädern und Behindertenfahrzeugen	35.41, 35.42, 35.43	0,33	0,18
35.5	Fahrzeugbau a. n. g.	35.5	1,00	1,00
36.4	Herstellung von Sportgeräten	36.4	1,00	1,00
36.5	Herstellung von Spielwaren	36.5	1,00	1,00
45.2	Hoch- und Tiefbau	45.21, 45.23.1, 45.24	0,43	0,72
50.1	Handel mit Kraftwagen	50.10.1, 50.10.2, 50.10.3	1,00	1,00
50.2	Instandhaltung und Reparatur von Kraftwagen	50.2	1,00	1,00
50.3	Handel mit Kraftwagenteilen und Zubehör	50.3	1,00	1,00
50.4	Handel mit Krafträdern, Kraftradteilen und -zubehör; Instandh. und Reparat von Krafträdern	50.4	1,00	1,00
50.5	Tankstellen	50.5	1,00	1,00
51.1	Handelsvermittlung	51.11, 51.16, 51.18	0,39	0,41
51.2	Großha. mit landw. Grundstoffen und lebenden Tieren	51.23	0,35	0,26
51.4	Großhandel mit Gebrauchs- und Verbrauchsgütern	51.41, 51.42, 51.46.1, 51.46.2, 51.47.3, 51.47.7	0,40	0,45
51.5	Großh. mit nicht landw. Halbw., Altmaterialien und Reststoff.	51.51	0,07	0,50
52.1	Einzelhandel mit Waren versch. Art (in Verkaufsräumen)	52.11,52.12	1,00	1,00
52.3	Apotheken, Facheinzelhandel mit u.a. med., orthopädischen	52.31, 52.32	0,81	0,74
52.4	Sonstiger Facheinzelhandel (in Verkaufsräumen)	52.42,52.43.1, 52.43.2,52.47.3, 52.48	0,28	0,27
52.6	Einzelhandel (nicht in Verkaufsräumen)	52.61, 52.63	0,81	0,96
52.7	Reparatur von Gebrauchsgütern	52.74.1	0,02	0,02
71.4	Vermietung von Gebrauchsgütern a. n. g	71.40.2	0,12	0,03
80.1	Kindergärten, Vor- und Grundschulen	80.1	-	-
80.2	Weiterführende Schulen	80.2	-	-
80.3	Hochschulen und an d. Bildungsein. des Tertiärbereichs	80.3	1,00	1,00
80.4	Erwachsenenbildung und sonstiger Unterricht	80.41.2	0,01	0,02
85.1	Gesundheitswesen	85.11, 85.12, 85.14	0,72	0,91
85.2	Veterinärwesen	85.20.1, 85.20.2	0,99	0,95
92.3	Erbringung von son. kulturellen und unterhalt. Leistungen	92.34.1	0,04	0,03
92.7	Erbringung von son. Dienstleist. für Unterhaltung, Erholung	92.72.1, 92.72.2	0,55	0,17

Tab. 14.8.2: Ermittelte Quotenwerte zur approximativen Abschätzung des Anteils der unbeschränkt Körperschaftsteuerpflichtigen der sportbezogenen Wirtschaftszweige in den einzelnen aggregierten Wirtschaftszweigen der weiten Definition des Sports (eigene Berechnung auf Basis der Umsatzsteuerstatistik).

NACE	Wirtschaftszweig	relevant für NACE	$Q_{Steuerpflichtige}$	$Q_{Leistungen}$
15.8	Sonstiges Ernährungsgewerbe (ohne Getränkeherstellung)	15.88, 15.89	0,05	0,16
22.1	Verlagsgewerbe	22.11, 22.12, 22.13, 22.14, 22.15,	1,00	1,00
22.2	Druckgewerbe	22.21, 22.22, 22.23, 22.24	0,92	0,96
23.2	Mineralölverarbeitung	23.2	1,00	1,00
51.3	Großh. mit Nahrungsmitteln, Getränken und Tabakwaren	51.38.3	0,11	0,11
51.4	Großhandel mit Gebrauchs- und Verbrauchsgütern	51.43, 51.47.2	0,20	0,31
52.2	Facheinzelh. Nahrungsmitteln, Getränken und Tabakwaren	52.25, 52.27	0,45	0,48
52.4	Sonstiger Facheinzelhandel (in Verkaufsräumen)	52.45.2 , 52.47.2, 52.47.3	0,08	0,12
55.1	Hotellerie	55.1	1,00	1,00
55.2	Sonstiges Beherbergungsgewerbe	55.21, 55.22 55.23	0,17	0,11
55.3	Speisengeprägte Gastronomie	55.3	1,00	1,00
55.4	Getränkegeprägte Gastronomie	55.4	1,00	1,00
55.5	Kantinen und Caterer	55.51, 55.52	1,00	1,00
60.2	Sonstiger Landverkehr	60.21, 60.22, 60.23	0,39	0,26
61.1	See- und Küstenschifffahrt	61.1,	1,00	1,00
61.2	Binnenschifffahrt	61.20.1, 61.20.2	0,60	0,76
62.1	Linienflugverkehr	62.1	1,00	1,00
62.2	Gelegenheitsflugverkehr	62.2	1,00	1,00
63.3	Reisebüros und Reiseveranstalter	63.3	1,00	1,00
65.2	Sonstige Finanzierungsinstitutionen	65.21	0,56	0,89
66.0	Versicherungsgewerbe	66.01, 66.02, 66.03.1, 66.03.2, 66.03.3	1,00	1,00
71.4	Vermietung von Gebrauchsgütern a. n. g	71.40.4	0,30	0,11
73.1	Forschung und Entwicklung im Bereich Natur-, Ingenieur-,	73.1	1,00	1,00
73.2	For. u. Entw. im Bereich Rechts-, Wirtschafts- u. Sozialwiss.	73.2	1,00	1,00
74.1	Rechts-, Steuer- und Unternehmensberatung, Wirtschaftspr.	74.11, 74.12, 74.14.1, 74.14.2	0,90	0,37
92.1	Film- und Videofilmherstellung, -verleih und -vertrieb, Kinos	92.11, 92.12	0,90	0,80
92.2	Rundfunkveranstalter, Herstellung v. Hörfunksendungen u.a.	92.20.1, 92.20.2	1,00	1,00
92.4	Korrespondenz- und Nachrichtenbüros, selbst. Journalisten	92.4	1,00	1,00
92.7	Erbringung von son. Dienstleist. für Unterhaltung, Erholung	92.71.3	0,19	0,60

Tab. 14.8.3: Ermittelte Quotenwerte zur approximativen Abschätzung des Anteils der beschränkt Körperschaftsteuerpflichtigen (Organgesellschaften) der sportbezogenen Wirtschaftszweige in den einzelnen aggregierten Wirtschaftszweigen der engen Definition des Sports (eigene Berechnung auf Basis der Umsatzsteuerstatistik).

NACE	Wirtschaftszweig	relevant für NACE	$Q_{Steuerpflichtige}$	$Q_{Leistungen}$
A	Land- u. Forstwirt., Fischerei u. Fischzucht	01.22, 01.41.1, 01.41.2, 01.42	0,27	0,26
DB	Textil- und Bekleidungsgewerbe	17.4, 17.52, 18.21,18.22, 18.23,18.24.1 18.24.2, 18.24.3, 18.24.4, 18.24.5,	0,45	0,53
DC	Ledergewerbe	19.2,19.3	0,93	0,88
DG	Herstellung von chemischen Erzeugnissen	24.42	0,16	0,23
DH	Herstellung von Gummi- und Kunststoffwaren	25.11	0,03	0,23
DJ	Metallerzeugung und -bearbeitung, Herstellung von Metallerzeugnissen	28.75.3	0,10	0,05
DK	Maschinenbau	29.6, 33.40.1, 33.5,	0,01	0,01
DL	Herstellung v. Datenverarbeitungsgeräten u.a.	33.10.3, 33.40.1, 33.5	0,07	0,02
DM	Fahrzeugbau	34.1, 34.2, 35.12,35.3, 35.41, 35.42, 35.43, 35.5	0,67	0,70
DN	Herstellung von Möbeln, Sportgeräten u.a.	36.4, 36.5	0,07	0,17
F	Baugewerbe	45.21,45.23.1, 45.24	0,11	0,36
G 50	Kraftfahrzeugh.; Instandhalt.; Tankstellen u.a.	50.10.1, 50.10.2, 50.10.3, 50.2, 50.3, 50.4, 50.5	0,17	0,12
G 51	Handelsvermittlung und Großhandel (ohne Handel mit Kraftfahrzeugen)	51.11, 51.16, 51.18 ,51.23, 51.41, 51.42, 51.46.1, 51.46.2, 51.47.3, 51.47.7, 51.51,	0,06	0,18
G 52	Handel; Instandhaltung und Reparatur von Kraftfahrzeugen und Gebrauchsgütern	52.11, 52.12, 52.31, 52.32, 52.42, 52.43.1, 52.43.2, 52.47.3, 52.48, 52.61, 52.63,52.74.1	0,25	0,19
K 71	Verm. bewegli. Sachen ohne Bedienungspers.	71.40.2	0,002	0,003
L, M	Öffentliche Verwaltung, Verteidigung u.a.	80.1	k.A.	k.A.
N	Gesundheits-, Veterinär- und Sozialwesen	85.11,85.12, 85.14,85.20.1, 85.20.2	0,67	0,65
O	Erbringung von sons. öff. u. pers. Dienstl.	92.34.1, 92.72.1, 92.72.2, 93.04	0,03	0,02

Tab. 14.8.4: Ermittelte Quotenwerte zur approximativen Abschätzung des Anteils der beschränkt Körperschaftsteuerpflichtigen (Organgesellschaften) der sportbezogenen Wirtschaftszweige in den einzelnen aggregierten Wirtschaftszweigen der weiten Definition des Sports (eigene Berechnung auf Basis der Umsatzsteuerstatistik).

NACE	Wirtschaftszweig	relevant für NACE	$Q_{Steuerpflichtige}$	$Q_{Leistungen}$
DA	Ernährungsgewerbe und Tabakverarbeitung	15.88, 15.89,	0,02	0,05
DE	Papier-, Verlags- und Druckgewerbe	22.11, 22.12, 22.13,22.14, 22.15, 22.21, 22.22, 22.23, 22.24	0,83	0,59
DF	Kokerei, Mineralölverarbeitung u.a.	23.2	0,82	0,98
G 51	Handelsverm. und Großh. (ohne H. mit KFZ)	51.38.3, 51.43, 51.47.2	0,01	0,05
G 52	Einzelhandel (ohne H. mit KFZ); Reparatur u.a.	52.25, 52.27, 52.45.2, 52.47.2, 52.47.3	0,05	0,02
H	Gastgewerbe	55.1, 55.21, 55.22,55.23, 55.3, 55.4, 55.51, 55.52	1,00	1,00
I	Verkehr und Nachrichtenübermittlung	60.1, 60.21, 60.22, 60.23, 61.1, 61.20.1, 61.20.2, 62.1, 62.2, 63.3	0,36	0,19
J	Kredit- und Versicherungsgewerbe	65.21, 66.01, 66.02, 66.03.1, 66.03.2, 66.03.3	0,04	0,27
K 71	Verm. bewegli. Sachen ohne Bedienungspers.	71.40.4	0,002	0,001
K 73	Forschung und Entwicklung	73.1, 73.2	0,01	0,01
K 74	Erbringung von wirtschaft. Dienstleist. a. n. g.	74.11, 74.12 , 74.14.1, 74.14.2	0,20	0,11
O	Erbringung von sons. öff. u. pers. Dienstl.	92.11, 92.12, 92.20.1, 92.20.2, 92.4, 92.71.3	0,09	0,20

394   14. Anhang

Tab. 14.8.5: Die Körperschaftsteuervolumina unbeschränkt Körperschaftsteuerpflichtiger der (im Sinne der engen Definition) sportbezogenen Wirtschaftszweige (Datengrundlage: Statistisches Bundesamt, 2009c; 2009e, eigene Berechnung).

NACE	Wirtschaftszweig	# Steuer-pflichtige (-)	# Steuer-pflichtige (+)	Gesamt Einkünfte in Mio. €	Steuer-betrag in Mio. €	Steuer-betrag in Mio. € (Q$_S$)	Steuer-betrag in Mio. € (Q$_L$)
01.2	Tierhaltung	514	-	-	-	-	-
01.4	Erbringung von landwirt. und gärtnerischen Dienstleistungen	1.352	2.418	92,2	16,4	2,1	3,5
17.4	Herstell. von konfektionierten Textilwaren (ohne Bekleidung)	175	272	53,3	11,3	11,3	11,3
17.5	Sonst. Textilgewerbe (ohne Herstellung von Maschenware)	381	604	118,1	25,1	1,2	0,9
18.2	Herstellung von Bekleidung (ohne Lederbekleidung)	388	659	213,0	48,5	2,7	2,3
19.2	Lederverar. (ohne H. von Lederbekleidung und Schuhen)	71	159	14,5	2,4	2,4	2,4
19.3	Herstellung von Schuhen	103	175	155,5	31,1	31,1	31,1
24.4	Herstellung von pharmazeutischen Erzeugnissen	324	480	581,4	133,4	117,2	116,7
25.1	Herstellung von Gummiwaren	134	377	465,3	107,2	25,5	76,1
28.7	Herstellung von sonstigen Metallwaren	1.032	2.488	659,2	140,0	91,6	50,7
29.6	Herstellung von Waffen und Munition	21	40	56,1	12,4	12,4	12,4
33.1	H. von med. Geräten und orthopädischen Erzeugnissen	1.684	4.668	570,7	110,0	13,1	12,2
33.4	Herstellung von optischen und fotografischen Geräten	358	457	160,3	34,5	16,1	5,8
33.5	Herstellung von Uhren	44	58	16,2	3,3	3,3	3,3
34.1	Herstellung von Kraftwagen und Kraftwagenmotoren	90	115	2337,8	542,0	542,0	542,0
34.2	Herstellung von Karosserien, Aufbauten und Anhängern	268	525	153,2	34,1	34,1	34,1
35.1	Schiff- und Bootsbau	140	233	74,7	15,9	10,4	2,9
35.3	Luft- und Raumfahrzeugbau	93	149	96,5	22,9	22,9	22,9
35.4	H.g von Krafträdern, Fahrrädern und Behindertenfahrzeugen	71	112	22,1	4,5	1,5	0,8
35.5	Fahrzeugbau a. n. g.	52	118	42,3	9,5	9,5	9,5
36.4	Herstellung von Sportgeräten	121	183	29,8	6,1	6,1	6,1
36.5	Herstellung von Spielwaren	128	157	38,8	8,7	8,7	8,7
45.2	Hoch- und Tiefbau	13.696	21.815	1253,9	222,7	96,2	160,4
50.1	Handel mit Kraftwagen	4.691	8.327	755,6	149,3	149,3	149,3
50.2	Instandhaltung und Reparatur von Kraftwagen	2.333	4.204	186,8	36,4	36,4	36,4
50.3	Handel mit Kraftwagenteilen und Zubehör	1.379	2.662	393,1	85,3	85,3	85,3
50.4	Handel mit Krafträdern, Kraftradteilen und -zubehör; Instandh. und Reparatur von Krafträdern	374	514	51,5	9,0	9,0	9,0
50.5	Tankstellen	789	977	53,9	10,7	10,7	10,7
51.1	Handelsvermittlung	6.052	8.534	562,2	111,3	43,2	45,5
51.2	Großha. mit landw. Grundstoffen und lebenden Tieren	842	1.785	225,4	46,1	16,0	11,8
51.4	Großhandel mit Gebrauchs- und Verbrauchsgütern	6.374	10.586	2765,2	586,0	234,5	261,9
51.5	Großh. mit nicht landw. Halbw., Altmaterialien und Reststoff.	4.391	9.648	2592,7	575,0	40,4	285,1
52.1	Einzelhandel mit Waren versch. Art (in Verkaufsräumen)	3.041	4.096	449,9	97,5	97,5	97,5
52.3	Apotheken, Facheinzelhandel mit u.a. med., orthopädischen	1.097	1.782	206,7	45,3	36,6	33,3
52.4	Sonstiger Facheinzelhandel (in Verkaufsräumen)	16.151	22.615	2080,8	434,7	122,4	117,7
52.6	Einzelhandel (nicht in Verkaufsräumen)	1.516	2.188	285,1	61,5	49,6	59,2
52.7	Reparatur von Gebrauchsgütern	355	658	36,4	7,4	0,2	0,1
71.4	Vermietung von Gebrauchsgütern a. n. g	339	465	41,9	8,1	0,9	0,3
80.1	Kindergärten, Vor- und Grundschulen	37	15	0,4	0,0	0,0	0,0
80.2	Weiterführende Schulen	220	296	19,2	4,0	4,0	4,0
80.3	Hochschulen und and. Bildungsein. des Tertiärbereichs	118	125	12,5	2,2	2,2	2,2
80.4	Erwachsenenbildung und sonstiger Unterricht	1.527	1.972	111,4	22,5	0,3	0,5
85.1	Gesundheitswesen	2.217	2.742	505,4	109,4	78,3	99,2
85.2	Veterinärwesen	45	51	5,8	1,4	1,4	1,3
92.3	Erbringung von son. kulturellen und unterhalt. Leistungen	1.145	1.273	75,1	12,4	0,5	0,3
92.7	Erbringung von son. Dienstleist. für Unterhaltung, Erholung	2.170	2.755	359,2	73,3	40,0	12,5
		78.443	**124.532**	**18.981**	**4.031**	**2.120**	**2.440**

Steuerpflichtige (-): Anzahl Steuerpflichtige mit negativem Gesamtbetrag der Einkünfte; **Steuerpflichtige (+):** Anzahl Steuerpflichtige mit positivem Gesamtbetrag der Einkünfte; **Gesamt Einkünfte in Mio. €:** Gesamtbetrag der Einkünfte von Körperschaften mit positivem Ertrag; **Steuerbetrag in Mio. €:** festgesetzte Körperschaftsteuer von Körperschaften mit positivem Ertrag; **Steuerbetrag in Mio. € (Q$_S$):** festgesetzte Körperschaftsteuer von Körperschaften mit positivem Ertrag, die zu sportbezogenen Branchen der engen Definition gehören auf Basis von Q$_{Steuerpflichtige}$ gebildet; **Steuerbetrag in Mio. € (Q$_L$):** festgesetzte Körperschaftsteuer von Körperschaften mit positivem Ertrag, die zu sportbezogenen Branchen der engen Definition gehören auf Basis von Q$_{Leistungen}$ gebildet.

Tab. 14.8.6: Die Körperschaftsteuervolumina von Organgesellschaften der (im Sinne der engen Definition) sportbezogenen Wirtschaftszweige (Datengrundlage: Statistisches Bundesamt, 2009c; 2009e, eigene Berechnung).

NACE	Wirtschaftszweig	# Steuerpflichtige (-)	# Steuerpflichtige (+)	Gesamt Einkünfte in Mio. €	Steuerbetrag in Mio. €	Steuerbetrag in Mio. € (Q_S)	Steuerbetrag in Mio. € (Q_L)
A	Land- u. Forstwirt., Fischerei u. Fischzucht	17	32	8,9	0,1	0,0	0,0
DB	Textil- und Bekleidungsgewerbe	46	89	171,0	0,3	0,1	0,2
DC	Ledergewerbe	5		43,0	0,0	0,0	0,0
DG	Herstellung von chemischen Erzeugnissen	98	290	4240,4	8,3	1,3	1,9
DH	Herstellung von Gummi- und Kunststoffwaren	61	134	932,2	0,9	0,0	0,2
DJ	Metallerzeugung und -bearbeitung, Herstellung von Metallerzeugnissen	149	380	2328,9	19,6	1,9	1,0
DK	Maschinenbau	184	411	1993,2	2,7	0,0	0,0
DL	Herstellung v. Datenverarbeitungsgeräten u.a.	-	-	-	-	-	-
DM	Fahrzeugbau	62	116	2454,4	2,2	2,0	1,6
DN	Herstellung von Möbeln, Sportgeräten u.a.	62	103	276,0	2,0	0,1	0,3
F	Baugewerbe	176	329	252,8	0,4	0,0	0,1
G 50	Kraftfahrzeugh.; Instandhalt.; Tankstellen u.a.	199	249	373,8	0,0	0,0	0,0
G 51	Handelsvermittlung und Großhandel (ohne Handel mit Kraftfahrzeugen)	610	1.345	3552,7	3,5	0,2	0,6
G 52	Handel; Instandhaltung und Reparatur von Kraftfahrzeugen und Gebrauchsgütern	1.152	2.028	4720,2	11,1	2,7	2,1
K 71	Verm. beweglo. Sachen ohne Bedienungspers.	69	141	1197,6	0,2	0,0	0,0
L, M	Öffentliche Verwaltung, Verteidigung u.a.	31	40	27,8	0,0	0,0	0,0
N	Gesundheits-, Veterinär- und Sozialwesen	71	104	110,2	0,3	0,2	0,2
O	Erbringung von sons. öff. u. pers. Dienstl.	283	427	1165,6	3,7	0,1	0,1
		3.270	6.223	23.849	55,3	8,4	8,4

Steuerpflichtige (-): Anzahl Steuerpflichtige mit negativem Gesamtbetrag der Einkünfte; **Steuerpflichtige (+):** Anzahl Steuerpflichtige mit positivem Gesamtbetrag der Einkünfte; **Gesamt Einkünfte in Mio. €:** Gesamtbetrag der Einkünfte von Körperschaften mit positivem Ertrag; **Steuerbetrag in Mio. €:** festgesetzte Körperschaftsteuer von Körperschaften mit positivem Ertrag; **Steuerbetrag in Mio. € (Q_S):** festgesetzte Körperschaftsteuer von Körperschaften mit positivem Ertrag, die zu sportbezogenen Branchen der engen Definition gehören auf Basis von $Q_{Steuerpflichtige}$ gebildet; **Steuerbetrag in Mio. € (Q_L):** festgesetzte Körperschaftsteuer von Körperschaften mit positivem Ertrag, die zu sportbezogenen Branchen der engen Definition gehören auf Basis $Q_{Leistungen}$ gebildet.

Tab. 14.8.7: Die Körperschaftsteuervolumina von Organgesellschaften der (im Sinne der weiten Definition) sportbezogenen Wirtschaftszweige (Datengrundlage: Statistisches Bundesamt, 2009c; 2009e, eigene Berechnung).

NACE	Wirtschaftszweig	# Steuerpflichtige (-)	# Steuerpflichtige (+)	Gesamt Einkünfte in Mio. €	Steuerbetrag in Mio. €	Steuerbetrag in Mio. € (Q_S)	Steuerbetrag in Mio. € (Q_L)
DA	Ernährungsgewerbe und Tabakverarbeitung	124	272	1222,5	9,8	0,2	0,4
DE	Papier-, Verlags- und Druckgewerbe	231	429	1090,4	4,1	3,4	2,4
DF	Kokerei, Mineralölverarbeitung u.a.		10	242,7	0,1	0,1	0,1
G 51	Handelsverm. und Großh. (ohne H. mit KFZ)	610	1.345	3552,7	3,5	0,0	0,2
G 52	Einzelhandel (ohne H. mit KFZ); Reparatur u.a.	343	434	793,7	7,6	0,4	0,1
H	Gastgewerbe	128	131	99,2	0,2	0,2	0,2
I	Verkehr und Nachrichtenübermittlung	346	514	5914,8	5,3	1,9	1,0
J	Kredit- und Versicherungsgewerbe	146	412	7634,2	12,1	0,5	3,3
K 71	Verm. beweglo. Sachen ohne Bedienungspers.	69	141	1197,6	0,2	0,0	0,0
K 73	Forschung und Entwicklung	22	42	103,2	0,0	0,0	0,0
K 74	Erbringung von wirtschaft. Dienstleist. a. n. g.	1.420	2.407	22105,5	59,5	11,7	6,4
O	Erbringung von sons. öff. u. pers. Dienstl.	283	427	1165,6	3,7	0,3	0,8
		3.722	6.564	44.922	106,2	18,8	15,0

Steuerpflichtige (-): Anzahl Steuerpflichtige mit negativem Gesamtbetrag der Einkünfte; **Steuerpflichtige (+):** Anzahl Steuerpflichtige mit positivem Gesamtbetrag der Einkünfte; **Gesamt Einkünfte in Mio. €:** Gesamtbetrag der Einkünfte von Körperschaften mit positivem Ertrag; **Steuerbetrag in Mio. €:** festgesetzte Körperschaftsteuer von Körperschaften mit positivem Ertrag; **Steuerbetrag in Mio. € (Q_S):** festgesetzte Körperschaftsteuer von Körperschaften mit positivem Ertrag, die zu sportbezogenen Branchen der weiten Definition gehören auf Basis von $Q_{Steuerpflichtige}$ gebildet; **Steuerbetrag in Mio. € (Q_L):** festgesetzte Körperschaftsteuer von Körperschaften mit positivem Ertrag, die zu sportbezogenen Branchen der weiten Definition gehören auf Basis von $Q_{Leistungen}$ gebildet.

Tab. 14.8.8: Die Körperschaftsteuervolumina unbeschränkt Körperschaftsteuerpflichtiger der (im Sinne der weiten Definition) sportbezogenen Wirtschaftszweige (Datengrundlage: Statistisches Bundesamt, 2009c; 2009e, eigene Berechnung).

NACE Wirtschaftszweig	# Steuer-pflichtige (-)	# Steuer-pflichtigte (+)	Gesamt Einkünf-te in Mio. € € in Mio. €	Steuer-betrag in Mio. € € in Mio. €	Steuer-betrag in Mio. € (Q$_S$)	Steuer-betrag in Mio. € (Q$_L$)
15.8 Sonstiges Ernährungsgewerbe (ohne Getränkeherstellung)	1.044	1.868	1044,5	246,5	12,2	39,5
22.1 Verlagsgewerbe	2.057	3.336	576,9	116,0	116,0	116,0
22.2 Druckgewerbe	2.232	4.071	453,2	92,4	85,1	88,6
23.2 Mineralölverarbeitung	33	76	804,7	196,4	196,4	196,4
51.3 Großh. mit Nahrungsmitteln, Getränken und Tabakwaren	2.693	4.996	1.135,7	259,3	27,6	29,3
51.4 Großhandel mit Gebrauchs- und Verbrauchsgütern	6.374	10.586	2.765,2	586,0	114,7	179,5
52.2 Facheinzelh. Nahrungsmitteln, Getränken und Tabakwaren	1.485	2.195	132,9	26,2	11,9	12,4
52.4 Sonstiger Facheinzelhandel (in Verkaufsräumen)	16.151	22.615	2.080,8	434,7	32,9	53,8
55.1 Hotellerie	2.273	2.708	124,1	14,8	14,8	14,8
55.2 Sonstiges Beherbergungsgewerbe	536	463	19,5	2,8	0,5	0,3
55.3 Speisengeprägte Gastronomie	3.422	4.016	118,6	17,8	17,8	17,8
55.4 Getränkegeprägte Gastronomie	1.742	2.218	43,8	6,3	6,3	6,3
55.5 Kantinen und Caterer	651	886	58,4	11,3	11,3	11,3
60.1 Eisenbahnverkehr	89	101	23,7	3,6	0,0	0,0
60.2 Sonstiger Landverkehr	3.257	6.193	411,2	80,6	31,4	20,8
61.1 See- und Küstenschifffahrt	164	367	161,6	22,8	22,8	22,8
61.2 Binnenschifffahrt	130	255	40,7	8,0	4,8	6,1
62.1 Linienflugverkehr	37	52	26,2	6,0	6,0	6,0
62.2 Gelegenheitsflugverkehr	97	103	5,5	0,6	0,6	0,6
63.3 Reisebüros und Reiseveranstalter	2.234	3.201	206,7	41,2	41,2	41,2
65.2 Sonstige Finanzierungsinstitutionen	421	636	622,8	141,6	78,7	125,4
66.0 Versicherungsgewerbe	150	363	3.274,8	661,7	661,7	661,7
71.4 Vermietung von Gebrauchsgütern a. n. g	339	465	41,9	8,1	2,4	0,9
73.1 Forschung und Entwicklung im Bereich Natur-, Ingenieur-,	1.582	1.715	302,9	62,9	62,9	62,9
73.2 For. u. Entw. im Bereich Rechts-, Wirtschafts- u. Sozialwiss.	89	145	9,8	1,5	1,5	1,5
74.1 Rechts-, Steuer- und Unternehmensberatung, Wirtschaftspr.	35.339	101.395	15.330,1	2.997,7	2.693,5	1.113,2
92.1 Film- und Videofilmherstellung, -verleih und -vertrieb, Kinos	1.414	1.880	260,6	48,9	43,9	38,9
92.2 Rundfunkveranstalter, Herstellung v. Hörfunksendungen u.a.	277	393	269,3	56,3	56,3	56,3
92.4 Korrespondenz- und Nachrichtenbüros, selbst. Journalisten	151	185	18,6	3,7	3,7	3,7
92.7 Erbringung von son. Dienstleist. für Unterhaltung, Erholung	2.170	2.755	359,2	73,3	13,8	43,8
	88.633	180.238	30.724	6.229,1	4.372,7	2.935,1

Steuerpflichtige (-): Anzahl Steuerpflichtige mit negativem Gesamtbetrag der Einkünfte; **Steuerpflichtige (+)**: Anzahl Steuerpflichtige mit positivem Gesamtbetrag der Einkünfte; **Gesamt Einkünfte in Mio. €**: Gesamtbetrag der Einkünfte von Körperschaften mit positivem Ertrag; **Steuerbetrag in Mio. €**: festgesetzte Körperschaftsteuer von Körperschaften mit positivem Ertrag; **Steuerbetrag in Mio. € (Q$_S$)**: festgesetzte Körperschaftsteuer von Körperschaften mit positivem Ertrag, die zu sportbezogenen Branchen der weiten Definition gehören auf Basis von Q$_{Steuerpflichtige}$ gebildet; **Steuerbetrag in Mio. € (Q$_L$)**: festgesetzte Körperschaftsteuer von Körperschaften mit positivem Ertrag, die zu sportbezogenen Branchen der weiten Definition gehören auf Basis von Q$_{Leistungen}$ gebildet.

Tab. 14.8.9: Übersicht zu den berechneten Körperschaftsteueraufkommen in Abhängigkeit von der zugrunde gelegten Abgrenzung der Sportbranche (eigene Berechnung, Erläuterung siehe unten).

	Mehrwertsteuer 2008 in Mrd. Euro[*1]	Gewerbesteuer 2004 in Mrd. Euro[*2]	sportbezogener Anteil an Mehrwertsteuern[*3]	sportbezogener Anteil an Gewerbesteuern[*4]	durchschnittlicher sportbezogener Anteil[*5]	Körperschaftsteuer in 2004 in Mrd. Euro[*6]
Wirtschaftszweige der Kerndefinition						
Betrieb von Sportanlagen	0,101	0,011	0,08%	0,04%	0,06%	0,013
Sportverbände und Sportvereine	0,107	0,005	0,08%	0,02%	0,05%	0,011
Professionelle Sportmannschaften und Rennställe	0,046	0,007	0,03%	0,03%	0,03%	0,007
Selbst. Berufssportler/innen und -trainer/innen	0,019	0,003	0,01%	0,01%	0,01%	0,003
Sportpromotor u. sonst. professionelle Sportveranstalter	0,020	0,004	0,02%	0,01%	0,02%	0,003
Sportschulen und selbständige Sportlehrer/innen	0,055	0,002	0,04%	0,01%	0,02%	0,005
Summe	**0,348**	**0,033**	**0,26%**	**0,11%**	**0,19%**	**0,042**
zusätzliche Wirtschaftszweige der engen Definition						
Textil-, Schuh- und Artikelhandel	0,125	0,023	0,10%	0,08%	0,09%	0,019
Fitnessstudios	0,086	0,011	0,07%	0,04%	0,05%	0,011
Autowerkstätten	0,075	0,008	0,06%	0,03%	0,04%	0,009
Tankstellen	0,039	0,003	0,03%	0,01%	0,02%	0,005
Tanzschulen	0,020	0,000	0,02%	0,00%	0,01%	0,002
Textil-, Schuh- und Artikelproduktion	0,017	0,007	0,01%	0,03%	0,02%	0,004
Fahrräder	0,014	0,003	0,01%	0,01%	0,01%	0,002
Sportgeräte- und Fahrradverleih	0,009	0,004	0,01%	0,01%	0,01%	0,002
Flug-, Bootsführer- und Segelschulen	0,003	0,001	0,00%	0,00%	0,00%	0,001
Hochschulen	0,001	0,000	0,00%	0,00%	0,00%	0,000
Sonstige Wirtschaftszweige der engen Definition	0,251	0,090	0,19%	0,31%	0,25%	0,055
Summe	**0,639**	**0,150**	**0,49%**	**0,51%**	**0,50%**	**0,110**
zusätzlich Wirtschaftszweige der weiten Definition						
Zeitungen	0,081	0,016	0,06%	0,06%	0,06%	0,013
Fernsehen und Rundfunk	0,063	0,006	0,05%	0,02%	0,03%	0,008
Zeitschriften	0,061	0,016	0,05%	0,05%	0,05%	0,011
Beherbergungsgewerbe	0,049	0,002	0,04%	0,01%	0,02%	0,005
Bücher	0,007	0,001	0,01%	0,00%	0,01%	0,001
Wett-, Toto- und Lotteriewesen	0,002	0,000	0,00%	0,00%	0,00%	0,000
ÖPNV	-0,003	0,001	0,00%	0,00%	0,00%	0,000
Sonstige	1,203	0,120	0,91%	0,41%	0,66%	0,146
Summe	**1,462**	**0,163**	**1,11%**	**0,56%**	**0,84%**	**0,184**
gesamt in den jeweiligen Erhebungsjahren	**131,501**	**29,108**				**22,021**

*1 Dies sind die in Kapitel 2.1.1.1 berechneten sportbezogenen Mehrwertsteuern in Mrd. Euro
*2 Dies sind die in Kapitel 2.1.1.2 berechneten sportbezogenen Gewerbesteuern in Mrd. Euro
*3 Berechnet sich als Quotient aus den in der ersten Spalte aufgeführten sportbezogenen Mehrwertsteuern und dem gesamten Mehrwertsteueraufkommen in 2008 nach der Umsatzsteuerstatistik (131,501 Mrd. Euro)
*4 Berechnet sich als Quotient aus den in der zweiten Spalte aufgeführten sportbezogenen Gewerbesteuern und dem gesamten Gewerbesteueraufkommen in 2004 nach der Gewerbesteuerstatistik (29,108 Mrd. Euro)
*5 berechnet sich als arithmetisches Mittel der Werte aus den Spalten drei und vier
*6 berechnet sich als Produkt von durchschnittlichem sportbezogenen Anteil und den in der Körperschaftsteuerstatistik ausgewiesenen Körperschaftsteuern in 2004 (22,021 Mrd. Euro).

14.9 Zur Quantifizierung der Rennwett- und Lotteriesteuer

Tab. 14.9.1: Methode zur Quantifizierung der Rennwettumsätze / Rennwettsteuer.

Land	Bereich	Jahr	Autor	Daten	Methode
D	Pferderennwetten gesamt	2010	Goldmedia GmbH	Unternehmenskennzahlen und Interviews mit Unternehmen der Branche ohne genauere Spezifikation	angebotsorientierter Ansatz; Auswertung der Daten
D	Pferderennwetten gesamt	2010	Schneider & Maurhart	Trabtipp Data: Statistik der Umsätze der Deutschen Traberliga International e.V. aus dem Handelsblatt und sport1.de sowie Umfrage unter Buchmachern	angebotsorientierter Ansatz; stichprobenhafte Erhebung der Buchmacherumsätze
D	Pferderennwetten gesamt	2008	MKW Wirtschafts- forschung GmbH	Archiv und Informationsstelle der deutschen Lotto- und Totounternehmen	angebotsorientierter Ansatz; Auswertung der Daten
D	Pferderennwetten gesamt	2008	Meyer	Archiv und Informationsstelle der deutschen Lotto- und Totounternehmen; Institut für Wirtschaftsforschung; eigene Erhebung	angebotsorientierter Ansatz; Auswertung der Daten
D	Pferdewetten inkl. Fußballtoto und RennQuintett	2000	Meyer & Ahlert	Statistisches Bundesamt Fachserie 18, Reihe 2: Input-Output Tabellen 1986/88/90/91/93; Statistisches Bundesamt Fachserie 15, Wirtschaftsrechnungen Einkommens- und Verbrauchsstichprobe 1993, Heft 4: Einnah- men und Ausgaben privater Haushalte; Statistisches Bundesamt: Systematik der Einnahmen und Ausgaben der privaten Haushalte	nachfrageorientierter Ansatz; Berechnung der Ausgaben privater Haushalte für Sportwet- ten; Zuordnung anhand der erstellten Input-Output Tabelle
D	Pferderennwetten inkl. Fußballtoto und RennQuintett	1999	Leonhardt	Geschäftsberichte des Toto Lotto Blocks zum RennQuintett	angebotsorientierter Ansatz; Auswertung der Geschäftsberichte
D	Pferdewetten inkl. Fußballtoto und RennQuintett	1995	Weber et al.	Befragung der Lotto- und Totogesellschaften (RennQuintette); des Hauptverbandes für Traber-Zucht und Rennen sowie das Direkto- rium für Vollblutzucht und Rennen;	nachfrageorientierter und angebotsorientierter Ansatz; Auswertung der Daten

Tab. 14.9.2: Zur Quantifizierung der Rennwett- und Lotteriesteuer relevante Sekundärdatenquellen in der Übersicht.

Datenbeschreibung				Erhebungsmethodik			Evaluation			
Name	Anbieter	Inhalt allgemein	Inhalt projektspezifisch	Art der Erhebung	Stichprobe	Turnus Time Lag	REP	REL	VAL	SZ / DZ
Geschäftsberichte der Lottogesellschaften	Lottogesellschaften	Bericht über das Geschäftsjahr der Lottobetriebe	Angaben über Umsätze und Anteile der Sportwetten der Lotto Toto Betriebe; Angaben über gezahlte Steuern; Angaben über gezahlte Glücksspielabgaben	n.a.	./.	jährlich; zeitlichen Verzögerung von mehreren Monaten	ja	ja	ja	ja / nein
Steuereinnahmen der Bundesländer	Statistisches Bundesamt	Steuereinnahmen der Bundesländer; aufgelistet nach Quartalen und Steuerarten	Angaben der Lotteriesteuern, Totalisatorsteuern und anderer Rennwettsteuern	Elektronische oder schriftliche Meldungen d. Gemeinden/Gemeindeverbände an die Statistischen Ämter der Länder bzw. Bund und Länder an das Bundesministerium der Finanzen. Zusammenführung durch Statistisches Bundesamt	./.	Berichtszeitraum: Bund/Länder monatlich; Gemeinden vierteljährlich Veröffentlichung: 5 Monate nach Berichtszeitraum	ja	ja	ja	ja / ja
Volkswirtschaftliche Gesamtrechnung	Statistisches Bundesamt	Umfassende, quantitative Darstellung der wissenschaftlichen Entwicklung	Auskunft über Dienstleistungsentgelte der Wettanbieter	Gesamtrechnungssystem sowie Saisonbereinigung mit anschließender Verkettung der einzelnen Daten	Stichproben der verwendeten Statistiken	vierteljährlich und jährlich	ja	ja	ja	ja / ja

n.a. nicht angegeben; ./. nicht möglich; REP: Repräsentativität; REL: Reliabilität; VAL: Validität; SZ: Studienzugang; DZ: Datenzugangsmöglichkeiten.

14.10 Zur Quantifizierung der Beiträge zur Sozialversicherung

Tab. 14.10.1: Basistabelle zur Berechnung der Beiträge zur Sozialversicherung der (im Sinne der engen Definition) sportbezogenen Wirtschaftszweige (Datengrundlage zur Berechnung der Quoten ist die Umsatzsteuerstatistik; Datengrundlage der Sozialabgaben: siehe Tabelle 14.7.3 im Anhang).

NACE	Wirtschaftszweige	(1) Sozialabgaben Arbeitgeber insgesamt in Mio. €	(2) Quote$_{Steuerpflichtig}$[1] zur Berechnung des Anteils sportrelevanter WZ	(3) Quote $_{Lieferungen und Leistungen}$[1] zur Berechnung des Anteils sportrelevanter WZ	(4) Anteilig berechnete Sozialabgaben der Arbeitgeber mit der Quote$_{Steuerpflichtige}$ in Mio. €	(5) Anteilig berechnete Sozialabgaben der Arbeitgeber mit der Quote$_{Lieferungen und Leistungen}$ Mio. €	(4) Anteilig berechnete Sozialabgaben der Arbeitgeber und Arbeitnehmer mit der Quote$_{Steuerpflichtige}$ in Mio. €	(5) Anteilig berechnete Sozialabgaben der Arbeitgeber und Arbeitnehmer mit der Quote $_{Lieferungen und Leistungen}$ Mio. €
01.22	Haltung von Schafen, Ziegen, Pferden und Eseln	1.748*² *⁵ *¹⁰	0,023	0,011	40	19	80	38
01.41.1	Erbringung von Dienstleistungen f. d. Pflanzenbau	1.748*² *⁵ *¹⁰	0,039	0,062	68	108	136	217
01.41.2	Garten- und Landschaftsbau	1.956*² *⁵ *¹⁰	0,206	0,183	403	358	806	716
01.42	Erbringung v. landw. Dienstleist. f. d. Tierhaltung	1.748*² *⁵ *¹⁰	0,016	0,025	28	44	56	87
17.40	H. v. konfektion. Textilwaren (ohne Bekleidung)	67*¹⁵ *¹⁶	1	1	67	67	134	134
17.52	Herstellung von Seilerwaren	4*¹⁵ *¹⁶	1	1	4	4	8	8
18.21	Herstellung von Arbeits- und Berufsbekleidung	9*¹⁵ *¹⁶	1	1	9	9	18	18
18.22	H. v. Oberbekleidg. (oh. Arbeits-u. Berufsbekleidg.)	168*¹⁵ *¹⁶	1	1	168	168	336	336
18.23	Herstellung von Wäsche	54*¹⁵ *¹⁶	1	1	54	54	108	108
18.24.1	Herstellung von Sportbekleidung	20*¹⁵ *¹⁶	0,374	0,578	7	12	15	23
18.24.2	H. v. Hüten und sonstigen Kopfbedeckungen	20*¹⁵ *¹⁶	0,084	0,056	2	1	3	2
18.24.3	H. v. Bekleidung, Bekleidungszubehör f. Kleinkind.	20*¹⁵ *¹⁶	0,119	0,034	2	1	5	1
18.24.4	H. v. sonst. gewirkten u. gestr. Fertigerzeugnissen	20*¹⁵ *¹⁶	0,096	0,047	2	1	4	2
18.24.5	Herstellung von Bekleidungszubehör ang.	20*¹⁵ *¹⁶	0,327	0,284	7	6	13	11
19.20	Lederverarb. (oh. H. v. Lederbekl. u. Schuhen)	15*¹⁵ *¹⁶	1	1	15	15	30	30
19.30	Herstellung von Schuhen	106*¹⁵ *¹⁶	1	1	106	106	212	212
24.42	H. v. pharmaz. Spezialit. u. sonst. Erzeugnissen	1.503*¹⁵ *¹⁶	1	1	1.503	1.503	3.006	3.006
25.11	Herstellung von Bereifungen	226*¹⁵ *¹⁶	1	1	226	226	452	452
28.75.3	Herstellung von Metallwaren ang.	371*¹⁵ *¹⁶	0,937	0,879	348	326	695	652
29.60	Herstellung von Waffen und Munition	173*¹⁵ *¹⁶	1	1	173	173	346	346
33.10.3	Herstellung von orthopädischen Erzeugnissen	843*¹⁵ *¹⁶	0,119	0,111	100	94	201	187
33.40.1	Herstellung von augenoptischen Erzeugnissen	281*¹⁵ *¹⁶	0,465	0,168	131	47	261	94
33.50	Herstellung von Uhren	23*¹⁵ *¹⁶	1	1	23	23	46	46
34.10	H. von Kraftwagen und Kraftwagenmotoren	6.001*¹⁵ *¹⁶	1	1	6.001	6.001	12.002	12.002
34.20	H. von Karosserien, Aufbauten u. Anhängern	314*¹⁵ *¹⁶	1	1	314	314	628	628
35.12	Boots- und Yachtbau	52*¹⁵ *¹⁶	1	1	52	52	104	104
35.30	Luft- und Raumfahrzeugbau	1.038*¹⁵ *¹⁶	1	1	1.038	1.038	2.076	2.076
35.41	Herstellung von Krafträdern	37*¹⁵ *¹⁶	1	1	37	37	74	74
35.42	Herstellung von Fahrrädern	19*¹⁵ *¹⁶	1	1	19	19	38	38
235.43	Herstellung von Behindertenfahrzeugen	12*¹⁵ *¹⁶	1	1	12	12	24	24
35.50	Fahrzeugbau, anderweitig nicht genannt	25*¹⁵ *¹⁶	1	1	25	25	50	50
36.40	Herstellung von Sportgeräten	24*¹⁵ *¹⁶	1	1	24	24	48	48
36.50	Herstellung von Spielwaren	76*¹⁵ *¹⁶	1	1	76	76	152	152
45.21	Hochbau, Brücken- und Tunnelbau u.Ä.	2.459*¹⁵ *³	1	1	2.459	2.459	4.918	4.918
45.23.1	Bau von Straßen, Rollbahnen und Sportanlagen	615*¹⁵ *³	1	1	615	615	1.230	1.230
45.24	Wasserbau	7.129*¹⁵ *³	0,035	0,006	250	43	499	86
50.10.1	Handelsvermittlung von Kraftwagen	1.878*⁴	0,118	0,049	222	92	443	184
50.10.2	Großhandel mit Kraftwagen	1.878*⁴	0,048	0,293	90	550	180	1101

50.10.3	Einzelhandel mit Kraftwagen	1.878*⁴	0,835	0,658	1.568	1.236	3.136	2.471
50.20	Instandhaltung und Reparatur von Kraftwagen	792*⁴	1	1	792	792	1.584	1.584
50.30	Handel mit Kraftwagenteilen und –zubehör	528*⁴	1	1	528	528	1.056	1.056
50.40	Ha. m. Krädern, Teilen u. Zubeh.; Instandh. u. Rep.	56*⁴	1	1	56	56	112	112
50.50	Tankstellen	156*⁴	1	1	156	156	312	312
51.11	HV. v. landw. Grundstf.,leb. Tieren, text. Rohstf. usw.	213*⁴	0,023	0,021	5	4	10	9
51.16	HV. v. Textilien, Bekleidung, Schuhen u. Lederwar.	213*⁴	0,083	0,071	18	15	35	30
51.18	Handelsvermittlung von Waren, ang.	213*⁴	0,283	0,317	60	68	121	135
51.23	Großhandel mit Rennsportpferden	51*⁴	1	1	51	51	102	102
51.41	Großhandel mit Textilien	68*⁴	1	1	68	68	136	136
51.42	Großhandel mit Bekleidung und Schuhen	187*⁴	1	1	187	187	374	374
51.46.1	Großhandel mit pharmazeutischen Erzeugnissen	584*⁴	1	1	584	584	1.168	1.168
51.46.2	Gh. m. medizin. u. orthopäd. Artikeln u. Laborbedarf	212*⁴	1	1	212	212	424	424
51.47.3	Gh. m. Fahrrädern,-teilen u. -zubeh.,Sport-u.ä. Art.	49*⁴	1	1	49	49	98	98
51.47.7	Gh. mit feinmech.,Foto-u. optischen Erzeugnissen	120*⁴	1	1	120	120	240	240
51.51	Gh. m. festen Brennstoffen u. Mineralölerzeug.	172*⁴	1	1	172	172	344	344
52.11	Eh. mit Waren versch. Art, Nahrungsm. usw.	2.637*⁴	1	1	2.637	2.637	5.274	5.274
52.12	Sonst. Einzelhandel mit Waren verschiedener Art	646*⁴	1	1	646	646	1.292	1.292
52.31	Apotheken	656*⁴	1	1	656	656	1.312	1.312
52.32	Einzelhandel mit med. u. orthopädischen Artikeln	171*⁴	1	1	171	171	342	342
52.42	Einzelhandel mit Bekleidung	883*⁴	1	1	883	883	1.766	1.766
52.43.1	Einzelhandel mit Schuhen	244*⁴	1	1	244	244	488	488
52.43.2	Einzelhandel mit Leder- und Täschnerwaren	24*⁴	1	1	24	24	48	48
52.47.3	Eh. mit Unterhaltungszeitschriften und Zeitungen	15*⁴	1	1	15	15	30	30
52.48	Eh. m. Tapeten, Geschenkart., Uhren, Spielw. usw	238*⁴	1	1	238	238	476	476
52.61	Versandhandel	360*⁴	1	1	360	360	720	720
52.63	Sonstiger Einzelhandel (nicht in Verkaufsräumen)	143*⁴	1	1	143	143	286	286
52.74.1	Reparatur von Fahrrädern	80*⁴	0,022	0,019	2	2	4	3
71.40.2	Verleih von Sportgeräten und Fahrrädern	109*²*¹⁰*¹²	0,116	0,031	13	3	25	7
80.10	Kindergärten, Vor- und Grundschulen	7.974*²*¹⁰*¹²	0,011	0,047	88	375	175	750
80.20	Weiterführende Schulen	11.559*²*¹⁰*¹²	0,011	0,159	127	1.838	254	3.676
80.30	Hochschulen u.a. Bild.einrichtg. d. Tertiärbereichs	12.167*²*¹⁰*¹²	0,015	0,016	183	195	365	389
80.41.2	Flug-, Bootsführer-, Segel- u.ä. Schulen	10*⁶	1	1	10	10	20	20
85.11	Krankenhäuser	31.381*²	0,028	0,496	879	15.565	1.757	31.130
85.12	Arztpraxen (ohne Zahnarztpraxen)	1.197*⁷	1	1	1.197	1.197	2.394	2.394
85.14	Gesundheitswesen, anderweitig nicht genannt	571*⁸	1	1	571	571	1142	1.142
85.20.1	Tierarztpraxen	50*⁷	1	1	50	50	100	100
85.20.2	Sonst. selbständige Tätigkeiten i. Veterinärwesen	31.381*²*¹⁰*¹⁴	0,013	0,001	408	31	816	63
92.34.1	Tanzschulen	1.311*²*¹⁰*¹³	0,014	0,004	18	5	37	10
92.72.1	Garten- und Grünanlagen	2.141*²*¹⁰*¹⁴	0,012	0,005	26	11	51	21
92.72.2	Erbrg. v. sonst. Dienstleist. f. Unterhaltg. u.ä. ang.	962*²*¹⁰*¹³	0,076	0,046	73	44	146	89
93.04	Saunas, Solarien, Fitnesszentren u.Ä.	38*⁹	1	1	38	38	76	76
							58.086	**89.941**

*1 Umsatzsteuerstatistik (Statistisches Bundesamt, 2009b)
*2 Bruttolöhne und -gehälter (Spalte 4) kalkuliert als Produkt aus monatlichem Bruttoverdienst in € (Spalte 1) multipliziert mit 12 und Beschäftigten (Spalte 2); Sozialabgaben (Spalte 5) berechnet aus Bruttolöhnen und -gehältern (Spalte 4) /0,8*0,2
*3 Statistisches Jahrbuch 2009 (Statistisches Bundesamt, 2009d)
*4 Fachserie 6 Reihe 4 (Statistisches Bundesamt, 2008b)
*5 Tarifdatenbank des Statistischen Bundesamtes
*6 Fachserie 2 Reihe 1.6.5 (Statistisches Bundesamt, 2009j)
*7 Fachserie 2 Reihe 1.6.1 (Statistisches Bundesamt, 2009h)
*8 Fachserie 2 Reihe 1.6.6 (Statistisches Bundesamt, 2009k)
*9 Fachserie 2 Reihe 1.6.3 (Statistisches Bundesamt, 2009i)
*10 Statistisches Jahrbuch 2008 (Statistisches Bundesamt, 2008a)
*11 Fachserie 9 Reihe 2 (Statistisches Bundesamt, 2008d)
*12 Verdienste und Arbeitskosten 2006 (Statistisches Bundesamt, 2008c)
*13 Statistisches Jahrbuch 2010 (Statistisches Bundesamt, 2010j)
*14 Verdienste und Arbeitskosten 2008 (Statistisches Bundesamt, 2008g)
*15 Fachserie 4, Reihe 4.1.1(Statistisches Bundesamt, 2009f)
*16 Sozialabgaben (Spalte 5) berechnet aus Bruttolöhnen und -gehältern (Spalte 4) /0,8*0,2

Tab. 14.10.2: Basistabelle zur Berechnung der Beiträge zur Sozialversicherung der (im Sinne der weiten Definition) sportbezogenen Wirtschaftszweige (Datengrundlage zur Berechnung der Quoten ist die Umsatzsteuerstatistik; Datengrundlage der Sozialabgaben: siehe Tabelle 14.7.4 im Anhang).

NACE	Wirtschaftszweige	(1) Sozialabgaben Arbeitgeber insgesamt in Mio. €	(2) Quote$_{Steuerpflichtige}$ zur Berechnung des Anteils sportrelevanter WZ	(3) Quote $_{Lieferungen und Leistungen}$[1] zur Berechnung des Anteils sportrelevanter WZ	(4) Anteilig berechnete Sozialabgaben der Arbeitgeber mit der Quote$_{Steuerpflichtige}$ in Mio. €	(5) Anteilig berechnete Sozialabgaben der Arbeitgeber mit der Quote$_{Lieferungen und Leistungen}$ Mio. €	(4) Anteilig berechnete Sozialabgaben der Arbeitgeber und Arbeitnehmer mit der Quote$_{Steuerpflichtige}$ in Mio. €	(5) Anteilig berechnete Sozialabgaben der Arbeitgeber und Arbeitnehmer mit der Quote$_{Lieferungen und Leistungen}$ Mio. €
15.88	Herst. v. homogenis. u. diätetisch. Nahrungsmitteln	32*[10] *[12]	1	1	32	32	64	64
15.89	Herst. von sonst. Nahrungsmitteln (oh. Getränke)	153*[10] *[12]	1	1	153	153	306	306
22.11	Verlegen von Büchern	208*[9] *[10] *[11]	1	1	208	208	416	416
22.12	Verlegen von Zeitungen	582[9] *[10] *[11]	1	1	582	582	1164	1164
22.13	Verlegen von Zeitschriften	240[9] *[10] *[11]	1	1	240	240	480	480
22.14	Verlegen von bespielten Tonträgern u. Musikalien	13*[10] *[12]	1	1	13	13	26	26
22.15	Sonstiges Verlagsgewerbe	21[9] *[10] *[11]	1	1	21	21	42	42
22.21	Drucken von Zeitungen	81*[10] *[12]	1	1	81	81	162	162
22.22	Drucken anderer Druckerzeugnisse	563*[10] *[12]	1	1	563	563	1126	1126
22.23	Druckweiterverarbeitung	54*[10] *[12]	1	1	54	54	108	108
22.24	Druck- und Medienvorstufe	55*[10] *[12]	1	1	55	55	110	110
23.20	Mineralölverarbeitung	276*[10] *[12]	1	1	276	276	552	552
51.38.3	Großhandel mit Nahrungsmitteln, ang.	126*[4]	1	1	126	126	252	252
51.43	Gh. mit elektr. Haush-. u. Unterhaltungsgerät. usw.	590*[4]	1	1	590	590	1180	1180
51.47.2	Großhandel mit Spielwaren u. Musikinstrumenten	37*[4]	1	1	37	37	74	74
52.25	Einzelhandel mit Getränke	104*[4]	1	1	104	104	208	208
52.27	Sonstiger Facheinzelhandel mit Nahrungsmitteln	54*[4]	1	1	54	54	108	108
52.45.2	Eh. m. Gerät. der Unterhaltg.elektr. und Zubehör	164*[4]	1	1	164	164	328	328
52.47.2	Einzelhandel mit Büchern und Fachzeitschriften	120*[4]	1	1	120	120	240	240
52.47.3	Eh. m. Unterhaltungszeitschriften u. Zeitungen	15*[4]	1	1	15	15	30	30
55.10	Hotellerie	1.020*[5] *[12]	1	1	1020	1020	2040	2040
55.21	Jugendherbergen und Hütten	106*[5] *[12]	0,03	0,075	3	8	6	16
55.22	Campingplätze	106*[5] *[12]	0,154	0,170	16	18	33	36
55.23	Beherbergungsgew., anderweitig nicht genannt	106*[5] *[12]	0,817	0,754	87	80	173	160
55.30	Speisengeprägte Gastronomie	1.269*[5] *[12]	1	1	1269	1269	2538	2538
55.40	Getränkegeprägte Gastronomie	243*[5] *[12]	1	1	243	243	486	486
55.51	Kantinen	381*[5] *[12]	0,421	0,314	160	120	321	239
55.52	Caterer	381*[5] *[12]	0,579	0,687	221	262	441	523
60.10	Eisenbahnverkehr	614*[2] *[13]	1	1	614	614	1228	1228
60.21	Personenbeförderung im Linienverkehr zu Land	2.924*[2] *[13]	0,056	0,156	164	456	327	912
60.22	Betrieb von Taxis und Mietwagen mit Fahrer	2.924*[2] *[5] *[13]	0,300	0,072	877	211	1754	421
60.23	Sonstige Personenbeförderung im Landverkehr	2.924*[2] *[13]	0,034	0,030	99	88	199	175
61.10	See- und Küstenschifffahrt	150*[2] *[5] *[13]	1	1	150	150	300	300
61.20.1	Personenbeförderung in der Binnenschifffahrt	60*[2] *[5] *[13]	0,268	0,137	16	8	32	16
61.20.2	Güterbeförderung i.d. Binnenschifff. d. Reedereien	60*[2] *[13]	0,332	0,622	20	37	40	75
62.10	Linienflugverkehr	1.193*[2] *[13]	1	1	1193	1193	2386	2386
62.20	Gelegenheitsflugverkehr	1.239*[2] *[5] *[13]	0,769	0,147	953	182	1906	364
63.30	Reisebüros und Reiseveranstalter	290*[2] *[5] *[13]	1	1	290	290	580	580
65.21	Institutionen für Finanzierungsleasing	7.976*[3] *[9] *[11]	0,165	0,280	1316	2233	2632	4467
66.01	Lebensversicherungen	2.483*[3] *[9] *[11]	0,215	0,114	534	283	1068	566

66.02	Pensions- und Sterbekassen	1.589*³ *⁹ *¹¹	0,279	0,099	443	157	887	315
66.03.1	Schaden- und Unfallversicherungen	2.483*³ *⁹ *¹¹	0,087	0,021	216	52	432	104
66.03.2	Krankenversicherungen	2.199*³ *⁹ *¹¹	0,370	0,283	814	622	1627	1245
66.03.3	Rückversicherung. f. d. sonst. Versicherungsgew.	2.483*³ *⁹ *¹¹	0,049	0,482	122	1197	243	2394
71.40.4	Videotheken	109*⁶	0,108	0,299	12	33	24	65
73.1	Forschg. u. Entwicklg. i. B. Natur-u.ä.Wissenschaft.	769*⁶	1	1	769	769	1538	1538
73.2	Forschg. und Entwicklg. i.B.Geisteswissenschaft.	64*⁶	1	1	64	64	128	128
74.11	Rechtsberatung	811*⁶	1	1	811	811	1622	1622
74.12	Wirtsch.-u. Buchprüf., Steuerberatg.,Buchführg.	1.816*⁶	1	1	1816	1816	3632	3632
74.14.1	Unternehmensberatung	933*⁶	0,953	0,967	889	902	1778	1804
74.14.2	Public-Relations-Beratung	933*⁶	0,047	0,033	44	31	88	62
92.11	Film- und Videofilmherstellung	91*⁷	1	1	91	91	182	182
92.12	Filmverleih und Videoprogrammanbieter	11*⁷	1	1	11	11	22	22
92.20.1	Rundfunkveranstalter	96*⁷	0,357	0,832	34	80	69	160
92.20.2	Herstellung von Hörfunk- u. Fernsehprogrammen	96*⁷	0,644	0,168	62	16	124	32
92.40	Korrespondenz-,Nachrichtenbüros, selbst.Journal	4.245*³ *⁸ *¹¹	0,087	0,046	369	195	739	391
92.71.3	Wett-, Toto- und Lotteriewesen	2.195*³ *⁸ *¹¹	0,016	0,189	35	415	70	830
							38.670	39.030

*1 Umsatzsteuerstatistik (Statistisches Bundesamt, 2009b)
*2 Sozialabgaben (Spalte 5) berechnet aus Personalkosten (Spalte 3) *0,2
*3 Statistisches Jahrbuch 2008 (Statistisches Bundesamt, 2008a)
*4 Fachserie 6 Reihe 4 (Statistisches Bundesamt, 2008b)
*5 Statistisches Jahrbuch 2009 (Statistisches Bundesamt, 2009d)
*6 Fachserie 9 Reihe 2 (Statistisches Bundesamt, 2008d)
*7 Fachserie 2 Reihe 1.6.9 (Statistisches Bundesamt, 2009l)
*8 Tarifdatenbank des Statistischen Bundesamtes
*9 Verdienste und Arbeitskosten 2006 (Statistisches Bundesamt, 2008c)
*10 Fachserie 4, Reihe 4.1.1(Statistisches Bundesamt, 2009f)
*11 Bruttolöhne und -gehälter (Spalte 4) kalkuliert als Produkt aus monatlichem Bruttoverdienst in € (Spalte 1) multipliziert mit 12 und Beschäftigten (Spalte 2); Sozialabgaben (Spalte 5) berechnet aus Bruttolöhnen und -gehältern (Spalte 4) /0,8*0,2
*12 Sozialabgaben (Spalte 5) berechnet aus Bruttolöhnen und -gehältern (Spalte 4) /0,8*0,2
*13 Bruttolöhne und -gehälter berechnet aus Personalkosten*0,8

Tab. 14.10.3: Übersicht zu den auf Basis der Varianten 1 und 2 berechneten Sozialbeiträge in Abhängigkeit von der zugrunde gelegten Abgrenzung der Sportbranche (eigene Berechnung, Erläuterung siehe unten).

	Mehrwertsteuer 2008 in Mrd. Euro *1	Gewerbesteuer 2004 in Mrd. Euro *2	sportbezogener Anteil an Mehrwertsteuern *3	sportbezogener Anteil an Gewerbesteuern *4	durchschnittlicher sportbezogener Anteil *5	Variante 1 Lohnsteuer 2010 in Mrd. Euro (einschl. Soli) *6	Variante 2 Lohnsteuer 2010 in Mrd. Euro (einschl. Soli) *7	verwendete Lohnsteuer 2010 in Mrd. Euro (einschl. Soli) *8
Wirtschaftszweige der Kerndefinition								
Betrieb von Sportanlagen	0,101	0,011	0,08%	0,04%	0,06%	0,225		0,225
Sportverbände und Sportvereine	0,107	0,005	0,08%	0,02%	0,05%	0,197	0,255	0,226
Professionelle Sportmannschaften und Rennställe	0,046	0,007	0,03%	0,03%	0,03%	0,119	0,141	0,130
Selbst. Berufssportler/innen und -trainer/innen	0,019	0,003	0,01%	0,01%	0,01%	0,049		0,049
Sportpromotor u. sonst. professionelle Sportveranstalter	0,020	0,004	0,02%	0,01%	0,02%	0,059		0,059
Sportschulen und selbständige Sportlehrer/innen	0,055	0,002	0,04%	0,01%	0,02%	0,094	0,089	0,092
Summe	0,348	0,033	0,26%	0,11%	0,19%	0,744		**0,781**
zusätzliche Wirtschaftszweige der engen Definition								
Textil-, Schuh- und Artikelhandel	0,125	0,023	0,10%	0,08%	0,09%	0,341	0,248	0,294
Fitnessstudios	0,086	0,011	0,07%	0,04%	0,05%	0,204	0,076	0,140
Autowerkstätten	0,075	0,008	0,06%	0,03%	0,04%	0,164	0,000	0,082
Tankstellen	0,039	0,003	0,03%	0,01%	0,02%	0,081	0,035	0,058
Tanzschulen	0,020	0,000	0,02%	0,00%	0,01%	0,031	0,024	0,027
Textil-, Schuh- und Artikelproduktion	0,017	0,007	0,01%	0,03%	0,02%	0,076	0,046	0,061
Fahrräder	0,014	0,003	0,01%	0,01%	0,01%	0,038	0,073	0,055
Sportgeräte- und Fahrradverleih	0,009	0,004	0,01%	0,01%	0,01%	0,040	0,016	0,028
Flug-, Bootsführer- und Segelschulen	0,003	0,001	0,00%	0,00%	0,00%	0,010	0,020	0,015
Hochschulen	0,001	0,000	0,00%	0,00%	0,00%	0,001	0,003	0,002
Sonstige Wirtschaftszweige der engen Definition	0,251	0,090	0,19%	0,31%	0,25%	0,986	2,423	1,705
Summe	0,639	0,150	0,49%	0,51%	0,50%	1,971	2,963	**2,467**
zusätzlich Wirtschaftszweige der weiten Definition								
Zeitungen	0,081	0,016	0,06%	0,06%	0,06%	0,232	0,184	0,208
Fernsehen und Rundfunk	0,063	0,006	0,05%	0,02%	0,03%	0,136	0,028	0,082
Zeitschriften	0,061	0,016	0,05%	0,05%	0,05%	0,197	0,111	0,154
Beherbergungsgewerbe	0,049	0,002	0,04%	0,01%	0,02%	0,090	0,070	0,080
Bücher	0,007	0,001	0,01%	0,00%	0,01%	0,020	0,012	0,016
Wett-, Toto- und Lotteriewesen	0,002	0,000	0,00%	0,00%	0,00%	0,006	0,010	0,008
ÖPNV	-0,003	0,001	0,00%	0,00%	0,00%	0,001	0,013	0,007
Sonstige	1,203	0,120	0,91%	0,41%	0,66%	2,610	1,794	2,202
Summe	1,462	0,163	1,11%	0,56%	0,84%	3,291	2,223	**2,757**
gesamt in den jeweiligen Erhebungsjahren	131,501	29,108				393,65	393,65	393,65

*1 Dies sind die in Kapitel 2.1.1.1 berechneten sportbezogenen Mehrwertsteuern in Mrd. Euro
*2 Dies sind die in Kapitel 2.1.1.2 berechneten sportbezogenen Gewerbesteuern in Mrd. Euro
*3 Berechnet sich als Quotient aus den in der ersten Spalte aufgeführten sportbezogenen Mehrwertsteuern und dem gesamten Mehrwertsteueraufkommen in 2008 nach der Umsatzsteuerstatistik (131,501 Mrd. Euro)
*4 Berechnet sich als Quotient aus den in der zweiten Spalte aufgeführten sportbezogenen Gewerbesteuern und dem gesamten Gewerbesteueraufkommen in 2004 nach der Gewerbesteuerstatistik (29,108 Mrd. Euro)
*5 berechnet sich als arithmetisches Mittel der Werte aus den Spalten drei und vier
*6 berechnet sich als Produkt von durchschnittlichem sportbezogenen Anteil und den in der VGR ausgewiesenen tatsächlichen Sozialbeiträgen von 2010 (393,65 Mrd. Euro).
*7 berechnet mit Hilfe der Tabellen 14.10.1 und 14.10.2 sowie den sportbezogenen Quoten (Anhang 14.3) (in Mrd. Euro).
*8 berechnet als arithmetisches Mittel der durch Varianten 1 und 2 ermittelten Sozialbeiträge 2010 (in Mrd. Euro).

14.11 Zur Quantifizierung der Einnahmen und Ausgaben

Tab. 14.11.1: Die für den Sport relevanten Teile der Haushaltspläne der Bundesländer.

Bundesland	zuständige Ministerien	Relevanter Teil des Haushaltsplans	Kapitel
Baden-Württemberg	Ministerium für Kultus, Jugend und Sport des Landes Baden-Württemberg	Einzelplan 04 Ministerium für Kultus, Jugend und Sport	Kapitel 0460 "Sportförderung" (S. 215 bzw. PDF 1013)
Bayern	Bayerisches Staatsministerium für Unterricht und Kultus	Einzelplan 05 für den Geschäftsbereich des Ministeriums für Unterricht und Kultus sowie vereinzelte Zahlen in den Einzelplänen 13 u. 15	Kapitel 05 04/90 "Schulsport" (S. 93) Kapitel 05 04/91 „Zuwendungen an Landessportbund, Sportverbände, Sportgruppen, usw." (S. 95)
Berlin	Senatsverwaltung für Inneres und Sport	Einzelplan 05 Inneres und Sport	Kapitel 05/10 „Sport" (S. 37) 05/11 "Olympiapark" (S. 55) 05/12 "Sportforum" (S. 63)
Brandenburg	Ministerium für Bildung, Jugend und Sport	Einzelplan 05 Ministerium für Bildung, Jugend und Sport	Kapitel 05 810 "Förderung des Sports" (S. 185 bzw. 195)
Bremen	Senator für Inneres und Sport	Finanzplan 2009-2013	"Personalausgaben Sport" (S. 42) "Konsumtive Ausgaben Sport" (S. 46) "Investive Ausgaben Sport" (S. 52)
Hamburg	Senator des Innern	Einzelplan 3.3 Behörde für Kultur, Sport und Medien	Kapitel 3770 "Sportförderung" (S. 28) Kapitel 3780 "Sportstätten" (S. 30)
Hessen	Hessisches Ministerium des Innern und für Sport	Hessisches Ministerium des Innern und für Sport	Kapitel 03 05 "Sportförderung" (S. 142)
Mecklenburg-Vorpommern	Innenministerium Mecklenburg-Vorpommern	Funktion 3 Gesundheit, Umwelt, Sport und Erholung	Funktion 32 Sport und Erholung (S. 94)
Niedersachsen	Niedersächsisches Ministerium für Inneres und Sport	Einzelplan 03: Ministerium für Inneres, Sport und Integration	Kapitel 0331 „Sportförderung" (S. 4 bzw. 188)
Nordrhein-Westfalen	Ministerium für Familie, Kinder, Jugend, Kultur und Sport	03 Innenministerium	Kap 03 500 „Förderung des Sports" (S. 302)
Rheinland-Pfalz	Ministerium des Innern und für Sport	Einzelplan 03 Ministerium des Innern und für Sport	Anlage zu Kapitel 03 02 (S. 60)
Saarland	Ministerium für Arbeit, Familie, Prävention, Soziales Inneres und Sport	05 Ministerium für Arbeit, Familie, Prävention, Soziales und Sport	Kapitel 05 02 Titelgruppe 93 „Allgemeine Förderung des Sports" (S. 27)
Sachsen	Sächsisches Staatsministerium für Kultus und Sport	Gesamtplan Staatsministerium des Innern	Kapitel 32 Titel 323 „Sportstätten" (S. 80) Titel 324 „Förderung des Sports" (S. 80)
Sachsen-Anhalt	Ministerium für Gesundheit und Soziales	Einzelplan 05 Ministerium für Gesundheit und Soziales	Kapitel 0518 „Sport" (S. 177) Kapitel 0521 „Sportförderung" (S. 183)
Schleswig-Holstein	Innenministerium	Einzelplan 04 Innenministerium	Kapitel 04 02 „Sport" (S. 33 und S. 139)
Thüringen	Thüringer Ministerium für Soziales, Familie und Gesundheit	Einzelplan 08 Thüringer Ministerium für Soziales, Familie und Gesundheit	Kapitel 08 35 „Sportförderung" (S. 154)

Tab 14.11.2 Sportbezogene Einnahmen und Ausgaben der Länder in 1.000 Euro (*Anmerkung:* Funktion steht für die Nummer, die den Verwaltungsvorschriften folgend den staatlichen Aufgabenbereichen zugeordnet werden; eigene Berechnung auf Basis der Haushaltspläne der Länder sowie Angaben der Lotteriegesellschaften).

Baden-Württemberg (ab S. 215)	Funktion	Ist 2008	Soll 2009	Betrag 2010
Verwaltungseinnahmen	323		5.100	5.100
Zuweisungen des Bundes für Trainingszentren (TGr. 72)	324	781.000		
Einnahmen gesamt		**781.000**	**5.100**	**5.100**
Fanprojekte: Zuschüsse an sonstige Träger	329		180.000	180.000
Förderung der Wander- und Rettungsdienstorganisationen: Sachaufwand	329		1.000	1.000
Förderung der Wander- und Rettungsdienstorganisationen: Zuschüsse für laufende Zwecke	329	532.100	487.100	487.100
Förderung der Wander- und Rettungsdienstorganisationen: Zuschüsse an sonstige Träger	329	2.268.700	2.311.200	2.311.200
Breitensport: Zuschüsse für laufende Zwecke	324	29.307.500	28.390.200	28.390.200
Breitensport: Zuschüsse zum Bau von Vereinssportanlagen und zur Beschaffung von Sportgeräten	324	12.752.400	12.752.400	12.752.400
Breitensport: Bezüge-Ersatz der für Belange des Sports freigestellten Lehrkräfte	324		400.000	400.000
Breitensport: Sachaufwand	324	5.200		
Leistungssport: Zuschüsse für laufende Zwecke des Leistungssports	324	11.415.200	11.345.800	11.245.800
Leistungssport: Zuweisungen an Gemeinden und Gemeindeverbände für die Schaffung von Trainingszentren u. dgl	324	676.200	1.550.000	1.600.000
Leistungssport: Zuschüsse an sonstige Träger für die Schaffung von Trainingszentren u. dgl	324	1.266.700	1.372.400	400.000
Förderung des sportlichen Gedankens durch die Landesregierung: Sachaufwand	324	99.000	100.000	100.000
Förderung des sportlichen Gedankens durch die Landesregierung: Zuweisungen an Gemeinden und Gemeindeverbände	324	1.000	100.000	100.000
Förderung des sportlichen Gedankens durch die Landesregierung: Sonstige Zuschüsse	324	742.700	432.200	650.000
Verwaltung der Mittel aus Reinerträgen der staatlichen Wetten und Lotterien: Bezüge und Nebenleistungen der Beamten	324	29.700	45.000	45.000
Verwaltung der Mittel aus Reinerträgen der staatlichen Wetten und Lotterien: Entgelte der Arbeitnehmer (Beschäftigten)	324	131.200	130.000	130.000
Verwaltung der Mittel aus Reinerträgen der staatlichen Wetten und Lotterien: Sachaufwand	324	100	10.000	10.000
Förderung der Sportschulen: Zuschüsse für laufende Zwecke	324	3.175.000	3.100.000	3.100.000
Maßnahmen zur Förderung des Ehrenamts: Sachaufwand	324	600	15.100	15.100
Maßnahmen zur Förderung des Ehrenamts: Zuschüsse an sonstige Träger	324	3.000	20.500	20.500
Förderung der Sportschulen: Zuschüsse an sonstige Träger	323	789.600	900.000	900.000
Sportstättenbau: Zuschüsse für Investitionen an Gemeinden	323	9.524.800	12.000.000	12.000.000
Sportstättenbau: Zuschüsse für Investitionen an Sonstige	323		1.023.000	102.300
Ausgaben für Investitionen	323		5.000.000	5.000.000
Schulsport: Personalaufwand für das Wettkampfprogramm der Schulen	129	123.100	95.900	125.900
Schulsport: Sachaufwand für das Wettkampfprogramm der Schulen und sonstige Belange des Schulsports	129	794.400	841.100	843.300
Schulsport: Sonstige Zuschüsse	129	7.000	12.700	12.700
Schulsport: Zuschüsse für die Beschaffung von Sportgeräten	129			14.000
Ausgaben gesamt		**73.645.200**	**69.863.200**	**68.184.100**

Bayern (Einzelpläne 5, 13, 15)

	Funktion	Ist 2007	Ansatz 2009	Ansatz 2010
Rückflüsse aus Darlehen und Verzinsung zur Förderung des Sportstättenbaus	323	420.000		
Rückflüsse aus Darlehen zur Förderung des Sportstättenbaus	323	1.298.700		
Hochschulsport: sonstige Verw.- und Betriebseinnahmen	131, 136	476.700	84.100	84.100
Einnahmen gesamt		2.195.400	84.100	84.100
Personalausgaben (Prüfungsvergütungen)	324	52.700	70.300	70.300
Sachausgaben	324	85.700	66.700	66.700
Zuweisungen an Gemeinden und Gemeindeverbände für lfd. Zwecke	324	215.900	764.500	764.500
Zuschüsse für lfd. Zwecke an Sonstige	324	11.806.900	14.380.000	14.380.000
Mittel zur Gewährung der Vereinspauschale	324	14.971.600	17.900.000	17.900.000
Zuweisungen an Gemeinden und Gemeindeverbände für Investitionen	324	1.149.100	1.500.000	1.500.000
Zuschüsse für Investitionen an Sonstige	323	7.576.600	5.958.500	7.936.500
Sonstiges	323	80.400	160.000	160.000
Zuschüsse für Investitionen an Sonstige	323	957.100		
Darlehen zur Förderung des Sportstättenbaus	323	1.216.000		
Personalausgaben (Beamtenbezüge, Arbeitnehmerentgelte, sonstige)	129	3.073.300	3.479.500	3.544.100
Sachkosten	129	1.210.200	1.363.000	1.360.000
Zuschüsse für lfd. Zwecke an Sonstige	129	351.300	564.000	510.000
Zuschüsse für Investitionen an Sonstige	129	625.400	622.200	622.200
Hochschulsport Sachausgaben	131, 136	1.626.700	431000	431000
Ausgaben gesamt		44.998.900	47.259.700	49.245.300

Anmerkung: Sportwettsteuern (2.934.500 fin 2007) wurden nicht mit aufgenommen, da ansonsten Doppelzählung

Berlin (ab S. 37)

	Funktion	Ist 2008	Ansatz 2009	Ansatz 2010
Verwaltungseinnahmen, Einnahmen aus Schuldendienst und dergleichen	diverse	3.447.523	3.644.000	2.987.000
Einnahmen aus Zuweisungen und Zuschüssen mit Ausnahme für Investitionen	diverse	10.655.456	5.400.000	5.400.000
Einnahmen aus Schuldenaufnahme, aus Zuweisungen u. Zuschüssen für Investitionen	diverse	450.000	1.102.000	1.101.000
Verwaltungseinnahmen, Einnahmen aus Schuldendienst und dergleichen	OIPark	8.883.409	3.051.000	3.384.000
Einnahmen aus Zuweisungen und Zuschüssen mit Ausnahme für Investitionen	OIPark	2.212.820	1.275.000	1.901.000
Verwaltungseinnahmen, Einnahmen aus Schuldendienst und dergleichen	Forum	1.041.905	1.042.400	679.400
Einnahmen aus Zuweisungen und Zuschüssen mit Ausnahme für Investitionen	Forum	1.077.261	1.111.000	1.062.000
Einnahmen gesamt		27.768.374	16.625.400	16.514.400
Personalausgaben	diverse	1.170.062	2.087.200	2.024.600
Sächliche Verwaltungsausgaben	diverse	10.591.591	9.829.900	11.036.900
Ausgaben für Zuweisungen und Zuschüssen mit Ausnahme für Investitionen -	diverse	64.713.651	72.903.600	66.398.500
Investitionsausgaben für bauliche Zwecke	diverse	99.796		
Sonstige Investitionsausgaben und Ausgaben zur Investitionsförderung	diverse	5.092.891	11.657.000	12.304.000
Personalausgaben	OIPark	921.771	813.300	1.213.000
Sächliche Verwaltungsausgaben	OIPark	10.879.549	7.324.900	8.017.400

		Ist 2008	Ansatz 2009	Ansatz 2010
Sonstige Investitionsausgaben und Ausgaben zur Investitionsförderung	OlPark	75.860	134.000	257.000
Personalausgaben	Forum	4.363.551	4.509.700	4.705.300
Sachliche Verwaltungsausgaben	Forum	11.581.258	8.271.800	8.211.900
Sonstige Investitionsausgaben und Ausgaben zur Investitionsförderung	Forum	122.728	1.300.000	390.000
Ausgaben gesamt		**109.612.708**	**118.830.800**	**114.558.600**

Brandenburg (ab S. 185)

	Funktion	Ist 2008	Ansatz 2009	Ansatz 2010
Sonstige Einnahmen	324	169.557	115.000	101.100
Rückflüsse aus Zuwendungen	324	420.357	0	0
Zinsen aus Rückzahlungen von Gemeinden und Gemeindeverbände	324	755	0	0
Darlehensrückflüsse des Landessportbundes Brandenburg	324	151.114	85.000	64.100
Spenden für das Programm "Jugend trainiert für Olympia"	324	16.000	0	0
Darlehensrückflüsse des Landessportbundes Brandenburg	324	55.480	30.000	37.000
Zuweisungen für Investitionen vom Bund	323	1.869.875	0	
Einnahmen gesamt		**2.683.138**		
Sachliche Verwaltungsausgaben u.a. für Ehrungen (einschließlich Schulsport), Prämien, Preise, Ehrengaben, Urkunden sowie Gutachten	324	17.952		16.000
Sonstige Zuwendungen an Gemeinden und Gemeindeverbände	324	16.700		0
Zuschüsse für laufende Zwecke an Vereine und Verbände	324	12.384.930		12.936.300
Zuschüsse zur Durchführung von herausragenden Sportereignissen in Brandenburg	324	335.925		320.000
Zuschüsse für Investitionen an Vereine und Verbände (u.a. Olympiastützpunkt, 174 Landesstützpunkt, 40 Landessportverbände)	324	37.474		50.000
Sonstige Zuweisungen an den Bund	323	420.357		
Zuweisungen für Investitionen an Gemeinden und Gemeindeverbände für Sportstätten	323	2.928.773		950.000
Zuschüsse für Investitionen an Vereine und Verbände für Sportstätten im Rahmen des Sonderförderprogramms "Goldener Plan Ost"	323	54.496		292.700
Zur Durchführung von Sportwettkämpfen	129	445.564		435.000
Ausgaben gesamt		**16.642.171**		**15.000.000**

Bremen (ab S. 43ff)

	Funktion	Ist 2008	Ansatz 2009	Ansatz 2010
Konsumtive Einnahmen		2.381.000	2.258.000	348.000
Investive Einnahmen		1.000		
Einnahmen gesamt		**2.382.000**	**2.258.000**	**348.000**
Personalausgaben		1.805.000	1.095.000	1.011.000
Konsumtive Ausgaben		8.912.000	8.773.000	8.768.000
Investive Ausgaben		3.154.000	2.817.000	2.369.000
Ausgaben gesamt		**13.171.000**	**12.685.000**	**12.148.000**

Hamburg (ab S. 28)

	Funktion	Erg. 2007	Plan 08	Plan 09
Betriebseinnahmen	324	290.000		
Betriebseinnahmen	323	130.000		
Investitionseinnahmen	323	491.000		

	Funktion	Ist 2008	Ansatz 2009	Ansatz 2010
Einnahmen gesamt		**911.000**		
Personalausgaben	324	1.273.000	1.785.000	1.907.000
Sach- und Fachausgaben, darunter Zuwendungen	324	10.730.000	2.104.000	13.794.000
Innerbehördliche Gemeinkosten	324	32.000	378.000	16.000
Überbehördliche Gemeinkosten	324	19.000	16.000	29.000
Sach- und Fachausgaben, darunter Zuwendungen	323	5.012.000	4.934.000	4.536.000
Sonstige Betriebsausgaben	323		2.500.000	2.800.000
Investitionsausgaben	323	11.981.000	14.028.000	17.599.000
Vereinseigene Sportanlagen und Sportanlagen anderer Träger: Förderung von Vereinsbauvorhaben	323	4.037.000	500.000	500.000
Ausgaben gesamt		**33.084.000**	**26.245.000**	**41.181.000**

Hessen (ab S. 142)

	Funktion	Ist 2008	Ansatz 2009	Ansatz 2010
Sonstige Verwaltungseinnahmen	324	61447	10.000	5.000
Zuweisungen für Investitionen vom Bund	323	89.140	256.000	256.000
Verrechnungen zwischen Kapiteln	diverse	2.156.000	2.156.000	2.156.000
Einnahmen gesamt		**2.306.587**	**2.422.000**	**2.417.000**
Zuschüsse f. lfd. Zwecke an soz. oder ähnl. Einrichtungen	diverse	5.016.165	4.328.500	4.228.500
Zuweisungen für Investitionen an Gemeinden und Gemeindeverbände für Sportstätten	diverse	2.764.000	11.250.000	11.250.000
Zuschüsse für Investitionen an sonstige	diverse	7.781435	8.060.000	6.860.000
Direkte (nicht im Haushalt ausgewiesene) Abgaben der Lotterie-Treuhandgesellschaft mbH Hessen an den LSB	324	20.000.000	20.000.000	20.000.000
Ausgaben gesamt		**35.561.600**	**43.638.500**	**42.338.500**

Mecklenburg-Vorpommern

	Funktion	Ist 2009	Ansatz 2010	Ansatz 2011
Einnahmen gesamt		2.240.000	2.160.000	2.160.000
Einnahmen gesamt		**2.240.000**	**2.160.000**	**2.160.000**
Baumaßnahmen - Sportstättenbau – Breitensport	323	500.000	250.000	250.000
Investitionszuschüsse des Bundes und des Landes für kommunale Einrichtungen des Hochleistungssports	323	300.000	300.000	300.000
Für Maßnahmen zur Förderung von Sportstätten durch das Innenministerium aus dem ELER, SP III	323	1.440.000	1.440.000	1.440.000
Sportförderung einschl ELER	324	12.500.000	12.500.000	12.500.000
Ausgaben sonstige	diverse	3.116.000	2.866.000	2.866.000
Ausgaben sonstige	diverse	9.337.600	9.587.600	9.587.600
Ausgaben sonstige	diverse	7.000	7.000	7.000
Ausgaben gesamt		**27.200.600**	**26.950.600**	**26.950.600**

Niedersachsen (ab S. 88)

	Funktion	Ist 2008	Ansatz 2009	Ansatz 2010
Vermischte Einnahmen	324	6.000	50.000	50.000
Zuweisungen vom Bund zur Spitzenfinanzierung des Baues von Turn- und Sportstätten	323	124.000		
Einnahmen gesamt		**130.000**	**50.000**	**50.000**
Zuschuss für lfd. Zwecke an Sonstige	324	520.000	500.000	500.000

	Funktion	Ist 2008	Ansatz 2009	Ansatz 2010
Zuschüsse für lfd. Zwecke an öffentliche Einrichtungen	324			20.000
Zuweisungen für die Errichtung und Sanierung von Sportanlagen an Gemeinden und Gemeindeverbände	323	5.172.000	5.000.000	2.500.000
Zuschüsse für die Errichtung und Sanierung von Sportanlagen an Sonstige	323		200.000	
Finanzhilfe für lfd. Zwecke	324	23.461000	23.461000	23.461000
Finanzhilfe für Investitionen	324	3.700.000	3.700.000	3.700.000
Zuweisungen für Investitionen an Gemeinden und Gemeindeverbände	323	124.000		
Ausgaben gesamt		**32.977.000**	**32.861.000**	**30.181.000**

Nordrhein-Westfalen	Funktion	Ist 2008	Ansatz 2009	Ansatz 2010
Verwaltungseinnahmen (Vermischte Einnahmen u.a. Rückzahlungen aus Zuwendungen)	324	695.000	350.000	350.000
Übrige Einnahmen (Beiträge Dritter)	324	57.000		
Einnahmen gesamt		**752.000**	**350.000**	**350.000**
Personalausgaben	129	20.000	25.000	25.000
Sächliche Verwaltungsausgaben	129	22.000	35.000	35.000
Aufwandsentschädigung	129	842.000	750.200	676.700
Ausgaben für Investitionen	323			50.000
Zuschüsse für Investitionen im Inland, insbesondere (...) Hochleistungssportstätten, überregional bedeutsamen Sportstätten und -schulen	323	3.477.000	9.710.700	11.310.700
Zuschüsse für Investitionen im Inland, insbesondere (...) Hochleistungssportstätten, überregional bedeutsamen Sportstätten und -schulen	323		1.040.300	975.100
Zuweisung und Zuschüsse (ohne Ausgaben für Investitionen)	324	42.000	41.600	41.600
Sachverständige, Gerichts- und ähnliche Kosten	324	2.000	24.000	24.000
Informationsaufgaben auf dem Gebiet des Sports	324	239.000	123.200	123.200
Veranstaltungen/Maßnahmen im Bereich d. Schulsports, sowie z. Durchführung d. Landessportfestes der Sch.	324	794.000	830.000	830.000
Aufwandsentschädigungen (an sonstige Lehrer)	324	126.000	374.000	374.000
Sonst. Zuweisungen an Gemeinden zur Unterh. von Leistungszentren/Olympiastützpunkte	324	9.000	13.000	13.000
Zuschüsse für laufende Zwecke im Inland	324	16.895.000	15.720.400	18.820.400
Sonstige Zuschüsse für laufende Zwecke im Inland	324	28.183.000	26.011.000	24.379.900
Ausgaben gesamt		**50.651.000**	**54.698.400**	**57.678.600**

Rheinland-Pfalz (S. 60 als Anlage zu Kap. 03 02)	Funktion	Ist 2008	Betrag 2009	Betrag 2010
Beteiligung des Bundes an Versorgungslasten	323	2.100.000	2.100.000	2.100.000
Einnahmen gesamt		**2.100.000**	**2.100.000**	**2.100.000**
Investitionen im Rahmen des Goldenen Planes	323	17.465.400	14.965.400	17.465.400
Aufwendungsersatz für den Landessportbund und seine angeschl. Organisationen	324	9.000.000	10.500.000	10.500.000
Zuschüsse zur institutionellen Förderung des Sports	324	335.500	385.500	385.500
Zuschüsse zur Förderung von Sportprojekten	324	7.749.200	7.410.200	7.393.200
Förderung des Schulsports	129	325.900	385.900	410.900
Zuwendungen für Schulbauten und den Bau von Turnhallen und Sportanlagen (Baukosten) Grund- und Hauptschulen	129	12.129.000	12.129.000	12.129.000
Ausgaben gesamt		**47.004.600**	**45.776.000**	**48.284.000**

Saarland (ab S. 27)

	Funktion	Ist 2008	Ansatz 2009	Ansatz 2010
Einnahmen gesamt		0	0	0
Geschäftsbedarf und Kommunikation etc.	324	1.000	1.900	1.900
Erstellung von Konzeptionen sowie Promotion von Sportgroßveranstaltungen	324	7.000	10.000	15.000
Ehrenpreise	324	8.000	15.000	15.000
Direkte (nicht im Haushalt ausgewiesene) Abgaben der Saarland-Sportlotto GmbH an den LSB	324	14.400.000		
Zuschuss für den "Olympia-Stützpunkt Rheinland-Pfalz/Saarland" und den saarländischen Spitzensport	323	45.000	45.000	45.000
Ausgaben gesamt		14.461.000	71.900	76.900

Sachsen (ab S. 80)

	Funktion	Soll 2009
Übrigen Verwaltungseinnahmen	324	300.000
Zuweisungen für Investitionen	323	1.700.000
Einnahmen gesamt		2.000.000
Sächliche Verwaltungsausgaben	324	1.300.000
Zuweisungen für Investitionen	324	100.000
Zuweisungen für lfd. Zwecke	324	19.100.000
Zuweisungen für Investitionen	323	18.000.000
Ausgaben gesamt		38.500.000

Sachsen-Anhalt (ab S. 163)

	Funktion	Ist 2008
Prüfungsgebühren	324	8.500
Rückzahlungen von Überzahlungen	diverse	102.300
vermischte Einnahmen	diverse	20.400
Einnahmen gesamt		131.200
Zuschüsse zur Vorbereitung Olymp. Sp. und Paralympics 2012	324	111.100
Zuschüsse Trägerverein OSP Magdeburg/Halle	324	520.300
Zuschüsse zur Finanzierung von TrainerInnen	324	2.237.300
Zuschüsse an den Landessportbund	324	11.674.500
Zuschüsse an sonstige Träger	324	85.400
Zuweisungen für Investitionen an Gemeinden und Gemeindeverbände für Sportstätten	323	2.500.000
Zuschüsse für Investitionen an sonstige	323	996.800
Sportgymnasium	129	1.954.000
Ausgaben gesamt		20.079.400

Schleswig-Holstein (S. 33–S. 37)

	Funktion	Ist 2007	Soll 2008	Soll 2009
Einnahmen aus dem Zweckertrag nach dem Gesetz zur Ausführung des Staatsvertrages zum Glücksspielwesen in Deutschland	901		6.174.000	6.174.000
Einnahmen gesamt			6.174.000	6.174.000
Personalausgaben	324	108.200	108.300	106.000
Sächliche Verwaltungsausgaben	324			80.000

	Funktion	Ist 2008	Ansatz 2009	Ansatz 2010
Zuwendungen mit Ausnahme für Investitionen	324	6.170.200	6.174.000	6.174.000
Sonstige Investitionen und Investitionsförderungsmaßnahmen	323			60.000
Ausgaben gesamt		**6.278.400**	**6.282.300**	**6.420.000**
Thüringen (ab S. 147)				
Verwaltungseinnahmen, Einnahme aus Schuldendienst und dgl.	324	86.483	15.000	155.000
Einnahmen aus Schuldenaufnahmen, aus Zuweisungen und Zuschüssen für Investitionen, besondere Finanzierungseinnahmen	323	2.051.708		
Einnahmen gesamt		**2.138.191**	**15.000**	**155.000**
Sächliche Verwaltungsausgaben und Ausgaben für den Schuldendienst	324	6.973	11.200	11.200
Ausgaben für Zuweisungen und Zuschüsse mit Ausnahme für Investitionen	324	4.082.944	4.459.100	4.912.000
Sonstige Investitionen und Investitionsförderungsmaßnahmen	323	14.396.269	6.720.000	8.000.000
Zuschüsse für Investitionen an sonstige		2.765.731	3.000.000	4.280.000
Maßnahmen auf dem Gebiet des Sports		3.790.300	4.000.000	4.031.200
Ausgaben gesamt		**25.042.217**	**18.190.300**	**21.234.400**

Tab 14.11.3: Die Förderung des Sports durch den Wettmittelfond in den einzelnen Bundesländern (auf Basis der Haushaltspläne der Länder sowie Angaben der Lotteriegesellschaften, eigene Zusammenstellung).

Bundes-land	Relevante Glücksspiele	Gesetzliche Grundlage	Einnahmen (in Mio. €)	Verteilung (in Mio. €)
Baden-Württem-berg	**Staatliche Toto-Lotto GmbH Baden-Württemberg** (www.lotto-bw.de) Lotto 6 aus 49 mit den Zusatzlotterien Spiel 77 und Super 6, Rentenlotterie Glücksspirale, Sofortlotterien, Sportwetten (Oddset und Toto), Zahlenlotterie Keno mit der Zusatzlotterie plus 5.	**Gesetz über die Feststellung des Staatshaushaltsplans von Baden-Württemberg für die Haushaltsjahre 2010/11 (Staatshaushaltsgesetz 2010/11 -StHG 2010/II) vom 1. März 2010** § 11: Der Wettmittelfonds nach § 7 Staatslotteriegesetz vom 14. Dezember 2004 (GBl. S. 894) beträgt 2010 und 2011 jeweils 134.365.400 Euro. Die Mittel des Fonds sind nach Maßgabe des Staatshaushaltsplans zu 45 vom Hundert für die Förderung der Kultur, zu 44 vom Hundert für die Förderung des Sports und zu 11 vom Hundert für die Förderung sozialer Zwecke zu verwenden.	**Vorheft Haushaltsplan 2010/2011 (S. 189)** Wettmittelfonds: 134,37 (2010). Die Einnahmen aus Glücksspielen fließen mit Zweckbindung in den allgemeinen Finanzhaushalt.	**Vorheft Haushaltsplan 2010/2011 (S. 189)** Förderung des Sports durch den Wettmittelfond (44%): rund 59,1 (2010). Hiervon (u.a.): 38,3 zur Förderung des Breiten- und Freizeitsports, 12,1 zur Förderung des Leistungssports, 3,1 zur Förderung der Sportschulen, 1 zur Förderung des Schulsports.
Bayern	**Staatliche Lotteriegesellschaft Bayern** (www.lotto-bayern.de) Lotto 6 aus 49 mit den Zusatzlotterien Spiel 77 und Super 6, Rentenlotterie Glücksspirale, Sofortlotterien, Sportwetten (Oddset und Toto), Zahlenlotterie Keno mit der Zusatzlotterie plus 5.	**Staatsvertrag zum Glücksspielwesen in Deutschland (Glücksspielstaatsvertrag – GlüStV) vom 01. Januar 2008** § 10 Sicherstellung eines ausreichenden Glücksspielangebotes: (4) Es ist sicherzustellen, dass ein erheblicher Teil der Einnahmen aus Glücksspielen zur Förderung öffentlicher oder gemeinnütziger, kirchlicher oder mildtätiger Zwecke verwendet wird. **Gesetz über Spielbanken im Freistaat Bayern (Spielbankgesetz-SpielbG) vom 26. Juli 1995 - letzte berücksichtigte Änderung: Art. 5 geändert vom 14.4.2009** Art. 5 Spielbankabgabe: Das Spielbankunternehmen ist verpflichtet, an den Freistaat Bayern eine Spielbankabgabe zu entrichten. Die Spielbankabgabe beträgt bei einem jährlichen Bruttospielertrag bis 25 Millionen Euro 35 v.H / über 25 Millionen Euro 40 v.H des Bruttospielertrags der jeweiligen Spielbank. Die Spielbankabgabe ist nach Maßgabe des Staatshaushaltsplans für gemeinnützige Zwecke zu verwenden.	**Epl. 13 Allgemeine Finanzverwaltung (S. 5)** Einnahmen aus der Spielbankabgabe: 20,141 (2010). Die Einnahmen aus Glücksspielen fließen ohne Zweckbindung in den allgemeinen Finanzhaushalt.	**Epl. 13 Allg. Finanzverwaltung (S. 85)** Sport und Erholung: 68,4 (2010). Wie viel hiervon dem Sport zufließen ist auf Basis der vorhandenen Daten nicht zu ermitteln. Gelder der Lottosportförderung werden als Ausgaben im Haushaltsplan 2009/2010 nicht separat ausgewiesen, sind in diesem jedoch enthalten.

			Epl. 05 Inneres und Sport (S. 39)	Epl. 05 Inneres und Sport (S. 46)
Berlin	**Deutsche Klassenlotterie Berlin (DKLB)** (www.lotto-berlin.de). Lotto 6 aus 49 mit den Zusatzlotterien Spiel 77 und Super 6, Rentenlotterie Glücksspirale, Sofortlotterien, Sportwetten (Oddset und Toto), Zahlenlotterie Keno mit der Zusatzlotterie plus 5.	**Verordnung über die Satzung der Stiftung Deutsche Klassenlotterie Berlin (DKLB-Stiftung) vom 4. März 1975 (GVBl. S. 874); zuletzt geändert durch Verordnung vom 17. Februar 2004 (GVBl. S. 87)** § 11: Für sportliche Zwecke sind 25 v. H der Zweckabgabe als nicht rückzahlbare Leistung zu zuwenden. Der Landessportbund Berlin e. V. erhält 15 v. H der Zweckabgabe, wenn er sich Richtlinienunterwirft, die die Stiftung auf Vorschlag der für den Sport und für Finanzen zuständigen Mitglieder des Senats festlegt. Der dem für den Sport zuständigen Mitglied des Senats zustehende Anteil von 10 v H kann in Ausnahmefällen durch Beschluss der Stiftung erhöht werden, der Anteil des Landessportbundes (Satz 2) wird hiervon nicht berührt. § 8 Abs. 1, §§ 12, 13, 15 und 17 gelten nicht für Zuwendungen an das für den Sport zuständige Mitglied des Senats und an den Landessportbund Berlin e. V..	Die veranschlagten Einnahmen sind zweckgebunden für Ausgaben bei Titel 66490 (Zuschüsse an soziale oder ähnliche Einrichtungen aus Zuwendungen) in Höhe von 4,847 (Ansatz 20 10). Die Einnahmen aus Glücksspielen fließen in den allgemeinen Finanzhaushalt.	Förderung des Sports durch den Wettmittelfond: 4,8 (20 10). Hiervon: Landessportbund Berlin für die Beschaffung von Trainern für den Spitzensport: 1,956, für die Folgekosten des LLZ Spielsportarten an 1,25: An Sportverbände für die Folgekosten der LLZ Fußball: 0,348, LLZ Kanu: 0,194, LLZ Kegeln/Bowling: 0,102, LLZ Moderner Fünfkampf: 0,066, LLZ Rudern: 0,281, LLZ Sportschießen: 0,143, LLZ Segeln 0,077, einmalige Unterhaltung smaßnahmen im Rahmen der Folgekosten der LLZ 0,43.
			Epl. 20 Allgemeine Finanzverwaltung (S. 16)	**Epl. 20 Allgemeine Finanzverwaltung (S. 16)**
Brandenburg	**Brandenburg Lotto GmbH** (www.lotto-brandenburg.de) Lotto 6 aus 49 mit den Zusatzlotterien Spiel 77 und Super 6, Rentenlotterie Glücksspirale, Rubbellose, Sportwetten (Oddset und Toto), Zahlenlotterie Keno mit der Zusatzlotterie plus 5.	**Gesetz über die Sportförderung im Land Brandenburg (Sportförderungsgesetz- SportFGbbg) vom 10. Dezember 1992 (GVBl.I/92, [Nr. 26], S.498); zuletzt geändert durch Artikel 1 des Gesetzes vom 18. Dezember 2007 (GVBl.I/07, [Nr. 18], S.284).** §8 Finanzierung: (1) Für die Zwecke der Sportförderung gemäß §§ 3 und 7 dieses Gesetzes werden 36 vom Hundert der Einnahmen aus der Glücksspielabgabe der Lotterien und Sportwetten des Landes, mindestens jedoch 15.000.000 Euro pro Jahr, bereitgestellt. (2) Die Landesförderung des Sports im Sinne dieses Gesetzes erfolgt nach Maßgabe des im Landeshaushalt zur Verfügung stehenden Mittel.	Einnahmen aus der Glücksspielabgabe der Lotterien und Sportwetten des Landes: 33.391 (Ist 2008), 412 (Ansatz 2009), 30,85 (Ansatz 2010). Die Einnahmen aus Glücksspielen fließen in den allgemeinen Finanzhaushalt.	Die Einnahmen dienen zur Deckung der Ausgaben bei Kapitel 20 020 Titel 685 50 (Verteilung der Einnahmen aus der Glücksspielabgabe der Lotterien und Sportwetten des Landes). Gelder der Lottosportförderung werden als Ausgaben im Haushaltsplan 2009/20 10 nicht separat ausgewiesen.
			Epl. 30 Bürgerschaft, Senat, Inneres (S. 70)	**Epl. 30 Bürgerschaft, Senat, Inneres (S. 73)**
Bremen	**Bremer Toto und Lotto GmbH** (www.lotto-bremen.de) Lotto 6 aus 49 mit den Zusatzlotterien Spiel 77 und Super 6, Rentenlotterie Glücksspirale, Sofortlotterien, Sportwetten (Oddset und Toto), Zahlenlotterie Keno mit der Zusatzlotterie plus 5.	**Gesetz zur Ausführung des Staatsvertrags zum Glücksspielwesen in Deutschland (Bremisches Glücksspielgesetz - BremGlüG)** § 12 Höhe der Zweckabgabe: (1) Aus staatlich veranstalteten Glücksspielen hat der Veranstalter gemäß § 3 Abs.1 außer der zu zahlenden Steuer eine angemessene Abgabe abzuführen. (2) Die Abgabe beträgt bei 1. Glücksspiel mit festen Gewinnquoten mindestens 15 v. H., 2. Glücksspiel mit variablen Gewinnquoten mindestens 21 v. H des Spieleinsatzes. § 13 Verteilung der Mittel: (1) Die Abgaben nach § 12 werden wie folgt verteilt; es erhalten 1. die zuständigen Senatoren, die im Einvernehmen mit der zuständigen Deputation darüber verfügen, a) für Sport 17,992 v. H 2. die Stadt Bremerhaven a) für Sport 3,052 v. H, 3 zur Erfüllung ihrer satzungsgemäßen Aufgaben a) der Landessportbund Bremen e. V. 5,514 v. H, b) der Bremer Fußball-Verband e. V. 2,873 v. H.	Abgabenanteil aus Toto und Lotto, "Spiel 77" und Oddset-Wette: 1,274 (Anschlag 2009). Abgabenanteil aus der Lotterie "Super 6" für Sportfördermaß-nahmen: 0,674 (Anschlag 2009). Die Einnahmen aus Glücksspielen fließen mit Zweckbindung in den allgemeinen Finanzhaushalt.	Förderung des Sport durch Wettmittelfond: 1,9. Hiervon z.B. Zuschüsse an Sportvereine aus dem Abgabenanteil aus Wetten usw. (ohne Investitionen): 0,474 (Anschlag 2009) sowie Zuschüsse an Sportvereine aus der Lotterie "Super 6": 0,674 (Anschlag 2009)

		Gesetz	Finanzbericht / Haushaltsplan	Behörde / Ministerium
Hamburg	**Lotto Hamburg GmbH** (www.lotto-hh.de) Lotto 6 aus 49 mit den Zusatzlotterien Spiel 77 und Super 6, Pferdewette Trabrenn, Rentenlotterie Glücksspirale, Sportwetten (Oddset und Toto), Umweltlotterie Bingo, Zahlenlotterie Keno mit der Zusatzlotterie plus 5.	**Gesetz über die Zulassung einer öffentlichen Spielbank vom 24. Mai 1976** §3: (1) 1. Das Spielbankunternehmen hat an die Freie und Hansestadt Hamburg eine Spielbankabgabe in Höhe von 70 vom Hundert der Bruttospielerträge zu entrichten. 2. Zusätzlich hat das Spielbankunternehmen eine Sonderabgabe in Höhe von 20 vom Hundert des Bruttospielertrags zu entrichten. 3. Die zuständige Behörde kann auf Antrag des Spielbankunternehmens die Sonderabgabe ermäßigen, so weit dem Spielbankunternehmen kein angemessener Gewinn verbleibt. (2) Bruttospielerträge sind: 1. die Beträge, um die die Spieleinsätze die Gewinne übersteigen, wenn die Spielbank ein Risiko trägt (z. B. beim Roulette). Tagesverluste sind auf die Bruttospielerträge der nächsten Tage anzurechnen; 2. die Beträge, die der Spielbank zufließen, wenn die Spielbank kein Risiko trägt (z. B. beim Baccara). §4: (2) 1. Aus dem Troncaufkommen hat das Spielbankunternehmen eine besondere Abgabe in Höhe von 4 vom Hundert zu leisten. 2. Die Troncabgabe ist für gemeinnützige Zwecke zu verwenden.	**Finanzbericht 2009/2010 (S. 147)** Einnahmen aus Lotterie, Lotto und Toto: 49,4 (2008), 3 (2009), 3 (2010). Die Einnahmen aus Glücksspielen fließen **mit Zweckbindung** in den allgemeinen Finanzhaushalt.	**Epl. 3.1 Behörde für Bildung und Sport (S. 82)** Zuschüsse zur allgemeinen Sportförderung durch die Verbände aus den Erträgen der Staatslotterien: 6,3 (Ergebnis 2007), 6,1 (Ansatz 2008)
Hessen	**Lotterie-Treuhandgesellschaft mbH Hessen** (www.lotto-hessen.de) Lotto 6 aus 49 mit den Zusatzlotterien Spiel 77 und Super 6, Rentenlotterie Glücksspirale, Sofortlotterien, Sportwetten (Oddset und Toto), Zahlenlotterie Keno mit der Zusatzlotterie plus 5.	**Hessisches Glücksspielgesetz vom 12. Dezember 2007; geändert durch Gesetz vom 21. September 2009 (GVBl. I S. 378)** § 8 Verteilung der Spieleinsätze: (1) Von den Spieleinsätzen der vom Land Hessen veranstalteten Zahlenlotterien, Zusatzlotterien und Sportwetten erhalten 1. der Landessportbund Hessen e.V. 3,75 vom Hundert, höchstens 20,117 Mio. Euro.	**Haushaltsplan 2010 (S. 22)** Einnahmen aus Lotterie, Lotto und Toto: 103,6 (2010). Die Einnahmen aus Glücksspielen fließen **nicht** in den allgemeinen Finanzhaushalt, sondern werden direkt an den Sport abgeführt.	Laut Internetauskunft des Landes wurden 20 (in 2009) an den Landessportbund Hessen abgeführt. **Gelder der Lottosportförderung sind als Ausgaben im Haushaltsplan 2009/2010 nicht enthalten.**
Mecklenburg-Vorpommern	**Verwaltungsgesellschaft Lotto und Toto in Mecklenburg-Vorpommern mbH** (www.lottomv.de) Lotto 6 aus 49 mit den Zusatzlotterien Spiel 77 und Super 6, Rentenlotterie Glücksspirale, Sofortlotterien, Sportwetten (Oddset und Toto), Umweltlotterie Bingo, Zahlenlotterie Keno mit der Zusatzlotterie plus 5.	**Gesetz zur Ausführung des Glücksspielstaatsvertrages (Glücksspielstaatsvertragsausführungsgesetz - GlüStVAG M-V) vom 14. Dezember 2007; zum 30.10.2008 aktuelle verfügbare Fassung der Gesamtausgabe** §10 Abführung an das Land: (1) Zur Erfüllung sozialer, kultureller oder sonstiger gemeinnütziger Aufgaben sowie für die Aufwendungen zur Glücksspielsuchtprävention und Suchtforschung sind aus den Glücksspielen der in § 3 Abs. 1 Satz 1 genannten Veranstalter Abführung an das Land zu tätigen. (2) Der Abführungsbetrag ist der nach Abzug der Veranstaltungskosten, der auszuschüttenden Gewinne, der Bearbeitungsgebühren und der sonstigen Kostenbeiträge verbleibende Teil.	**Haushaltsplan 2010/2011 (S. 76)** Einnahmen aus Lotterie, Lotto und Toto: 24,4 (2009), 21,7 (2010). Die Einnahmen aus Glücksspielen fließen **ohne** Zweckbindung in den allgemeinen Finanzhaushalt.	Gelder der Lottosportförderung werden als Ausgaben im Haushaltsplan nicht separat ausgewiesen.
Niedersachsen	**Toto-Lotto Niedersachsen GmbH** (www.lotto-niedersachsen.de) Lotto 6 aus 49 mit den Zusatzlotterien Spiel 77 und Super 6, Rentenlotterie Glücksspirale, Sofortlotterien, Sportwetten (Oddset und Toto), Umweltlotterie Bingo, Zahlenlotterie Keno mit der Zusatzlotterie plus 5.	**Niedersächsisches Glücksspielgesetz (NGlüSpG) vom 17. Dezember 2007; zum 29.10.2008 aktuelle verfügbare Fassung der Gesamtausgabe** § 14 Verwendung der Glücksspielabgaben: (1) Ein Teil der Glücksspielabgaben ist nach Maßgabe der Absätze 2 und 3 zu verwenden. (2) Folgende Teile der Glücksspielabgaben werden als Finanzhilfe gewährt: 27,16 Mio. Euro dem Landessportbund Niedersachsen e. V. nach Maßgabe des § 15.	**Epl. 13 Allg. Finanzverwaltung (S. 8)** Glücksspielabgaben aufgrund § 13 NGlüSpG: 155,343 (Ist 2008), 129,33 (Ansatz 2009), 147,9 (Ansatz 2010). Die Einnahmen aus Glücksspielen fließen **mit** Zweckbindung in den allgemeinen Finanzhaushalt.	**Epl. 3 Ministerium für Inneres, Sport und Integration (S. 188)** Finanzhilfe an den Landessportbund Niedersachsen e.V. gem. § 14 Abs. 2 NGlüSpG rund 27,1. Gelder der Lottosportförderung werden als Ausgaben im Haushaltsplan 2009/2010 separat ausgewiesen.

			Epl. Allg. Finanzverwaltung (Einnahmen)	Epl. (Sportförderung)
Nordrhein-Westfalen	**Westdeutsche Lotterie GmbH & Co. OHG** (www.westdeutsche-lotterie.de) Lotto 6 aus 49 mit den Zusatzlotterien Spiel 77 und Super 6, Rentenlotterie Glücksspirale, Sofortlotterien, Sportwetten (Oddset und Toto), Zahlenlotterie Keno mit der Zusatzlotterie plus 5.	**Sportwettengesetz vom 3. Mai 1955** § 4 Verwendung der Wetteinsätze: (1) Als Gewinn ist nach Maßgabe der amtlich festgesetzten Spielbedingungen die Hälfte oder bei Wetten mit festen Gewinnquoten im Jahresmittel mindestens die Hälfte der Spieleinsätze auszuschütten. (2) Der nach Abzug der Kosten verbleibende Betrag ist ausschließlich für sportliche und kulturelle Zwecke, für Zwecke des Umweltschutzes und der Entwicklungszusammenarbeit, für Zwecke der Jugendhilfe sowie für Hilfeinrichtungen für Spielsüchtige zu verwenden.	**Epl. 12 Allg. Finanzverwaltung (S. 17)** Einnahmen aus dem Fußball-Toto: 3,5, Einnahmen aus der Lotterie "KENO": 6,3, Einnahmen aus den Oddset-Wetten: 8,4, Einnahmen aus der Losbrieflotterie mit sofortigem Gewinnentscheid: 5,8, Einnahmen aus der Zusatzlotterie "Spiel 77": 49. Die Einnahmen aus Glücksspielen fließen **mit** Zweckbindung in den allgemeinen Finanzhaushalt.	**Epl. 12 Allg. Finanzverwaltung (S. 18)** Förderung des Sports durch den Wettmittelfond: **29,5** (20 10). Hiervon Zuschuss an den Landessportbund NRW e. V. zur Durchführung satzungsgemäßer Aufgaben: 23,699, an die Sportstiftung Nordrhein-Westfalen: 3,2, für die Entwicklung des Breitensports: 0,038, an den FLVW für ihre Sportschulen und Sportheime: 0,149, Vorbereitung und Durchführung sportlicher Großveranstaltungen: 0,87, an das Deutsche Sport & Olympia Museum e. V. Köln: 0,307, für den Bau, die Modernisierung und Erweiterung von Sportstätten: 0,975, an die Rennvereine: 0,972.
Rheinland-Pfalz	**Lotto Rheinland-Pfalz GmbH** (www.lotto-rlp.de) Lotto 6 aus 49 mit den Zusatzlotterien Spiel 77 und Super 6, Rentenlotterie Glücksspirale, Sofortlotterien, Sportwetten (Oddset und Toto), Umweltlotterie Bingo, Zahlenlotterie Keno mit der Zusatzlotterie plus 5.	**Landesgesetz über das öffentliche Glücksspiel** § 8 Verwendung der Glücksspielabgaben: Nach § 8 des Landesgesetzes über das öffentliche Glücksspiel fließen 10 v. H. der Wetteinsätze für eine Sportwette an den Landessportbund Rheinland-Pfalz e. V.	**Epl. 20 Allg. Finanzverwaltung (S. 15-16)** Konzessionsabgaben aus Lotterie, Lotto und Toto: 97,3 (Ansatz 20 10). Die Einnahmen aus Glücksspielen fließen mit Zweckbindung in den allgemeinen Finanzhaushalt.	
Saarland	**Saarland-Sporttoto GmbH** (www.saartoto.de) Lotto 6 aus 49 mit den Zusatzlotterien Spiel 77 und Super 6, Rentenlotterie Glücksspirale, Sofortlotterien, Sportwetten (Oddset und Toto), Zahlenlotterie Keno mit der Zusatzlotterie plus 5.	**Saarländisches Gesetz zur Ausführung des Staatsvertrages zum Glücksspielwesen in Deutschland (AG GlüStV-Saar) (Art. 2 des Gesetzes Nr. 1635) vom 21. November 2007; zum 29.10.2008 aktuellste verfügbare Fassung der Gesamtausgabe** § 11 Verwendung der Spieleinsätze und des Reinertrages der Saarland-Sporttoto GmbH (1) Soweit nachfolgend nichts anderes geregelt ist, stehen von den Spieleinsätzen der Lotterien und Sportwetten der Saarland-Sporttoto GmbH von den nachgenannten Empfängern und Förderungszwecken folgende Anteile zu: 12,5 Prozent dem Landessportverband für das Saarland zur Förderung des Sports. § 5 Sportwettengesetz: Die Saarland-Toto GmbH mit Genehmigung der Aufsichtsbehörde entscheidet über die Verwendung der nach Abzug der Unkosten und Steuern verbleibenden Überschüsse. Zur Förderung des Spitzensportes werden davon seit 1. Juni 2006 jährlich 0,34 Mio. Euro bereitgestellt.	**Epl. 21 Allg. Finanzverwaltung (S. 16)** Einnahmen aus Lotterie: 0,303 (Ist 2008), 0,45 (Ansatz 2009), 0,232 (Ansatz 20 10) Einnahmen aus den Spieleinsätzen fließen zum Teil (12,5 v. H.) **nicht** in den allgemeinen Finanzhaushalt. Mittel werden direkt von den Saarland-Sporttoto GmbH an den Landessportbund Saarland abgeführt. Die Spieleinsätze der Saarland-Sporttoto GmbH betragen 2008 rund 115 Mio. Euro.	**Epl. 03 Ministerium des Innern und für Sport (S. 43)** Pauschaler Aufwendungsersatz für den Landessportbund und seine angeschlossenen Organisationen in Höhe von **10,5** (Ansatz 20 10) Zur Förderung des Spitzensportes werden seit 1. Juni 2006 jährlich 0,34 Mio. Euro bereitgestellt. **Darüber hinaus werden rund 14,5 Mio. Euro direkt an den Landessportbund abgeführt. Diese Gelder sind als Ausgaben im Haushaltsplan nicht erkennbar.**

| Sachsen | **Sächsische Lotto-Gmbh** (www.sachsenlotto.de)

Lotto 6 aus 49 mit den Zusatzlotterien Spiel 77 und Super 6, Rentenlotterie Glücksspirale, Sofortlotterien, Sportwetten (Oddset und Toto), Tele-Bingo, Zahlenlotterie Keno mit der Zusatzlotterie plus 5. | **Gesetz zur Ausführung des Glücksspielstaatsvertrages und über die Veranstaltung, die Durchführung und die Vermittlung von Sportwetten, Lotterien und Ausspielungen im Freistaat Sachsen (Sächsisches Ausführungsgesetz zum Glücksspielstaatsvertrag - SächsGlüStVAG) vom 14. Dezember 2007**

§ 10 Verwendung des Reinertrags: Aus dem Reinertrag der vom Freistaat Sachsen veranstalteten Sportwetten, Lotterien und Ausspielungen werden die Bereiche Suchtprävention, Sport, Kultur, Umwelt, Jugend und Wohlfahrtspflege nach Maßgabe des Haushaltsplans des Freistaates Sachsen gefördert. | **Haushaltsplan 2009/2010** (S. 58)

Einnahmen aus Lotterie, Lotto und Toto: 54,9 (Soll 2008), 58,6 (Soll 2009), 56,9 (Soll 2010).

Abgabe von Spielbanken: 11,3 (Soll 2008), 6,7 (Soll 2009), 7 (Soll 2010).

Die Einnahmen aus Glücksspielen und Spielbanken fließen mit Zweckbindung in den allgemeinen Finanzhaushalt. | **Epl. 05 Staatsministerium für Kultus** (S. 147)

Zuschüsse für laufende Zwecke des Breiten- und Nachwuchsleistungssports sowie die Förderung der Geschäftsstelle des Landessportbundes: 16,8 (Soll 2009), 16,8 (Soll 2010). |
| Sachsen-Anhalt | **Lotto-Toto GmbH Sachsen-Anhalt** (www.lottosachsenanhalt.de)

Lotto 6 aus 49 mit den Zusatzlotterien Spiel 77 und Super 6, Rentenlotterie Glücksspirale, Sofortlotterien, Sportwetten (Oddset und Toto), Silvester-Glücksrakete, Umweltlotterie Bingo, Zahlenlotterie Keno mit der Zusatzlotterie plus 5. | **Glücksspielgesetz des Landes Sachsen-Anhalt (Glücksspielgesetz - GlüG LSA) vom 22. Dezember 2004**

§ 9 Konzessionsabgabe und Reinertrag der Wettunternehmen: 2) Die Konzessionsabgabe auf Wetten über sportliche Wettkämpfe mit festen Gewinnquoten ist für die Sportorganisationen und Sportvereine in Sachsen-Anhalt nach Richtlinien der Landesregierung, die übrige Konzessionsabgabe wie folgt zu verwenden: 34 v. H für Sportorganisationen und Sportvereine im Land Sachsen-Anhalt nach Richtlinien der Landesregierung, 19 v. H. für Zwecke der Jugendpflege und des Jugendsports im Land Sachsen-Anhalt nach Richtlinien der Landesregierung, 5 v. H für die Förderung des Schul- und Hochschulsports durch das für Schul- und Hochschulangelegenheiten zuständige Ministerium.

Spielbankgesetz des Landes Sachsen-Anhalt (SpielbG LSA) vom 16. Dezember 2009

§ 18 Verwendung der Spielbankabgabe: (2) Die dem Land verbleibenden Einnahmen aus der Spielbankabgabe und der Zusatzabgabe sind nach Maßgabe des Haushaltsplans für gemeinnützige Zwecke zu verwenden. | **Epl. 13 Allg.-Finanzverwaltung** (S. 18-20)

Konzessionsabgaben des Zahlenlottos und des Fußballtotos: 19,5 (Ansatz 2007), 20 (Ansatz 2008), 20 (Ansatz 2009).

Konzessionsabgaben aus Sportwetten mit festen Gewinnquoten für Sportorganisationen und Sportvereine: 0,9 (Ansatz 2008), 0,9 (Ansatz 2009).

Abgabe von Spielbanken (S. 162): 0,6 (Ansatz 2010).

Die Einnahmen aus Glücksspielen fließen mit Zweckbindung in den allgemeinen Finanzhaushalt | **Epl. 13 Allg.-Finanzverwaltung** (S. 19)

Förderung des Sports durch den Wettmittelfond: rund 11,2 (2010). Hervon für Sportorganisationen und Sportvereine: 6,92, für Zwecke der Jugendpflege und des Jugendsports: 3,42, für die Förderung des Schul- und Hochschulsports: 0,9. |

		Gesetz	Epl. 04 Innenministerium (S. 33)	Epl. 04 Innenministerium (S. 34-36)
Schleswig-Holstein	Nordwestlotto Schleswig-Holstein GmbH & Co. KG (www.lotto-sh.de) Lotto 6 aus 49 mit den Zusatzlotterien Spiel 77 und Super 6, Rentenlotterie Glücksspirale, Sofortlotterien, Sportwetten (Oddset und Toto), Zahlenlotterie Keno mit der Zusatzlotterie plus 5.	**Gesetz zur Ausführung des Staatsvertrages zum Glücksspielwesen in Deutschland (GlüStV AG) vom 13. Dezember 2007** § 10 Zweckabgaben: (3) Die Abgabe aus der Lotterie „BINGO! - Die Umweltlotterie" (BINGO) ist für Zwecke des Natur- und Umweltschutzes sowie für Entwicklungsprojekte im Sinne der Agenda 2 zu verwenden. Aus der Lotterie Glücksspirale erhalten die Bundesarbeitsgemeinschaft der Freien Wohlfahrtsverbände, der Deutsche Olympische Sportbund und die Deutsche Stiftung Denkmalschutz einen Anteil an der Zweckabgabe, dessen Höhe in der Verordnung nach Absatz 1 Satz 2 festgelegt wird. (4) Von dem nach Abzug der in den Absätzen 2 und 3 genannten Beträge verbleibenden Betrag sind 1,8 % mindestens 6,3 Mio. EUR, zur Förderung des Sports (§ 11) und 2, 4,9 %für Zwecke der Verbraucherinsolvenzberatung zu verwenden. § 11 Sportförderung: (1) Von dem in § 10 Abs. 4 Nr. 1 genannten Betrag sind durch das für Sport zuständige Ministerium 90 %dem Landessportverband Schleswig-Holstein e. V. zur Förderung des Sports zuzuwenden. Für die allgemeine Förderung des außerschulischen Sports stehen 8 %und für die Förderung des außerunterrichtlichen Schulsports 2 %zur Verfügung; über die Verwendung dieser Mittel befinden die zuständigen Ministerien.	Einnahmen aus dem Zweckertrag nach dem Gesetz zur Ausführung des Staatsvertrages zum Glücksspielwesen in Deutschland (GlüStV AG): 6,174 (Soll 2008), 6,174 (Soll 2009), 6,174 (Soll 2010) Die Einnahmen aus Glücksspielen fließen mit Zweckbindung in den allgemeinen Finanzhaushalt.	Förderung des Sports durch den Wettmittelfond: rund 6,2 : Hiervon Institutionelle Förderung des Landessportverbandes und seiner Einrichtungen: 5,67, Förderung des außerschulischen Sports: 0,500.
Thüringen	Lotterie-Treuhandgesellschaft mbH Thüringen (www.thueringenlotto.de) Lotto 6 aus 49 mit den Zusatzlotterien Spiel 77 und Super 6, Rentenlotterie Glücksspirale, Sofortlotterien, Sportwetten (Oddset und Toto), Telebingo, Zahlenlotterie Keno mit der Zusatzlotterie plus 5.	**Thüringer Glücksspielgesetz (ThürGlüG) vom 18. Dezember 2007** § 9 Verwendung der Erträge: 1) Der Landessportbund Thüringen e. V. erhält sechs vom Hundert, jedoch nicht mehr als 9,4 Millionen Euro jährlich, die Liga der Freien Wohlfahrtspflege 3,35 vom Hundert, jedoch nicht mehr als 5,4 Millionen Euro jährlich, der Spieleinsätze aus den vom Land veranstalteten Lotterien und Wetten mit Ausnahme der Lotterie Glücksspirale. In den Jahren 2010 und 2011 erhält der Landessportbund Thüringen e. V. jeweils mindestens 8,81Millionen Euro und die Liga der Freien Wohlfahrtspflege jeweils mindestens 4,92 Millionen Euro. (2) Der Überschuss aus den staatlichen Glücksspielen ist an den Landeshaushalt aufzuführen. Überschuss ist der Betrag aus Einsätzen und Bearbeitungs-gebühren, welcher nach Abzug der Betriebsaufwendungen, der an die Spielteilnehmer ausgeschütteten Gewinne und der Leistungen an den Landessportbund Thüringen e. V. sowie die Liga der Freien Wohlfahrtspflege verbleibt. (3) Der Überschuss ist für die Aufgabenerfüllung aus § 2 Abs. 6 sowie zur Förderung kultureller, sozialer, umweltschützerischer und sportlicher Zwecke zu verwenden. (4) Der Landessportbund Thüringen e. V. und die Liga der Freien Wohlfahrtspflege habendem Land bis zum 30. Juni eines Jahres die satzungsgemäße Verwen-dung der ihnen im vorangegangenen Jahr zugeführten Mittel nachzuweisen. Der Landessportbund Thüringen e. V. und die Liga der Freien Wohlfahrtspflege unterliegen hinsichtlich der Verwendung dieser zugeführten Landesmittel der Prüfung des Rechnungshofs. **Thüringer Spielbankgesetz (ThürSpbkG)** § 4 a Verwendung der Einnahmen: Die Einnahmen des Landes aus der Spielbankabgabe, der weiteren Leistung und der Troncabgabe sind nach Maßgabe des Haushaltsplans einer Verwendung für gemeinnützige Zwecke, insbesondere der vom Landerrichteten Thüringer Ehrenamtsstiftung zuzuführen.	**Epl. 17 Allg. Finanzverwaltung (S. 65)** Einnahmen aus a) Spieleinsätze (ohne Glücksspirale): 126, b) Spieleinsätze Glücksspirale: 3,3 (Ansatz 2010). Die Einnahmen aus Glücksspielen fließen mit Zweckbindung in den allgemeinen Finanzhaushalt.	**Epl. 17 Allg. Finanzverwaltung (S. 65)** Leistungen an den Landessportbund in Höhe von 7,6 (Ansatz 2010). Dieser Wert ist in der Summe der aus den Haushaltsplänen berechneten Sportförderausgaben enthalten.

Tab 14.11.4: Zusammenfassende Darstellung der in den Haushalten der Länder identifizierten sportbezogenen Einnahmen und Ausgaben in 1.000 Euro (eigene Berechnung).

	Baden-Württemberg (Ist 2008)	Bayern (Ist 2007)	Berlin (Ist 2008)	Brandenburg (Ist 2008)	Bremen (Ist 2008)	Hamburg (Ist 2007)	Hessen (Ist 2008)	Mecklenburg-Vorpommern (Ist 2009)	Niedersachsen (Ist 2008)	Nordrhein-Westfalen (Ist 2008)	Rheinland-Pfalz (Ist 2008)	Saarland (Ist 2008)	Sachsen (Soll 2009)	Sachsen-Anhalt (Ansatz 2009)	Schleswig-Holstein (Soll 2008)	Thüringen (Ist 2008)	gesamt
324 Förderung des Sports																	
Einnahmen	781	0	14.553	813	0	290	61	0	6	752	0	0	300	9	6.174	86	23.826
Personalausgaben	12.913	53	1.170	0	0	1.273	0	0	0	126	0	0	0	2.237	108	0	17.881
Laufende Kosten	46.692	27.080	75.305	12.756	0	10.781	20.000	12.500	23.981	46.164	17.085	14.461	20.400	12.391	6.174	7.880	353.650
Investitionskosten	0	1.149	5.193	37	0	0	0	0	3.824	0	0	0	100	0	0	0	10.303
323 Sportstätten																	
Einnahmen	0	1.779	13.215	1.870	0	621	89	0	124	0	2.100	0	1.700	0	0	2.052	23.490
Personalausgaben	0	0	5.285	0	0	0	0	0	0	0	0	0	0	0	0	0	5.285
Laufende Kosten	790	0	22.461	866	0	5.012	0	0	0	0	0	0	0	0	0	0	29.129
Investitionskosten	9.525	9.750	199	2.983	0	16.008	0	2.240	5.172	3.477	17.465	0	18.000	3.497	0	14.396	102.721
131, 136 Hochschulsport																	
Einnahmen	0	477	0	0	0	0	0	0	0	0	0	0	0	0	0	0	477
Personalausgaben	0	0	0	0	0	0	0	0	0	0	0	0	0	0	0	0	0
Laufende Kosten	0	1.627	0	0	0	0	0	0	0	0	0	0	0	0	0	0	1.627
Investitionskosten	0	0	0	0	0	0	0	0	0	0	0	0	0	0	0	0	0
129 Schulsport																	
Einnahmen	0	0	0	0	0	0	0	0	0	0	0	0	0	0	0	0	0
Personalausgaben	123	3.073	0	0	0	0	0	0	0	862	0	0	0	0	0	0	4.058
Laufende Kosten	801	1.562	0	0	0	0	0	0	0	22	326	0	0	0	0	0	2.711
Investitionskosten	0	625	0	0	0	0	0	0	0	0	12.129	0	0	0	0	0	12.754
329, 901 Sonstige																	
Einnahmen	0	0	0	0	2.382	0	2.156	2.240	0	0	0	0	0	123	0	0	6.901
Personalausgaben	0	0	0	0	1.105	0	0	0	0	0	0	0	0	0	0	0	1.105
Laufende Kosten	2.801	80	0	0	8.912	0	5.016	12.461	0	0	0	0	0	1.954	0	2.766	33.990
Investitionskosten	0	0	0	0	3.154	0	10.545	0	0	0	0	0	0	0	0	0	13.699
Summe Einnahmen	781	2.195	27.768	2.683	2.382	911	2.305	2.240	130	752	2.100	0	2.000	131	6.174	2.138	54.693
Summe Ausgaben	73.645	44.999	109.613	16.642	13.171	33.084	35.561	27.201	32.977	50.651[a]	47.005	14.461	38.500	20.079	6.282	25.042	588.914

[a] In den Ausgaben von Nordrhein-Westfalen sind die Zuschüsse für den laufenden Betrieb der Deutschen Sporthochschule Köln (ca. 35 Mio. Euro) sowie die Sportpauschale gemäß § 20 GFG 2008 (50 Mio. Euro) noch nicht enthalten. Die Sportpauschale ist in den folgenden (und im Bericht zur weiteren Berechnung verwendeten) Tabellen 14.11.5 enthalten. Die Zuschüsse für den laufenden Betrieb der Deutschen Sporthochschule sind in den kalkulierten Ausgaben "Sportwissenschaft" in den Kapiteln 4.1.4., 4.2.4 und 4.3.4 enthalten.

Tab 14.11.5: Zusammenfassende Darstellung der Rechnungsergebnisse der öffentlichen Haushalte zu "Fu 322 Badeanstalten" in Mio. Euro in 2007 (eigene Darstellung, Quelle: Statistisches Bundesamt, 2010p).

	Baden Württemberg	darunter Gemeinden/Gv.	darunter Zweckverbände	Bayern	darunter Gemeinden/Gv.	darunter Zweckverbände	Brandenburg	darunter Gemeinden/Gv.	darunter Zweckverbände	Hessen	darunter Gemeinden/Gv.	darunter Zweckverbände	Mecklenburg-Vorpommern	darunter Gemeinden/Gv.	darunter Zweckverbände	Niedersachsen	darunter Gemeinden/Gv.	darunter Zweckverbände	Nordrhein-Westfalen	darunter Gemeinden/Gv.	darunter Zweckverbände	Rheinland-Pfalz	darunter Gemeinden/Gv.	darunter Zweckverbände	Saarland	darunter Gemeinden/Gv.	darunter Zweckverbände	Sachsen	darunter Gemeinden/Gv.	darunter Zweckverbände	Sachsen-Anhalt	darunter Gemeinden/Gv.	darunter Zweckverbände	Schleswig-Holstein	darunter Gemeinden/Gv.	darunter Zweckverbände	Thüringen	darunter Gemeinden/Gv.	darunter Zweckverbände	Berlin	Bremen	Hamburg	Länder gesamt*1	darunter Länderhaushalte*1	darunter Haushalte der Gemeinden/Gv.-/Zweckverbände*1	Bund gesamt*1
1 A) Einnahmen	56	54	2	69	67	2	12	12	2	26	23	3	2	2	1	33	33	0	43	43	0	24	23	0	4	4	1	14	13	1	11	11	0	6	6	0	8	6	0	0	0	0	306	0	306	0
2 Gebühren/Eintg.	30	29	1	37	36	1	3	3	2	16	14	2	1	1	0	18	18	0	17	17	0	11	11	0	1	1	0	6	5	0	5	5	0	4	4	0	2	4	0	0	0	0	150	0	150	0
3 sonstige	26	25	1	32	31	0	9	9	0	10	9	1	1	1	1	15	15	0	26	26	0	13	12	0	3	3	1	8	8	1	6	6	0	2	2	0	6	2	0	0	0	0	156	0	156	0
4 B) Personalkosten	40	39	1	42	41	1	3	3	1	22	19	3	2	2	0	31	30	0	34	34	0	17	16	0	4	4	0	10	9	0	9	9	0	5	5	0	5	5	0	0	8	0	222	0	222	0
5 C) Laufende Kosten	99	97	2	112	110	1	17	17	1	59	57	3	6	6	0	63	63	0	87	87	0	40	40	0	13	13	0	31	30	1	18	18	1	21	21	0	10	10	0	40	0	0	627	47	577	0
6 Unterh.v.unb. Vermögen	15	15	0	12	11	0	1	1	0	7	7	0	0	1	0	9	9	0	7	7	0	5	5	0	1	1	0	2	2	0	2	2	0	1	1	0	1	1	0	0	0	0	62	0	62	0
7 Bew.der Grundstücke	24	23	1	11	11	0	2	0	0	21	19	2	2	2	0	22	22	0	20	20	0	12	12	0	1	1	0	6	6	0	6	6	0	4	4	0	2	2	0	0	0	0	135	0	134	0
8 übriger lfd. Sachaufwand	25	24	1	51	50	1	9	9	1	6	6	1	3	3	0	13	13	0	32	32	0	9	9	0	3	3	0	7	6	1	5	5	1	2	2	0	3	3	0	0	0	0	168	0	168	0
9 Erwerb v. bewgl. Sachv.	2	2	0	2	2	0	0	0	0	0	1	0	0	0	0	0	1	1	0	0	1	0	0	0	0	0	0	0	0	0	0	0	0	0	0	0	0	0	0	0	0	0	8	0	7	0
10 Zahl.an andere Bereiche	28	28	0	31	31	0	5	5	0	15	15	0	0	0	0	17	17	0	26	26	0	9	9	0	8	8	0	16	16	0	3	3	0	14	14	0	4	4	0	40	6	0	221	45	175	0
11 Zahl.an öffentl. Bereiche	5	5	0	5	5	0	0	0	0	9	9	0	0	0	0	1	1	0	2	2	0	5	5	0	0	0	0	0	0	0	2	2	0	0	0	0	0	0	0	0	2	0	33	0	31	0

12	**D) Investitionskosten**	33	33	0	44	43	1	12	12	0	16	15	1	1	0	14	14	0	37	37	0	14	13	0	14	13	0	2	2	0	14	10	4	5	5	0	3	3	0	5	5	0	0	0	0	200	0	200	0
13	*Baumaßnahmen*	30	30	0	43	42	1	11	11	0	16	15	1	1	0	14	14	0	35	35	0	14	13	0	14	13	0	2	2	0	14	10	4	5	5	0	3	3	0	5	5	0	0	0	0	193	0	194	0
14	*Erwerb v. unbewegl. Sachv.*	1	1	0	1	0	1	1	0	1	0	0	0	0	0	0	0	0	0	0	0	0	0	0	0	0	0	0	0	0	0	0	0	0	0	0	0	0	0	0	0	0	0	0	0	2	0	2	0
15	*Erwerb v. Beteiligungen*	2	2	0	0	0	0	0	0	0	0	0	0	0	0	0	0	0	2	2	0	0	0	0	0	0	0	0	0	0	0	0	0	0	0	0	0	0	0	0	0	0	0	0	0	4	0	4	0
16	**Bruttoausgaben*1 (=4+5+12+15)**	172	169	3	198	194	3	32	32	0	97	91	7	9	9	0	108	107	0	158	158	0	71	69	0	19	19	0	55	49	5	32	32	0	29	29	0	20	20	0	40	8	0	##	47	1002	0
17	*Zahl. v. gleicher Ebene*	4	1	0	10	2	0	5	0	0	7	2	0	1	0	0	3	2	0	2	0	0	13	3	0	1	0	0	7	0	0	3	0	0	1	1	0	1	0	0	0	0	0	58	0	11	0
18	**Bereinigte Ausgaben*1 (=16-17)**	168	168	3	188	192	3	27	32	0	90	89	7	8	9	0	105	105	0	156	158	0	58	66	0	18	19	0	48	49	5	29	32	0	28	28	0	19	20	0	40	8	0	991	47	990	0
19	*Zahl. v. anderer Ebene*	0	2	1	0	7	1	0	4	0	0	0	0	0	1	0	0	0	0	1	0	0	7	4	0	1	0	0	3	4	0	3	0	0	0	0	0	1	0	0	0	0	0	0	0	47	0
20	**Nettoausgaben*1 (=19-20)**	163	166	2	188	185	2	27	28	0	90	89	2	8	8	0	105	105	-1	156	157	0	58	59	-4	18	18	0	48	46	1	29	29	0	28	28	0	19	19	0	40	8	0	991	47	944	0

*1 Rundungsfehler führen dazu, dass die aggregierten Daten z. T. von der Summe der aufgeführten Einzeldaten abweichen. Es werden sowohl für Einzel- als auch für die aggregierten Daten die Originaldaten aus der Fachserie 14, Reihe 3.5 (Statistisches Bundesamt, 2010p) verwendet.

Tab 14.11.6: Zusammenfassende Darstellung der Rechnungsergebnisse der öffentlichen Haushalte zu "Fu 323 Eigene Sportstätten" in Mio. Euro in 2007 (eigene Darstellung, Quelle: Statistisches Bundesamt, 2010p).

	Baden Württemberg	dar. Gem./Gv.	dar. Zweckverb.	Bayern	dar. Gem./Gv.	dar. Zweckverb.	Brandenburg	dar. Gem./Gv.	dar. Zweckverb.	Hessen	dar. Gem./Gv.	dar. Zweckverb.	Mecklenburg-Vorpommern	dar. Gem./Gv.	dar. Zweckverb.	Niedersachsen	dar. Gem./Gv.	dar. Zweckverb.	Nordrhein-Westfalen	dar. Gem./Gv.	dar. Zweckverb.	Rheinland-Pfalz	dar. Gem./Gv.	dar. Zweckverb.	Saarland	dar. Gem./Gv.	dar. Zweckverb.	Sachsen	dar. Gem./Gv.	dar. Zweckverb.	Sachsen-Anhalt	dar. Gem./Gv.	dar. Zweckverb.	Schleswig-Holstein	dar. Gem./Gv.	dar. Zweckverb.	Thüringen	dar. Gem./Gv.	dar. Zweckverb.	Berlin	dar. Gem./Gv.	dar. Zweckverb.	Bremen	Hamburg	Länder gesamt*[1]	dar. Länderhaushalte*[1]	dar. Haushalte der Gemeinden/Gv.-/Zweckverbände*[1]	Bund gesamt*[1]
A) Einnahmen	62	62	0	51	46	0	7	7	0	13	13	0	6	6	0	13	13	0	41	41	0	8	8	0	2	2	0	10	10	0	6	6	0	8	8	0	6	6	0	20	20	0	1	1	257	27	229	0
Gebühren/Entg.	18	18	0	13	13	0	0	0	0	2	2	0	0	0	0	0	0	0	16	16	0	2	2	0	1	1	0	5	5	0	0	0	0	4	4	0	2	2	0	2	2	0	0	0	77	2	74	0
sonstige	44	44	0	38	33	0	7	7	0	11	11	0	6	6	0	13	13	0	25	25	0	6	6	0	1	1	0	5	5	0	6	6	0	4	4	0	4	4	0	18	18	0	0	1	180	25	155	0
B) Personalkosten	53	53	0	30	30	0	6	6	0	25	25	0	6	6	0	14	14	0	61	61	0	10	10	0	2	2	0	7	7	0	7	7	0	5	5	0	7	7	0	22	22	0	0	1	257	25	232	0
C) Laufende Kosten	181	160	1	110	92	1	27	23	0	74	68	0	17	16	0	52	49	0	268	212	0	46	32	0	13	12	0	47	35	10	30	26	0	17	17	0	30	18	0	36	36	0	2	12	966	200	764	24
Unterh. v. unb. Vermögen	53	53	0	26	26	0	3	3	0	17	17	0	2	2	0	13	13	0	34	34	0	10	10	0	2	2	0	5	5	0	4	4	0	5	5	0	3	3	0	13	13	0	0	2	193	16	177	0
Bew. der Grundstücke	66	66	0	29	29	0	8	8	0	22	22	0	9	9	0	18	18	0	52	52	0	12	12	0	3	3	0	14	14	0	12	12	0	8	8	0	8	8	0	17	17	0	0	2	283	20	262	0
übriger lfd. Sachaufwand	25	25	0	23	23	0	2	2	0	17	17	0	3	3	0	12	12	0	78	78	0	5	5	0	6	6	0	3	3	0	5	5	0	2	2	0	1	1	0	4	4	0	0	1	191	5	186	0
Erwerb v. bewgl. Sachv.	5	5	0	3	3	0	0	0	0	1	1	0	0	0	0	1	1	0	4	4	0	1	1	0	0	0	0	3	3	0	2	2	0	1	1	0	3	3	0	0	0	0	0	0	22	0	21	0
Zahl. an andere Bereiche	21	9	0	21	10	0	9	9	0	13	9	0	2	2	0	3	3	0	48	42	0	4	2	0	2	1	0	13	3	10	4	2	0	1	1	0	9	0	0	2	2	0	2	7	159	57	103	0
Zahl. an öffentl. Bereich	11	2	1	8	1	1	4	4	0	4	2	0	1	0	0	5	2	0	52	2	0	14	2	0	0	0	0	9	7	0	3	1	0	0	0	0	6	3	0	0	0	0	0	0	118	102	15	24

12 D) Investitionskosten	155	154	1	90	90	0	14	14	0	37	37	0	12	12	0	25	25	0	72	72	0	24	24	0	5	5	0	19	19	0	15	15	0	26	26	0	18	18	0	6	6	0	1	5	527	11	515	0
13 Baumaßnahmen	149	148	1	81	81	0	14	14	0	36	36	0	12	12	0	24	24	0	72	72	0	23	23	0	5	5	0	16	16	0	15	15	0	26	26	0	18	18	0	6	6	0	1	5	503	11	492	0
14 Erwerb v. unbewegl. Sachv.	5	5	0	9	9	0	0	0	0	1	1	0	0	0	0	1	1	0	0	0	0	1	1	0	0	0	0	3	3	0	0	0	0	0	0	0	0	0	0	0	0	0	0	0	22	0	21	0
15 Erwerb v. Beteiligungen	1	1	0	0	0	0	0	0	0	0	0	0	0	0	0	0	0	0	0	0	0	0	0	0	0	0	0	0	0	0	0	0	0	0	0	0	0	0	0	0	0	0	0	0	2	0	2	0
16 Bruttoausgaben*1 (=4+5+12÷15)	389	367	2	230	212	0	47	42	0	136	130	0	35	34	0	91	88	0	401	345	0	80	66	0	20	19	0	73	61	0	52	48	0	48	48	0	55	43	0	64	4	18	1750	237	1513	24		
17 Zahl. v. gleicher Ebene	26	1	0	15	3	0	4	1	0	4	3	0	3	1	0	7	5	0	8	2	0	12	3	0	1	0	0	7	0	0	2	0	0	3	1	0	8	3	0	0	0	0	103	14	26	0		
18 Bereinigte Ausgaben*1 (=16-17)	363	366	2	215	209	0	43	41	0	132	127	0	32	33	0	84	83	0	393	343	0	68	63	0	19	19	0	66	61	0	47	46	0	45	47	0	47	40	0	62	4	18	1647	223	1487	24		
19 Zahl. v. anderer Ebene	3	26	1	6	12	0	2	4	0	0	1	2	0	1	3	0	0	2	0	1	7	0	0	9	0	0	1	0	3	7	0	0	4	0	0	1	0	3	7	0	2	0	23	0	87	0		
20 Nettoausgaben*1 (=19-20)	360	340	1	209	197	0	41	37	0	131	125	0	31	30	0	84	81	0	392	336	0	68	54	0	19	18	0	63	54	0	47	42	0	45	46	0	44	33	0	62	4	18	1623	223	1401	24		

*1 Rundungsfehler führen dazu, dass die aggregierten Daten z.T. von der Summe der aufgeführten Einzeldaten abweichen. Es wurden sowohl für Einzel- als auch für die aggregierten Daten die Originaldaten aus der Fachserie 14, Reihe 3.5 (Statistisches Bundesamt, 2010p) verwendet.

Tab 14.11.7: Zusammenfassende Darstellung der Rechnungsergebnisse der öffentlichen Haushalte zu "Fu 324 Förderung des Sports" in Mio. Euro in 2007 (eigene Darstellung, Quelle: Statistisches Bundesamt, 2010p).

	Baden Württemberg	dar. Gem./Gv.	dar. Zweckverb.	Bayern	dar. Gem./Gv.	dar. Zweckverb.	Brandenburg	dar. Gem./Gv.	dar. Zweckverb.	Hessen	dar. Gem./Gv.	dar. Zweckverb.	Mecklenburg-Vorpommern	dar. Gem./Gv.	dar. Zweckverb.	Niedersachsen	dar. Gem./Gv.	dar. Zweckverb.	Nordrhein-Westfalen	dar. Gem./Gv.	dar. Zweckverb.	Rheinland-Pfalz	dar. Gem./Gv.	dar. Zweckverb.	Saarland	dar. Gem./Gv.	dar. Zweckverb.	Sachsen	dar. Gem./Gv.	dar. Zweckverb.	Sachsen-Anhalt	dar. Gem./Gv.	dar. Zweckverb.	Schleswig-Holstein	dar. Gem./Gv.	dar. Zweckverb.	Thüringen	dar. Gem./Gv.	dar. Zweckverb.	Berlin	Bremen	Hamburg	Länder gesamt *1	dar. Länderhaushalte *1	dar. Haushalte der Gemeinde/Gv./Zweckverb. *1	Bund gesamt *1
1 A) Einnahmen	3	3	0	6	6	0	7	0	1	0	1	1	0	0	0	1	0	0	7	7	0	1	0	0	0	0	0	3	0	0	1	0	0	0	0	0	1	0	0	14	2	0	42	18	24	0
2 Gebühren/Entg.	1	1	0	0	0	0	0	0	0	0	0	0	0	0	0	0	0	0	0	0	0	0	0	0	0	0	0	2	0	0	0	0	0	0	0	0	0	0	0	0	0	0	7	0	7	0
3 sonstige	2	2	0	5	5	0	7	0	1	0	1	1	0	0	0	1	0	0	6	6	0	1	0	0	0	0	0	1	0	0	1	0	0	0	0	0	1	0	0	14	2	0	35	18	17	0
4 B) Personalkosten	6	6	0	7	7	0	0	0	0	5	5	0	1	1	0	4	4	0	17	17	0	2	2	0	1	1	0	4	4	0	2	2	0	2	2	0	1	1	0	14	2	0	52	0	52	0
5 C) Laufende Kosten	133	87	0	142	115	0	22	9	0	48	48	0	19	9	0	72	46	0	179	134	0	48	23	0	6	4	0	68	49	0	23	7	0	29	22	0	21	17	0	40	6	11	873	302	571	87
6 Unterh. v. unb. Vermögen	1	1	0	1	1	0	0	0	0	0	0	0	0	0	0	0	0	0	3	3	0	0	0	0	0	0	0	0	0	0	0	0	0	0	0	0	1	1	0	0	0	0	3	0	3	0
7 Bew. der Grundstücke	0	0	0	0	0	0	0	0	0	0	0	0	0	0	0	0	0	0	0	0	0	0	0	0	0	0	0	0	0	0	0	0	0	0	0	0	1	1	0	0	0	0	5	0	5	0
8 übrige/gfd.	6	6	0	4	4	0	0	0	0	4	4	0	4	4	0	2	2	0	58	22	0	2	2	0	1	1	0	5	4	0	4	4	0	0	0	0	1	1	0	8	0	0	107	58	49	2
9 Sachaufwand Erwerb v. bewgl.	0	0	0	0	0	0	0	0	0	0	0	0	0	0	0	0	0	0	0	0	0	0	0	0	0	0	0	0	0	0	0	0	0	0	0	0	0	0	0	0	0	0	1	0	1	0
10 Sachv. Zahl. an andere Bereiche	125	79	0	136	109	0	22	0	0	43	39	0	8	7	0	69	43	0	116	107	0	43	19	0	5	3	0	62	44	0	19	7	0	27	21	0	19	15	0	32	6	11	743	242	501	85
11 Zahl. an öffentl. Bereiche	1	1	0	1	1	0	0	0	0	1	1	0	1	1	0	1	1	0	1	1	0	2	0	0	0	0	0	1	0	0	0	0	0	1	1	0	1	1	0	0	0	0	14	2	12	0

12 D) Investitionskosten	2	2	0	0	0	0	0	0	0	0	0	0	0	0	0	0	0	11	0	1	0	0	0	0	0	0	3	0	0	0	0	0	0	0	0	2	2	0	19	0	18	0
13 *Baumaßnahmen*	2	2	0	0	0	0	0	0	0	0	0	0	0	0	0	0	0	9	0	1	0	0	0	0	0	0	3	0	0	0	0	0	0	0	0	2	2	0	16	0	15	0
14 *Erwerb v. unbewgl. Sachv.*	0	0	0	0	0	0	0	0	0	0	0	0	0	0	0	0	0	1	0	0	0	0	0	0	0	0	0	0	0	0	0	0	0	0	0	0	0	0	1	0	1	0
15 *Erwerb v. Beteiligungen*	0	0	0	0	0	0	0	0	0	0	0	0	0	0	0	0	0	2	0	0	0	0	0	0	0	0	0	0	0	0	0	0	0	0	0	0	0	0	2	0	2	0
16 Bruttoausgaben*[1] (=4+5+12+15)	141	95	0	149	122	0	23	10	0	53	49	0	20	10	0	76	50	0	207	162	0	51	26	0	7	5	0	75	56	0	25	9	0	30	23	0	22	18	0	40	6	0	11	947	303	643	86
17 *Zahl. v. gleicher Ebene*	0	0	0	2	0	0	0	0	0	0	0	0	0	0	0	0	0	1	0	10	0	10	0	0	0	0	0	2	0	0	0	0	0	0	0	0	0	0	0	0	0	0	0	17	0	1	0
18 Bereinigte Ausgaben*[1] (=16-17)	141	95	0	147	122	0	23	10	0	53	49	0	20	10	0	76	50	0	206	162	0	41	26	0	7	5	0	73	56	0	25	9	0	30	23	0	22	18	0	40	6	0	11	929	303	643	86
19 *Zahl. v. anderer Ebene*	0	0	0	2	0	0	0	0	0	0	0	0	0	0	0	0	0	1	0	10	0	10	0	0	0	0	0	3	0	0	0	0	0	0	0	0	0	0	0	0	0	0	0	1	0	17	0
20 Nettoausgaben*[1] (=19-20)	141	95	0	147	120	0	23	10	0	53	49	0	20	10	0	76	50	0	206	161	0	41	16	0	7	5	0	73	53	0	25	9	0	30	23	0	22	18	0	40	6	0	11	929	303	626	86

*[1] Rundungsfehler führen dazu, dass die aggregierten Daten z. T. von der Summe der aufgeführten Einzeldaten abweichen. Es wurden sowohl für Einzel- als auch für die aggregierten Daten die Originaldaten aus der Fachserie 14, Reihe 3.5 (Statistisches Bundesamt, 2010p) verwendet.

14.12 Zur Quantifizierung der Einnahmen und Ausgaben der Hochschulen

Tab. 14.12.1: Ausgaben an Hochschulen 2008 der Fächergruppe Sport nach Ausgabearten und Trägern in 1.000 Euro (Quelle: Statistisches Bundesamt, 2008e).

Ausgabenart		Land	Bund	Privat
Laufende Ausgaben	Personalabgaben	89.089	1.043	157
	Unterhaltung der Grundstücke & Gebäude (inkl. Mieten & Pachten)	8.805	128	7
	Sonst. laufende Abgaben	18.384	72	141
	Summe	**116.278**	**1.243**	**305**
Investitionsausgaben	Erwerb von Grundstücken & Gebäuden, Baumaßnahmen	6.782	0	0
	Sonst. Investitionen	3.141	49	10
	Summe	**9.923**	**49**	**10**
Ausgaben	**insgesamt**	**126.202**	**1.292**	**314**

Tab. 14.12.2: Einnahmen an Hochschulen 2008 der Fächergruppe Sport nach Einnahmearten und Trägern in 1.000 Euro (Quelle: Statistisches Bundesamt, 2008e).

Einnahmeart		Land	Bund	Privat
Verwaltungseinnahmen	Beiträge der Studierenden	5.649	0	43
	Einnahmen aus wirtschaftlicher Tätigkeit und Vermögen	4.392	0	121
	Summe	**10.041**	**0**	**164**
Drittmittel		22.625	6	9
Andere Einnahmen aus Zuweisungen und Zuschüssen (ohne Träger)		1.778	0	0
Einnahmen	**insgesamt**	**34.444**	**6**	**173**

Anmerkung: Entsprechend den Angaben in Tabellen 14.12.1 und 14.12.2 beläuft sich der Anteil an Verwaltungseinnahmen, Drittmitteln und andere Einnahmen aus Zuweisungen und Zuschüssen (ohne Träger) auf Ebene der Länder auf 27,29% und auf Ebene des Bundes auf 0,70%. Entsprechend werden im Bericht auf Ebene der Länder bzw. des Bundes nur 72,71% bzw. 99,3% der Ausgaben der Hochschulen im Bereich Sport angesetzt.

14.13 Die sportbezogenen direkten Einnahmen der öffentlichen Haushalte

Tab 14.13.1: Zusammenfassende Darstellung der aggregierten sportbezogenen direkten Einnahmen (eigene Berechnung). Die Tabelle ist wie folgt zu verstehen: Die Einnahmen (schwarz hinterlegt) unterteilen sich in Steuern (I), Sozialbeiträge (II) sowie sonstige Einnahmen (III). Weitere Untergliederungen sind entsprechend nummeriert. Die aggregierten Werte sind der VGR 2010 (Rechnungsstand Februar 2011) entnommen. Die Graustufen der sportbezogenen Anteile entsprechen der bisher getroffenen Wahl im Bericht: dunkelgrau (Kernbereich), mittelgrau (enge Abgrenzung, inkl. Kernbereich), hellgrau (weite Abgrenzung, inkl. enge Abgrenzung und Kernbereich). Die Tabelle ist in sich konsistent im Sinne einer Top-down-Betrachtung.

Einnahmen	1082,09
darunter sportbezogene Einnahmen des Kernbereiches (WZ 92.6)	3,08
darunter sportbezogene Einnahmen der engen Abgrenzung	14,25
darunter sportbezogene Einnahmen der weiten Abgrenzung	21,77
I) Steuern	**568,26**
I.1) Produktions- und Importabgaben	310,47
I.1.1) Mehrwertsteuer	178,64
darunter Mehrwertsteuer auf sportbezogene Produkte des Kernbereiches (WZ 92.6)	0,46
darunter Mehrwertsteuer auf sportbezogene Produkte der engen Abgrenzung	1,34
darunter Mehrwertsteuer auf sportbezogene Produkte der weiten Abgrenzung	3,32
I.1.2) Gewerbesteuer (einschl. Umlagen)	35,05
darunter Gewerbesteuer des Kernbereiches (WZ 92.6)	0,04
darunter Gewerbesteuer der Bereiche der engen Abgrenzung	0,22
darunter Gewerbesteuer der Bereiche der weiten Abgrenzung	0,39
I.1.3) Rennwett- und Lotteriesteuer	1,42
darunter Rennwetten (gehört zur weiten Abgrenzung des Sports)	0,01
darunter Sportwetten (gehört zur weiten Abgrenzung des Sports)	0,04
I.1.4) Verbrauchsteuer	63,60
I.1.4.1.1) Mineralölsteuer/Energiesteuer	39,84
darunter Fahrten zur Sportausübung und Sporturlaub (enge Abgrenzung des Sports)	3,94
darunter Fahrten zur Sportausübung und Sporturlaub (enge Abgrenzung des Sports)	3,94
I.1.4.1.2) Stromsteuer	6,17
darunter Stromsteuer des Kernbereiches (WZ 92.6)	0,01
darunter Stromsteuer der Bereiche der engen Abgrenzung	0,04
darunter Stromsteuer der Bereiche der weiten Abgrenzung	0,09
I.1.4.1.3) sonstige (nicht sportrelevante Verbrauchsteuern)	17,60
I.1.5) Versicherungsteuer	10,25
darunter Versicherungsteuer der Bereiche der weiten Abgrenzung	0,59
I.1.6) Grundsteuer	11,25
darunter Grundsteuer des Kernbereiches (WZ 92.6)	0,02
darunter Grundsteuer der Bereiche der engen Abgrenzung	0,08
darunter Grundsteuer der Bereiche der weiten Abgrenzung	0,17
I.1.7) Grunderwerbsteuer	5,29
darunter Grunderwerbssteuer des Kernbereiches (WZ 92.6)	0,01
darunter Grunderwerbssteuer der Bereiche der engen Abgrenzung	0,04
darunter Grunderwerbssteuer der Bereiche der weiten Abgrenzung	0,08
I.1.8) Kfz-Steuer (von Unternehmen)	2,05
darunter Kfz-Steuer (von Unternehmen) des Kernbereiches (WZ 92.6)	0,00
darunter Kfz-Steuer (von Unternehmen) der Bereiche der engen Abgrenzung	0,01
darunter Kfz-Steuer (von Unternehmen) der Bereiche der weiten Abgrenzung	0,03
I.1.9) sonstige (nicht sportrelevante Produktions- und Importabgaben)	2,92

I.2) Einkommen- und Vermögensteuern 257,79
    I.2.1) Lohnsteuer (einschl. Solizuschlag)   177,96
        darunter Lohnsteuer (einschl. Solizuschlag) des Kernbereiches (WZ 92.6)   0,70
        darunter Lohnsteuer (einschl. Solizuschlag) der engen Abgrenzung   1,80
        darunter Lohnsteuer (einschl. Solizuschlag) der weiten Abgrenzung   3,00
    I.2.2) Körperschaftsteuer   13,67
        darunter Körperschaftsteuer des Kernbereiches (WZ 92.6)   0,02
        darunter Körperschaftsteuer der engen Abgrenzung   0,09
        darunter Körperschaftsteuer der weiten Abgrenzung   0,20
    I.2.3) veranlagte Einkommensteuer (einschl. Solizuschlag)   36,13
        darunter veranlagte Einkommensteuer (einschl. Solizuschlag) des Kernbereiches (WZ 92.6)   0,10
        darunter veranlagte Einkommensteuer (einschl. Solizuschlag) der engen Abgrenzung   0,30
        darunter veranlagte Einkommensteuer (einschl. Solizuschlag) der weiten Abgrenzung   0,57
    I.2.4) nicht veranlagte Steuern vom Ertrag (einschl. Zinsabschlag)   22,44
        darunter nicht veranlagte Steuern vom Ertrag (einschl. Zinsabschlag) des Kernber. (WZ 92.6)   0,06
        darunter nicht veranlagte Steuern vom Ertrag (einschl. Zinsabschlag) der engen Abgrenzung   0,19
        darunter nicht veranlagte Steuern vom Ertrag (einschl. Zinsabschlag) der weiten Abgrenzung   0,35
    I.2.5) Kfz-Steuer (von privaten Haushalten)   6,83
        darunter Fahrten zur Sportausübung und Sporturlaub (enge Abgrenzung des Sports)   0,77
        darunter Fahrten zur Sportausübung und Sporturlaub (weite Abgrenzung des Sports)   0,77
    I.2.6) Sonstige Einkommen- und Vermögensteuern (einschl. Vermögensteuern und Verwaltungsgebühren)   0,76
        darunter sonstige Einkommen- und Vermögensteuern des Kernbereiches (WZ 92.6)   0,00
        darunter sonstige Einkommen- und Vermögensteuern der engen Abgrenzung   0,01
        darunter sonstige Einkommen- und Vermögensteuern der weiten Abgrenzung   0,01

II) Sozialbeiträge 420,28
        darunter tatsächliche und unterstellte Sozialbeiträge des Kernbereiches (WZ 92.6)   1,08
        darunter tatsächliche und unterstellte Sozialbeiträge der Bereiche der engen Abgrenzung   4,85
        darunter tatsächliche und unterstellte Sozialbeiträge der Bereiche der weiten Abgrenzung   7,61

III) sonstige Einnahmen[1] 93,55
        darunter sonstige sportbezogene direkte Einnahmen des Kernbereiches (WZ 92.6)   0,58
        darunter sonstige Einnahmen der Bereiche der engen Abgrenzung   0,58
        darunter sonstige Einnahmen der Bereiche der weiten Abgrenzung   0,58

[1] sonstige Einnahmen umfassen die folgenden Kategorien (mit Werten in Mrd. Euro basierend auf der VGR 2010, Rechnungsstand Februar 2011): Verkäufe (50,91), sonstige Subventionen (0,59), Vermögenseinkommen (18,48), sonstige laufende Transfers (14,07), Vermögenstransfers (9,50).

14.14 Die sportbezogenen direkten Ausgaben der öffentlichen Haushalte

Tab 14.13.1: Zusammenfassende Darstellung der aggregierten sportbezogenen direkten Ausgaben (eigene Berechnung). Die Tabelle ist wie folgt zu verstehen: Die Ausgaben (schwarz hinterlegt) unterteilen sich in Arbeitnehmerentgelt (I) und sonstige Ausgaben (ohne Arbeitnehmerentgelt) (II). Die aggregierten Werte sind der VGR 2010 (Rechnungsstand Februar 2011) entnommen. Die Graustufen der sportbezogenen Anteile entsprechen der bisher getroffenen Wahl im Bericht: dunkelgrau (Kernbereich), mittelgrau (enge Abgrenzung, inkl. Kernbereich), hellgrau (weite Abgrenzung, inkl. enge Abgrenzung und Kernbereich). Die Tabelle ist in sich konsistent im Sinne einer Top-down-Betrachtung.

Ausgaben	1164,10
darunter sportbezogene Ausgaben des Kernbereiches (WZ 92.6)	4,27
darunter sportbezogene Ausgaben der engen Abgrenzung	8,33
darunter sportbezogene Ausgaben der weiten Abgrenzung	8,33
I) Arbeitnehmerentgelt	181,75
darunter "Personalkosten" des Kernbereiches (WZ 92.6)	0,72
darunter "Personalkosten" der Bereiche der engen Abgrenzung	3,94
darunter "Personalkosten" der Bereiche der weiten Abgrenzung	3,94
II) sonstige Ausgaben (ohne Arbeitnehmerentgelt)[2]	982,35
darunter "Laufende Kosten" des Kernbereiches (WZ 92.6)	2,74
darunter "Laufende Kosten" der Bereiche der engen Abgrenzung	3,26
darunter "Laufende Kosten" der Bereiche der weiten Abgrenzung	3,26
darunter "Investitionskosten" des Kernbereiches (WZ 92.6)	0,81
darunter "Investitionskosten" der Bereiche der engen Abgrenzung	1,14
darunter "Investitionskosten" der Bereiche der weiten Abgrenzung	1,14

[1] sonstige Ausgaben umfassen die folgenden Kategorien (mit Werten in Mrd. Euro basierend auf der VGR 2010, Rechnungsstand Februar 2011): Monetäre Sozialleistungen (450,57), soziale Sachleistungen (204,17), Vorleistungen (116,33), Vermögenseinkommen (59,78), sonstige laufende Transfers (46,46), Subventionen ohne Subventionen der EU an inländische Sektoren (32,96) sowie sonstige Produktionsabgaben (0,07).

14.15 Zur Quantifizierung der Steuererleichterungen

Tab. 14.15: Zur Quantifizierung der Steuererleichterungen relevante Sekundärdatenquellen in der Übersicht.

Datenbeschreibung					Erhebungsmethodik			Evaluation			
Land	Name	Anbieter	Inhalt allgemein	Inhalt projektspezifisch	Art der Erhebung	Stichprobe	Turnus Time Lag	REP	REL	VAL	SZ / DZ
D	Vereinsstatistik	V&M Service GmbH Konstanz	Enthält ausschließlich Zahlenmaterial eingetragener Vereine (e.V.)	Vereine wurden in Bereiche eingeteilt, u.A. olympische Sportarten zum Sektor Sport, nicht-olympische Sportarten zum Sektor Freizeit	Abfragen bei den Vereinsregistern der Amtsgerichte	n.a.	alle zwei Jahre, seit 2001	Keine Angabe möglich	Keine Angabe möglich	Keine Angabe möglich	ja / ja
D	Bestandserhebung der DOSB-Lizenzen	Deutscher Olympischer Sportbund	Erfassung der Anzahl der gültigen DOSB-Lizenzen sowie der im Jahr 2007 neu ausgestellten Lizenzen.	Anzahl der Übungsleiter in Landessportbünden	Verwendung der Zahlen der Lizenzierten Ausbildungsgänge des DOSB	n.a.	jährlich, seit 2006	Keine Angabe möglich	Keine Angabe möglich	Keine Angabe möglich	ja / ?
D	LWR	vgl. Anhang 14.5									
D	SEB	vgl. Anhang 14.5									
D	Charity Scope	Gesellschaft für Konsumforschung	Einblick in die Gesamtstruktur der Spendentätigkeiten, alle zwei Jahre ergänzt durch zusätzliche Abfrage aller ehrenamtlichen Tätigkeiten	Auch Erfassung von Sach- und Zeitspenden	monatliche schriftliche Erhebung im Verbraucherpanel	n= 10.000, ab 10 Jahren	jährlich, seit 2004 erhoben	n.a.	n.a.	n.a.	kostenpflichtig / nein
D	Deutscher Spendenmonitor	TNS Infratest	Analyse des Spendenverhaltens in Deutschland	Aussagen zu Spendenzwecken und Einschätzungen zu unterstützten Organisationen	Persönliche mündliche Befragung (computer assisted personal interviewing)	Zufallsauswahl nach Random-Route-Verfahren, n=4.000, ab 14 Jahren	jährlich, seit 14 Jahren erhoben	ja	ja	ja	nein / nein
D	Freiwilligen-Survey 1999-2004	Bundesministerium für Familie, Senioren, Frauen und Jugend	Untersucht das freiwillige Engagement in Deutschland	Projektspezifisch unterstützt es die Befragung, die vom DZI durchgeführt wird.	Telefonische oder persönliche Befragung	n=15.000	Alle fünf Jahre	ja	ja	ja	Öffentlich zugänglich/ nicht sicher

n.a. nicht angegeben, /: nicht möglich; REP: Repräsentativität; REL: Reliabilität; VAL: Validität; SZ: Studienzugang; DZ: Datenzugangsmöglichkeiten.

Tab. 14.16: Zur Verteilung der sportbezogenen Steuereinnahmen (eigene Berechnungen).

Steuerart	Abgrenzung	sportbezogene Steuereinnahmen gesamt	Anteile			sportbezogene Steuereinnahmen		
			Bund	Länder	Gemeinden	Bund	Länder	Gemeinden
Mehrwertsteuer	Kern	0,46	0,514	0,465	0,021	0,24	0,22	0,01
	enge Definition	1,34	0,514	0,465	0,021	0,69	0,62	0,03
	weite Definition	3,32	0,514	0,465	0,021	1,71	1,55	0,07
Gewerbesteuer (einschl. Umlagen)	Kern	0,04	0,07	0,07	0,86	0	0	0,03
	enge Definition	0,22	0,07	0,07	0,86	0,02	0,02	0,19
	weite Definition	0,39	0,07	0,07	0,86	0,03	0,03	0,34
Rennwett- und Lotteriesteuer	Kern	0	0	1	0	0	0	0
	enge Definition	0	0	1	0	0	0	0
	weite Definition	0,06	0	1	0	0	0,06	0
Mineralölsteuer/Energiesteuer	Kern	0	1	0	0	0	0	0
	enge Definition	3,94	1	0	0	3,94	0	0
	weite Definition	3,94	1	0	0	3,94	0	0
Stromsteuer	Kern	0,01	1	0	0	0,01	0	0
	enge Definition	0,04	1	0	0	0,04	0	0
	weite Definition	0,09	1	0	0	0,09	0	0
Versicherungsteuer	Kern	0	1	0	0	0	0	0
	enge Definition	0	1	0	0	0	0	0
	weite Definition	0,59	1	0	0	0,59	0	0
Grundsteuern	Kern	0,02	0	0	1	0	0	0,02
	enge Definition	0,08	0	0	1	0	0	0,08
	weite Definition	0,17	0	0	1	0	0	0,17
Grunderwerbsteuer	Kern	0,01	0	0	1	0	0	0,01
	enge Definition	0,04	0	0	1	0	0	0,04
	weite Definition	0,08	0	0	1	0	0	0,08
Kfz-Steuer (von Unternehmen)	Kern	0	0	1	0	0	0	0
	enge Definition	0,01	0	1	0	0	0,01	0
	weite Definition	0,03	0	1	0	0	0,03	0
Lohnsteuer (einschl. Solizuschlag)	Kern	0,70	0,425	0,425	0,15	0,30	0,30	0,10
	enge Definition	1,80	0,425	0,425	0,15	0,77	0,77	0,27
	weite Definition	2,99	0,425	0,425	0,15	1,27	1,27	0,45
Körperschaftsteuer	Kern	0,02	0,5	0,5	0	0,01	0,01	0
	enge Definition	0,09	0,5	0,5	0	0,04	0,04	0
	weite Definition	0,20	0,5	0,5	0	0,10	0,10	0
veranlagte Einkommensteuer (einschl. Solizuschlag)	Kern	0,10	0,425	0,425	0,15	0,04	0,04	0,01
	enge Definition	0,30	0,425	0,425	0,15	0,13	0,13	0,04
	weite Definition	0,57	0,425	0,425	0,15	0,24	0,24	0,09
nicht veranlagte Steuern vom Ertrag (einschl. Zinsabschlag)	Kern	0,06	0,425	0,425	0,15	0,03	0,03	0,01
	enge Definition	0,19	0,425	0,425	0,15	0,08	0,08	0,03
	weite Definition	0,35	0,425	0,425	0,15	0,15	0,15	0,05
Kfz-Steuer (von privaten Haushalten)	Kern	0,00	0	1	0	0	0,00	0
	enge Definition	0,77	0	1	0	0	0,77	0
	weite Definition	0,77	0	1	0	0	0,77	0
Sonstige Einkommen- und Vermögensteuern	Kern	0	0	1	0	0	0,00	0
	enge Definition	0,01	0	1	0	0	0,01	0
	weite Definition	0,01	0	1	0	0	0,01	0